郭乃安纪念文集

中国艺术研究院音乐研究所 编

中国文联出版社
http://www.clapnet.cn

图书在版编目（CIP）数据

郭乃安纪念文集 / 中国艺术研究院音乐研究所编
. -- 北京：中国文联出版社, 2021.10
ISBN 978-7-5190-4651-4

Ⅰ. ①郭… Ⅱ. ①中… Ⅲ. ①郭乃安（1920-2015）
—纪念文集 Ⅳ. ①K825.76-53

中国版本图书馆 CIP 数据核字(2021) 第 204088 号

郭乃安纪念文集

作　　者：中国艺术研究院音乐研究所编

终 审 人：朱彦玲　　复 审 人：王柏松
责任编辑：周劲松　李小欧　　责任校对：潘传兵
封面设计：开　明　　责任印制：陈　晨

出版发行：中国文联出版社
地　　址：北京市朝阳区农展馆南里 10 号，100125
电　　话：010-85923019（咨询）85923000（编务）85923020（邮购）
传　　真：010-85923000（总编室），010-85923020（发行部）
网　　址：http://www.clapnet.cn　　http://www.claplus.cn
E - mail：clap@clapnet.cn　　lixo@clapnet.cn

印　　刷：北京金康利印刷有限公司
装　　订：北京金康利印刷有限公司
本书如有破损、缺页、装订错误，请与本社联系调换

开　　本：889× 1194　　1/16
字　　数：840 千字　　印　张：35
版　　次：2021 年 10 月第 1 版　　印　次：2021 年 10 月第 1 次印刷
书　　号：ISBN 978-7-5190-4651-4
定　　价：200.00 元

《郭乃安纪念文集》编辑委员会

策　　划：刘东升　乔建中　项　阳

编 委 会：（以姓氏笔画为序）

王宁一　田　青　乔建中　刘东升　刘晓辉　李宏锋　张春香

张振涛　陈　瑜　居其宏　项　阳　费邓洪　郭　威　郭幼安

主　　编：项　阳

执行主编：郭　威

副 主 编：李宏锋　陈　瑜

文字编辑：张春香　陈　猛　孙茂利　许　馨　庞媛元　方艺璟　秦　冰

周志玲　王时云　王芳芳　赵丹蕾　高韵洁　梁郑光　李　晖

夏家铭

图片编辑：刘晓辉　陈　猛　张春香

郭乃安先生

郭乃安先生（1920—2015 年）

郭乃安先生在家中（1992 年）

工作中的郭乃安先生（20 世纪 80 年代）

2004 年，郭乃安与夫人吴蕴中在北京家中

2009 年，郭乃安与夫人吴蕴中在美国加州圣迭戈海滩

1946 年，重庆（青木关）国立音乐院迁南京前作曲组师生在第四教室前合影
前排左起：郭乃安、伦宝珊、江定仙、华蔚芳、王震亚；
后排左起：朱石林、杨琦、严良堃、伍雍谊、谢功成、孟文涛、潘名辉、李兆鸿

1946 年，南京国立音乐院部分学生在古林寺校舍前合影（右二为郭乃安）

1947 年 4 月，南京国立音乐院部分学生与老师江定仙合影（左四为郭乃安）

1947 年 4 月，南京国立音乐院部分师生合影（三排右二为郭乃安）

1947 年 4 月，南京国立音乐院作曲组部分师生合影

后排立者（教师）左起：陈田鹤、丁善德、吴伯超、沃·弗兰克尔、江定仙；

前排坐者（学生）左起：郭乃安、孟文涛、王震亚、谢功成、严良堃

1956 年，重庆（青木关）国立音乐院同学在中央乐团聚会（三排右一为郭乃安）

1958 年 7 月，《中国近现代音乐史》编写组在研讨
坐者左起：范慧勤、张悦、汪毓和、白建修、黄翔鹏；
立者左起：冯文慈、杜六石、李佺民、郭乃安、王东路、张前

1960 年 2 月，《中国近现代音乐史》编写组欢送王东路、马炬两位老师返校
前排左起：李明辉、黄翔鹏、郭乃安、孙幼兰；
后排左起：李佺民、马炬、王东路、李元庆、张悦

1961 年夏，郭乃安（前排右一）、何芸（前排右三）与《民族音乐概论》研究班部分成员合影

1963 年 1 月，郭乃安（前排右二）带领中国音乐研究所“农村音乐生活调查组”在北京海淀区玉渊潭公社调研农村文艺活动

1963 年 8 月，郭乃安（右三）、孙慎（左三）在上海高桥文化馆与农民音乐爱好者座谈

1964 年，中国音乐研究所同事们在庆祝七一晚会上表演合唱

右起：郭乃安、黄翔鹏、吴毓清、吴钊、李纯一、刘东升、孙幼兰

1966 年 2 月 28 日，越南民主共和国歌舞艺术团副团长范廷六访问中国音乐研究所

前排左起：李元庆、范廷六、杨荫浏、曹安和；

后排左起：郭乃安、何芸、文彦、伊鸿书、王苓君

20 世纪 60 年代中期，郭乃安（右二）、文彦（右一）接待到访中国音乐研究所的外宾

1979 年 10 月，郭乃安（前排右一）参加中国文联第四届代表大会，与重庆（青木关）国立音乐院校友合影

1980 年，《中国音乐词典》编辑部成立。前排左起：侯涛、范慧勤、吉联抗、缪天瑞、郭乃安、周沉、何芸、章鸣；后排左起：王凤岐、刘东升、黄翔鹏、吴钊、乔东君、许健、李佺民、简其华

缪天瑞（中）、吉联抗（左）、郭乃安三位主编合影

1980 年 5 月，全国音乐家协会召集的“中国古代音乐史”工作座谈会后全体代表合影

一排左起：吉联抗、蓝玉崧、缪天瑞、赵沨、吕骥、孙慎、曹安和、郭乃安、张文倩；

二排左起：夏野、周畅、何为、廖辅叔、曹正、李石根、傅雪漪、冯文慈、陈家滨、王迪、李妲娜；

三排左起：许健、张荣明、冯洁轩、赵后起、黄翔鹏、乔东君、杜六石、袁炳昌、朱舟、刘明澜

座谈会期间部分学者合影

前排左起：吉联抗、郭乃安、周畅、黄翔鹏；后排左起：冯文慈、夏野、赵后起

“中国古代音乐史”工作座谈会现场

郭乃安发言

1980 年，《中国大百科全书·音乐卷》召开编委会议期间，吕骥（右四）、赵沨（右三）、缪天瑞（右二）、郭乃安（右一）等合影

1980 年 8 月，日本明治大学教授岩崎富久男访问中国艺术研究院音乐研究所

左起：齐毓怡、郭乃安、黄翔鹏、岩崎富久男、李佺民、某某

1980 年 10 月，日本音乐家小泉文夫访问中国艺术研究院音乐研究所
前排左起：郭乃安、关立人、小泉文夫、某某、何芸、金文达

1981 年 3 月，郭乃安（左二）、黄翔鹏（左一）接待到访中国艺术研究院音乐研究所的日本琴筝专家三谷阳子女士（右一）

1981 年 5 月 19 日，郭乃安、李佺民（右）在《音乐丛刊》编辑部召开的轻音乐座谈会上交流

1981 年 6 月 3 日，郭乃安向到访中国艺术研究院音乐研究所的赵元任（右）做介绍

1981 年 10 月，首届中国近现代音乐史学术讨论会合影

前排左起：曹兰、吉联抗、林路、孙慎、赵沨、吕骥、戴碧湘、郭乃安、李业道、李佺民

1981 年，中国艺术研究院研究生部音乐学系 1978 级研究生毕业论文答辩会合影

前排左起：孙幼兰、何芸、郭乃安、吉联抗、黄翔鹏、汪毓和、李佺民、郭睿茹；

后排左起：王宁一、谢天吉、陈露茜、伍国栋、乔建中、冯洁轩、张静蔚、梁永生、居其宏、魏廷格、何昌林

1982 年，中国艺术研究院艺术考察团出访日本，郭乃安、白鹰（中）、郎樱（左）在聂耳纪念碑前留影

郭乃安在东京访问岸边成雄（左三）

中日音乐学者合影

左起：郎樱、岸边成雄、郭乃安、田边秀雄、吉川英史

1982 年，日本邦乐四人会访问中国艺术研究院音乐研究所

郭乃安向日本邦乐四人会介绍音乐研究所陈列室

郭乃安与日本邦乐四人会会员北原篁山（左一）交流

日本邦乐四人会成员北原篁山与郭乃安互赠礼物

1982 年 3 月，郭乃安接待到访音乐研究所的日本音乐学家田边秀雄（左三）

郭乃安陪同田边秀雄拜望杨荫浏先生

郭乃安与田边秀雄进行学术交流

20 世纪 80 年代，中国艺术研究院音乐研究所学者座谈

左起：王宁一、章鸣、吴毓清、宋扬、伍雍谊、郭乃安、周沉、居其宏

1982 年 11 月 24 日，郭乃安、金经言（左一）接待德国柏林艺术大学长笛教授汉斯·彼得·施密茨博士

1984 年，赵沨（右三）、郭乃安（左二）、黄翔鹏（左三）等在武汉音乐学院建立博士点审查会后合影

1985 年 5 月，中国音乐家协会第四次会员代表大会期间，原重庆（青木关）国立音乐院师生合影

国立音乐院校友与老师黄友葵合影

左起：王震亚、郭乃安、某某、某某、黄友葵、谢功成、孟文涛

国立音乐院校友与老师江定仙合影

左起：谢功成、某某、江定仙、郭乃安、严良堃、孟文涛、王震亚

1985 年 5 月 13 日，音乐研究所全体人员祝贺曹安和先生八十岁寿辰合影

一排左起：于音艳、陈露茜、蔡良玉、鲁松苓、某某、曹安和、郭乃安、张佩吉、毕健玲、冯洁轩、孙玄龄、梁永生；

二排左起：吴犇、田青、刘宝英、某某、张春香、夏铭竹、居其宏、陆品姗、某某、顾伯宝、某某、乔建中、薛艺兵

郭乃安在曹安和先生八十岁寿辰庆祝会上致辞

1986 年 12 月 24 日，中国音乐学杂志社召开第一期音乐理论读书研讨会，编辑部人员合影
左起：缪也、居其宏、魏廷格、郭乃安、吴毓清、刘姗姗

1986 年 12 月 24 日，郭乃安在第一期音乐理论读书研讨会上做总结

1987 年 6 月 16 日，国际音理会第一次在北京召开亚太地区传统音乐研讨会，音乐研究所参会人员合影

前排左起：魏廷格、黄翔鹏、郭乃安、苗晶、田青；后排左起：乔建中、薛艺兵、伍国栋

郭乃安与王震亚（左一）、杨匡民（左二）、武俊达（右一）在一起

1987 年 10 月，中国当代音乐研讨会在江苏江阴召开，全体与会者合影。一排左起：丁鸣、李业道、钱仁康、郭乃安、孙慎、鲁肃、张费、某某；二排左起：陈莲、陆品姗、高世杰、徐振民、戴鹏海、某某、汪毓和、王安国、乔建中、伍国栋；三排左起：张静蔚、文彦、廖家华、叶纯之、吴毓清、宋扬、陈聆群、缪也；四排左起：周楷模、应有勤、何乾三、陈原、袁静芳、韩宝强、某某，五排左起：居其宏、某某、刘红军、某某、于庆新、梁茂春

1988 年 1 月，郭乃安在中国音乐学杂志社主办的第一届中青年作者优秀论文奖发奖大会暨新闻发布会上致辞

1988 年，郭乃安参加中国艺术研究院研究生部音乐系硕士论文答辩

郭乃安参加硕士论文答辩会

左起：费邓洪、乔建中、何乾三、蓝玉崧、郭乃安、黄翔鹏

郭乃安参加硕士论文答辩会

左起：王子初、龚振雄、冯文慈、郭乃安、缪天瑞、黄翔鹏

郭乃安参加费邓洪硕士学位论文答辩会

左起：乔建中、何乾三、蓝玉崧、费邓洪、郭乃安、黄翔鹏、秦序

郭乃安参加高兴硕士学位论文答辩会

左起：冯洁轩、冯文慈、高兴、缪天瑞、郭乃安、薛艺兵

郭乃安参加王子初硕士学位论文答辩会

左起：魏敏、冯文慈、龚振雄、王子初、郭乃安、黄翔鹏、曾遂今

郭乃安参加杨晓鲁硕士学位论文答辩会

左起：乔建中、杜亚雄、黄翔鹏、杨晓鲁、郭乃安、董维松、曾遂今

郭乃安参加张振涛硕士学位论文答辩会

左起：乔建中、黄翔鹏、张振涛、缪天瑞、郭乃安、姜夔、薛艺兵

1988 年，音乐研究所师生在一起

左起：杨宪明、伍国栋、郭乃安、黄翔鹏、杨晓鲁、费邓洪

1988 年，中国艺术研究院研究生部音乐系研究生毕业合影

前排左起：魏磊、薛艺兵、王昭仁、黄翔鹏、李纯一、缪天瑞、郭乃安、乔建中、王宁一、伍国栋；

后排左起：杨晓鲁、陈露茜、景蔚岗、高兴、刘红军、张振涛、王子初、韩宝强、方建军、费邓洪、杨宪明、何建军、居其宏、缪也

1988 年 12 月，郭乃安在中国音乐学杂志社主办的第二届音乐学读书会上致辞

1989 年 12 月 5 日，纪念音乐研究所成立三十五周年大会合影

前排左起：黄翔鹏、阴法鲁、陈振铎、吕骥、曹安和、孙慎、缪天瑞、郭乃安、陈地；

后排左起：王培元、周家洛、刘颖南、冯文慈、王迪、冯光钰、关立人、杨光、王宁一、乔建中

1992 年 2 月 1 日，音乐研究所团拜会

左起：陈地、宋扬、缪天瑞、郭乃安、王宁一、居其宏、吴毓清、魏廷格、曾遂今

1992 年 6 月 27 日，郭乃安参加韩宝强博士论文答辩会

左起：项阳、龚振雄、黄翔鹏、韩宝强、缪天瑞、郭乃安、鲍紫薇、乔建中、张振涛

1993 年 8 月，郭乃安参加陈克秀硕士学位论文答辩会

左起：伍国栋、袁静芳、黄翔鹏、陈克秀、郭乃安、乔建中、张振涛

1995 年 11 月 17 日，郭乃安参加韩梅硕士学位答辩会

左起：韩梅、伍国栋、邓敏文、郭乃安、田联韬、薛艺兵

1993 年，中国艺术研究院音乐研究所音乐理论研究室研究人员合影

左起：吴毓清、韩锺恩、居其宏、郭乃安、魏廷格

1994 年 3 月 14 日，音乐研究所为缪天瑞祝寿

左起：郭乃安、缪天瑞、曹安和、周沉、乔建中、魏廷格、田青、张春香、范慧勤

1994 年 4 月，郭乃安在庆祝中国艺术研究院音乐研究所建所 40 周年纪念活动上致辞

1995 年 9 月，郭乃安在首届中国民间鼓吹乐学术研讨会上发言

郭乃安与项阳合影

1995 年 11 月 15 日，郭乃安在《中国音乐学》创刊十周年座谈会上致辞

1996 年 9 月 25 日，郭乃安在中国传统音乐学会第九届年会上为获奖者颁奖

1999 年 11 月，郭乃安在“二十世纪与《中国音乐学》——纪念杨荫浏先生诞辰 100 周年国际学术研讨会”上发言

郭乃安、周巍峙（中）、王子初（右）在纪念杨荫浏先生诞辰 100 周年国际学术研讨会上合影

2000 年 11 月 9 日，音乐研究所祝贺郭乃安八十寿辰

前排左起：伍国栋、王宁一、张静蔚、郭乃安、郭乃安夫人、何昌林、乔建中、魏廷格；

后排左起：曾遂今、李玫、栾桂娟、居其宏、崔宪、冯洁轩、金经言、费邓洪、秦序、周艳霞、李玉萍、李伟、李翠

前排左起：王宁一、郭乃安、郭乃安夫人、曾遂今；后排左起：崔宪、费邓洪

前排左起：王宁一、张静蔚、郭乃安、郭乃安夫人、何昌林；后排右起：居其宏、乔建中、冯洁轩、伍国栋、魏廷格

右起：王宁一、郭乃安、郭乃安夫人、乔建中

2001 年 3 月，郭乃安参加《音乐研究》百期座谈会

一排左起：王次炤、王耀华、汪毓和、李业道、赵沨、郭乃安、某某、某某、袁静芳；二排左起：乔建中、黄大岗、毛继增、某某、某某、樊祖荫、刘勇、赵季平、宋瑾；三排左起：某某、冯洁轩、于庆新、某某、某某、某某、某某、陈荃有

2002 年 2 月 18 日，郭乃安与音乐界友人在严宝瑜家中欢聚

前排左起：张式敏、欧阳小华、吴琼梅、华蔚芳；后排左二起：严良堃、方堃、郭乃安、孙慎、伍雍谊、严宝瑜、盛礼洪、江桥、张授、严康敏

2002 年 3 月 4 日，《中国音乐学》杂志社举办学术研讨会

前排左起：栾桂娟、蔡良玉、冯洁轩、郭乃安、乔建中、高为杰、居其宏；后排左起：李翠、韩钟恩、张振涛、秦序、周海宏、金经言、崔宪、韩宝强、路应昆

2002 年 6 月 21 日，中国艺术研究院音乐研究所举办祝贺曹安和、缪天瑞、李纯一、郭乃安喜获“金钟”终身荣誉奖座谈会

吴雁泽代表中国音乐家协会向郭乃安颁发证书

郭乃安发言

2005 年 5 月 20 日，郭乃安参加全国音乐院校研究生教学研讨会，与张振涛（左一）、陈铭道（左三）、杨燕迪（右一）合影

2005 年，郭乃安在家中与叶明春合影

2007 年 4 月 9 日，郭乃安在家中与张振涛合影

2007 年 1 月 30 日，郭乃安、张振涛看望缪天瑞

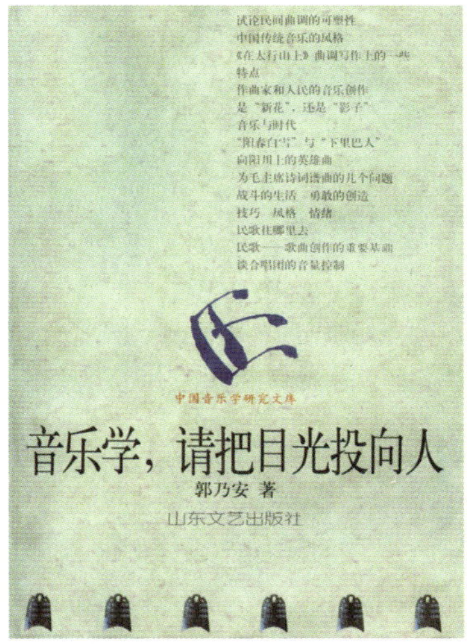

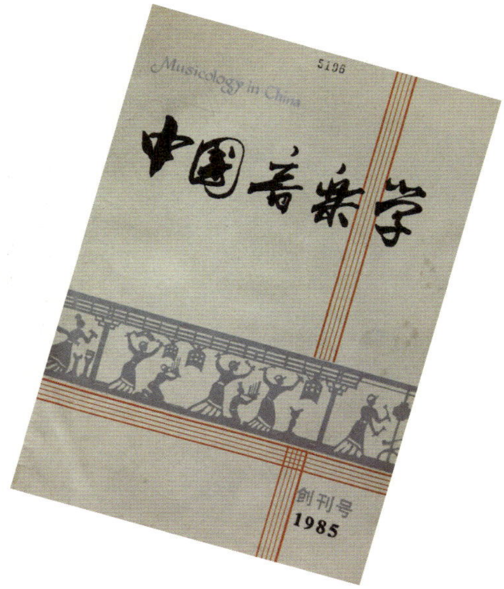

郭乃安学术贡献代表性成果

郭乃安先生追思会暨学术思想研讨会会议现场

2016年10月14日，中国艺术研究院音乐研究所、中国音乐学杂志社举办“郭乃安先生追思会暨学术思想研讨会”，与会学者合影

目　录

先生文存

【专论】

【评论（作品）】

【评论（人物）】

【序、跋】

【杂文、译文】

【音乐作品】

【授课、谈话】

怀念先生

附 录

序

郭乃安先生：抓中国音乐学学科建设大事的设计师

项　阳[①]

2020年，中国音乐学界景仰的郭乃安诞辰100周年。先生离开我们五年了，但先生为中国音乐理论事业的开创性贡献必将永载史册。

之所以说郭乃安先生对中国音乐理论事业做出开创性贡献，在于先生敏锐的学科建设意识，广博而宏观的学术洞察力，甘为孺子牛的学术品行！

今天，当中国音乐学学术研究稳步发展之时，回眸历史，愈发感受到郭乃安先生之思想对中国音乐学学科建设所具有的重要意义。

学界皆言中国艺术研究院音乐研究所最为重要的贡献是奠定了中国音乐学一史一论的基石，先生作为中国首部《民族音乐概论》的统修者，确立以民歌、歌舞、说唱、戏曲、器乐五类划分，反映出先生对中国传统音乐长期积累之上的宏观把握，其开创之功为学界推重。之后，学界围绕中国传统音乐的分类，无论是“四类论”还是“八类论”都由此出发。数十年来，这部著作成为人民音乐出版社不断翻印的重要作品，是学子们的必读之选。作为新中国第一部权威百科全书中“中国古代音乐”部分的主编，先生对音乐史学的宏观把握和学术功力，凝聚于《中国大百科全书·音乐舞蹈卷》之中，彰显他对中国音乐历史整体认知与把握。

作为学界推崇的中国艺术研究院音乐研究所经典之“一星”——《中国音乐词典》，由郭乃安先生积极倡导并亲任主编。全国音乐学界各学科领域的专家学者集于麾下，以律、调、谱、器、曲、乐语、乐名、乐人、机构、著作十类划分，向世界展示中国音乐整体内涵，具

① 项阳，男，1956年生，博士，中国艺术研究院音乐研究所研究员。1991年毕业于厦门大学，同年入中国艺术研究院音乐研究所工作。曾任中国艺术研究院音乐研究所代所长，《中国音乐学》主编、名誉主编。

学术权威性。其后，先生主持《中国音乐词典续编》，体现出其对中国音乐理论认知的与时俱进。

作为当今中国音乐学界重要学刊之一的《中国音乐学》，刊名即显整体意识。德高望重的郭先生出任主编“名”至“实”随，每篇文稿的刊出都渗透着先生心血。在他的精心呵护下，《中国音乐学》学术精英汇集，成果厚重，新观点迭出，以高起点成为学刊翘楚。

所有这些都具学科建设的整体意义。郭乃安先生作为音乐研究所副所长为中国音乐学学科的整体架构呕心沥血，将学术智慧融于他钟爱的音乐学事业之中。先生功绩，山高水长！

郭乃安先生为音乐学研究方向的拓展和研究人才的培养殚精竭虑，他作为中国艺术研究院研究生部首位音乐学系主任，在精心设置课程的同时，更规划音乐研究所的学科发展，他关心每一位研究生的学术选题，在深挖内涵的同时亦为了开辟学术研究新领域，我们看到，所谓“音乐研究所的黄埔三期”数十位学子的论文涉及音乐史学、民族音乐学、音乐考古学、音乐美学、音乐批评学、乐律学、音乐形态学、音乐社会学、音乐地理学、宗教音乐学、少数民族音乐、音乐文献学、现当代音乐研究等，中国音乐学多学科学术研究方向由此确立，在先生的主导下将中国音乐学学科建设和学术研究推向新阶段。

先生将他的心血熔铸于为中国音乐学整体架构的事业之中，他在“抓大事”！

先生非著作等身，却在思考中国音乐学应有的架构，并为此而践行。在这种意义上我们看到那些相对薄弱、或称学界关注不足的领域，恰恰是他着意的关注点，他在为学术导航！

先生着力于中国音乐美学遗产的开发，他对传统音乐风格以及民间曲调可塑性专论，彰显学术洞察力。他提出“音乐学，请把目光投向人”，命题高瞻远瞩，为学术引领！

音乐研究所老一辈学者每每忆起先生，崇敬之情溢于言表。诚如音乐史学家刘东升先生所言，郭先生对中国艺术研究院音乐研究所、对中国音乐学理论和学科建设有整体思考和设计，他的功绩，任何人无法取代。斯言诚哉！

回首音乐研究所的发展，把握中国音乐学理论建设的道路，愈发显现先生的远见卓识和拳拳之心。他淡泊名利，为中国音乐学铺路开道，树立起一块又一块丰碑，燃起一盏盏航标灯。历史永铭！

郭乃安先生深邃的目光依然在关注着他挚爱的音乐学事业，激励后辈前行！

先生文存

【专论】

对于“迎合听众还是不理听众”的意见[①]

读了《山歌》第一期的《迎合听众还是不理听众》一文后，对上头的许多意见我们不能苟同。可惜该文作者，在全篇中，只零零散散地给我们一些印象，所以我们只能就其中一些片段的论调，叙述一下我们的意见。

作者口口声声说要去“提高”观众的水准，教育听众。这里就发生了两个基本的问题：用什么音乐去提高？怎样去提高？关于这，作者并未告诉我们一个明确的解答，只笼统地说：“必须以高尚的艺术，去领导听众，教育听众”。所谓的高尚又是怎样一回事，作者却没有一个交代。后来又说要用“容易理解的”即“旋律优美、节奏显明、意味很深长”的作品。作者所说的这几点，事实上，对问题的解决，依然是不关痛痒的意见，于问题的解决，毫无一点作用。前者所谓“高尚”，玄而又玄，实在令人茫然，而所谓“旋律优美”“节奏显明”“意味很深长”这些条件的具备，并不能决定一个作品的“容易理解”。很明显的，历来西洋许多名家的作品，在中国不能为一般民众所接受，更不能为他们所理解，难道这些名作，旋律不够优美，节奏不够明显，意味不够深长吗？由此我们可以知道，问题的关键，倒不在什么旋律优美、节奏显明和意味深长！这些只是一个优秀作品，囊括的一般要求之一面。而我们要解答怎样才能使中国的老百姓理解这问题，应该从另一方面去寻求答案。

---

① 编者按：本文初刊于重庆（青木关）国立音乐院壁报《山歌》1945 年第 1 期，后载《青年知识（重庆）》1945 年第 5 期。此处收录的为《青年知识》刊文，刊登时该文未署作者个人名字。文后注释为原文注释。本书未注明“编者按”者，均为收文原注。

一个成熟的作品，除了形式上或技巧上的条件外，必须还有其独特的作风、性格（个性与民族性）与内容。其中起决定性的，还是其内在的一些条件（即作风、性格与内容），而这些内在条件，是与作家所属于国家、民族、社会，以及作家所生活其中的具体环境有关。作家的思想、情感、性格决定了他的作品，而作家的思想、情感、性格，又是为他所生长的客观环境中的一切条件所决定。所以当一个作家，把他的作品交给观众时，生活在同一客观下的听众，一定能够理解，一定能够接受，因为作家与听众，是呼吸着同一的空气，换句话说，这样的作品才有其立足的基础。

今天我们要使我们的艺术创作为人民大众所接受，能为他们所理解，首先必须要自己的主观与人民大众相一致。只有这样的作品，才能为一般人民所接受与理解，也只有这样的作品才够得上是民族性的、大众化的。除此，再没有别的东西可以来提高与教育听众了。

所以，用什么音乐来提高呢？要用民族性的、属于人民的音乐来提高。怎样来提高呢？不是单纯的，用悬空的“普及乐歌”，“按部就班”花上“十年八年”收一点“些微的效果”，而主要的先决条件，是把音乐与老百姓结合起来，渗透到人民的生活中去，在这样的基础上来提高，才不致悬在空中，“十年八年”只收到一点点“些微效果”而已。

那末怎样才能把创作与演奏民族化、大众化呢？我们认为这不是单凭抽象的“技巧是否成熟”“演奏是否到家”可以解决的。应该让创作者、演奏者还俗到民间去，以老百姓的身份，生活在老百姓中，以老百姓的感情为感情。学了进步的科学化的理论与技术，也要看看生根在老百姓中间、从老百姓生活中产生的艺术是怎样的。他们的内容、形式与风格等，都得细细地研究与尽心地学习。这样把西洋技术与民间固有的艺术，有机地融合起来，才能胜任民族性的创作与表演。修曼[①]说：你要留心审听一切的民歌，它是一切最好曲调的宝泉，你兼以认识各民族的特性。迦波特说：……在格里哥里乐歌和民间歌谣中，着实有许多具有崇高的灵感与伟大的表现力的真正音乐杰作。德优扎克的新世界交响乐与柴依可夫斯基的 *Andante Cantabile* 不是最现成的好例吗？盲目的崇拜是没有用的，悲多汶、柴依可夫斯基、德优扎克等名家的研究精神与见解，倒是值得虚心学习的，作者把民歌小调与低级趣味、幼稚作品含混在一起这是我们不能同意的。

那篇文章，作者从头到尾都坚决不赞成降低水准；但是，抽象地谈水准的降低与提高也是没有意义的。不知作者苦心维护的水准是什么水准？是西洋音乐还是中国化音乐？假使是西洋音乐的水准，那末即使降低了，也不致对使人民接受这点有所裨益，降不降低都一样，与中国人民大众格格不入。所以离开了音乐本身的性质，空谈水准的降低，是多么浪费纸张的事。人民需要民族化的，他们听来能感到亲切的共鸣的音乐；而在民族的构建上，我们且看看自己做了些什么？这是我们应该警惕的。就这一点上说来，到时我们应该加紧提高自己的水准——民族化、大众化的水准。在民族普众构建的过程中，我们还远落在人民要求的后面呢？

---

① 编者按：修曼，舒曼。为留存历史信息，本书收录文章尽力保持其记述原貌，原样照录。

基于以上的先决原则，我们认为作者对这个问题用“迎合”与“不理”来提出，在认识上犯了很大的错误。“迎合”与“不理”意味着音乐与人民脱节，在这种情形下，高高在上地去“领导”与“教育”，硬拉着人民提高，这种伟大的理想是会幻灭的。

至于西洋音乐的介绍与欣赏，我们并不完全抹煞其重要性，相反地，我们很重视其意义。但在民族音乐还没有普及，音乐艺术还没有与人民息息相关地结合着的时候，要想以西洋音乐用为教育人民、提高人民的音乐水准，我们认为这是一种舍本求末的打算，是精力上的浪费而已。

我们一定要把握住问题的核心所在，踏实地一步一步走才行。首先要认清我们的音乐是为什么人，才不致走上悬空虚幻的路上去。正因为如此，我们不能主观地照着自己梦想硬干，我们应常常去听听人民的反映，听取他们的意见，因为我们的音乐是人民的音乐。所以只有从人民的反映与意见中，才可得到衡量的标准。否则，离开了贯串整个问题的核心，只是“努力耕耘，不问收获”，盲目地“干！干！干！”，恐怕事情倒没有干好，反而把自己及自己的事业干到崖下去了。这多危险呀！

注 1：本文系一篇关于学术论争的文字，被批评的《迎合听众还是不理听众》一文因篇幅关系从略。

注 2：本文用“……”之字句全系引用《迎合听众还是不理听众》原文。

注 3：本文中所说“作者”系指该《迎合听众还是不理听众》一文之作者。

（山歌社）

原载《青年知识（重庆）》1945 年第 5 期

从民歌中看社会

因为民歌是人民的真实生活的反映，它包含着非常广泛的社会意识，所以从民歌去看社会，往往可以使我们看出许多本质的然而常不被我们注意的现象。

这次我们的民歌演唱会[①]节目，全部都是西北的，包括了绥远、青海、新疆和内蒙古四个地方。

这些民歌许多已为大家所熟悉了。我们这久为那些半死不活的音乐所困扰了的心，开始呼到一些新鲜的气息。大家都称赞着这许多民歌的朴质、优美和健康，不由得也怨恨这些罪恶的社会是怎样地侮辱了我们的民歌。

除开绥远的一大部分之外，在这些地方的人们，他们多数过着游牧的生活。在这种社会制度之下，人剥削人的现象还没有发展到农业的封建社会和资本主义社会的程度。因此，他们的生活比较起来是辽阔而自由的，同时在他们的民歌中也就反映出天真朴质而且快乐无羁的情调。如像大家最喜欢的《青春舞曲》，这在内地的民歌中是绝难找到的。

在这些地方的民歌中，劳动与爱情成为他们歌唱的主要题材。我们知道在较原始的社会形态中，人们的生活主要在追求食和性的满足，而在他们的民歌中以劳动与爱情为主要题材的事便不难明了。同时当音乐的韵律从劳动中蜕化出来之后，人们为爱情而歌唱的现象便愈加多起来了。但是这些爱情的歌唱仍显露出人们的劳动生活。

---

① 编者注：1946 年 4 月 8 日晚，在重庆（青木关）国立音乐院学生自治会的组织下，以山歌社的民歌节目为主体演出了一场欢迎戴爱莲先生的“民歌演唱会”。

然而在绥远的民歌中，情形比较复杂起来。人们歌唱着多样的题材。由此我们可以看出绥远的社会情况较之其他的地方要复杂了许多。

在绥远、青海、新疆和内蒙古这个四地方，绥远的社会确是比较复杂的。它的交通远较其他几省发达。在黄河附近是农业经济社会，在铁路线上有一些受资本主义经济影响的城市。所以除了一些游牧区域的民歌保持着和其他几个地方相似的情调外，许多都为那种更深的人剥削人的关系加上了一层哀怨的情调。

在绥远的民歌中，于是我们看见和《在那遥远的地方》（青海）不同的《割莜麦》的生产方式。一个在歌唱他们的游牧生活，一个在歌唱他们的农业生活。又有和《都达尔和玛莉亚》及《半个月亮爬上来》不同的《情歌》及《送情郎》之类的爱情。一个是坚强直率而简单的，一个是优柔委婉而附有条件的。其他如《小姑听房》《盼丈夫》之类反映出农业封建社会中不合理的婚姻关系。还有《洋烟鬼叹十声》等等，无一不反映出他们社会生活的真实现象。

在绥远民歌中还有若干“小调”，如《盼五更》《进兰房》和《小叔子挎嫂嫂》之类。它们多半产生于那些经济发达的城市，有的是出自“青楼”而为职业演唱者演出来的。这些“小调”有乐器作伴奏，因而歌曲中增多了“过门”而减少了“衬句”。

在“小调”里，唱者为要迎合听众一些低级趣味的需要，于是在歌曲中强调了色情的成分。这是坏的一面。但是在许多“小调”中，我们也同样可以看出资本主义社会所造就的若干罪恶和许多受难者的真实生活。

关于民歌的研究，我们的材料是如此贫乏，因此，我们还难在这里去对社会生活作全面的考察。但是我们知道民歌是最真实的社会生活的反映，人们自然地歌唱出他们的欢欣和痛苦。不同的社会产生不同的民歌，反过来我们也可以在不同的民歌中，看出不同的社会生活来。

原载《青年知识》第 2 卷第 1 期 1946 年 4 月刊，署名“郭诗莹”

冼星海作品中的音乐形象

在冼星海同志遗留下来的作品中，有着极其丰富的、深刻而鲜明的音乐形象。这些音乐形象在很久以前演出过这些作品的人们的心中顽强地存在着，永远也没有可能会忘掉。这说明了冼星海同志对于现实生活是有着深刻的理解和体验的，他对于音乐形象的创造是有着卓越的才能和丰富的经验的。因此，深入地研究冼星海同志的遗作，吸取他在创造音乐形象方面所积累起来的丰富经验，对于发展我们的音乐创作，提高我们音乐创作的思想和艺术水平是有着重大意义的。本文只准备在这方面作一些初步的探索，至于更深入的分析和研究，还希望其他有丰富经验和对于冼星海同志的作品更熟悉且有深刻了解的同志们去努力。

在冼星海同志的作品中，我们首先注意到的是他所创造的音乐形象的丰富性。我们比较熟悉的是冼星海同志的声乐作品，主要的还是他的歌曲和大合唱。至于器乐作品，除了《中国狂想曲》之外，其他的就既未听过演出，也未看见乐谱。但尽管是这样的一部分作品中，我们也能够充分地看出来，冼星海同志的作品一方面有着他的基本特征，有着他自己的个性，另一方面他的每一个作品又都各有其独特的、鲜明的音乐形象。这些音乐形象是和特定的思想内容和生活形象紧相吻合的。

例如，冼星海同志曾经写过许多描写劳动生活的歌曲，像《搬夫曲》《拉犁歌》《黄河船夫曲》等都是我们所熟悉的。在这些歌曲中，我们只要在那音乐形象中就可以清楚地分辨出不同的劳动特点，也能具体地体验到他们各自不同的思想情绪。这些音乐形象在我们的头脑中是永远也不会混淆起来的。

又如，冼星海同志还曾经写过一些游击队的战斗生活的作品，像《在太行山上》《游击军》《反攻》，以至《黄河大合唱》中的《保卫黄河》等都是很突出的，它们各自表现了一定的思想和生活内容。《在太行山上》是表现着富有青春朝气的游击队员对他们的战斗热情、他们的力量和信念的歌颂；《游击军》则表现的是游击队满怀昂扬的斗志，以豪迈的步伐英勇进军的姿态；《反攻》表现的是游击队伍坚决勇敢地向敌后突进的气概；至于《保卫黄河》一曲，我们都能体会到那是多么壮观，多么雄伟的景象；我们的游击战争的巨大的力量和它的历史意义被鲜明地刻画了出来。

此外，我们还可以举出许多冼星海同志的抒情歌曲来说明他在音乐形象的创造上的丰富性。例如，他早在抗日战争以前所写的《夜半歌声》，就曾经那样深厚地表现了反封建的热情；而在抗日战争时期写的《生产运动大合唱》第四场的村妇的抒情独唱中，又是那么准确地写出了村妇在为自己即将出征的丈夫蒸干粮时的亲切而甜蜜的情绪；在《黄河大合唱》的抒情独唱曲《黄河颂》中，他又写出了对我们伟大的战斗的民族的赞颂。这些曲子的音乐形象也是各不相同、不致混淆的。即使是在同一《生产运动大合唱》中，第二场的《二月里来》和第四场的村妇独唱的音乐形象也是各具特性的。

无须再举更多的例子，只要这些我们就足以说明冼星海同志在音乐的形象的创造上是如何的丰富了。把这种情况来和我们这几年在音乐创造上存在的一些公式化的千篇一律的现象作一番比较，我们就会更加深刻地体会到深入研究冼星海同志的作品，学习他在音乐形象的创造方面所获得的丰富经验，该是有着多么重大的意义。

冼星海同志作品中音乐形象的丰富性基础，是他所创造的形象的高度的真实性。现实生活原本是丰富多彩的，因此，作曲家所创造的音乐形象如果真实地反映了现实生活，那么，这些音乐形象也必然是丰富而多彩的。脱离开音乐形象的现实内容，片面地追求音调上的新颖和多样，其结果只能是导致音乐形象的空虚，并使之丧失掉真实生命，而绝不会获得丰富的音乐形象。

在冼星海同志的作品中，他所创造的音乐形象是真实地表现了他所描写的具体的对象的。下面我们通过一些具体的例子来谈谈。

例如，在《搬夫曲》《拉犁歌》和《黄河船夫曲》这三首描写劳动生活歌曲中，冼星海同志所创造的音乐形象确切地表现了各个不同的生活内容，不同的思想情绪。首先，这三种劳动本身就是以不同的方式来进行的，在《搬夫曲》中作为表现搬运工人的劳动动作的主要动机是：

在这个动机中，我们可以清楚地感受到肩扛着沉重的货物，吃力地移动着步伐的劳动。由于沉重的负担是放在搬运工人的肩上的，因此每当他移动脚步的时候，那重量不能不集中在落地的脚上，所以在音乐上便有着那开始的强音。在《拉犁歌》中，情形就不同了。在这首歌中，作为表现贫苦农民以人代替牲口种地的拉犁劳动的主要动机是：

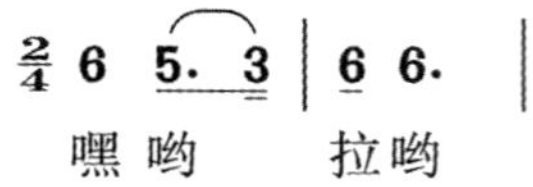

在这个动机中，我们可以清楚地感受到那沉重的耕着地的犁并不是从上面压着劳动者，而是在后面拖着他。因此重心的移动是平稳而缓慢地向前，而不是一下一下地移动的。因此在音乐上就没有那样的强音，而且第二拍上也能够有那样比较连贯的进行。再看《黄河船夫曲》，音乐所表现的劳动特征又是另一个样子。在这曲中，作为表现黄河上和波涛搏斗的船夫们划船劳动的动机是：

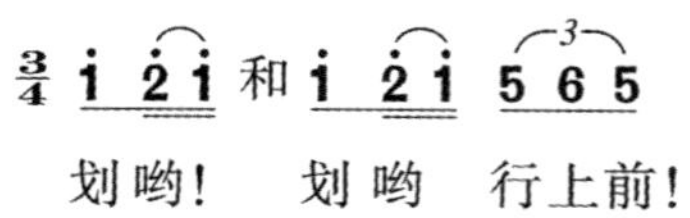

在这个动机中，我们可以同样清楚地感受到紧张而有力的划船劳动。在音乐中所表现出来的划船劳动，既不同于搬夫和拉犁的劳动，也不同于其他“船歌”所表现的那种消闲的划船动作，它把这种划船劳动的着力点恰当地表达了出来。

就在以上所举的这几个动机中，我们一方面体验到了不同的劳动特征，同时也体验到了不同的情绪和思想内容。在《搬夫曲》的主要动机中，其情绪是坚强的、有力的，劳动者并没有为沉重的东西压倒。在《拉犁歌》的主要动机中，其情绪则是深沉和坚忍的，而在《黄河船夫曲》的主要动机中，其情绪则是勇敢的、战斗的和乐观的。这说明了冼星海同志在创造这些主要动机的时候就是严格地忠实于作品的主题思想和题材的生活内容的。就是以这样一些具有高度真实性的音乐动机为基础，根据作品的内容要求，通过各种不同的发展和补充，创造了鲜明生动的音乐形象。在这方面，《黄河船夫曲》中对于主要动机的发展和处理，充分地显示了冼星海同志在创造音乐形象上的高度现实主义精神和高度的艺术技巧。

整个《黄河船夫曲》的音乐，基本上是以前述的那个主要动机作不同的处理而成的。就是这样简单的一个动机，在冼星海同志的笔下，经过不同的处理，一点也没有给我们以单调之感。相反地，由于这个简单的动机，严格地服从于事态发展的实际需要，作了恰当的变化与发展，这就使我们加深了印象并有丰富之感。

在《黄河船夫曲》中，前述的主要动机在开始一段中是以其原型出现的。在第二段中，这个主要动机作了几种不同的变形，其中最主要的是领唱与合唱的一句：

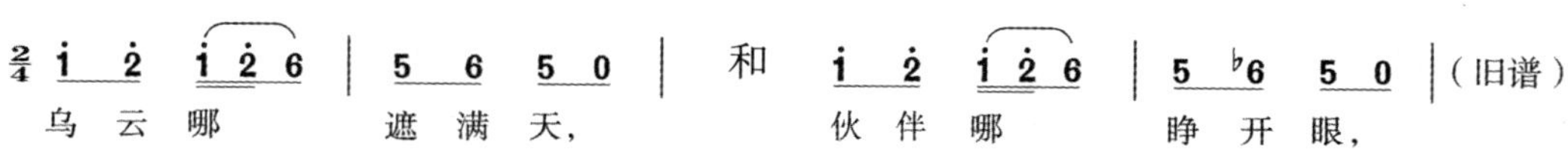

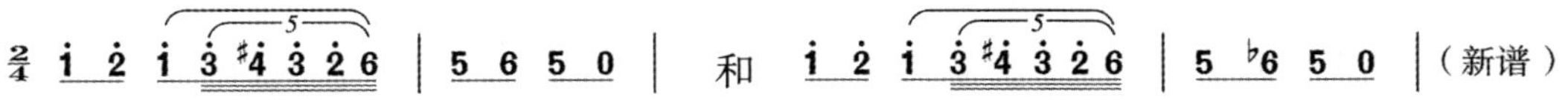

其次是表示划船动作的一个变形：

再其次一个变形是：

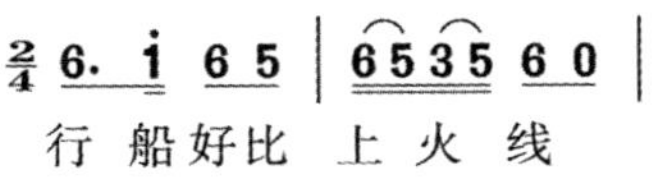

这里前一小节是前述第一变形的第一小节按五声音阶进行的移位，后一小节是第一变形的第二小节的倒转。

在第三段中，主要动机又作了不同的变形：

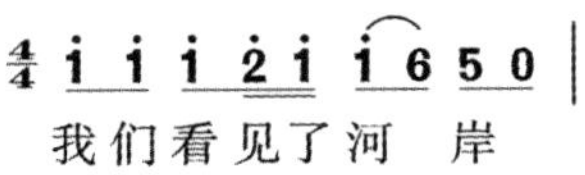

这里用缓慢的速度表现了光明在望的欣悦心情。这段的后面两句则又根据这一变形予以发展而成。

由以上的说明可以看出冼星海同志是那样经济地利用了音乐的素材而发挥了它的表现力。许多受过一定作曲的技术锻炼的人，或者甚至看过一两本作曲法书籍的人，也许会说这样一些处理音乐动机的变形的手法是并不稀奇的。诚然，单从这些手法上来看是不足为奇的，在古典作曲家的作品中，在民间的音乐创作中，我们也可以随处看到这样一些手法。此外，我们还曾经看见过某些作曲家是在虽属无效而却颇为熟练地利用类似的手法。但是在冼星海同志的创作中，他是充分地以现实主义的精神来对待这些手法，因此，他赋予了这些手法以真实的生命。在《黄河船夫曲》中，冼星海同志抓住了这个核心，严格地服从事态发展的要求，恰当地、生动地表现了船夫们和黄河波涛搏斗的真实的过程，给我们以完整的音乐形象。这种以一个主要音乐动机为中心，通过不同的发展和变化而创造鲜明生动的音乐形象的手法，在冼星海同志的作品中是不难找出更多的实例的。他在这方面所取得的丰富经验是值得我们深入钻研和学习的。

以上的实例说明了冼星海同志在创造音乐形象时的高度的现实主义精神。正是由于他所创造的音乐形象是真实的，因此，他所创造的音乐形象是丰富的、多样的。但是我们也不能忽视那些构成的音乐形象的丰富性的另一个条件，那就是他处理题材的多方面的手法，他对于现实生活的多方面的观察和理解。这里我们先来谈谈在本文开始处提到过的几首描写游击战争生活的作品。

在《在太行山上》这首歌曲中，音乐形象是带有强烈的抒情性质。作为这个音乐形象的基本内容是青春的朝气、战斗的热情和胜利的信心。曲调是舒畅的、昂扬的。开始处向上进行的曲调，就已给人富有朝气的感觉，特别是几个由 6 进行到 $\dot{5}$ 的跳跃，掀起了无限昂扬的战斗热情；而在“敌人从哪里进攻，我们就要他在哪里灭亡”的地方，则充分地表现出了胜利的信心。

《游击军》的音乐形象和《在太行山上》的音乐形象是不同的。这种不同当然不是本质上的差别，而是在具体的生活情境上的差别。《在太行山上》中，音乐形象所表现的游击队守卫着太行山，监视着敌人的情景。而在《游击军》中，音乐形象所表现的是游击队充满信心地进军时的情景。在这里，音乐的构造是和进军的步伐一致的。

《反攻》的音乐形象和前面这两首又不相同。它既不是像《在太行山上》那样以抒情的格调来表现游击队员的战斗热情；也不是像《游击军》那样表现游击队员胜利进军时的情景。它所表现的是我们的游击部队向敌人后方突进的战斗精神，表现那种坚决性和勇猛性。

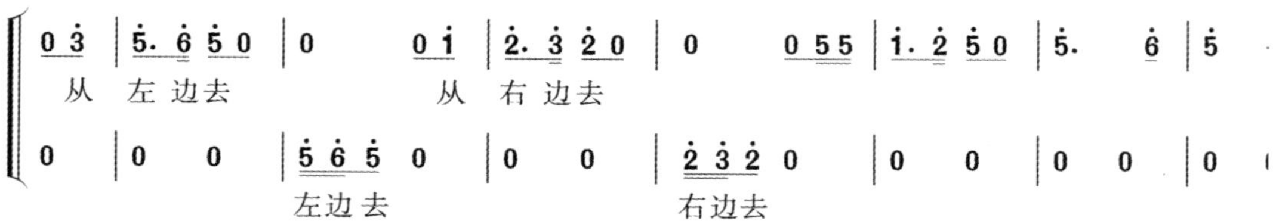

这种富有坚决性和勇猛性的向敌人后方突进的音乐形象，在中间一段具有朗诵体的曲调又从另一方面予以发挥了。

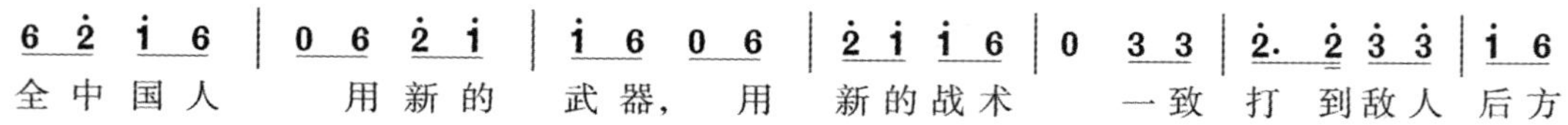

在这里，战斗的顽强性被充分地表现出来。这首歌曲的音乐形象是多么鲜明，多么洗练呵！

至于《保卫黄河》的音乐形象，那几乎是无须解释的了。它是高度概括了游击战争在我们民族的历史上的巨大意义，并且在应有的高度和广度上体现了人民的战斗力量的。在这首歌曲中，冼星海同志不但创造了那雄壮而豪迈的曲调，同时又恰当地选取了轮唱曲的形式。于是就形成了那来自四面八方的巨大的人民力量所汇集成的汹涌澎湃的壮阔的洪流。这种音乐形象和以上的不同，它是以高度概括性来反映我们的历史面貌的。

以上这几个实例说明在类似的题材中创造音乐形象的多方面的可能性，冼星海同志正是有效地利用了这种可能性，所以能从不同的方面，在不同的深度和广度上反映了抗日的游击战争，歌颂了人民的战斗力量，表现了人民的胜利信心。

在我们谈到冼星海同志的音乐形象创造时，不能不谈到冼星海同志创造的音乐形象的音调和我们民族音乐的音调的有机联系。而冼星海同志所创造的音乐形象的丰富性，也正和他充分地利用了我们民族音乐的音调的丰富性分不开的。

在冼星海同志的作品中虽然较少直接引用民间曲调的实例，但是在他的作品中我们都能够清楚地看出它们和民间音乐的有机联系。例如在他所写的《生产运动大合唱》的《二月里来》这一首歌曲中，我们虽然不能确切地说出它像哪一首具体的民歌，但它的音调却是和民歌有着极深切的联系。从它的抒情的特征中，从它的调式和曲调的进行中，特别是从它的那些装饰音的运用上，我们能够看出它是充分具有南方民歌的特色的。这些特点对于表现农村中春天的景象是非常恰当的。在这里我们看到冼星海同志对待民族音调的现实主义的和富有创造性的态度。

在冼星海同志的作品中，不断卓越地发展了我们民族音乐语言的抒情的歌唱性的特点，同时我们民族音乐语言中许多属于朗诵性质的部分也被他很好地利用了和发展了。例如前面提到过的《反攻》的中间一段，是那样富有创造性地发展了我们民族戏曲音乐中特有的快板节奏，特有的朗诵体的音调。在一些抒情歌曲中，冼星海同志也很有效地利用了朗诵性曲调的音调特点，从而丰富了抒情歌曲的音乐语言，加深了抒情的情绪。例如在《夜半歌声》中，就有如下一段：

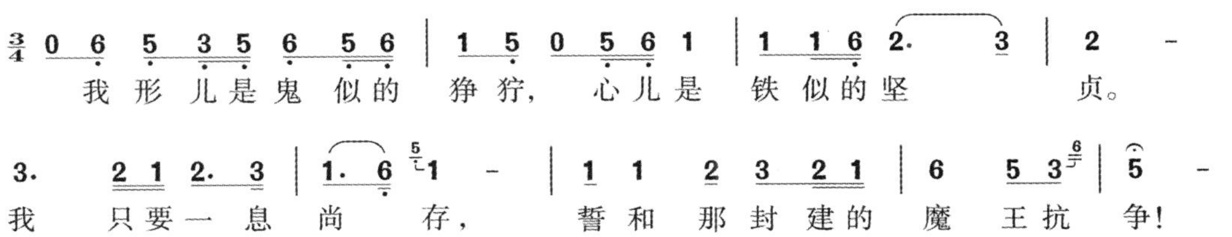

这种朗诵性曲调的运用，无疑地加深了对于反封建的斗争热情的抒发的。可惜的是，冼星海同志在发展朗诵性曲调方面所取得的许多宝贵经验还没有被我们现在的作曲家们予以充分的注意。

冼星海同志特别注意到了我们民族音乐中打击乐器的特色。在他的作品中，可以充分地看出他是把打击乐器的运用作为我们民族音乐的音调特征的主要构成因素之一的。在《黄河大合唱》的《河边对口曲》中，在《九一八大合唱》的《九一八子夜歌》中，以及在管弦乐作品《中国狂想曲》中，都曾经充分地利用我国的打击乐器。这些打击乐器的运用，大大地帮助了他创造具有鲜明的民族色彩和真实地反映我国人民生活的音乐形象。

除了以上这三点之外，冼星海同志还在一些特有的音乐体裁上充分利用了我们民族音乐的音调的多样性。突出的例子可以举出《黄河大合唱》的《河边对口曲》来，这个曲子恰当地利用了我们民间对答歌曲的形式，大大地加强了它的真实生活感觉。

以上是我对于冼星海同志作品中音乐形象创造上的一些认识。当然这还是很不全面和很不深刻的。例如对于冼星海同志创造的音乐形象的典型性质，就还待我们进一步去研究和分析。而现在我所已经作过的一些分析也是很不深刻的，特别是像冼星海同志的作品中如何富有创造性地利用和发展了民族音乐的音调特点这样的题目，是需要作更深入的研究的。这篇文章只不过作一些初步的探讨，希望能引起更多同志的注意，共同为深入研究冼星海同志的创作遗产，继承他的传统，学习他的经验而做更多的工作。

原载《人民音乐》1955 年第 10 期

总得先有种子、土壤和肥料

“百家争鸣”。譬如鸟鸣，要鸣，就要有鸟。音乐界不是没有鸟，而是鸣的鸟太少。我们看，经常写理论批评文章的就是李凌、马可、焕之等几个人。就是说，鸣的鸟少得可怜。有些原是“鸣禽”的，现在不鸣了；有些在鸣着的，太年轻，喉舌不清，鸣得不响，听不真；另外，有一些还在壳里，需要给予温暖，使他孵化。总之，我们音乐界还没有形成一支强有力的理论批评的队伍，许多重要的学术问题都没有展开讨论，因而也没有能够帮助音乐艺术工作的繁荣。

因为没有时间和条件去进行踏踏实实的研究，所以在我们的理论批评工作中还存在着很多缺点。以我自己写过的东西来说，就曾经有过不少庸俗社会学的观点。譬如评价一首歌曲时总是说它“表现了今天新中国人民的思想情绪”这类抽象的话，把生活的广阔、丰富和多方面的性质简单化了。而在我们一些影响最广泛的文章中，也常有着类似的观点。如说音乐的特点就是表现情绪，而典型的情绪就是先进的乐观主义的情绪等等。这样一来，音乐创作就被挤到一条狭窄的路上去。

我们写文章，常常不是在广泛的现实材料的基础上进行深入的研究，而是就理论谈理论，或者是用理论去套事实。这种教条主义的倾向，大大地束缚了自己的思想。

音乐界并不是没有人才，也不是注定了只能是一些庸俗社会学者。要提高音乐理论批评的水平，使之成为发展音乐艺术的有力助力，就必须有条件。现在，党提出了“百花齐放”和“百家争鸣”的方针，这是一个很重要的条件。譬如对花木来说，党的这个政策就像空气、阳光和水分，将使它们得到迅速的生长。但这是一面。另一面，要生长，总得先有种子和苗芽、土壤和肥料。就是说，我们总得有一批从事于理论批评工作的人，或者是有一半时间能从事理论批评工作的人，要给这些人以工作的时间和条件。这是另一个条件。只有这两方面的条件都具备，花才开得茂盛，鸟才鸣得中听。

原载《人民音乐》1956 年第 8 期

“百花齐放”杂谈

一、谈“方向”

音乐周的时候，上海代表团演出了海鹏改编过的黄梅戏《打猪草》。这出戏的演出，引起了批评家的争论。有的人说：这是方向；有的人说：这不是方向！

看起来这是两个极端相反的意见，但它们却有一个共同的基础，这个基础就是一个“方向”。肯定者也好，否定者也好，在他们的心目中，只能有一种做法。按着他们所设想的做法去做，就是“方向”；否则，就不是“方向”，就该批判掉，就该予以取消。

要不要方向？要。我们的方向是创造社会主义的民族新文化。但在这统一的方向下面，可能而且必然要有各种不同的道路，不同的做法。同时，这些道路是只能“走”出来，而没有现成的。这就必然要有所尝试，有所探索。因此，只把某一种预先拟定的做法肯定为“方向”，从而排斥其他的做法。这就不可免地要阻塞向一个方向走去的不同道路，扼杀多种创造性尝试的积极性。当然也就谈不上“百花齐放”。

二、谈“科学”

前几年，在我国曾经有过一场关于“洋嗓子”和“土嗓子”的激烈争论。但后来，人们就不怎么提“洋嗓子”了，而把它改称为“科学的发声法”。既然是“科学的”，则我们那

“不科学的”似乎就得接受它的“改造”。于是戏曲艺人、民间歌手、文工团员，不问其基础如何，有条件的就都学起“科学的”唱法来。因为那种“科学的”论调和“不科学”的责难确实使他们感到“自危”。

西洋的发声法在发展它的专业技巧之时，确曾吸收了近代自然科学的成果，而且也形成了一套系统的理论。说它是“科学的”固然也未尝不对。但是第一，当我们肯定西洋发声法是“科学的”之时，绝没有理由因为我国传统唱法未经整理成系统的理论而肯定它是“不科学”的；其次，衡量艺术技术的标准，主要的并不是“科学”与“不科学”，而是要看它是否能够更完美地表现艺术内容及其风格特征。一切自然科学的成就只有当它能够提高艺术的表现力和促进艺术风格的发展之时，它对于艺术才是有用的。如果把某一种与特定的风格相联系的技术肯定为“科学的”，把另一种肯定为“不科学的”，并从而把它绝对化起来，其结果只能是阻碍多种风格的自由发展，自然也就谈不到“百花齐放”了。

三、谈“真实”

“难道生活里是这样的吗？”这几乎成了一些人批评每一个音乐作品时的口头禅。回想一下我们对某一些作品（例如有几首表现志愿军的作品）所展开的热烈的批评和讨论，其中所提出那些“无微不至”的指责实是有点吓人！

追求真实，原是音乐创作的最崇高的目的。但是所谓的真实，是不是只有和生活里的情形一模一样才算数呢？或者只有和批评者所见和所想的一模一样才算数呢？我以为不是的。作曲家以“生活的真实”为根据，经过了提炼和概括，从而创造了“艺术的真实”。这里面包含着作曲家对生活的理解和体验，也包含着作曲家的想象、幻想，还有作曲家的个性。如果不承认作曲家对于现实生活可以有着他自己的理解和体验，不承认可以有想象和幻想的余地，不承认艺术家的个性，不承认艺术的真实不是对现实生活的机械的复制而是创造性的反映，其结果就只能是阻碍多种风格的自由发展，同样也就没有“百花齐放”。

原载《人民音乐》1956年第12期，署名“施盈”

民歌

——歌曲创作的重要基础

民歌，它是千百万群众自己创造的艺术，它直接地、毫不隐讳地表现出人民的思想观点，真实地反映了人民的丰富生活。每一个民族的特性，他们的精神面貌，在他们自己的民歌里面得到鲜明地反映。

对于作曲家来说，如果他是一个真正的现实主义者，如果他希望自己真正成为人民的代言人的话，那么，他就不能够使自己的创作离开民歌这样一个重要的基础。

任何一个作曲家都不可能凭空地进行创作的。当某一个作曲家要把他在现实生活中的体验转化为动人的音乐之时，或者说当生活激起了作曲家的音乐灵感之时，作曲家必须有为他所掌握的并借以思维的音乐原料。这就是说，作曲家是不能离开前人的经验，也就是不能离开一定的传统来进行创作的。因此，作为一个现实主义的作曲家，要在自己的作品中表现人民的生活、思想和情绪，怎能设想他可以离开民歌这样一个重要的基础！

民歌，它是千百年来无数群众的智慧的结晶。它经过千锤百炼，无数次的修改和补充，形成了最完美又最精练的表现形式。民歌的艺术表现方法在人民中扎下了深深的根子，为人民所熟悉，为人民所热爱。

对于作曲家来说，如果他想要使自己的歌曲深入群众，受群众的欢迎。那么，他就必须努力为自己的作品找到真正接近人民、为群众喜唱乐闻的表现形式。要达到这一目标，就必须深入地去熟悉和钻研民歌，理解和掌握民歌的表现方法，也就是说，不能离开民歌这一重要基础。

由此可见，民歌必须是现实主义的和群众化的歌曲创作的重要基础。

从以聂耳为代表的我国第一批革命作曲家的创作活动开始，在我国的现实主义歌曲创作中，民歌的音调一直是不可缺少的重要因素。和那些恶意地篡改民歌、玷辱民歌，并用它来改制为麻醉群众战斗意志黄色歌曲作者相反，对于革命的现实主义的作曲家说来，民歌音调在歌曲创作中被运用，是和他们要反映人民群众斗争生活的现实主义的艺术目标分不开的，也是和他们要创作真正具有群众性的歌曲的艺术要求分不开的。

我们都知道：聂耳为了创作那些真实地反映我国工人阶级的生活和斗争的歌曲，他不仅深入地去体验了工人的生活，而且也用了很多精力去搜集和研究工人的劳动歌声以及其他的民歌。民歌音调的基础，构成了聂耳的革命歌曲的一个重要特征。例如：聂耳的《码头工人歌》和《大路歌》便是很有机地运用了劳动歌声和民歌的音调。

这条现实主义的歌曲创作道路，在聂耳以后的我国革命作曲家的歌曲创作中，得到了进一步的巩固和发展。这里面，冼星海的创作活动有着重大的意义。在冼星海的歌曲创作中，民歌音调的运用更多样、更深刻了。特别是在他的《黄河大合唱》中，民歌音调被提升到了革命英雄主义的极其宏伟的高度。例如《保卫黄河》是以民歌音调为基础的，但作曲家已经把它大大地提高了。

1942 年毛主席《在延安文艺座谈会上的讲话》发表之后，我国一切革命的和趋向革命的作曲家都受到启示和鼓舞，更加明确了向民间学习的重要。于是，在根据地的作曲家就深入到群众中去体验生活并进行广泛的搜集、整理和研究民歌的工作。结果，在我们作曲家的歌曲创作中就有了更加鲜明的民歌音调特征。例如大家所熟悉的马可的《南泥湾》，就是其中之一。

新中国成立以后，我们一方面有了许多长时期在延安文艺方针教导下成长起来的作曲家；另一方面，许多原来少有机会去认识民歌的作曲家们也有了充分的条件去接触和了解民歌。这样就为我国的作曲家在歌曲创作中更广泛地运用民歌音调提供了良好的基础。1955 年举行的“全国群众歌曲评奖”的结果以及近三年来歌曲创作的发展都证明：民歌音调因素在我们的歌曲创作中被丰富多样地运用着。美丽其格的歌曲《草原上升起不落的太阳》就是一个例子。在这首歌曲中，内蒙古民歌所特有的音调特征，它的开阔匀称的结构，还有它特有的抑扬起伏的曲调等，都为表现新的爱国热情而被有机地运用着。

这些都说明了，把民歌作为歌曲创作的重要基础，在歌曲创作中充分运用民歌的音调因素，乃是我们歌曲创作的现实主义传统的一个重要的构成部分。

民歌，作为歌曲创作的重要基础，它是以不同的程度并通过不同的道路面对歌曲创作发生着影响的。有的场合，民歌音调对歌曲创作的影响就直接些、明显些；有的场合，这种影响就要间接些、含蓄些。有的歌曲中，民歌音调特征从多方面体现出来；有的歌曲中，民歌音调特征就只是在某一个或几个方面体现出来。

由于我国旧有的民歌主要产生在农村中，除了部分劳动歌曲之外，大都不是由集体演唱的，而且多数是抒情和叙事歌曲的性质。因此，在我们的歌曲创作中，反映农民生活的歌曲，以及抒情歌曲和叙事歌曲这两种体裁中，就比较容易从多方面地和较直接地运用民歌音调因素。例如《草原上升起不落的太阳》就是这样。此外，像时乐濛的抒情歌曲《歌唱二郎山》就能够比较鲜明地运用河南民间音乐的音调因素，这种音调因素的运用不仅表现在歌曲的曲调上，而且也表现在伴奏上。在叙事歌曲方面，如张鲁的叙事——抒情歌曲《王大妈要和平》也具有比较鲜明的民歌音调特征。这种音调特征被恰当地用来表现新社会中一个普通妇女的形象。

但是，在一些进行曲体裁的群众歌曲中，民歌音调的影响往往不是以那样直接的和明显的面貌出现的，例如瞿希贤的《全世界人民心一条》，它和民歌的音调是有深切的联系的，但这种联系却不像前面谈到的几首歌那样直接和明显。在这首歌中，那开始乐句的铿锵的切分节奏，那中间部分的抑扬起伏的曲调线条等等，都是从我们的民歌音调中发展出来的。只是因为它们常常和一些由生活内容要求而被吸取的新因素结合在一起，也就不容易被我们辨认出来就是了。

由此可见，在歌曲创作中运用民歌的音调是有着极为广阔的可能性的，是可以在不同的程度上通过多种多样的方式来予以实现的。因此，一个真正的现实主义的作曲家，决不应避开这一条使自己的创作和生活、和人民更紧密地联系起来的道路的。

在歌曲创作中运用民歌音调的可能性是无限广阔的，但是并不是任何只要包含有民歌因素的作品都是好作品。只有根据现实主义的原则，富有创造性地运用民歌音调因素，才有可能产生真正好的作品。

我们坚决反对那种对民歌传统采取虚无主义态度的作曲家，他们认为可以离开民歌的基础而创作出真正人民性和现实主义的歌曲来。我们同样反对创作采取“便宜”态度的作曲家，他们可以不问歌曲的内容如何，只要唱得顺嘴，听来好听，随便套用某一首民歌，或者作“东施效颦”式的表面的摹拟，以为这样他的作品便有了人民性。我们也反对那种以为只有歌曲创作和他所了解的一些民歌很相似才算是和民歌有了联系的保守思想。

我们认为，作曲家在他的歌曲创作中运用民歌音调并不是那样方便的事，他必须付出艰苦的创造性的劳动。作曲家必须充分地熟悉民歌的精神和实质，要善于找到最适合于作品内容要求的民歌音调特征，同时给予创造性的发展。任何懒惰和保守都是有害的。

但是，要创造，要发展，并不是无目的的，只能是根据作品所表现的生活内容的要求，根据今天的体验和感受的要求去创造、去发展。比如说，我们的民歌多是旧时农村中的产物，它的节奏大都平稳、舒畅，带有抒情性。如果要创作一首表现当前尖锐的斗争和急剧变革着的现实，我们便必须面临着发展这种音调因素的创造性的任务。也许我们就不能不在某种与民歌相联系的音阶、调式、曲调进行等因素之外加进一些新的因素。这些新的因素，有时可能得自生活的警示，有时又可能在其他种类的音乐——如戏曲音乐、民间器乐曲，甚至于外国的进行曲等中得来。而所有这些新旧因素的被吸取，又都是服从于一个为创造真实、生动、具体的音乐形象的目标的要求。只有这样在歌曲创作中运用民歌音调，才能使我们的歌曲创作得到健康的发展。

既然是要创造性地运用和发展民歌的音调，可以设想，一首真正优秀的运用了民歌音调的歌曲，可能叫我们并不能觉察出它究竟像哪一首民歌，但我们又总可以感到它确实和我们的民歌有着密切的联系，同时它自身又是一首内容与形式高度统一的完整的创作。举一个简单的例子，如冼星海的《生产大合唱》中的《二月里来》就是这样的。这里的关键就在于作曲家要善于去领会民歌的实质，而不是去抓住民歌的皮毛。而且作曲家要善于根据作品的内容要求去有效地运用和发展民歌音调。这也说明了，所谓创造性的运用和发展，不是要我们离开民歌的基础，而是更深刻地依靠这一基础。

我们的歌曲创作在近年来的成就表明了我国革命音乐传统的这一现实主义原则的胜利。但是我也同样看到目前歌曲创作和我国社会主义建设及群众要求不相适应的状况。可不可以说“我们有些落后了”呢？我想是可以的。群众不大容易得到适合他们需要的歌曲。这种状况固然和我们许多作曲家没有深入到群众中去参与他们的生活和斗争有关，但同样，对民歌的熟悉和了解不足，也不无关系。既不熟悉和了解，也不能正确地发展民歌的音调，当然不能创作出适合当前群众需要的、为人民所喜爱的新鲜的音调来。

坚固地依靠着民歌的基础，创作具有新鲜的时代的音调的歌曲，这是我们专业的和业余的作曲者的努力方向。我们应该牢牢记住：民歌是歌曲创作的重要基础。

原载《北京歌声》1958 年 3 月号

演出节目要满足群众多方面的需要

《评马思聪先生的独奏音乐会》是一篇从群众中来的批评。从这个批评中可以看出：群众对于音乐生活的需要是异常迫切的，他们对于音乐艺术的发展情况也是十分关心的。

作者在这篇文章中说：“听众需要新东西，时代需要新东西。”这是多么强烈的呼声！它值得音乐家们深思，值得音乐家们给予充分的注意。

群众要求有反映我们今天的伟大现实的音乐创作，要求音乐创作能够成为他们建设社会主义的伟大事业中的良师和益友，他们希望在音乐会中听到这种作品的演出，这是十分自然的、合理的愿望。怎样更好地去满足群众的这个愿望，这是我们的音乐家们的崇高的、神圣的职责。作者对马思聪先生的演出节目中缺少新的作品的现象提出批评和要求，这是十分正当的，我同意他的意见。

我也希望能够在他的小提琴独奏音乐会中听到他创作的以及别的作曲家创作的反映社会主义现实生活、表现今天人民的精神面貌的新作品，同时也希望介绍一些苏联和其他兄弟国家现代的优秀作品。

但是，我认为我们在演出和介绍更多的反映今天伟大现实的音乐作品的同时，也还需要演出和介绍新中国成立以前的和西洋古典的音乐作品。

我们知道，共产主义者是一切以往历史中的优秀文化遗产的承继者，介绍优秀的外国音乐作品，对于丰富我国人民的音乐生活是有一定的作用，而事实上，群众对于音乐艺术的需要也是广泛的，多样的。从新中国成立以前的许多优秀作品和西洋古典的音乐作品中，群众也可以得到若干有益的启示和感染。我们不可能要求过去的、外国的音乐作品和我们今天的思想感情完全一致，而应该看到在那些优秀的作品中也有着某些和我们的要求相适应的东西。例如舒伯特的《圣母颂》这首曲子，它与过去许多宗教题材的作品不同。它受到广大群众的欢迎的原因，并不在于它是否真实地刻画了人们的宗教的情操，相反地，在于它写出了真正的人间的感情。历史上许多著名的音乐家，如巴哈、韩德尔、莫扎特、贝多芬等，都跟舒伯特一样写过宗教题材的作品，但这些作品中常常是歌颂“人”，而不是歌颂“神”。他们之所以选择宗教题材，是有其一定的历史和社会的原因的。又如萨拉萨蒂的《流浪者之歌》，这虽是一首富于小提琴表现技巧的特色的乐曲，但它却不是一首玩弄技巧的乐曲。它里面表现的是热爱生活的吉普赛人，是渴望自由的吉普赛人。这样一些作品，自然和跃进的歌不是一回事，但它们并不是水火不相容的东西，也不是有害的东西。相反的，我们还可以从中得到一些有益的启示。当然，并不是所有的外国作品都是优秀的，甚至在某一个优秀的作曲家的作品中，也并不是每一首都是好的，这就需要实事求是地、仔细地加以分析。笼统地加以肯定或否定，对于发展我们的音乐艺术和丰富我们的音乐生活来说，都是不利的。

同样，对待新中国成立以前的作品也要采取实事求是的态度。马思聪先生在过去写了许多小提琴曲。这些小提琴曲中，有的是比较优秀的，如《思乡曲》《塞外舞曲》《牧歌》等，它们或者描绘了祖国的美丽，或者表现了人民对家乡的热爱。它们在一定程度上表现了人民的乐观情绪。因此，对这些作品，我们必须予以适当的评价，不能采取否定的态度。马思聪先生的有些作品是值得研究和讨论的问题。如《西藏音诗》，作者在这首作品中强调了奇异的神秘的因素，因而不能真实地反映当时西藏人民的生活面貌。尽管如此，作者还是通过这一作品表达了他对祖国这一地区的感情，并在创作中表现了运用西藏民族音调来反映这一地区生活意愿的。因此，《西藏音诗》虽有缺陷，但是于这部作品，可以就创作上所存在的问题提出意见，以便作曲家从其中吸取经验教训，这是非常有必要的，但还是可以演奏的。

我以为对待音乐艺术发展上的这些问题，必须遵循“百花齐放”的原则，在评价一个作品时应当分清好花次花和香花毒草两种不同界限的区别。这样才有利于我们音乐生活的丰富和音乐艺术的繁荣。

以上这些意见说得比较简单，也可能有错误，希望大家指正。

原载《人民音乐》1959 年第 2 期，署名“徐南平”

蓬勃发展的民族音乐

我们的祖国，是一个具有悠久的音乐文化历史的国家。在几千年的漫长岁月中，我国各族人民创造了光辉的音乐文化。在歌曲、说唱、歌舞、戏曲、器乐的创作和表演，以及音乐理论等方面，我们的祖先都留下了极为丰富的珍贵遗产。我们的民族音乐遗产虽是十分优秀而且丰富多彩，但是在旧社会里，却得不到应有的发展。特别是近百年我国沦为半殖民地、半封建的国家以来，民族音乐的发展更处在极不利的困境中。反动统治者固然是歧视和压迫民族音乐的刽子手，就是音乐家中间，也有很多人对民族音乐采取轻视和排斥的态度。他们或者以维护封建统治的复古主义者的立场，否定民族音乐的民主性的优秀传统，阻碍民族音乐的发展；或者盲目地崇拜西洋音乐文化，把民族音乐遗产当作废物抛弃。在这样的情况下，我国许多优秀的民族音乐遗产渐渐失传，或者几近湮没。只是由于许多天才的民族音乐家的艰苦的努力，才使得很多优秀的民族音乐遗产能够保存下来，并且部分地得到发展。

人民革命的胜利，中华人民共和国的建立，给我国民族音乐带来了新生，展开了无限广阔的前途和灿烂的前景。在党和政府的积极领导与扶持下，我国民族音乐在短短的十年中，获得了史无前例的发展与繁荣。一切民族音乐的创造力量，都随着革命的胜利，从旧社会的歧视与压迫下解放出来，从反动的资产阶级音乐观点的束缚下解放出来。民族音乐家们、演员们，在新社会里得到的不仅是物质生活的保障和良好的工作条件，更重要的是从根本上改变了在旧社会所处的卑微地位，而成为受人民尊敬和爱戴的艺术家。他们中的许多杰出人物，还被选举为各级人民代表大会的代表。这样巨大的变化，自然会激起广大民族音乐家的艺术创造的积极性，鼓舞他们在发展民族音乐的事业中发挥巨大的作用。新音乐工作者们也积极地向民族音乐遗产学习和从事于民族音乐的搜集、整理、研究，以及加工、改编与发展等工作。他们和民族音乐家建立了良好的合作关系，遵循着党所指示“百花齐放、推陈出新”的方针，共同为民族音乐的发展贡献出他们的智慧与力量。

十年来，我国的民族音乐，依靠着党的扶持与领导，以及音乐家们的创造积极性，在各方面都得到了迅速的发展。

为了有效地展开民族音乐的搜集、整理和研究工作，党和政府对于民族音乐专门研究机构的建立给予了很大的支持。1952 年建立了中国戏曲研究院音乐室。1954 年春天，在中央音乐学院民间音乐研究室的基础上，扩大建立了民族音乐研究所，也就是现在的中国音乐研究所。各省（自治区）在 1953 年广泛建立了音乐工作组（后来多数并入歌舞团或群众艺术馆等机构），其任务之一就是搜集和整理民族音乐。许多音乐学院先后建立了民族音乐研究室，一些重要的戏曲剧院也设立了音乐研究室。北京的乐器研究所和上海的声乐研究所，都相当重视民族乐器和声乐的研究。此外还有一些受国家支助的业余研究机构，如北京古琴会等等。中国音乐家协会的各地分会，也有关于民族音乐研究的部门，推动民族音乐研究工作的开展。所有这些研究机构的建立，以及各专业音乐团体与广大音乐工作者对民族音乐研究的积极性之受到鼓励，各音乐院校科学研究工作的积极开展，使我国民族音乐的研究工作得到空前的发展。

由于我国民族音乐在旧社会中受到极大的摧残，所以民族音乐研究工作的迫切任务，首先是进行广泛的发掘与搜集，以求保存我国丰富的音乐遗产，使许多几近湮没的民族音乐的珍贵财富免于泯灭。十年来，对民族音乐的发掘与搜集有了广泛的开展，取得了重大的成就。1953 年春的第一届全国民间音乐舞蹈会演之前，中央文化部和各地文化主管部门曾组织大批音乐家深入各地去发掘优秀的民间音乐家。现在已为大家熟知的笛子名手冯子存、唢呐名手赵春庭和民歌名手黄虹等，都是那一次寻访出来的。1958 年，文化部还组织了 31 人的民族艺术调查组（其中多数是音乐工作者），分别到 12 个省和自治区的几十个兄弟民族中去作了近 10 个月的考察。他们不辞艰苦地深入边远地区，全面地了解了这些兄弟民族的音乐文化和社会生活的历史和现状，搜集了丰富的音乐资料。中国音乐研究所在过去五年中，曾经派人到各地去作过 30 多次深入的采访和调查，广泛地搜集民族音乐及有关的文物和资料。其中规模较大的如 1956 年的湖南省音乐普查，参加采访的 18 人，历时 74 天，遍及 44 县，搜集到 451 种音乐形式的 1423 个音乐项目，为 1001 个节目录音，共长 425 小时，还有乐谱、乐器等许多文物资料。各地方的有关部门和广大音乐工作者，都曾经做了很多搜集、整理民族音乐的工作。例如四川省戏曲研究所几年来就记录整理了川剧的高腔曲牌、唢呐曲牌、笛子曲谱等共 1000 多首，出版了十几种附有曲谱的剧本。根据不很完全的统计，十年来全国已出版的民歌、戏曲、说唱、歌舞音乐和民族器乐曲的乐谱共 360 多种（许多内部印行的不计在内），其中许多是各地民间音乐的专集，中国音乐研究所集中的各族民歌就有 2 万多首。民族音乐搜集工作的规模之大、范围之广，以及成绩的显著，由此可见一斑。

民族音乐搜集工作的广泛开展，使许多几近泯灭的民间音乐遗产被抢救了出来。例如天才的民间音乐家华彦钧（即瞎子阿炳），他不仅在二胡和琵琶的演奏上有深湛的造诣和独创性，而且是一位优秀的作曲家。他的艺术创造遗产对我们来说是很珍贵的。我们今天之所以还能够听到他的作品和演奏的录音，就是中央音乐学院民族音乐研究所民间音乐研究室在他死前及早进行采访的结果。各地搜集的民间音乐，许多是从老年人的记忆里搜索出来的。各种地方戏曲在音乐改革的过程中，不断地“翻箱底”，许多久不为人利用、仅存在前辈艺人心中的老曲调，重新恢复了它的艺术生命。已故的著名京剧艺术家程砚秋的丰富的发展唱腔的经验，也经中国戏曲研究院访问记录，得以部分地保存下来。还有好些由于没有职业剧团而差不多就要消亡的剧种，也都被抢救出来，建立了剧团，重登舞台。历次大规模的会演活动中，不断出现许多新发现的剧种、乐种、剧目和曲目。

许多几乎失传的古代音乐遗产和有关的文物资料，也都经过大力的发掘而留存下来。在大规模的基本建设的进行中，有不少珍贵的古代音乐文物出土。例如1950年出土的殷墟古磬、1957年信阳出土的春秋末期的编钟，以及其他雕刻等等。1956年，中国音乐家协会和中国音乐研究所等单位组织的一个古琴采访组，曾到17个城市去做了100天的古琴采访工作，搜集到许多古琴书籍及手稿，其中如宁波天一阁所藏明初龚稽古所辑的刻本《浙音释字琴谱》等，都是极为珍贵的资料。特别值得注意的是，许多久已绝响的古代音乐，经过古乐家们的大力发掘与研究，终于变成可以听到实际音响的音乐。例如相传为孔子所作的古琴曲《幽兰》和汉代的著名古琴曲《广陵散》等，都经过古琴家们的精心探索，使那古老费解的乐谱能够演奏出来，成为我们感到亲切易解的活音乐。宋代词人兼作曲家姜白石遗留下来的17首歌曲谱，由于在广泛搜集民间音乐的过程中，发现一些在民间实际运用的乐谱，保存着宋代的谱式，从而解决了数百年来无法译谱的难题，而成为可以实际演唱的歌曲。此外，一些古代的戏曲剧种如弋阳腔、青阳腔等，也是几乎绝响了的，经过大力的发掘和整理，也都恢复了它们的艺术生命。兄弟民族的古代音乐，如新疆维吾尔族具有600年历史的大曲《十二木卡姆》，虽然还在民间流传，但能演唱的也都是一些年老的艺人，而且已很少有人能够全部演唱了。经过几年的努力，这部维吾尔族音乐艺术宝库的大曲（全部要20多个小时才能演奏完毕），已经完成了记谱、整理和古词翻译工作，并已出版。

对于我国浩瀚无垠的民族音乐遗产来说，这些大规模的发掘和搜集，只不过是取得了初步的然而又是巨大的成果。但是，就是现有的这些成果，已经使我们开始认识到：我们的祖先给我们留下了多么优秀的，而且多么丰富的民族音乐遗产。我们开始认识到：我们的民族音乐不仅为我们一般所理解的具有着人民性和现实主义的优良传统，而且我们的民族音乐也有它自己的高度的艺术技巧和丰富的艺术经验。许多人对民族音乐的偏见，也逐步被客观的事实否定了。例如曾经有人把我国民族唱法斥为不科学的，但是这些年来，由于一些优秀的戏曲演唱方法被介绍出来，许多歌唱家在向遗产学习的过程中对民族传统唱法有了更多的理解，原来的看法也就逐步被否定了。此外，如在侗族和壮族中普遍流行的复调合唱形式的被发现，以及对民间器乐合奏的深入了解，也就逐步地打破了那种以为中国音乐只有单声部曲调的看法。这些都说明了，民族音乐的广泛发掘与搜集，加深了我们对于民族音乐的理解，加强了我们的民族自信心，鼓舞了我们发展民族音乐的积极性，并为民族音乐的整理和研究，以及进一步发展民族音乐文化的工作提供了极可靠的基础。

随着民族音乐的发掘与搜集工作的广泛开展，对民族音乐的整理和研究工作也得到了迅速的发展。各地出版的民间音乐的乐谱专集，都经过不同程度的整理，在资料的取舍、分类编排等方面做了细致的工作。不少这一类型的出版物，还附有相关的学术研究报告或学术性的序言。例如吕骥同志为《河北民间歌曲选》所作的序言，通过民歌的具体分析，对研究民间音乐的态度、方法等提出了重要的意见，并着重地引导大家去注意和发掘民歌中的民主性的精华，深入研究民间音乐的丰富、多样和富于独创性的艺术表现手法。这篇序言对近年来各地民间音乐的搜集和研究工作起了很大的推动作用。又如中国音乐研究所的《河曲民歌采访专集》，除了民歌曲谱之外，还有5篇调查与研究的报告文字。这些报告对民歌和人民社会生活的联系，作了具体的科学的论述，它们给民间音乐的调查与研究开辟了一条崭新的途径。该所今年出版的《苗族民歌》的调查报告，也正是这一方法的继续和发展。此外，许多戏曲与说唱音乐的专辑中，都有关于该剧种或曲种的沿革、流传、音乐结构特色等的文字说明，也是经过初步整理和研究的结果。

对于民族音乐的许多基本规律的专题研究，也日渐发展起来。诸如民间音乐的调式、复调与和声的配置、乐曲形式的分析，亦即与民间音乐创作有关的美学问题等的探讨日益频繁，在若干方面取得了初步的可贵的成果。今年出版的黎英海著的《汉族调式及其和声》一书就是一个显著的例子。在这本书中，作者对汉族音乐的调式作了系统的整理、分析和研究，同时对汉族调式的和声配置方法也进行了多方面的探索，提出了自己的意见。无疑的，这对于我国民族音乐的调式与和声的深入探讨，是一个良好的开端。此外，在各个期刊上也有不少专题研究的论文发表。

古代音乐资料与文物的被发现，以及古代乐曲的越来越多的被演奏，使我们对古代音乐得到日渐丰富的具体了解，并且大大便利于古代音乐史的研究。它们不仅使音乐史中遗留下来的一些疑难问题，逐步得到解决或接近解决，而且也逐渐改变着以往音乐史学中只在文字上作繁琐的考据、脱离音乐实际的音律推算等偏向，使音乐史的研究逐渐充实了生动活泼的内容。例如信阳古墓春秋末期编钟的出土，通过对于它的实际音响的测定，对于古代音律的实际运用就有了具体的了解，同时还可以从它和文字记载的比较研究中印证古代文献的科学性究竟如何。特别是许多古代乐曲的实际演奏，使我们具体地从音乐中了解了我们祖先的音乐才能和高度的智慧。有了这样一些实际材料作基础，现在正在积极编写的中国音乐史，必将以更新的面貌出现。

丰富的民族音乐遗产，是我国人民几千年来劳动创造的结晶。人民性，是我国民族音乐的优秀传统。但是，在民族音乐遗产中间，不仅存在一部分宣传封建迷信思想的作品，而且在许多优秀的作品中，也往往不免夹杂着一些封建性的糟粕，使它的真正精神蒙上了一层污垢。因此，必须对民族音乐遗产进行有批判的清理，坚决地去掉其中封建性的糟粕，细心地保留其中民主性的精华，以发扬民族音乐的人民性的优秀传统，更好地为今天的社会主义建设服务。

另一方面，由于长期反动统治的歧视与压迫的结果，民族音乐虽然在若干方面发展了高度的技巧，积累了丰富的经验，但也在表现形式与技术方面受到了很大的限制，得不到充分的发展和提高。因此，根据不同的情况，参照现代音乐发展的经验，给民族音乐遗产以不同程度的艺术加工，使之更加完美，同样是很需要的。

十年来，音乐家们在“百花齐放、推陈出新”方针的指导下，积极地从事于各种传统音乐的整理和艺术加工，做了多方面的有益的尝试，取得了显著的成就。

首先是对民歌的大量的整理和加工。除了歌词的整理加工之外，在音乐上一种是给原有的曲调以加工，一种是给民歌伴奏，再一种将民歌改编为合唱形式。第一种加工，一般由于要求更好地保存民歌原有的特点，做得比较少，比较多的是给民歌配伴奏和改编为合唱。许多作曲家为民歌配过伴奏，已出版的如马思聪的《民歌新唱》二集、江定仙的《民歌九首》，都表现了作曲家为编配伴奏的积极努力。在为民歌配伴奏的过程中，作曲家们对于民族曲调的和声配置、音乐处理，做了多样的广泛的尝试，并力求揭示原曲的内容，丰富其音乐表现力。许多优秀的民歌，由于有了良好的伴奏，而有了更为强烈的艺术效果，成了音乐会中很受欢迎的节目。例如桑桐配的内蒙古民歌《嘎达梅林》、丁善德配的四川民歌《槐花几时开》，就是显著的例子。这两首歌的伴奏都能和歌曲共同构成统一的形象，加深歌曲的感染力。民歌改编合唱曲中，也出现了许多好的作品。如李佺民编的贵州布依族民歌《毛主席派来了访问团》、瞿希贤编的内蒙古民歌《牧歌》、麦丁编的云南撒尼人民歌《远方的客人请你留下来》、莎莱编的湖北民歌《嗺咚嗺》、时乐濛编的云南民歌《小河淌水》等，都是相当成功的作品。其中《远方的客人请你留下来》一歌，还在1957年第六届世界青年联欢节上获歌曲创作比赛金质奖章。这些改编的合唱曲，一方面仍然保持着原有曲调的风格，同时又在和声、复调、歌声的色彩方面大大丰富了原曲，特别是一些对位曲调的加入，使它们实际上具有很强的创作的性质。

由于民间歌舞蓬勃发展，歌舞音乐的整理与加工也取得了很多新的成就。如福建民间歌舞《采茶扑蝶》的音乐，经过已故作曲家陈田鹤的整理和加工，得到了丰富。云南民间歌舞《十大姐》的音乐，就曾有几位作曲家做过加工改编的工作。刘炽为民间歌舞《荷花灯》编写的音乐，创作的成分更要多些。其他各地方改编的民间歌舞音乐，也有许多成功的作品。

民间说唱音乐也在不断地推陈出新的过程中得到发展。许多传统的说唱节目，经过整理加工，得到丰富和提高。特别是由于说唱音乐具有便于配合形势、深入群众的特点，反映现代生活的作品迅速发展。为了适应新的生活内容的需要，说唱音乐也发生了变化，许多民间说唱艺人，在丰富曲牌、发展新腔、改进伴奏与演唱形式等方面都做了创造性的革新。例如著名京韵大鼓艺人良小楼在演唱《英雄黄继光》等新节目时，就曾对曲调作过某些改革的尝试。上海的评弹艺人在创作《一定要把淮河修好》等新节目时，也曾采用合唱形式，做过其他的音乐革新。四川清音艺人在创作《歌唱英雄黄继光》等新节目时，不但改变了历来只由女演员演唱的形式，由青年男女演员演唱，而且在传统曲牌的基础上，创造了新的唱腔和曲牌，在鼓板运用上，也吸取了川剧、京韵大鼓的表现方法。类似这样的革新的例子还很多，不一一列举了。此外，一些青年音乐家在学习说唱音乐的过程中，由于他们在音乐表现上的若干便利条件，因而有可能和艺人结合起来，给说唱音乐以不同程度的加工和丰富。例如上海音乐学院的鞠秀芳，她向艺人丁喜才学习榆林小曲。丁喜才所唱的曲调，由于嗓音的限制而未能得到充分的发展。鞠秀芳没有这个限制，她就有可能按照丁喜才曲调的发展形式来演唱，从而也就发展了榆林小曲的曲调。辽宁人民艺术剧院的邹环生，在学习山东琴书之后，也曾在作曲家安波的帮助下，对山东琴书的音乐做了某些发展。这些都说明了，新中国成立以来说唱音乐的发展也是很迅速的。当然，在民族音乐的各个领域内，恐怕要算是说唱音乐所受到的作曲家的关怀为最少了。如果作曲家们能更多地关心它的改革，则说唱音乐的发展将会获得更显著的成就。

民族器乐的发展也是很显著的。由于民间音乐已经摆脱了旧社会中被摧残的苦境，人民物质与文化生活的不断改善，民间器乐活动空前地活跃起来。专业民族乐队的发展也极迅速，特别是随着民族乐器的不断改良，许多新建立的民族乐队的编制日趋完善，这些都促进了民族器乐的发展。许多优秀的民间音乐家在参加了专业演出团体之后，都在作曲家的帮助下对他们的节目做了很多加工整理工作。例如冯子存的笛子曲《喜相逢》、任同祥的唢呐曲《百鸟朝凤》等，都已较前大为精炼、集中，在艺术表现上更加完美了。一些原来仅是独奏的乐曲，也逐渐加上了伴奏。乐器的演奏技术也有了许多新的发展。一部分是随乐器的改良而丰富的，如半音的扬琴、6 相 18 品的琵琶（原为 4 相 12 品）等都已逐渐普及。这些改良的乐器，不但丰富了乐器的表现力，而且促进了演奏技术的新发展。特别是一些有才能的民族乐器演奏家，通过他们自己的创作或改编而进一步发展了乐器的演奏技巧。例如古筝的演奏，虽然早就有了双手弹筝的办法，但是古筝演奏家赵玉斋创作的《庆丰年》，却把双手弹筝的技术提到新的高度。其他如马光陆编的坠胡独奏曲《河南曲子牌曲》、刘明沅编的中胡独奏《草原上》、王惠然作的《月下欢舞》等，都在乐器的演奏技术上有所发展，这些乐曲经过改编也有了更高的艺术效果。民族乐器合奏曲的改编，因乐队编制的改善而有了新的面貌。如中央广播民族乐团改编并演出的苏南吹打曲《将军令》、古曲《春江花月夜》，以及广东民间乐团整理演出的一些民间器乐曲等，都有良好的效果。此外，还有许多将现代作品改编为民族乐队演奏的。如中央广播民族管弦乐团改编的《陕北组曲》（马可）、《瑶族舞曲》（刘铁山、茅沅）等作品，徐水县人民公社演出的《英雄们战胜了大渡河》和《骑兵进行曲》等，丰富了民族器乐的现代题材的曲目。这些都大大促进了民族器乐艺术的发展。

戏曲音乐的发展，有着更加显著的成绩。

本来，戏曲音乐在它长期的历史发展过程中，就像其他民间音乐一样，从来也没有停滞过。许多优秀的戏曲艺人，都对戏曲音乐的发展作过卓越的贡献，但也只有在新中国成立以后，才有了充分的条件来认真地考虑戏曲音乐的发展。特别是 1952 年全国戏曲观摩演出大会之后，大批音乐家响应党的号召，投身戏曲剧团，学习戏曲艺术，帮助戏曲音乐改革。他们和戏曲艺人建立了良好的合作关系，共同为戏曲音乐的改革和发展，做出了极有意义的贡献。

戏曲音乐改革的一个重要环节，是唱腔的改革和创造。特别是由于现代题材剧目的日渐增多，为了准确地表现新人物的性格，往往不能不突破固有的曲调的限制，或者予以发展，或者创制新腔。即使是传统的剧目，由于内容的革新，对于许多人物也常有新的理解，为此也有发展唱腔的必要。在发展唱腔的过程中，有的是用本剧种原有的曲调材料，突破某些限制音乐表现力的陈旧格律，给予丰富和发展。例如川剧《陈三五娘》的某些唱腔，就是采取这样的方法来发展的；有的则从运用兄弟剧种或接近的民间音乐的材料来发展唱腔，如常香玉在《红娘》一剧的唱腔的发展中，就运用了河南曲子的音乐材料；有的是根据本剧种音乐的特点，给唱腔以部分的创造发展，如东北评剧院演出的《小女婿》一剧中香草的独唱就是如此；有的则是按本剧种音乐的特点而创作新腔的，如浙江省越剧团为解决男女合演时男女音域的差异而新创的一些男声唱腔，就是按照越剧原有基本曲调的节奏，根据越剧音乐的调式与音调的特点来进行创作的；其他一些剧种也都在发展男声唱腔方面做了很多尝试。

演唱的形式也在逐渐地丰富。首先在戏曲中得到发展的是集体歌唱的形式（齐唱或合唱）。这是因为人民群众在戏曲中的地位愈来愈显著的缘故。例如江苏省锡剧团演出的《走上新路》一剧，其中就用一个二部合唱来表现农民群众集体劳动的新情绪；豫剧《刘胡兰》中刘胡兰就义前的一场，刘胡兰的独唱和群众的合唱交织在一起，加深了刘胡兰和群众的思想与感情的联系，收到了感人的效果。有一些戏曲参照高腔戏中帮腔的经验，增加了幕后的合唱，用以加强戏剧的气氛。除此之外，在沪剧、锡剧等剧种的一些剧目中，曾多次尝试运用重唱的形式（多数是二重唱），有的很有效果。

戏曲音乐伴奏的丰富与发展，更普遍、更迅速。许多剧团的乐队都有所扩大，乐器的种类日渐加多。乐队除了尽托腔保调的功用之外，在加强气氛、烘托感情等方面就有了更多的发挥作用的可能性。剧团的音乐家们在发展戏曲伴奏的工作，做了很多有益的尝试，取得了不少的经验。

戏曲的乐器与唱法也有很大的改进。在乐队中，多数增加了部分低音乐器。只要运用得好，这对于加强力量、丰富色彩和使乐队音量均衡等方面大有好处。另外，一些过分强烈的打击乐器（如川剧的锣鼓）也改得较柔和了。在唱法方面，一些不太合理的唱法逐渐得到改进。如有的地方戏曲唱花脸的故意要用一种沙哑的嗓子，有的艺人就自动地吸取京剧名净的一些唱法，大胆地予以革新；一些传统不是很深的地方戏曲，演员原未受过严格的声音锻炼，也由于不断吸收其他优秀唱法的经验而得到改进。

以上虽只是对戏曲音乐改革与发展的十分简略的概述，但已不难看出，十年来戏曲音乐的改革和发展的成就是很显著的。当然，在戏曲的音乐改革的过程中，也曾经出现过缺点和偏向。有的过分强调革新，忽视了戏曲音乐的发展规律，和传统脱节。这是激进的现象。也有的在实际上反对任何革新，原有的一切都好，就是不能动。这是保守的倾向。他们都是错误的。尽管如此，但是，戏曲音乐改革的成绩是主要的，经验是可贵的。

总之，我国的民族音乐在短短的十年当中经历了一段光辉的路程。它在党和政府的领导与扶持下，在广大的音乐家们的积极努力下，遵循着“百花齐放、推陈出新”的方针，得到了全面的、迅速的发展和提高。这篇文字虽然几乎用了全部篇幅来介绍情况，但对于内容无比丰富的民族音乐发展的实际来说，只不过是挂一漏万的概述而已。今后，在不断建设社会主义的过程中，我国丰富多彩的民族音乐，必将得到更广泛、更迅速的发展。

原载《音乐研究》1959 年第 5 期

谈谈歌唱艺术的民族风格

我们的歌唱艺术应该有自己民族的风格。受过西洋歌唱技巧训练的歌唱家们要努力去学习和掌握歌唱艺术的民族风格，民族歌唱家们在吸收西洋的进步声乐技巧来丰富我们民族歌唱艺术的时候，也要细心地保护歌唱艺术的民族风格。正因为如此，歌唱艺术的民族风格就成了我们普遍关切的重要问题。

歌唱艺术的民族风格是不能离开具有民族风格的音乐作品而孤立地去完成的，但是并不等于有了这样的作品便可以自然而然地获得歌唱艺术的民族风格，这里还必须有待于歌唱家的创造性的努力。

从歌唱来说，构成歌唱艺术的民族风格主要有三个方面：（1）声音的色彩；（2）语言的处理；（3）音乐的表情。怎样的歌唱声音才是美的？各个民族的看法不完全一样，这是由每个民族各自不同的历史传统所形成的。对于某些民族来说，“喉音”可能是不能容忍的坏声音，但在我们的传统唱法中，有相当一部分却是用这种被称为“喉音”的唱法来歌唱的。这种声音也许在别人听来是太不够雄壮和嘹亮了，但我们也喜爱它的带有某种抒情特质的美。又譬如对某些民族来说，没有颤动的声音可能被认为是不美的，但在我们的人民看来，那种颤动比较强烈的声音会引起一种“打摆子”的感觉。这些对于歌唱声音的不同的美的要求，正如对于美术品的色调上的不同要求那样，是最容易被直接感觉到的，因此，意见也就往往从这方面首先产生。这就是为什么关于歌唱艺术的民族风格的争论首先从“洋嗓子”和“土嗓子”开始的原因。

但是，一个民族对于歌唱声音的美的观念，对于不同声音色彩的喜好，都是可能发展和变化的。这有几方面的原因：第一，形成人们对于声音美的不同要求的，不仅有民族的传统因素，而且还有时代的因素，以至阶级的因素。例如唱黄色歌曲的人所用的那种声音色彩就是适应着那时代没落的社会阶级的审美要求的。同样，革命的群众歌曲也促进了对于雄壮嘹亮的声音的审美要求的发展。其次，一个民族——特别是像我们这样大的民族，一般地，可能比较喜爱某一种色彩的声音，但绝不会只喜爱一种色彩的声音，因此，不同色彩的声音也有其发展的天地。同样的道理，吸收外来的不同色彩的声音的可能性也是存在的。只要是悦耳动听的声音，我们的人民是不会拒绝吸收来丰富我们的歌唱艺术的。这点可以从一些学过西洋声乐技巧的优秀歌唱家之受到群众欢迎得到证明。

由此可见，适应我们民族对于歌唱声音的审美要求，注意声音的色彩，就会使歌唱艺术的民族风格获得鲜明的直观的效果，因此，我们的歌唱家应该努力去掌握它和保持它。同时也可以看出，对于声音的美的要求又有着比较大的发展和丰富的可能性，因此，声音上的多种唱法，只要离我们人民的习惯不太远，都有充分的发展前途。在这一点上，那构成歌唱艺术的民族风格的其他两个方面就不一样了。

语言是民族的产物，不同的时代和不同的阶级社会不能从根本上改变语言的民族性质。语言是歌唱艺术的一个重要的组成部分，因此，歌唱艺术的民族风格就不能离开了民族语言的正确处理。

语言不是一些字音的无谓的结合，它表达一定的意思，也表现一定的情绪。因此，语言不单有字音，而且有轻重律、节奏和表情语调等等。有人认为，“科学的”发声加上准确的咬字就能够使歌唱具有民族风格，这显然是一种简单化的看法。正确的处理语言，不仅要把元音和辅音都唱得清清楚楚（那只是开始的第一步），同时还要根据歌词内容去正确地处理歌词语言的轻重律、节奏和表情语调等等，使语言具有生动感人的性质。歌唱家们只有这样多方面地而且生动地处理了语言，才有可能创造真正具有民族风格的歌唱艺术。

作曲家在他的创作中应该很好地处理歌词的语言，使音乐和歌词的语言紧密地结合起来。尽管如此由生动的语言而引起的细微的曲调装饰以及节奏和轻重律的自由运用等，并不是每一个细节都能够在现代乐谱上准确无误地记录下来的。而况作曲家也会有可能因较多地注意到音乐的表现而较少注意到语言的处理的时候。歌唱家应该善于去领会和把握歌词语言的生动的美的特质，通过自己创造性的劳动去使那印在谱上的死的语言变成生动活泼的语言。

唱民歌的时候就会碰到方言和方音的问题。听民间歌手们唱的时候，他们所用的方言或方音大大地加强了他们的歌唱色彩。有没有必要因为推广普通话就要求他们改用普通话呢？大可不必。但是另外一些歌唱家去唱民歌是不是只有用方言或方音演唱才算是具有民族风格呢？也不是的。方言或方音只是我们统一的民族语言中的支脉，在基本精神上、结构上，在轻重律、节奏和表情语调上，它们基本上是一致的。在歌唱中，只要是这些基本的方面掌握住了，是否掌握了方音就不是重要的了。我们民间歌唱艺术的一些发展的事实就说明了这种可变性。例如《孟姜女》这首民歌吧（当然还不只是《孟姜女》），它已是一首全国流传的民歌了，各个地方的歌手都按照自己的方音来演唱它，但是谁也没有去非难某一歌手唱的破坏了它的民族风格。事实上这首歌在它还未成为一首全国性的民歌之前，它必然只能是一首某地的民歌。要是我们的祖先也像今天某些风格的捍卫者那样一听别人不用原有民歌的方音来演唱就大为反感的话，类似《孟姜女》这样的一些民歌又哪能获得它们全国性的意义呢！

总之，歌唱艺术的民族风格的创造是大大有赖于歌唱家去正确地生动地处理语言。语言绝不只语音这一个要素。因此，仅仅有清晰的字音是不够的，用方音也不是根本的要求，而要去掌握语言的实质和精髓，根据歌词语言的逻辑和表情的要求，生动地掌握语言的轻重律、节奏和表情语调等。只有这样多方面地去领会和把握我们民族语言的美，歌唱艺术的民族风格才会有可能被鲜明地创造出来。

有民族色彩的歌唱声音与准确生动的民族语言都掌握好了，还不等于掌握歌唱艺术的民族风格的全部，最后还有一个更重要的部分——音乐。歌唱家必须去领会我们民族音乐的精神，懂得和掌握我们民族音乐所特有的表情达意的手法，在演唱具体作品的时候具体地表现出来。只有把这方面和前述的两个方面结合起来，才可能完善地创造歌唱艺术的民族风格。

民族语言对于民族音乐的音调的形成和发展有着重大的影响，在歌唱艺术中这种影响就更加显著。但这只是事情的一个方面。另一个方面是：民族在其长时期的历史发展进程中不仅创造了民族语言及其语调，而且也创造了民族音乐的音调。在歌唱艺术中它们有其相互联系与相互制约的一面，也有其自求发展和提高的一面。如果不是这样，我们就很难想象到在歌唱作品中既有优美的歌词也有动人的曲调这一事实。由于民族音乐的音调有其自身发展的历史，而且发展到了一定的高度，自然就会形成各民族特有的一套音调体系，一套惯用的音乐表现方式和手法。它不但在民间创作中自然地发展着，而且也被专业作曲家所运用、丰富和提高。我们的民族音乐在速度的转换、强弱的控制、音色的调配等方面，都形成了一套特有的表情达意的方式，它和我们民族的性格及精神面貌同时形成起来，表现着我们民族的特点，同时也为我们人民所熟悉，便于人民领会。

有的人过分地强调音乐的音调对于语言的语调的依赖关系，认为曲调不过是语调的扩大而已，因此以为只要准确地处理语言，歌唱艺术的民族风格问题便会自然而然地得到解决。事实上歌曲的曲调早已不是像我们远古的祖先那样只是把语调扩大那么简单，正如前面说的，音乐也有着它自身长久的历史。不去注意音乐，永远也无法得到动人的歌唱的。

既然要从音乐中去体会和掌握我们民族特有的表情达意的方式，自然就不能用外国音乐所有的规律去解释我们的音乐，用外国的表现手法去处理民族曲调。外国音乐中的渐强渐弱或者特强音是那样的方式，在我们的民族音乐中可能又是另一种方式；外国音乐中的滑音是那个样，我们民族音乐中的滑音可能又是另一个样；外国音乐中可能不常使一个曲调音带有细微的装饰，而是直截了当地唱出来，但在我们的民族歌唱中这种细微的装饰却又是司空见惯的，或甚至是必须的。所有这些，都只有当我们的歌唱家们熟悉和充分地领会了我们民族音乐所特有的各种表情达意的方式的时候，他才有可能在自己的演唱中把音乐的民族风格突出地表现出来。这是非常细致的工作，也是非常具体的。

在我们的歌唱家中间，有些人往往把极大的注意力放在语言的处理上，甚至只是放在字音上，忽略了音乐的表情，结果是语言虽然准确，音乐的生动感人的力量却被丢掉了，创造民族风格的任务同样也没有完成。这是值得我们注意的事情。

以上把歌唱艺术的民族风格有关的几个方面都谈到了，但是要从这些方面去掌握或保持歌唱艺术的民族风格，确还需要一段极为复杂和细致的实践过程。从以上的分析中，我们至少可以看到哪些是最重要的，必须首先去掌握的，哪些又是较次要的，有丰富和发展的余地的。很显然，我认为在歌唱艺术中，构成其民族风格的最主要的方面是生动的民族语言和富有民族特性的音乐表情。至于声音的色彩，虽然它有着使歌唱艺术的民族风格具有鲜明的直观性质的意义，但它一则是可以丰富的，二则也是可变化的，因此，各种不同的发声法都有着它们的发展前途。

原载《光明日报》1956 年 9 月 15 日，署名“楚晖”

试论民间曲调的可塑性

在我们的民歌、说唱和戏曲音乐中，普遍地存在着这样的现象：同一个曲调，往往配上几首内容各不相同的歌词，曲调本身或者部分地有所变动，或者竟然没有什么变动，却也都能把不同的内容恰当地表现出来。对于这样的现象，我们应该怎样去看待它，又该怎样去解释它呢？比如说：这种现象是不是表明了这些音乐本身就没有内容可言呢？若是如此，这个普遍存在的现象又如何能说明我们的民间音乐具有现实主义的传统呢？若不是如此，这种现象又该如何解释它呢？因此我想，为了正确对待我们民间音乐的优秀传统，也为了正确地理解音乐艺术的内容和形式的特点，对这种现象进行必要的研究与探索，是有着实践的意义的。过去不久，曾有一些同志从美学的角度对这个问题进行过很有意义的研究，从他们那里学习到很多东西。但是因为我对音乐美学的学习还很不够，还不可能从更高的角度把有关问题予以概括，只能就我对这种现象所作的初步观察，提出一些个人的看法。它们当然只是一些很不成熟的见解，无非是便于进一步展开讨论而已。

同一个民间曲调能够适应不同内容的歌词的现象，我把它称之为民间曲调的“可塑性”。这个名词是借来用的，也许并不恰当，但是，为了论述上的方便，只要不引起太大的误解，也就姑妄用之罢了。

要清楚地理解民间曲调的可塑性，首先必须注意到：民间曲调的可塑性，乃是我们的民间音乐在它的发展过程中历史地形成的现象。它不仅一般地和音乐艺术本身的若干特点相联系，而且是和我国民间音乐的艺术特点及历史特点密切地关联着的。因此，我们在观察民间曲调的可塑性时，就不能不联系我国民间音乐的若干特点来进行研究。

一、民间音乐的集体创作方式和可塑性

民间曲调的可塑性，是民间音乐创作历史发展的产物。它和民间音乐的集体创作方式密切地联系着，民间音乐创作也以充分运用民间曲调的可塑性特点而得到发展。

音乐艺术，也像其他艺术一样，它的全部发展历史，可以说是：在社会生活的基础上，不断地革新其内容与形式的历史。社会在发展，历史在前进，新的时代，新的生活，不断地给音乐带来新内容。新的内容要求变革旧的、不相适应的形式，创立新的、相适应的音乐表现形式。但是，任何新的音乐表现形式都不是凭空创立得起来的，而只能是通过对旧形式的不同程度的变革来完成的。我们说内容决定形式，新内容必将获得与之相应的表现形式。但是，新的表现形式又不是由新内容直接地生长出来的，它只能是以前人所积累下来的“思想资料”作为前提来进行创造的。因此，我们可以说，音乐艺术的发展历史，也就是这样一个从内容到形式不断革新的“推陈出新”的历史。在这个“推陈出新”的发展过程中，音乐创作的实践存在着两种不同的方式：一种是民间的音乐创作，另一种是专业的音乐创作。

民间音乐创作的特点之一是：它是一种集体创作。这和我们今天常说的集体创作不同。我们现在经常采用的集体创作，是由参加者通过集体的研究共同创作某一作品。民间音乐创作则是另一种集体创作，它是在无数人口口相传的过程中，经过不断地丰富和改善而逐步达到完成，即民间音乐新作品的产生，往往是通过利用旧曲调和改造旧曲调这样一个“推陈出新”的过程来实现的。（当然这并不是说民间音乐创作永远只是以利用旧曲填词为起点，事实上民间音乐创作中也有很多全新的创作，不过利用旧曲调填词的现象更多一些而已。）因此，在这个发展过程中，不可避免地会同时存在如下的两种情况：（1）同一歌词的同一曲调，在不同的时间或者不同的地点，可能有不同的面貌。例如《孟姜女》，这几乎是一首全国各地流行的民歌。在流传的过程中，歌词很少变化，曲调的基本结构也没有变化，但对各地《孟姜女》曲调加以细致的观察，往往还是看到有明显的细节变化的；又如：同一段戏曲唱词用的是同样的板式或曲牌演唱，但不同流派的演员往往有不同的处理，曲调也就有不同程度的变化。也许这些变化并不十分显著，但民间音乐的创作是这样一点一滴地在进行，民间音乐也是这样一点一滴地在发展。（2）不同内容的歌词配用同一个曲调。同样是那个《孟姜女》的曲调，曾经有不少内容不同的歌词利用过它。同样，在我们的说唱和戏曲音乐中，都是利用一些既有的曲调进行填词来开始他们的创作活动的。填词，在我们的民间音乐中是一个被广泛运用的方法。

专业的音乐创作和民间的音乐创作一样，创作者的劳动都离不开前人所创造的财富。例如：莫扎特，他应该算是作曲家中稀有的天才，但是，他的创作活动如果离开了他所尊敬的“海顿爸爸”和当时欧洲（特别是德、奥）的音乐传统，也是不能想象的。他同样得从利用和改造旧有的音乐表现形式着手创作。（在这个意义上也可以说，专业音乐创作和民间音乐

创作同样是集体的创作。）但是，专业音乐创作又和民间音乐创作有所不同。在民间音乐创作中往往是由无数人一点一滴的创造来逐步完成的，在专业音乐创作中则由作曲家在一个完整的创作进程中予以完成。

总之，专业音乐创作也好，民间音乐创作也好，都同样是有继承，又有发展的。而且，没有继承，也就没有发展。专业作曲家也只是先学会用别人说过的话来说自己的思想，然后才有可能在不断的创作实践中逐渐地发挥其独创性，并形成自己的风格和个性。民间音乐创作的不同点就在于：它的继承关系，除开新创的曲调之外，则常常是从直接运用现成曲调开始。这就是填词，这就是民间音乐中普遍存在着同一曲调配以不同内容的歌词的历史原因。

有的人说："填词不等于音乐创作。"对于专业音乐创作来说，这话也许是对的，但是对民间音乐创作来说，这话却是绝对错的。先撇开声乐作品中歌词的作用以及由歌词的变化而引起作品内容的变化不谈，仅就民间音乐的发展来看，如果否定了填词，那么，我们的民间曲调就绝不会有今天这样丰富多彩的面貌。假设《孟姜女》的曲调从开始创作的时候就是那样，要是没有填词，那么，也就不过总是这一个曲调，而不会有许许多多和《孟姜女》保存着或多或少的共同点以及由它演变得几乎面目全非的曲调出现了。许多民间曲调的变化、发展，都是以填词为起点的。所以，从利用旧曲调（填词）到改造旧曲调（演变），这是民间音乐的一个创作过程。从历史发展的观点来看，它和专业音乐创作起着同样的作用，同样地完成着历史所赋予的创造任务。难道专业作曲家能够离开利用（当然这是一种"综合的利用"）和改造旧曲调这个历史发展规律而进行创作吗？应该这样看：民间音乐创作，即使只是填词，即使每一个变化都是那样细微，历史地看，它们总是那滚滚长流中的或大或小的水滴，每一点滴都是民间音乐发展的一份力量。绝不能因为民间音乐创作和专业音乐创作的方式不同，只承认专业音乐创作是创作，民间音乐创作就不是创作。这不仅否定了民间音乐永不停滞地发展着的历史事实，而且在实际上也就是对民间音乐遗产的否定，对我国音乐历史的否定。这是错误的和对于民间音乐的发展极有害的观点。

认识了民间音乐创作中填词的作用，也就不难理解，民间曲调的可塑性是在民间音乐创作的发展过程中历史地形成的现象，它不仅在过去音乐的发展中起作用，而且还要在今后的音乐发展中起作用。为此，我们不但应该从音乐艺术的发展过程中了解它产生的历史原因，肯定这一历史现象，还应该从音乐艺术创造方面进一步研究它。因为，民间曲调的可塑性尽管是历史形成的现象，但并不能说一切历史形成的现象都是合理的现象。

二、民间音乐创作的概括性思维和可塑性

如果说在音乐的创作过程中同样存在着概括性思维和具体性思维的话，我以为在我们的民间音乐创作中概括性的思维往往是占有优势的，而这种情况又在很大程度上是和我国民间声乐作品的歌词中大量存在的叙事特点密切地联系着的。

在我们的民歌中，不但有很多的叙事歌曲，就是许多抒情歌曲也往往带有叙事的特点。

例如:《兰花花》《走西口》《孟姜女》等优秀的抒情歌曲，都是通过对不同的生活事件的描叙来抒发感情的。所以，在我们的民歌中，类似这样的叙事—抒情歌曲是占有很大比重的。其余如诙谐歌曲、游戏歌曲等，往往都带有叙事的特点。因此可以说，叙事的特点在我们的民歌中是大量存在的。

说唱音乐，这是在我国有着很大发展的音乐形式。它是从民间叙事歌曲发展而来的，它本身也就是一种叙事体的音乐形式。

在我国有着深厚的群众基础的戏曲音乐，也是从民间叙事歌曲和说唱音乐发展起来的。中国戏曲有着很强的叙事特点，它不仅在唱词上保留着许多叙事诗歌的特点，而且在音乐上也保留下不少叙事歌曲的特点。

以上这些都说明了在我国音乐作品（主要指声乐作品）中，大量地存在着叙事的特点。

民间叙事歌曲或叙事—抒情歌曲的特点之一是：它们大都是多段词的分节歌曲形式。这种分节歌曲，在若干段词中，所描述的事件的过程可能是复杂的，所包含的生活现象可能是多种多样的。例如《兰花花》这首歌，它的歌词所描述的情节就是相当丰富的。它叙述了兰花花的爱情，她的被逼嫁以及她对于封建婚姻的反抗，随着情节的变化，具体的感情也是有所不同的。对这样的内容，在音乐创作上可能有两种不同处理方法：一种是根据具体情节与感情的变化，各自用不同的音乐予以表现；另一种是抓住题材内容的核心，掌握它的精神实质，用一个统一的曲调去表现它。民间叙事歌曲采取的是后面一种办法。这一方面有其历史形成的原因，同时也起着便于保持音乐的连贯和统一的作用。《兰花花》就是这样的。

戏曲里面也有相似的情形。《梁山伯与祝英台》里的“十八相送”一场，如果每一情节都用一段和具体情境相应的曲调去表现它，那么这场戏中就会出现 18 段不同的曲调，这样，要求在音乐上得到连贯和统一的效果，自然会有更多的困难。因此，在音乐创作上，与其跟随各段情节的变化去创造曲调，不如从总的内容上，从它们的精神实质方面去给予表现。这在音乐创作上不但是可能的，而且会是更好的。

为多段情节不同的歌词创作一个统一的曲调，自不能不舍弃一些对于题材的细节的描写，而直接地用音乐去揭示题材的核心内容，以及它的本质的思想和感情。在这样的音乐创作中，主要是运用概括性的思维方式，而不是具体性的思维方法。所谓概括性的思维，就是要在变化的情节中，多样的生活事件中，找出贯穿着它们的本质的东西。

为什么在音乐的创作中能够运用概括性的思维呢？这是和音乐艺术有着较强的表情性的特点相联系的。

我们都知道，在一些具有较强的造型性的艺术创作中，创造典型形象的时候，虽然也运用概括性的思维（否则就只是一个具体的个性而非典型），但是又必须通过具体性的思维而创造生动的形象，这样的典型形象当然是不能离开必要的细节描写的。不然，它就只会是一个抽象的概念的化身，而不会是生动具体的形象，从而也就会丧失了它的艺术特性。在音乐创作中，情况略有不同。虽然，音乐创作无论如何概括，最终仍必须用具体的感性形式——音乐本身来表现生活内容。但是，由于音乐艺术的表情性的特点，这个具体的音乐的感性形式，可以直接地表现作者对于题材内容的核心与实质的感情体验，给这个题材的基本精神以具体的形象性的体现。这里可以看出，音乐的创作虽然也像其他造型性为主的艺术一样必须运用具体性的思维，否则就不会有音乐作品这一具体的感性形式的存在，但是这个具体性思维却是较直接地给概括性思维的结果以具体的体现，而暂时地舍弃若干对情节的细节描写。例如《兰花花》的曲调，它真实地刻画了兰花花的坚贞不屈、勇敢反抗的精神，淳朴而又热情。就这一方面说，音乐是具体的、生动的，而且是感人的。但是这个具体却不是具体地描写她所经历的各个情节的细节，而是从那些情节中找出贯穿的情绪，用音乐细致地、具体地表现出来，是兰花花的本质情绪的形象的体现。这样做，在歌词的创作中不是不可能的，可能不会得到良好的艺术效果。然而，在曲调的创作中，它却完全是可能的，而且从充分发挥音乐艺术的特点来看，它甚至是必须的。

在民间音乐创作中是不是排斥音乐的细节描写呢？不是的。从若干段词共用一个曲调这一点来看，细节的描写是和概括性思维相矛盾的，所以，它暂时被弃置不顾。但是，这种运用概括性思维创作出来的曲调，却又为细节的描写留下了余地。这样的曲调的表现力有相当的幅度。在演唱的时候，演唱者可根据歌词的内容，在不同的段落，依不同的情节，对曲调做不同的处理，由此来完成细节描写的任务。既然是运用概括性思维为主而创作出来的曲调，它舍弃了对于若干细节的描写，因此，这样的曲调，它的音乐内容就会比用具体性思维为主而创作出来的曲调有更大的可容性，也就是它存在着较多的和其他题材的内容相同或相似的部分，即共性的方面，再加上音乐创作的主要对象——人们的感情有生动具体的一方面，也有非实物般具体的一方面，所以，其他内容的题材，就有可能在相应或不完全适应的情况下利用这一曲调，也就在这样的情况下，民间曲调的可塑性便有产生和存在的可能。

不难明白，既然民间曲调的可塑性是和民间音乐创作中的概括性思维特点相联系的，也就是说它是充分地利用了不同题材的音乐的共性方面，所以，民间曲调的可塑性并不是在任何情况下都起作用的，就是说，它的适应范围并不是漫无限制的。一首具有显著的活泼轻快特点的民间曲调，能不能随便配上一首哀伤的歌词呢？不能的，至少配上了也不会有好效果的。同样的道理，一般只宜于用慢板演唱的戏词，一般地说，如果随意改用快板曲调演唱，自然也不会得到良好的效果。因为，在它们之间缺乏必要的共性作为条件。

总之，作为民间曲调的可塑性的必要前提是不同题材的内容之间不同程度的共性方面。民间曲调的可塑性就是充分利用旧曲调对于新内容的共性方面，并依新内容的需要而伸延它、扩展它和丰富它，于是这曲调就获得了新的气质、新的面貌。

当然，在民间音乐中，也有许多内容很不相同（也就是很少共性）的歌词配用同一个曲调的现象，其不相同的程度甚至有像戏曲中常见的两相对立的角色唱同一曲调的现象。这确是最使人迷惑不解的，也是最需要我们深入研究的地方。下面我将进一步分析这一现象。

三、民间曲调的叙事性、抒情性和可塑性

在进一步研究民间音乐创作中存在着内容很不相同的歌词配用同一个曲调的现象时，首先必须明白：这样给内容很不相同的歌词配用同一曲调，并非在任何情况下都是恰当的。一个作者，如果他熟悉的曲调很有限，而生活本身又迫切需要运用歌唱的形式来反映，那么，他就有可能把正在急剧发展中的新的生活内容硬装进很不相称的曲调中去。就像专业创作中也会有失败的作品那样，在民间音乐创作中，这自然也是一个失败的作品，它可能在流传的过程中被淘汰掉。但是，在发展的过程中却是不可避免的现象。当然我们不能根据这些失败的例子来观察民间曲调的可塑性。

另外，也可能有一些填词的作品，新词和原词的内容很不相同，但曲调和新词可能部分适应，部分不恰当。这样的作品，有可能是民间音乐创作的一次成功的出发点。因为这样的曲调是有可能在流传的过程中经过不断地丰富和改善而逐渐地变得恰当的。它的不完全恰当，可以当作是暂时的现象。

内容很不相同的歌词配用同一个曲调的现象，在许多时候是和音乐的叙事体裁相联系的。

前面曾经说到，我国的民间音乐创作中，叙事的特点在歌词里是占有优势的。这一情况，又决定着我国民间音乐的创作中相当普遍地运用概括性的思维。但是，我们可以进一步问：歌词中的叙事特点占有优势，是不是在曲调的创作中也必然会存在叙事性的特点呢？从实际存在的情况来看，并不是这样的。例如我们举过的《兰花花》这首歌，它的歌词是有叙事特点的，但是它的曲调却有着强烈的抒情性。那么，这不是在歌词和曲调两方面存在着矛盾了吗？其实不然。我们只要稍微留意一下歌词本身，就不难明白：叙事，这是它的外在的特点；至于抒情，则是它的内在精神。这两个方面，前者决定了曲调创作的概括性思维的方法，后者则决定着曲调的抒情性的特征，曲调的抒情性正是和歌词内容的抒情性相统一的。

这说明了同样是运用概括性思维创作的曲调，它可能是抒情性的，也可能是叙事性的。抒情性的曲调和叙事性的曲调，其可塑性的程度是不同的。前面已经谈到，运用概括性思维的创作，为曲调的可塑性提供了条件，但是抒情性的特点却又总是限制和缩小曲调的可塑性的范围。如像《兰花花》这一类的曲调，尽管它是舍弃了若干对于情节的细节的描写，概括地表现了兰花花的精神面貌，从而有利于可塑性的发挥，但它又是一个抒情性很强的曲调。抒情性，总是力求真实而具体地抒写感情。既然要真实，要具体，自然就要切合题材对象的个性和特征，兰花花就要是兰花花。这就会相对地减弱了它和其他题材的共性方面，曲调的可塑性就会受到限制。所以，我们可以说，抒情性越是强的曲调，它的可塑性的范围就会越有局限性。当然，更不可能配上内容很不相同的歌词而仍然会是恰当的。

但是，对于一些具有较多叙事性成分的曲调来说，情况就不完全相同了。叙事性的曲调虽然并不排斥抒情性而和抒情性曲调绝对地相对立，也并非和抒情性曲调有着不可逾越的鸿沟。但是，叙事性的曲调却也有它的特点。民间叙事音乐，大都是在整个故事中抓住不同情节的基本情绪和不同发展阶段的基本节奏来创作曲调的。这种曲调，只要总的方面符合内容的要求，对于其中对立事物的描述，就不太顾及了。这里同时出现了两种情况：一方面，这样叙事性的曲调较之抒情性曲调有更多的一般性而少个性，更能为不同内容的题材所运用，也就是它较之抒情性曲调有更大的可塑性；另一方面，又出现了内容很不相同的部分歌词配用同一曲调的现象。这种现象和民间曲调的可塑性并不是一回事。因为，这同一曲调对于歌词中相互对立的两方面所起的作用并不是相同的。我们知道，民间叙事音乐的曲调是符合于情节的基本情绪的，这基本情绪总是倾向于对立着的两方面的一方的。对它所倾向的一方来说，它们就相得益彰，曲调的表情作用就会因之而大大加强，曲调的可塑性就会得到发挥；但对另一方面来说，它则只是起着“叙事”的作用和音乐在情节中的贯穿作用。它不是给这与之对立的一方以音乐的表现。所以，这并不是曲调的可塑性的发挥，而只是音乐在叙事体裁中的特殊的运用。在戏曲中就有这样的情形：同样一个板式或曲牌，有的时候它不过是起着叙事的作用而已，这里没有可塑性可言，曲调也很少会发生变化；但在另外的情况下，当曲调和新词的内容有了某种程度的共性的契机，就可以充分发挥可塑性的特点，起着显著的表情的作用。也往往在这样情况下，曲调会发生一些变化，从而更真实地表现了内容，并显露出音乐的个性方面。例如京剧《空城计》中诸葛亮唱的“我正在城楼观山景……”一段，所用的二六板一般多用于类似对话和叙述的场合，曲调切近语言，有叙事的特点。但在这一段戏中，它正好切合诸葛亮那种胸有成竹、泰然自若的神情，所以曲调的可塑性便得到发挥，起了很大的表情作用，完满地达到了刻画人物性格的任务。同时还由于谭鑫培的创造，使曲调形成了新的个性。这段戏，即使我们还未听清唱词，一听就会肯定地说“这是《空城计》”。

由上面的叙述可以知道，内容很不相同的歌词配用同一曲调的现象产生，常常是和叙事特点联系。这时音乐并不起着表现作用，而只是在叙事体裁中的特殊的运用。这么说，音乐的创作在这里岂不是离开现实主义了吗？我以为是不能这样看的，因为离开不同体裁的特点来孤立地谈现实主义是不恰当的。例如文学，抒情诗和叙事诗在创造典型方面是经过不同途径的，决不能用叙事诗创造典型的尺度去衡量抒情诗是否有现实主义，反过来，也不能以抒情诗的尺度去衡量叙事诗。在音乐里也是同样情形。叙事体的音乐，在某些重要的情节中，它必须发挥充分的表情作用，也需要一定的细节描写，但它同样需要掌握整个故事发展的进程，注意不同阶段的基本情绪和节奏。从后面这一点来看，尽管在情节的进展中遇到了对立的事物，音乐的发展只要合乎某一阶段的基本情绪的要求，它也应该被看作是真实的。

总之，民间曲调的可塑性差不多总是以不同题材中不同程度的共性作为契机，从而向新的方面伸延、扩展和丰富，并形成新的气质。现在的问题就是，为什么曲调能够借着某些共性的契机而向新的方面伸延、扩展和丰富，并从而获得新的气质呢？为了解决这个问题，我们必须联系音乐形象的创造作进一步的探讨。

四、从音乐形象的创造看民间曲调的可塑性

民间曲调的可塑性是否就是音乐形象的不确定性呢？依我看，不是的。

诚然，音乐所用材料——声音和它的运动形式是既具体而又抽象的。它不仅对我们的感官来说是具体的，而且从它具有和客观现实音响原型的联系来看也是具体的，但从它并非音响原型本身，而是脱离了产生音响原型的物体的音乐这一点来说，它又是较抽象的。同时，作为音乐所表现的主要对象的人的情绪，也是既有其生动具体的一面，也有非实物般具体的一面的。所以，音乐的内容也就有既确定而又有一定程度的不确定的特点。因此，民间曲调的可塑性也就有产生和起作用的可能。但是，我认为仅从这方面看是不够的。原因是，音乐虽然有既具体又抽象、既确定又不完全确定的特点，但从基本上来看，音乐是可以创造相对的确定的音乐形象的。不这样看，就必然会陷入二元论和折衷主义的泥淖。

既然音乐是可以创造相对的确定的音乐形象的，那么，又该如何来解释民间曲调的可塑性呢？

> 形式的稳定性也不应该理解成它是完全没有变动的。甚至当整个形式在相当时期里保持原状的时候，它的个别特性和要素也可能发生变化。①

这里我们首先应该了解的是：作为音乐的表现形式的诸要素中，特别是在民间音乐创作中，曲调占有显著的地位，但无论如何重要，它却不是音乐的表现形式的全部，而只是一部分。还有声音的色彩、力度与速度、演唱的表情、伴奏的配合等，它们都是音乐的表现形式中实际存在的因素。所有这些因素结合起来，才能够创造完整的音乐形象。因此，绝不能因为民间音乐中曲调没有变，就认为音乐的表现形式没有变，音乐形象没有变，音乐的内容没有变。实际上，虽然曲调的原样基本保持着，但作为音乐表现形式中的那些生动活泼而且具体的因素却已经发生了相当的变化，因而音乐形象的性质也就发生了变化。例如《东方红》这首歌，大家都知道它是用一首陕北的民间情歌《骑白马》的曲调填词的，但是现在这首歌在音乐上给我们的感受却和《骑白马》内容截然不同（当然它们也还是有共性的契机的）。《东方红》的曲调和原曲调基本上是相同的，在个别细节上去掉一些和歌词的崇敬与庄严的内容不相适应的转折，此外，速度较原来慢了些，并且由原来在生活中独唱的形式变成了群众集体歌唱的形式，也就是在音乐的表现形式上已经有了很多重要的变化，而不是没有变化。当然，这也就是音乐的内容已经发生了变化。

---

① 苏联科学院哲学研究所：《马克思主义哲学原理》，人民出版社，1957 年 7 月，第 307 页。

除了以上这些音乐上的具体变化之外，还必须注意到演唱表情方面的变化。我们在考察音乐形象的内容时，绝不能忽视演唱表情的意义。因为音乐是一种表演的艺术，离开了具体的演奏或演唱，它是不能作为客观的物质存在而成为艺术审美对象的。音乐的演奏或演唱，绝不是消极地按照高低、长短、强弱等把音乐变成物质的现实，而是要积极地赋予作品以血肉与生命。因此，在创造完整的音乐形象的过程中，演唱或演奏的表情具有很大的意义。一个优秀的真实的艺术品，由一个没有生命的音乐家表演，它也会变成没有生命的苍白的音响堆积。所以，离开音乐的表演的性质来考察音乐形象的创造，是不可能得到有关这方面的正确概念的。

由以上的叙述可以看出，民间曲调的可塑性虽然和音乐形象的确定与不确定有一定的关系，但它们却不是相同的概念范畴。音乐形象的创造中，曲调虽然占着相当重要的地位，但构成音乐形象的因素是多方面的，它们相互的关系，决定着音乐形象的性质。绝不能因为曲调没有变而认为音乐形象的性质没有变。正如客观存在的许多事物的性质，通常也不是仅仅由于它的某一方面来决定，而是由多种因素所规定的。音乐形象的确定与不确定，不仅取决于曲调和题材内容的本质方面的联系，也取决于其他因素和题材内容的本质方面的联系。民间曲调的可塑性，正是由于音乐形象构成因素的多方面的特点，利用曲调对不同题材内容的不同程度的共性契机，通过构成音乐形象的其他因素的变化，使这一点共性的契机向新的方面伸延、扩展和丰富，从而使曲调获得新的气质、新的品性。

既然民间曲调的可塑性是指的民间声乐作品中同一曲调对不同内容的歌词的适应性，那么就不能离开歌词和戏剧等的作用来考察这一问题。在声乐作品中，音乐是有内容的，有形象的，但又不是独立自在的，而是和歌词紧密联系并且相得益彰的。声乐作品的音乐，不仅只有自身具有的与歌词内容相适应的内容，而且有着为歌词所丰富了的内容。声乐作品的内容和艺术形象是词曲结合的结果。所以，当我们把旧曲的词抽去以后，所抽去的绝不只歌词本身而已，连歌词所丰富给曲调的那一部分内容也给抽掉了。填上新词以后，新词实际上也给原曲调丰富了另一部分新的内容，并且和新词结合起来成了新的艺术形象。至于在戏曲中，除了歌词对音乐内容的影响而外，还有其他综合的成分也在给音乐的内容以影响。同样一段戏曲唱腔，看过演出和没有看过演出所得的感受往往是不一样的，应该说，看过演出，那音乐的感受无疑会丰富得多，印象也要深刻得多。这里，综合的艺术的其他成分实际上对音乐的内容起着解释、补充、丰富和深化的作用。

因此，当我们考察民间音乐中同一曲调配以不同内容的歌词时，绝不能简单地当作音乐的内容没有变化，并由此得出民间音乐创作不是一种现实主义的创作方法的结论。应该把曲调看作构成音乐形象和音乐的内容的一部分，而不是全部。正因为它不是音乐内容的全部，所以民间曲调的可塑性才有产生和存在的可能。

以上就是我对于民间曲调的可塑性的初步理解。很显然，这里每一个相关的问题都值得我们进行深入的探讨，有无数的经验值得我们去总结。而且我认为，只要我们深入地钻研我国民间音乐创作的规律，我们就会深刻地了解到它的极为可贵的现实主义传统。我的这些看法，显然都是很不成熟，而且不免错误的，无非是作为有志于研究民间音乐创作的同志们的一块引玉的砖罢了。

原载《音乐研究》1960 年第 2 期

漫话“独创”

一

真正的艺术创作，必须具有独创性。否则，非但谈不上“创”，而且连“作”也谈不上。不是吗？孔老夫子尚且自认为他只是“述而不作”，足见“作”本身就意味着独创。艺术创作而无独创性，岂不有违“创作”的本义！

当然，艺术的缺乏独创性其危害决不在于否定了“创作”二字。如果只是两个字的问题，倒也无妨换上什么“仿造”之类的词儿，只要无损于艺术的实际，也无所谓。然而值得忧虑的是，它将会导致对于艺术本身的否定。

人们或者会说：“这岂非‘杞人忧天’，危言耸听！”诚然，我们有着许多富有独创性的作品，我们的音乐艺术确是愈来愈百花齐放。但是，千篇一律、缺乏个性的这一倾向，却不容我们忽视。

下面是最近听来的一个故事：据说在一个工厂里，许多工人对工厂广播站的播音员提出意见，说他不应该“老是放那一首歌曲”。然而事实并非如此，播音员摊出一大堆名目不同的歌曲唱片来，说明他总是把它们轮流着放送的。

这里面或有某种夸大的成分，却提示了一个耐人寻味的问题。一方面，对某些作曲家说来，这是一些各不相同的作品；另一方面，对那些工人同志们来说，它们又不过是“一个”而已。形成这种状况，可能还有其他的原因，但是我觉得，这许多作品之所以会成为“一个”，客观的事实基础就是它们的一般化、千篇一律。

公式化、概念化、千篇一律、平庸乏味、缺乏艺术独创性的作品，无论它的数量如何多，却决不可能导致音乐艺术的繁荣昌盛，而只会相反地有碍于音乐艺术的发展。上面的故事已经清楚地表明，这样的东西无论如何多，实际上只能归结为下面这样一个简单而严酷的数学公式：∞ = 1（∞即无限量）。

世界之所以令人可爱，就在于它是那样的丰富多彩，变化无穷。单调事物的重复，先是使人疲劳，继而使人生厌。千篇一律、平庸乏味、缺乏艺术独创性的作品，其不叫人喜，乃是自然的道理。然而令人深思的是，艺术作品若不令人喜爱，尽管作品的思想内容多么正确，创作者有着多么善良的愿望，实际上不都是落空了吗？

问题的尖锐性正在这里：音乐创作中的这种公式化、一般化的倾向，既不能真正地做到为工农兵群众服务，也不能真正地做到为无产阶级的政治服务。这清楚地说明了，缺乏艺术独创性的音乐作品，实际上会使我们严肃的艺术目的受到严重的损害，说得厉害些，它会使我们严肃的艺术目的近乎化为乌有。所以说，缺乏艺术独创性的危害，严重的是它将会导致对于艺术本身的否定。

这样，我们难道还不应该要求作曲家们、音乐表演家们在艺术创造活动中更多更好地发挥大胆独创精神吗？我看应该提出这个问题来，而且应该把它严重地放在我们的面前！

让更多的具有艺术独创性的音乐去代替那些公式化、千篇一律的“创作”，让我们的社会主义音乐在繁荣之上更加繁荣！

二

诚然，一切真正的艺术创作，都必须具有独创性，但是，并不是所有被称为独创的东西都是真正的艺术。“烤猪”交响乐之类在西方世界流行的现代派音乐，却也可以如他们所标榜的算得是“新颖”“独创”。但是，这些所谓的“音乐家”并不是在创造音乐，而是相反，把音乐艺术最彻底地摧毁！

真正的艺术独创性，既非脱离现实的个人奇想，也非沽名钓誉地追求“新颖”，更不是那些独出心裁的谎言和谜语，而应该是在自己的艺术创造中，说前人没有说出的真理，揭示别人没有揭示出的生活的美。真独创，假独创，关键就在这里。

既然现实世界是无限的丰富，它的发展是无穷无尽的，那么，真理就是无限的，美也是无穷的。马克思列宁主义是“放之四海而皆准”的普遍真理，然而，“马克思列宁主义并没有结束真理，而是在实践中不断地开辟认识真理的道路”（《实践论》）。我们每一个人都应该认真地学习马克思列宁主义，但并非叫我们在艺术创作中去复述经典著作的词句，而是给我们以武器，帮助我们在实践中去认识更多的真理，发掘更多的美。

真理是客观存在的，美是从生活中来的。然而要发现和认识客观存在的真理和生活中的美，却不是每一个人都能做到，也不是一下子就能得到的。真理可能是平凡的，但人们未必会理解这平凡的真理；美也可能是常见的，但人们却不一定能看出它的美的价值和涵义。艺术家就要善于去揭示人们在生活中虽有所感受却未曾理解或无法表达的真理和美，使人们领悟到那些并不生疏的生活的深刻的涵义。只有“入骨三分”，方能“感人心肺”。许多艺术作品之所以令人拍案叫绝或玩味不已，其妙处恐怕就在这里。人们常说的“艺术的魅力”，大概也就在这里。正是在这一点上，才充分地显示出艺术家的高度的艺术独创性。

由此看来，要得到真正的艺术独创性，首先就要求艺术家成为生活的真理和美的先知先觉者。他先应该善于从实际生活中去发现前人没有说出的真理和美，发现常人所没有注意的真理和美；他应该善于在大量旧事物的纷扰中去发现新生的幼芽，在无数平凡的事物中看出真正伟大和不朽的内容。这不仅需要智慧，而且也需要毅力。在我们的生活中间，有多少新事物还没有被人们描写过！这里面有多少真理和美有待于艺术家去发掘！只有深入生活，观察、体验……才能有所发现，才能有真正的艺术独创。

三

艺术家应该是生活中的真理和美的先知先觉者，然而，艺术家的责任不仅在于认识现实生活的真理和美，尤在于通过艺术的创造去表现他所认识的真理和美。我们平常人对某种生活现象可能有和艺术家相似的感受和理解，但苦于无能把它用生动的艺术形象表现出来，而艺术家的本领则在于他能够把生活的认识创造为鲜明生动的形象，并把它变成为艺术的“物质的现实”。

对生活的新鲜的独到的认识，需要用崭新的独特的艺术形象和艺术表现形式去表达。片面地追求形式的新颖，自然不能产生真正独创的艺术，然而，没有相应的富有独创性的艺术表现形式，任你对生活的感受如何新鲜，理解如何深刻，依然只是你心中的影像，但还不是它的“物质的现实”。因此，艺术表现形式的独创，虽然必须以对生活的真理与美的新的认识和理解为前提，但是这新的认识和理解也只有通过富于独创性的表现形式才有意义。所以，艺术家不仅应该是生活中的真理和美的先知先觉者，同时也应该是新的形式的积极的创造者。

新的艺术表现形式的创造，并不意味着不要传统。创造新的形式，既不能离开生活的真实的要求，也不能凭空臆造，不要传统。生活的认识要创造为音乐的形象，创作者自不能离开他所熟悉和掌握的音乐的表现手段去进行思索，这些东西是他从古今中外别人的创造中得来的；另一方面，音乐作品要为群众所喜见乐闻，也不能离开他们所了解和习惯的音乐传统。然而，继承传统，学习别人，绝不能硬搬和模仿。“依傍和模仿，决不能产生真艺术。”（鲁迅：《记苏联版画展览会》）我们应该重视传统，注意吸收。无论古今中外，凡是别人曾经思考过的，我都尽可能拿来重新思考过；凡是别人曾经运用过的，我都尽可能拿来重新检验过。但这一切，都是为我的需要服务，为我的创造服务，使我对于生活的真理与美的新的认识和理解，得到最充分最动人的表现，使我的艺术创造，能更广阔更深入地和人民亲近。

要达到真正的艺术独创性，自然不是轻而易举、唾手可得的事情。它需要艺术家有大胆独创的勇气和刻苦追求的精神。韩愈有“唯陈言之务去”的名言，杜甫有“语不惊人死不休”的警句，正表现着这种勇气、这种精神。多少伟大的音乐家也都具有这样的特征。聂耳有他自己的风格、自己的个性，同时他的每一首作品又都是独特的。冼星海写了几部大合唱，每部都有自己的特性，仿佛有不少新的“花样”在他的心中涌现不停。从聂耳给吕骥的信中，可以看出他是多么精心地去创造《新女性》的表现形式；冼星海的《黄河颂》，曾经是几次三番地写了又写，最后才算完成。这些都说明了，要创造具有真正的艺术独创性的音乐，就要大胆，要勤奋。“善于学习，勤于实践，勇于创造”，这就是我们的口号，我们的格言和座右铭。

四

具有艺术独创性的作品，必然有鲜明的个性，因而它是独特的。然而，是否任何具有独特性的创作和手法都具有真正的艺术独创性？倒也未必。

畸形的事物是独特的，但它既不能成为事物本质的典型，也不能显示生活的美。只有那种有“嗜痂之癖”的人，才会以畸形为美。缠足的恶习早已为生活本身所抛弃，但似乎还有一种并非有“嗜痂之癖”的好心人，却是无微不至地对某些艺术上的“小脚”加以珍惜。固然，“小脚”是有特点的，但是否可以想想，“小脚”走路，是否敏捷？能否行远？

我们听过许许多多优秀的民间艺人的唢呐演奏，音色清润，音律准确，但是另有一种唢呐的演奏，则声音不美，音律不准，听来难受。和前者比起来，它确乎是独特的，据说也正是为了保持特色才如此演奏。此外，还有一种特意做出的嘶哑刺耳的嗓音，据说也是很有特点的。在创作上也有某些类似的特点被保存，被运用，被“发挥”。这些特点难道不是很有点像“小脚”吗？这样说，并不是想责备那些早已是既成的事实，正如同我们不会责备自己的老母亲曾经缠足一样，而是说我们决不应该因为小脚是特点而把我们的年轻孩子缠得不能走路。

在艺术创作中，应该细心地爱护特点，大胆地发扬特点，没有特点就很难谈到艺术的独创性。大而言之，不同时代、不同民族、不同阶级的艺术要有不同的特点；小而言之，不同地域、不同人群、不同个人，以至不同作品，都应该各有特点。没有特点，哪会有百花齐放！哪会有音乐艺术的繁荣！然而，似乎需要衡量一下：我们所欲发挥的特点是不是一种好的特点，是不是一种有助于完美地揭示生活的真理和美德特点，是不是一种有助于艺术进步的特点，若把畸形物当作特点而加以发挥，对于音乐艺术的发展，恐怕会受到既不敏捷且难行远的不良后果。

真正具有独创性的艺术是独特的。这种独特，应该力求是一种有丰富内涵的独特，一种走在人类文化前列的独特，一种像珠穆朗玛峰那样超越一切的、宏伟壮丽的独特，而不是像阴湿的屋角下孤独地生长的霉菌那样的独特。所以，艺术的独创性，并不意味着艺术创造上的狭隘性。封闭起来的东西最容易保持特点，然而封闭起来的生命却一定会走向贫弱和枯萎。因此，应该把独创性建筑在尽可能丰富的生活知识和深入的生活体验之上，建筑在对人类精神文化的优秀成果的尽可能广博了解之上，建筑在尽可能广阔的艺术视野之上。这样，我们一定能创造出更多具有真正独创性的艺术，也就是最新最美的艺术！

原载《人民音乐》1961 年第 4 期，署名“施盈”

（本文有删减）

是“新花”，还是“影子”

有些负责培养音乐“新花”的音乐家，总是希望把他们的学生教得和自己一模一样。他是那样的风格，学生就只能是他那样的风格；他是那样的理解，学生也只能有他那样的理解；他是那样的技巧，学生也只能用他那样的技巧。一句话，他要把学生造成一个个和自己相像的“影子”，而不是把他们培育成一朵朵鲜丽的“新花”。然而，我们所需要的却不是复印出许多一模一样的“影子”，而是培育出许多婀娜多姿、色泽鲜艳的“新花”。

有的人是很爱“影子”的。当他在别人身上看到了自己的时候，他会由衷地喜欢起来。自然，喜爱什么，这是谁也无权干涉的。然而遗憾的是，这种对于“影子”的喜爱，往往就成了评价艺术的唯一标准。于是，在这种对于“影子”的喜爱能够施加影响的范围内，不少“新花”就会得不到自由生长的空气、阳光和水分。这种情形，自然不是我们所希望的。

在我们的前辈音乐家中，有不少是有自己独特的艺术风格的。（他们的艺术风格的形成，正是他们在继承先辈的基础上能够大胆突破和革新的结果。）我们的青年一代要不要把它们继承下来呢？肯定是要的。我们的青年应该积极努力学到前辈音乐家的全部经验。然而，继承并不等于只是把已有的东西接受过来而已，同时还需要有发展和革新。没有发展和革新，只是一代一代把“影子”传下去，社会主义的新音乐，社会主义音乐的新风格，怎能得到发展呢？另一方面，每一个青年都会有自己不同的个性，有的可能和他的老师接近，有的则可能和老师有相当远的距离。如果硬要把每一个学生都教成和自己一样，不但不合乎因材施教的规律，也对于我们的音乐艺术的多样化的发展不利。

教师是应当把自己对音乐的理解教给学生的。然而，这只能是不断充实学生的知识，启发学生的思考，使之逐渐形成自己对于音乐有一个正确的独到的理解，而不是要把学生的头脑变得和老师一模一样。学生学习音乐的过程，始终应该是一个他自己直接参与表演艺术创造的过程。因此，尽量去启发学生对音乐有自己的理解，使他的理解逐步走上日益正确和深刻的轨道，而不是阻塞他独立思考的道路，这才是前辈音乐家们所应该采取的态度。

给学生以严格的技术锻炼，无疑是非常重要的。没有严格的技术要求，要成长为一个艺术家是困难的。然而，由于音乐的技巧训练往往和音乐的艺术表现结合得很紧，对于学生的严格的技术要求，有时就会形成把教师的风格和音乐理解强加在学生身上的现象。因此，我们肩负着培育下一代“新花”的重任的前辈音乐家就不能不细心地对待这个问题，要想办法把严格的技术要求和促进学生个性的发展两方面辩证地结合起来。做到这一点，就可以说是掌握了高超的教学的艺术。

无论是老年的也罢，中年的也罢，我们所有担负着培育下一代“新花”的前辈音乐家们，理应有一种开阔的眼界，豁达的胸怀，善于在青年中发现那些新生的创造性的萌芽，积极地引导他们，扶持他们，使他们受到严格的锻炼，取得丰富的修养，逐渐形成他们自己的艺术个性，而不是去限制他的眼界，束缚他们的手足，使他们得不到正常的发展。我们的社会主义音乐，是要在统一的政治目标下，通过富于创造性的艺术个性的发展来实现其社会职能的。试想想，如果我们只是在造陈旧的“影子”，就是上千上万，又有什么意思呢？如果是培养了社会主义的“新花”，尽管不是很多，其意义也是无法估量的。

给我们更多的“新花”吧！

原载《人民音乐》1963 年第 4 期，署名“小宣”

戏曲音乐推陈出新的几个问题

戏曲音乐是戏曲艺术的一个重要的组成部分，要革新和发展戏曲艺术，自不能不努力于戏曲音乐的推陈出新。

新中国成立以来，戏曲艺术在党的“百花齐放、推陈出新”方针的指引下，通过广大戏曲工作者的努力，获得了史无前例的发展。这一具有悠久传统的艺术形式，经过一系列挖掘、整理、革新和创造的过程，从思想内容到艺术形式都发生了根本性的变化，取得了新的生命，愈来愈鲜明地表现出我们社会主义时代新戏曲的特征。戏曲艺术的这一巨大变化，也是和戏曲音乐方面的革新创造分不开的。我们的戏曲音乐工作，在演员、乐师和新音乐工作者的共同努力下，不仅在遗产的挖掘和整理方面取得显著的成就，而且在革新发展——诸如唱腔的发展和创造、音乐表现形式的丰富、乐队的发展和提高等方面，也作了不少有益的尝试，取得了不少可贵的成绩和经验，对表现新生活、新人物，起了积极的作用。

但是，戏曲音乐工作所取得的成就，不仅不能适应时代和群众对于整个戏曲艺术的要求，而且也落后于戏曲内容的变革以及其他舞台艺术的革新发展。譬如说，有一些新编的戏曲节目，虽然从整个的演出来看还是相当成功的，但是，在这些演出中，真正是沁人肺腑、富于特色而令人难忘的唱腔却是不多的。这说明我们的戏曲音乐还没有更好地完成自己的艺术创作任务。因此，在当前的情况下，如何把戏曲音乐工作做得更好，的确还是一个迫切需要解决的课题。搞好戏曲音乐的关键在于是否遵循“百花齐放、推陈出新”的方针，正确解决戏曲音乐的继承传统和革新创造问题。

对于这一问题，从表面上看，大家都是同意必须继承传统，也必须革新创造的。但是，当问题逐渐深入和具体下去的时候，分歧就逐渐明显起来，而且这些分歧在实质上常常不是对继承传统的必要性的否定，就是对革新创造的必要性的否定。因此，要解决正确对待戏曲音乐的继承传统与革新创造问题，就必须对和它相关的几个重要问题有一个正确的认识。

一、对戏曲音乐遗产的估价问题

戏曲音乐的遗产究竟丰富不丰富？它的表现力究竟强不强？这是有争论的问题。

有的同志认为，我国的戏曲音乐就是老一套，翻来覆去那几个老调调，表现力是很贫弱的。基于这样的认识，于是就在实际行动中产生了“完全作曲”和努力向新歌剧发展的偏向，因而引起了各方面的不满。这种看法是不是也反映了传统戏曲音乐的一些实际情况呢？应该承认有这样的情况。但是，这只是一个方面，即戏曲音乐的贫弱的一面；而戏曲音乐的另一个方面，即它丰富的一面却被忽略了。戏曲音乐的板腔与曲牌的多寡，固然也反映着它的丰富程度；但是仅以板腔和曲牌的数量来衡量音乐遗产的丰富性又是远远不够的。因为这些看来是有限的板腔和曲牌，它们在运用到不同场合与不同角色身上时，是有程度不同的变化的。演员流派的不同，也会给它们以不同的创造和发展。所有这些创造和发展，都是遗产的组成部分，它们可以成为戏曲音乐创造活动的依据。这样来看戏曲音乐的遗产，自然会远远超出板腔和曲牌的数量所标志的范围；此外，我们还应该看到，全国有那么多剧种，有着极为丰富的音乐创作遗产和创作经验，它们同样可以对当前戏曲音乐的革新创造起积极的作用。譬如说，当一个演员感到本剧种的原有腔调不足以完美表达一个新的角色的思想感情时，他就可以从其他的剧种中吸取某些腔调，把它糅合到本剧种的原有腔调中去；又譬如，许多剧种遇到过男女演员同腔同调而使一方的唱腔得不到发展的问题，而这个问题的解决在京剧中就有比较好的经验，可以作为他们解决这一问题的参考。由此可见，从全面来看我国戏曲音乐遗产的这种丰富性，并不是和某一剧种的发展毫不相干的事情。看到了我国戏曲音乐遗产的丰富性，我们就会确信：我国的戏曲艺术在它的丰富遗产的基础上，经过我们的革新和创造，必然会发展成为具有更高水平的更加完美的崭新的艺术。

我国戏曲音乐的遗产虽然如此丰富，但是它的丰富的音乐创作成果和创作经验都还没有为具体从事于音乐创作的演员、乐师和新音乐工作者所掌握，因而在实践中，遗产的丰富性实际上便变成了贫弱。这首先是由于我们丰富的戏曲音乐遗产还未经过很好的整理，它的丰富的经验还是很分散而不集中、不系统，即使是像昆曲这样积累了极为丰富的经验和具有高度水平的剧种，在音乐上也并没有进行过认真的科学的总结，而较多的是一些脱离实际的学究式的探讨，因此，许多优秀的戏曲音乐创作和表演经验，都未能通过集中整理而得到广泛的传播，真正使之成为大家的财富。另一方面，就是我们从事戏曲音乐创造活动的演员、乐师和新音乐工作者还没有真正去掌握我国戏曲音乐的丰富遗产和它的丰富的经验。也许有人会说，对新音乐工作者来说是这样，但对戏曲演员和乐师——特别是对老年的演员和乐师来说就不正确。我则以为不然。试想想，我们有多少演员和乐师除了熟悉本剧种的音乐遗产之外还能够比较深入地去学习和钻研过其他剧种的音乐遗产呢？在一个剧种的范围内，又有多少人认真研究过别的流派、别的行当的音乐遗产和创作经验呢？更不消说有的人只不过是熟悉有限的剧目，而且就是对这些剧目中所包含的音乐艺术经验也未必真的深入理解。在这样的情况下，我们戏曲音乐的丰富遗产自然就会在具体实践中变成为名富实贫的东西了。因此，如何更好地继承我国戏曲音乐的丰富遗产，应该说还是当前需要加以解决的问题。一方面，要加强对戏曲音乐遗产及其丰富经验的发掘、整理和研究工作，使之科学化、系统化，以利于戏曲音乐的革新和创造；另一方面，要加强对戏曲音乐遗产的学习和研究，要在艺术创造上保持和发扬本剧种、本流派、本行当的特色的同时，在艺术修养上努力突破本剧种、本流派、本行当传统经验的局限，放开视野，吸收其他剧种、其他流派、其他行当的创造成果，学习他们丰富的经验来发展自己的艺术创造。如果我们的戏曲音乐永远只是各自局限在本剧种、本流派、本行当的传统经验的范围，而忽略了我们还有更广阔、更丰富的戏曲音乐遗产的基础，那是无论如何也不可能创造出更高水平的戏曲音乐来的。

我国丰富的戏曲音乐遗产，是我们创造和发展戏曲音乐的一个极好的条件，我们必须很好地继承它。而我们要继承它，正是为了要发展它，要革新和创造。然而有的同志却不是这样看，他们认为戏曲音乐是丰富的，它的表现力也是无限的，因而只要把它拿过来用就行了，无须再发展、无须创新。他们不愿意承认我国戏曲音乐遗产就全国范围说是很丰富而就各个剧种来说则有的并不那么丰富的事实，热衷于片面地侈谈本剧种的“家底”如何不薄，各色行当与唱腔的板路如何齐全，而把一切革新创造的努力拒于门外；也不愿意承认传统的唱腔、曲牌和表现新思想、新感情的任务之间存在的距离和矛盾，而拼命地强调在一个基本调的范围内就可以解决表现各种不同角色、不同性格的人物在各种不同情况下的喜、怒、哀、乐、忧、思、愁、狂、惊等各种具体的感情，把传统的东西视为万能，从而在实际上排斥了任何进一步创造发展的可能性和必要性。这样的思想，自然不能不在实践中成为戏曲音乐的革新创造的严重障碍，对戏曲音乐的发展产生十分有害的影响。即以被称为“家底不薄”的评剧来说吧，它的确有不少优秀的遗产和经验。但是它在音乐上原来的行当并不齐全、男声唱腔未得到很好的发展，这难道不是它的缺点吗？莫非近年来一些演员在解决评剧的黑头、老生等行当的唱腔方面所作的努力，在发展和提高男声唱腔的表现力方面所作的努力，都是毫无意义的吗？就是在京剧这样的确有相当丰富的音乐遗产的剧种中，似乎也可以提出同样的问题。即我们的先辈都可以在西皮、二黄之外把四平调、高拨子、吹腔等吸收到京剧中来，为什么我们今天却偏偏不可以创造一些新腔新调进去呢？难道所谓唱腔板类基本齐全就是戏曲音乐创造的极限，戏曲音乐就应该随之而停止创造和发展吗？从我国戏曲音乐创造与吸收多种腔调的历史经验来看，这种看法和做法已经不只是停滞，而且可以说是倒退了。

戏曲音乐是不能不随时代而发展的。我国社会生活的翻天覆地的变化，迫切地要求戏曲音乐在自己深厚的传统的基础上努力革新、大胆创造，更加真实有力地反映我们社会主义的新生活，反映社会主义时代新人的精神面貌。过去的遗产无论如何丰富，都不可能用照抄和搬用来解决现实生活向它提出的要求。传统的东西无论如何好，终究是产生在旧时代，它是为表现当时的社会生活以及人们的思想感情而创造出来的。今天要利用这些传统的形式来表现社会主义的新生活及社会主义时代的新人物，怎么能不加以改革，不进行创造呢？这并不是什么基础变了遗产也要全盘否定的庸俗社会学，这是客观的现实生活向戏曲艺术提出来的要求，是时代和人民向戏曲艺术提出来的要求。丰富的戏曲音乐遗产是我们的创造性劳动的出发点，而不是终点。我们的任务是要在传统的基础上，适应着社会主义新生活的需要，革新和发展，创造我们时代崭新的戏曲艺术。如果只是满足于在遗产的框框内打转转，而拒绝任何有益的革新和创造，戏曲艺术就不能日新又新地随着时代前进，其结果只能是窒息了戏曲艺术的生命！

二、如何看待戏曲音乐的传统创作方式问题

我国戏曲音乐的创作，主要是在一个剧种的板腔和曲牌的基础上，经过不同的运用、发展、吸取和创造来完成的。这种传统的创作方式，有的人把它叫做“一曲多用”或者“一曲应变多用”。这种创作方式是不是符合现实主义创作方法的要求？它是不是戏曲音乐发展的绝对的规律？这都是有争论的问题。

有的同志只看到这种传统创作方式的消极的方面，认为这种方式就只是不问内容的要求而千篇一律地套用旧有的程序，不能确切地表达内容，是违反现实主义创作方法的。由于有这样的看法，就在实践中采取了“完全创作”的方法来代替了传统的创作方法。尽管有的同志在这样做的时候也不是对本剧种音乐的音调特点毫无研究，自认为还没有脱离开本剧种音乐的传统，但在实际上却没有仔细地考虑到这种方式存在和发展的客观条件（诸如演员和乐师的工作状况、广大听众的欣赏习惯等等），以及这种方式在实际上所起的积极作用，结果形成了戏曲音乐工作中的粗暴现象。持有这种观点的同志显然没有充分估计到：这种传统的创作的主导的方面是不断革新、不断创造的倾向。我们都知道，许许多多优秀的戏曲演员和乐师，他们在运用传统的板腔和曲牌等程序来进行创造时，并不是生硬地套用旧有的曲调和程序，而是根据内容的需要，既有灵活的运用，也有突破旧有曲调和程序的限制而进行大胆的发展和创造的。这就是说，这种创作方式主导的前进的方面，是符合现实主义精神的，不能因为有人是按照一种违反现实主义精神的态度来运用它，因而就否定了它。同时还不能不看到，这种创作方式在积累戏曲音乐创作经验、巩固戏曲音乐和广大群众的联系等方面，都还有不可忽视的重大作用。因此，正确的态度应该是积极地总结前人的创作经验，继承和发扬戏曲音乐创作中的现实主义传统，使这种创作方式能在正确的创作思想的指导下，更好地为发展戏曲音乐创作服务。

但是，在另一方面有的同志却又把这种创作方式崇奉到了戏曲音乐创作的绝对规律的地步，如认为戏曲音乐创作如果脱离开“一曲多用”的体系就要否定了戏曲艺术的存在条件；在唱腔板类基本齐全之后，戏曲音乐的创作就只能在已有腔调的“幅度”内进行等等。这样的一些看法，虽然也反映了一部分戏曲音乐发展的历史经验（譬如说，戏曲音乐中若干新创

作的和从外面吸收进来的成分，往往需要有一个磨炼、提高、消化、巩固的过程）。但在实际上却是把“一曲多用”绝对化，否定了创造新腔新调的实际可能性。这不能不说是一种有碍戏曲音乐发展的保守倾向。

戏曲音乐的创作，主要是运用所谓“一曲多用”的方式，这是没有疑问的。但是，这种创作方式从来就不是和新腔新调的创作绝对对立、相互排斥的。相反，它们倒是相互联系、相互为用的。首先，戏曲音乐中的任何一个板腔和曲牌，追本溯源，它们都有一个创造的开端。如果我们的先辈只是死守着“一曲多用”的规律而不敢大胆地吸收和创造新腔新调，那么我们今天所谓板腔与曲牌的丰富性怎么能够成为现实？许多具有丰富的戏曲音乐遗产的剧种又怎么能够形成起来呢？自然，在戏曲音乐中，新腔新调的创作如果搞得过多，甚至弄到“完全创作”，那是不对的。但是，如果在内容需要时候，在特定的地方创作一些新腔新调，这又有什么可以非难的呢？问题在于这种少量的新腔新调的创作，是不是能够恰如其分地表现了作品的内容，是不是能够和本剧种的音乐协调统一而不显得格格不入。如果创作出来的新腔新调果然好，受到群众的欢迎，久而久之它们也可能会成为本剧种的常用腔调，于是本剧种的腔调宝库也就随之而得到了丰富。因此，新腔新调的创作，如果不是盲目地进行，就不仅会对具体作品的创作有好处，而且也可以为“一曲多用”的创作方式提供更广阔的基础。其次，“一曲多用”的方式绝不是满足于套用旧腔旧调，而是要在旧腔旧调的基础上，根据新的内容的要求，创作出新腔新调来。许多著名的戏曲唱段，总是让人一听就能清楚地将它分辨出来，这就是因为它是在旧腔旧调的基础上，经过了精心的创作而具有了鲜明的个性。在这里，重要的环节是创造，而不是因袭；是通过“一曲多用”的方式而达到创作新腔新调的目的。由此可见，“一曲多用”的创作方式和新腔新调的创作，并不是绝对排斥，而是相辅相成的。既要看到运用“一曲多用”的方式创作新腔新调的可能性，也不排斥根据一定的需要而另创新腔新调的可能性。这样，我们戏曲音乐的创作道路就能更宽广，更有利于戏曲音乐的推陈出新。

三、关于戏曲音乐发展中保持特点的问题

戏曲和歌剧不同，在歌剧的音乐创作中，可以是一部歌剧一个风格一个特点；而戏曲音乐的创作则必须在不同的剧作中保持着本剧种音乐的特点，忽略了本剧种音乐的特点，就会造成脱离传统与脱离群众的错误。有一些搞得不好的戏曲音乐让别人批评为不像本剧种了，并不是毫无原因的，但也有不少人在强调保持剧种特点的时候，却是出于一种强调传统的东西绝对动不得的思想。这种思想自然不能不影响到戏曲音乐的革新和创造。

我国戏曲艺术之所以有那么多剧种，主要是因为它们在音乐上彼此有所不同。一个剧种的音乐特点如果消失了，也就是在很大程度上丧失了这个剧种的特点。因此，在戏曲音乐创作中如何保持本剧种音乐的特色，是具有特殊意义的。许多优秀的戏曲演员和乐师的一个显著特点，就在于他们在大胆吸收外来养分和创新的同时，能够不失去本剧种音乐的特色。但

是，对于各剧种和流派音乐上的特色，我们一方面要看到它是在和群众有着密切联系的情况下形成起来的，另一方面也不能不看到它是在一种自发的竞争状况下发展起来的。因此，我们对戏曲音乐中那些构成为本剧种与本流派的特色的东西，就不能不加分析批判地一概予以保留。我们都知道，在艺术创造上一切优秀的东西大概都是富有特色的，但是，有特色的东西则并不一定都是优秀的。譬如说，某些剧种的净角用“炸音”演唱，这自然是很有特色的，但它是不是一种很好方法？尽管有人认为那是绝对动不得的，我还是以为可以用一种经过改良的唱法来培养青年一代的演员；又譬如，京剧琴师中有一种派别，他们的京胡老弦就是要调得低一点，这也是有特色的，但它是不是一种真正有益于戏曲音乐发展的特点呢？我看也不见得。在唱腔和伴奏音乐上也有类似的情形。譬如有的演员和乐师为了博得观众的叫好，有时就会不顾剧情的需要而加上一段很长的“甩腔”或者花奏，这也可以说是有特色的，但是我们难道就可以为了保持特色而破坏戏曲艺术创造上的严肃性吗？这就是说，传统戏曲音乐中许多富于特色的东西，并不都是好的。我们要保持和发扬的是那些有益于艺术创造的特点，而不是那些有损于艺术创造的特点。尽管这种批判是必须非常细致和慎重的事，但却不能不有这种分析和批判。

戏曲音乐遗产中许多优良的特点是要保持的，而且是需要进一步发展的。既然要发展，当然就不能完全不变。问题的复杂之处就在于，戏曲音乐艺术创造上的许多优秀经验都是通过富于特色的程序来体现的，因此，我们就必须通过程序的运用来继承传统的经验；但是反过来说，我们所要继承的东西本质上不在程序本身，而在于它所包含的经验。譬如说，在某些剧种里“黑板起、红板落”是一个富于特色的程序，但这种程序的形成又不仅仅是为了追求特色，而是包含着为达到一定的艺术目的而积累起来的经验。它可以使许多字音不至于被红板上强烈的梆子声音吵得听不见，也可以使曲调的节奏和垛板的曲调节奏形成鲜明的对比而表现情绪的不同发展阶段等等，这就是它的本质意义之所在。因此，我们一方面要继承这种程序，另一方面更要继承这种程序中所包含的经验。懂得了这样的经验，我们就不会把那程序本身看作是不可动摇的特点，而相反会很好地去丰富和发展它的特点。有的人在听到某些唱腔没有完全按照传统的板式衔接的程序来处理，于是就大声疾呼本剧种的特色被弄得没有了。这就是认定程序不可变的观点，这实际上只是在保存习惯，保存僵死的框框，而不是真正地在保护特点。

当然，我们也不完全反对对特点采取一种“保存”的办法。譬如说，有人认为川剧高腔不用管弦乐器伴奏是它的特点，需要很好“保存”。我想要保存这种戏曲形式是不会有什么坏处的。但是，如果有人要为它加上管弦乐器伴奏，而且加得也还能适合川剧音乐的风格，群众也点头称是，那又何尝不可呢？不用伴奏的川剧高腔自是一种特色，加了伴奏的川剧高腔何尝不也是一种特色？一个剧种是一种特点，如果有几个剧团在本剧种的基础上创造性地发展成为一种新的特点，即使他们和其他许多剧团不太一样，而群众确实欢迎，我想我们也就可以承认这种特色，而不要抱着一本老谱去衡量他们怎样离开了本剧种的特点。我们的戏曲音乐的发展理应是越来越丰富，它的道路理应是越来越宽广。

四、怎样看待群众的欣赏习惯问题

我国的戏曲艺术是在和群众的密切联系中发展起来的。一种戏曲的兴衰和它与群众联系的程度分不开的。一个剧种在音乐的创造上如果适应了群众的欣赏习惯，满足了群众日益发展的需要，它就能日益发展，日益兴旺；反之，它要是在音乐的创造上脱离了群众的欣赏习惯，不能适应群众不断发展的需要，它就会日渐枯萎，日渐衰落。这是戏曲艺术发展的一个规律。在戏曲的音乐改革中，不顾群众的欣赏习惯，离开传统来另搞一套，那是粗暴的做法，其结果只能使戏曲艺术脱离群众，丧失了自己的阵地，也就是剥夺了自身存在的条件。但是，戏曲音乐如果不能适应群众不断发展的需要而与日俱进，死守着旧有的东西不放，同样也是会导致脱离群众、丧失阵地、剥夺了自身存在的条件。只看见粗暴的危害性而不看见保守的危害性，同样是很危险的。

左右着戏曲音乐发展的意见，常常是一些“行家”的意见。因为是“行家”，所以他们的意见有权威性；也因为是“行家”，所以他们的意见又往往带有保守性。的确有这样的情形，因为爱它，有时会连它的缺点也爱进去；也因为爱它，就觉得它的任何一点东西都是丢不得的，丢不得也就慢慢地变成了动不得。但是也还应该有一种爱，就是爱它发展，爱它成长得更加丰富、新鲜和完美。“行家”是应该在这方面多关心一些的。对于从事戏曲音乐工作的人们来说，“行家”的意见要不要听？是要听的，但更重要的应该是群众的意见。

当然，对群众的意见，群众的反映，也需要分析。有一些老观众的意见就和新观众的意见有分歧。但是现在问题似乎还不完全在这里。主要就是还有许多许多人的意见和反映我们是既听不到也看不见，他们是那些没有被戏曲艺术争取过来的群众。目前戏曲的观众，大部分还是三十来岁以上的人，许多青年人是不喜欢看戏曲的。不但在城市里的工人、学生、青年干部是这样，就是在农村中的青年农民也有类似的情形。这种情况如果不改变，再过二三十年，究竟能有多少戏曲观众来把住戏曲艺术的阵地呢？这是不能不引起我们深思的问题。要改变这种状况，除了在普及的艺术教育中加强传统艺术的教育之外，关键的问题就在于革新和发展戏曲艺术，使它能够去争取到愈来愈多的青年观众。当然，这首先是戏曲的内容问题，但是要在音乐上没有革新和创造的话，就既不能适应新内容的要求，也不能满足这些新观众的音乐审美需要。这就是说，我们在戏曲音乐问题上，既不能不顾群众的欣赏习惯而进行粗暴的改革，也不能不顾到群众日益发展的需要；既不能不顾到老观众的需要，也不能不考虑到许多我们还没有争取到的新观众的需要。如果有了这样的认识，我们就能在戏曲音乐传统的基础上，进行大胆的革新和创造，使我们具有古老传统的戏曲艺术青春焕发地随着时代的步伐前进！

原载《人民音乐》1963 年第 12 期

民族化实践中的“三怕”

——民族化问题杂谈

在创造和发展社会主义的民族的新音乐文化的实践中，存在着两方面的问题。一方面是各种传统的音乐形式的发展，另一方面是各种外来形式的民族化。这两方面既有区别，又是互相联系、互相影响的。由于我们大量的音乐工作者是直接或间接接受过“洋氏的”音乐教育，比较习惯于运用各种外来的音乐形式和表现手法来进行音乐的艺术创造，因此，民族化问题更有着迫切的现实意义。

这些年来，民族化早就是大家所关心的问题，而且在实践中也有不少人作了许多的有益的探索，并取得了一定的成就。但是，我们所已经取得的成就和客观形势所要求于我们的还很不相称，有相当的距离。这就需要我们尽最大的努力在音乐创作和表演的艺术实践中加速外来形式民族化的进程。

要加速音乐民族化的进程，关键在哪里？我以为关键在于我们从事于音乐创作和表演的音乐家本身的认识和实践。因为，民族化归根结底是要通过音乐创作和表演的艺术创造来完成的，如果不在直接实践者的认识和行动上去解决，有再多的号召和理论探讨也是徒然的。这样说，并不是为理论工作者推卸责任，而是说明作曲家和音乐表演家们的工作具有头等重要的意义。

从思想认识上来说，首要的事情是要扫除许多对于民族化的思想障碍，树立起创造和发展社会主义民族新音乐的雄心壮志。

在我们的作曲家和音乐表演家的思想中存在着哪些对于民族化的思想障碍呢？我以为主要的是有“三怕”。哪“三怕”？

一怕“降低水平”。譬如，当一些青年人在实验小提琴民族化的时候，就有人出来非难他们“民族化就是简单化”，说“人家小提琴四根弦，你们把它当作二胡拉”。总之是，深怕民族化使许多西洋创作和表演的复杂技术都用不上，不能用上各种复杂技术，就是降低了水平。

二怕“丧失特点”。譬如，有的歌唱家怕演唱戏曲、曲艺节目而丧失了特点，成为“戏曲化”或者“曲艺化”了；有的作曲家怕交响乐民族化了就不能发挥交响性的特点，就不能很好地表现矛盾冲突，不能深刻地反映现实。总之，认为民族化了就不能发挥外在形式的特点，这朵花的意义没有了。

三怕“破坏体系”。譬如，有的作曲家认为要创作民族化就不能不用五声音调，而五声音调是和和声的功能体系矛盾的，即要保持和声的功能体系就不能民族化，要民族化就不能保持和声的功能体系。有的人认为：“西洋音乐的各种体系，是人家总结了几百年的实践经验而建立起来的，怎么能随便就去破坏掉！”

以上这“三怕”，看来似乎也还有些道理。譬如说，谁会同意民族化就应该丢掉外来形式的复杂技巧而来一个简单化呢？恐怕是谁也不会同意的；又譬如，民族化如果就是要消灭外来形式的一切特点的话，那么，又有什么必要去吸收各种外来形式呢？民族化的一切努力又有什么意义呢？关于体系的问题，不也是同样的道理吗？但是，如果我们再仔细地想一想，又觉得这样不是毫无问题的。试想想，既然外来形式的技术是一点也不能丢掉的，它们的特点是一点也不能抹煞的，它们的体系是一点也不能破坏的，那么，哪里还有什么民族化可言呢？只好是原封不动地照搬了。所以，有这种“三怕”思想的人不管他怀着多么好的心愿，实质上是一种外来形式“动不得”的思想，是和民族化的要求根本抵触的思想。它是使我们在音乐民族化的道路上迟迟不前的一个思想障碍，不除掉这个障碍，就不能迅速地实现外来形式的民族化。

诚然，我们之所以要在我们的音乐创作和表演的艺术创造活动中吸取和运用外来形式，正是由于它们有丰富的和高度的技术，有我们的传统形式所不能代替的特色，有自成体系的一套经验，这些东西在经过民族化的改造之后，可以为创造我们社会主义的民族的新音乐而服务。因此，对外来形式的技术、特点、体系，我们都没有必要采取消极的排斥态度。但是，不排斥，并不等于说不要对它们进行民族化的改造。否定了对它们进行民族化的改造，除了只会亦步亦趋地跟在西洋音乐的后面去仿造一些“赝品”之外，是怎么也不会创造出具有自己民族特色的音乐来的。因此，我们努力的方向只能是对外来形式进行民族化的改造。要改造，就不能说它们是一点也“动不得”的，而必须承认它们是“动得”的。

那种以为外来形式是“动不得”的思想，说穿了就是我们曾经屡次批判过的盲目崇拜西洋音乐的思想，也就是不加分析、不加批判地认定西洋音乐的一切都“高”、都“科学”、都“完整”的思想。譬如，有人认为一个作品的和声若是连续两个小节没有转调的话，就是没有技巧。持有这种观点的人，自然要斥责那些努力民族化的人把西洋作曲的复杂技巧给丢掉了。这样的观点难道可以认为是对西洋作曲技术的“高度”作了正确的估价吗？不是的，这只不过是把外国作曲技术加以偶像化而已。有了这种把西洋音乐技术偶像化的观点，自然不能正确理解在具体的艺术创造活动中什么样的技术该用和什么样的技术不该用的问题，更不可能认识到我们在民族化的过程中必然会为各种外来形式增加越来越多的新的技术，因而也可以说是在提高了它们的技术。

要不要保持外来形式的特点呢？我说，既要保持，也不能完全保持。譬如说，西洋的唱法要民族化，是不是要像有的人曾经提倡的那样“改嗓子”呢？当然不是，既然要“改嗓子”，那就不是民族化，而是根本不要西洋唱法。我们不排斥西洋唱法，这就是保持的一面。但是，西洋唱法又必须民族化，要民族化就不能说对西洋唱法的技术特点完全保持不变，而是必须有所变，这又是一面。有的人由于怕变，怕“丧失特点”，因而就很怕“戏曲化”“曲艺化”。当然，西洋唱法的民族化不仅仅是“戏曲化”或者“曲艺化”，也没有人主张学习西洋唱法的歌唱家一定要改行去做每种戏曲或者曲艺的演员。他们所担心的“戏曲化”和“曲艺化”，无非是在自己的演唱节目中应不应该也唱戏曲或曲艺节目的问题。其实在我们歌唱家的节目中多唱一些适合于自己的特点的戏曲和曲艺的段子，那又有什么不好呢？难道我们作为一个中国的歌唱家经常唱一些外国歌曲和外国戏剧的选曲倒不怕自己太“洋化”了，而对唱一些戏曲和曲艺的段子反而如此存有戒心，深怕会“戏剧化”或者“曲艺化”了，这除了说明我们还缺乏作为一个中国歌唱家应有的民族自尊心之外，还能是别的什么呢？我们并不排斥演唱优秀的外国音乐作品，但多唱唱中国的戏曲和曲艺节目，不也可以看作是民族化的一个重要部分吗？

外来形式的有关体系能不能改造呢？应该是能够改造的。任何一种体系，都是在实践的过程中逐渐地形成和不断地发展的。当然，在形成为一种相当完整的体系之后，它的进一步发展往往会要困难些，但并不等于说它是可以凝固不变的。即以和声的功能体系来说吧，在19世纪欧洲许多大作曲家的作品中所包含的内容难道不比亨德尔时代的内容有着极大的发展和丰富吗？为什么我们就不能在民族化的过程中来发展和丰富这一体系而只能照搬他们已有的经验呢？同时我们是否也可以怀疑一下，是不是只有功能体系才是唯一的和声体系呢？或者说，我们是否也可以在努力民族化的实践过程中逐步建立起一种既有功能体系之长而又弥补了它之不足的新的和声体系来呢？我想问题是可以这样提出来的。

所有这些都集中到一点，就是我们必须树立创造社会主义的民族的新音乐的雄心壮志。我们要从外国音乐中吸收一切有益的经验，但是绝不把它们作为不可触犯的偶像而拜倒在它们面前。我们的目标不是硬搬和摹仿，而是创造。在不断创造的过程中，改造外来的形式，发展外来的形式。外来形式的技巧、特点、体系，都将通过我们民族化的努力而使它们得到丰富、发展和提高。我们具有鲜明民族特点的社会主义新音乐，将不仅在思想内容上超越前人的理想，而且在艺术技巧上也要超越前人的成就。努力使外来形式民族化，是达到这一目标的不可或缺的步骤。

原载《人民音乐》1964年第2期

一个有待开发的宝库

——中国音乐美学遗产

吕骥同志给出了题目，要我在会上谈谈中国古代音乐美学思想问题。这对我来说，确实是个难题。因为中国古代音乐美学内容极为丰富，情况也很复杂，而我对这个问题又没有作过认真的研究，所以本是没有资格来谈这方面的问题的。我在这里只能极粗略地向大家介绍一些材料，并把自己一些很肤浅的感想拿到这里来说说，以求教于到会的前辈和同志们。

周扬同志的报告中提出了研究中国传统文学理论和美学思想的任务，这对于促进马克思主义文艺理论和中国实际相结合，发展具有中国特色的马克思主义文艺理论，有着十分重要的意义。在音乐方面，虽然过去也有一些同志对中国古代音乐美学思想的研究作出过不同程度的贡献，但总的说来，我们对这个领域的研究还没有真正地动起来，连真正是深入的专题研究都很少，更谈不到全面的系统的研究，和其他方面比较起来确实是落后了。这对于提高我们音乐的艺术水平来说，不能不是一个缺陷。要改变这种状况，就需要有成批的“有志之士”投身到中国音乐美学思想的研究工作中来。通过大家的共同努力，首先把这门学科的研究大大地活跃起来，然后一个一个地去夺取新的研究成果，逐步向本学科的深度和广度进军。这样，才有可能发展起一种具有中国特色的马克思主义音乐美学理论，给音乐艺术水平的提高以有力的促进。下面谈的是一些零碎的印象和感想。

中国音乐美学有悠久的历史。我国是世界上音乐美学发达最早的国家之一。在我国，最早的文艺理论就是乐论，最早的美学理论就是音乐美学理论。这和我国古代艺术发展的情况，是密切地联系着的。因为在我国古代，熔诗歌、音乐、舞蹈为一炉的“乐”是各种艺术形式中居于中心地位的一种形式，就好像希腊的悲剧曾经在古希腊艺术中居于中心地位一样，所以它也自然地成为有关艺术问题的讨论的中心。不仅有许多政治家、思想家发表过论乐的精辟见解，而且还出现了不少论乐的专著，如：墨翟的《非乐》、荀况的《乐论》、《礼记》中的《乐记》等等，在这些论乐著作中保存了许多长久闪耀着光辉的思想。

在中国古代的音乐美学中比较占优势的观点是把音乐作为人们的思想感情的表现来看待的。

《乐记》一开始就这样说：

> 凡音之起，由人心生也。人心之动，物使之然也。感于物而动，故形于声，声相应，故生变，变成方，谓之音。比音而乐之，及干戚羽旄，谓之乐。

又说：

> 乐者，音之所由生也，其本在人心之感于物也；凡音者，生人心者也。情动于中，故形于声；声成文，谓之音。

都是说明音乐是人的心中产生的，是受到外界事物影响的结果。

《毛诗序》说：

> 诗者，志之所之也；在心为志，发言为诗。情动于中，而形于言；言之不足，故嗟叹之；嗟叹之不足，故永歌之；永歌之不足，不知手之舞之，足之蹈之也。

这是说诗，实际就是说乐。在《乐记》中也有类似的话：

> 故歌之为言也，长言之也。说之，故言之；言之不足，故长言之；长言之不足，故嗟叹之；嗟叹之不足，故不知手之舞之，足之蹈之也。

这些都说明音乐产生于人们表达自身的思想感情的需要。

其实这种观点并不自《乐记》等书始，在《尚书·尧典》中就已经有了“诗言志，歌永言，声依永，律和声”的说法，虽然不像《毛诗序》所说的那么细致、明确，但基本上是一致的。

如果说《虞书》并不是一部很早的典籍的话，那末，在《诗经》的一些诗篇中也有了与此类似的观点的反映。如《魏风·园有桃》的“心之忧矣，我歌且谣”；《小雅·四月》的“君子作歌，维以告哀”……都说明诗歌、音乐的创作是出于表达作者思想感情的需要，音乐是一种表情的艺术。这些诗篇基本上是春秋以前的作品，足见这种观点有着很久的历史渊源。

如果说古希腊的美学思想是以史诗和悲剧的艺术实践为基础，因而摹仿论——即认为艺术是现实生活的摹仿的理论——在希腊美学中占有优势的话，那么，在中国古代，美学思想是以“乐”的艺术实践为基础，因而表情论——即认为艺术是人们的思想感情的表达的理论却占有优势，这就不足为奇了，而且这种观点在我国文艺理论中影响颇为深远。例如刘勰的《文心雕龙·情采》中就说：“故情者，文之经，辞者，理之纬；经正而后纬成，理定而后辞畅，此立文之本源也。”所以他称赞“为情而造文”的作品，贬低“为文而造情”的作品。白居易在论诗时也说：“诗者，根情，苗言，华声，实义。”(《与元九书》）也是认为人的思想感情是诗的根本。他在评论音乐时也是把思想感情的表现放在首位，曾经发出过“古人唱歌兼唱情，今人唱歌唯唱声”(《问杨琼》）的慨叹。

在音乐的艺术创造活动中重视思想感情的表达，这是中国古代音乐美学思想的一大特点，也是中国古代音乐美学思想的一大优点。

既然承认音乐是人们的思想感情的表现，就必然要引出这样的结论，即音乐所表达的思想感情同人们所处的社会政治状况是紧密地联系着的。这就是《乐记》所说的：“声音之道，与政通矣。”

当然，这种观点并不是《乐记》开始才有的。例如，在周代，早就设有采诗之官以搜集各地的民歌。《汉书·艺文志》说：“古者有采诗之官，王者所以观风俗，知得失。”很清楚，这样做的目的就是要从民歌中了解政情，也就是认为民歌是能够反映政情的。《诗经》中的国风就这样被保存下来。又如，《左传·襄公二十九年》记载吴国公子季札在鲁国观周乐时的议论，他对每一种音乐的评论都归结到它反映了一种什么样的政治状况。例如，他听了郑国的音乐就说：“美哉！其细已甚，民弗堪也，是其先亡乎？”可见《乐记》中划分所谓“治世之音”“乱世之音”与“亡国之音”的观点，实际也是早已存在的了。然而，《乐记》从理论上明确地作出“声音之道，与政通矣”的结论仍然有它重大的意义。

在我国古代的音乐美学中，不但认为音乐反映着一个国家的政治状况，而且还认为音乐对于社会的风气和人们的道德以至国家的政治能够给予有力的影响，即所谓“移风易俗，莫善于乐”的观点，在论者的眼中，音乐成了进行教化的一种最有力的工具。正因为这个缘故，道德的和政治的要求就成了评价音乐的最重要的标准，也就是说“政治标准第一”。由此可以看出，中国古代音乐美学中，社会功利主义的倾向是比较突出的。这也可以说是中国古代音乐美学的又一个特点。

以上所说这些主要集中在《乐记》里的观点，即音乐是人心受到外界事物的影响而产生的，因而它反映着一个国家的社会政治状况，同时又给予社会以有力的影响的观点，应该说是一种唯物主义的观点，是我国古代音乐美学思想中卓越的成就。这些观点虽然像我前面说过那样，大都有着比《乐记》本身远为古老的渊源，但它们却是在春秋战国直至汉初这段时间里随着封建生产关系的发展而逐步探索、积累以至系统化起来的，是适应封建地主阶级的需要的。由于这种观点的核心是社会功利主义的，对音乐采取一种积极的关心的态度，所以它不但能为处于上升阶段的封建阶级所利用，也能为日益反动的封建阶级所利用。在前者，所谓“治世之音”“乱世之音”与“亡国之音”的不同表现，可以作为“观风俗，知得失”“补察时政”的材料；在后者，“乱世之音”“亡国之音”等都可以成为镇压进步音乐的罪名。也正因为这样，这种朴素的唯物主义的观点也就能够同“乐由天作”之类的唯心主义观点并行不悖地存在《乐记》之中。《乐记》的思想则成为几千年来封建统治阶级的正统的思想。

封建统治阶级既然利用《乐记》的理论来加强对音乐的控制，自然会产生出一种反控制的理论。而比较突出的便是“声无哀乐论”，它的作者是三国魏时期著名的文学家、音乐家嵇康。

《乐记》不是说“治世之音安以乐，其政和；乱世之音怨以怒，其政乖；亡国之音哀以思，其民困”（断句从嵇康）吗？足见它是把音乐的哀乐直接地同政治上的好坏联系在一起的，怨怒与哀思的音乐便成了“乱世之音”和“亡国之音”的同义语。这样的话，像嵇康本人所喜爱的琴曲《广陵散》那样的作品自然就该属于被排斥的音乐之列，更不用说那许许多多被统治阶级戴上“郑卫之音”帽子的民间音乐了。要打破这种控制，就不能不提出相反的理论，那就是“声无哀乐”论。

他说：

> 夫天地合德，万物贵生。寒暑代往，五行以成。故章为五色，发为五音。音声之作，其犹臭味在于天地之间。其善与不善，虽遭遇浊乱，其体自若而无变也。……声音自当以善恶为主，则无关于哀乐；哀乐自当以情感而后发，则无系于声音。

在他看来，音乐是一种自然产生的音响的客观存在，不因为时世的变迁而改变它的性质；音乐只有美与不美的差别，而与哀乐没有关系；哀乐是人们被外物触发的感情，也与音乐没有关系。他认为，音乐之所以能对人们起作用，是由于它的声音具有变化而又和谐的美（“及宫商集比，声音克谐，此人心至愿，情欲之所钟。”“然声音和比，感人之最深者也”），而不是由于音乐有什么哀乐的情绪。

嵇康的这种观点也不是完全出于他的独创。从把音乐视为客观物质世界及其运动变化的表现来说，它是来自先秦时期阴阳五行学派的音乐观，而持有实际是类似“声无哀乐”观点的，在早也曾有像雍门周那样的人（这点是联抗同志首先注意到而后告诉我的）。汉代桓谭《新论·琴道篇》载有一段战国时期的音乐家雍门周为孟尝君弹琴的故事。孟尝君问雍门周：“您弹琴也能使我感到悲哀吗？”雍门周给他的答复大意是说：只有那些倒楣的不幸的人，听见鸟的哀鸣和秋风的呼号都感到伤心，我再给他们弹琴，他们就会悲哀地哭起来。至于像孟尝君您这样得意的人，就是再好的演奏也不会使您感动的。接下去就说了一篇“天道不常盛”的道理，说明孟尝君尽管如此尊贵，死后就什么都没有了。听了这些话，孟尝君就开始叹息、落泪了。这时候，雍门周弹起了琴，孟尝君竟感动得哭起来，并且说："先生鼓琴，令文（文——孟尝君自称其名）立若亡国之人也。"这段故事，简直可以给嵇康的如下一段话作注脚，这段话说："至夫哀乐，自以事会先遘于心，但因和声以自显发。"意思是哀乐原是人们的内心受到事物的影响而存在于自己心中的，音乐只是以它的美起到触发人们的感情的媒介作用，它本身并不具有哀乐的感情。

嵇康的"声无哀乐"的思想，虽然在他认为音乐是自然产生的音响的客观存在这点来说，带有唯物主义的色彩；但他在主要的方面却完全忽视或抹煞了音乐的社会性，又是唯心主义的。他的音乐思想或者可以算是一种二元论的音乐观吧。总而言之，他的观点从理论上来说是不合实际的，甚至可以说是荒谬的。然而，在人类思想发展史上有时竟也会出现一些似乎可以说是"反常"的现象。就在嵇康所处的那个时代的历史条件下，存在于《乐记》中的那一部分唯物主义思想也成了封建统治阶级对音乐文化采取严密控制政策的理论依据，倒是嵇康的这种唯心论的或二元论的思想反被用作争取思想解放的一种理论武器。

这里顺便说一段和"声无哀乐论"多少有些相似的典故。唐代史书《贞观政要》中有这样一段记载：

> 太常少卿祖孝孙奏所定新乐。太宗曰："礼乐之作，是圣人缘物设教以为撙节，政治善恶，岂此之由？"御史大夫杜淹对曰："前代兴亡，实由于乐。陈将亡也，为《玉树后庭花》；齐将亡也，而为《伴侣曲》。行路闻之，莫不悲泣，所谓亡国之音。以是观之，实由于乐。"太宗曰："不然，夫音声岂能感人？欢者闻之则悦，哀者听之则悲，悲悦在于人心，非由乐也，将亡之政，其人心苦，然苦心相感，故闻而则悲耳，何乐声哀怨能使悦者悲乎？今《玉树》《伴侣》之曲，其声俱存，朕能为公奏之，知公必不悲耳。"尚书右丞魏征进曰："古人称：'礼云，礼云，玉帛云乎哉！乐云，乐云，钟鼓云乎哉！乐在人和，不由音调。"太宗然之。

这里可以看出李世民的观点和嵇康的"声无哀乐论"观点是相当接近的。不同的是李世民在这里表现出对唐帝国政治上的强大抱有坚强的信心，不怕什么"靡靡之音"能够动摇这个帝国的统治。因此，李世民及其他初唐的统治者对音乐采取一种比较开放的甚至是"重俗（乐）轻雅（乐）"的政策，从而促进了唐代音乐的高度发展，使之成为我国音乐史上空前繁荣的时代。

这样说，是不是"声无哀乐"的观点就是一种进步的观点，而作为《乐记》的一部分的那种唯物主义观点倒总是起着反动的作用呢？远不是这样的。例如白居易的观点基本上就是《乐记》中唯物主义部分的继承和发展。前面所说的那种矛盾现象，第一，它不是经常的和普遍的；第二，它的根源是在于剥削和阶级对立的存在，以及剥削阶级的统治。在剥削阶级那里，阶级的功利主义最终必然导致对人民的进步的音乐文化的排斥以至镇压。只有无产阶级的革命功利主义，代表着最广大的人民群众的利益，这才能使音乐摆脱少数剥削者狭隘的私利而得到真正的自由，有了极广阔的发展天地。

从音乐美学史的角度来看，嵇康的重大贡献不仅在于他提出了“声无哀乐”的命题，为保护人民的进步的音乐提供了理论依据，还在于他在反复论证他的观点时相当广泛地触及了音乐艺术本身包含的一些矛盾，包括音乐的内容与形式的矛盾，作品本身的创作意图与表演者的解释之间的矛盾，音乐的实际内容与欣赏者的理解之间的矛盾……例如他说：“夫殊方异俗，歌哭不同；使错而用之，或闻哭而欢，或听歌而戚。然而哀乐之情均也。今用均同之情，而发万殊之声，斯非音声之无常哉？”简言之，就是说同样的感情，可以发出许多不同的音调，没有定规，所以就不能反过来说某种音调表现某种情绪。他的结论显然是不对的，然而他揭示了内容与表现形式间实际存在的矛盾方面，却是有意义的。所以我认为，嵇康虽然往往是以机械论和类似诡辩的方法，对这些矛盾作了片面的甚至是夸大的理解，但他是那样多地探讨了音乐艺术中的这许多矛盾的方面，似乎是前无古人的。他的探讨已大大地超越了以前音乐美学重在阐述音乐与政治、道德等一些外部关系的界限，而向着音乐艺术内部深入，这无疑也是一种进步。

中国古代的音乐美学，在以后才逐渐发展成为主要是音乐家的思想。嵇康或许可以算是这后一类型的较早的代表。他除写了《声无哀乐论》之外，还有一篇著名的《琴赋》。这虽是一篇描写性的文字，但在许多地方反映出他的美学观点。唐代以后，论琴艺术的著作逐渐多起来，宋元以后，戏曲音乐的理论就更多了，这两部分的作者多半是精通本行业务的，他们的音乐美学观点的论述往往是和演唱、演奏艺术、技巧的探讨紧密结合的，而且还常常是把美学观点融合在技法理论的叙述之中。简而言之，中国历史上后期的音乐美学理论是愈来愈同音乐艺术的实践结合得紧密了，对于音乐艺术实践的影响也更大了。当然这不是说早期的音乐美学思想对音乐艺术实践没有影响，实际是无论早期思想家、政治家的音乐美学思想，还是后期音乐家的音乐美学思想，都对音乐艺术实践产生过相当大的影响。

举一个例子。

在中国古代音乐美学思想中，“和”字是有很重要的意义和很大影响的。在儒家的音乐美学思想中，“和”就被当作评价音乐的一个重要标准。

“和”本来是一种乐器的名称，是一种笙类乐器，即把不同高低的音管合在一起可以同时发响的乐器。本身就有把差异统一在一起的意义。

比较早地把“和”字提高到世界观的角度来谈的是西周末年的一位史官，称为史伯（其活动年代约在公元前806—前771）。他说：“夫和实生物，同则不继；以它平它谓之和，故能丰长而物生之；若以同裨同，尽乃弃矣。”意思是说，矛盾的统一，或多样的统一，才可能有事物的发展；机械的同一，只会导致消灭。因此他说“声一无听”，就是说如果只有一种声音，根本就不能成为音乐。

《左传·昭公二十年》记载晏婴答齐侯的话中说：“先王之济五味，和五声也，以平其心，成其政也，声亦如味，一气、二体、三类、四物、五声、六律、七音、八风、九歌，以相成也；清浊、大小、短长、疾徐、哀乐、刚柔、迟速、高下、出入、周疏，以相济也。”这里所说的也是有了矛盾的对立面和多样性，才能起到“相成”和“相济”的作用。

以上这两段话都是在为了说明要善于听取不同意见时作为譬喻而说的。所强调的是对立面的相反相成的作用，应该说是一种朴素的辩证法思想。

虽然在先秦的学者中就有人说到儒家是“和乐”的提倡者（《庄子・天下篇》说：“其在于诗书礼乐者，邹鲁之士、缙绅先生多能明之。诗以道志……乐以道和……”），但在孔丘、孟轲的言论中似乎还不曾直接谈到这个问题（“《关雎》乐而不淫，哀而不伤”可作“和乐”观的反映，但也没有直说）。荀况《乐论》和《乐记》中有一段大体相同的话说：“故乐在宗庙之中，君臣上下同听之，则莫不和敬；闺门之内，父子兄弟同听之，则莫不和亲；乡里族长之中，长少同听之，则莫不和顺。故乐者，审一以定和者也。”这主要说的是音乐在人们的生活中起着和——协调的作用。自然，要起这样的作用，音乐本身也就必须具备“和”的性质。

《乐记》里还有这样的说法：“乐者，天地之和也……和，故百物皆化。”这是从更抽象的角度来谈音乐的“和”的，它认为音乐的“和”本于天地的“和”。

以上这两种谈“和”，所强调的不是矛盾方面，不是差异性，而是同一性、统一性，带着调和折衷的色彩。

比较具体地给“和乐”以解释的是《吕氏春秋》，在它的《仲夏纪》中有一段题为“适音”（或作“和乐”）的文字，其中有这样的话：“故乐之务在于和心，和心在于行适。”“夫乐有适，心亦有适。”“夫音亦有适。太巨则志荡……太小则志嫌……太清则志危……太浊则志下……故太巨、太小、太清、太浊，皆非适也。”“何谓适？衷，音之适也。何谓衷？大不出钧，重不过石，大小轻重之衷也。黄钟之宫，音之本也，清浊之衷也，衷也者适也。以适听适则和矣。乐无太，平和者是也。”在这里，和就是适中，就是不过，也就是合乎“中庸之道”。这是精神，是原则，同时也体现在对音乐表现形式的要求之中。

在后世的琴论、曲论中，大都是有形无形地用前述“和”的观点对音乐提出要求的。明・冷谦《琴声十六法》中谈到“和”字时说，“和为五音之本，无过不及之谓也……音有意，意动音随，则众妙归。故重而不虚，轻而不浮，疾而不促，缓而不弛，若吟若猱，圆而不俗，以绰以注，正而不差，纡回曲折，联而无间，抑扬起伏，断而复连，则音与意和。因之神闲气逸，指与弦化，自得浑合无迹，吾是以知其太和。”这些言论可以明显地看出是和《吕氏春秋》的“适音”一脉相承的，自然它已有了很大的发展，也更加细致了。

明・王骥德《曲律》引涵虚子《唱论》：“凡人声音不等各有所长。有川嗓，有堂声。有唱得雄壮的，失之村沙。唱得蕴拭的，失之乜斜。唱得轻巧的，失之闲贱。唱得本分的，失之老实。唱得用意的，失之穿凿。唱得打掐的，失之本调。”这些评论歌唱风格的话，有些可能是当时艺人中流行的行话，现在并不太好懂，但大体上的意思还是能揣摩出来的。总之，它要求演唱艺术既要有特色，有个性，又要适当，过与不及都是不好的。

以上这类言论在琴论和曲论中是不少的。它们既是艺术经验的总结，也是对音乐艺术的要求。它来源于音乐的艺术实践，又给艺术实践以相当深刻的影响，并由此而形成了中国传统音乐的若干固有的特色。例如，在我国的传统音乐中，无论是文人的音乐还是民间的音乐，都比较注意分寸感，讲究要“恰到好处”，也比较强调“含蓄”“蕴藉”，喜欢追求一种有“弦外之音”或者有“余音”“余味”的效果。这都可以说或多或少受着“和乐”观点的影响。由此可见，要了解中国音乐的传统特点，要发展这种特点，研究中国古代的音乐美学遗产是很必要的。

以上接触到的一些中国音乐美学资料，对于中国音乐美学的遗产来说，真可说是一鳞半爪而已。但是，就从这些许的材料中也能够感觉到中国古代音乐美学确实有过光辉的成就。中国古代音乐美学有极为丰富的内容，有很多深刻的独到的见解，而有不少优秀的遗产却被某种神秘的薄雾掩盖着，或者是和一些无用的糟粕混杂在一起，这就要求我们在马列主义基本原理的指导下对它进行认真的批判和清理，作出科学的总结。为此，首先要求把有关音乐美学的文献资料集中起来，作必要的校勘、注释，使许多有兴趣研究中国音乐美学思想的同志比较容易地得到资料。而关键还在于要有人，要有很多的“有志之士”来从事于这门通常被认为是吃力不讨好的学问的研究工作，共同为发掘中国音乐美学这个已经发现而有待开发的宝库而奋斗，为发展具有中国特色的马克思主义音乐美学而奋斗！

原载《人民音乐》1979 年第 11—12 期合刊

音乐与时代

近来，在音乐界不但有“时代曲”的名称的输入，而且也有了“时代音调”之类的谈论，“时代”仿佛成了很时髦的词儿。这就不能不促使人们去思考：我们今天所处的是一个什么样的时代？时代对音乐提出了什么要求？它又给音乐带来了什么样的影响？

音乐，作为一种社会意识形态，无论它产生在什么时代，表现出多少复杂的倾向，都不过是那个时代的社会生活在观念上的反映的产物。因此，所有的音乐无不带着它那个时代的印记。但是，只有那些真正反映了时代精神的音乐，也就是反映了时代前进的潮流以及亿万人民的理想与愿望的音乐，才具有时代的意义。历史上所有伟大的音乐家，都是善于倾听时代的声音，紧跟时代前进的步伐，与时代同呼吸、共悲欢，才创作出那些永远富于生命的活力、永远给人以激励和信心的不朽的乐章。尽管有的人并没有自觉地意识到这点，但他们却是实实在在地做到了这一点。

要反映时代，自然就先要认识时代。

时代并不是一个简单的时间概念，而是具有特定历史内容的特定的历史发展阶段。

列宁说过这样一段话：

> 只有首先分析了从一个时代转变到另一个时代的客观条件，才能够了解我们面前发生的极其重大的历史事件。这里谈的是历史上的大时代，无论过去或将来，每个时代却有个别的、局部的、时而前进时而后退的运动，都有脱离一般运动和运动的一般速度的各种倾向。我们无法知道，这个时代的某些历史运动的发展会有多么

> 快，有多么顺利。但是我们能够知道，而且确实知道，哪一个阶级是这个或那个时代的中心，决定着时代的主要内容、时代发展的主要方向、时代的历史背景的主要特点等等。只有在这种基础上，即首先估计到区别不同“时代”的基本特征（而不是国家历史上的个别情节），我们才能够正确地制定自己的策略；只有认清了这个时代的基本特征，我们才能以此为根据来估计这国或那国的更详细的特点。[①]

放眼今天的世界，自中华人民共和国成立之后，我们的国家便进入了社会主义改造和社会主义建设的新时期。在开始一段时期内，社会主义的政治、经济、文化都是生气勃勃地向前发展，到处是一片欣欣向荣的繁荣景象。后来，由于“左”的错误，使社会主义事业遭受了损失。到十年动乱时期，唯一能够拯救中国的只有科学的社会主义。

粉碎“四人帮”之后，党的十一届三中全会为了加快社会主义建设的步伐，把社会主义建设纳入正确的轨道，及时地作出了决策性的转变，把全党全国工作的重点转移到社会主义现代化建设上来，制定了一系列的方针、政策和措施，把社会主义建设引上正轨。这一决策性的转变，在我国社会生活的各个方面引起了颇为深刻的变化，出现了许多新的情况，同时也有许多需要加以研究的新课题。

首先，关于实践是检验真理的唯一标准的讨论，使我们能够从主观主义、形而上学，从而在政治上、思想上出现了生动活泼的局面，促进了全党和全国人民的团结和国家的安定。

其次，把全党全国工作的重点转移到社会主义现代化建设上来。

第三，随着社会主义现代化建设的进展，现代科学技术的新成就正不断地进入我们的生产与生活的各个领域。在文化和艺术方面，许多现代化的传播工具，诸如广播、电视、电影录音、录像、唱片和书刊等，正在以愈来愈惊人的速度、广度和深度渗透到社会的各个角落和生活的各个领域中去。

第四，为了社会主义现代化建设的需要，我国采取了对外开放的政策，同世界各国和地区的经济和文化的交往已日益频繁，联系已日益密切。于是，带着各种不同倾向的文化艺术便由各种不同的渠道流进我国，并在我们的生活中发生不同的影响。

上述几点是我们在这个新的历史时期中所面临的一些新的情况。这些情况将给音乐带来什么样的影响？音乐要怎样才能适应这种形势的需要？

新时期的中心任务是实现四个现代化，把我国建设成社会主义现代化强国，这是时代的需要，也是全国人民的共同愿望。我们的音乐要表现时代精神，就要紧紧地抓住这个中心，积极地去表现四个现代化的建设者们的崇高的精神境界，激励人们为社会主义现代化建设而献身的热情。

我们要建设社会主义现代化强国，只注意物质生产的提高是达不到目的的，必须在建设高度物质文明的同时，提高全民族的科学文化水平，发展高尚的丰富多彩的文化生活，建

---

① 列宁：《打着别人的旗帜》，《列宁全集》第 21 卷，第 123—124 页。

设高度的社会主义的精神文明。在这方面，我们的音乐家负有义不容辞的责任，努力创造出真的、善的、美的音乐，去丰富人民的精神生活，培养共产主义的情操，提高人们的精神境界，树立起良好的社会风尚。这样，我们的音乐就一定能在社会主义现代化建设中做出积极的贡献。

最近一个时期，在音乐界存在着一些争论，意见纷纭，莫衷一是，但归根结蒂就是一个中心题：音乐家究竟应该拿什么样的音乐给人民？如果大家都同意应该把健康的、优美的、有益于提高人民的共产主义道德和情操的音乐交给人民，而不应该把那些灰色的、消极的、将人引向颓唐的音乐交给人民，我们就会发现有许多争论其实并无必要。

要求音乐家向人民提供健康的、优美的音乐，并不意味着要把音乐限制在有限的题材与风格的范围之内。相反，音乐要在社会主义现代化建设中发挥积极的作用，就需要把政治方向的一致性和题材、形式与风格的多样性有机地结合起来。单调刻板、千篇一律的音乐是不可能受到群众的欢迎，也就无从起到教育人、影响人的作用。如果说它也能给人以影响的话，那只能是使人头脑简单、愚昧无知。我们都记得，在“四人帮”肆虐的时候，音乐被禁锢在一个简单的模式中，其单调简直达到了登峰造极的程度。粉碎“四人帮”之后，音乐从这种禁锢之下解放了出来，一些曾经被视为禁区的题材和体裁的限制被冲破了，乐坛上出现了蓬勃的生机。然而事物的发展却并不总是那样简单。就在这生机蓬勃的形势中，又出现了一些新的现象。在“四人帮”的为害下，音乐创作一味追求“高、快、硬、响”，似乎不这样就不够革命；而今天，对于某些音乐家来说，则唯以“低、缓、软、轻”为贵，似乎只有这样才算得解放思想。结果是在我们的音乐舞台上，在我们的电波中，在某种程度上又出现了另一种单调的情况，而且似乎还有人认为这样的音乐恰好是创造了我们这个时代的“时代音调”。

我在前面说过：把全党全国工作的重点转移到社会主义现代化建设上来，也就意味着那种革命时期的大规模的急风暴雨式的群众阶级斗争已经结束，而代之以扎扎实实的创造性劳动。这样一种转变，毫无疑问会对我们的生活、对我们的心情产生相应的影响。最近一段时期抒情风格的音乐比较多，是有其客观原因的。但是，抒情音乐并不等于音乐的全部。尽管我们可以说音乐都应该抒写感情，但抒情音乐则不过是音乐中的一种体裁，一种风格。此外还有许多不同的体裁和不同的风格的音乐，它们同样是生活的反映，同样是群众的需要。在粉碎“四人帮”的禁锢之后，在摆脱“左”的思想束缚之后，我们的音乐艺术的路子应该更宽广，风格应该更多样，应该更加富于独创性，而不是从一个极端走到另一个极端，从一种简单化走到另一种简单化。这才合乎我们这个时代的要求。

这样说，似乎是责备抒情音乐太多了，其实不然。只片面地强调抒情音乐而忽略或否定其他体裁与风格的音乐的发展固然不好，但如果都是真正好的抒情音乐，多一些又有什么关系呢！问题是：一方面我们确实是创作和演出了不少优秀的抒情音乐作品，但另一方面也出现了一些因袭和摹仿海外的“流行音乐”和“时代曲”一类音乐风格的作品，资本主义社会中的酒吧间的音乐情调被搬到我们社会主义的舞台上来了。这种音乐，从作品到表演都是以嗲声嗲气为美，以油滑轻佻为高，有的甚至不惜以扭屁股之类的动作来博取听众的掌声。试问，这样的音乐和我国人民同心同德为实现四个现代化而献身的时代精神怎么能够协调起来呢？

有人说："流行音乐""时代曲"不见得就不好，模仿也是可以的。这话真的对吗？不然。"流行音乐"和"时代曲"作为一种类型的音乐，它们的政治倾向并不总是一致的。在一定的条件下，具有进步的或革命的倾向的人们也可以利用这种形式来为他们服务，正像在我国民主革命时期人们曾经利用一些流行的曲调来填进宣传革命内容的歌词一样。因此，我们在对待"流行音乐"和"时代曲"的作品时，就要进行具体的分析，不能一概而论。但是反过来我们也不能望文生义，以为"流行音乐"便是流行的音乐，"时代曲"便是新时代的歌曲，如果这样，就大错而特错了。"流行音乐"也好，"时代曲"也好，基本上是属同一类型的音乐。这种环境和商业化的性质决定了这种音乐的主要情调：半是轻佻，半是消沉。因此，我们在对待这种音乐的态度上便需要特别的谨慎，要善于从中找出真正有益和有用的东西来，而不应无批判地硬搬和模仿。从对"流行音乐"和"时代曲"的模仿中是无论如何也不能创造出表现我们这个时代的精神的音乐来的。

在我们的国家采取对外开放的政策的情况下，海外的音乐总是会通过种种渠道向我国流入。毫无疑问，这些海外音乐其中有很多是这些国家和地区人民创造的珍贵财富，我们应该很好地向他们学习，把它们作为吸取和借鉴的对象。但是其中也必然会有一些消极的东西，那是一些反映着资产阶级没落意识的音乐。为保护人民精神生活的健康，我们的音乐工作者负有神圣的责任。

斯大林曾经把文艺家称为"人类灵魂的工程师"，如果我们不把它作为自我骄傲的招牌而把它作为自己的神圣职责的标志的话，我看这名称是不错的。我们处在这样伟大的时代，多么需要有和这时代相称的音乐来作为现代化建设者的精神食粮呀！我们的人民多么期望我们的音乐家创作出更多能够给他们以精神力量的音乐作品来！这里有无数的社会主义新人，有无限广阔的创作题材，有丰富多彩的色调……可成为音乐家们自由驰骋他的才华、思想和艺术技巧的天地！

原载《音乐研究》1981 年第 3 期，署名"施盈"

（本文有删减）

中国传统音乐的风格

中国音乐有很古老的历史渊源。公元前21世纪时，中国开始进入奴隶制时代。奴隶社会中最受尊崇的音乐是以歌颂王朝功德为内容的大型乐舞，由庞大的舞队、乐队和歌手们相配合，在宗庙祭祀等隆重的仪式上演出，具有庄严肃穆的特色。它们是“雅乐”的主要内容。

中国音乐一向有重视感情表现的传统。由于重视感情的表达，因而在音乐的艺术创造中，不仅一般地表现为对于音乐旋律的重视，而且还着意于在旋律的抑扬顿挫与轻重疾徐中表达出多种感情的细微变化，力求生动而真切地摹写出人们的性情和气度，宛如中国画之讲究笔墨变化一般，别有一番风韵。听过瞎子阿炳的名曲《二泉映月》的人，只要细心地去领会，就不难发现其中对于感情的细腻的描绘。

中国音乐的风格，一般都比较明朗、平和、清丽，甚至时有典雅之感。这种风格的形成有多方面的因素，其中儒家的中和音乐观的影响无疑是很显著的，因为儒家思想在两千多年的封建社会中长期处于统治的地位。这种中和音乐观反对音乐中过度的表现，而要求得其适中。正像儒家在政治上和道德上主张“中庸之道”那样，这种中和音乐观，从消极方面说，它消磨了音乐作品中的革命精神；从积极方面看，对促进中国音乐的形式更加和谐完整起积极作用。

一、现实主义的音乐

在中国的器乐作品中，在重视表达人的感情的同时，也颇注意自然景物的描绘，诸如流水、鸟鸣、摇船、钟鼓、雷声等，但在这种描写中，总是努力使思想、感情与形象融为一体，达到“情景交融”的境界。例如著名的琴曲《流水》，用丰富的演奏技法，描绘了流水从涓涓细流到浩浩江河的多种情态，时而像波涛翻滚，时而似琴人放歌，使流水的音乐形象成为人的感情和精神的化身。

中国音乐旋律特点的形成，主要受着中国语言的影响。中国的主要语言——汉语有一个显著的特点，就是音节比较简单，而声调却比较复杂。汉语的声调还不是一般地具有表情的含义，而且更重要的是它直接影响着词义。因此，中国歌曲的旋律，不仅一般地要求与语言的声调相一致，而且为了准确地表达语言的声调，往往就在旋律中加上一些装饰音，并用滑行的方式把它们同旋律音连接起来，形成一种具有特殊风格的歌唱旋律。同时，又由于器乐创作常有要求接近歌唱的倾向，声乐作品中的这种旋律特点也被带到器乐作品中去，从而使中国音乐的旋律相当普遍地带着这种特点。

汉语的特点，不但影响着中国音乐的旋律，也影响着中国音乐的节奏。在汉语里，虽然也有轻重音，但到底不像声调那样重要。因此，在旋律的节奏上就往往会突破强弱相间的规律，或者出现较多的切分音，或者在实际上使强拍和弱拍易位。所以，不少中国音乐的旋律，如果完全按照强弱相间的规律去演奏，就会失掉它原有的韵味。

二、丰富多样的体裁与形式

中国音乐在它长期发展的历史过程中，形成了传统音乐的五大类：歌曲、歌舞音乐、说唱音乐、戏曲和器乐。汉（公元前206—公元220）、唐（618—907）的时代，音乐演出的主要场所是宫廷、贵族府邸和大地主庄园，演出的形式主要是歌舞。这种歌舞和奴隶社会的乐舞不同，主要是供娱乐和欣赏的世俗性作品，反映生活的面较广，音乐和舞蹈的节奏与色彩变化都比较丰富，具有较高的艺术水平，对其他音乐形式有强烈的影响。一些适于配合歌舞的乐器，如琵琶、筚篥、横笛、羯鼓等，在演奏技巧和艺术表现力方面都有很大的提高。

宋代以后，直到元、明、清时代，约一千年间，随着城市的繁荣和市民阶层的壮大、城市游乐场所的出现和专业艺人的集中，以说唱、戏曲为主的多种民间音乐形式得到迅速发展，宫廷歌舞渐趋衰落，戏曲则逐渐形成了在音乐中的中心地位。

而在众多的戏曲腔调中，影响最大的是“梆子腔”和“皮黄腔”。这类戏曲腔调都比较地接近群众，比较容易为群众所理解，因而得以迅速传播。后来流行全国的京剧就是以“皮黄腔”为主，并吸收了昆曲、梆子腔以及许多地方戏曲的优秀成果而形成的。

每一大类中都包括多样的音乐体裁和形式。例如，歌曲就包括古典歌曲和各种体裁的民歌——劳动时唱的“号子”，山野间唱的“山歌”，婚丧节庆等风俗活动中唱的风俗歌，少数民族中保存的长篇史诗性叙事歌曲等。又如器乐，除琴、筝、琵琶、笛子等乐器的独奏之外，还有各种各样的合奏，其乐曲的形式更加多样，有的大套乐曲竟有长达两小时的。

三、从蒙古族牧歌到维吾尔族乐曲

中国是个多民族的国家，各民族大都有自己的语言，风俗、生活条件和文化传统也不尽相同，在音乐上形成了各民族所特有的风格。

多样的体裁和形式同各种民族风格和地方色彩相结合，形成了名目繁多的乐种。全国现有戏曲剧种 300 多个，说唱曲种 200 多个。

听了宁静悠长的蒙古牧歌，仿佛置身于辽阔的草原之上；听了音调高亢而又抑扬跌宕的藏族山歌，会觉得身在峻拔的崇山之中；陕北山歌“信天游”的高亢悠长的音调，正像黄土高原那样高峻而厚重；江南民歌如《孟姜女》之类优美的音乐，恰同水乡秀丽的景色相辉映。而同样是南方的广东音乐和江南丝竹乐，虽然都有柔婉秀丽的特色，但它们从旋律的构成到演奏的风格都有明显的区别；同样是广东省，潮州音乐又另有它自己的特色；同样是新疆维吾尔族的木卡姆，喀什的比较深沉、热情，伊犁的就比较刚健明朗……色彩之多样，举不胜举。例如，河南梆子是使用河南方言、具有河南地方音乐特点的梆子腔系统的戏曲，苏州弹词则是使用苏州方言、具有苏州地方音乐特点的弹词类说唱。

中国音乐在长期的历史发展过程中，一方面发展了丰富多彩的体裁、形式、音调和风格，同时也形成了中华民族鲜明的民族特色，在创作、表演和理论方面都有独特的创造。在音乐艺术形象的创造上，在表情达意的方式上，在音乐的体裁、形式及其他各种表现手段（音阶、调式、旋律、节奏、多声结构、配器等）上，都有我们民族的特点。这些特点是我们民族的心理素质、文化传统、审美观念在音乐上的反映。

四、作曲的特点

在音阶的结构上，早在 2500 年以前，中国音乐便已使用七声音阶，长期来与五声音阶并用。中国的七声音阶在具体的运用上比较复杂，除与自然大音阶相似的之外，一种比较特殊的七声音阶便是音阶的第四级音高出四分之一音，第七级音低下四分之一音，正好处在两个小三度的中央，并使第四级音与第七级音之间构成一个纯四度关系，形成一种特殊的七声音阶结构。此外，中国七声音阶中第四级和第七级音的动向也有它的特色。有时候，它们的出现同五声音阶的调式交替几乎没有什么区别。在一般情况下，除了作经过音之外，它们大都不直接作半音进行，而是经过装饰以冲淡半音进行的尖锐性。

上文已经谈到，中国音乐的节奏受到中国语言的影响，但此外还受其他一些因素的影响。例如，由于中国的歌舞从相当久远的时候起就有追求情节性的倾向，因此，音乐就不满足于按一两种节奏型作规律的反复，而对于节奏的多层次的发展则给予更多的关注。这种情形在戏曲中就更加明显。一个大段的戏曲唱腔，从无节拍的散板开始，经过充分抒发感情的慢板旋律，最后到紧张热烈的快板结束，其间还有若干不同的节奏层次。其他体裁的音乐也存在类似的情况。这说明，中国音乐的节奏有较强的戏剧性的品格。

中国的器乐合奏往往给人一种似乎是齐奏的印象，其实这是不确切的。中国的器乐合奏，没有西洋管弦乐队中提琴类乐器那样的声部，而比较近似西洋室内乐合奏，每种乐器都有一定的独立性。在演奏乐曲的时候，每种乐器都根据自己的特点来予以发挥，有一定程度的即兴性。它们既不脱离旋律的中心，又要彼此不尽相同。于是在中国的合奏中就出现了一种既不是完全的齐奏，又不是真正的多声结构的特殊的形态。

如果说和声和复调在中国音乐中并未得到充分发展的话，那么，对于乐器音色的运用却是比较充分的。几百种中国乐器之所以能够生存和发展，大抵皆由于它们特有的音色难以替代。在一种被称为“十番锣鼓”的大型器乐合奏中，所用打击乐器不下十种，每种均有不同音色。把这多样的音色和多样的节奏型结合起来，便构成了一种富于特色的打击乐合奏。每一种乐器，也能通过多样的演奏技巧的运用，而发掘乐器音色的丰富性。例如，琴，除了七条弦不同的音色外，既有散音（空弦音）、按音和泛音的不同音色，还有左右手不同的指法奏出丰富的音色变化。其他许多乐器如琵琶等，都有类似的特点。

中国的传统音乐虽有丰富的优秀的遗产，但许多古老的遗产却濒临失传的绝境。新中国成立以后，广大艺人摆脱了被压迫受歧视的状况，社会地位有了根本的变化，他们继承的音乐遗产也因之而得到保护。与此同时，各地的音乐工作者还在广阔的范围内对民族民间音乐进行了搜集、整理和研究。一些久已绝响的古代音乐（如琴曲《广陵散》《幽兰》，以及《白石道人歌曲》等）重新恢复了生命。许多重要的遗产都已经过系统的整理而予以出版（如《琴曲集成》《十二木卡姆》等）。

对于中国音乐特有的规律的研究也已开展起来，而且正在逐步地引向深入。所有这些，不仅具有保存民族音乐遗产的意义，而且对于发展民族音乐的优秀传统将会发挥更大的作用。我们的作曲家们正是从这些遗产中吸收丰富的养料，创作出既具有鲜明的民族风格又充满新的时代精神的作品。如刘文金的二胡独奏曲《三门峡畅想曲》，王惠然的琵琶独奏曲《彝族舞曲》，雷雨声的高胡、洋琴、筝三重奏曲《春天来了》等，都因其鲜明的民族风格与时代气息而受到普遍的欢迎。最近何占豪和王令康合作的民族器乐合奏曲《节日赛马》也在这方面进行努力，取得了可喜的收获。其他音乐体裁，如歌剧、舞剧、交响乐等方面，都有不少成功的作品，如李焕之的交响组曲《春节组曲》，瞿维的交响诗《人民英雄纪念碑》、交响组曲《白毛女》，吴祖强与刘德海合作的琵琶协奏曲《草原小姐妹》，以及张敬安与欧阳谦叔合作的歌剧《洪湖赤卫队》，石夫创作的歌剧《阿依古丽》等，都是得到好评的优秀之作。

利用传统的音乐形式创作反映我们时代的生活和革命内容的作品，不仅是时代的需要，群众的需要，而且也是多种传统音乐形式自身生存和发展的需要。在这个创作的过程中，一些过时的、落后的艺术手段会逐渐被抛弃，许多新的更富于表现力的手法和技巧会不断地被发现，被吸收。

正像中国在历史上曾经广泛地吸收其他民族音乐文化的积极成果来丰富自己那样，今天，中国的传统音乐也在它不断前进的发展过程中吸收和借鉴外国音乐的有益成分。此外，在音乐创作中，和声、复调、配器等，也都不同程度地吸收了外国的经验。总之，中国音乐有自己的特点，我们也力求保持和发扬这些特点，但我们并不认为中国音乐和外国音乐之间有不可逾越的鸿沟。在我们努力发展自己民族的传统音乐时，仍然可以而且必须从外国优秀的音乐文化中吸收营养，使之能以更加耀眼的崭新的姿态出现在世界乐坛之上。

原载《文化——世界人民的交流》，中国对外翻译出版公司，1984 年

宏观与微观的结合

——《中国音乐学》中青年作者优秀论文奖评奖感言

两年多前，当《中国音乐学》创刊之时，我们感觉到：在我国音乐界，各种各样的比赛、评奖非常之多，有表演的，有创作的，特别是那些“通俗歌曲大奖赛”之类的比赛，既有丰厚的奖品或奖金，又有名人授奖，电视、广播等各种宣传机构也大力宣扬，真可谓热闹非凡；唯独音乐理论方面，冷冷清清，似乎没有谁曾经考虑到应该也给那些经过长时间刻苦钻研而写作出来的优秀音乐论文以应有的奖励，只是一任其自生自灭而已。相形之下，畸轻畸重，不免使人感到太不公平、太不合理。因此，我们便想到要在音乐理论界来开这么一个先例，决定在本刊设置这个“《中国音乐学》中青年作者优秀论文奖”，希望通过这种评奖活动，能为推动我国音乐学研究的繁荣与发展尽一点微薄的力量。

最近这八年来，随着国家改革开放新时期的历史进程，我国的音乐文化出现了前所未有的繁荣局面，其中，音乐学术也获得了巨大的发展。音乐理论队伍空前地壮大了，研究的成果极大地丰硕了，学术水平也显著地提高了，在国内外都产生了积极的影响。这种局面的出现，自然包括了许多卓有成就的老专家的努力，他们在音乐学的若干重要领域里发挥了学科带头人的作用，但是，大量中青年音乐学者的崛起则是新时期音乐理论队伍一大特色。这些中青年的音乐理论家们，年富力强，充满朝气，善于吸收新鲜事物，勇于革旧创新，再加上锲而不舍的刻苦钻研精神，在音乐学的诸多领域里做出了可观的成绩，对于研究领域的开拓、新学科的发展，研究方法的革新与研究水平的提高，产生了有益的影响。但是，尽管今天中青年音乐理论工作者处在有利的政治环境下，困难也还是不少的。他们随时得为争取较好的工作条件而作出努力，更期望得到社会的理解、尊重、关心和支持。这次评奖专以中青年作者为对象，也正是为了给这些亟须得到支持的同志们以某种鼓励。

这次评奖的对象只限于在《中国音乐学》上发表的中青年作者的论文，就是说它不可能对最近几年来我国中青年音乐理论工作者的成绩作出全面的反映。评奖中第一个印象就是大有“美不胜收”之感。由于名额的限制，我们只能给 6 篇论文授予三个不同级别的奖励。而在本刊发表的中青年作者的论文中，优秀的作品还有许多许多。这就是说，近年来中青年音乐理论工作者所取得的成就是令人瞩目的。就拿得奖的 6 篇论文来说，尽管它们都不是十全十美，都程度不同地存在某些缺点或不足，但是瑕不掩瑜，它们的优点和成就都是显著的，值得注意的。总的来说，这 6 篇论文的作者都在他们的文章所探讨的领域里做了大量扎实的工作，占有比较丰富的实际材料，进行过比较深入的研究，并在这个基础上提出他们自己的看法或者结论，表现出重视理论与实际的联系而不尚空谈的良好学风，应该说这是可贵的。另外，同样可贵的一点是：这些论文的作者都有一种科学的勇气和毅力，他们或者在不被别人关心的领域进行长时间的艰苦的实际调查和研究，或者敢于面对某些流行的观念而提出自己不同的看法，从而能在学术上有所开拓，有所突破。很显然，没有这样的科学精神，要想取得学术上的进步是根本不可能的。上面这两点，不仅是这 6 篇获奖论文的特点，也是许多中青年音乐理论工作者所写的优秀论文的共同特点。它表明我们的音乐理论研究工作正在一条健康的轨道上向前发展。

自然，在我们所接触过的大量中青年作者的音乐论文（也包括这次获奖的论文）中也不是都没有缺点和问题的。常见的现象是一些以“宏观”为视角的论文往往忽视论据的客观准确性，有时甚至把论据是否准确可靠视为可以不予考虑的“雕虫小技”，结果使自己的结论建立在一个禁不起推敲的基础上；与此相反，一些以“微观”为视角的论文则往往满足于就事论事的分析，而缺乏一种高瞻远瞩的历史眼光和全局观点，这样也就难以揭示研究对象的本质意义。有时我就想，这两方面如能互相靠拢一些岂不就好了。当然，这两种性质的文章各有自己的特性与功能，不能勉强让它们统一到一个模式里去。但是，“宏观”的文章能有相应的“微观”研究为基础，“微观”的研究能有“宏观”的思考为引导，则我们的音乐学术论文的水平定会得到显著的提高。

此外，我还有一点感想。自从我们国家实行改革开放政策以来，国外的各种不同学派的理论纷纷被介绍进来，这是件大好事，可以使我们开阔眼界，活跃思想，但是在我们音乐理论界似乎也存在某种不够正常的情况。有时候，对某种新的学说并没有真正深入全面的理解，便急于作出肯定或否定的评价，或者就把它作为理论的依据来观察和分析我们的音乐现象，常常不能得到正确的结论。有时候，由于对新东西的偏好，而对于具有科学价值的马克思主义的学习却不够重视，有的甚至把马克思主义以前的学说当作最新的发现来加以运用，而马克思的学说反被作为陈旧的东西予以抛弃。这些情况，不能不影响音乐学术水平的顺利提高。当然，我们不反对吸收各种外来的学说，新的老的，只要是真理，对我们都有用。在这方面我们还有许多工作要做，系统地翻译和介绍国外音乐学的名著就是一项刻不容缓的事情，通过它们可以比较准确、全面地掌握国外的学术动态，从中吸取有益的东西。与此同时，我们还要强调一下对马克思主义的学习，特别是对经典作家原著的学习，这样可以使我们真正掌握科学的思想武器，具有较强的鉴别能力，能够在纷繁的理论世界里不致迷失方向。这些话不过是一些老生常谈，却是发自内心的对中青年音乐理论家们的期望。音乐作为一种艺术，在马克思主义经典作家的著作中并不曾给我们提供详尽的分析，这里有相当广阔的领域有待我们去努力。音乐作为一种社会意识现象，马克思主义的基本原理则为我们提供了理解的钥匙。如果我们既注意吸收各种外来的新理论，又注意马克思主义的学习，再结合自己研究的领域的具体实际，深入地钻研，大胆地创新，我们的音乐理论水平必定能迅速地提高起来。

原载《中国音乐学》1988 年第 2 期

中国古代音乐

1840年中国进入半封建半殖民地社会之前的音乐，通称中国古代音乐。包括原始社会（约公元前21世纪以前）的音乐、奴隶社会（约公约前21世纪—公元前475）的音乐和封建社会（公元前475—公元1840）的音乐。分六段叙述，即远古的音乐（即原始社会的音乐）；夏、商、西周至春秋时期的音乐（即奴隶社会的音乐）；战国、秦、汉的音乐（以下皆为封建社会的音乐）；三国、两晋、南北朝至隋、唐的音乐；宋、元的音乐；明、清的音乐。

远古的音乐

中国音乐有着悠久的历史。由云南元谋等地发现的古猿人化石可知，大约从100万年以前起，远古的人类就已经在中国的土地上劳动、生息、繁衍。当最早的人类开始制造原始的工具和集体进行劳动的时候，原始的音乐便在他们的劳动节奏和劳动呼声中萌发了幼芽。在漫长的岁月中，随着社会生产力的缓慢发展，原始的音乐也逐渐地成长起来。只是这些原始的音乐早已湮没无闻了，现在我们只能从古代文献中一些有关远古的音乐的传说和某些古文化遗存中发现的为数有限的原始乐器中略窥一斑。

古代文献中关于远古音乐的传说，大致可分为两类：一类是以某某氏为名的古乐，如朱襄氏之乐、阴康氏之乐、葛天氏之乐、伊耆氏之乐等，另一类是被尊为古代帝王的黄帝、颛顼、帝喾、帝尧、帝舜和夏禹等时代的古乐。前者主要是处于氏族部落阶段的产物，其时间一般均较早，后者有的已属于部落联盟和向阶级社会过渡阶段的产物，时间一般较晚于前者。这些传说大都带有比较浓厚的神秘色彩，后者尤多附会与夸饰，但它们还是或多或少地反映了原始社会的面貌。

原始时代的古乐常常是诗歌、音乐、舞蹈的不同程度的结合体，且都与原始人类的生产活动、他们与自然灾害的斗争有较直接的联系。相传为尧、舜时代的“以麋輅置（冒）缶而鼓之……以致舞百兽”（《吕氏春秋》）和“击石拊石，百兽率舞”（《尚书·益稷》）实际就是人们在土鼓、石磬之类原始乐器的伴奏下模仿兽类形态的舞蹈。它是原始人类狩猎生活的反映，人们也从中得到鼓舞的力量。葛天氏之乐是“三人操牛尾，投足以歌八阕”（《吕氏春秋》），即舞者拿着牛尾巴，边舞边唱。所唱的8首歌中，有《遂草木》《奋五谷》《总禽兽之极》等，就表现了人们盼望农牧业获得好收成的心愿。阴康氏之乐是在洪水为患，水道壅塞，“民气郁阏而滞著，筋骨瑟缩不达”（《吕氏春秋》）的情况下用来作为“宣导”的一种乐舞。朱襄氏之乐则是在干旱为灾的时候用来招致“阴气”的一种音乐。这些都是和原始人类的生产和生活息息相关的。

原始人类由于生产力低下，在同自然界的斗争中软弱无力等原因，便在他们的观念中产生了原始的宗教——图腾崇拜和原始巫术。这在原始音乐中也有所反映。如葛天氏之乐所唱的8首歌中，开始两首一为《载民》（意为始民），一为《玄鸟》（即燕，或说为凤凰），前者含有祖先崇拜的意思，后者可能与图腾崇拜有关。又如关于黄帝族有“黄帝氏以云纪，故为云师而云名”（《左传·昭公十七年》）之说，可见黄帝族是以云为图腾的部落。黄帝时的乐舞名为《云门》，颛顼（传说为黄帝之孙）时的乐舞名为《承云》，显然都和图腾崇拜有关。至于朱襄氏之乐的“作为五弦瑟，以来阴气”（《吕氏春秋》），伊耆氏之乐所唱歌词“土反其宅，水归其壑，昆虫毋作，草木归其泽”（《礼记·郊特牲》）之无异于咒语，则明显地反映出这些原始音乐和巫术的联系。在原始社会中，音乐常被人们视为一种具有魔术般力量的手段。

据说一些原始时代的古乐，如黄帝的《云门》、帝尧的《咸池》（或说是黄帝时乐）、帝舜时的《韶》，在周代还作为宫廷雅乐的“六代之乐”在演出。这些古乐中最重要的算是《韶》，春秋时期的吴公子季札和孔子都曾欣赏过它的演出，并给予很高的评价。此外，用伊耆氏之乐的蜡祭，据说孔子和他的学生子贡曾见过（《礼记·杂记》）。这些原始的乐舞经过长时期的流传，面貌有很大变化。

在关于远古音乐的传说中，曾提到一些古乐器，其中有鼓、磬、钟、箫、管、篪、笙、琴、瑟等。这些记载难免有若干附会的成分，但从现今某些古文化遗存中发现的原始乐器来看，其中有不少在原始时代即已出现的可能性是存在的。如江苏吴江梅堰和浙江余姚河姆渡出土的骨哨（经测定，河姆渡骨哨为距今7000年左右新石器时代的遗物），它们虽然主要是用作捕猎鸟类的诱媒，但在模仿鸟的鸣声时能发出一定音程关系的音，表明它已初步具备了原始乐器的性质。骨哨的发现，说明管、篪、箫之类的吹管乐器在原始时代以其早期的形态出现是可能的，只是由于它们的制作材料经不住长时间的腐蚀而未能留存下来而已。

在一些古文化遗址中遗存较多的古乐器是陶埙，南京安怀村，浙江河姆渡，西安半坡村，山西万荣、荆村等地均有发现。西安半坡村的埙，经测定是距今6700年左右新石器时代的遗物，1 吹孔，1 指孔，能奏出 f^3 和 $^♭a^3$ 两个音，相互为小三度关系。山西万荣、荆村出土的 3 个埙，一为仅有吹孔，无指孔，发一音为 f^2，另一为 1 吹孔，1 指孔，发 2 音 $^{\#}c^3$ 和 e^3，也是小三度；又一为 2 指孔，发 3 音 e^2、b^2 和 d^3，已有小三度、五度和小七度音程。可以看出这时人们的音的观念已在逐渐进步。

出土的原始乐器中，还有如陕西长安县客省庄龙山文化遗址出土的陶钟、甘肃临洮寺洼山出土的陶铃之类，都预示青铜时代铜钟一类乐器的出现并非偶然。

夏、商、西周至春秋时期的音乐

约在公元前 21 世纪时，夏朝建立，中国社会逐渐进入奴隶制时代。由夏、商、西周到春秋末约 1700 年间，中国奴隶社会经历了由产生、发展、兴盛到衰亡的过程。在这段时期中，由于生产力的提高、社会分工的发展等新的客观条件，音乐文化得以较快的速度向前发展。

在奴隶社会中，创造音乐的是奴隶——大量的乐工都是名副其实的奴隶，而享有音乐的则是贵族奴隶主阶级。他们不仅把音乐作为享乐的手段，也把它用作加强其政治统治的工具。在当时，最受尊崇的就是奴隶主阶级用于祭祀等重大典礼的乐舞。其内容多为歌颂统治者列祖列宗的功德，意在宣扬宗族奴隶主统治的合理性，为巩固其统治权服务。音乐于是被打上了阶级的烙印。

传说中夏代的代表性乐舞是《大夏》，以歌颂夏禹治水的业绩为内容，由 9 个段落组成，演出时用龠作伴奏，故又称《夏龠》。据说这个乐舞在周代还在演出，由八列（八佾）头戴皮帽、下著白裙、裸露上身的演员表演，看来还多少保留有早期社会的简朴风貌。此外，夏代的乐舞还有启的《九招》和《九歌》。《招》即《韶》，可以认为《九招》就是《韶》在夏代有所发展的形式。

商代的代表性乐舞名《濩》，亦称《大濩》。出土的殷墟甲骨卜辞中不少片提到过商王用《濩》乐的事，如“乙亥卜，贞王宾大乙濩，亡尤”（《殷墟书契考释》七十九下）等，说明商代帝王常在祭祀祖先时用它。据文献记载，《濩》的内容是歌颂商汤灭夏开创商朝的功绩，同样具有为商族奴隶主统治造舆论的意思。商代的另一个重要乐舞是在“桑林之社”中用的《桑林》。“桑林之社”既是祭祀祖先，也是男女聚会结交的活动。《桑林》之舞在后人看来似有颇涉淫秽的表现，故有在郑重的交际场合宾客回避观看的记载（《左传・襄公十年》）。此外，商代还有一种求雨的舞蹈，称为《雩》。“舞者吁嗟而请雨”，说明这是一种边跳舞边呼号求雨的舞蹈，这一舞蹈曾长期流传后世。

周代的代表性乐舞有《武》和《象》，它们都是以歌颂周王朝统治者的功德为内容的。《武》又称《大武》，歌颂周武王伐纣战争的胜利和国家在周、召二公的辅佐下得到有效的治理；《象》又称《三象》，歌颂周成王讨伐殷人叛乱的胜利。这些乐舞也都是为巩固周王朝的统治服务的。

“殷人尊神，率民以事神，先鬼而后礼”（《礼记・表记》）。从殷墟出土的大量甲骨卜辞中也可以看出，商王于祭祀和问卜都极为频繁，而这类宗教活动主要是由被认为是沟通人神的使者的巫来执行。巫以歌舞娱神，故商代歌舞特别发达，而且这种歌舞不可避免地带有比较浓厚的神秘的和迷信的色彩。

西周是中国奴隶社会的强盛时期，作为宗族奴隶制国家的上层建筑的宗法制度以及相应的礼乐制度均达到了完备的程度。在周代的礼乐制度中，对于各种礼仪中音乐的应用都按不同的等级而有严格的规定。如钟、磬类编悬乐器有“王宫悬，诸侯轩悬，卿大夫判悬，士特悬”(《周礼·春官·大司乐》)的规定，即王列四面，诸侯三面，卿大夫两面，士一面；舞队的行列则有“天子用八，诸侯用六，大夫四，士二”(《左传·隐公五年》)，即分别用八佾、六佾、四佾、二佾的规定，一佾即一个由八人组成的行列。乐曲的应用也有明确的规定，如《雍》只能在天子祭祀时撤除祭品之时使用(《论语·八佾》)，《三夏》是“天子享元侯之乐”，《文王》是“两君相见之乐”(《左传·襄公四年》)等。这些规定如果违反便是“僭越”，或者“非礼”。西周这些与礼仪结合的音乐，被称为雅乐，其基本风格特征是庄严肃穆。这与商代的巫乐相比，有着显然不同的特色。

平王东迁之后，周室衰微。随着奴隶起义的不断发生和封建生产关系的发展，奴隶制在春秋时期已逐渐趋于崩溃，作为奴隶社会上层建筑的礼乐制度和宫廷雅乐也已处在“礼崩乐坏”的没落局面之中。各种“僭越”和“非礼”的现象在到处蔓延，原来备受尊崇的雅乐越来越受到冷遇，许多宫廷乐师都纷纷离去。另一方面，新兴的民间俗乐“郑卫之音”等则逐渐进入各诸侯国的宫廷，取代了旧时雅乐所占据的重要地位。

在奴隶社会中，音乐文化曾经取得了长足的进步。当时宫廷的乐舞，从参加演出的舞队行列、编悬乐器的编制、乐队和歌队的人数等来看，其规模是相当盛大的。所演出的乐舞作品，也多属宏伟而复杂的巨构。以周代著名的乐舞《武》为例，就其表演情节的丰富和节奏层次的多变来看，都已达到相当发展的程度。我们从《诗经》中保存下来的300多首周代歌词也可以看出，当时的歌曲创作既深刻地表现了丰富多样的思想感情内容，音乐风格和曲式结构也极富于变化，音乐艺术已经远远离开原始的状态而显示出古代文化的光辉。

生产技术和科学的进步为奴隶社会音乐文化的发展提供了有利的条件，这首先表现在乐器的进步上。冶金技术的进展，不仅使许多金属乐器的制造成为可能，也为其他乐器的制造提供了锐利的工具，乐器的种类、形制和性能也因之而得到迅速的发展和提高。据统计，周代乐器之见于记载者近70种，其中见于《诗经》的就有29种之多。随着乐器品种的增加，开始出现了按乐器的制作材料而分为金、石、土、革、丝、木、匏、竹八类的“八音”分类法。“八音”之中，金石乐器（青铜铸造的钟、铙、镛、铎等以及石制的磬）占有重要地位，是青铜时代奴隶主统治阶级权力的象征，钟、磬的大小和编列的多少成了统治阶级不同等级的标志。由于统治阶级的重视，这类乐器的制作无论艺术造型或音乐性能都不断得到改善，并达到了令人惊叹的水平。由现已出土的实物可知，商代便已有编钟（铙）和编磬出现，除个别特例外，一般均以3件为一组。这时，一钟发两音的技术已经出现，3件一组的编钟（铙）有的已能发出一个完整的五声音阶。西周时，有了8件一组的编钟，音域随之扩大。到春秋晚期的1套郘𨱔钟已达到13件，据测音，各种隧部发音依次为↑b^1、$^\#c^2$、$^\#d^2$、$^\#f^2$、$^\#g^2$、$^\#a^2$、$^\#b^2$、$^\#c^3$、$^\#d^3$、↑$^\#f^3$、↑$^\#g^3$、$^\#a^3$、↓$^\#d^4$、（↑、↓箭头表示略高或略低），构成以$^\#f$为宫的、有清角而无变宫的六声音阶，如果再加上右鼓音，几乎12个半音全备，显然已具备有一定旋宫转调的能力。编钟制作技术的高度成就，在近年出土的战国初期入葬的曾侯乙墓编钟上得到了充分的证明。这套编钟包括钮钟19件、甬钟45件，共64件。每个钟都可发相距为小三度或大三度的两个音。总音域为A^1～c^4，达五个八度又小三度。甬钟的基本音列属于以姑洗（C）为宫的七声音阶，中部音区十二律具备，可以旋宫转调。整套编钟，其规模之宏大，制作之精美，音质之优良，发音之准确，无与伦比，尤其珍贵的是刻在这些钟上的总数约2800字的音乐铭文，标明了当时曾国及楚、齐、晋、周、申等国各种律名、阶名、变化音名之间的对应关系，为了解当时的乐律学体系提供了宝贵的史料。

一些在原始社会中已经出现或稍具雏形的乐器，此时已有了显著的进步。原来是将兽皮蒙在瓦罐（缶）口上敲击的土鼓，此时发展为木框两面蒙皮的鼓。殷墟武官村一商代早期大墓（HPKM1217）就发现有蟒皮鼓和鼓架的遗迹。原来只有1、2个指孔的埙，逐渐进步，到商代中、晚期已有了5个指孔。在已发现的几个5指孔的埙当中，河南辉县出土的一件可发如下的音：a^1、$^\#c^2$、e^2、$^\#f^2$、g^2、$^\#g^2$、a^2、$^\#a^2$、b^2、c^3、$^\#c^3$，不仅包含七声音阶的全部音级，而且包括许多半音。原来是传说中的龠，在甲骨文中已有了它的象形字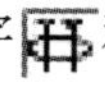和，可以看出是编管乐器，它的进一步发展便是见于周代的箫（排箫）。此外，甲骨文中的言（），据郭沫若解释为单管乐器，它和周代的管、篪等都可说是滥觞于原始的骨哨等而又有很大的发展和变化的。

商、周时期出现的乐器中，对后世影响较广的有笙、竽和琴、瑟。笙的开始出现是在商代。甲骨文中有“龢（和）”字，写作“”，据郭沫若考证，它就是早期的笙。至于琴、瑟类乐器，商代虽已具备了产生的条件（如蚕丝的生产与应用等），但至今尚无实物及文字材料可为确证，只是从它们在《诗经》中的频繁出现，可以看出自西周以来它们已经是经常被使用的了。笙、竽和琴、瑟的出现，对音乐的艺术表现力的提高起了积极的作用。

乐器所取得的上述进展，不仅有力地证明了历史文献中关于春秋时期已经存在七声音阶（七律）和十二律实际应用的记载是确实可靠的，而且它们的出现实际要比这些记载早得很多。同理，相关的乐律理论体系也会在实践中逐渐形成，只是晚些时候才能见诸文字记载，或者早有的记载已经失传，曾侯乙钟的铭文是这一论断的有力证据。奴隶制时代音乐所取得的成就，为中国古代音乐文化揭开了光辉的一页，给以后音乐文化的发展打下了基础，具有深远的影响。

战国、秦、汉的音乐

公元前475年开始了中国历史上的战国时代。其后，随着封建生产关系的发展，各诸侯国通过变法相继实现了奴隶制向封建制的革命转变。从此，中国封建社会开始了它缓慢而漫长的发展进程，直到1840年以后由于帝国主义的侵略逐步沦为半殖民地半封建社会，整整经历了2300多年。

急剧的社会变革，给音乐文化的发展带来了巨大的变化。随着奴隶制的崩溃和封建制的确立。旧的礼乐制度彻底崩溃了，旧时的雅乐也不可挽回地沦丧了，而新兴的民间俗乐则以其旺盛的生命力蓬勃兴起。还在孔子所处的春秋时代，他已经不安地注意到“郑声之乱雅乐”的严重意义。到了战国时期，魏文侯所爱听的“新乐”已不只是“郑声”或“郑卫之音”，而是已经包括了郑、卫、齐、宋4国的民间俗乐。还有齐宣王所好的“世俗之乐”，秦国宫廷中的“郑卫桑间”之乐……可以明显地看出民间俗乐纷纷进入各国宫廷的新趋势。在南方则有楚国的音乐——楚声的兴起，这种音乐曾经给伟大诗人屈原的创作提供了丰富的养料。他的《九歌》就是由民间祀神歌舞加工创作而成的。在秦朝末年的农民大起义中，“楚声”随着以楚为基地并以楚为旗号的起义大军而在全国扩大着它的影响，并在汉代的宫廷音乐中占有重要的地位。

在社会急剧变革的浪潮中，原来由奴隶主贵族垄断教育（包括音乐教育）的“学在官府”旧秩序开始被突破，在春秋时期便已出现了学术下移的趋势。孔子就是第一个以“诗书礼乐”教弟子的教育家。到战国时期，私学有了更大的发展，再加上各国盛行养士之风，于是在社会上便形成了为数颇众的一个“士人”阶层。这些人来自不同的阶级（许多是没落的贵族），他们不仅受过一般的教育，而且许多人还具备不同程度的音乐知识和技能。他们的出现，对当时音乐文化的发展不能不产生一定的影响。首先，代表不同阶级的利益、具有不同政治倾向的众多学派的出现，包括儒、墨、道、名、法、阴阳等各家各派的学者都不同程度地发表过对于音乐的看法和意见，并且互相争辩，形成了百家争鸣的生动局面。他们留下的音乐言论和几本专门的论著（如墨子的《非乐》、荀子的《乐论》和《礼记·乐记》等），都显示了古代音乐思想的光辉成就，对后世产生了深远的影响。其次，从这些人中间产生出一批与旧时宫廷乐师截然不同的音乐家，如著名的伯牙、孟尝君的门客雍门周等。音乐在他们手里已不再是礼仪的附庸和宣扬迷信的工具，而成为表现人的思想感情的重要手段。他们和许多来自民间的音乐家一起，汇合成一股音乐的新潮流。

社会的变革促进了科学的发展。《管子·地员篇》和《吕氏春秋·季夏纪·音律》中关于三分损益律的记载，是中国乐律学的最早的文献。《周礼》的《考工记》则保存了钟、磬之类古代乐器制作的重要技术资料。它们都不同程度地反映了当时音乐科学的高度成就。

战国时期的巨大变革带来了社会的进步，也促进了音乐文化的发展，然而，封建割据的分裂局面和相互争霸的战争却阻碍着社会的进一步发展，要求统一成了时代的趋势。公元前221年，秦灭六国，建立了中央集权的封建国家，实现了国家的统一。随后于公元前202年建立的汉王朝，继续保持了统一的局面。

随着中央集权封建国家的建立，原来那种思想上百家争鸣的局面已经不适应统治阶级的需要。于是，先有秦始皇的“焚书坑儒”，继而有汉武帝的“罢黜百家，独尊儒术”，都极力强化思想上的统治。在音乐思想上也就出现了由百家争鸣而至定于一尊的转变。其明显的标志便是以儒家音乐思想为主干，并杂糅入法、道、阴阳诸家某些思想材料的《礼记·乐记》被作为儒家经典的一部分而受到尊崇，在两汉时期始终居于统治的地位。

始建于秦朝而在汉武帝时得到极大加强的乐府，是中央集权封建国家为实现其对音乐文化的控制而设置的机构。它的建立，对当时音乐文化的发展产生了重大的影响。乐府里集中了1000多个来自全国各地区、各民族的优秀的音乐家，广泛地采集全国各地区、各民族的民间音乐，并在这基础上进行程度不同的加工提高或改编创作。这些新作，既有《郊祀歌》之类用于郊丘祭祀等典礼的音乐，也有郊庙祭典之外的音乐。它们的运用，使汉代的宫廷音乐呈现出与旧时奴隶主宫廷雅乐迥然不同的面貌。所谓“皆以郑声施于朝廷”，“常御及郊庙皆非雅声”（《汉书·礼乐志》），都说明当时的宫廷音乐深受民间音乐的影响。

公元前7年，汉哀帝下令“罢乐府官”，在乐府的829人，裁减了“不应经法”或郑卫之声的441人（《汉书·礼乐志》），意在排除民间音乐的影响和提高宫廷雅乐的地位。但是，乐府的名称虽然取消了，以后仍然有相应的机构来替代它的职能。在东汉宫廷中，既有用于郊庙的“大予乐”和用于飨射的“雅颂乐”，也有用于享宴的“黄门鼓吹”乐和用于军中的“短箫铙歌”乐，实际已包括了乐府音乐的所有范围，宫廷雅乐并未因此而得到真正的加强，也未能割断它和民间音乐的联系。

战国以来各地兴起的民间俗乐（包括边远地区少数民族的音乐），经过乐府及其他相应机构的集中、提高，使汉代宫廷音乐呈现出丰富多彩的面貌，并影响着宫廷以外的音乐生活（当时音乐演出的主要场所是宫廷、达官贵族的府邸和地主的庄园，而以宫廷为最集中、最突出，也最有影响）。当时的演出包括鼓吹乐、相和歌、歌舞百戏以及乐器演奏等多种样式和体裁，最主要的则是鼓吹乐和相和歌。鼓吹乐源于北部边境的少数民族，引入汉代宫廷之后，主要用于朝会、道路及军中等，颇似今日的军乐队，多少带有些仪仗的性质，实际上也代替了周代雅乐的部分职能，而相和歌则主要用于娱乐和欣赏，因而应用较普遍，影响也较广。在相和歌中，最重要而且最能反映当时艺术水平的则是相和大曲。这是一种有器乐、歌唱与舞蹈相配合的大型演出形式，和奴隶社会的宫廷乐舞在艺术的构成上没有显著的差别，但其内容与风格却有明显的不同。这主要表现在大曲的世俗性上。当时的大曲，尽管思想倾向很不相同，但大都是从不同方面反映社会的现实生活，不像古乐舞那样带着较浓厚的宗教色彩，因之它的音乐也较为生动活泼，表现手段也较丰富多样。这可从它特有的艳—曲（解）—趋—乱的结构与节奏层次以及平调、清调、瑟调、楚调、侧调等调及调式色彩的运用中明显地看出来。

民间俗乐的兴起以及鼓吹乐与相和歌的形成和发展，一方面是部分前期已有的乐器如铙、鼓、箫（排箫）、篪、笙、竽、琴、瑟等得到广泛的应用，同时也出现了许多新乐器，其中比较重要的有笳、角、笛（竖吹）、筝、筑、琵琶、箜篌等。这些新出现的乐器大都有较强的音乐表现力。属于鼓吹乐系统的笳和角都有较强的音量和富于特点的音色；属于相和歌系统的主要是丝竹管弦乐器，大都有适于配合歌唱与舞蹈节奏的优点，特别是琵琶类弹弦乐器的出现，是乐器演进中一个重大的进展。这时的琵琶是“盘圆柄直”（即直柄、圆形音箱）四弦十二（三）柱，较近于后世的阮，和曲颈琵琶不同，但它以其自身的特点，在歌舞音乐中占有了不可替代的地位。

乐器的发展，音乐创作与演出的实践以及科学的进步，也影响着律学的变化。自战国初在理论上确立了三分损益律以来，秦汉时期它一直是一种占主导地位的理论。但在实践中，随着多柱位琵琶和琴上徽位的出现，非三分损益律的律制（如纯律）等已被实际运用。又由于科学的进步和创作演出中旋宫转调的需要，经过精确数学运算，开始发现了按三分损益律所生十二律不能回到黄钟律的缺陷，于是便有京房六十律学说的出现。京房六十律的提出并无实际应用的价值，但它对于后世从不同途径对律制进行探求，仍有一定启发意义。

自战国至秦汉，是中国封建社会音乐发展的第一个阶段。这时期中，封建统治阶级在中央集权封建国家建立之后曾经力图加强其对音乐文化的统治，使音乐能为巩固其统治服务。然而，他们越是想抬高宫廷雅乐的地位，就越使它成“岁时以备数”的摆设，而真正在实际上发生作用的却是从民间俗乐基础上发展起来的鼓吹乐、相和歌等新的音乐体裁。正是这些新的音乐体裁，为下一阶段音乐艺术的发展打下了基础。

三国、两晋、南北朝至隋、唐的音乐

三国、两晋、南北朝是中国历史上一个大动乱的时期。这时，国家分裂，战乱频仍，社会矛盾错综复杂，固有的秩序，旧时的信念，统统都已幻灭。人们冀求着新的精神寄托，音乐便是一个理想的避难所。

清商乐是这时期兴起并在当时音乐生活中占居主导地位的一种音乐。它是晋室南迁之后，旧有的相和歌和由南方民歌发展起来的“吴声”“西曲”（或称“吴歌”“荆楚西声”）相结合的产物，是相和歌的直接继续和发展。其中的“吴声”与“西曲”，一方面从相和歌中吸取了有益的经验，另一方面仍发挥其原有的音乐特色，形成了多样的富于特色的音乐结构。它与相和歌的一个显著不同之处，是它的作品绝大多数皆以爱情为题材，较少有触及社会矛盾的现实内容。其风格一般都较纤柔绮丽，但也有许多确实具有清新自然之美。这种情况的产生，固然和士族地主阶级的享乐需要有直接的联系，但作为一种最普通的感情表现，却也另有其时代的需要。

琴曲是这一时期获得重大发展的第一个领域。琴的艺术，自春秋战国时期开始由宫廷乐师向士人转移以来，两汉时期也有相当的发展，许多著名的文人如司马相如、桓谭、蔡邕等都是著名的琴家。但是，魏晋以来，琴的艺术却进入了一个高潮时期。当时的许多名士如魏晋时期的阮籍、嵇康，南北朝时期的戴逵、戴颙父子等，都以琴名世。对他们来说，琴主要是寄托他们的情志的工具，而非无谓的玩物。无论是不满或者超脱，或寄情山水或饮酒高歌，或求仙成道或尽情享乐，都离不开一个中心，即对于个性或者说个人的价值的肯定。这是处在动荡不安、矛盾重重的时代里名士们能够选取的一种最佳表达方式。由于这样的原因，琴曲的题材范围有所更新，表现形式也有显著的进步。他们创作的或者经他们加工提高的不少琴曲长久地保持着它们的影响。

西汉末年由印度传入中国的佛教，在这动乱的年代里，一方面由于统治阶级的提倡，另一方面饱经忧患的人民在这里面也似乎得到了某种寄托，因得以广泛流传。在众多的寺院里，僧徒们或作乐以供养佛，或歌赞以宣扬佛法，竟成了宫廷、府邸与地主庄园之外又一重要的音乐活动场所。在这中间，促成了佛曲的俗化和俗乐的佛化，连最少宗教色彩的俗乐——清商乐也开始显现出与佛教音乐相结合的迹象，并逐渐形成了一种“其音清而近雅”的音乐——法曲，成为隋唐燕乐的一个重要组成部分。

自西晋时北部边境诸民族的内徙和晋室的南迁，加上连年不断的战争，既造成极大的破坏，也造成了南北之间、各民族之间经济、文化的交流与民族融合的某种条件，同时，也在某种程度上促进了相互之间音乐文化的交流与融合。5 世纪末，北魏孝文帝和宣武帝南征时所收伎乐，包括“江左所传中原旧曲……及江南吴歌、荆楚西声”，南方的清商乐由此流入北朝；而在 6 世纪初，南方梁朝宫廷里演奏的鼓角横吹曲则有不少是被称为“北歌”的北方鲜卑族音乐。383 年，前秦的吕光征龟兹，龟兹乐于是被带到凉州，它和传到那里的中原音乐结合起来，形成了别具一格的“秦汉乐”（即后来的“西凉乐”）。此后，龟兹乐在北齐、北周时仍有传人，高昌、疏勒的音乐也相继传进内地。至于外国音乐，早在 4 世纪中叶的前凉时便有天竺国（印度）音乐传入。其后，还有中亚安国的音乐和东邻高丽的音乐等也于 5 世纪中叶陆续传入。这些只不过是这类交流中部分较为突出的事例而已。频繁的音乐文化交流，对当时音乐的发展起了积极作用，给隋唐燕乐的高度繁荣做了准备。

隋唐时期，在国家统一的局面下，经济繁荣，国力强盛。在这基础上，各族人民共同创造了光辉灿烂的音乐文化，繁盛的燕乐便是它的主要标志。

隋唐燕乐，是为满足统治阶级享乐的需要而汇集在宫廷里的俗乐的总称。它包括汉族的和少数民族的，中国的和外国的音乐。从隋初的七部乐到唐贞观时的十部乐，包括燕乐、清商乐、西凉乐（隋初沿用北周“国伎”名称）、高昌乐、龟兹乐、疏勒乐、康国乐、安国乐、天竺乐和高丽乐。不入十部者尚有扶南、百济、突厥、新罗、倭国、南诏、骠国和属于鼓吹乐系统的鲜卑、吐谷浑、部落稽等多种伎乐，异常丰富多彩。如前所述，十部乐中大部分自 4 世纪以来已陆续传入内地，然而，只是在国家实现统一之后，国内各民族的经济文化交流和国际交往都极大加强的情况下，它们才得到了进一步的充实和相互促进、共同提高的充分条件。

燕乐包括各种声乐、器乐、舞蹈乃至散乐百戏之类的体裁和样式，而其主体则是歌舞音乐。歌舞音乐中，大曲（包括法曲）又居于重要的地位。燕乐大曲直接继承了相和大曲和清乐大曲的传统，又有了重大的发展。大曲中含有散序、靸、中序（排遍、歌头）、攧、正攧、破（舞遍）、入破、虚催、衮遍、实催（促拍）、歇拍、煞衮等不同的结构成分和段落。仅从这繁多的名目中便可看出，燕乐大曲无论是音乐的主题结构或者节奏的发展层次都远较以前的相和大曲和清乐大曲更为细致，更为复杂而多变，其结构也庞大得多。以著名的法曲《霓裳羽衣》为例，全曲共有 36 段，其中“散序”6 段，为器乐的演奏；“中序”（“排遍”）18 段，是慢板的抒情歌舞；“破”（“舞遍”）12 段，是节奏急促的快速舞蹈，有器乐伴奏。不难想见，这样一首颇为长大的作品，如果没有丰富的艺术手段、高度的技巧和动人的感染力，绝不可能在当时取得公认的完美的艺术效果。燕乐大曲的高度艺术成就，标志着歌舞音乐发展的一个高峰。

在音乐文化广泛交流的基础上兴起的隋唐燕乐，在乐器的运用上也有了很大的发展。魏晋以来陆续从边疆和国外传入的许多新乐器如曲颈琵琶、五弦琵琶、筚篥、方响、锣、钹、腰鼓、羯鼓等，大都成了燕乐中的常用乐器，尤其是琵琶类弹弦乐器和各种鼓类击乐器，适应着歌舞音乐的需要，有了较显著的发展。在唐代的大曲中，琵琶通常是占有中心地位的一种乐器。许多著名的音乐家大都是优秀的琵琶演奏家，他们的演奏技巧——包括左、右手的技术和即席移调演奏的本领等已达到了相当高超的水平。鼓类乐器中，被唐玄宗称之为“八音之领袖”的羯鼓，以“其声焦杀，特异众乐”而受到特别的注意，出现了许多技艺高超的羯鼓名手和成套的羯鼓独奏曲，说明羯鼓音乐在节奏、力度与音色等方面都已有了相当高的表现力。总之，一方面众多乐器的运用，极大地丰富了燕乐的艺术表现力，同时，燕乐的音乐也为促进乐器演奏技巧的进步和丰富器乐的曲目提供了有利的条件。

隋唐时期的音乐，还有一些在当时及后世都有相当影响的体裁，其一是包括歌词和曲子在内的各种歌曲，它们和燕乐大曲也发生一定的联系，有时是它们被大曲所吸收，有时它们又从大曲吸取一些曲调。曲子的广泛流传，使为曲子填写的词成了宋代重要的文学体裁。其次是属于“散乐”范畴的一些歌舞戏，如“代面”“拨头”“踏摇娘”“窟垒子”和一些带有歌唱的“参军戏”等，这些带有一定故事情节的歌舞，为宋代杂剧与南戏的产生准备了条件。再其次便是唐代颇为流行的说唱变文。它原是寺院中僧侣们用民间原有的说唱形式演佛经故事来宣传宗教的一种通俗文艺形式，后来逐渐引进了一些世俗的题材，说唱历史或民间故事，在群众中有广泛的影响。这种齐言歌赞与散文讲说相间的说唱音乐形式，正是后世词话与宝卷一类说唱的直系祖先。

隋唐时期，统治阶级虽然也曾致力于制订雅乐，然而真正受到重视的还是用于享乐的燕乐，以至当时创作的某些雅乐也不能不受到流行的燕乐的影响。贞观年间，唐太宗鉴于隋代承袭的前代雅乐，“梁陈尽吴、楚之声，周、齐皆胡虏之音”，于是命张文收等人“为之折衷”，作《大唐雅乐》，已具有多种成分交融的特点。而《秦王破阵乐》等一些乐曲，则既用于燕乐，也用于雅乐，明显地表现出燕乐对雅乐的影响。唐朝政府设立了庞大的音乐机构——大乐署、鼓吹署、教坊和梨园，统领各色音乐，总人数达数万人。唐初的大乐署，其职能与前代大乐署不同，它不是专管雅乐的机构，而是兼管雅乐与燕乐，也负责各类音乐人员的训练与考绩。到开元年间，才部分地将燕乐从大乐署中分出来，各类燕乐（包括散乐、百戏）统归左、右教坊和原来的内教坊，又专为表演法曲而在宫中设了梨园（包括一个 30 余人的少年班“小部音声”），并在西京和洛阳分别设了“太常梨园别教院”和“梨园新院”。梨园的人员是从燕乐的“坐部伎”中挑选，由唐玄宗亲自审听确定，是各类音乐人员中专业水平最高的一部分；其次是燕乐中的“坐部伎”，再次是燕乐中的“立部伎”，最后便是雅乐。当时曾有规定，经过训练和考绩，“坐部伎”中不合格的降到“立部伎”，“立部伎”中不合格的就降到雅乐里去。这样的层次充分反映出当时对雅乐的轻视。

自魏晋以来，多种具有不同文化背景的音乐的汇合及燕乐的兴盛，引发了音乐理论的发展。隋初郑译的八十四调理论的提出和后来燕乐二十八调的产生，都与不同音乐的交流而引起的更为频繁的旋宫转调的实践需要有着直接的联系。在乐律理论上，无论是南朝宋何承天的新律，或五代时的王朴律，都为克服三分损益律不能还生黄钟的缺陷，探索着通向十二平均律的途径，以适应十二律旋相为宫的实践需要。

三国、两晋、南北朝至隋唐，是秦汉以来兴起的以歌舞为中心的俗乐进一步发展并达到高峰的时期。作为这种发展趋势在观念上的反映并反过来给它以影响的，便是与传统儒家音乐观相反的重俗轻雅的思想。曹操父子都是俗乐——相和歌的爱好者，特别是曹操，他用相和歌曲调填写的许多歌词，都是发自内心的思想感情的表现。在他们“尚通脱”的风气的影响下，出现了像嵇康的《声无哀乐论》那样思想新颖的音乐美学论著。它的主旨就在于打破以《乐记》为代表的儒家音乐思想的控制，为那些被称为“郑卫之音”和“亡国之音”的俗乐争取一个合法的地位。嵇康的这种观点在唐太宗李世民的言论中得到了共鸣。李世民认为被视作亡国之音的《玉树后庭花》之类的音乐，不可能让处在盛世的唐朝人感到悲哀，也不能把强盛的国家引上亡国的道路。因此，李世民及其他初唐的统治者对音乐采取了一种比较开放的甚至是“重俗（乐）轻雅（乐）”的政策，从而促进了以燕乐为主体的唐代音乐的高度发展，在中国音乐史上达到了空前的繁荣。

宋、元的音乐

唐末黄巢领导的农民大起义，给予封建统治阶级以沉重的打击。以后，经过半个世纪五代十国的动乱时期，960 年建立了宋朝。这时，广大农民和手工业者已在较大程度上挣脱了对地主阶级的人身依附关系和官府对手工业的垄断，农业和手工业迅速发展，商品流通空前活跃，随之出现了城市的繁荣、市民阶层的壮大、城市游乐场所的产生和专业艺人的汇集。于是，以说唱、戏曲为主的多种民间音乐形式得到迅速发展，以往宫廷在音乐的集中与提高方面所起的重要作用已开始减弱，歌舞大曲在音乐中的核心地位逐渐为新兴戏曲所代替。

隋唐以来的曲子，到宋代及以后相当长的一段时期中成了一种广泛流行的歌曲形式。它的发展，直接导致了宋词创作的繁荣。不少著名词人的作品被运用于实际的演唱，它们既丰富了曲子的内容，也促进了曲子的发展，出现了“减字”“偷声”“摊破”“犯调”等变化运用和发展曲调的手法，产生了徐缓抒情而细腻深刻的“慢曲”，成为当时流行的一种曲式。在词人中，有的人颇为精通音乐，南宋的姜夔还曾为自己作的词创作曲调（称“自度曲”）。他的《白石道人歌曲》是现存最早的宋词歌谱，用“旁谱”的形式记录了作者的“自度曲”和旧曲共 17 首，它们是研究宋词音乐的珍贵资料。

曲子在民间则沿着另一条路线发展，它除作为歌曲演唱外，还成了说唱和戏曲创作的音乐材料，同时也出现了由单个曲调的运用向多个曲调依不同方式联合的趋势，于是形成了多样的声乐体裁与形式。一种叫“缠令”，由几个不同的曲调联接而成，前面有引子，后面有尾声；一种叫“缠达”（也叫“转踏”或“传达”，可能源出于“转踏”歌舞），由两个曲调轮流反复，前面有引子，后面没有尾声。后来，在南宋绍兴年间，杭州的勾栏（城市游乐场所的名称）艺人张五牛还创造了一种以其特殊节奏而引人入胜的歌曲形式，名叫“赚”，并把它运用到缠令中去，于是形成了兼有缠令、缠达和赚的曲种——“唱赚”。唱赚还属于歌曲的范畴，但它的经验和成果却直接为说唱与戏曲所吸收。

宋元时期的说唱音乐和曲子有较多联系的主要是鼓子词和诸宫调。鼓子词的音乐比较简单，用一首曲子反复咏唱，中间插入散文讲说，以说唱故事。诸宫调也叫“诸般宫调”，为北宋熙宁、元丰年间汴京勾栏艺人孔三传所首创。其音乐结构是：用同一宫调的若干首曲子联成一个套数，把不同宫调的若干套数或单曲联接起来，用以说唱长篇故事。金章宗时的董解元作词的《西厢记诸宫调》，是现存最完整的一部诸宫调作品。它的全部歌曲（包括重复的）共有长短套数 188 套，曲调 444 个，其音乐之丰富可以想见。诸宫调的形成和发展，为戏曲音乐准备了重要的条件。此外，宋元时期的说唱音乐还有陶真、涯词、词话等曲种，其中词话发现有晚期的唱本，陶真只见零星词句，它们的结构基本上与说唱变文属于同一类型，而与曲子较少联系。

宋元两代是新兴的戏曲获得重大发展和趋于成熟的时期，在北方有杂剧，在南方有南戏。杂剧继承唐代歌舞戏和参军戏的传统，在广泛兴起的曲子的基础上，经过宋金时代的发展，到元代达到了它的鼎盛时期。宋杂剧（金代称“院本”）的演出，由“艳段”“正杂剧”“散段”（或称“杂扮”）3 部分组成。艳段演的是“寻常熟事”，散段是滑稽戏一类的东西，只有正杂剧才是扮演故事的戏曲，音乐多是利用曲子和歌舞大曲的曲调。到元杂剧，由于已有了唱赚和诸宫调的丰富经验，音乐形成了一定的格式。元杂剧通常是一剧分为四折，有的在前头或中间加进一个“楔子”。四折分别用四个不同的套数，由主角一人演唱全套曲调，其余角色只说不唱。杂剧音乐通称“北曲”，它的主要特点是用七声音阶，字多调促，风格劲遒。

南戏是北宋时在浙江永嘉（今温州）地区形成起来的，也称“永嘉杂剧”，宋王朝南渡后得到迅速发展。南戏剧本没有折数限制，音乐没有宫调的束缚，各种角色都能唱，还有对唱、齐唱等活泼多样的演唱形式。南戏的这些特点，使它有了充分发展的余地。元末，南戏已发展成具有高度艺术水平，在南方有着广泛影响的戏曲形式，称为“传奇”。南戏音乐通称“南曲”，它的主要特点是用五声音阶，字少调缓，风格柔婉。

杂剧和南戏的音乐虽然各自保有其不同的特点，但也存在互相交流吸收的情况。在较晚的元杂剧和南戏中，都不乏运用“南北合套”实例。同时，南北曲也逐渐取代以往的歌舞大曲而成了多种器乐形式的曲调主要来源。

乐器和器乐，在宋元时期也有重要的发展，尤其是擦弦乐器的发展具有重要意义。稽琴（即唐代的奚琴）和筝（即唐代的轧筝）的演奏技巧有了较明显的进步（如运用换把等），并已经常用于独奏与合奏。还有一种“马尾胡琴”，北宋时已在西北边境地区出现，到元代，胡琴已是一种相当流行的乐器（现今甚为流行的弹弦乐器三弦，也是这时期出现的）。由于这类乐器有擅长于演奏歌唱性旋律的优点，较快地以不同的样式发展起来，并被广泛地用于戏曲、说唱的伴奏和各种合奏之中。

宋代城市的游乐场所中流行着多种器乐合奏形式，有名为“细乐”的丝竹乐器合奏，名为“清乐”的管乐合奏，以及“小乐器”“鼓板”等（最后这种以鼓、笛、拍板为主要乐器的合奏形式，在相当长的时期内曾经被用于戏曲、说唱的伴奏）。元代的蒙古族传统音乐“达达乐”，则是一种弦乐合奏的形式。现代民间流行的多种小型器乐合奏大都和它们有着久远的渊源关系。

独奏乐器琴和琵琶的演奏与创作，宋元时期也有较显著的发展。南宋时出现了汴梁、两浙、江西等不同的琴派，涌现出郭沔、毛敏仲等一批优秀的琴家和他们的一些优秀作品。浙派琴家郭沔在琴曲的整理、创作和传授方面都有较大的贡献，所作《潇湘水云》是一首著名的琴曲。在琵琶方面，流传至今的一首反映北方少数民族狩猎生活的琵琶曲《海青拿天鹅》，就是元代出现的一首重要作品。

宋元时期，和城市音乐的兴旺发达相反，宫廷音乐则日益走向衰落。宋代宫廷中演出的歌舞包括大曲、曲破、缠达等。其中的大曲虽也保留着“大曲”的名称，其实只是摘取了大曲某些部分的“摘遍”；所谓“曲破”也只是将大曲中“破”的部分独立出来演出的一种形式；“缠达”更不用说。它们的规模都远不能和唐代的歌舞大曲相比（当然，这类作品在音乐上往往表现出更加趋向细致、深刻的长处）。宫廷中的歌舞音乐由此已显出衰落的趋势。与此同时，民间兴起的杂剧等多种形式却逐渐进入宫廷。所谓“传学教坊十三部，唯以杂剧为正色”（南宋灌圃耐得翁《都城纪胜》），就是这种演变的一个明显的例证。而且，教坊也常常不能维持，便不得不从民间艺人中选拔节目入宫“供奉”。自此以后，这几乎成了历代宫廷不可或缺的一种解决办法。

宋元时期，意识形态上是理学统治，音乐思想上笼罩着复古主义的气氛，宫廷雅乐亦随之而愈加僵化、腐朽。如前所述，宋代的农民，在经过唐末农民起义之后，已在较大程度上挣脱了对地主阶级的人身依附关系，然而，沉重的剥削和兼并仍使他们陷于破产的境地。北宋时王小波、李顺领导的农民起义，首先提出了“均贫富”的口号，锋芒直指封建剥削制度的基础。与此相对立，以“存天理，去人欲”为中心的理学便应运而生，成为统治的思想。在音乐思想上，理学的开山祖周敦颐首先提出“淡”与“和”的音乐观，主张音乐当如古乐的既淡且和，认为“淡则欲心平，和则躁心释”。“不复古礼，不变今乐，而欲至治者，远矣。”在这种思想的影响下，宋代的宫廷雅乐，从音律的确定到乐曲的创作，都弥漫着拟古、复古的空气。所谓的“大晟乐”便是这种风气的集中体现。

在理学的统治下，宋元时期的音乐理论始终未能取得明显的突破。蔡元定提出的十八律在使三分损益律趋于完善方面不失为一种有益的探索。这时出现的陈旸的《乐书》、沈括的《梦溪笔谈》、王灼的《碧鸡漫志》等，作为研究音乐历史的参考资料，也具有重要的价值。

其中的《乐书》还是最早出现的一种音乐百科全书。随着戏曲、说唱的发展，元代出现了总结歌唱经验的《唱论》（燕南芝庵作）和总结音韵规律、探讨创作理论的《中原音韵》（周德清著）。《中原音韵》的第 1 部分《韵谱》，是中国第 1 部供写作北曲用的曲韵，它对以后戏曲、说唱的创作和演唱都有重大的影响。

宋元时期的音乐，继承隋唐燕乐的传统，在广泛兴起的民间曲子的基础上，通过分别向南北两个中心区域的汇集与提高，形成了以杂剧、南戏为中心的南北曲音乐系统，成为影响到歌舞、说唱以至器乐等多种音乐体裁的巨流。这是中国音乐史上以南北曲为中心的音乐开始形成并得到发展的一个重要的时期。

明、清的音乐

明清两代（至鸦片战争之前）是封建制度渐趋衰落的时期，明中叶资本主义因素的萌芽成了社会发展的一个新的催化剂。

杂剧和南戏在明代出现了新的发展趋势，这就是杂剧的渐趋衰微和南戏的转趋兴盛。由于南戏（传奇）主要流行在中国南方，在流传当中，不断与各地民间音乐相结合，并根据各地语言音调的不同，而不断派生出多种南方的戏曲声腔，如“海盐腔”（浙江）、“余姚腔”（浙江）、“弋阳腔”（江西）、“昆山腔”（江苏）等。其中出现较早的是“海盐腔”。而在明初流传最广的则是“弋阳腔”，它不仅流行于江西、福建和安徽各地，而且还远及于云南、贵州两省。“弋阳腔”是高腔一类戏曲声腔中最早出现的一种，运用帮腔和滚调是它的特色。明代的“乐平腔”“青阳腔”，以及清代盛行的“京腔”等多种高腔剧种，都不同程度地受到它的影响。

“昆山腔”是明代戏曲声腔中成就极高、影响极广的一种。它在元末明初时即已形成，但当时“海盐腔”盛行，故未能受到广泛重视。明中叶，魏良辅等人经过多年刻苦钻研，在总结传统经验的基础上，吸收其他声腔的优点，对“昆山腔”作了重大的创造性发挥，创造了称为“水磨调”的新唱法，更加突出了舒缓优美和细腻的风格。用新的“昆山腔”演唱的第 1 个剧本《浣纱记》（明梁辰鱼作）上演之后，“昆山腔”遂风靡一时，为其他声腔所不及。

作为一种声腔或剧种的“昆山腔”（亦称“昆曲”），并非它的所有音乐皆为昆山一地的产物。相反，它的音乐的绝大部分是经过长期积累的南北曲曲调，只是在昆曲中经过不同程度的特殊处理，使之具有昆曲的风格色彩而已。在昆曲中，不仅有在杂剧与南戏中便已出现的南北合套的形式，而且有将整套南曲和北曲间杂使用的“南北联套”形式，同时，还有许多整套的北曲剧目被作为昆曲的保留节目而上演不辍。这说明，南北曲在明代出现了另一个重要趋势：走向融合。而昆曲就是南北曲的集大成者。不幸的是，作为南北曲发展的顶峰的昆曲，由于适应上层观众的需要，创作和表演上过分追求文雅和雕琢，到明末清初便逐渐趋于衰落，代之而起的是多种地方戏曲声腔。

明末清初兴起的多种戏曲声腔中，影响最大的当推“梆子腔”和“皮黄腔”。梆子腔起源于陕西一带，故又称“秦腔”。早在明代就已产生，逐渐流行于黄河以北诸省，又形成了多种不同的梆子戏。南方的许多剧种中，梆子腔也是一种比较常用的声腔。

皮黄腔是“西皮”“二黄”两腔的合称。二黄是在安徽、湖北一带形成的新声腔，西皮则是梆子腔流入湖北后逐渐演变而成的。18世纪末徽班艺人首先把二黄带进北京；19世纪初汉班艺人相继入京，他们大多数以唱西皮著称。在北京的徽汉艺人的合班演出，进一步促进了两腔的结合。其后著名演员辈出，艺术上广为吸收昆曲等多方面的经验，有了重大的发展，逐渐形成了以皮黄腔为主要声腔的新剧种——京剧。

梆子腔和皮黄腔的音乐都属于“板腔体”。这种板腔体的戏曲，音调虽较简单，却颇为灵活，能作多层次的节奏与色彩等的变化，富于戏剧性，也便于欣赏和学习，因而深受群众欢迎。它的出现，是戏曲音乐发展一个意义重大的转变。

大量民间小戏的兴起，是明清时期戏曲发展的一大特点。民间小戏，和梆子、皮黄等声腔系统多演成本历史故事的大戏不同，大都只有两三个角色（生、旦、丑），所演多为日常生活情节和民间故事，有浓厚的生活气息。南方的各种“花灯戏”“花鼓戏”“滩簧”和北方的秧歌、二人台、二人转等均属之。它们多数是从民间歌舞发展而成，也有在民歌、说唱的基础上演变而成的。演出形式载歌载舞，生动活泼，深为群众所喜爱，有一些后来发展成了大戏。

明清时期，民歌小曲获得了空前的发展。明代中叶，“吴歌”“挂枝儿”“罗江怨”“打枣竿”“银纽丝”等多种民歌小曲已在各地广泛流传。在旧有的南北曲日趋柔靡雕琢和脱离群众的情况下，这些新鲜活泼的民间创作引起了部分文人的注意，不少人从事于民歌小曲的收集和刊印，也有人从中汲取营养，创作了一些优秀的散曲。在明清的民歌小曲中，有不少要求个性解放、反对剥削压迫的优秀作品。丰富的明清民歌小曲，不仅广泛地为戏曲、说唱、歌舞和器乐等多种形式所吸收，而且直接过渡到多种牌子曲类的说唱形式。

明清时期的说唱，就其音乐结构而言，主要有两种类型：一种是属于“曲牌体”的各种牌子曲，另一种是近似“板腔体”的各种鼓词、弹词等。此外，也有一些是介乎两者之间的曲种。前一类曲种是在明清小曲的基础上通过联套等方式形成的。明末清初时，曲牌联套实际已在民间产生，清初著名作家蒲松龄的“俚曲”创作就运用了这种形式。乾隆年间北京“岔曲”与牌子曲结合起来，形成了“单弦牌子曲”，出现了将岔曲剖为两半，分作“曲头”和“曲尾”，中间嵌进若干牌子的结构形式。各地现存的多种牌子曲曲种普遍地运用了这种形式。后一类曲种的音乐，主要是用一些以上下句或4句为1组的曲调作基础，通过不同形式的变化处理而构成唱段。这种音乐有较强的适应性，故多随地区或演员的不同而形成各样曲种和流派。北方的鼓词，在长篇鼓词之外，较早就有所谓“段儿书”（“子弟书”），其后又有各种“大鼓”在各地产生；南方的弹词则早在乾隆、嘉庆年间已有陈派、俞派等流派的出现。许多地方逐渐也有了不同的弹词曲种。此外，具有悠久历史的说唱道情，明清时期也有显著的发展，并逐渐离开道教教义的束缚，引入了民间故事的题材。它的音乐构成多数与鼓词、弹词相近。各地也出现了一些具有本地特色的道情（渔鼓）曲种。明清时期说唱音乐的发展，为后来说唱曲种的更大发展打下了基础。

明清时期，器乐有了进一步的发展和丰富。具有悠久历史的鼓吹乐，早已突破官家的垄断，在各地普遍流行。现存北京的“管乐”、西安的“鼓乐”等，都还保留明清以来的遗制。江南一带的“十番锣鼓”“十番鼓”在明清之际已有了广泛的影响，还有多种形式的锣鼓在南方（尤其是沿海）各地得到发展。和元代的“达达乐”有一定渊源关系的“弦索”合奏形式，明清时也相当流行。18世纪蒙古族文人荣斋曾给这种合奏记下分部总谱，名为《弦索备考》传世。还有丝竹乐合奏的形式也在各地广泛流行。这时期的器乐，大都不同程度地受着戏曲和说唱音乐的影响。它们所奏的乐曲，不仅有许多曲牌是从戏曲和说唱中吸收和发展起来的（包括许多整套曲牌的移植），而且有一些大型器乐的创作构思也是从戏曲或者说唱的节目中得到启发或依据的。另一方面，许多声乐曲牌被引入器乐之后，适应器乐的需要都有程度不同的发展与变化，并获得了新的气质。

随着琵琶、三弦等乐器在戏曲、说唱等多种音乐形式中的广泛运用，演奏这些乐器的名手愈来愈多（明代北京的“都城八绝”就包括了“琵琶绝”李近楼和“三弦绝”蒋鸣岐），演奏技巧愈来愈高，创作也日益丰富。在众多的琵琶名手中，明末的汤应曾（外号“汤琵琶”）是杰出的一个。他能弹《胡笳十八拍》等“古曲百十余曲”，“而尤得意于《楚汉》一曲”（王猷定《汤琵琶传》）。这首《楚汉》就是至今仍在流传的琵琶曲《十面埋伏》的前身。至于琴曲，明清时期没有出现十分优秀的作品，但在琴谱的整理和刊印上却有显著成绩。自1425年汇集较多琴曲的第一部琴谱集《神奇秘谱》出版之后，陆续刊印的琴谱为数不少。它们保存下大量琴曲，是研究琴的艺术和音乐历史的珍贵资料。一些经过整理的琴曲在艺术上也有发展和提高。

明清时期，由于统一的多民族国家得到巩固，各民族间文化交流有所加强，中国各少数民族的音乐得到较快的发展。一些具有悠久历史的著名的少数民族音乐如苗、彝等南方少数民族的史诗性歌曲，维吾尔族的《十二木卡姆》和藏族的“囊玛”“藏戏”等，不少是在明清时期得到进一步发展和逐渐趋于定型的。

明清时期音乐科学的重大成就是十二平均律的发明。明代杰出的音乐理论家朱载堉，经过数十年刻苦钻研、大量的科学实验和精密计算，创造了“新法密率”，即十二平均律，彻底解决了千百年来旧的三分损益律和旋宫转调的创作要求之间的矛盾，为音乐艺术和音乐科学的发展做出了不可磨灭的贡献。

明清时期，封建制度趋向衰落，统治阶级为了维护其腐朽的统治，极力提倡反动的理学，进一步产生了以“破心中贼”为目标的王守仁的“心学”。面对当时戏曲蓬勃发展、民主思想随之日渐高涨的情况，王守仁提出：“今要民俗反朴还淳，取今之戏子，将妖淫词调俱去了，只取忠臣孝子故事，使愚俗百姓人人易晓，无意中感激他良知起来，却于风化有益。然后古乐渐次可复矣。”（《王文成公全书·语录三》）企图通过内容的篡改，扭转戏曲发展的方向。明清时期不少思想反动的剧目的出现，政府发出禁毁命令和设局改戏的措施，可以说都是通过具体的行动实现王守仁的主张。但在另一方面，随着资本主义因素的萌芽，也出现了和王守仁的主张相反的具有民主倾向的进步思想。著名思想家李贽曾说:“盖声色之来，发于情性，由乎自然，是可以牵合矫强而致乎？故自然发于情性，则自然止乎礼义，非情性之外复有礼义可止也。唯矫强乃失之，故以自然之为美耳，又非于情性之外复有所谓自然而然也。”(《焚书》)他反对矫揉造作，提倡发于性情、由乎自然的文艺。与他的这种思想相通的还有冯梦龙，他对感情真挚的民间歌曲给予了很高的评价，认为“今虽季世，而但有假诗文，无假山歌”说民间情歌有“借男女之真情，发名教之伪药”的深刻涵义。他们的这些观点，无疑是对广泛兴起的民间音乐的有力支持。此外，在琴论和曲论方面，此时期都有不少值得注意的成就。如徐上瀛的《谿山琴况》、沈宠绥的《度曲须知》、徐大椿的《乐府传声》等，都包含了不少可贵的创作和演奏（唱）的艺术经验。

总之，明清时期的音乐，继续着宋元时期开始的发展趋势，在资本主义因素萌芽、商品经济进一步发展、众多的城市以至农村集镇不断兴起的形势下，各种民间音乐形式普遍得到发展，形成了数以百计的戏曲剧种、说唱曲种和器乐乐种，积累了无比丰富的音乐财富，为近代音乐提供了良好的发展基础。

原载《中国大百科全书·音乐舞蹈卷》，中国大百科全书出版社，1989 年

影响音乐创作的理论与思潮

1945—1965

任何一种音乐，无不反映着创造音乐的主体——音乐家的某种特定的音乐观念。这种音乐观念，一方面由音乐家的社会生活经历和专业修养所决定，同时也受一定的音乐理论（或音乐思潮）的影响与制约。因此，要明瞭左右音乐家创造活动的音乐观念，除去考察和分析音乐家的艺术创造成果之外，了解当时关于音乐创作的理论（或音乐创作思潮），及其对音乐创作实践的影响，也是非常必要的。这将有助于把握音乐创作的发展轨迹。

战后二十年间，中国大陆的音乐创作理论（思潮）大致经历了如下三个发展阶段：

一、1946—1949

二、1950—1957

三、1958—1965

这三个阶段的划分，基本上与二十年来国内政治形势的进程是同步的。这种同步性或许正好反映着本时期音乐理论发展的一个特色。

自进入 20 世纪以来，随着西方音乐在我国的进一步传播和一批接受西方专业音乐教育的音乐家的出现，面对着中国音乐文化相对落后的现实，“如何发展中国音乐？”“如何振兴中国音乐？”便成为不少人关心和讨论的问题，一种要创造新的中国音乐的观念也随之兴起。

1924 年 4 月，王光祈在所著《欧洲音乐进化论》一书中发表过如下一段话：

> 著书人的最后目的，是希望中国将来产生一种可以代表“中华民族性”的国乐。而且这种国乐是要建筑在吾国古代音乐与现今民间谣曲上面的。因为这两种东西是我们“民族之声”。
>
> ……现在一面先行整理吾国古代音乐，一面辛勤采集民间流行谣乐，然后再利用西洋音乐科学方法，把它制成一种国乐。这种国乐的责任就在将中华民族的基本精神表现出来，使一般民众听了，无不手舞足蹈，立志向上。

1934 年 10 月 21 日上海《晨报》上发表的黄自的《怎样才可产生吾国民族音乐》一文中也有类似的说法：

> 总之，我们现在所要的是学西洋好的音乐的方法，而利用这方法来研究和整理我国的旧乐与民谣，那么我们就不难产生民族化的新音乐了。

一个是音乐理论家，另一个是作曲家，他们所发表的意见几乎完全一样，都认为新的中国音乐应当是以中国的传统音乐（包括古乐与民间音乐）为基础，利用西方进步的方法，创作出具有民族性的音乐。这种观点虽然明显地受到 19 世纪中叶以来在欧洲一些国家崛起并取得巨大成就的民族乐派音乐的启发，但实际也是日益觉醒的中华民族意识的一种必然的反映，因而它在中国音乐家（主要指接受过西式专业音乐教育的音乐家）中就有相当大的普遍性。在大多数音乐家的有影响的作品中，都可以或多或少地发现这一共同的艺术倾向（尽管在政治思想上他们可能存在着不同程度的差异）。特别是到了抗日战争时期，经受了战争烈火的锻炼，中华民族的民族意识空前高扬，也促使音乐家们在同一艘命运之船上拉近了和人民群众的距离，进一步激发了创作新的中国民族音乐的热情。

1946—1949 年间，中国的音乐创作继续分别在两个不同地区（解放区和国民党区）发展，表现在音乐创作思潮上亦略有不同。在解放区，毛泽东《在延安文艺座谈会上的讲话》等著作中提出的理论已在更为广泛的范围内成为音乐家们接受的观点，并已逐渐形成了一种音乐创作的思维模式。例如，1946 年 8 月，马可、瞿维在哈尔滨发表了一篇题为《〈白毛女〉音乐的创作经验——兼论创造中国新歌剧的道路》（见吕骥编:《新音乐运动论文集》）的文章，其中有如下一段话：

> 今天新歌剧的作者必须深入群众，体验他们的生活，了解他们的思想感情，熟悉他们的音乐语言，在忠实于现实生活的基础上，吸收民间形式的一切优点，同时，也需要参考（不是硬搬）前人和外国的经验，来创造真正代表人民大众的中国新歌剧。

这里虽然只是说新歌剧，但在相当程度上也适用于其他音乐创作。它虽然只是作为少数人的经验总结，但却具有广泛的代表性，反映了解放区的音乐家们对音乐创作的共同态度。自然，在观念上、理论上所达到的，在实践上未必都能达到。从实践方面看，当时解放区的音乐创作，除了歌剧之外，真正专业意义上的作品是不多的——战争的环境不容许音乐家有雕琢的时间与精力。在器乐曲中可以举出有贺绿汀的《晚会》和《森吉德马》（管弦乐），瞿维的《花鼓》（钢琴），马可的《陕北组曲》（管弦乐）等。在这些作品中，吸取或直接引用民间曲调以表现某些新的感情体验，成为一种主要的创作模式。

在专业作曲家中，马思聪是一个较突出的例子。早在 1944 年发表的《中国新音乐的路向》（载《音乐艺术》）一文中就有如下一段话：

> 中国的音乐家们，除了向西洋学习技巧，要向我们的老百姓学习，他们代表我们的土地、山、平原和河流们。新中国的音乐不会是少数人的事，它是蕴藏在四万万颗心里头的一件事。

这段充满热爱人民的感情的话和前引马可、瞿维的那段话，就其基本精神而言，是颇为接近的。只是他在这里使用了一种艺术家的语言，而不像他们那样用的是理论化的语言。这段话既是他自 1935 年以来的创作经验，也可以说是对毛泽东文艺思想的响应。1946—1949 年间，马思聪在日益高涨的民主革命的浪潮中，曾先后创作了《民主大合唱》《祖国大合唱》《春天大合唱》等几首大型作品。在《祖国》和《春天》中，他有意识地选用了陕北民间音乐——郿鄠戏的调子（《西京调》）作音乐主题的素材，“象征着光明将从陕北方面来”（马思聪语），热情地表达了人民的民主要求和对新社会的向往。在这里，音乐的民族性与民主性融合在一起了。

在这一时期，随着抗日战争的结束，国民党区和美、英等西方国家的交往迅速地活跃起来。尤其是沿海的一些大城市里，西方文化的影响亦在显著增涨。在音乐方面，首先进来的自然是大量的流行音乐，但在严肃音乐方面，除许多古典音乐的唱片、乐谱之外，也有一些现代音乐的唱片、乐谱和有关的理论著作输入进来，在音乐学院的青年音乐家中间有相当强烈的反响。与此同时，少数受过现代作曲技法训练的作曲家（如江文也、谭小麟等）也在这时展开了一些创作活动。1946 年从美国回来的谭小麟，是著名作曲家兴德米特的学生。这时他除了在上海音专从事作曲教学之外，也有些音乐创作。现在能够见到的是一首内蒙古民歌《小路》配的钢琴伴奏谱和两首《正气歌》（一首是独唱带钢琴伴奏，一首是无伴奏合唱——均见《谭小麟歌曲选集》）。从中可以看出，作者的意图就是要把现代作曲技法和中国式的音乐语言结合起来，创作出一种具有民族特色的新的音乐。也就是这个时候，谭小麟的好友沈敦行（即沈知白）翻译出版了英国作曲家佛格汉·威廉士（Ralph Vaughan Williams）的《民族音乐论》一书，书中极力提倡在民间音乐的土壤上创作具有民族特性的音乐。其中有一段话说：

> 倘若你们的艺术之根坚固在本国的泥土里，而这泥土就会给它一个特性，那么你们可以仍然得到全世界，而又不丧失自己的灵魂。

这段话在他们中间极有可能有着强烈的共鸣，或许可以说他们是在借着翻译别人的书来宣传自己的观点。

这一活动首先是1945年春天在重庆青木关的国立音乐院里开始的。不久，在邻近的国立音乐院分院（那时已改称上海音专）和国立社会教育学院等也开展起来，并逐渐向其他地方扩展。这一活动的意义不仅是使许多一向被视为“俗物”的民歌能登上音乐厅的“大雅之堂”，而且它本身就是一种音乐的创作活动，或者，起码也可以说它具有为创作作准备的意义。当时由山歌社编辑出版的《中国民歌选》（钢琴伴奏谱）的“序”中有一段话说：

> 民歌既然是人民生活的产物，那它的节奏、旋律等都与人民生活有密切的关系，所以我们要创造真正反映人民生活的音乐，便要去研究民歌的旋律、节奏和调式的规律，并且从旋律中去寻求一些可能的和声体系。我们以为只有从这个基础之上，才可以寻找到一条创作真正民族音乐的道路。

我们不必去推敲这段话有多少意义，但有一点是清楚的，就是他们认为给民歌配伴奏是在创造民族音乐的道路上有意义的探索和实践。从实践方面，值得注意的还有马思聪于1946年出版的《民歌新唱》（第一集）。在这个集子里，作者在钢琴伴奏部分的和声处理上颇有些独具特色的做法，有的在他后来的创作中曾被运用。因此也可以说，他为民歌配伴奏确有一定程度的实验性意义。[①]

这时期另一个重要的事情是1948年苏联共产党（布）中央关于穆拉杰里的歌剧《伟大的友谊》的决议和日丹诺夫在苏共中央召开的苏联音乐家会议上的讲话被介绍到中国来。还有其他资料，如一篇发表在《苏维埃文学》（英文版）上题为《音乐的古典传统与革新》的文章，先后有几种译文在国内发表。可见苏联的这一举动颇受中国音乐界的注意。但是对当时的音乐创作理论和批评还未曾产生显著的直接的影响，故留待后面再说。

总起来看，战后开始的三四年间，在音乐创作的理论和实践方面，不少音乐家和解放区的音乐家一样，也努力想让音乐为人民的事业服务，也在注意采取民众易于接受的民族形式；从另一个角度说，在两个地区的专业音乐创作中，基本上都未脱出以吸取或直接引用民间曲调来表现某些新的情感体验这样一种创作模式，也就是说，在某种程度上存在着音乐观念上的一致性。

1949年全国（除台湾外）解放之后，毛泽东文艺思想在更广阔的范围内成为音乐家的指

---

① 参阅苏夏《论马思聪的音乐创作》的第3节《关于马思聪音乐作品中的和声与复调》，《中央音乐学院学报》1985年第2期。

导思想，人们真诚地拥护这一理论，许多音乐家以巨大的热情去深入生活，学习人民的语言，配合现实斗争，创作各种体裁的音乐。在音乐创作的理论上，除接受毛泽东的观点外，还受到苏联音乐理论的强烈影响。1948 年介绍进来的苏共中央决议和日丹诺夫的讲话自然是最具影响力的，这时还有不少音乐理论书籍和论文被陆续介绍过来，其中如克列姆辽夫的《音乐美学问题概论》就有较大影响，他的若干论点和所用的概念还时常为当时的理论文章所引用。

当时介绍过来的苏联音乐理论，从总的方面说，在诸如文艺与政治、文艺与群众、文艺与生活、文艺与传统等一系列根本问题上具有相同的立场和类似的见解。再加上它们都是专门讨论音乐问题，和音乐联系密切，也较具体，因而很容易和中国音乐家原有的某些观念相协调，形成一些新的理论形态，新的创作思维模式。其主要表现就是强调继承古典音乐的现实主义与人民性的优秀传统和运用社会主义现实主义的创作方法，其中包含了如下的一些主要原则、通常被视为作曲家行为的准绳和音乐批评的标准。

一、思想性　认为社会主义现实主义音乐的使命是“以共产主义思想教育人民，鼓舞人民参加建设社会主义和保卫和平的斗争”（马可语）。

二、真实性　认为“创作和艺术创造要真实，这是非常重要的，不过这真实应该是客观的真实，阶级情感的真实，是人民斗争的真实，是客观与主观创造统一的真实，而不是孤立的自我的真实”（李凌语）。“真实地反映生活，不是要求反映随便什么生活，而是首先要反映劳动人民的新的生活和新的斗争，不是一般地去反映新的生活和斗争，而是要求反映新的生活和斗争中的群众的最深刻的思想情绪，那些即使今天还只是萌芽，却在迅速地增长着的先进的思想情绪。”（吕骥语）

三、民族性　“我们的音乐是民族的形式、社会主义的内容，这就是音乐的社会主义现实主义的基本原则之一。”（贺绿汀语）“吸收民族音乐中的精华，根据新的现实生活，创造出能够表现今天人民的精神状态的新的民族音乐。”（马可语）

四、群众性　“所谓群众性，那就是说为人民喜闻乐见的，与人民息息相通的，易于为人民所理解，能够表现人民群众的感情、理想和信念的。当艺术品具有了深刻的群众性，并通过恰当的民族形式表现出来的时候，它就会在人民中间生根、繁荣、滋长。”（李伟语）

此外还可以举出一些如“标题性”“平易性”等有关的要求。而受日丹诺夫理论影响比较深的一点，则是所谓反对欧美现代资产阶级颓废音乐的侵蚀和音乐创作中的形式主义倾向。在它的影响下，对西方现代音乐的作曲家、作品、技法、理论采取了一概排斥的态度，成了音乐创作及其理论中一片不可逾越的禁区，使我们的音乐观念长期处在单一的模式之中。

以上就是 20 世纪 50 年代影响比较广泛的一些观点，它们除见诸一般的音乐理论文章外，还经常被用在对音乐作品的批评之中。如“脱离当前现实斗争”“歪曲革命战士的形象”“洋腔洋调”“没有民族色彩”“不顾广大群众的爱好和需要”“脱离群众”“是反现实主义的形式主义倾向”等，常常可以在评论文章中见到，其出发点就是前述的那些主要观点。

这些观点，必然也对音乐创作产生影响。在音乐创作中，它的主要表现就是反映革命历史和社会主义现实生活的内容受到强调，音乐的民族形式问题也引起了广泛的关注。也可以说，音乐创作一般都遵循着现实主义和人民性的原则，创作思维基本上处在同一模式的范围内。好在当时由于有“百花齐放”方针的贯彻，某些作品仍然能在一定程度上突破单一化的格局而出现某些多样化的因素。1956 年第一届全国音乐周中比较受到好评的作品里，既有《淮河大合唱》（马思聪）、《长白山之歌》（郑镇玉）、《祖国颂》（刘施任）、《欢庆胜利》（刘守义、杨继武）等反映现实生活的和《红军根据地大合唱》（瞿希贤）、《长征大合唱》（时乐濛）等写革命历史的作品，也有透过民间风俗活动反映人民新的精神面貌的《春节组曲》（李焕之）、《貔貅舞曲》（王义平）、《瑶族舞曲》（茅沅）等，有以民间传说为题材的《黄鹤的故事》（施咏康），有写充满想象与幻想和对山林生活的回忆的《山林之歌》（马思聪），还有一些无标题的作品如桑桐的大提琴独奏《幻想曲》等，在某些作品中，以不协和和声为特点的某些现代技法被不同程度地运用着。

总起来看，这段时期的音乐创作，适应着表现新的生活内容和不同体裁与风格的需要，在音调的创新和表现技法的丰富性上，都较前一阶段有重大的发展。但必须说明的是：尽管有许多进步，有这样一些多样化的因素，仍然没有能改变当时音乐创作思维基本上处在同一模式的范围之内的状况。

首先是由周扬在《新民歌开拓了诗歌的新道路》（载《红旗》 1958 年第 1 期）一文中介绍出来的。这之后，在文艺界展开了广泛的讨论。音乐界的吕骥等人也联系音乐方面的情况，先后发表文章，阐述他们自己对这一提法的理解。这里摘取吕骥《我对革命的现实主义和革命的浪漫主义相结合的理解》一文中的部分论点，以供了解。吕骥说：

> 革命的现实主义是要求站在革命的立场通过典型的人物，深刻揭露现实生活的本质，今天特别强调要具有社会主义、共产主义精神才能够教育广大人民群众，因此，和革命的浪漫主义在反映现实生活中不仅有着结合的可能，从两者作用于生活的目的性来看，结合起来，实在是十分必要。两者的结合会使文学艺术作品达到既具有生活的真实性，而生活的理想、理想的人物、为理想而进行的斗争，也被描绘得更高、更完美、更富于色彩，因而具有更大的感染力。

他还说：

> 只有革命的现实主义的创作方法才能使作品反映生活达到高度的真实，只有革命的浪漫主义的创作方法才能使作品中的艺术形象达到理想的高度。两者的结合，就使得作品在两方面兼而有之。

关于革命的浪漫主义，他还有这样一段话：

> 革命的浪漫主义的创作方法赋予了革命浪漫主义的文学艺术特有的风格，不

> 只是以革命浪漫主义的思想为其特征，也有革命浪漫主义的表现形式，夸张、虚构本身不就是革命浪漫主义，革命浪漫主义却常常也采用夸张、虚构以至于幻想等手法，以刻画强烈的革命精神。

从吕骥的这些话似乎可以得到这样一些理解，即：革命的浪漫主义是对革命的现实主义的必要的补充。革命的浪漫主义既包括思想上的内涵——革命的理想、革命的乐观主义与革命的英雄气概等，也包括表现形式上的夸张、虚构、想象与幻想等的运用。一般地说，革命的现实主义与革命的浪漫主义相结合的提法，似可认为和提倡共产主义的远大理想和科学的求实精神结合起来的提法是逻辑地联系起来的，有它的合理性；在艺术上说，它还为艺术中的浪漫精神、想象与幻想等开拓了广阔的天地，理应有助于克服当时音乐创作与理论中对于反映现实生活的某些狭隘的理解。但是，联系当时的形势来看，革命的现实主义和革命的浪漫主义相结合的原则，是“随着人民大跃进的冲天干劲而提出的”（林默涵语），“这个时代是充满了革命浪漫主义精神的时代，是人民群众共产主义风格大发扬的时代。艺术上的革命浪漫主义正是现实生活中革命浪漫主义的反映。”（李焕之语）这就是说，它是在人的意志力和主观精神被极大地强化的情况下提出来的，是用主观的臆想代替客观规律的唯意志论的时代的产物。

音乐的革命化、民族化、群众化的口号是于 1963 年 8 月提出来的。同年 12 月在北京举行的首都音乐舞蹈工作座谈会上就此展开了讨论，并陆续在报刊上发表了许多文章，阐述各自的理解。这里不准备详细介绍有关的言论，简单地说，这个口号的提出，目的是要解决：音乐“如何更好地反映社会主义时代的精神，为社会主义革命和建设服务”，音乐工作者“如何批判地继承和发展民族的音乐传统，同时批判地吸收外国音乐艺术的成果和经验，创造我国的社会主义的民族的新音乐”，以及音乐工作者“如何更加密切地联系群众，和工农兵相结合”的问题。（以上引文均出自《光明日报》中的《关于创造和发展社会主义的民族的新音乐新舞蹈·编者按语》）

似乎可以这样说，音乐的革命化、民族化、群众化口号的提出，是以一种更加简括、更加显豁的形式强调过去已经有过的一些提法，如“社会主义的内容、民族的形式”，“文艺为工农兵服务，文艺工作者与工农兵相结合”等，并把它们归入一个完整的系统之中。因此，它对于以前也已被肯定的创作思维模式不会带来明显的改变。

无论是革命的现实主义与革命的浪漫主义相结合的创作方法，或者音乐的革命化、民族化、群众化的口号，核心就在革命二字，革命就是旗帜，革命就是方向。

在这时期的音乐创作中，“革命”成了中心的主题，风靡一时的革命歌曲自不待言，许多大型作品也表现出一种较强的共同趋势，大都写的是革命历史题材或社会主义建设的重大事件。前者如《抗日战争交响乐》《人民英雄纪念碑交响诗》《长征交响曲》《二小放牛郎交响诗》《嘎达梅林交响诗》，歌剧《红霞》《洪湖赤卫队》《江姐》等；后者如《幸福河大合唱》《三门峡大合唱》《十三陵水库落成典礼序曲》《英雄海岛交响乐》，歌剧《柯山红日》

《阿依古丽》等，不胜枚举。当然，也还有一些以民间传说或历史故事为题材的作品，如小提琴协奏曲《梁山伯与祝英台》、交响诗《穆桂英挂帅》等，但为数甚少，而且这两首作品中的反封建的战斗精神和抗击外来侵略的英雄主义，也与革命的要求吻合。

这样一些以重大的历史与现实的事件为题材的作品，作曲家们是用一种怎样的思路来进行创作的呢？这里介绍一点丁善德在创作《长征交响曲》时的一些想法，他说：

> 我考虑长征这样伟大的革命历史题材，怎样运用交响曲的形式来表达和反映出这一具有伟大历史意义的革命史实，怎样刻画红军在长征中所表现的那种坚忍不拔、英勇顽强的革命意志和革命乐观主义精神，怎样通过音乐形象表现长征最典型的现象。这一系列问题都是在酝酿作品内容构思时经常思考的。
>
> ……特别是音乐艺术，更需抓住最本质和最典型的现象，通过音乐形象概括地反映这一伟大历史事件的重大意义，表达红军艰苦顽强的革命意志，以达到鼓舞今天人民革命斗志的作用。[①]

从这段自述中我们可以看出，作曲家的构思是循着一定的创作思维模式运动的。这种创作思维模式和长时期理论上对于社会主义现实主义和革命的浪漫主义相结合的创作方法的宣传有密切的联系，在当时的音乐创作——特别是大型作品的创作中，具有相当的普遍性。这是一种以理性为主导的创作思维模式，或者说是理性超于悟性的模式。它在革命的现实主义和革命的浪漫主义相结合的创作方法提出之后更趋定型，也更趋向单一化。例如，在这一时期中，就是像马思聪的《山林之歌》那样的作品也不容易再见到了。

某种定型的创作思维模式并不一定和作品的成功与否存在必然的联系，社会主义现实主义也好，革命的现实主义与革命的浪漫主义相结合，一个素养深厚、才华卓越而又眼界开阔的作曲家，在这种思维框架内也可能产生出好的作品。这段时期中，包括《长征交响曲》在内的某些作品，也都有其一定的价值。但是，作为一种创作方法、一种创作思维模式而由处于权威地位的人士所提倡，尽管他们反复地宣称："我们不主张说这是我们唯一能采用的创作、批评方法，以此作为衡量所有作曲者和理论批评工作者的创作批评活动的唯一标尺"，却也说它"应当成为我们全体文艺工作者共同奋斗的方向"（吕骥语）。这就不能不导致音乐观念的单一化和音乐创作思维的单一化，堵塞音乐创作思维向多元化发展，这正是这一时期音乐创作在构思与风格上单一化的根源所在。这种情况只是到最近十年才有根本的改变。

以上就是战后二十年间中国（大陆）音乐创作理论和音乐创作交互作用和交互运动的概略描述。从这一概述中，读者们或者可以在自己的头脑中形成某种历史运动的观念，但作者的本意却重在介绍事实。因此，作者有意识地从当时的言论中摘引了一些材料，既是摘引，就不可能全面地反映原作者的观点，也很难确保具有典型性。所取材料，多数是作者过去接

---

① 丁善德：《我怎样写〈长征〉交响曲》，《音乐探索》1986年第1、2期。

触过而现在又是就近便于找到的，囿于闻见，自不免有很大局限。是否有助于了解当时的情况或探寻历史的线索，尚有待客观实际的检验。谨以此短文，求教于同好。

原载《中国新音乐史论集》，香港大学亚洲研究中心，1990 年
（本文有删减）

音乐学，请把目光投向人

这论题，不是想构建什么体系或阐明什么原理，而是有感于音乐学研究中的某些现实。

音乐，作为一种人文现象，创造它的是人，享有它的也是人。音乐的意义、价值皆取决于人。因此，音乐学的研究，总离不开人的因素。

音乐学，作为音乐知识的总汇，既包括纵的历史的（亦即所谓历时性的）研究，也包括横的理论的和系统的（亦即所谓共时性的）研究。但无论是历史的或理论的研究，实际都存在两种不同角度。一种是重在音乐本身的研究，例如音乐声学、律学、音乐形态学以及其他一些通常被划归“音乐理论”的学科等；另一种则重在音乐与其外部诸条件的联系的研究，例如音乐地理学、音乐社会学、音乐民族学（或音乐人类学）、音乐美学、音乐心理学等，许多边缘学科都可属于此类。

音乐作为一种客观的存在，当然可以而且需要从各种不同的角度对它进行独立的研究。没有这些研究，就极大地限制了我们对于音乐的理解。但是，如果排除人的作用和影响而作孤立的研究，就不能充分地揭示音乐的本质。因为音乐既是为人而创造的，也是为人所创造的，它的每一个细胞里无不渗透着人的因子。

音乐具有它自身独立的品格，但它又不能脱离它所赖以生存的整个生态环境。关于音乐与其外部诸条件之联系的研究，对于音乐本质的理解无疑具有十分重要的意义。然而，所有外部条件对于音乐的影响力，都是通过人来实现的。

在音乐本身与其外部诸条件的交互关系中有一个中心的接触点，那就是人。

人是音乐的出发点和归宿。因此我说：音乐学，请把目光投向人。

把目光投向人，不仅意味着在音乐学的研究中关注人的音乐行为的动机、目的和方式等，还意味着在各种音乐事实中去发现人的内涵，或者说人的投影。因为，人的音乐行为，不仅表现为有意识的活动，也可以表现为潜意识的或者无意识的活动。音乐，作为一种文化现象，它有许多东西已是人们长期历史积淀的结果，作为一种行为的模式，在某些活动中参与者并不真正懂得（意识到）他们的行为的动机、目的和意义。而随着时间的推移，已再不能直接追溯到最初的动因。这样，我们就不得不从现有的音乐事实中去探寻它所具有的人的内涵。

就对于音乐本身的研究来说，音乐声学看来算得是最客观的一种学问。它研究音乐所用声音的各种物理现象，其中的确包含了许多基本的、客观的、不以人的意志为转移的原理。但音乐声学的研究，依然会时时遇见人的作用和影响的问题。首先，人的耳朵所能听见的声音频率是有一定范围的（即所谓“听阈”），超出这个范围的“声音”，对于音乐（也就是对于音乐声学）来说就没有意义。这就是说，音乐声学从开始就存在一条由“人”划定的界限。

顾震夷在他的《论不纯正音程的存在及其原理》[①]一文中用一个例子来反驳毕达哥拉斯的“音程两音振比数字越小越和，越大越不协和”原理，他说：“让我们奏一个 440/ 秒（440Hz）的 a^1，再用一把小提琴和它对音，当琴音达到 439Hz 时，两音振比为 439/440。按照毕氏原理，这个极大的数字应产生高度的不协和，而把琴弦再拧高一点，也达到 440Hz，使两音振比为最小的 1/1 时，就会像刀切样突然最协和！但是这一切并未发生，439/440 的和音已相当协和……”事实上，两个振动数相差只有 1/440 的音，在人的耳朵里即使不是不可能也是极难将它们区别开来的，等于同音，因而它们是“相当协和”的。这是不是可以说音乐声学的研究也往往不能排除人的因素。

音程的协和与不协和不单纯取决于它的物理量，还和它所处的“语境”和给予人的感受相联系。最熟知的例子便是大三度音程和减四度音程的比较。这两个音程，在十二平均律的范围内，它们的物理量是绝对同一的，但在具体场合，大三度是协和音程，减四度却是不协和音程，因为它们所处的“语境”不同，也即在音阶调式体系中的地位不同，给予人的实际感受也不同。就是说，单纯的物理量不能给这种现象以完满的解释，必须和人联系起来，才能理解它的本质。

和音乐声学极为接近的，便是在我国有着特殊发展的律学。特别是近十年来，律学在我国更是一种很热门的学问，不少音乐理论家都花了不少精力去钻研它。再加上测试手段的不断得到改善等，许多研究成果正在使某些实际存在的律学问题逐步得到澄清。没有律学的研究，只靠人的感觉去判断音律问题，是无论如何也得不到正确的结论的。但是律学的研究仍然离不开人的因素。因为归根结蒂，任何律制的产生虽都有它物理的自然依据，但总是出于人的发现与选择，它们都必然地要被打上人的印记。

① 顾震夷：《论不纯正音程的存在及其原理》，《中国音乐学》1989 年第 4 期。

口弦这种乐器看来是最合乎自然的一种乐器了，但它的绝妙的功能不能不算是人类的一大发明。尽管任何一片口弦的音都逃不出泛音列的范围，但各地区的口弦却因他们从泛音列中所选取的谐音的不同而显露出不同的特色，这种不同正是人的文化的、审美的选择的结果。进一步由单片口弦发展为多片口弦，便因多片口弦基音的关系及选用谐音的不同，竟使多片口弦与单片口弦在律制上出现了明显的差异。（可参阅曾遂今:《凉山彝族口弦的律学研究》一文，载《中国音乐学》1986 年第 2 期）这种现象之被认识，恐怕不是单纯依靠测音手段所能解决，而更有赖于对多片口弦的制作与调音过程及其在音乐实践中的审美功能等的实际了解，也就是多种人的因素的了解，才能更好地理解它的本质。

箫笛之类的管乐器皆有一定的指孔，这些指孔的数量、形状、位置等，无疑都对乐器的音律产生重大的影响，但如果以为只要精确地测量出有关指孔等的数据，便能全面掌握乐器的音律，而无须考虑人在具体演奏实践中的主观因素，那就大错特错了。例如，传统的六孔竹笛，它的六个指孔基本上是等距离的，因此有人便认为它是七平均律的。其实，即使没有指法变化之类因素，这种笛吹出来的音也不见得是七平均音阶。更何况在实际演奏中还存在着诸如用“叉口”和不用“叉口”以及开半孔等指法的变化和不同的“口风”等，这些都足以使一个孔位上的音发生相差半音的变化或作出某些音律的调整。最明显的例子便是笛上的第六孔，按小工调说，用“叉口”指法吹为清角（fa），不用“叉口”指法吹为变徵（#fa），一至五孔全闭则为徵（sol）。这说明，简单地以指孔的位置来判定管乐器的音律是不怎么可靠的，还需要结合具体演奏的实际，仔细了解吹奏时的指法及口风等多方面的情况，才能有比较准确的了解。不然的话，当日本音乐家北原篁山告诉我，他可以在他的那支 5 个指孔的尺八上吹出 12 个半音，并为我作表演时，我将为之瞠目。

在管乐器中，时常会遇见吹奏技术相当困难和指法结构颇为复杂的情况，此时我们也许会想，人们为什么不去迁就一些比较不太困难的吹法和较为简单的指法？原来这种舍易求难的选择正是出于对于音律的选择。不是人们的音律观念完全受乐器支配，而是人们要使乐器服从音律观念的要求。这就是说，在考察乐器音律时也不能不注意到人的因素。

在民族音乐研究中，乐种的形态描述常占有重要地位，从音阶、调式、旋律、节奏、曲式直至唱奏的方法等，都成为这种描述中不可或缺的项目。这些描述旨在揭示这种音乐的形态特征及其特有的规律。但是，在某些我们所见到的这种形态描述的文字中，却很难获得一个明确的概念或一个真实反映实际的印象。如说某种音乐常用五声音阶或加某音的六声音阶，多用某调式，其余某某调式用得较多，某某调式用得较少，旋律或平直或起伏跌宕，其中间有五度、六度等跳进，单乐段结构等等，所说的全是事实，但即使把它们综合在一起也很难形成一个完整的印象。关键的问题就在于对这些形态的描述都还没能接触到它们的本质特征。我以为本质的东西便是这些形态所包容的人的内涵，即它们和人的音乐感受、音乐观念和音乐思维方式等的有机的联系。

相同的调式音阶在不同的地区、不同的乐种乃至不同的曲目中有时会表现出很不相同的风貌。同样是徵调式，在西北地区的民歌中，其骨干音或为 sol、do、re、sol，或为 sol、 la、do、re、sol者为数不少，其中由sol—do、la—re、re—sol等所构成的四度音程多被强调，造成一种特有的高亢风格，和南方常见的徵调式那种蜿蜒级进的柔美风格显然有别。这说明，一种调式尽管在不同地方有相同音阶系列，但在实际运用中往往因骨干音与其结构关系（有人用“音关系”一词来概括）的不同而形成不同的音调体系。这种音调体系正是人们不同的音乐感受的一种模式化的表现。只有深入这样的层次上去观察实际存在的调式音乐，才能获得比较合乎实际的了解。

对于其他有关音乐形态的描述与研究，也有与此相同的情形。例如，在山西河曲的山曲中经常可以遇见七度、八度、九度的跳进，稍加留意便可发现，这些音程跳进的地方往往是将原可以在同一音区里继续流动的旋律突然作高低八度的音区转换，有点像京胡上的翻高八度那样。很显然，这样的八度跳进和泗州戏（拉魂腔）句尾的翻高八度虽然在真假声互用上有相同之处，但在音乐的思维方式上却有各不相同的特点。

又如，对于多声部民歌的描述，我就见过这样的稿件，它详细地介绍了这种民歌都用了哪些音程，各类音程所占有比重，也指出最后由二度到同度结束的特有手法。后来我仔细分析了谱例，原来这是一种两声部平行的民歌，只因为在五声音阶中那两个小三度音程都算是级进，所以在两个平行的曲调中其和声音程就不会完全相同。不加注意就会忽略了这种多声部民歌的音乐思维方式的特点。事实上，在多声部民歌中，不仅存在如上所说的在五声音阶范围内是完全平行的结构，还存在应答模仿式的、固定低音式的等等多种多声结构，也就是不同的音乐思维方式。

对于乐曲结构的分析，可以用乐曲《老八板》为例。一般在分析这首乐曲时常常忽视了节奏在这首乐曲中特有的曲式结构功能，而这首乐曲的特色正在于它通过南方锣鼓曲特有的三、五、七节奏的不同组合而呈现出独特的形式感。它们的开始两句都是以头尾两个“五”（三拍）中间夹一个“三”（二拍）构成的（共八拍），接下去一句则是由两个“七”（四拍）构成（共八拍），再下去两句旋律的走向与开始两句不同，但节奏却与开始两句相同。这样，它们之间便构成前后相互对称的结构，具有相当强的形式美感。乐曲的其他部分也是按照同样道理来安排的。作这样的理解，我想是合乎乐曲实际的，也是更加符合创作者的初衷的。我所说的各种音乐表现形态的人的内涵就包含了这样的内容。自然，像这种曲式结构原则在传统音乐中并不是大量存在，不能都去套用，但我们的目标总是在追寻不同曲式中人们的思维方式，以期对它们有一个更深入的了解。

以上所述各种音乐表现形态都不是各自独立存在的，只有具体的作品才是它们真实的存在方式，而在具体作品中，它们不是彼此分割而是互相依赖、互相制约地存在的。在这种场合，更加见出人的主观意图所起的作用。因此，在不同层次上对各种相关的音乐形态作总体的考察看来显得更加重要。不过，这种总体的考察也仍然需要有分别考察的基础。如果分别考察能与总体考察有机地结合起来，将能更深入和全面地揭示作为一种有生命的活体的意蕴。

和前述各种重在音乐本身的研究不同，在研究音乐与其外部诸条件的联系时，一般地说，较多地脱离不开人的因素，特别是像音乐心理学以及和它极为接近的音乐治疗学之类的学科，人的因素已是它们研究的主要对象。但是，也不能断言所有对于音乐与其外部诸条件的研究都必定会自然地关注人的因素。

各种自然条件——主要是地理条件都对音乐的生存和发展发生影响，有时候这种影响会使我们觉得音乐就是我们生存的环境的真实写照。听蒙古长调那悠长的颤音，你会自然想起“风吹草低见牛羊”的美景；听河曲山曲那直上直下突兀跳进的曲调，你也会想起黄土高原上矗立的峭壁般的地貌；再听西藏山歌那步步升高然后降落的旋律，同样会想起西藏高原上那些直插云端的奇峰景观。诸如此类的例子是很多的。然而即使在这种情况下，所有地理环境对音乐的影响仍然离不开作为音乐的创造者与享有者的人们主观积极的精神活动，诸如联想、创造等。

大自然不只是作为一种背景在音乐中投下它的影子，而是在更加广泛而深刻的范围内影响着人的长成。各种音乐所表现出的地域特性，不过是在不同地理环境中长期形成的人们的性格与风貌的一种表现，或者是一个有机的组成部分。正是辽阔的大草原哺育了我国北方长期过着逐水草而居的游牧民族，他们特殊的生产方式与生活方式，形成了他们特有的性格与风貌，诸如热情、粗犷、豪放等。这些性格特征又在他们的音乐中被鲜明地表现出来。把他们的音乐拿来和我国南方长期从事水稻农作的人民的质朴、温柔的音乐相比，其间的风格差异实为两地人民的性格差异的真实写照。这就是说，大自然、地理环境对音乐的影响，总是经由人的精神活动而显现的。只有首先了解大自然对人的影响，才能理解自然环境对音乐的影响。

传统音乐中有相当大一部分和特定的民俗、礼仪与宗教相联系。这类音乐和特定的仪节结合在一起，经过长期的发展，已凝结着丰富的文化内涵。通过对全部音乐礼仪活动的深入观察与分析，当会对它有较透彻的了解。这中间，对于活动参与者的心态的关注具有不可忽视的意义。前些时候，我在北京听了一次山西恒山道乐团的演出。在听乐的过程中，我一方面很关心他们演奏时的指法规律等有关技术问题，同时我也很仔细地观察他们——特别是主奏乐器演奏者的心态表现。我发现他们在演奏时似乎陷入了一种完全陶醉的状态，他们既是演奏者，同时又是他们所演奏的音乐的第一个欣赏者，他们从这音乐中享受到极大的精神上的满足。他们或许也自觉或不自觉地相信他们的音乐的接受者会和他们一样享受到这种满足。可以看出，在这种宗教音乐活动中，自娱、娱人与娱神被统一在一起了。这使我想起了中国古代有关宗教音乐的一些情形。我国历史上最早具有广泛影响的宗教便是巫，它在商代最为盛行。巫的显著特点便是以歌舞娱神，也就是以音乐取悦于神灵。后来的楚国也是巫风盛行，屈原在他的《招魂》诗中依楚国信巫的习俗，极言人间音乐歌舞之美妙，以招致飞魂归来，也表现出人们观念中音乐所具有的娱神功能。到佛教传入中国之后，在宗教活动中，除咏诵唱赞之外，还有规模不等的音乐演奏。在佛教教义看来，“若人作乐供养三宝，所得功德无量无边，不可思议”。音乐和鲜花一样，是对佛的最好供养品。所以诸多佛教的壁画与石窟造像中常有“诸天空中弦歌供养”以及“散花”等形象出现。所谓“供养”，自也含有娱神的性质。把这些历史现象和我们今天接触的现实联系起来思考，可以看出它们有一致的地方，就是中国的传统宗教音乐往往以娱神（同时也就娱人）作为其主要功能。这和我们通常所接触到的西方基督教音乐有明显的不同。基督教音乐主要表现为对上帝的歌颂或者感恩这样一些内容，它是人们宗教感情的直接抒发，并在这种抒发中获得心灵上的慰藉，对于人和神灵来说都不是从音乐中获得享受的满足。这种情况，我们在深入体验实际音乐中人们的精神状态时会有更深切的体会。

从历史唯物主义的观点来说，音乐作为一种社会意识形态，它的存在和发展的终极原因都不能脱离开社会物质生产的经济现实，同时又强烈地受着政治、法律以及宗教、道德等上层建筑、意识形态的影响。因此，在我们的音乐学著作中，为了阐明这种观点，常常用一定的篇幅来叙述那些音乐所由产生的历史背景材料。但是某些这类有关时代背景的描述却往往给人一种感觉，即背景归背景，音乐归音乐，彼此间挂不上钩，看不出它们的必然联系。我以为，原因就在于作这种考察时忽略了它们之间重要的中间环节，即人的积极作用。任何音乐现象无非是处在特定历史条件下的人们的精神生活的一种表现形式。我们需要了解历史背景，是因为它总是这样或那样地影响着人们的思想、情绪、意志和愿望。因而也就影响着人们的音乐活动。如果不去关心处在特定历史条件下人们的精神生活的诸多方面，当然就难得给那时代的音乐现象以准确的解释。

谈到人，自然不能回避人的阶级性问题。在阶级社会中，人总是从属于一定的阶级的（这不只是指他的出身，更重要的是他们在现实的阶级斗争中所取的立场）。然而，阶级并非抽象的概念，而是生动的现实。在相同的阶级中仍有着各种各样的人。阮籍和嵇康同属于地主阶级，在政治上同样是司马氏的反对派，同为“竹林七贤”之一，同样爱好音乐并以诗文著名，但他们在思想、性格和作风上却又彼此不同。鲁迅说：“嵇、阮二人的脾气都很大；阮籍老年时改得很好，嵇康就始终都是极坏的。……后来阮籍竟做到‘口不臧否人物’的地步，嵇康却全不改变。结果阮得终其天年，而嵇康丧于司马氏之手……”（《鲁迅全集》1956 年版第 3 卷第 388 页）这种性格上的不同往往和他们的音乐实践或某些音乐史实相关联。嵇康之喜爱那激昂慷慨的《广陵散》，正是他刚强不屈的性格在音乐行为中的一种表现。后世之所以把琴曲《酒狂》归属在阮籍名下（因无当时史料可资印证，故如是说），也因他有“由是不与世事，以酣饮为常”的特殊生活态度所致。由此可见，多方面地深入探寻人的精神世界的底蕴，会有助于加深对他们的音乐的认识。这样做并不造成对人的阶级性的否定，恰恰相反，这会使阶级性以更加充实、更加生动的面貌显现出来。

以上这些，都不过是一些感想，信手写来，颇不成体统，无非是想借以引起一些讨论而已。

希望得到指教。

原载《中国音乐学》1991 年第 2 期

关于编撰《中国乐器志》的初步设想

一

中国各族人民在长期的历史发展过程中创造和运用了丰富多样的乐器，这些乐器以其鲜明的民族特色而成为世界音乐文化宝库的重要组成部分。将众多的中国乐器按其种属的划分，编撰出一部全面的、系统的、科学的《中国乐器志》，对于我国的音乐文化建设和向世界介绍中国音乐文化都是必须的，有益的。

二

《中国乐器志》将是一部全面地、系统地、科学地记载中国乐器的巨著。

（1）它将是中国古今乐器的总汇。它全面记载当今我国各族人民中使用的传统乐器，包括某些已广泛流传的改良乐器，同时也记载历史上使用过并有明确的文献记载及实物或图像为依据的古代乐器。这些都将按确定的种属意义予以选择（一般只择取具有种属意义的典型个例）。

（2）它将尽可能完整地、科学地记载各种乐器的有关事项。

a. 乐器的构造与性能。

b. 乐器的演奏方法与特殊技巧。

c. 乐器所演奏的音乐（类型或曲目）。

d. 乐器的历史及其演变。

e. 乐器的流行地区与分布状况。

f. 乐器的运用场合及其社会背景与文化内涵。

g. 有关乐器的资料（文献及图像等）索引。

h. 其他。

（3）它将采用已被国际上普遍承认的乐器分类原则。结合中国乐器的实际，制订中国乐器分类总表，使每一件乐器按其发音原理在种属上均得其恰当的位置，并使全书具有严密的系统性（如有必要，还可按照其他分类原则编制索引）。

三

《中国乐器志》当是一部图文并茂、印制精美的巨著。其中包括：

乐器和乐器演奏（或演奏场合）的彩色或黑白照片；

必要的乐器（全部或局部的）解剖图；

随文的插图（小幅黑白照片）；

其他图表（如分布图、文化关系网等）；

与图像配合的文字说明。

以上共同达到表述（二）、2 所列有关事项。

图文均以科学性（准确度）为首要目标，同时又力求达到相当的审美高度，使此书具有高度的资料价值、学术价值和审美价值。

全书拟分四卷出版，每卷为一大类，即体鸣乐器、膜鸣乐器、弦鸣乐器、气鸣乐器各为一卷。

原载《中国音乐年鉴》，山东教育出版社，1992 年

“阳春白雪”与“下里巴人”

雅俗之辨，源于特定的意识形态所持有的价值取向。所谓“雅者正也”，就是说只有是“正”的才称得上是“雅”的。反之，非“雅”即“俗”，俗的东西多为论者所不齿。因此，在谈及雅俗关系时，每每出于意识形态的偏颇而出现各种偏见，对客观的实际音乐现象作出某些原不该有的訾议。

但是，如果撇开某种意识形态的固定框格，从社会文化结构的层次上去加以考察，便可以发现：自音乐文化发展到相当程度之后，会自然地形成两种不同的层次类型，像战国时期在楚国出现的“阳春白雪”和“下里巴人”那样。一种是在大众中流行的音乐，就是那种“国中属而和者数千人”的“下里巴人”型的音乐，它的主要功能是娱乐，或直抒胸臆，或享受感官的快适，无须耗费心思，便可获得精神上的满足；另一种则是处于较高层次的音乐，就是那种“国中属而和者不过数十人”的“阳春白雪”型的音乐，其主要的功能是让享有者获得更多的审美愉悦。音乐有较高的思想性和艺术性，因而具有较丰富的历史文化内涵，有助于人们去接近一种更高的精神境界。音乐文化的大厦就是由这两种音乐构建而成。

大众的流行的音乐，尽管情况比较复杂，但却因其切近生活，有广泛的群众参与，所以蕴藏着丰富的鲜活体验与创造潜能，它能为高层次的音乐创造提供某些生动新颖的养料。反过来，正是高层次的音乐才将大众流行音乐中具有强大生命力的成分提炼、集中起来，得到高度强有力的体现。因此，这两种音乐既各有其特具的功能，互为补充；又彼此联系，相互促进。大可不必厚此薄彼，相互排斥。

中国历史上音乐文化繁荣的时代，都是以大众流行音乐为其“先声”。春秋战国以来兴起的“郑卫之音”“楚声”等，其主要成分便是大众流行的音乐，正是它们的蓬勃兴起，给汉代宫廷音乐注入了全新的血液，同时也在此得到集中与提高，形成具有高度思想与艺术水平的乐府音乐。高度发达的隋唐燕乐是中国音乐史上最辉煌的一页。它的出现是和魏晋南北朝以来随着各地区与民族之间的频繁交流而带来的多种音乐（主要是大众流行音乐）的流播分不开的。就在诸种燕乐中，一种被视为“华夏正声”的“清乐”，其重要成分就是魏晋以来在南方兴起的“江南吴歌”和“荆楚西声”，都是当地广泛流行的大众音乐。它们在进入宫廷之后，又发展出许多艺术水平高的歌舞清乐大曲，在燕乐中享有重要的地位。

在西方，音乐家们并不一般地鄙弃和排斥流行音乐，有的甚至把发展与提高流行音乐作为主要为之奋斗的目标。例如，著名的作曲家约翰·施特劳斯就把维也纳社交界流行的圆舞曲提高到一个新的艺术境界。美国作曲家格什温和科普兰也都在这方面作过杰出的贡献。当美国政府为邓小平访美而举行文艺演出时，除安排有乡村歌曲这类流行音乐之外，还演出了格什温以美国黑人音乐为基础创作的歌剧《波吉与贝丝》和科普兰作曲的舞剧《阿巴拉契亚山的春天》的片断，这两部作品的共同特点是它们都植根在大众流行音乐的基础之上，同时又在艺术上达到了极高的成就，可以作为美国当代音乐高水平的代表而被推荐。这些事例说明，在大众流行音乐的基础上，也是可以发展出具有高水平的音乐来的。

这当然不是说大众流行音乐只有发展为高层次的艺术才是它唯一的出路，也不是说高层次的音乐必须以大众流行音乐为基础。它们各有自己不可取代的功能，也都有多种多样的创作路数。但是，它们既互相竞争又互为补充的共同进程中都可以从对方的实践中吸取有益于自身发展的养分。

在当今的世界上，无论是大众流行音乐也好，高层次的艺术音乐也好，都处在和以前很不相同的客观环境之中。就目前我国的情况来说，随着社会主义现代化建设的高速进展和市场经济逐渐形成，使音乐文化所处的环境发生了很大的变化。在过去，处在交通不发达和音乐传播媒体尚处在较低水平的时候，音乐的流行程度较多地取决于音乐本身与接受者之间的契合程度，那些被形容为“不胫而走”的音乐所以流行，往往反映出这种音乐本身所包含的某些长处或价值。但是，如今的情况却很不相同，各种现代的传播媒体从广播、电视、电影到录音、录像和大量发行的出版物，其覆盖面之广几乎达到无孔不入的程度。再加上在商品经济的大潮中，许多音乐活动渗入了大量的商业行为，各种各样的广告、推销式的评奖和捧场文章，为扩大音乐的销路而制造声势。在这种情况下，一方面作为音乐接受者的大众好像有了更多选择的余地，另一方面音乐接受者又常常不得不被动地接受许多他们所并不由衷喜欢的东西，因为决定把那些音乐投放到空气中去的不是它的接受者而是节目的主持人。因此，在今天的音乐生活中，被称为“流行的”东西有时却并非最真正在大众中流行的东西。当然，也不只在大众流行音乐中存在这方面的情况，在“高雅音乐”中也存在类似的情况。一部好的作品可以因为筹不出巨额的演出费用而束之高阁；反之，一部水平不高的作品却可因有足够的经济支持而被演出，被捧场，有的还因得更多的宣传而引起某种轰动效应。这些情况，有的可随商品经济的日趋成熟而逐渐改善，另一方面则期望于在音乐的传播运作中掌握实权者对两种音乐的合理和公正的态度。

原载《文艺研究》1995 年第 6 期

乐语探原：说“匣”

在传统的中国音乐里，存在着大量的音乐词语。这些音乐词语（可简称乐语）有许多被保存在历代的文献之中，但也有很多是被保存在音乐家们的口头上。这些被保存在音乐家口头的乐语，原来有许多也是在文献中有记载的，只是由于历史上语音的变迁（古音与今音的差异）和不同地区语音的流变，再加上某些沿袭下来的误读因素，致使人们从音乐家的陈述中听到某些乐语时不能够把它和文献中的同一个乐语对上号。例如：20 世纪 50 年代在对北京智化寺音乐进行调查时，得知他们常用的四个调中有一个叫“皆止调”，艺僧们是这么说的，乐谱上也是这么写的，但研究人员只能从实际演奏中了解到这个调的音高位置，却不能理解它被命名的缘由。直到前几年张振涛在河北和天津的农村作音乐调查时，才从艺人们保存的传统乐谱和他们的陈述中了解到：原来这个“皆止调”是“隔字调”的误写。原因就在于这个“隔”字在京津一带旧有与“皆”字相同的读法，而现在一般人都已经不知道了，所以无法把“皆止”和“隔字”联系起来。[①]而“隔字调”的发现，又正好说明了宋代文献中的“隔指声”一词在艺人中的承传（在音乐实践中，“字”与“指”的涵义是相同的。从谱面上看，“上”与“工”中间隔一个“尺字”，是为“隔字”；从乐器演奏上说，则隔着一个手指的位置，即是“隔指”。当时的“声”则与现在的“调”同义）。在这里我们不能不提出一个问题：如果没有这一次多少有些偶然的发现，那个以讹传讹的“皆止调”岂不就要糊里糊涂地传承下去！为此，我们似乎有必要通过对某些名实关系不明的传统乐语进行必要的考索，

① 张振涛：《十七管“满簧全字”笙》，《中国音乐学》1996 年第 2 期。

以探明其原委，并逐步掌握传统乐语变化的规律，使更多讹传乐语得到正确的解释。以下便是一次这方面的尝试。

在西安鼓乐的大套乐曲中有一种特有的段落，有的乐社称之为“匣”，有的乐社则称之为“瑕”，两种称谓读音相同而写法不一样，而且从字面上两者都难于和音乐联系起来，也找不到文献的依据，只可能是来自同一字音的不同拟写，也就是来自同一个字的不同的错讹。

为了探索这个乐语的本原，我们得先从音乐的实际中去看看它的基本的涵义。

何钧在为《中国民族民间器乐曲集成·陕西卷》写的《西安鼓乐述略》中说：“匣，又作瑕。是以曲（吹）鼓（打）合奏的鼓段曲与清吹耍曲（不带铜器的小曲）相间出现的一个循环体乐章。鼓段曲与耍曲各奏一次为一匣，分头、二、三匣，每匣鼓段曲不变，只换耍曲；最后一匣，只奏鼓段曲而无耍曲”。[①] 这就是匣的大致情况。现将两个“瑕”（“匣”）实例的结构轮廓简单地列出来，以便进一步了解一些有关的情形。

1.《尺调双云锣八拍坐乐全套》中的“瑕”：

[鼓段起]
[头瑕　尺工尺]　快板　♩=106
[正身]（$\frac{4}{4}$　16 小节，相当于 8“拍”）

[尾]
[耍曲　奉金杯]　慢板　♩=50（$\frac{4}{4}$　16 小节反复）

[二瑕　尺工尺]　快板　♩=107
[换头]（4 小节）
[正身]（同前，原样复奏，只有细微变化）
[耍曲　摇门栓]　慢板　♩=54（$\frac{4}{4}$　24 小节——计入部分重复）

[三瑕　尺工尺]　快板　♩=107
[正身]（同前）
[清吹　尺工尺]　快板　♩=120
[换头]（4 小节）
[正身] 慢板　$\frac{4}{4}$　16 小节，最后以梆子和坐鼓的 [三瑕尾] 结束。[②]

---

① 《中国民族民间器乐曲集成》全国编辑委员会主编：《中国民族民间器乐曲集成·陕西卷》，人民音乐出版社，1992 年，第 20 页。

② 《中国民族民间器乐曲集成》全国编辑委员会主编：《中国民族民间器乐曲集成·陕西卷》，人民音乐出版社，1992 年，第 485 页。

2.《六调坐乐全套》(花鼓段　别子赚)中的“匣”:

[头匣] ($\frac{4}{4}$　12小节)后加[换头](3小节)
[清吹　朝天子] ($\frac{4}{4}$　16小节,后12小节反复)加[换头](3小节)
[二匣] ($\frac{4}{4}$　12小节)加[换头](3小节),与[头匣]同,稍有花饰
[清吹　哪吒令] ($\frac{4}{4}$　加反复64小节,$\frac{2}{4}$　26小节)
[三匣] ($\frac{4}{4}$　15小节,其中前三小节实为[换头])尾接[换头](3小节)

(本曲谱只在两首清吹曲开始处注出用“中板　♩=72”速度,在[头匣]、[二匣]、[三匣]开始处都未注出)。[①]

“匣”(“瑕”)的主体部分在例1中称为“正身”,是一个由八个规整的句子构成的八拍鼓段,其原初很可能是一首为八句齐言乐府诗谱写的曲调。接下去的“耍曲”如《奉金杯》《摇门栓》《朝天子》《哪吒令》等,就都是宋元以来南北曲的曲牌音乐。两者风格也有差异,鼓段的音乐刚健而典雅,“耍曲”则柔美而抒情,彼此配合,相得益彰。这种情况和宋代的“缠达”确有相似之处,如宋·曾慥《乐府雅词》所载郑彦能的《调笑转踏》[②]就是用一首七言诗和一首《调笑令》交互轮流重复而成。但彼此又有原则的区别:1.“缠达”只是“两腔互迎,循环间用”,而“匣”的“耍曲”却是要变的;2.“匣”是以“正身”为主,而“缠达”则是以曲牌《调笑令》为主,故名《调笑转踏》;3.在与“缠达”有关的文献中也未见与“匣”有联系的语词。看来“匣”还应另有本原。

从前述两个实例中可以看出:在例1中,名目“头瑕”的后面接着是“尺工尺”三个字,这就是本“瑕”曲调(也就是“正身”曲调)开始的三个音,用来作为本曲调的名称,与耍曲的音乐没有关系。例2的情形也一样,它的“匣”既是连同“清吹耍曲”一起的统称,又是前部“正身”的专称。而且三个“匣”(“正身”)的曲调,除了[二匣]、[三匣]的头尾加有简短的[换头]之外,本身基本上都是照样反复,变化极小。由此可以推测“匣”(“瑕”)的初义当是指同一曲调的多次反复出现,一次为一“匣”(“瑕”)。

我国古代对于同一曲调的多次反复有过各种不同称谓,如:解、遍、叠、幺篇、煞、前腔等。在这些语词中,昆曲北曲里的“煞”和“匣”(“瑕”)不仅读音相近,而且也是同一曲调的多次反复,并依次以“一煞”“二煞”等来称呼。但“煞”在用法上和“匣”(“瑕”)有所不同:1.它的音乐基本上属于南北曲的范畴。2.它在乐曲中常处在结尾部位,而“匣”(“瑕”)则处在乐曲前部的重要位置上。此外,在西安鼓乐中也常用到“煞”字,如“煞下鼓”“煞边”之类,表明“匣”与“瑕”不可能是“煞”的讹误。

① 《中国民族民间器乐曲集成·陕西卷》,人民音乐出版社,第485页。
② [宋]曾慥:《乐府雅词》卷上,《四部丛刊》本。

在古代乐语中还有一个词和“匣”在读音上有点近的，那就是“契”字。三国时人孙该（公元？—261年）在他的《琵琶赋》中有一句话：“每至曲终歌阕，乱以众契”。[①] 说当时的乐曲终了时常有由多个曲调（契）构成全曲结束的乐章“乱”的。这是现知文献里最早出现契字的这种用法。其后，如释慧皎《高僧传》卷一说：释支谦曾“依《无量寿》《中本起》制菩提连句三契”[②]；郭茂倩《乐府诗集》“胡笳十八拍序”中说：“按蔡翼《琴曲》有大小胡笳十八拍。沈辽集世名流家声小胡笳，又有契声一拍，共十九拍，谓之祝家声。”[③] 都用了“契”字，其读音一为qì，一为xi，后一读法与“匣”字较近，但从现在所见资料看，其意义则有较大差距。“契”多用于乐曲的结束部位。

我看，在中国古代文献保存下来的乐语中，和“匣”（“瑕”）比较联得上的恐怕要算“解”了。

《晋书·乐志》载：“胡角者，本以应胡笳之声，后渐用之横吹，有双角，即胡乐也。张博望入西域，传其法于西京，得《摩诃兜勒》一曲。李延年因胡曲更造新声二十八解，……”[④] 这里说的是汉代的事，但由于《晋书》晚出，不能确认“解”的这种用法在汉武帝时便已存在。而有关“解”字用法的材料则以沈约《宋书》最为重要。在《宋书·乐志》的“清商三调歌诗”里，共录歌词34首，每首都注明所用的“解”数，并分别用“一解”“二解”等将各“解”注出。这些诗除个别的大曲如《东门行》《艳歌何尝行》词句的字数变化较多外，其余大都为齐言，有四言、五言、七言等。每一“解”的句数也都有定数，最少的如《燕歌行》为七言二句一“解”，较多的如《步出夏门行》为四言十四句一“解”。一般都是二、四、六、八等偶数句。一首歌词，“解”的多少时有增减，而一“解”的字句则变化不大。[⑤] 很明显，这种一定的字句篇章结构必然和特定的乐曲结构相联系。那些《善哉行》《折杨柳行》《野田黄雀行》等实际就是曲调的原名，就像西安鼓乐里的那个［尺工尺］一样。从上述情况可以看出：“解”和“匣”（“瑕”）的涵义确是相当接近的。

现在就要看“匣”（“瑕”）有没有可能是“解”的讹误了。

“解”字依《广韵》可以有三种读法：（1）佳买切，见（声母），蟹（韵母），上声，今读作jiě；（2）古隘切，见（声母），卦（韵母），去声，今读作jiè；（3）胡买切，匣（声母），蟹（韵母），去声，今读作xiè。作为乐曲的“解”用第一种读法。这是现今的汉语辞书通用的解释。但在各个不同的地方具体的读法就可能有一些变化。

从历史上看，解字的读音也有变化。据王力《汉语语音史》所述，解在先秦时期读音的拟测，其声母与皆、佳、懈等字同属见母，其韵部则与佳、蟹、懈、邂、街、厓、崖、睚等字同属支部开口二等，拟测为[e]。到魏晋南北朝时期，解字与蟹、买、獬、矮、洒等字同

① ［清］严可均编：《全上古三代秦汉三国六朝文》第二册，中华书局，1958年，第1277页。

② ［南朝梁］释慧皎：《高僧传》，中华书局，1992年，第15页。

③ ［宋］郭茂倩：《乐府诗集》，中华书局，1979年，第860页。

④ ［唐］房玄龄等：《晋书·乐志》，中华书局，1979年，第715页。

⑤ ［南朝］沈约：《宋书·乐志》，中华书局，1974年，第608页。

属《切韵》泰部开口二等上声，佳、街、厓、涯和懈、邂则分属平声和去声，加入了声调区分。韵部拟测为[ai]。到隋至中唐时期，前期的泰部分化为咍、皆两部，按十四摄的划分，属蟹摄。以后，韵部常有分合，但解字都属于[ai]韵的范围。王力在《汉语语音史》中说："由[ai]变[a]是语音发展史上常见的事，现代北京话'佳涯卦画'，上海话'矮带柴'（解字也一样——引者注）等字以及白话音'街鞋'等字，都是由中古的[ai]演进为现代的[a]"。[①] 这就是说，解字的韵母[ai]在别的地方也有可能变成[a]。而且"解"字本来就有"匣"声母的读法，将"见"声母错读为"匣"声母的情况也是有可能发生的。因此，西安鼓乐的"匣"（"瑕"）很有可能是"解"字在方言读音中引起的变易，或是该语词经由外地传入时引起的误讹。

以上是本人由接触到的有限材料而引出的一些推想，本来很想能到当地去作一些实地的学习和调查，但始终没有机会实现，只好将这样一个未完成的作业拿出来，向方家请教。特别要说明的是，本人对于汉语音韵学素未认真学习过，本文中涉及的一些音韵问题的看法自难免有"开黄腔"之处，企盼不吝赐教。

原载《音乐研究》2000 年第 4 期

① 王力：《汉语语音史》，中国社会科学出版社，1985 年，第 160 页。

【评论（作品）】

《中国十七世纪思想史》

——杨荣国著，东南出版社出版

17 世纪的中国思想界是中国思想史上异常蓬勃进步的一页。“由于当时的社会经济有了变动，已呈现着资本主义活跃的前期形态，因而反映在思想的争斗上，一方面否定着旧的静止的繁琐的和专制的思想，另一方面则在创造着新的实践的民主的思想”。（见该书第一章末节）这就是本书著者对于清初的一些学者们的进步性的估计，但同时他也并没有忘记指出他们的时代上的限制所造成的思想上的局限。

本书记有六章，第一章为绪论，就当时社会经济发展的情况作有系统的叙述，同时又叙述到这之前思想界的一般情况及外来文化的影响，从各方面讲这些进步的思想产生的根源。以下分别五章把黄宗羲、颜习斋、李恕谷、王船山、顾亭林、陈乾初、吕留良、费此度、唐铸万诸人的思想作详尽的论述，除了论到他们思想的体系之外，并论到他们的思想的发展和变化。同时对于每位思想家的思想，都给了确当的辑评。

杨先生的这本书是值得称赞的，但就我自己一点肤浅的意见，以为杨先生在对当时社会经济发展以及政治文化等所给予这些思想家的影响分析时，忽略了当时的农民运动这个壮大的社会实际对于他们思想的启发性。这也许可以说是一个小瑕疵吧！

我们知道 17 世纪的这些思想家们，大都生活在甲申前后的一段时期当中。他们都听到或看到当时的农民运动。虽然这次农民运动并没有一个完整的政治纲领。但是“反对专制集权”，“反对经济垄断”，要实行“均田”，这些都是他们的口号。像这样宽泛的运动，这样浩大的势力，无疑会影响到这些人的思想的。这些比较有良心的士大夫和学者表面上虽然是在说“贼”了“寇”了的，其实他们目睹当时政治的腐败，社会经济的动摇，不由得也受到农民运动的影响。这由他们“均田”“限田”的主张中可以看得出来。只不过因为他们毕竟都是士大夫和学者而不是农民运动的领袖，不由得在他们的思想上披上了一层复古的外衣罢了。所以我说当时的农民运动，对于17世纪诸家的思想，是具有其启发的意义的。

这一点浅陋的意见，大胆地写在这里，希望作者和读者给以指正。

原载《新华日报》1945年8月1日，署名“施盈”

电影《葛林卡》(《陌上春回》) 所表现的人民音乐诸问题

在重庆的时候我曾经看到两部苏联的音乐电影。一部是《音乐小史》，影院译名为《红豆青鸟》。它表现一个有歌唱天才的汽车工人，在苏维埃的社会制度之下，由于工会的帮助而得以发展成一名艺术家的经过情形。另一部译名叫《燕舞莺啼》。它表现古典音乐与现代音乐之间的斗争，而古典者终于抛弃其成见的情形。但是这两部影片比起最近在上海美琪戏院放映的《葛林卡》(影院译名叫《陌上春回》) 来，它们是不及的。原因是《红豆青鸟》的着眼点在于表现出苏维埃社会制度对于音乐艺术之发展的有利。而《燕舞莺啼》也只着重于音乐的形式间的争执。可是在《葛林卡》中，则以整个音乐问题为中心，着重指示出人民音乐家自发展至完成的全过程。由这一主题的明确性而推演出剧的结构的完整，是这部影片之较其他两部影片更为完美的主要原因。

葛林卡的生活和艺术彻底地表现着人民音乐家的一切特质。因此只要真实地表现出他的发展情形——无需任何夸大的掩饰——便足以给人民音乐的一般问题作确切的指示与说明。所以从一个真实的人物出发，这影片所给人的感染力也就更深更大。在我们这充斥着虚伪的形式主义的时代，尤其是在有心为人民音乐而效力的人们彷徨无依的时候，这部影片的上映，我认为是有极重大的意义的。

确定地使葛林卡成为人民艺术家的最初因素是什么呢？那就是从他的童年起即已深藏在他心中的爱国热情与民歌的影响。电影的导演阿尔斯丹对于葛林卡童年生活的处理是颇费心思的。当葛林卡在1812年拿破仑进攻俄罗斯时随着家庭逃亡到内地去的时候，他亲自尝到了流离的痛苦，也亲眼看到了人民起而自卫的狂热与英勇战斗的精神。在电影的画面上，我们看见了一幅幅感人的流民图，壮大的农民行列和他们英勇作战的图像，再加上那豪迈的歌声……这一切即使对于我们这些外邦人已足以激起昂奋的情感与对人民英雄的崇敬了，更何况那与之有血肉关系的葛林卡呢！要成为一个人民音乐家，首先，他必须具有对人民的广大而深挚的爱，否则只是不关痛痒地空谈，这是无论如何不会成功的。基于此，葛林卡的风格就不断地发展起来。

葛林卡生在斯摩林斯克的乡下，迷人的自然环境给他留下了难以磨灭的印象。农民的朴质而富有表现力的歌曲，常使他沉醉在那农民情调与自然美景相交融的氛围中间。影片上葛林卡沉醉于民间音乐的那些场面所给予人的感受是多么深沉，多么令人难忘呀！这里我们还不能不称赞的是十一岁的小演员梭巴列夫（他是在莫斯科音乐学校学钢琴和作曲的学生），他在葛林卡童年对于音乐——尤其是民间音乐的爱好上，给了我们最为真切的印象。

这里我们摘录一段葛林卡对于童年生活的回忆，使我们更加了解他的音乐兴趣的最初的情形：

> 父亲常常举行盛大的舞会以招待亲友；在这种时候，他总是从八里之外把我叔父的从他的农奴中选出来的小乐队叫了来。这个乐队在我们家里一住就是好些天，每当客人们跳完舞的时候，还演奏些另外的音乐……有些曲子给我留下了难以描述的印象，甚至于好些天还叫我陷在一种激动的状态里，或者被一种愉快的忘形所支配。有一次，已经是我上图画课的时候了，但就因为我还是在忘乎其形而遭先生责骂，这实在因为音乐完全地填满了我的心的缘故。我回答先生说："我怎么办呢？音乐是我真正的灵魂呀！"……我有时带着小提琴或短笛参加到乐队中去和着调子的主音与属音。……晚餐的时候，演奏俄罗斯的民歌，编成两支长笛、两支洋箫、两支法国号角和两支低音大笛的合奏（注）。这曲子的"溶人的"悲伤却因它那于我满意的配合而使我愉快。特别是法国号角的低音（我是不能忍受尖锐的声音的）。就是这些儿时所听到的歌曲，首先启发了我去利用我们民族音乐的意念。

作为人民音乐家的葛林卡，他的思想与感情从儿童时代便培养出茁壮的苗芽，及至他出现在彼得堡和欧游返国之后，他已是一棵枝繁叶茂的大树了。

1824年，葛林卡在彼得堡的一次集会中碰见了普希金。那时，彼得堡的贵族和那些"上流文人"们正在纷纷地议论着普希金的新作《鲁斯朗与刘德米拉》，斥它的民间风格为粗俗而毫无灵感。但是葛林卡却在这里为他自己的意见获得了有力的支持。于是他勇敢地弹出了民歌《伊凡何处去》来向那些上流社会的人们挑战。自此他和普希金的情感交流了，而且他一直地受着普希金精神的感召。于是他的艺术道路从此确立起来了。

1825年，十二月党人起义，葛林卡不顾一切地参与了这一富有历史意义的政治运动。当他的行动与人民的要求和进步势力结合起来的时候，一个有着重大意义的问题便在他的脑子里产生了：

“音乐能不能表现人民呢？”

“能够。”他所获得的答案就是这个。于是“音乐为人民”的立场在他的心里确定了。因此，他就有了更为强烈的创作要求。同时在这过程中他又发现了有向西欧学习进步的音乐技巧的必要，于是于1830年赴欧。在国外他经过了四年的考察与学习，遍历欧洲各大城市。这期间他不仅获得了丰富的技巧基础与扩大了他的音乐视野，同时还认定了建立俄罗斯的民族音乐是他最大的使命。回到祖国之后，他便着手创作他的第一部民族歌剧《伊凡·苏萨宁》。

葛林卡的风格是由他的两部民族歌剧《伊凡·苏萨宁》和《鲁斯朗与刘德米拉》来完成的，尤其是在《伊凡·苏萨宁》中，他那从童年起即已深藏心中的爱国热情与民歌影响充分地表现了出来。这部歌剧描写17世纪时一队企图占领莫斯科的波兰军队，逼迫农民伊凡·苏萨宁引导往莫斯科去的道路，爱国的苏萨宁却将敌人引入一条斜路，带他们到森林中去，而他终为救祖国而牺牲了的故事。葛林卡把幼年时所接触的农民形象和他的题材紧紧地结合起来。他热烈地体验着他所创造的人物，入迷于他所表现的情节，苦苦地追求着音乐语言与人民的感情的相符以及音乐的性格与人民英雄的形象的一致。朴质，朴质，还要朴质，他总是这样苛刻地鞭策着自己，就以他如此忠实于人民的创作态度，他的音乐终于完成了这一切。

《伊凡·苏萨宁》的演出，在那充满着燕尾服的彼得堡上流社会中间，无疑会遭遇到无数的困难和诽谤的。但也就在这些困难的克服当中，葛林卡表现出无限的勇敢与真挚的努力。在歌剧的排演中，葛林卡为了克服演员们对于剧中农民的不真实的表现所作的有力的启示是再好没有的了。

“请问诸位都是甚么出身？”他向演员和乐师们这样发问。

“农奴出身。”每一个人的答案都是一样。于是他用热情而有力的语调说：

“那么我们一起来体验农民的气息吧！”

这种从阶级本身出发而启发其阶级观点的启示，就是对于现在所有的音乐家们仍然具有莫大的意义的。让我们也来反省一下吧！“我们都是甚么出身的呢？”

演员和乐师们的难关，葛林卡是顺利地克服了。紧接着他就得承受贵族们纷纷的诽谤。但尽管有着这许多障碍，葛林卡于歌剧《伊凡·苏萨宁》的演出中不仅从进步人士的理解中获得了安慰，而且他的作品终于获得了成功。可惜的是我们没有能从影片上看见他的歌剧被人民拥戴的情形。自然无论从历史事实的限制（那时的歌剧的演出是在皇家歌剧院演出的）或影片的结构上来说，这种要求都是非分的。

影片的最重要的部分就是上面谈及的这些，其余的我们也就不再啰嗦了。就从这些，我们可以知道作为人民音乐家的葛林卡之发展的全过程。这里为我们愿为人民音乐而努力的音乐家们提供了一个完美的典型。从他幼时的爱国热情与民歌影响而至于与普希金的结识和参与十二月党人起义的实际行动，使他确定了“为人民”的生活态度与艺术立场。又通过忠实于人民与忠实于现实的创作方法，而在《伊凡·苏萨宁》中完成了作为人民艺术家的葛林卡的风格。这对于我们真是极其明确而有力的启示。我们知道，没有对于人民的广大而深挚的爱而欲成为人民音乐家自然是不可能的，但如仅有同情而又鄙视人民的音乐，或者仅有空洞的思想而在行动上与人民脱离，或者前几点都无问题而在创作上却走着不忠实于人民（非大众化的——注意，这里大众化并非单指形式而言），不忠实于现实（非现实主义的）的道路，诸如此类的人能不能成为人民音乐家呢？自然是不可能的。即使在苏联那样强固的社会基础之下都还存在着（参阅本刊上期《联共（布）党中央委员会关于摩拉杰里的歌剧〈伟大的友爱〉的决议》一文），那么在中国，他们的产生就更是可能的了。所以影片《葛林卡》的上映我认为对于中国的音乐界是具有极大的启示作用的。因为他指给了我一条通到人民音乐的康庄大道。也许我的这种观点并不能得到音乐家们的赞同，但我却衷心地希望中国音乐家们能把这个问题深深地思索一番，从实践中使其发展。

最后，我再提起这影片中的一个人物，那便是老跟在葛林卡身边的他家里的农奴。看过这部影片的人们大都是把他当作一个实际的人物来看的。但是依我的观点则认为，这个农奴在许多地方（特别是在葛林卡成人以后）都是葛林卡的另一个自我的化身。这个自我就是他若干年来在农民的感染下培养起来的人格。这个人物也就是他的坚实的农民情感与农民气质的形象。这可以从剧的情节中得到一些证明。第一点是在他去参加十二月党人的起义时，保守的农民意识曾阻止过他，但他终于坚决地去了。第二点是他的脑子里盘旋着“音乐能不能表现人民”的问题时，他的农民要求为他作了肯定的答复。第三点是他在国外的时候，他的农民情感在召唤他重归故土。第四点是在《伊凡·苏萨宁》的创作中，农民的形象引来了他记忆中的民歌曲调。如果不是这样看，第二、第四两点在剧中是稍嫌勉强的。

由于这部影片曾深深地感动了我，因之我无法去挑出他的错处来。这篇文章不能算是介绍，更不能算是批评。仅从葛林卡的发展过程中引出了关于人民音乐的一般问题，算是我对于这部影片的一点粗浅的理解。写下来提供大家思考和讨论。

（注）因西洋乐器译名尚未统一，特将英文原名列后，以免弄错：长笛 Flute，洋箫 Clarinet，法国号角 Horn，低音大笛 Bassoon，小提琴 Violin，短笛 Piccolo。

原载《中苏文化》19 卷 4、5 期 1948 年刊

介绍十七首《对花》

袁维训同志搜集的西北的民歌中有十七首《对花》，引起了我很大的兴趣，因为这些歌曲的题材都很简单，而表现方法却很多样。它们充分显示出劳动人民丰富的创造才能，值得我们学习，因此，特把它们作一个简略的介绍。

《对花》是西北人民流行的一种对唱歌曲形式，男女借对答花名以交流感情。这种对唱形式的歌曲是我国人民酷爱的形式之一，各地的山歌、秧歌等都属这一类型。而对花的特点则是更多地带有娱乐性质，因之也较为活泼生动。

从这十七首《对花》中，我们可以清楚地理解到民歌的基本特点是创作方法上的现实主义。它们的曲调与节奏、曲式等都是根据一定的感情要求而创造的，既不受任何成规的限制，也不会盲目地去追求形式上的新奇。

即以这十七首《对花》中的第一至第四首论，它们的歌词的节奏是一致的，乐句的节奏也表现了一致。但这个乐句节奏的一致却是不平常的。因为它们的歌词都包含两个均等的前后句，而曲调却都是由“前句四小节，后句五小节”这样两个不均等的乐句构成的。这种乐句节奏的相同并不是偶合，而是根据感情要求以创造曲调这一创作方法的必然结果。这种只包含两乐句的短小歌曲，除非是在速度很慢的时候，普通两个均衡的乐句是不满足感情的要求的，故必须将后一乐句予以伸展以加强完满的收束效果。例如，我们要是把第二首的后一乐句予以收缩，成为下面的样子：

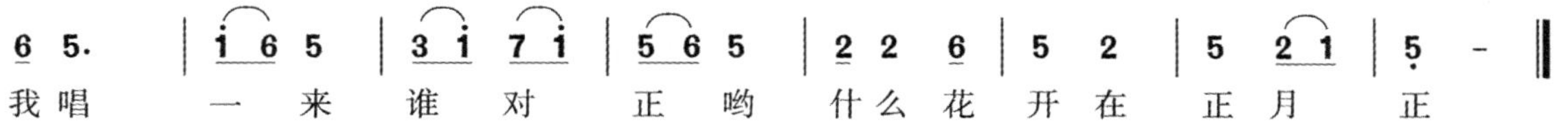

这样虽然乐句的节奏均等了，但唱起来却有不满足之感，将它和原曲试一比较，其差异是很显然的。

再看第十至第十三这四首，后面三首都可以说是以第十首为基础的不同的发展，第十一首的最后一句是将原有曲调的最后一句予以变化的重复，在歌词上则重复其一部分而成。这种方法在民歌中是常常被采用的。它的伸展也是根据一定的感情要求而作的，是情绪发展的必然结果。要是我们很有兴致地来唱这首歌，在第八小节处停了下来，就一定会有不尽意之感。如果再唱一次，把后面四小节加上去，并且充分地去领会这四小节的情绪，特别是“哎哟呀”三个字的生动情绪，我们就会觉得加上去四小节实在是极其聪明的创造。第十二、第十三两首的发展更多些，情趣的发展也更丰富些。特别第十二首的发展是饶有趣味的。首先是第十小节处为了强调“开灯”二字在曲调节奏上有了明显的变化。接着在第十三、第十四两小节处又很生动地重复了第十一、第十二两小节，这里虽然谱上未曾注明如何对唱法，普通唱的时候也可能是全由一个人唱的，但我们可以想象到这句重复正好表现出一种即时的、简洁的对答的要求。再其次是由歌曲开始三个音变化而来的两个“冷的生”，它很有力地表现出轻松愉快的情绪，使整个歌曲增色不少。这首歌曲的后半部要是不能在音乐上表现出益加增涨的愉快情绪，它将失去了存在的意义。

这些简单的分析都说明了我们的民歌乃是根据感情的要求而创作的，是有着现实主义的传统的。同时，我们天才的民歌作者们在现实主义的道路上也表现出他们惊人的丰富的创造及音乐的组织才能。对花这一题材是很简单的，而人民创造却是那样丰富。此地所收十七首不过西北人民实际创作的一小部分而已。在西北民歌中还有好些《十二月花》之类的歌曲，基本上也是属于对花一类的。此外在最近中央音乐学院编的一本《河北民间歌曲选》中也有几首西北的对花和此地所收不同。就是说以我们所能知道的来看，数量也是超过此数甚多的。

我国人民丰富的创造才能可以从民歌的曲调、节奏、歌曲结构与形式等的多样性上得到证明。这十七首《对花》的歌词都是以七字句为基础的，而曲调的节奏却有着许多不同的处理方法。我们看第二、五、六、八各首在歌词上都没有什么变化，在曲调的节奏处理上，第二首是以切分节奏作为两句的开始，显得较为有力；第五首则在第二小节处用了切分节奏，加上前后两个八分休止符，使那种彼此挑逗的情趣很恰当地表现出来；第六首的曲调较为平稳而又略为花饰；第八首则不仅在节奏上与前几首有所不同，调性上的差异也是很显然的；其余的几首节奏大都比较活泼，随着在歌词上也多加了一些衬字。如第三和第十一等几首甚至因加了衬字而形成新的节奏，把一个乐句分成两个分句。它们各以不同的音乐上的特点表现出不同的情趣来。

又如前面曾经谈到过的第一首至第四首，他们都将第二乐句的节奏伸长一个小节，但所取的方式却彼此不同。第一首和第三首是将最后两小节的曲调予以伸展，歌词上加了一些衬字。第二首则是将第二乐句的第二小节放长，以缓和其前进趋势，并未加上衬字，因为它的情绪不如第一、第三两首活泼，第四首却又用的是另一种方法，它在第六小节之后加了“情人啦”三个字，后面并不把节奏放慢，这后乐句的情绪是较激动的。

最后一首的处理方法是特别有意思的，它的各个乐句皆由六个小节构成。第一乐句以第三、四小节反复第一、二小节的曲调而构成六小节乐句，第二乐句为了与第一句均衡，也同样伸展为六小节乐句。但它却并未一般地采用上述的方法，而是把第九小节的曲调予以变化地先现，到“迎春花”三字上真正的曲调才出现。这里我们可以看出民歌的作者们是很善于突现主要的曲调的。第十九、第二十两小节的“花得儿”引用了新的乐意，使这首歌增加了不少生气。

在这些《对花》中，对唱形式的创造也是丰富的。以同一简单的曲调反复对唱的形式（如第一、二、三、四、八、十、十一诸首及一般的山歌）逐渐不能表达相互增涨的情绪，于是各种活泼生动的对唱形式便被创作出来。从第十首到第十二首的相互关系上可以清楚地看出这一点来。第五首是这些《对花》中对唱形式利用得极其恰当的一例。前面八小节男女对唱，把主要内容叙述过，接着是男女彼此称道，最后一句看起来应当是合唱。这形式是多么精练、多么生动。第六、第七两首的形式又有些变化，都是值得我们研究的。

从这些《对花》中还可以看出民歌的作者们是有着很好的组织才能的。还是以第五首来说吧。它除了有一个完整的对唱形式之外，曲调的组织也是很严整的。前面八小节是一个完整的两句。第九、十两小节反复，加上最后四小节，合起来也是八小节。整个加起来是三个八小节的乐段。第一、二段相同，第三段的前面两小节是由开始两小节变来的，最后一句又是第二句移位变化而成。这说明他们所用的材料何等经济而又不流于呆板，同时由于第三段开始的节奏变化与对唱的紧凑而将情绪引向高处，最后一句前半的移高四度更给这种情绪以满足。这样集中与精练地表达情绪，乐意组织之严密，都是值得我们很好地学习的。

这里只是简略的介绍，分析是很肤浅的，也可能有一些错误；目的是想以此引起音乐工作者们的注意，进一步研究民歌的表现方法，以提高我们歌曲创作的水平。我们的研究愈深入，便愈能了解民歌的创造性是无穷无尽的，我们向民歌的学习也是无穷无尽的。

原载《民间文艺集刊》第三册 1951 年 9 月 1 日

我们的丰富多彩的音乐舞蹈艺术

——介绍中国青年艺术团的民间音乐和舞蹈

中国青年艺术团在第四届世界青年与学生和平友谊联欢节中所演出的民间音乐舞蹈节目，是我国无数优秀的民间音乐舞蹈的一小部分。它们和我国一切优秀的民间创作一样，是朴质、优美和动人的。它们反映了我国劳动人民勤劳勇敢的高尚品质，以及我国人民对于自由及美好未来的热望和胜利信心。这些节目充满了乐观主义的精神，并具有鲜明的民族色彩。

在中国青年艺术团的歌唱节目中，民歌占着重要的位置。合唱节目中有《兰花花》《半个月亮爬上来》和《阿拉木汗》等民歌；独唱节目中有《绣荷包》《在那遥远的地方》《嘎达梅林》《赶马调》和《猜调》等民歌。这些民歌都是十分优美动人并为我们所熟悉和喜爱的；其中除了《嘎达梅林》是歌颂内蒙古革命英雄的和《猜调》是一首富有生趣的儿歌之外，其余的都是爱情歌曲。但是这些爱情歌曲所表现的绝不仅止于爱情本身，而是通过了爱情的表述更深刻地透露着人民的精神实质。例如《半个月亮爬上来》这首青海民歌所表现的就是一种纯朴、健康和爽朗的感情。它里面也提到窗户、月亮和玫瑰等，但它所表现的情绪却与某些音乐所表现的贵族骑士们的闲得无聊的爱情绝不相同。这里我们听到的是一种纯洁真挚的爱的热情，在那含有舞蹈节奏的明朗的曲调中，我们可以更清楚地感受到这点。又如《在那遥远的地方》似乎也只是一首单纯抒写爱情的民歌，但是这首歌却因其对爱情的抒写与牧羊人的生活有着深刻的联系而表现了极为真实的生活内容，因而也就能给人以十分优美动人的印象。

《赶马调》和《兰花花》又是另一种情形。它们有着更鲜明的思想内容。《赶马调》是把劳动作为真实爱情的基础，从而启示我们一种高尚的生活的哲理。

砍柴莫砍葡萄藤嘛，
养囡莫给闲游浪荡的无用人啊，
哥呢妹子亲亲。
有志的男儿像常青树，
常青树，常青树，
无用的人儿他游荡闲一生啊，
哥呢妹子亲亲。

《兰花花》更鲜明地表现了我国人民争取自由幸福的坚强意志与斗争精神。这首歌无论就其感情的奔放及音调的明朗和动人的程度来说，都是无可比拟的，改编成合唱以后，更能够增加那不可阻挡的气势和力量。

中国青年艺术团的合唱队主要是由中央歌舞团合唱队及上海乐团合唱队等团体的部分队员合组而成的。这些人都是具有相当的艺术修养与技术锻炼的。因此，这个合唱队的演出水平比以往参加联欢节的合唱队要强得多。合唱队之外还有若干独唱家。其中唱民歌的，除了为大家熟知的郭兰英和王昆之外，还有第一届全国民间音乐舞蹈会演中获得好评的青年歌手黄虹，她由于和民间音乐生活的密切联系，而对云南民歌的精神及其风格上的特点有着相当深厚的理解。她的演唱情绪健康，色彩鲜明，声音充实而明朗，给人以深刻的印象。

我们的民间器乐也参加了联欢节的演出，有笛子、唢呐、琵琶等乐器的独奏和一个保持着民间色彩的小型广东乐队。他们所演奏的都是民间乐曲或古典乐曲。王传云的笛子独奏《婚礼曲》和任同祥的唢呐独奏《百鸟朝凤》与《小开门》等都是具有乐观情绪的民间乐曲。《百鸟朝凤》这首曲子虽然往往被演奏者用来炫耀他的演奏技术，但任同祥的演奏却始终贯串着愉快的情绪，而不是过分注意于鸟鸣的摹拟，因此，这首曲子的演出也就有了生命。

中国青年艺术团的舞蹈节目大都是第一届全国民间音乐舞蹈会演中的优秀节目，如福建的《采茶舞》、安徽的《花鼓灯》和河北的《狮舞》等。这些舞蹈通过不同的题材表现了我国人民的生活风貌和性格的特征。

《采茶舞》是一首清新愉快的诗篇。它歌颂着劳动，歌颂着互助合作的新的劳动关系。这个舞蹈描写一群青年妇女的采茶劳动和她们在劳动之余的扑蝶游戏。它的动作细腻，舞姿优美，节奏轻快而柔和，洋溢着愉快的情绪。它使我们看了会想起南方明媚的春天来。

《花鼓灯》是另一种情景。这个舞蹈一开始就使人感觉到热情欢乐的气氛。它通过一群青年男女的逗乐而表现出健康的情绪。这个舞蹈中的人物不仅男的是那样活泼健壮，女的也是十分矫健有力。不但在开始和结尾的热烈红火的“大花场”（集体舞）中是如此，就是中间插入的两个活泼诙谐的“小花场”（对舞）中也是如此。从这个舞蹈的动作中，我们可以明显地看到我国古典戏曲舞蹈与民间舞蹈的深切联系，也可以看出民间舞蹈虽然在造型方面还不够精练，但却保持着浓厚的生活气息。这个舞蹈的另一个特点就是它因为有了“小花场”的演员的单独表演，而在技巧上有了显著的提高。

《狮舞》是从另外一个角度来表现我国人民的精神特质。人们透过了狮子活泼矫健的动作来表现出自己勇敢、勤劳和无限充沛的生命力，并不是要我们从狮子本身去附会什么思想内容。

正因为我们的民间音乐舞蹈艺术是这样地反映了我国人民的精神和性格特征，因此，它就是优美的、动人的，也就是能为一切进步人类所理解和欢迎的。

原载《北京日报》1952 年

来自民间的波兰马佐夫舍歌舞团

波兰人民共和国马佐夫舍歌舞团在这春光明媚的时节来到了我国首都。他们的充满着青春的美和力的歌舞，给我们庄严而美丽的首都增添了光彩，首都的工人、学生和文艺工作者都以由衷的欢欣心情，赞赏着来自兄弟之邦的人民艺术。

从马佐夫舍歌舞团的全部演出节目中，可以看出他们的艺术创造是以这样一种崇高的原则为指针的：那就是对人民艺术创造的优秀传统的无限尊重。他们继承了民间歌舞艺术的光辉成果，但却没有满足于只是把它“接受”过来。他们一方面用极其慎重的态度去使民间歌舞得到丰富和发展，同时又细心地注意着不使民间艺术的人民性受到丝毫损伤，因此，在他们演出的节目里放射着人民性的永恒的光辉！

在马佐夫舍歌舞团演唱的民歌中，我们听到了对于劳动与爱情的歌颂，对于懒惰与贪婪的憎恶。这些歌曲都具有一种特殊的幽默与诙谐的格调，优美、细腻而且乐观。民歌《小杜鹃》是一个很好的例子：

杜鹃在叫，
心儿在跳。
年轻人啊，
你听着：
为什么你要把鼻子朝着天哪？
难道除了你那华贵的袍子以外，

你就什么也没有了?
追求金钱的人是愚蠢的,
你问问小杜鹃,
她就会回答你:
只有头脑清醒的,
才是最富有的人。

在这首歌里，我们不难理解到一种为高洁的思想所贯穿的诙谐的情趣。它以巧妙的方式讲述了高尚的爱情的准绳，善意地嘲笑了追求金钱的蠢人。其他的许多歌曲如《在卡吉德洛森林里》《单身汉》《客人来了》《在松树下》等都有着同样的特点，它们从各个不同的方面赞颂着人们生活中优美的情操，鄙弃那些可耻的成分。民歌《好难哪！》便是歌颂把爱情与劳动联系在一起的高尚情操的。它的歌词说：

有一个少年约会一个姑娘,
姑娘伤心地哭着走来。
少年问她:“你为什么哭? ”
她答道:“我哭是因为你对于爱情是那么热心,
可是在工作的时候,
没有人比你更懒! ”

马佐夫舍歌舞团所演唱的歌曲中，不单是如上面所举的在歌词中充分地表现了人民的精神，在音乐中也是一样。所有这些歌曲的曲调都是深刻地、细腻地表现了人民的乐观主义精神。即使在那首以诉说旧时代农民的痛苦为题材的民歌《农村姑娘》(或译《雇农》) 里面，曲调所表现的情绪也是与那种无望的哀伤绝望的。在它的徐缓悠长的曲调中，有一种对于未来的不可动摇的信念蕴藏着。而这种信念我们是能够感受和了解的。

发展民间艺术的道路，在马佐夫舍歌舞团的演出节目中，明确地体现出来了。他们首先注意到的是将民间音乐舞蹈的优秀创作予以发掘和保存。马佐夫舍歌舞团的创始人——塞格廷斯基和巴帕林斯基为搜集波兰的民间音乐舞蹈创作，曾走遍了不少乡村。在他们采集来的歌舞作品中，有的已是极为完整的艺术品，他们就不加任何改动地作为他们的上演节目。前面提到的民歌《农村姑娘》便是一例。它的歌词和音乐都没有予以改变，仅只在部分乐句上加进极为简单的和声，使其更为丰富和完美罢了。

有一些民歌是经过塞格廷斯基本人或别人在他的指导下予以改编的。这些改编的民歌或者是在曲调上予以整理和加工，或者是在合唱的声部配置与和声运用上予以丰富，甚或在某些部分由改编者根据歌词新配曲调。但无论如何都不使民歌原有的情绪与风格受到损害。前面提到过的《小杜鹃》便是一个很好的例子。据说这首歌的歌词是经过一番精炼的功夫而使之美化了的；音乐方面除加以必要的润饰之外，有些词句并由改编者配上曲调。但在我们听时，新加的曲调一点也没有觉察出来。整个歌曲是十分统一而完整的。无论在情绪和风格方面都保持了民歌原有的朴质性。他们所用的和声简练而又富于表现力，合唱的结构明晰而自然。特别是像这首歌前段各句句尾处加进了“闭口唱”的装饰，它是那样恰当地增强了歌曲所需要的诙谐情趣。这样的改编工作很显然是使歌曲本身更为丰富和精致了。其他经过改编的歌曲也有着同样的情形。如《奥格列克》和《在松树下》等歌曲都因经过改编而使原来相当简单的曲调变得更丰富、更生动。从这些改编的民歌中，我们可以清楚体会到改编者对每一个音符都下了刻苦的功夫。

此外，我们就该谈到塞格廷斯基所创作的一些优美的歌曲了。塞格廷斯基是一位具有深厚的艺术修养、广阔的眼界和对于民间艺术有着深刻的爱好与理解的音乐家，他所创作的歌曲——特别是那些采用民歌体裁的歌曲，表现出他是充分地领会了民间创作的精神的。我们十分喜爱他的作品，在他的作品中我们不能找出它和民歌的距离。如他所作的《小鸟》一歌，它的音乐语言的朴质，感情的真挚，以及整个的风格都是和民歌一致的。当我们听这首歌时，我们都会为那婉转而优美的曲调所抒发出来的对于爱人怀念的深情所感动。他所作的《你为什么不来呢？》是另一个例子。这首富有诙谐趣味的歌曲是根据柯谢尼兹地方的歌词作成的。它的曲调活泼而有趣，特别是在“叠句”部分的谐音段落，把整个情绪生动地表现出来。这种风格是和民间歌谣有着密切联系的。此外如《玛露霞的婚礼》也恰当地体现了民间婚礼歌曲的风貌。

这就是“从民间来，到民间去”的道路，是一条正确的发扬民间艺术优秀传统的道路。马佐夫舍歌舞团在这方面的成就不仅表现在上述的创作领域内，也表现在他们的表演艺术中。他们的合唱和舞蹈表演都以极其完美的形式传达出民间歌舞原有的情绪与风格。合唱团的演唱表现出他们是受过严格的训练的。他们的歌声纯净、自然，有如明澈的清泉流淌，使人听来亲切、悦耳。音色、节奏与音量控制方面都表现出集体的统一性。演唱时往往插入了一两个声部，你也不会发觉，更重要的是歌声里保持着强烈的民间风格。职业歌唱家们容易带有的那种矫揉造作的缺点，在他们的歌唱中是没有的。

舞蹈节目的情形也是一样。在他们表演的舞蹈中，无论是经过改编与否，都保持着鲜明的人民性。这些舞富有青春的美和力，以及愉快爽朗的情绪。同时波兰民间舞蹈特有的舞姿与节奏，以及朴质优美的风格也被珍重地保存下来，如《奥连捷尔》《波尔卡舞——特兰勃良卡》等都是十分道地的。而《玛茹卡舞》与《奥别列克舞》等也都是十分慎重地整理和丰富了的。巴帕林斯基使这些民间舞蹈成为十分精致的舞台艺术，舞蹈演员们也以他们明确的舞姿与清晰的节奏把民间舞蹈完美地表演出来。

当我国刚刚举行过第一届全国民间音乐舞蹈会演之后，马佐夫舍歌舞团来到我国，更具有特殊的意义。因为在这次会演后，如何发展我国丰富的民间音乐舞蹈艺术问题，已被提到我们面前。而马佐夫舍歌舞团的演出，正给了我们若干有益的启示。民间音乐舞蹈中有着无数珍宝，我们要将它发掘出来，保存下来，同时还要以慎重而细致的态度将它发展起来，并要在对民间音乐舞蹈艺术作深刻研究的基础上创造出真正具有人民精神的音乐舞蹈作品。但这一切工作都不能脱离对于民间艺术创造的无限尊重的态度。马佐夫舍歌舞团的辉煌成就为我们提供了良好的范例。

马佐夫舍歌舞团的歌舞，所以被人称为青春的艺术，不仅因为他们的演员是富有朝气的波兰青年，更因为在他们所表演的节目后面，荡漾着无限深广的人民生活的气息。这些节目表现了波兰人民的感情和愿望、意志和力量，以及波兰人民性格的特征。这种真正具有人民性的艺术是永远年青的、永远令人振奋和喜爱的。这就是马佐夫舍歌舞团不但在自己的祖国、苏联和其他人民民主国家受到热烈的欢迎和赞誉，而且也为中国人民所热烈欢迎和赞誉的原因。

人民的艺术是永远年青的！

原载《新观察》1953 年第 11 期

把祖国装饰成一个美丽的大花园

——介绍纪录片《民间歌舞》

在我国民间有着无限丰富的音乐和舞蹈的宝藏。这是我国各族人民在长时期的劳动与斗争中创造和积累起来的。经过不少民间艺术家的创造性的努力，我们的民间音乐舞蹈得以不断地发展和提高，并由他们的艰苦斗争而使其保存下来。由于我们的国家是一个多民族的国家，各民族皆有悠久的历史和文化的传统，因而也就赋予民间音乐舞蹈以不同的民族色彩。同时我们的国家幅员辽阔，各地区具有不同的社会条件与风俗习惯，因而即使是同一个民族（特别是汉民族）的民间音乐舞蹈，也就呈现着各不相同的地方色彩。因此，我们的民间音乐舞蹈是那样丰富，那样多彩，像千万种争奇斗艳的花卉，把我们祖国装饰成一个美丽的大花园。

民间音乐艺术虽然长期没有得到发展，但民间艺术家必须以对艺术的无限热爱和艰苦斗争才能从事艺术活动，把我们优秀的民间音乐遗产保存和发展起来。尤其在今天已经完全不同了，人民掌握了政权，做了自己国家的主人，民间音乐舞蹈获得了新的生机。在党和政府的关怀、鼓励和扶助之下，民间音乐舞蹈开始走上了新的发展道路。1953 年 4 月中央文化部举办的第一届全国民间音乐舞蹈会演，给了这种新的发展以巨大的推动。影片《民间歌舞》拍摄了这次会演中的一部分优秀节目。它的上映也将会进一步扩大这次会演的影响，推动民间音乐舞蹈艺术进一步发展。

我们的民间音乐舞蹈，是与我国各族人民的生活紧密联系着的。它们反映着我国人民的生活与风俗，反映着人民的思想感情、理想和希望，展现了人民无限丰富的精神世界。当我们听到内蒙古自治区的宝音德力格尔演唱民歌《小黄马》的时候，那悠长婉转的歌调，圆润嘹亮的声音，会使我们的脑中立刻浮现一片无边的草原，仿佛那歌声就在草原的上空缭绕一样，使我们想到内蒙古人民是怎样地热爱着他们亲自养育的马匹，怎样地热爱着他们在草原上驰骋的劳动生活。再来看新疆维吾尔族的《打鼓舞》吧，那是另一种情景。在这个舞蹈中洋溢着青春的热情。开始的时候，那舞姿是何等的柔美轻盈，在恬静中有着深挚的内心的喜悦，渐渐地情绪焕发起来，舞者在轻快地转动着，最后转化为激越的热情，又是何等奔放，何等有劲！整个的舞蹈，贯串着活泼轻快的情绪，表现了青春的活力和美。从这两个节目中，我们可以体会到两个民族的不同的生活背景，以及不同的精神上的特征。也就说它们有着不同的民族色彩。

再来看福建的《采茶灯》吧，这又是另一种情景。看那些姑娘们的采茶动作是多么敏捷，多么细腻。扑蝶的游戏更是十分轻松而愉快！这舞蹈给人一种清新的感觉，它使我们想起春日的青山和秀丽的风景。与此相对的可以河北的《狮舞》为例。在《狮舞》中，人们通过狮子的动作来表现自己的精神。狮子的形象成了北方人民雄健、勇敢和纯厚性格的化身。由以上这两个节目，我们可以了解到我们的民间音乐舞蹈，不仅有着不同的民族色彩，而且也有着不同的地方色彩。

在这丰富多彩的民间音乐舞蹈里面，我们还可以看到他们一致的特点。那就是它们反映着我国人民的高尚品质，反映着我国人民对于劳动的歌颂，对于生活的热爱，以及对于幸福生活的渴望和追求。《劳动舞》《采茶灯》直接地表现了劳动生活，表现了劳动的愉快，表现了人民对劳动的热爱。云南民歌《赶马调》是一首情歌，但它所歌颂的爱情，却是以劳动为基础的：

砍柴莫砍葡萄藤，
养囡莫给闲游浪荡的无用人啊，
哥呢妹子亲亲。
有志的男儿像常青树，
常青树，常青树，
无用的人儿他游荡闲一生，
哥呢妹子亲亲。

至于其他的节目虽然并不直接地表现劳动生活情况，但总是把人们在生产劳动中的热情和力量再现了出来。例如安徽的《花鼓灯》是表现农民们在节日里的欢乐情景，青年男女们在一起玩耍和逗趣。你看那些年轻的姑娘们，是多么活泼矫健，那些年轻小伙子们又是多么健壮勇敢，相信他们也一定是生产劳动能手。因为不爱劳动的人就无法在他们的舞蹈中表现出那样强烈的气息。

爱劳动的人一定热爱生活。河北省的地秧歌《跑驴》就是那样亲切有趣地表现了人们对于生活的爱。一个年轻的农民送他的妻子回娘家去。毛驴在乡村的路上轻快地跑着，铜铃在不住地欢唱着。青年农民不时地去抚摸抱在妻子怀中的小孩，他们的心里该是多么欢喜啊！意外地，毛驴陷入泥潭中去了。直到请一位农民帮忙，把毛驴从泥潭中拉出来，这其中经过多少波折和趣味啊！爱生活、爱我们的幸福和友情，就是这个节目给我们的启示。

人民革命斗争的胜利，中华人民共和国的成立，给我国各族人民带来了新生活。人民在解放后的欢乐情绪，他们精神生活中的新的变化，赋予了民间音乐舞蹈以新的面貌。苗族民歌《歌唱区域自治》便是那无数反映新生活的作品之一。在这首朴实爽朗的歌里，表现了苗族人民对于毛主席和中国共产党的爱戴，表现了他们对于新生活的感奋和为更美满的生活而奋斗的热情。

我国的民间音乐舞蹈艺术虽然长时期没有得到正当的发展。但是，在我们民间艺术家坚持不懈的努力下，我们的民间音乐舞蹈在艺术造诣上还是达到了相当高的水平。在民间艺术家们的创造中，一贯地表现着他们是十分努力地追求着使自己的创作能够更真实、更生动地表现生活，并为着这个目的而不断地提高他们的表现技巧。这里可以湖南的花鼓戏中的一段《放风筝》为例。看那61岁的老艺人廖春山，他是多么细致入微地表现了一个年轻的姑娘在花园中放风筝的情景。从他的表演中，我们可以想象到春日的和风正把风筝向无云的空中飞送，仿佛那牵引着风筝的线只是因为太细了才不能明晰地反映在银幕上似的。这种表演，要是没有对生活的深入的观察和体验，没有把一切动作和舞台的想象密切联系起来的能力，是无论如何也不能达到这样真实，这样引人入胜的地步的。在其他的任何一个节目中，我们也都可以看到民间艺术家们，在使他们的艺术能够更真实地反映生活和表现情绪方面，有着卓越的才能。这种才能也是经过他们长期刻苦锻炼和钻研才得到的。

我们的民间音乐舞蹈既是这样的丰富和优秀，那么，如何进一步去提高和发展我们的民间音乐舞蹈艺术，并在这基础上去创造更多反映着生活的音乐舞蹈，便成为新文艺工作者们的重要责任。同时又由于民间音乐舞蹈既然是人民在旧社会中创造出来的，其中许多部分就可能带有一些封建性，因此对这一部分进行改革也是必要的。我们的新的音乐舞蹈工作者，大规模地和更有组织地向民间音乐舞蹈学习和对民间音乐舞蹈进行必要的加工和整理，还是近几年来的事情。由于新的音乐舞蹈工作者的努力，我们的民间音乐舞蹈已经得到了更进一步的发展和提高。东北区的《单鼓舞》便是一个经过了加工整理和改编的节目。在这个节目中我们可以看出无论在舞台造型上和表现情绪上都已经更为集中、更为丰富了。其他如《采茶灯》等，也都因为经过了一定的加工和再创造的过程而有了更高的表现力。目前这种对于民间音乐舞蹈的发掘、加工和整理的工作，正在全国各地普遍地进行着。随着这一工作的开展，我们的民间音乐舞蹈将会不断地发展，不断地提高，不断地繁荣起来。

影片《民间歌舞》所拍摄的虽然只是无数的民间音乐舞蹈中的一小部分。但从这一部分节目中已经可以清楚地看到我们的民间音乐舞蹈是何等丰富，何等多彩，何等优秀。我国各族人民在长时期中用他们的智慧和劳动创造了这样光辉灿烂的民间音乐舞蹈遗产，是多么值得我们骄傲和宝贵！我们一定要好好地爱护这些遗产，并且要大力地促进它的发展，使我们的民间音乐舞蹈，发展成为更优美更动人和具有更高水平的艺术。

原载《大众电影》1954年第3期

关于歌剧《刘胡兰》新作的演出

中央实验歌剧院最近在首都上演了该院新创作的歌剧《刘胡兰》。在我们的新歌剧创作许久以来几乎陷于停滞的状况下，这一新作的上演无疑地是值得大大予以注意的。

在我国，新歌剧是一门年轻的艺术。我们还是在不断的摸索中来探求我们的新歌剧艺术的发展道路。虽然时间不长，从事新歌剧创作的人也不多，尽管如此，我们在新歌剧的创作中还是取得了一些经验，也吸取了一些教训。这样，每当我们新歌剧作者们从事一部新作品的创作时，便不能不碰到一些在新歌剧创作道路上亟须解决的新问题。那么，在新的歌剧《刘胡兰》的作者们究竟为他们的工作提出了什么新的任务，他们又是如何去完成这些任务的呢？

几年来，大家都已感觉到我们的新歌剧创作有着一个相当严重的缺点，那就是不能充分地发挥歌剧这一形式的特长，特别是没有充分发挥歌剧中音乐的作用。人们把我们的新歌剧叫做“话剧加唱”。这个意见引起了新歌剧作者们的注意，于是大家就来探索克服“话剧加唱”的方法。首先，我们有的新歌剧作者就采用了尽量减少歌剧中的说白而给许多对白谱上音乐的办法。但是结果证明这样的做法并没有解决问题。因为这样虽然“话”是大大地减少了，但“歌”的作用还是没有很好地利用和发挥，也就是说歌剧的特长还没有很好地发挥。我们的新歌剧作者们从这一失败的经验中吸取了有益的教训。于是开始注意到歌剧的主要特长之一是它能够借着音乐的帮助来抒写剧中人物的内在精神世界。在歌剧中不仅可以容许演员在台上作一大段一大段的带有自白性质的歌唱，而且这种长段独唱的抒情场面往往在歌剧中具有显著的作用。这种做法无论在我国的戏曲和外国的歌剧中都有着极其丰富的经验。由此我们便初步找到了克服新歌剧创作的“话剧加唱”缺点的途径。新的歌剧《刘胡兰》的创作便是在这种情况下进行的。

从新的歌剧《刘胡兰》的演出中，我们可以看出作者们的明显的意图。在剧作家和作曲家的共同努力下，新的歌剧《刘胡兰》开始注意到去发挥歌剧这一形式的特长，给歌剧的主要人物——特别是英雄刘胡兰以更多的独唱机会去抒发他们的内心活动，通过这些独唱来刻画英雄的形象。在刘胡兰的几段独唱中，音乐具有优美纯朴的抒情风格，对于刘胡兰性格的刻画起一定的积极作用。在我们的新歌剧创作还处在摸索过程中的今天，我认为这一成就是应该首先予以肯定的。

在我们新歌剧的创作中另一个重要的问题便是如何继承和发展我们民族戏曲遗产的问题。在以往我们的新歌剧创作虽然并不是完全忽视我们民族的戏曲遗产，如歌剧《白毛女》在描写喜儿的富有战斗性的激愤情绪便曾经利用过河北梆子的“音调”，但是在许多新歌剧中却往往都是一些缺乏戏剧性的民歌式的曲调，而很少像戏曲中那样把民歌提升为更富于戏剧性的音乐。此外在白与唱的结合，戏剧场面的精简和集中发挥等方面都还没有注意到吸取我国戏曲遗产中的丰富经验。新的歌剧《刘胡兰》的创作显示出作者们在这方面也作过许多努力。歌剧脚本的作者们在集中发挥那些与传达主题、刻画人物有关的主要情节而精简若干次要情节方面是有着若干成就的。作曲者则把他的努力集中在与戏剧的情节相关的山西民歌和山西梆子音乐的利用上。整个的音乐有着强烈的山西地方色彩，特别是那些独唱的段落更可以明显地听出是吸取了山西梆子音乐的特点来写成的。这样的做法，我认为也是应该予以肯定并促其发展的。

在我们新歌剧创作中，使我们感到困难的便是重唱、合唱及管弦乐队的运用问题。为了表现群众在戏剧中的作用，我们不能不采用合唱。为了加强歌剧中的戏剧动作，我们不能忽视管弦乐队的作用。但是这两方面在我们的戏曲传统中都缺少经验。因此，在新歌剧的创作中便不能不遭遇到若干困难。新的歌剧《刘胡兰》的创作在这方面是有着一些新的成绩。譬如说，在第一幕第三场当还乡队烧了农民的房屋后，农民的愤怒的合唱便具有着强烈的戏剧性。像这样的合唱应该说在我们的新歌剧的创作中还是很少听到的。此外，在管弦乐队的运用方面，新的歌剧《刘胡兰》的音乐在某些富有戏剧性的场面中还是比较有力地发挥了管弦乐队的作用的。从这方面来看，我认为新的歌剧《刘胡兰》所获得的一些成绩也是应该予以肯定的。

最后我们还不能不提到新的歌剧《刘胡兰》的脚本所获得的一些成绩。新的歌剧《刘胡兰》的脚本不仅在为克服新歌剧创作的“话剧加唱”缺点的共同努力中尽了它显著的作用，而且我们还可以从这一脚本中看出作者们在表现英雄人物方面所作的一些新的努力。脚本的作者们力图在充满着复杂的矛盾与斗争的现实生活中来刻画刘胡兰这一英雄人物的成长过程。在刘胡兰与她的家庭的关系中不仅刻画了刘胡兰对于革命事业的无限忠诚，同时也表现了她忠实于自己的思想而不愿意去诳祖母的纯朴性格。而在敌人威迫下变节投降的叛徒秀英的出现，则使我们对于刘胡兰的坚贞不屈益加崇敬。此外，云周西村地下党组织的活动，也更加清楚地说明了刘胡兰这一英雄人物的成长乃是我们党教育和启发她的阶级意识的结果，绝不是仅仅由于刘胡兰个人的勇敢所能达到的。这就是我认为这个脚本应该予以肯定的地方。

那么，在我们新歌剧创作的摸索的过程中，新的歌剧《刘胡兰》的作者们究竟对于我们的哪一些经验和教训没有去很好地接受，对于我们新歌剧创作中的哪一些新问题没有着重去寻求解决的途径呢？

首先，我认为是歌剧音乐的戏剧化问题，以及与此相关的歌剧音乐如何去刻画人物的问题。我在前面已经提到新的歌剧《刘胡兰》的作曲者们曾经努力去吸取了山西梆子音乐的特点。这较之按照简单的民歌手法来处理歌剧音乐固然已经有了进步。但我们也可以看出作曲者在吸取山西梆子音乐的时候较多地注意到它的优美的抒情性的一面，而较少注意到它的强烈的戏剧性的一面。因此，新的歌剧《刘胡兰》的音乐便比较缺乏一种明朗刚毅的格调，这也就或多或少地影响到不能更鲜明突出地表现刘胡兰及其他英雄人物的战斗精神，在某些场合还不免减弱了戏剧的冲突的力量。作曲者们还没有对我们新歌剧创作中最感到棘手的“宣叙调”的音乐创作去进行一些必要的新的尝试，结果不但未能发挥音乐的戏剧性，而且也使得许多优美动人的抒情独唱显得不是那么鲜明、突出和感人了。此外，由于作曲者们过多地受着山西地方音乐特点的拘束，以至没有能够为每一个主要人物创造出具有鲜明的性格特征的音乐。这些主要人物从音乐上来看，他们的性格好像差不多，这就不能不使观众有着某种程度的单调之感。然而在这些方面，我们以往的新歌剧创作还是有过一些可贵的经验的（如歌剧《白毛女》中的一些独唱）。但是新的歌剧《刘胡兰》的作曲者们显然还没有充分地注意到去运用和发展这些有益的经验。

在描写反面人物的问题上，新的歌剧《刘胡兰》无论在脚本和音乐方面都是比较失败的。在这部歌剧中，反面人物是被用漫画的手法来处理的。作者只写出了这些反面人物的外表上的凶暴。既没有更深地去揭露他们的狠毒和阴险，也没有去表现他们行将灭亡的内心的崩溃。结果必然减弱了斗争的艰苦性，也减弱了戏剧本身的思想教育的力量。在我们新歌剧创作的历史中，如何用音乐去描写反面人物是曾经历过一段摸索的路程的。当发现歌剧《白毛女》中描写黄世仁奢侈腐烂的生活的曲调被一些人随口哼哼的情况以后，于是便有人主张不应该给反面人物写那种曲调性强的音乐。接着，在我们的新歌剧中便有人开始用一些古里古怪的曲调来描写反面人物。但不久大家也就发现了这并不是一种正确的描写反面人物的方法。这种方法实际上就是用简单化的漫画手法来代替了对于反面人物的更深刻和更真实的揭露。在这一点上，我认为新的歌剧《刘胡兰》的作曲者们还没有很好地去注意吸取我们所经历过的教训。他们虽然把以往某些新歌剧作品中描写反面人物的音乐的那种古怪性略为减低了一些，但却采用一种外表上强烈的感官效果来烘托反面人物。

其次，我认为新的歌剧《刘胡兰》的作曲者们对于我们新歌剧创作中颇为生疏的一个部门——管弦乐队的运用问题还没有予以充分的注意。尽管我在前面已经提到我们的作曲者们在若干重要的戏剧情节中曾经比较好地发挥了管弦乐队的作用，但严格地说起来我们这些成就还是很不够的。特别是管弦乐在歌剧情节的贯串中，在描写舞台情境方面，在加强整个歌剧音乐的构思以及帮助更深刻地去表现人物的内心生活中的作用，都还没有充分发挥，加以在和声和配器方面都还不够丰富多彩，这也就加重了整个歌剧音乐的单调之感。

关于歌剧脚本方面，我觉得这部歌剧的前面几场还嫌平了些。戏剧的冲突还没有强烈地展开，因而还不能紧紧地抓住观众。对于刘胡兰以外的一些主要人物写得也还不够鲜明突出。

最后，我们还不能不概略地谈一谈刘胡兰这一角色的表演问题。歌剧中刘胡兰这一角色的表演无疑是有着严重的缺点的。表演者的主要缺点在于她没从真实的生活感受去体现这一英雄人物。她过多地自觉到她所表演的是一个坚贞不屈的英雄，因此她差不多无论在什么场合都总是意识到要赋予角色以英勇的外貌。而这一外貌可以明显地看出是得自王朝闻同志所作的刘胡兰塑像。当然，王朝闻同志的塑像是真实地表现了刘胡兰的英雄性格的，演员在一定的场合从这一塑像中吸取造型的灵感原也是必须的，但如果在许多场合都不放弃这一形象，自然会大大地减弱人物的生活真实感。而且我们都知道，任何一个英雄在生活中都是并不自觉到自己是英雄，他只是为他所自觉到的崇高理想而做着真正英雄的行为。因此，如果演员更多地去体验英雄人物本身的思想感情，从而找到她对于现实生活中具体事物的看法、态度及其自身的感受，那么演员就会自然而然地找到舞台动作的丰富性和真实感，从而也才能进一步去把她的舞台动作予以提炼而为具有典型意义的舞台形象。

必须说明的是：笔者还是一个修养浅薄的音乐工作者。因此，以上的意见不得不主要地集中在一些音乐的问题上，目的只是想引起大家对于我们正在艰苦地摸索中进行创造的新歌剧艺术给予更多的注意和帮助。而且在新歌剧的创作中音乐方面的问题也特别复杂而困难，那么我之较多地谈到音乐问题似乎也就可以原谅了。

原载《戏剧报》1954 年第 11 期

谈歌剧《草原之歌》

中央实验歌剧院最近在首都上演了罗宗贤和卓明理等同志根据任萍同志的剧本作曲的新歌剧《草原之歌》，无论就剧本和音乐的创作，以及导演的处理、演员的演唱和表演、舞台的美术设计等方面来说，这部歌剧的演出证明它已经把我们新歌剧的创造事业向前推进了一步。

《草原之歌》取得的成就是和它的主题所具有的重大的现实意义分不开的。表现了我们党根据马克思列宁主义对于民族问题的学说而制定的民族政策的辉煌胜利。在党的民族政策的光辉照耀下，使我们的国家真正成了各族人民团结友爱的大家庭。

歌剧着重地刻画了依错加、阿布扎和万老公布等几个重要人物，这些人物是比较生动的和感人的。他们都是淳朴、善良而勇敢的人，各自有着特有的丰富的生活内容。正因为歌剧是以这样一些有血有肉的人物为中心，在各种错综复杂的矛盾和冲突中，合乎逻辑地展开了戏剧的情节，所以它才能不断地吸引着观众的兴趣，使他们关怀着剧中人物的命运。如果我们认为歌剧剧本最好是集中描写主要人物和重要情节的话，那么这部歌剧是在这方面作了一定努力的，成绩是值得肯定的。又如果我们认为歌剧的剧本应该避免和克服常有的缺乏冲突和戏剧动作不强的缺点的话，那么这部歌剧在这方面也是作了一定的努力的，成绩也是值得肯定的。

看过这部歌剧的人都能觉察得出：歌剧的作曲者是有着鲜明的个性和创作天才的。在这样一部庞大的歌剧中，我们随时可以听到许多优美动人的曲调，它们都是真挚感情的自然流露，更重要的是作曲者坚持了我们新歌剧创作的现实主义传统。正如以往的新歌剧创作那样，民间音乐是《草原之歌》的音乐创作的基础。根据它的题材的需要，藏族的民间曲调在《草原之歌》中起着主导的作用。无论在主要角色的歌唱中，在舞蹈场面和合唱的音乐中，我们都可以听到鲜明的藏族音乐的音调。同时，我们也可以看出作曲者是在力图使歌剧的音乐服从于戏剧的要求，使它随着剧情的发展而发展，随着剧中人物内心情绪的深化而深化。

在克服我们新歌剧的音乐创作中所曾经遭遇到的某些难题上，作曲者也作了一些新的尝试的努力，并且有了一些成绩。如对于朗诵调的处理，作曲者就曾经尝试着从我们民间的说唱音乐中吸取了一些有益的经验而进行了创造。如在管弦乐队的运用上，不仅在描写环境方面有了许多进步，而且在抒发感情方面也有了一些新的成就，如在第三幕中，管弦乐队在表现群众深受部落间仇杀的痛苦情绪方面就有了相当好的发挥。又如在刻画反面人物形象上，虽然还没有从根本上彻底改变漫画式的手法，但是已经比较朴素，因而真实性也较强。这些新的经验，都是我们新歌剧创作中值得重视的。

在歌剧的演出上也有了许多新的成就。特别值得提出的是导演在处理上已经更多地注意到歌剧的特点和舞台上的想象。例如一些主要的歌唱部分被放在舞台的中前部之后，就可以使观众能够更好地听到歌唱。在第一幕中，导演通过演员的视线和动作把观众席想象为草原的一部分，这是一种值得我们注意的尝试。此外，在这部歌剧的演出中，演唱和乐队的演出水平都有了显著的提高，至于舞台美术设计的真实和优美，那已是大家所公认的了。

所有这些都说明了歌剧《草原之歌》在我们创造新歌剧的道路上已经取得了若干肯定的成绩，它已经把我们新歌剧的创造事业向前推进了一步。当然，这并不是说它已经是十全十美，可以作为今后创造新歌剧的典范了。事实上，在我们创造新歌剧的短短的历史中，在这样探索着前进的道路上，要想在一部歌剧的创作中全盘地解决我们所面临的许多难题，确实是极为困难的事情。在这样的情况下，往往是解决了某一些问题，而另一些问题又突出出来了，或者是在旧问题的解决中，同时又包含新问题的产生。正因为如此，我们很珍惜《草原之歌》所取得的一些成绩和经验。也正因为如此，我们有必要正视它的缺点和不足，并找出这些缺点和不足之所以产生的原因。只有这样，我们才有可能使这部歌剧在今后的演出中得到不断的改进，并且使今后更多新歌剧的创作得到借鉴。这里仅就歌剧的音乐方面来谈谈我个人的意见。

第一，许多人认为这部歌剧的音乐虽然各个部分听起来不少是有特性的和优美动人的，但总的听起来还是平淡了些，能够突出地给人以深刻印象的地方并不多。这是不是事实呢？是的。那么，原因何在呢？

作为歌剧的音乐，它的多样性和丰富性是以剧中人物性格的多样性和戏剧所表现的生活的丰富性为根据的。然则，就歌剧《草原之歌》的音乐来说，作曲者是不是想要为它的主要人物创造各具特征的音乐形象呢？我认为作曲者是在力求做到这一点的。例如在第一幕中，作曲者就曾经用不同的音乐主题介绍出了依错加和阿布扎的性格。另一方面，作曲者是不是想要在剧情的发展中根据不同的生活情境而进行音乐的创作呢？我认为作曲者也是在力求做到这一点的。那么，我们又如何来理解前述情况所以产生的原因呢？我认为，歌剧《草原之歌》的音乐之所以令人觉得平淡，基本的原因是由于作曲者在解决歌剧音乐的丰富多样和它的统一性之间的矛盾时，没有充分利用各种音乐表现手法的可能性。具体地说，我认为使这部歌剧有平淡之感的原因有下列几点：

一、这部歌剧的朗诵调的处理，一般地说，它们的曲调化的程度都比较强，缺乏层次，结果使得那些具有强烈抒情意味的歌唱部分不能突现出来。“唱”得过多了，就使人有平淡之感。同时，许多朗诵调的音乐处理也都比较一般化，不能突出地表现人物的性格特征。结果是许多人物虽然在主要歌唱部分性格还比较突出，但把朗诵调加进去之后，性格的差别就被冲淡了。

二、作曲者为了使歌剧的音乐能在戏剧的发展中保持统一，特别是要使歌剧中所吸取的汉族曲调和藏族曲调统一起来，比较多地注意到音乐在调性上的一致。同时，作曲者却还没有更多地考虑到运用转调的方法来表现人物情绪和戏剧情节的变化和发展。因而在整部歌剧的音乐中，e 调自然小音阶几乎占着统治的地位，给人以单调的感觉。

三、在管弦乐队的运用方面，作曲者虽然在用于描写环境和加强戏剧动作方面有了比较好的发挥，但是像第三幕中的一些用于心理描写的部分还是不多的，特别是在伴奏歌唱的地方，往往用比较一般的写法来处理，没有能够和歌声很好地结合起来共同塑造更为完整的鲜明的音乐形象，加强歌唱音乐的性格，更深地刻画人物。

四、整部歌剧音乐的结构还缺乏严密的设计。一些主要的音乐主题没有得到突出的发挥和明显的呼应，因而未能给人以深刻的印象。朗诵调和乐队过门的运用，也缺乏全面细致的设计。

此外如声乐的处理变化不多，也多少影响整部歌剧音乐，使人有平淡之感。

总之，由以上的分析来看，这部歌剧的音乐之所以给人以平淡之感，主要的原因并不是由于作曲者在创作原则上有错误，而是由于作曲者在掌握这样庞大的形式时的经验不足，而且这还不是单纯作曲者自身的问题，而是我们新歌剧创作的经验不足所致。因此，歌剧《草原之歌》有着这样一些缺点，也是完全可以理解的。例如，我们的新歌剧创作要解决所谓“话剧加唱”的问题，就可以从解决朗诵调的创作入手。《草原之歌》的作曲者比较着重从学习民间说唱音乐来尝试解决朗诵调的创作问题，这种努力虽然有缺陷，但是有意义的。又如，我们要克服新歌剧音乐创作中缺乏戏剧性的民歌体曲调的缺点，就必须解决音乐的戏剧性发展问题。在这一点上，《草原之歌》的作曲者也是有所努力的。此外像管弦乐队的运用等，我们也缺乏经验。所有这些，都是新歌剧发展中的重大问题，我们还在摸索，自然不是一下子可以解决的。

其次，许多人反映，在看《草原之歌》时，唱词不容易听懂，因此不能更深刻地了解剧情。提出这样意见的还都是具有一定文化素养的人。可想而知，这部歌剧要是演给文化水平较低的观众看，其听不懂的程度定会更大。对于歌剧这样一种和群众有着密切联系的音乐样式来说，能否听懂唱词是一个原则性的问题，值得歌剧创作者深深予以注意的。我们必须探求它的原因，找出今后为克服这一缺点的道路。

这部歌剧之所以使人不易听懂，其原因我认为有如下几点：

一、从剧本的创作来说，有些唱词中描写的部分多了些，没有把人物在戏剧的动作中所要说的话用比较直截了当的方式说出来。因而就不能使观众借着比较自然的思维线索去把握唱词的内容。我以为，对人物的思想和情绪作比较直接的表述，这应该是歌剧唱词的一个主要的特征。

二、从歌剧音乐的创作来说，作曲者较多地注意到音乐的调式的基础和曲调本身的表现力，而较少注意到使曲调和唱词的语言的特点结合起来。再加以朗诵调的处理上曲调性较强和乐队的色调还嫌较浓，不能突出歌唱部分，这些都不可避免地加强了使观众不易听懂的程度。

三、从演唱上来说，多数演员把注意力较多地用在声音上，对咬字和表达我们民族语言的风格方面注意较少。这是使观众听不懂的相当重要的原因。

对于我们新歌剧的创作工作来说，使歌剧的唱词能够为观众清楚地听懂，使我们的歌剧能够正确地表达我们民族语言的特点和优美之点，这应该是我们坚持不懈地努力的方向。若不是这样，我们的新歌剧就会脱离群众。其结果也就会使新歌剧的发展失去基础。

再其次，许多同志认为这部新歌剧虽然有了更多的表现手段，它有着比我们民族戏曲更为广阔的表现我们丰富的生活内容的可能性，但这部歌剧却还未能像我们民族戏曲那样深地吸引我们、感动我们。这说明了这部歌剧的创造者们还没有充分地吸取我们民族戏曲所积累起来的丰富的经验。

是不是有些人由于长期形成的欣赏习惯不同，一时还不能习惯于新歌剧的一套表现方式呢？这是有的。但这毫不妨碍上述这一意见的成立。

我们的民族戏曲，在长期的历史发展中，无论在剧本的创作、音乐的处理以及演唱的方法等方面，都积累了极为丰富的经验。这些经验对我们新歌剧的创作是最宝贵的。要想离开这些经验来创造我们民族的新歌剧，是根本不可能的。

对于剧本的创作不去说它。至于戏剧音乐的处理，我以为《草原之歌》的作曲者至少在这几个方面还没有很好地去研究我们民族戏曲音乐的良好经验：

一、我们民族的戏曲音乐总是善于用最精练、明确而富于典型意义的手法来刻画人物，表现剧情，往往只需一声小锣或是一个字眼就会把人物的性格和他当时的情绪生动地刻画出来。但歌剧《草原之歌》的音乐在精练和明确方面却是很不够的。

二、我们的民族戏曲虽然也有说有唱，但它和“话剧加唱”是截然不同的。在戏曲中，说和唱之间的衔接是自然的。在解决说与唱之间的自然衔接时，民族戏曲的处理手法是极其多样的，而主要的就是利用伴奏和说白经过其不同的曲调化的处理（包括像京戏的流水板之类）而自然地过渡到歌唱部分。这些手法，对于《草原之歌》的作曲者所面临的解决新歌剧中朗诵调的处理来说，显然是具有极为重要的意义的。但从这部歌剧的演出来看，作曲者在这方面注意吸取我们民族戏曲的良好经验还是不够的。前面谈到的这部歌剧在朗诵的处理上的一般化和缺乏层次的缺点就表现出来了。

三、我们的民族戏曲在处理戏剧的音乐发展和音乐的结构设计上也有着丰富的经验。举一个简单的例子来说:《三堂会审》中苏三跪在地上唱了足足有几十分钟，但她的唱却能一贯地吸引着观众，这若不是在音乐的处理上有着它卓越的成就，是绝不可能的。自然，这个例子并没有包含着我们民族戏曲在处理音乐的戏剧性发展上所有的以及若干更重要的手法，但它对于我们来说，已是值得去深入钻研的了。如果我们把某一个戏曲节目的音乐深入地分析一下，我们总会发现它在处理音乐的戏剧性发展和全剧的音乐设计上有着丰富的值得我们学习的经验。

在演唱方面,《草原之歌》的演员们大都表现出向我们民族戏曲的演唱学习得很不够。一方面，民族戏曲演唱中对于字音的讲究，务使观众听清唱词的经验也没有被我们注意；另一方面，民族戏曲演唱中对于语言的语调和风格的富有特征的表达，以及声音的运用的经验也没有得到注意，这就使得我们的演唱不仅听不清唱词，而且也使人感到不亲切。最近听了郭兰英演唱歌剧《刘胡兰》之后，她的字音的清晰，风格的鲜明，特别使我感受到我们的歌剧演员向民族戏曲的演唱学习，实在是非常重要的事。

所有这些都说明了，吸取我们民族戏曲丰富的创作经验，对于我们新歌剧的创造工作是有极重要的意义的。只有在我们民族戏曲传统的基础之上创造我们民族的新歌剧，才能有它广阔的前途。

这些，就是我对于《草原之歌》的意见。最后，我还得着重说明：这部歌剧虽然有着如上这些缺点，但它们都是前进中的缺点，是我们在解决新歌剧创作中所遇到的重大问题上普遍经验不足的状况所带来的缺点。而《草原之歌》的创造者对于他们所面临着的那些重大的新的问题，都作了可贵的尝试性的努力。他们的努力使我们新歌剧的创造事业向前发展了一步。正因为如此，我们就有理由肯定它，它的成就和经验将推动我们新歌剧的创造事业向前发展。我们一定有可能创造出完美的民族新歌剧来的！

原载《戏剧报》1955 年第 7 期

青春的、战斗的音乐和舞蹈

——朝鲜青年艺术团演出观后

11 月 19 日晚上，朝鲜青年艺术团的艺术家们在首都天桥剧场举行音乐舞蹈晚会，慰问北京的志愿军烈属和军属志愿军归国人员。他们演出的优秀节目，受到了观众的热烈的赞誉和欢迎。艺术团的全部音乐舞蹈节目，都充满着青春的战斗的热情。对于我们这些同朝鲜人民有着如此深厚战斗友谊的中国人民来说，这些节目是十分亲切的。

在艺术团演出的节目中，有不少是在第五届世界青年与学生和平友谊联欢节的比赛中得奖的。如青年小提琴家白高山，就曾在联欢节中获得乐器比赛的一等奖。他在晚会上演奏了马思聪的《牧歌》和萨拉萨蒂的“序曲和舞曲”，后来又应观众的请求加演了一支朝鲜作曲家的作品《我的鸽子》。从他的演奏中，可以看出他是有着显著的才能和高度的修养的。他的演奏，音色优美，音乐感很强，自然地处理音乐的发展，把作品的情绪鲜明地表达出来。在演奏《牧歌》和《我的鸽子》的时候，充分地表现出他擅长于表演抒情的乐曲。在演奏萨拉萨蒂的“序曲和舞曲”中，我们一方面可以看出他善于表演那种包含着复杂技巧的辉煌而又热情的乐曲，在演奏艺术上有着全面的发展；另一方面，也可以看出他的演奏加强了乐曲优美的抒情性质，说明作为一个艺术家所必需的艺术创造的个性，已经在他身上明显地发展起来。

另一位曾经在联欢节比赛中得奖的是民歌独唱者田雨峰。在晚会中，他除了担任清唱剧《和平之歌》的领唱之外，还演唱了朝鲜民歌《山鸡之歌》。在这首民歌中，他富有表情地把

“鹰手”放鹰捕野鸡时的愉快心情生动地表现出来。他的演唱具有强烈的民间风格，在语言和音乐的处理上都富有色彩。他善于掌握音乐和语言风格的才能，在他演唱中国歌曲《我骑着马儿过草原》时也同样鲜明地表现出来。

舞蹈《镩捉之舞》的表演者玄晶淑在联欢节中获得民间舞蹈比赛二等奖。(“镩捉”是朝鲜的一种民族乐器，像中国的铙钹。）在这个舞蹈中，我们可以清楚地感觉到那典雅而优美的舞姿中包涵着深挚的欢愉情绪。这种情绪在舞蹈中不断发展，逐渐昂扬；在那线条柔美但又迅速的旋转中，达到高峰。表演者的高度技巧也在这时突出地表现出来。

另一个在联欢节中得奖的舞蹈是《小鼓舞》，这是在朝鲜人民中广泛流传的古老的民间舞蹈——农乐舞的一种。它表现着农民丰收时的欢乐情绪。这是一种充满着热情的舞蹈，朴质而又健朗。

在艺术团演出的其他节目中，男声小合唱和女声小合唱都引起了我们很大的兴趣。这种有着生动表情的小合唱，加强了音乐本身的感染力。两个小合唱的演员们都协作得很好，他们不仅在声音上组织得很协调，更重要的是在情绪上的相互感染和一致。在这里，手风琴伴奏者黄炳柱起着不可忽视的作用。他的伴奏，从每个曲子的简短前奏中，就把歌曲的情绪鲜明地带了出来。歌声进来以后，他紧紧地配合着歌声，掌握着情绪的发展，大大地提升了小合唱的演出效果。他的手风琴演奏，是那样的准确、清楚和富于表现力。

在音乐节目方面，女高音权元汉的独唱也是极受欢迎的。她演唱了作曲家文镜玉的抒情歌曲《星》和朝鲜民歌《诺多尔江边》等几首歌曲。她的歌声甜柔优美；她的演唱朴素而细腻，哪怕是一字一音，也不让它轻易地滑过去，使情绪自然而然地流露出来。《星》是一首表现爱国情绪的抒情歌曲。它是吸取了欧洲传统的“罗曼斯”来创作的，在乐思的发展以及和声的运用上都表现了作曲者应有的比较深厚的作曲修养。从这个曲子中，我们可以看出朝鲜的作曲家在吸取欧洲进步的音乐体裁，来丰富自己民族音乐文化中所作的努力，已经有了显著的成绩。在同一作者所作的清唱剧《和平之歌》中，我们同样看到了这种努力的成绩，而且证明了用清唱剧的体裁来创作现代生活的宏大题材方面是恰当的，是更有效果的。

合唱指挥金基德（朝鲜民主主义人民共和国功勋演员）的指挥给我们的印象是深刻的。他在合唱的艺术创造上，十分注重那体现作品主题的音乐的构思和形象的塑造。在他的指挥下，人数不多的合唱队通过紧密的协作，完整地、一贯地把作品的思想情绪表现出来。如：在演唱清唱剧《和平之歌》时，三章音乐的不同特质都被鲜明地表现出来，而指挥又从头至尾贯注着热情。另一方面，他的指挥也是精细而明确的，合唱队员们在他的指挥下就能够充满信心地把歌唱好。

在舞蹈方面，《蔷薇舞》是我们已经很熟悉的一个优秀节目。它以美丽的蔷薇花在暴风雨中的开放，来象征战斗的朝鲜妇女的英勇精神。在这个富有优美想象的舞蹈中，戏剧性的发展丰富了那抒情的、诗一般的意境，使它成为真正充实的、有力的抒情作品。

从朝鲜青年艺术团演出的全部音乐舞蹈节目中，可以明显地看出来，朝鲜民主主义人民共和国的艺术家们是怎样坚持不懈地把自己的创作活动贡献给了祖国。他们的这些作品都充满着青春的战斗的热情。他们在中国的演出增强了我们两国人民的友谊和了解，让我们共同为世界的持久和平而奋斗吧！

原载《人民日报》1955 年 11 月 23 日

抒情的诗篇 生动的生活风俗画

——看莫斯科“小白桦树”舞蹈团的演出

看“小白桦树”舞蹈团的演出，她给了我们多么新鲜、多么亲切的感受。民间艺术所具有的那种真挚的热情，淳朴的美感，不仅在“小白桦树”舞蹈团的演出中被充分地保留下来，而且得到了发展和提高。

《小白桦树舞》，这是舞蹈团因它而命名的舞蹈。在这个舞蹈中，我们看到了富于诗意的意境，体验到了生活的欢愉情绪。我们不难想象到：那舞台，仿佛是俄罗斯辽阔的原野。原野里，一棵棵的小白桦树，她们带着清晨的露珠，沐着金色的阳光，向晴空自由地伸展着枝叶。她们迎着清风，婆娑舞动。从舞蹈者平稳轻盈的移动，那些线条，那些图式，构成了一曲舒畅明朗的旋律。这旋律，洋溢着生活的欢愉、对生活的爱和自由生活的希望。

强烈的抒情风格，是俄罗斯环舞的特征。在这种舞蹈中，运动的节奏、线条及其所构成的图式，都被用来服务于诗意的抒情形象的创造。在这中间，我们能够体验着深挚的生活情绪。“小白桦树”舞蹈团演出的属于环舞一类的节目，除了《小白桦树舞》之外，还有《小链子》《天鹅舞》和《古代北方环舞》。在这些节目中，我们能够深切地体会到舞蹈团的艺术领导人纳杰日金娜同志是多么杰出地发展了环舞的抒情风格。她按照作品主题思想的要求，使民间环舞的传统手法，服务于自己的艺术创造的目的，从而赋予环舞以新的面貌，新的品质，新的情绪。这一点，即使在处理《古代北方环舞》时也不例外。试看《小链子》舞，那是一个不会脱节的链条。他们在任何情况下都是紧紧地扣着，牢牢地跟着。对于集体和友谊的信念，在这个舞蹈中被鲜明地表现出来。为团结和友爱所鼓舞的欢悦，代替了端庄和沉静。至于《天鹅舞》的富于诗意的想象与抒情，那也是不用说的。所有的环舞，都是优美的抒情的诗篇。

“小白桦树”舞蹈团的另一些舞蹈和环舞不同，它们不像环舞那样着重于向抒情的诗意方面发展，而更富于生活的气息。像《巡行舞》和《滑稽波尔卡舞》，就饶有风趣地表现着苏联人民的生活乐趣和新的人与人之间的关系。就是在《少女竞演舞》和《少女加德利舞》中，也同样处理得有声有色，活泼动人。《穿门舞》和《回转木马舞》是表现游戏的欢乐情景的，不消说也是富有生活气息的。总之，在这些舞蹈中，我们都闻得到浓厚的生活气息。就是在这样一些生动活泼富有风趣的节目中，我们亲切地感染到新的苏维埃人的精神和情绪，他们的性格和高尚的品质。

在这一类节目中，纳杰日金娜同志表现了她坚持保留舞蹈的民间风格的原则。她使这些舞蹈不仅有浓厚的生活气息，而且有强烈的民间风格。在这类节目中，她并不强调去追求舞蹈的戏剧性情节的发展的结构。对于她来说，即使像《巡行舞》之类较为具有情节的节目，情节本身并不是她所看重的。看重的倒是富有风趣的生活场景。这些舞蹈，每一个都是一篇有着新的思想和真实生活内容的生活小品，每一个都是幅生动的生活风俗画。

在“小白桦树”歌舞团的全部演出节目中，都贯彻着尊重民间艺术传统，并用新的观点和新的思想去发展和丰富这一传统的艺术创作原则。他们的经验和成就，是我们发展民间艺术的创作活动的光辉榜样！

原载《大公报》1955 年 11 月

评聂耳、冼星海纪念音乐会的演出

聂耳逝世20周年、冼星海逝世10周年纪念音乐会，12月初开始在首都举行。两位伟大天才的辉煌作品，第一次以这样丰富和完美的形式出现在首都的舞台上，这是十分令人兴奋的事情。一二十年过去了，但是聂耳和冼星海的作品经受了时间的考验，在今天，仍然显示出巨大的感人的力量。这些作品对于我们来说，还是那么新鲜，那么令人鼓舞。这正是因为他们的作品是遵循着社会主义现实主义的原则，真实而深刻地反映了现实，反映了当时的革命斗争，表现了我国工人阶级和广大人民群众的革命热情和力量的缘故。

纪念音乐会的全部演出，给我们留下了极为深刻的印象。可以明显地看出，每一个表演者都是以十分严肃的态度来对待这次演出的。他们都尽力去体会两位作曲家作品中的高度的革命热情，力求真实地把那些作品的精神和思想表现出来。

中央实验歌剧院合唱团在音乐会上共演唱了12首聂耳和冼星海的著名的革命歌曲，几乎每一首都收到良好的效果。合唱队的每一位队员都在演唱中表现得十分严肃和热情，他们把全部精神都集中在对作品的思想感情的真实体验上。合唱的指挥金正平是一个有才能的青年指挥者，他的指挥虽然还不是怎样老练和成熟，对个别歌曲（如《到敌人后方去》）的处理显得不够从容，情绪还不够坚实，但总的来说，他在乐曲的处理上能够着重去抓住每一首歌曲的内容和音乐形象的特点，用不同的手法，以多样的风格，比较细致地处理歌曲情绪的发展，并有力地把高潮突现出来。同时，在他的指挥下，每一个节目都能够贯注着不懈的热情。聂耳和冼星海作品中的革命乐观主义的精神、坚强的战斗意志和胜利的信心，都由他的处理得到了比较突出的表现。特别是在《码头工人歌》和《游击军》这两首歌的演出中，指挥金正平的这些优点表现得更为鲜明。他对《码头工人歌》的处理从第一句起，就注意到要把劳动者在沉重的负担下的那种刚毅和英勇的气质表现出来。同时他也很有效地突现了这首歌曲的高潮，在“笨重的麻袋，钢条，铁板，木头箱，都往我们身上压吧”这一段中，人数不多的合唱队发出响亮的声音，表现出刚强的力量。情绪发展的每一个段落，音的力度的运用，都是有层次地部署的。在《游击军》的演唱中，他抓住了游击队胜利进军的形象特征，通过渐强又至渐弱的手法把它表现出来，游击队的乐观主义精神也得到了应有的强调。这些都说明这位青年指挥者是在努力按照社会主义现实主义的原则来进行指挥的艺术创造的。

女高音吴书媛的演唱，受到人们的赞赏，这不是偶然的。这位我们并不十分熟知的演员，在她的演唱中有着十分可贵的艺术创作的个性。她唱聂耳的《梅娘曲》和《铁蹄下的歌女》的时候，作风是朴素的和淳厚的，情绪是真挚的和感人的。她的演唱没有浮夸的感情，更没有一点伤感的意味（而这两首歌是最容易被人唱得伤感的)。由此我们可以说，她正确地表现了聂耳作品的精神。此外，在独唱节目中，男高音楼乾贵和女高音邹德华的演唱都是成功的。他们的受到欢迎，不仅由于他们有优美的歌喉和熟练的演唱技巧，同时也由于他们表现了对于作品的思想感情的真实体验。使我们感到不足的是男中音李维渤的演唱，当然我们看得出他是在努力探求，想把冼星海在《热血》和《夜半歌声》这两首歌中的热情表现出来，但是他对于这两首歌曲的热情的思想基础理解得还不够深，特别是在《夜半歌声》中，一方面，他没有能够充分揭示出歌曲情绪的刚强的一面，同时，情绪的转折不够鲜明，也缺乏发展。因此，他的歌声就缺乏感染力。

在中央人民广播电台少年广播合唱团演唱的三首歌曲中，我们也可以看出他们对真实地表现生活所作的努力。他们的《卖报歌》唱得很好。这些生活在毛泽东时代的幸福少年们，虽然并没有经历过像聂耳在《卖报歌》中所描写的那种生活，但是他们却以极大的同情心去体验旧时代报童的痛苦，并且使这种体验在演唱中得到真实的表现。无疑地，指挥者在平时的教唱工作中曾经给这些少年们以不少的启发。

此外，我们还可以从中央人民广播电台民族管弦乐团的演出中看到同样的努力。特别是在他们演奏聂耳改编的民间乐曲《金蛇狂舞》的时候，对乐曲的每一个细节的处理，都集中在如何使作品所具有的人民的欢乐情绪和乐观主义的战斗精神得以突出地表现出来。还应该指出，从管弦乐曲改编为民族乐队演奏的《中国狂想曲》，是一个非常有益的尝试。这一尝试不仅对于建立完善的民族乐队的编制有着实际意义，同时对于民族乐队的发展也提供了广泛的可能性。

由黎国荃指挥的《民族解放交响乐》，是受群众热烈欢迎的节目之一。这是冼星海从1935年开始写作，至1941年最后完成的一首大型作品。这个作品直到这个纪念音乐会才第一次得以演出，而且只演出作品的第三乐章。但即使是这一个乐章，也可以看出作者创造性的构思。作者以龙船舞、纸鹞舞和狮子舞等三段舞曲体裁，表现我国海军、空军、陆军等武装力量的胜利成长。由于它具有深刻的内容和鲜明的形象，所以尽管作品是以交响乐的形式出现，也仍然能为观众迅速理解和接受。像龙船舞所表现的生气勃勃的节日情景，纸鹞舞所表现的那种明媚的春日的景象，以及狮子舞所表现的那种雄厚的力量和欢腾的情绪，差不多是每一个听者都能够直接地受到深切的感染的。指挥者相当完善地表现和解释了作品的内容，虽然第一段的主调还不够突出，形象也还不够集中。

纪念音乐会是以中国人民解放军总政治部文艺工作团歌舞团演出的冼星海的宏伟作品《黄河大合唱》作结束的。冼星海的这部作品歌颂了我们民族的伟大精神和人民的英雄气概。在冼星海的学生时乐濛的指挥下，《黄河大合唱》的宏伟气魄，它的战斗气质，都得到了充分的表现。从开始的《黄河船夫曲》起，指挥者便以一种粗犷的线条把那战斗的气氛渲染出来，直到最后的《保卫黄河》和《怒吼吧，黄河》，都贯穿着饱满的热情和雄强的气势。这次演出，除了乐队部分主要是依据冼星海最后在苏联时期修改的总谱来演出的以外，声乐部分也有很多是按照这个谱子演出的，如《黄水谣》就是如此。这里由于采用了合唱，更好地发挥了各声部不同音色的表现力，加深了乐曲的情绪。《黄河怨》中最后加入的合唱，也加强了乐曲的气氛和情绪的感染。令人感到不足的地方，就是乐队的部分处理得还不够细腻，不够协调，还不能和声乐部分紧密地结合起来。但无论如何，这次的《黄河大合唱》的演出，比起以往的已经完善得多了。这不仅因为我们已经有了良好的演出条件，而且因为中国人民解放军总政治部文艺工作团歌舞团的同志们在这次演出中表现了高度的热情。

从这次纪念音乐会的受到热烈欢迎的情况来看，我们有理由要求全国的音乐团体广泛地和经常地演出聂耳和冼星海的作品，广泛地和经常地演出和他们同时代的其他社会主义现实主义作曲家的作品。他们的作品是我们民族音乐优秀传统的一个组成部分，必须加以继承和发扬。当这些作品成为我们各音乐团体经常上演的节目的时候，便能让我们青年一代更懂得我们的革命斗争曾经走过多么艰苦而又多么英勇的道路，更懂得我们今天的胜利是多么值得珍惜，并且从这些作品中吸取力量，鼓舞我们建设社会主义的热情和信心。我要再重复一句，这次音乐会确是一次令人满意的音乐会，希望今后能多听到这样的音乐会演出。

原载《人民日报》1955 年 12 月

也是一朵花

在上海代表团的音乐会上，演出了中央音乐学院华东分院学生海鹏改编的安徽黄梅戏《打猪草》。

尽管有许多人对这个节目提出了非难，但我还是想在这里为它说几句好话。所谓说好话，并不是要无中生有地予以美化，而只是想把我所见到的它的好处说出来。

《打猪草》的音乐改革的成就并不在于作曲者使用了一个大型的管弦乐队，他显然并没有在管弦乐队的使用上企图赋予它充分的积极的意义。他的成就主要是在歌唱部分的处理上。

作曲者考虑到戏剧情节的需要，在黄梅戏原有曲调的基础上进行了卓有成效的加工。当戏中那一对少男少女为两根竹笋的误会而争吵起来的时候，作曲者首先感到这两个人物老是用相同的曲调反复对唱下去已远不能表达他们的情绪了，于是他从黄梅戏中选用了另一个曲调来充实了唱腔。这种做法是不是正确的呢？我认为是正确的。我们的许多戏曲艺人不是也在“翻箱底”来丰富他们的唱腔吗？而且从这段戏的演出效果来看，加进的新曲调显然加强了这出戏的戏剧性。

作曲者处理这段音乐的另一个办法，就是把原有的对唱改为逐渐地由对唱过渡到二重唱。在这段音乐的处理上，我们可以明显地看出来作曲者作了很有价值的尝试性的努力。为了表现剧中人的争吵越来越激烈，原来用同一曲调的反复对唱显然已经不能和剧情的要求相适应了，于是作曲者先使对唱部分的乐句的衔接更加紧凑起来，并且进一步使对唱转变而为二重唱。这样的处理方法显然是更进一步地符合于生活的真实的。难道这样的处理方法就因为我们传统的戏曲中不曾有过而加以否定吗？我以为是不应该的。何况这二重唱的两个声部的曲调都没有破坏黄梅戏固有的风格。因此，我认为这种处理方法是在戏曲音乐的基础上进一步去丰富了戏曲音乐，并没有粗暴地去排斥或丢弃了黄梅戏的好的东西。

当然，从整个戏的音乐处理来看，这一改编并不是没有一点缺点的。譬如为这样一个民间形式的小戏而配上一个大型的管弦乐队，不免有些“小题大做”，加上乐队的作用并没有很好地发挥，只是完成了简单的“伴奏”的任务，因此不免有些累赘之感，而且在乐队音乐的处理上还缺乏鲜明的民族风格。对这些缺点提出批评都是完全应该的。但是，尽管如此，我们还是应该充分地注意到作曲者在声乐部分的处理的确花过一番功夫，在那二重唱的部分做过了精心的设计。这样的处理，在我们的若干戏曲音乐改革的实例中，还是一个新的经验。这一经验特别在目前戏曲音乐改革工作中一般还只敢做部分扩大乐队的工作的时候，是有着很新鲜的意义的。无论如何，作为一朵花，它已是健康地开放出来了。

原载《北京日报》1956 年，署名“施盈”

技巧风格情绪

——听三个代表团的合唱有感

听过音乐周前三天的合唱节目，三种不同的印象引起了我的一些想头来。

第一天，中央乐团的合唱。他们唱得细致，歌声谐调；音量的控制、音色的变化……许多合唱所特有的表现手法被指挥者发挥出来了。他们的演唱使我深感中央乐团的合唱技巧已经有了显著的提高，也使我认识到合唱艺术中还有着相当丰富的表现的可能性，过去还没有被我们的作曲家和指挥去充分地利用。

但是，中央乐团的合唱也给了我这样的印象：在他们雕饰得相当完美的歌声里面，似乎比较缺少一种真正动人的魅力，没有使我得到充分的感染和鼓舞。同时，他们在唱《生产忙》的时候，也使我感觉到这首歌原来那种鲜明的地方色彩没有充分地被表现出来。

第二天，我听的是上海代表团的合唱。他们的演唱给我的突出印象是：精神饱满，情绪贯注，许多歌曲唱得一气呵成；他们的演唱，一般说来感染力要强些，剧场演出的效果也不坏。

但是，上海代表团的合唱也给了我这样的印象：他们的合唱似乎还没有更多地去发挥合唱艺术的表现的可能性，以致情绪的发展的线条比较平直，同时也有些不够深的感觉。他们的合唱虽然当时在一定程度上抓住了我，但事后印象还不够深。

第三天，我只听了陕西代表团的合唱。他们的合唱有强烈的地方色彩，风格比较突出。听见他们的歌声，仿佛一个带着一些泥土的淳朴的农民出现在我的面前。这合唱唤起了我心中亲切的爱感。

但是，他们的合唱也同样使我感到不足。我在想，是不是也可以让它更丰富些，琢磨得更细致，更匀称些呢？

技巧、风格、情绪，它们原是可以有机地统一起来的。在理想中，我觉得它们是可以相辅相成、相得益彰的。按道理，合唱技巧上的更多的磨炼，应该是使风格更突出，情绪更集中。鲜明的风格，往往也是生活情绪的更生动、更具体地表现的结果；反过来，真实的生活感情，如果不是经过较多的艺术表现技巧的磨炼，就不会使它深化；如果不提到风格的要求，往往也会陷于平庸、一般化。但是在实际上，它们往往结合不起来。技巧加强了，似乎就不免要损害一些风格，丢掉一些情绪；风格和情绪强调了，似乎就不能在技巧上要求较高。

但是，这是否就说明了合唱艺术的发展就只能是这样的呢？我想不是的。我们有可能而且应该要求把技巧、风格、情绪很好地统一起来。

原载《北京日报》1956年9月，署名“施盈”

歌唱革命的风暴

——听《红军根据地》大合唱

瞿希贤作曲、金帆作词的《红军根据地》大合唱共七章，除第四章《长征》是用音乐伴奏的朗诵之外，其余六章都是主要通过歌唱部分的音乐来揭示了鲜明的音乐形象的。这六章的音乐，由于它们真实地反映了同一内容的不同的生活方面，因此，它们虽然在基调上是一致的，但在情趣上、在具体的形象上却是有着各自的特点、各自不同的面貌的。

《革命的风暴》（合唱）是这首大合唱的开端。作曲家在一段具有宣告和号召意味的乐句之后，开始揭示出那强有力的“革命的风暴”的主题——

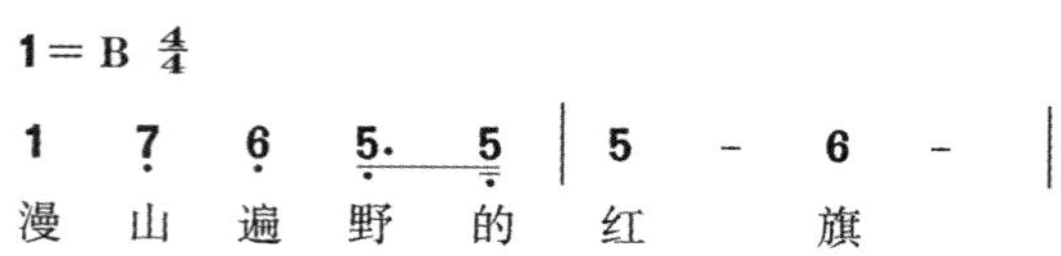

通过这主题的愈来愈紧凑的反复“轮唱”，作曲家刻画出了一幅汹涌澎湃的群众革命运动的浪潮的生动的图画。

《送郎当红军》（女高音独唱及合唱）是作曲家吸收了红军根据地的革命山歌的音调来进行创作的，曲调十分朴素、自然，富于亲切感。为了便于读者回顾这一作品起见，这里不妨把这一章的主调抄在下面：

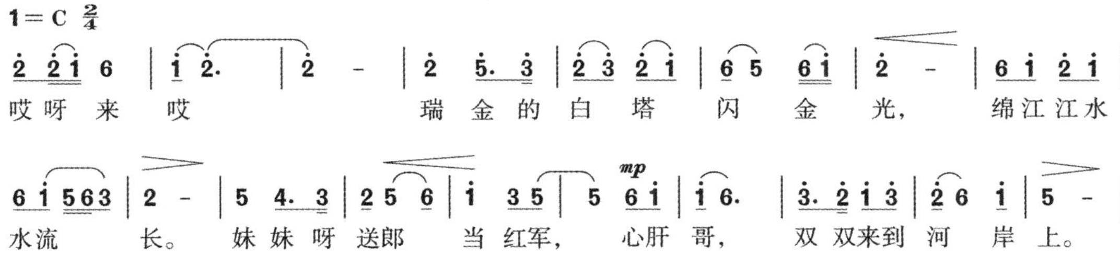

这不仅是一首平易的曲调，同时还是一首含有无限深情的曲调。这在我们的创作中还是很少见到的。

《儿童团放哨歌》（童声合唱）也同样是在江西一带民歌的音调基础上来进行创作的。只要稍为知道一些江西、湖南一带地方民歌的人，一接触到这一章，便不会怀疑它是有着民间音调的依据的。

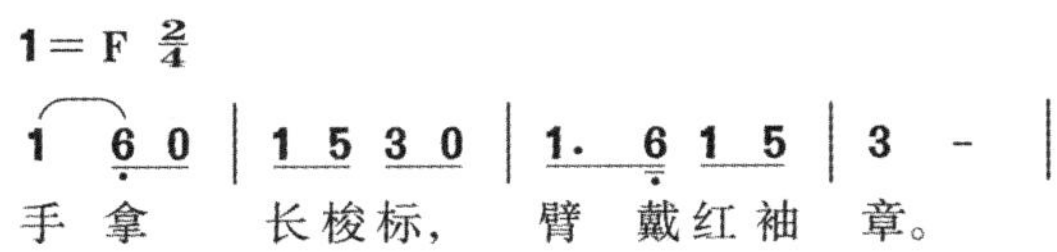

作曲家在这段音乐中，表达了活泼、明朗、坚定的少年革命者的情绪和意志。

第五章《怀念毛主席》是一首男高音独唱和无伴奏混声合唱。轻声的合唱衬托着独唱的怀念毛主席的歌调，构成了一种沉静深思的气氛，有着引人深思的意境。随后由激动而转入坚定的斗争意志的增强，也正是它的合乎逻辑的发展。这一章是全部大合唱的情绪发展的转折点。

《红军回来了》（合唱）的前段是雄壮的进行曲，作曲家从我们人民解放军的著名军歌中吸收了创作的音调素材。正如有的同志所指出的，作曲家在这一章中创造性地采用了《三大纪律八项注意》的音调。其实还不只此，作曲家还采用了《中国人民解放军进行曲》的音调。如：

并且这一音调在前段后部还作了变形的运用：

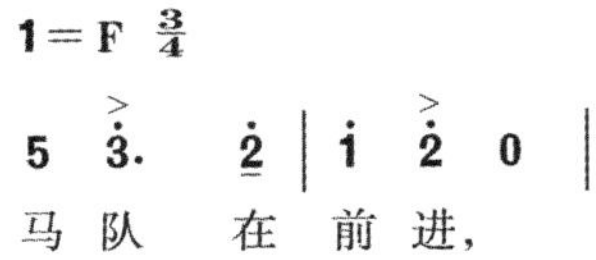

作曲家之所以要采用这一音调，正是为了表现回来的红军已经是久经战斗考验的强大的人民解放军这一现实主义要求而作的。

这一章的后段是表现人民回想起根据地革命历史。在这里，“革命的风暴”的主题又再次出现，并且有了节奏上的变化。

1=♭E $\frac{3}{4}$

1 | 1 - 7 | 6 - 5 | 5 - - | 6 - - |
把 红 旗 挂 在 门 前

这一段深情的回顾，把热烈的情绪向更深处推进了一步。

最后一章《亲爱的党，光荣的党》（合唱）接着出现在前章所表现的人民对于党和革命的忠贞与热情的后面。在这一章中，我们很明显地看得出作曲家是力图避免一般的颂歌所常有的那种辉煌与崇高的外貌，而使它具有更加亲切和热情的品格。因此这一章不是一般地从强声开始，而是相反地从弱声开始对党的歌颂：

1=♭A $\frac{2}{2}$

7 - 6. 5 | 1 - - - |
亲 爱 的 党

这乐句是从“革命的风暴”的主题蜕化出来的。在这一章中，“革命的风暴”的主题依然占有显著的地位，由此来总结全部大合唱。

从以上简单的分析，我们已不难看出这部大合唱的各章都是有它各自的完整的音乐形象的。比照起来看，它们各有自己的特点，而这些特点又是密切地联系着各章所表现的各个生活的方面的。同时，作曲家对各章的音乐处理都极力避免一些大合唱中常犯的累赘、繁琐和拖沓的毛病，简洁、明了，没有无谓地去扩大篇章，追求庞大。因为如此，这部大合唱在我们听来丝毫没有像我们听过的某些大合唱那样会有一种不堪等待的感觉。

但是，一部大型的声乐作品如果各章或段都创造了鲜明的形象，而它们彼此却没有通过各种不同的方式联系起来的话，就会像杂货摊那样虽是琳琅满目，却抓不到中心。

从前面的分析也不难看出，由于作曲家在最后两章中采用了“革命的风暴”的主题，这种前后的相互呼应大大地帮助了全面音乐构思的完整性。此外，我们还可以看出作曲家曾经在若干方面有效地利用了各种有助于音乐的统一和完整的可能性。有的是作曲家有意识地利用了的，有的可能是作曲家依靠直接的音乐感受而发挥了的。这里我想提出几点来供大家参考。

在一部大型作品的多样的音乐形象的创造的过程中，各个形象之间的一定程度上的音调上的联系是加强全曲音乐结构的统一的重要手法之一。如果我们把《红军根据地》大合唱各章的基本主题加以比照研究的话，我们会发现它们多数和“革命的风暴”的主题有着或多或少的音调上的联系。构成这个主题的音调特征是先几个音的连续级进下行的倾向和紧接着的向上跳进的倾向。先下行，后上行，这在各章的主题中都是容易看出的。《送郎当红军》《儿童团放哨歌》都有此特点。好处就是它们既有这相近的一面，同时又各有其鲜明的特点和个性。

自然，音调的特征还不但表现在主题的曲调结构上，同时也表现在合唱各声部的配合、和声的结构及转调的手法和调性的安排等上面。所有这些在《红军根据地》大合唱中都有不同程度的考虑，值得我们进一步研究。这里就不多说了。

总之，在大型声乐作品的音乐结构的完整和统一方面，在我们的一些大合唱中还没有得到应有的注意，瞿希贤在这部作品中所取得的成就是值得我们充分予以重视的。

以上是我对于这部作品的成功方面所作的一些分析。这部作品还是有一些缺点和不足之处的。例如个别段落的主调还比较缺乏更强的感染力，有些地方在需要激情和力量的时候，和声还显得比较单薄，不够深厚，朗诵的一章还不够十分协调（并不是说朗诵在大合唱中不可以用）等等。这里我想从全曲音乐的结构来谈谈最后两章的创作。

许多同志反映这部大合唱的最后部分显得有些松，这是事实。但是，这种松的感觉是不是由于最后一章是个强加上去的“光明尾巴”的缘故呢？我想这是不对的。这样一个题材，最后自然而然地要引到对于党的歌颂的。不这样就不合乎全曲情绪发展的逻辑要求，作曲家和听众都不会感到满足的。

这种松的感觉是不是由于作曲家没有一般地采用那种辉煌的效果来处理最后一章呢？也不是的。真正的原因还需要在音乐的结构中去探求。

我认为这部作品的最后之所以使人有松的感觉，关键在于最后两章的音乐结构的相互关系上。

前面已经介绍过，《红军回来了》一章的后半部是表现人民对于革命斗争历史的回忆，最后以简短的对于党的感激的心情的乐句结束。这章的后半部的音乐又是用“革命的风暴”的主题来处理的。这章完了之后，经过一段过门才进入最后一章。而最后一章也是用“革命的风暴”的主题为基础的，再加上在一些合唱的声部配合的方式上两章也有相近之处，这就使得最后两章在音乐和情绪上有些重复，使最后一章未能在前一章之后获得新的高涨。假如《红军回来了》一章整个的是以前半部的热烈而欢乐的主题为基础，后半部的音乐只是作为这一基本形象的补充而穿插其中，缩得短一些，或者适当地分散一些，再把那“革命的风暴”的主题不仅在节奏上而且也在调性上加以变形，使这一章更带有风俗性的色彩和群众场面的感觉。这样就可以使最后一章不仅在基本的情绪和气氛上突现出来，而且避免了重复之感。当然这种意见不一定是最好的办法，只不过是由于对作品的分析而引起的一种想法而已，其用意无非是要克服原曲最后两章由于气氛和音乐主题的重复而引起的松弛的感觉。我相信瞿希贤同志是会想到比我所想的更有效的办法来修改这一作品的。

从这部作品所涉及的这些问题，我以为我们的作曲家在写作大型作品的时候，不仅需要有高度的把握生活形象的才能，还更需要有把这些丰富的形象组织成一个完整的音乐整体的才能。前者较多地依靠于生活的体验和天才，后者则更多地依靠才能、修养、向更高处攀登的毅力。

原载《文艺报》1956 年第 17 期

《在太行山上》曲调写作上的一些特点

正如冼星海同志其他许多作品一样，《在太行山上》也是用简单的素材做丰富多样的处理而创作成的。因此，这首歌就能给我们一种既统一和完整，又不单调乏味的感觉。

歌曲开始的两句，具有引子的性质。它们展示了歌曲的基本情绪和富有朝气的气氛，同时它们也确立了全曲的基本调性，孕育了全曲的基本素材。

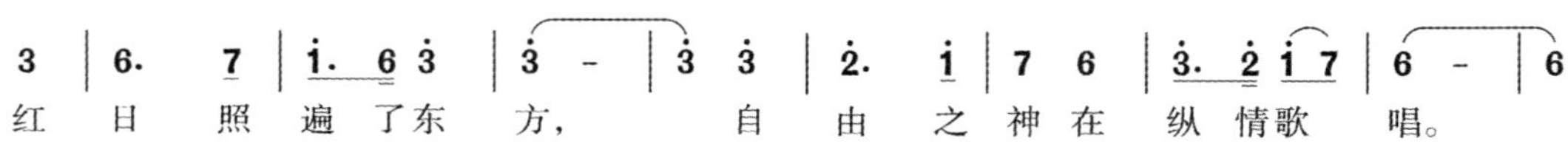

在引子的曲调中，包含着两个重要因素。前一部分，自第二个音起，基本上是五音连续上行；后一部分则是五音的连续下行。这两个因素，包含全曲素材的基础。特别是后一因素，在全曲中占有重要的地位。

在引子后的两大段音乐中（自“看吧”至“妻子送郎上战场”为第一大段，自“我们在太行山上”至结尾为第二大段），首先出现的是由那下行级进因素分裂出来的第一个形态：

。在全部音乐中，它作了如下的移位和变形的处理：

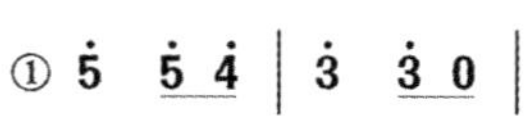

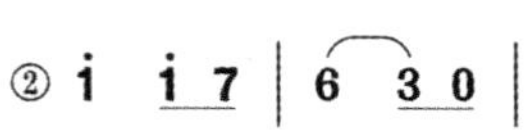

③ 3̇　3̇2̇ | 1̇

④ 3̇　3̇. 2̇ | 1̇

等等。

引子中的下行级进因素的另一个形态首先出现在下面这一句上：

1̇　3̇　1̇ | 2̇　1̇ 7 | 6　–　| 6　–　|

在这里，3̇ 音被前后两个 1̇ 音装饰起来了，但它在那切分的节奏中仍然显得突出，整句在节奏上也有了一些变化。

下面几个地方，也是由这个下行级进因素变化出来的：

① 5̇　–　| 5̇.　6̇ | 3̇　2̇ | 1̇　–　|

② 5̇.　3̇ | 2̇. 1̇　6 0 |

③ 2̇.　1̇ | 7　6 | 5̇　–　|

④ 3̇. 2̇　1̇ 7 | 7　3̇ | 6　–　|

在第一例中，前面一个音是加上去的，第二小节中用 6̇ 音代替了 4̇ 音的进行；在第二例中，它是以五声音阶的级进代替了七声音阶的级进；在第三例中，最后一个音提高了八度；在第四例中，中间插入了 7 和 3̇ 两个音。所有的例子，我们都可以看出它们和那原型之间的联系。

引子中的那个上行的因素，在第二大段中有更多的采用。这里只举了一个明显的例子，就是 5̇ 5 1̇ | 2̇. 3̇ 4̇ 5̇ |。在这里，第一小节是以五度下行代替了引子开始处的那个四度上行的进行（它们都有属音和主音关系的性质），第二小节则以真正的级进上行代替了引子中被缓冲了的级进上行趋势（这是指 7 | 1̇. 6 3̇ | 的 6 音把那级进上行的趋势缓和了）。

由这些分析可以看出，这首歌的所有素材，几乎都可以在引子所包含的那两个因素中找到它们的来源，也就是说明这首歌的创作就是在这样简单的素材基础上，通过丰富多样的处理手法来完成的。

读者一定会觉得，冼星海同志所用的这些变化的手法并没有什么新鲜的玩意儿，在那些作曲法一类的书籍中，我们还可以找到更多的处理方法。事实也的确是如此。冼星海同志的这首歌曲中所给我们的重要启示，主要的并不在于他是否发现了更多的新的主题变形的手法，而是在于他以现实主义的态度来运用了这个方法。这一点正是我所要着重说明的。

第一，这首歌之所以能够用一种比较简单的因素作为贯串全曲的基础，这不仅是由于要使全曲获得统一的效果，而且是和歌曲的内容要求相一致的。我们从歌曲的本身可以看出，它并不是通过几个相异的或对立的方向来表现特定的生活内容，而是表现一个基本情绪的不同的发展阶段。正因为如此，所以它可以用比较简单的素材通过多样的变化来完成创作的任务，而不需要一个对比的或显著差异的乐段。也正因为如此，我们还可以了解到并不是任何一个题材都适于采用这样的手法的。

第二，冼星海同志是根据各段音乐的基本情绪的要求来处理素材。这里我们不仅可以由他对于引子部分的自由舒畅的情绪、富于朝气和热情的想象中看出，更为明显的是从后面两大段中对素材的不同节奏处理中看出来。在第二大段中，情绪比第一大段更具有战斗的气质，因此就有了比前一段更为紧凑的节奏。同时在第一大段中几乎不用的附点音符在第二大段中就有了较频繁的出现，这些符点音符大大地加强了音乐的活力。由此我们可以理解到，在各种不同的变化中，冼星海同志根据情绪发展的不同阶段分别找到了它们共同的节奏基础，使一切变化都适应于一定阶段的总的情绪要求。

第三，上面还只是从大的方面说明了多样地处理素材的依据，此外，在细致地处理素材的变化上，冼星海同志是紧紧地依据歌词语言的生动活泼的要求，对这首歌的每一句曲调，我们都可以看出它的变化和歌词的关系。举一个例来说：像“气焰千万丈”这一句，它的放宽了的节奏，以及用来代替 $\dot{4}$ 的 $\dot{6}$ 音，都无不是和歌词的要求相适应的。歌词的生动性的要求，具体地推动了对素材作各种变化处理的实现。

最后，我认为最重要的一点是：这首歌曲所作的各种对素材的有变化的处理，都是发生于一贯的、统一而完整的音乐感的。我们可以比较容易地在理智上接受前述的这些原则，但是我们即使懂得了这些原则，还是有可能只创作出一些僵死的作品来。要能够有效地运用各种处理素材的技巧，就必须依赖于有真实的生活体验为基础的一贯的和统一而完整的音乐感。这种音乐感当然也表现在前面所说那种与基本情绪的发展相适应的基本节奏感中，同时还表现在一定的音调特征中。例如，从第一大段开始处的 $\dot{1}\ \ \underline{\dot{1}\ 7}\ |\ 6\ \ \underline{6\ 0}\ |\ \dot{5}\ \ \underline{\dot{5}\ \dot{4}}\ |\ \dot{3}\ \ \underline{\dot{3}\ 0}\ |$ 就已经显示出来的一定程度的小调和大调交替的特征，以及由这个在五度上的“模进”而造成七度向上跃进等，它们在全曲中的被反复引用，就是受着和一定的音调特征相联系的音乐感所支配的。最后，这种音乐感还包括着对各乐句和段落的结束音的统一布局上。这种布局仅凭理论是不够的，更主要是在作曲家的音乐感中包含着自然的韵律要求和逻辑性。自然，这些音乐感，都只能是和真实的生活经验、作曲家的音乐修养、题材所引起的想象相联系。它们是实际创作的音乐感的基础。

有了这些原则性的理解，我们就能更深地领会冼星海同志在这首歌里面所运用的各种处理素材的方法，从而也才有可能吸取他所擅长的这种把简单的素材做丰富多样的处理而完成一首歌曲的创作经验。

我所能做的关于《在太行山上》一歌的分析和介绍就是这些。谨供参考，并求指教。

原载《人民音乐》1957 年第 2 期

战斗的生活　勇敢的创造

由于工作的关系，好久没有进城去看演出了。昨晚，狠一下心，把事情暂时搁下，去看了一次全军第二届文艺会演沈阳部队业余文艺代表队的演出。回来后，很兴奋，那些生动活泼的形象总在我的头脑里萦回。我还在想，在那些节目中，究竟是一些什么东西吸引着我呢？

我不由得回想起去年在乡下劳动时的感受来。记得去年夏天，就在我们村子边上，一个横竖十来里的平原水库很快地修起来了。在修水库的时候，真是人山人海，热火朝天。白日里红旗处处，到晚来明灯万盏。打夯的歌声，连成一片。那时我就在想：这冲天的干劲，壮丽的景象，应该得到艺术的表现。昨天晚上的舞蹈《水库的夜晚》中，我又看到了灯火的海洋，穿梭的人群。那沸腾的热情，劳动的壮美，吸引了我，也吸引了所有观众。也许有人看来，这不过是扭秧歌一般在台上绕圈子、变队形，而且把许多小灯装在土筐边、车轮上，未免有失真实。但是我想，或者可以说这样的东西和艺术的舞蹈还有距离，然而，它却是一种真正的舞蹈艺术的新芽。在这个热情洋溢的节目里，我们不但看到了战斗生活的真实体验，也看到了勇敢的创造精神。正是那些小灯，把我们带到了明灯万盏的水库夜景，也是那些小灯，衬托那沸腾的劳动热情。不管你把它算作舞蹈也好，不算作舞蹈也好，就在这朴素而又新颖的形式里，战士们再现了劳动的欢悦，歌颂了劳动的光荣。

再看看他们的那些男声小合唱和女声小合唱吧。这都是战士们自己创作或改编的作品，一些带表演的歌曲。在这些节目里，充满了活泼的生活气息、乐观主义的情绪。其中有一首叫《我要报名当演员》的女声小合唱，由四个人模拟不同人物（小姑娘、老太太、小伙子、老头子）的表情，分别演唱歌剧《小二黑结婚》的小芹独唱、《真是乐死人》……《建设新国家》各一段，合唱则不过是将它们贯串起来而已。大家看了，都非常高兴，欢迎他们再表演了一次。我又在想了：带表演的小合唱这种形式，近年来在群众中很受欢迎。但是我们搞音乐的人中却常有一种看法，总觉得这不是一种“正道”，因为它不是靠音乐来感动观众。再像这样东一段、西一段地凑在一块儿，哪像个音乐创作呢？然而，作为一个观众的我，却被这个节目深深地吸引了。在这个节目里，我看到了一种崭新的生活，一种充满了乐观情调的、富有文化的生活，一种使群众的智慧和才能得到空前发挥的新生活，同时我也为他们的勇敢创造精神所吸引。或者这只能算是一种“音乐集锦”，抑或只能算是一种“音乐表演”吧，无论算什么都行，何必拘泥在已有的框框里哩！勇敢地创造，我看这就是他们的特征。

朗诵诗《火人的故事》真是一个动人心魄的节目。这是一首英雄的赞歌，它叙述了志愿军英雄们在火海中不惜牺牲自己，坚守了阵地，打击了敌人的英雄事迹。在铿锵、洗练、充满崇高的思想和火样热情的诗句中，表达了志愿军战士的革命英雄主义的宏伟气魄。这是一首带表演的、有单人朗诵也有集体朗诵的诗篇，还有音乐伴奏。这样的形式，我过去是没有见过的。他们为了表演这样一首壮烈的英雄诗篇，把诗、音乐和表演恰当地结合在一起，给观众以强烈的感受。这也是一种勇敢的创造。

他们演出的东北二人转……也有新的创造。它已不是孤零零的两个人在台上转，而是在二人之外还加了集体的歌舞，这对表演欢乐的节日气氛也是很恰当的。

从他们的演出节目里，我深深体会到，战斗的生活，对于艺术的创造来说，是何等的重要。如果在今天的艺术创作里看不到我们祖国欣欣向荣的新生活，看不见我们新时代人民的精神面貌，该是多么没劲！同样的，勇敢的创造精神，也是我们的艺术创造中需要大力发扬的。如果我们的艺术创作总是在既有的格式打圈圈，永不敢越雷池一步，观众不能在演出中获得一些艺术感受，翻来覆去老是那一套，也是泄气的事。

当然，并不是说他们的节目就完全是成功的了。他们的节目从艺术加工的程度上来说，自然还有许多缺点。但是，他们毕竟是业余爱好者的创作，不能过分苛求的。我们可以明显地看出，这些节目比起 1952 年会演的节目来，进步是显著的。

原载《人民日报》1959 年 6 月 15 日

丰富的色彩　独特的风格

——听民族乐队的演奏

最近听了中央广播民族管弦乐团和新影乐团民族乐队的联合音乐会。他们丰富多彩的节目，成功的表演，使我更清楚地感觉到：民族乐队音乐有着十分宽广的发展前途。

民族器乐在我国民间原是十分丰富多彩的。从潮州乐队、江南丝竹到北方吹歌，以及各种兄弟民族的乐队，无论从乐队的编成、节目内容和演奏风格来说，都是各不相同的。近年来，我们吸取外国乐队发展的有益经验，对民族乐队作了不少的改革，丰富了乐队的音色，改善了音律，扩大了音域和音量，使乐队的组织更加均衡和谐。所有这些，都对民族乐队音乐的发展起了积极的影响。但这并不是说，我们的民族乐队只有按照外国大交响乐队的发展方法来发展，才是唯一正确的道路。这次音乐会的成功，正在于它保持了我们自己的特色。

这次音乐会中有管乐合奏的吹歌，有管弦大合奏的改编与创作的乐曲，有琵琶齐奏，也有近乎室内合奏的节目。在管弦合奏的节目中，根据乐曲的需要，有时乐队大些，有时又小些，在乐队的编制上也各有特色。这些都说明了，民族乐队的形式可以是多种多样的。在不断丰富民族乐队的音色，力求音量的均衡的同时，各团体可以保持自己的独特风格，不同的乐曲可以有不同的乐队编制。这样才有利于民族乐队音乐的百花齐放。

我们的时代是一个伟大的时代，它需要宏大的音响，多样的色彩，这是不言而喻的。正因为如此，我们的民族乐队正在向大型乐队发展。这次两个团体的联合演出，也正是基于这种客观的要求。他们联合演出的《金蛇狂舞》确是取得了令人振奋的效果，《江苏民歌组曲》虽然在创作上有一些缺点，如各乐章的特色不显著等等，但有若干段落是创造了热烈的气氛的，有效果的。这类热烈红火的音乐是我们时代不可缺少的声音。然而同时，我们也很喜爱像《美丽的梭罗河》那样优美的声音，像《草原上》那样深刻抒情的音乐。这种节目多样、编制灵活和不同风格、不同特色的演出，是为听众所喜爱的，也是表演团体应该进一步发扬的。

原载《北京日报》1959 年 8 月 25 日

世界上最美最好的芭蕾舞艺术

正当我国人民欢欣鼓舞地庆祝建国十周年的时候，苏联国家大剧院芭蕾舞团和管弦乐队来我国访问演出，使我们有机会欣赏到世界上最美最好的芭蕾舞艺术，学习苏联艺术家们的先进经验，真是万分欣幸。

芭蕾舞剧这一艺术形式，原是在法国形成起来的。但是，尽管法国的作曲家和舞蹈家曾经对芭蕾舞艺术的发展作过重要的贡献，而芭蕾舞艺术的真正的发展和繁荣却是在苏联才得到的。苏联国家大剧院在芭蕾舞艺术的发展上，在苏联芭蕾舞学派的形成上，起着重大的作用，作了卓越的贡献。

苏联芭蕾舞艺术的高度发展，是和作曲家们积极地参与舞剧音乐的创作活动紧密地联系着的。伟大的俄罗斯作曲家柴可夫斯基创作的《天鹅湖》等几部舞剧，大大地促进了芭蕾舞在思想和艺术方面的提高。特别是《天鹅湖》一剧，由于它的音乐是那样真挚和深刻地抒写了人们对于生活的热爱，真实地刻画了剧中人物的精神世界，以及始终贯彻着的抒情动听的旋律，使之成为世界芭蕾舞音乐中的珍贵的瑰宝。十月革命以后，苏联的许多著名的作曲家如格里埃尔、阿萨菲耶夫、普罗科菲耶夫、哈恰图梁、卡拉·卡拉耶夫等，创作了不少优秀的舞剧音乐，使苏联的芭蕾舞艺术展现了无比繁荣的景象。苏联的芭蕾舞音乐，继承着柴可夫斯基所确立的俄罗斯古典舞剧音乐的优秀传统，在社会主义现实主义创作原则的光辉照耀下，在作品的思想性和艺术性方面都有着极大的丰富和发展。特别引起我们的兴趣的是：苏联作曲家在根据各种民间故事、童话及古典文学名著创作舞剧音乐的同时，还在历史革命题材和现代题材的舞剧创作上取得了显著的成就。这无疑地对芭蕾舞剧艺术的革新和发展会起着深刻的影响。这次苏联国家大剧院芭蕾舞团在我国演出的《雷电的道路》就是一部现代题材的作品。作曲家卡拉·卡拉耶夫在这部作品中运用了南非民间音乐的材料，以鲜明的色调，热情地歌颂了人们为反对殖民压迫和种族歧视、为争取自由幸福所作的英勇斗争。这一作品，不仅在今天的国际斗争中具有巨大的现实意义，而且对我们破除迷信，努力发展现代题材的芭蕾舞剧给了良好的启示。

苏联芭蕾舞艺术的光辉成就，显示了苏联舞蹈艺术家们在发展芭蕾舞艺术上进行的卓越的创造活动。我们都知道，柴可夫斯基的《天鹅湖》在第一次上演时，并没有获得应有的成功，原因就是那次演出的编导和演员都还没有能够揭示作品的精神实质。只是到后来，经过那些杰出的舞蹈艺术家的创造，才使这部不朽的作品得到完美的体现。特别是在十月革命以后，由于芭蕾舞大师乌兰诺娃的卓越的创造，使这部作品得到了最深刻、最动人的表现。以乌兰诺娃为代表的苏联芭蕾舞表演学派之所以在世界舞蹈艺术中占有崇高地位，主要在于他们是以优美生动的形象去揭示音乐的丰富的内容，使舞蹈、音乐和美术融合成浑然无间的整体。当我们看乌兰诺娃主演舞剧《吉赛尔》的时候，她的每一个细微的动作都是那样精确地和音乐相吻合，而且那样真实地表达了人物的内在精神。特别是在吉赛尔发疯的那一段中，乌兰诺娃的深刻动人的表演，实际上已超越了音乐的成就，使原曲得到很大的丰富和提高。当我们看组舞《仙女们》的时候，那些我们所熟知的肖邦的乐曲却给了我们几乎是全新的感受。在和芭蕾舞结合起来时，那些音乐的丰富的内涵被深刻地揭示出来。通过这些芭蕾舞的演出，使我们深深地惊异和敬佩苏联芭蕾舞艺术家们的高度的音乐艺术修养和卓越的音乐才能。

从苏联国家大剧院的芭蕾舞演出中，我们深切地感到这个艺术创造集体的巨大生命力。这个拥有众多的卓越的艺术家的团体，他们在艺术创造上的合作关系给我们做了良好的榜样。在具有高度修养和丰富经验的乐队指挥法耶尔的领导下，乐队和舞蹈家紧密地配合起来，共同创造了完美的艺术。乐队的演奏不但准确地配合了舞蹈的动作，更重要的是充分地表达了音乐的感情，大大地有助于演员的创造性的发挥。舞台美术家们的设计也是那样充满诗意和富于音乐性。

感谢苏联国家大剧院芭蕾舞和管弦乐队给我们这些难忘的演出，我们从他们的演出中学习的不只是芭蕾舞音乐而已。他们的创作原则和实践经验，对我们的全部音乐文化都将起着重大的影响。

原载《人民音乐》1959 年第 11 期

谈歌剧《两代人》的成就

乌鲁木齐铁路局文工团演出的歌剧《两代人》，是我国新歌剧创作的一个可喜的收获。这是在我们的舞台上第一次出现反映维吾尔族人民的生活和斗争的大型歌剧，同时也是一部成功地表现了维吾尔族和汉族两族人民的兄弟友谊和坚如磐石的团结的歌剧。这部歌剧虽然是由汉族文艺工作者创作和演出，并且是用汉语演唱的，然而，它是那样真实和生动地反映了维吾尔族人民的生活风俗习惯和精神面貌，从剧本和音乐的创作，到导演的处理和演员的表演，都有着鲜明的维吾尔族风格，浓郁的维吾尔族生活情调。这部歌剧的成功，为我们创作更多反映兄弟民族的生活和斗争的新歌剧，为创造和发展兄弟民族的歌剧艺术，都提供了十分可贵的经验。

看过这部歌剧的人，都曾经为它深深地感动。这真是一部感人的歌剧！而在它所有的感人的东西中最使人感动的，就是那在斗争中用血和汗凝结起来的维吾尔族和汉族两族人民亲似骨肉的情谊，就是那些决心为我国各族人民的共同解放与共同幸福而献身的战士们的共产主义精神。当我们看到共产党员赵彬在敌人的威逼和利诱面前英勇不屈、为维吾尔族人民的解放事业而慷慨就义的时候，我们怎能不为之感动呢？当我们看到维吾尔族老人阿瓦甫冒着生命的危险，从狱中救出了赵彬、李华两人的孩子小星星，并且不辞辛劳地细心抚育着这个革命后代的成长的时候，我们怎能不感动呢？当我们看到17年前死里逃生的李华为修建兰新铁路而重入新疆，知道青年艾依江就是自己离散了17年的儿子小星星，但为了完成登山开路的艰巨任务而宁愿克制自己的感情，暂时不予说明，勇敢地把自己的孩子献给维汉人民的集体事业的时候，我们又怎能不为之感动呢？在这些地方，使我们深受感动的并非那离合悲欢的情节本身，而是在这些情节中展示出来的英雄们的高贵的品质，是建筑在坚固的阶级感情基础之上的维汉两族人民的兄弟友谊，并使我们深深体会到，这样的友谊，只有在中国共产党的领导之下，在共同的斗争中，才得以迅速地成长、发展和深化起来的。

歌剧《两代人》的成功，也正在于它不仅具有动人的情节，而且在这些情节中，在人物的具体行动中，塑造了一系列生动的光辉的英雄形象。剧中共产党员赵彬的形象是以精练的笔法勾勒出来的。在“狱中”一场简短的戏剧情节中，赵彬的那种临难不屈、临危不惧、沉着坚定的革命者的风度，有着突出的表现，给人们留下了深刻的印象。歌剧的音乐在刻画赵彬的形象方面也起了一定的积极作用。唯一感到遗憾的是赵彬的独唱部分显得有些薄弱，还未能真正揭示出人物精神的崇高和丰富的内容。如果赵彬独唱的音乐能写得更有深度一些，这个人物必将放出更强烈的光辉，给人以更深刻的印象。

在整部歌剧中，李华的形象是得到充分的描绘的。特别是后半部分，也就是歌剧的主要部分，李华作为一个工程队党委书记的形象是刻画得很成功的。她为民族地区的建设事业勤勤恳恳地工作的精神，乐观坚定的气概，深入细致、关心群众的作风，都有着充分的表现。她的形象在音乐上也有更大的开展，许多地方获得了极其动人的效果。维汉两民族音乐的音调在她的独唱部分得到有机的结合。第二幕里，当她重新来到阔别 17 年的新疆，出场后就唱了一段十分动人的独唱。在这段音乐中，维吾尔族音乐的音调成分是比较重的，但是这一点也没有减弱这位汉族干部生动性和深刻性的形象，相反倒是加强了对于形象的描绘。因为当她重新来到新疆的时候，或是回忆过去，或是展望将来，她的思想、感情，都是和祖国的新疆，和兄弟的维吾尔族人民密切地联系在一起的，所以在她的音乐中具有较多的维吾尔族音乐的音调，正好体现了这位献身于维吾尔族人民事业的战士的崇高的精神境界。此外，如在艾依江驱车登山时，她和维吾尔族群众所唱的曲调也是相同的，也正好表现了她和维吾尔族群众对艾依江的共同关切。所有这些都表明了，作者们在李华的独唱中引用一些维吾尔族音乐的音调，绝不只是为了在形式上求得音乐色调的一致而已，更重要的还是为了能够更深刻地揭示人物内在的精神世界。与此相反，当音乐要求表现李华回想当初离开延安、按照党的指示来为维吾尔族人民的解放事业而斗争的时候，音乐中就出现了汉族地区典型的群众歌曲的音调，同样也是为了能够更真实地表达人物的思想感情。维汉两民族音乐的音调，在李华的独唱部分中得到有机的结合，有许多段落，都能很好地运用传统戏曲和新歌剧音乐创作的经验，给音乐作了戏剧性的开展。这些都对人物的刻画起了很大的作用。在李华的形象描绘中，比较感到不足的是在狱中母子分离的场面把母子关系强调得略多了些，对李华这样一个坚定的革命者的形象多少有些损伤。

歌剧中极其成功地塑造了维吾尔族老人阿瓦甫（阿西姆）的形象。这是一个热情豪爽和富于风趣的老人，体现着维吾尔族人民的优秀品质和性格特征。从他以勇敢和机智从狱中救出小星星起，通过他对这个革命后代的无微不至的关心和爱护，以及他对祖国建设事业的热情，始终贯串这位老人对革命事业的忠贞。而这又是和他的热情爽朗和富于风趣的性格紧密地结合在一起的，所以他能给我们留下极为生动的深刻的印象。音乐的创作给了这位老人以生动的描绘，从他开始出现在舞台上的时候起，他的性格就在他的歌唱中显现了出来。维吾尔族音乐中那种活泼生动并带有宣叙性特点的曲调，如第一场中穿插在群众合唱中的那些独唱部分，对这位生气勃勃的老人作了有力的刻画。另一方面，维吾尔族音乐中那种热情而质朴的抒情性曲调，则动人地表现了这位老人深挚而朴素的阶级感情。如第二幕中他要艾依江休息时唱的那一段亲切而充满爱抚的独唱《睡吧，我的小马驹》，以及第三幕中他说出艾依江就是17年前救出的革命后代时所唱的一段感情激动的独唱，都因为很好地运用了维吾尔族音乐中抒情的音调而获得了极大的感人力量。由于音乐创作上从上述两个方面充分发挥了维吾尔族音乐的特点，所以能够较全面地揭示了这位老人的性格特征，给人以生动和深刻的印象。

作为战斗在祖国边疆的两代人中新的一代的艾依江，在歌剧中占有重要的地位。歌剧在刻画艾依江的活泼、热情和勇敢等方面都获得了相当的成功，特别是第三幕即将驱车登山时的一场戏中，表现得比较突出。但是和前面几个人物比较起来，艾依江的形象造型上还存在一些弱点，这主要表现在第二幕第二场的一场戏中。在这场戏里，艾依江是在别人驱车登山失败之后，连夜检修机器，决心战胜困难，完成登山开路的艰巨任务。这场戏对于刻画艾依江的形象，展示他的精神世界，应该说是有着很重要的意义的。但是在这场戏里作者们却没有给他安排一个有分量的独唱，一段能够抒写这位青年英雄人物的思想感情的音乐，因而就没有能够更集中地、突出地表现出这充满着共产主义精神的青年一代的优秀品质。

除了上述几个重要人物之外，歌剧《两代人》还创造了许多生动活泼的维汉两族青年工人的形象。如工程队的队长，工人二楞、阿依尼莎等等，都给人留下深刻的印象。在这些人物中，有一些人物戏并不多，但由于他们在各种具体行动中的表现，往往只是由导演的精心的处理和演员生动的表演，却给观众留下了令人难忘的形象特征。这些都表明了文工团的同志们在深入观察和了解维汉人民的生活方面的努力和成就。

从歌剧《两代人》在塑造形象方面的成就和某些不足之处看来，创造具有充分说服力的男性青年英雄形象，确实还是一个难题。赵彬和艾依江的形象上的某些弱点，并不完全是由于作者们对人物的理解不足，较多的是由于我们在如何用音乐去刻画男性青年英雄方面缺乏经验的缘故。然而生活本身却在迫使我们不得不去解决这个问题，我们的歌剧舞台上不仅应该出现刘胡兰等英雄，也应该出现黄继光、董存瑞等英雄，而且也应该用具有充分说服力的音乐去表现他们。在这方面，我们的经验应该说还是不够充分的，至少是不像写女性英雄那样充分。这就需要我们在这方面作更多的努力，大胆地去摸索和创造。歌剧《两代人》的创作，如果在现有的基础上再作进一步的努力，将会丰富和发展我们新歌剧创作刻画男性青年英雄人物的经验。

乌鲁木齐铁路局文工团到新疆去才两年的时间，就对新疆维吾尔族人民的生活以及音乐艺术传统有了如此深切的了解，从而成功地创作了这部真实地反映了维吾尔族人民的生活和斗争、表现了维汉两族人民兄弟般的团结关系的歌剧。这是毛主席的文艺思想的胜利，是他们深入生活改造思想的重大收获。歌剧《两代人》的创作和演出，对于我们新歌剧艺术的发展，做出了很有意义的贡献。

原载《文艺报》1960年第9期

歌颂我们英雄的时代

中央音乐学院最近在北京演出了该院同学集体创作的两大合唱:《为了六十一个阶级弟兄》和《英雄少年刘文学》。3月间这两部作品就曾经演出过，这次的演出又作了若干修改。这两首大合唱的创作和演出，是我们音乐生活中一件十分令人兴奋的事情。因为它表明了音乐创作是能够很迅速地反映我们时代的新英雄，新事件的。关键问题在于音乐工作者是否有干劲，是否解放了思想，是否依靠党的领导和相信集体的力量。

许许多多表现了伟大的毛泽东时代人民群众的共产主义精神空前高涨的英雄事迹，给我国人民以深刻的感动和教育，也激发了这些青年的音乐学生们的创造热情。这两部大合唱，都是在学院党委的领导下，发挥了冲天的干劲和大协作的精神，经过日夜的奋战，在短短几天的时间里完成的。党委的亲切关怀，教师的热心帮助，全体同学的集体主义精神和干劲，保证了从创作到演出的整个过程能以高速度来完成。他们没有歌词，就自己动手创作；他们有的还刚学作曲，也勇敢地尝试写这样大型的作品。创作者定出了完成的时间，演出者提出了保证，附中的少先队员们也放弃了休息，整个学院热情沸腾。共产主义风格在青年学生中间发展起来了，它表明了在我们党的教育方针指导下，教育革命的辉煌胜利。

这两首大合唱虽然都不免还有某些缺点，但是它们都表现了作者们对于共产主义新事物的高度热情，以及他们对于英雄人物的崇敬。

抢救平陆六十一个阶级弟兄的事件经过，原是富于戏剧性情节的。但是，《为了六十一个阶级弟兄》的作者们并没有把他们的注意力放在情节的戏剧性描写上面，而是抓住这一事件的几个重要环节，通过它们表现出一人有事万人帮，一地有事全国帮的共产主义风格；并且在这几个环节中着重表现了人们的精神而不是事件的外表，最后引到对党和毛主席的歌颂。这样的创作意图使这一作品获得了相当的成就。

在这首大合唱中，感人最深的是“党，再生的爹娘”一段。这段音乐吸取了陕北民歌的音调，写得朴素、恳挚而动人，恰当地表现了被救民工对党的感激心情，也是全国人民对党的感激心情。最后的一段颂歌“伟大的党”，虽然像有的同志所说的在音乐的陈述方式上还有些不够民族化，但它的热情却是充沛的，也还能给人以鲜明的印象。此外，描写夜渡黄河的那段船夫曲，也是充满热情和力量的，只是在深度上略嫌不够些。

从总的方面看，这首大合唱撇开了情节的描叙，而着重去写人们的精神方面，这是应该肯定的。但是在写人们的精神方面的时候，有的段落由于缺乏一些具有特性的感情描写，因而减弱音乐的生动性和感染力，比较突出的是写人民空军夜航投药的一段，用一首进行曲来表现，就未能深入和生动地表现人民空军为了抢救阶级弟兄而克服山区夜航的种种困难的沉着、坚定和英雄气概。如果这些不足之处经过一些修改，当能使这一首作品获得更大的成功。

《英雄少年刘文学》是该院作曲系一年级同学的集体创作，他们虽是初学作曲的学生，但在这一大型作品的创作中却取得了突出的成就。整个作品的音乐写得朴素而有朝气，自然中洋溢着热情，切合少年的情态，比较有力地表达了对于英雄少年的歌颂。这一作品写得最动人的地方，是描述刘文学不惧地主的威胁而勇敢地和地主搏斗以至牺牲的一段，以及最后的颂歌部分。在前面那一段中，恰当地引用了少先队队歌的曲调，刻画了这位英雄少年的崇高的精神。这两部分都取得了异常感人的效果。

这首大合唱中比较弱的一部分是描写刘文学的生活和性格的独唱部分。虽然这部分的演唱也要差些，但就创作本身来说，也还没有能够把刘文学的性格和精神更生动、更鲜明地刻画出来，还没有更深地揭示这位少年英雄的精神面貌。如果在这一部分能够把刘文学写得更生动些，首先在听者心中留下亲切可爱的印象，那么，后面他和地主搏斗以至牺牲的描述，必然会获得更大的感人力量。

总之，这两个作品虽然还有个别不足之处，但都对这些英雄事迹作了不同程度的真实反映，特别是都能比较突出有力地表达了作者们对待这些充满共产主义精神的事件的高度热情，以及对党和毛主席的爱戴，对社会主义制度和共产主义的坚定信念。

特别重要的是：通过这两个作品的创作和演出，使我们清楚地看到了音乐学院的青年同学们对共产主义事业的热情，以及对音乐工作的新态度。过去那种把音乐事业作为个人谋取名利的事情的思想已在逐渐消灭，而把音乐作为全民的事业、集体的事业、革命的事业的新观念正在迅速地成长。正是这样，他们才会有那样冲天的干劲，在很短的时间内完成创作和排练的任务；才会有那样做自己还不曾做过的事情的勇气；才会有那种主动地帮助别人的共产主义协作精神；也正是这样，才不用“一鸣惊人”的态度来对待创作，而是相信集体的智慧和力量，在集体的讨论中提高作品，并把作品放在更多的听众的面前去请他们批评，吸取他们的意见进行修改。从这里我们可以看出伟大毛泽东时代的音乐青年是怎样从这些动人的英雄事件中受到深刻的教育，取得音乐创造的灵感和力量的源泉。这些创作的完成，依靠群众的集体力量，音乐创作也能以更大得多的速度跃进。同时也证明了，音乐创作是能够迅速反映我们伟大的时代，而且也应该迅速地反映这个伟大的时代。

原载《人民日报》1960 年 6 月 11 日

具有民族风格的歌剧《红珊瑚》

在我们百花争艳的歌剧舞台上，新近又添了一支劲旅、一朵鲜花，这就是海军政治部文工团歌剧团和他们演出的新歌剧《红珊瑚》（赵忠、钟艺兵、林荫梧、单文编剧，王锡仁、胡式平作曲，赵忠、柯彤、林荫梧、单文导演）。这部歌剧的演出，获得了比较出色的成绩，受到了观众普遍的赞扬，它是我们新歌剧艺术创作中一个令人高兴的新成就。

歌剧《红珊瑚》的突出的成就，首先就在于它的革命的现实的内容。这部歌剧写的是我人民海军解放沿海岛屿的故事。

在沿海的一个小珊瑚岛上，摇摇欲坠的国民党反动派和当地的渔霸相勾结，残酷地压迫渔民，剧本通过一个渔民的女儿——珊妹的被压迫、被欺凌的故事，揭示了渔民们无以为继的生活，同时表现出他们不畏强暴、勇于反抗、盼望解放的心情。渔民和渔霸之间的斗争是尖锐的。渔霸七奶奶虽然感觉到末日就要到来，仍然不肯放弃她那吸血的生活，渔民们走投无路，但觉悟参差不齐，还不能立刻就联合起来反抗渔霸，正在这个时候，我们人民海军的一位英勇机智的侦察参谋来岛上侦察，便抓紧时机积极发动群众起来向渔霸和国民党展开斗争，配合人民海军部队的进军，胜利地完成了解放沿海岛屿的任务。剧中比较成功地写出了珊妹、王永刚、老德顺、七奶奶等人物的形象。通过这个故事，深刻地说明了在中国共产党领导下的中国人民解放军的战无不胜的无穷力量的源泉，就在于我们的人民解放军是具有高度革命自觉的军队，他们对人民解放事业怀着无限的忠诚，他们具有为革命不避艰苦不怕牺牲的崇高品质；在于他们紧密地依靠人民群众，相信人民的力量，积极发动群众，组织群众斗争，他们和人民群众有着血肉不可分的亲密关系。这个故事也说明了被压迫的人民群众，在党的教育和领导下，提高了觉悟，加强了组织性，他们的革命斗争的勇气和信心就会无比地增长，成为多么强大的力量；说明了正义的人民革命战争，必然得到广大群众的支持，必然获得胜利。这部歌剧的演出，无疑地对部队战士和广大人民群众都具有现实的教育意义。它使我们在重温解放沿海岛屿的斗争故事中，增强了对美帝国主义和蒋介石匪帮的憎恨，也激发了我们的战斗意志，鼓舞着我们为加速祖国的社会主义建设，巩固国防，和进一步加强解放台、澎、金、马的斗争而做更大的努力！

歌剧《红珊瑚》的突出成就，不仅在于它具有革命的新内容，同时也在于它在艺术的创造上作了大胆的有益的尝试，在歌剧创作进一步民族化的道路上取得了重大的新的成就。这部歌剧，比较全面地继承和发挥了民族戏曲的优秀传统，从文学脚本到音乐的创作、导演的处理、演员的表演，以至舞台美术设计等，都广泛地吸取了传统戏曲的艺术表现方法，有许多新的创造。这就使整部歌剧获得了统一和谐的形式和鲜明的民族风格，给观众以亲切的感受。歌剧《红珊瑚》的艺术创造者们用自己的实践又一次地证明了：我们的新歌剧是能够在我国民族戏曲的优秀传统的基础上开创一条崭新的艺术道路的。

在 1952 年第一届全国戏曲观摩演出大会的时候，周扬同志就曾经号召新歌剧工作者们要努力地认真地向我国原有的各种戏曲学习，他指出：“只有当新的音乐工作者在整理民族戏曲艺术遗产的工作中累积了一定的经验之后，新歌剧的创造才有真实的可靠的基础……”周扬同志的这一指示，得到了很多新歌剧工作者的拥护。但与此同时，不仅有一些存在着浓厚的资产阶级思想的人对这一方针抱着怀疑的态度，还有人公开起来反对它。诬蔑这是一个“保守的”方针，说它是“以戏改代替新歌剧”，并且针锋相对地提出了所谓“以音乐为主”的“格林卡道路”；主张把我们民族戏曲的优秀传统当作为“落后的”东西予以摈弃，完全按照欧洲歌剧的格式来“创造”我们的新歌剧。因为有这样的情况存在，尽管有不少同志坚持了正确的道路，取得了不少成绩，但同时也不能不影响到整个新歌剧创作的发展，使新歌剧的创作在那一段时期中未能取得应有的显著的进展。1957 年的新歌剧座谈会，扫除了新歌剧前进道路上的障碍，进一步明确了新歌剧创作的努力方向，把广大的新歌剧创作的力量解放了出来，使新歌剧的创作迅速出现了新的繁荣的局面。许多优秀的新歌剧不断地产生，他们都在新歌剧的民族化方面作了许多大胆地尝试和创造，具有了愈来愈鲜明的民族风格和群众风格，不断地把新歌剧创作的民族化推向前进。歌剧《红珊瑚》就是在这样的新形势下取得的一个新的成就。

歌剧《红珊瑚》的文学剧本创作的显著特点和成就，是它的曲折动人的情节和生动优美的剧词。富于戏剧的情节性，是我们戏曲创作的一个优秀的传统，也是我国人民喜爱和习惯的一个传统。歌剧《红珊瑚》的剧本创作正是继承和发扬了这一优秀的传统，它的曲折动人的情节，丰富的戏剧动作，始终吸引着观众，使他们在整个戏的演出时间内毫无倦意，可以说是一个很大的成功。值得注意的是，这些曲折的情节，尽管其中还有某些需要改进之处，但从主要的方面看，它们是从参与这些事件的人物的性格和品质中生发出来的，因而也是合乎逻辑的。例如，当反动的保长去珊妹家搜查时，珊妹为了掩护王参谋挺身而出的情节，是和珊妹的坚强性格紧密联系的。紧接着，珊妹之所以能以养伤为名而免于再陷敌手的情节，则是和更夫老德顺能够利用敌人内部的矛盾的机智性格相联系的，等等。正因为这样，歌剧《红珊瑚》的情节虽然曲折奇异，却没有陷于片面地追求离奇情节的弊病，所以能够引人入胜。此外，在戏剧的结构上，作者也很好地运用了传统戏曲的有益经验，抓住每一场戏的中心，集中一些主要的场面，尽情地予以发挥，充分地刻画人物的内心活动，突现人物的性格。这样就使得它的曲折奇异的情节有了充实的内容，有了一定的生活的深度。歌剧《红珊瑚》的这些地方，正是它的成功之处。其次，我们不能不留意到这部歌剧在剧词写作上的成就。歌剧的词，应该是很好的文学创作。但以往有某些歌剧在这方面没有予以应有的注意，或者是缺乏必需的音乐性和诗意，或者是夹杂了许多陈词滥调。《红珊瑚》的剧词没有这方面的缺点。它的许多唱词富于音乐性，适于谱曲和演唱，而且优美动人，有深度，有诗意，不落俗套。珊妹的几段较长的独唱，对于深入揭示人物的精神面貌起着很大的作用。剧中的许多对白，写得也很熟练准确，能够突出地表现人物的个性，而且往往能在简单的对白中包含着深刻的生活内容和思想意义。在这些方面《红珊瑚》是继承了某些优秀的戏曲剧本的优点的。

歌剧《红珊瑚》的音乐，也是多方面地吸取了传统戏曲的良好经验，在歌剧音乐的民族化方面作了较为广泛的尝试与创造。它的音乐，除了个别场面采用了民歌（如渔民号子）之外，主要是以河南地方戏曲音乐为素材并吸收了其他地方戏曲的一些因素来进行创作的。在歌唱部分，作者不仅运用了戏曲音乐中拖腔的表现手法和富于戏剧性结构的板腔发展手法，还吸取了欢曲帮腔的经验来创作合唱。在伴奏部分，作者贯串地使用了打击乐器，并且吸取戏曲伴奏“托腔保调”的经验来进行创作，同时也发挥了音乐在戏剧发展中的作用。这几方面的努力结合起来，就使得整部歌剧的音乐具有了统一的和谐的形式和鲜明的民族风格。其次，歌剧的音乐在刻画主角珊妹的性格方面也有着显著的效果。珊妹的几段较长的独唱，唱腔上有着较细致的刻画，曲调热情、优美、动人。特别是有几段加入合唱，作为帮腔，不仅增强了气氛，尤其是深入地描绘了珊妹的思想感情，使珊妹这一人物的精神面貌更加突出、深化，取得十分动人的效果。在这部歌剧里，不仅作为帮腔的合唱部分具有鲜明的民族风格，其余的合唱也都很有特色。《返岛》一场中，保长孙富贵要将珊妹捆走时，珊妹和渔民的合唱就很好地运用了和珊妹的唱腔相同的音调，有着深切的感情。同一场开始处渔民号子的合唱，不但恰当地暗示了这一场戏的情节的背景，更重要的是预示了这场戏的中心是在黑暗的年月里趋向觉悟的渔民群众。此外，第一、二两场间的合唱的运用也有着特殊的效果。这首合唱只是短短的四句歌词：“强逼阎王债，钱比钢刀快，渔霸杀人不用刀，生劈骨肉两分开。”它既起着情节和情绪上的连锁作用，也在感情上给人以强烈的感染力量。此外，在伴奏乐队的运用上也有许多很成功的地方。这些都是歌剧《红珊瑚》在音乐创造上的可喜的成就，它在帮腔合唱上的新尝试特别值得我们注意。

歌剧《红珊瑚》在演出方面努力追求民族化的道路，也取得了显著的成就。演员的动作、身段，都取得了戏曲的特点；并且适当地运用了一些程式。几个主要演员的动作，都能够突出地表现人物的性格，而且干净利落，准确优美。在演唱上，一般地都能够准确地处理语言和表达音乐的感情，演珊妹的晓军同志和演渔霸七奶奶的张燕影同志，则较男演员更突出些。导演在整个戏的处理上，也大量地吸取了戏曲的手法。特别精彩的场面，如《纵海》就是在表现新的生活内容时很巧妙地运用了某些戏曲的优秀的表现形式，而且作了适当的发挥；此外，在处理孙富贵、七奶奶等人物时，既学习了传统戏曲的经验，又有所突破和创造，给观众留下很深的印象。可以看出，从编剧、导演到演员都是花费了很多心血的。

以上就是歌剧《红珊瑚》的突出成就。可以明显地看出，这部歌剧不仅有着革命的新内容，而且在新歌剧民族化方面更广泛和深入地进行了大胆的尝试和创造，取得了显著的成就。整部歌剧具有着鲜明的民族风格。它是我国社会主义民族新歌剧创作的一个可喜的收获。当然，任何一个新的尝试和创造都不会是一下子就能够没有缺点、没有问题的。相反地，正因为它是一种新的尝试，是在探索一条新的途径，所以不可避免地要碰到一些前进中的新的困难和问题，需要通过不断的努力来求得解决。歌剧《红珊瑚》的创作正是这样的。

我们说歌剧《红珊瑚》的突出成就是在于它的革命的新内容和坚持了歌剧民族化的道路。也就是说，它在很大的程度上取得了这两个方面的统一。但是这个戏也还有它的不足之处，这主要就是它还没有完全地解决这两方面的矛盾。许多人在看了这个戏之后有这样的感觉：它既使你感到亲切，但似乎又有一点距离。其所以会感到亲切，是由于它的生活内容和熟悉的艺术表现形式。其所以会感到似乎有一点距离，主要恐怕是由于新的生活内容还没有得到完全和它相适应的表现形式。这种情况主要表现在几个主要英雄人物的刻画和群众情绪的表达方面。珊妹是一个在尖锐斗争中成长起来的英雄，虽然她从剧的开始处就已表现出“生不告饶，死也不低头”和“风吹浪打，宁折不弯”的坚强性格，但是在王参谋到珊瑚岛之前和以后，她的性格是应该有所发展的，她的精神状态是应该有所变化的。在后半部分，虽然斗争是尖锐复杂的，但她的性格无疑要趋向于更加明朗、坚定和有信心。然而在剧本和音乐的创作上，抒情性有余，革命的精神则感到不足。在音调上感到比较缺乏一些明朗和乐观的气质。例如《审妹》那一场，开始的时候，珊妹在监押中的一段独唱，那抒情的曲调就多少带有一些感伤的情调；后面受审的独唱，在表现坚强性格的曲词中，悲愤的情绪重，而乐观坚定的精神较少。这里面既有一个对于英雄性格的理解问题，也有一个如何去寻找更确切地表达英雄人物的新的精神面貌的音调的问题。王参谋在这部戏中是贯彻党的思想的唯一人物，但在整个戏中他的作用还没有得到充分的发挥。从音乐上看，他的唱腔过多地和珊妹的音调接近，没有鲜明的个性，特别重要的是他的音调中比较缺少刚毅沉着的风格，显得不够有力。再以表现群众的合唱部分来看，前面曾经提到过幕间合唱和渔民号子都写得很好，是的，写得很好。但它们主要是表现悲愤的情绪的。像开始的合唱序歌和结尾的群众胜利的合唱，就没有能够充分地表现出人民海军和渔民群众的强大力量和英雄气概。从这些地方可以看出，这部歌剧在吸取传统戏曲的表现手法来进行创作时，能够比较恰当地表现一些反面人物的形象以及正面人物处于压抑下的感情。而在表现正面人物的新的精神品质方面还未能取得十分满意的成就，还需要作进一步努力去加以克服。而要克服这方面的不足，不仅要善于根据新的生活内容的要求去革新传统的艺术表现手法，同时也很需要进一步深入学习和了解传统的艺术表现手法，善于从它们中间发掘出适于表现革命的生活内容的因素，也就是要在更深更广的传统的基础上作更大胆的革新。

在剧本和演出方面，《红珊瑚》也存在着一些明显的缺点，主要是对于这一段斗争生活的实际内容表现得不够充分，剧作者和导演们过多地考虑到歌剧表现形式上需要精练和单纯，因而把一些必要的斗争生活的复杂内容也舍弃了。所以，现在有情节过于曲折而内容显得单薄之感。演出上也有过多斟酌形式，在形式上雕琢过多的毛病，注重内容不足；有些处理是把传统形式和新的生活内容比较妥切地糅合在一起了，而有些地方则着眼于戏曲形式的运用，而忽略了内容。当然，这在歌剧如何继承传统戏曲形式以及表现现代生活的戏曲演出中间，都是不可避免的缺点。在一种尝试的过程中，我们不能要求过高，只有在不断的努力实践中，才可能把内容和形式结合得更好。

总之，歌剧《红珊瑚》的演出是比较成功的，他们的成就是值得我们衷心祝贺的。他们之所以能取得这样大的成就，一句话，是他们的路子走对了。至于尚存在的一些不足之处，相信他们在今后的演出实践中，通过不断的改进，一定能够迅速地趋于完善。我们为歌剧舞台上新添的这一支劲旅，一朵鲜花而高兴！

原载《戏剧报》1960年第21期

看歌剧《望夫云》所想到的两个问题

郑律成同志的歌剧新作《望夫云》，我只看过一次演出，没有研究过总谱，当然没有资格对它的得失作全面的中肯的评价。这里只是根据一次观摩所得的粗略印象，对歌剧音乐创作的个别问题作一些不成熟的探讨，以求教于作者和同好。

一、关于“从头唱到底”的问题

歌剧《望夫云》的音乐创作，所采用的正是一些同志所说的“从头唱到底”的形式，或者较确切些说，是采用欧洲“正歌剧”的形式。在近年的新歌剧创作中，似乎还没有人作过这样的尝试。

我们的新歌剧是一门年轻的艺术。过去这些年来，歌剧作曲家们在歌剧形式的创造上曾经作了多方面的尝试，也摸索出了一些经验。但是也还有一些可能有的形式没有人去试探，在解决歌剧形式问题的若干有关方面我们还缺乏经验。因此，在我们的歌剧作曲家面前，就有着发挥其创造性的广阔天地，可以去尝试任何一种新的形式，只要这种形式有助于表现我们时代的生活和思想，有助于加强歌剧艺术和人民群众的联系，这种尝试的努力就是有益的。从这样的观点出发来看歌剧《望夫云》的音乐创作，无论它有没有缺点，作为一种新形式的尝试，是有其积极意义的。

曾经有人认为，只有欧洲的正歌剧形式是唯一的歌剧形式，而把我们的新歌剧一概斥之为“话剧加唱”。这当然是错误的。我们反对这种看法，但是并不因此就反对有的作曲家可以采用欧洲正歌剧的形式来创作新歌剧，也不因此就忽视在过去一部分新歌剧创作中存在的某些对歌剧音乐结构和说与唱的关系处理不当的缺点（有些同志提出的“话剧加唱”的批评正是针对这部分缺点而言的）。我们的新歌剧应该有多种多样的形式，把欧洲正歌剧的形式移植进来，通过我们的创作而逐步地使它民族化，这对于我们新歌剧形式的多样化发展是有好处的；在解决新歌剧的音乐结构问题上，从欧洲正歌剧的优秀传统中吸取有益的经验，采用“从头唱到底”的办法来解决说与唱的矛盾关系，也不失为一条可行的路子。

歌剧《望夫云》的音乐创作，在处理音乐结构的尝试中包含着多方面的内容，而不是一个“从头唱到底”所能概括。但是我在这里只想就这个问题发表一点个人的看法。

在我国的传统戏曲中，完全废弃道白而纯用歌唱的形式几乎可以说是绝无仅有的；相反地，在欧洲十九世纪的正歌剧中，插入没有谱上旋律的说话的实例也是很少的。这两种歌剧形式，一个不废弃道白，一个却不要道白，看来几乎是截然不同的，甚至是不兼容的。但是，它们却有着若干共同的经验，相通的原则。它们都是根据使歌剧艺术更好地反映生活和具有完整的形式的要求，解决着歌剧形式中的“说”和“唱”的关系问题，只是各自所采取的方法不同而已。

在欧洲正歌剧中，有咏叹调、宣叙调、咏叙调等不同的独唱形式。咏叹调是“唱”，宣叙调是谱上切近口语的旋律的“说”，咏叙调则是有“说”有“唱”的。由此可见，欧洲的正歌剧虽然可以说是“从头唱到底”的形式，但它却是把“说”和“唱”两种性能不同的形式作有区别的运用的。在我国的传统戏曲中，有旋律性强的唱腔和接近语言自然音调的唱腔，具有一定旋律的念诗和念引子，以及具有节奏与韵律的韵白和洗练而自然的说白等念白的形式。这些层次不同的“说”和“唱”的形式的运用，说明我国传统戏曲虽然并不废弃念白的形式，但它的念白却是经过不同程度的音乐化的处理而纳入歌剧音乐的总结构的。由此可见，欧洲的正歌剧和我国的传统戏曲虽然形式不同，但它们的经验却有彼此相通之处。它们都要求歌剧有协调一贯的音乐结构，同时也不忽视“说”和“唱”两种形式的不同的表现功能。

歌剧《望夫云》的音乐创作，有许多精彩动人的地方。但从总的音乐构成上看，似乎是“唱”的多了一些，而对于“说”的运用则显得不够。除了少数“对话”的旋律具有宣叙调的性质之外，绝大多数的独唱旋律都是富于歌唱性的，这样就不能充分发挥歌剧音乐中“说”与“唱”互为对比、相得益彰的作用。结果是使那些精彩动人的唱段反而没有能够达到它所应有的效果。其所以会如此，我觉得并不是由于作曲家不理解欧洲正歌剧中的咏叹调和宣叙调等形式的表现性能和它们在歌剧音乐总构成中的地位和作用，而可能是由于作曲家在追求一种富于浪漫色彩的浓厚的音乐气氛时对“唱”的因素作了过多的强调，以及对歌剧宣叙调的创作的艰巨性缺乏足够的估计，没有投入较大的力量去解决宣叙调创作中存在的实际困难所致。

自然，一部歌剧创作能否获得成功，它的咏叹调写得好不好起着很重要的作用，因为咏叹调在刻画人物性格上占有主导的地位。因此，作曲家们要把相当大的精力放在咏叹调的创作上去，这是可以理解的。但是，在我们吸取欧洲正歌剧的形式来创作新歌剧的时候，就必然会面临着如何使这种形式民族化的若干问题，而必须予以解决，其中一个带有关键性的环节就是要解决符合于本民族语言特点的宣叙调的创作问题。这一任务相当艰巨。因为要创作出符合于本民族语言特点的宣叙调往往要比创作具有民族风格的歌唱性曲调有更多的困难。这种情形，欧洲许多国家的作曲家在他们开始把意大利正歌剧的形式移植到本国来进行创作的时候大都经历过的。而在我们的新歌剧创作中则还有待于进一步去解决这一问题。我相信我们的歌剧作曲家一定能够从我国的说唱和戏曲中吸取有益的经验，在创作实践中逐步解决新歌剧的宣叙调创作问题。这样就能比较迅速地使欧洲正歌剧的形式民族化，使这种“从头唱到底”的歌剧形式在音乐的整体构成上日趋完善。

二、关于性格刻画和环境描写问题

歌剧《望夫云》的音乐创作，在人物性格的刻画和戏剧环境的描写方面是有若干突出的成就的。例如对主角阿馨公主的性格的刻画，以及火把节的音乐描写等等，都是相当成功的，但是也还存在一些不足之处。总起来说，就是音乐在人物性格的刻画和戏剧环境的描写方面，还没有达到戏剧内容所要求的丰富性，同时，有些地方在表达的深度上似乎还可以作更多的努力。

在人物性格的音乐刻画方面，主角阿馨公主是比较突出的，但其他许多角色的音乐则比较缺少鲜明的个性，还不能给人以深刻的印象。看来作者并不是不关心对不同角色的音乐形象的塑造，但似乎还没有找到更足以揭示人物性格特征的手段，因而未能使不同人物的音乐形象有更显著的差异，让观众从音乐当中清楚地“触摸到”不同角色的性格特征。由于这个缘故，歌剧中代表着敌对关系的人物之间的矛盾斗争的展开就显得不如理想的深刻有力，同时阿馨公主音乐刻画中的许多精彩部分，也因得不到相应的对比衬托而相对地减弱了它们的光彩。自然，这种情况部分地和剧本的创作有联系，如作为恶势力的代表者的法师，在剧中就比较缺少充分运用音乐来展示其性格的机会；又如有些人物的唱词在语言的节奏和色调上也还不够性格化和多样化等等，都不能不对人物性格的音乐刻画有影响。但是，如果作曲家能在各个不同角色性格的音乐刻画方面更多地注意他们的个性方面，使他们在音调的诸多方面具有更多自己的特色，其他的限制也可以多少有些突破。

再就阿馨公主一个角色的音乐刻画来看，虽然作者给她的音乐分量很重，同时在力求音乐的协调和一贯时也注意到了音乐的发展和变化。但是，如果把要求再提高一些的话，公主性格发展的几个重要阶段之间的区别，在音乐的刻画上似乎还可以更鲜明些。例如，在公主逃出了宫廷而来到民间的时候，这对公主来说是争得了她久已渴望的解放，是她的生命中一个重要的转折。这时候，一种对于淳朴的民间生活的新鲜感觉，以及对她将从此开始的自由生活的热情幻想，无疑地会强烈地占有着她的心灵。以后的斗争的勇气，也从这里建立了起点。但是，在阿馨公主的性格刻画上，这个重要的转折还没有得到应有的充分的表现。这样，阿馨公主的性格，在音乐的刻画上就显得有些不够丰富，同时还缺乏足够的深度。

在戏剧环境的音乐描写方面。我觉得也存在相似的情况。在这部歌剧中，一方面确有一些场景的音乐是写得比较清新而且富于特色的。除了第三幕火把节的音乐之外，像第二幕的牧羊人的歌，作为背景来看也是很新鲜的，第五幕的音乐也相当有气氛。但是另一方面，各场景的音乐，在节奏、色调和气氛的对比与转换关系上，有些地方还不够鲜明强烈。这里，一部分是由于有些场景的音乐还未能准确鲜明地把具体的戏剧环境的“个性”描写出来，有一些则是在全剧音乐的总结构中才能看出问题来的。就是说，有的场景的音乐，虽然在独立起来看时是能够比较真实地反映环境的面貌，也有一定的特色。但是，把整部歌剧的音乐联系起来看，它们的特色和性格就显得不够突出，从而使得全剧音乐的总结构在节奏、色调和气氛上变化不够丰富，没有充分达到抑扬顿挫、回旋跌宕的意趣。

歌剧创作中对于戏剧环境的音乐描写，一方面固然需要具有和那环境相应的鲜明的色彩，另一方面也需要紧扣着人物性格的刻画和情节的发展，更深一步去揭示出特定环境的内在涵义。例如，宫廷的环境是辉煌华贵的，但它对于渴望自由的公主来说则无异于囚牢；赛马的场面是热烈的，但就在赛马的进程中却隐藏着狠毒的阴谋；火把节的舞蹈对于淳朴的人民来说也许是平凡的，但对于初出牢笼的公主来说却是她幻想着的自由天堂的具体而微的实在；公主化作“望夫云”而无限期地等待着失去的丈夫是痛苦的，但从精神上看，却又是她的坚贞的信念对于恶势力的凯旋。对这样一些环境和气氛的音乐描写，只是把它们的前一方面准确鲜明地表现出来，固然已经是不容易的了，但如果提出更高一些的要求的话，最好是能够把后一方面同时也表现出来。要做到这一点自然是很不容易的，但在拥有如此丰富的表现手段的歌剧艺术中却是可能的。在特定的意义上，甚至可以说是它的特长。我想，在我们的歌剧创作中，如果对于戏剧环境的音乐描写能达到这一点，必然会使作品的思想意义得到显著的提高，歌剧音乐的深刻性得到显著的加强。

歌剧是一种庞大而复杂的戏剧音乐形式，有各种各样的人物，有丰富的发展的情节，有各种各样的环境。要给这些丰富多样的人物、情节和环境以生动鲜明的音乐描绘，作曲家自不能不遭遇到许多困难。特别是许多作曲家在音乐创作上往往有他习惯的一些音乐语汇，有他对旋律、复调、和声、配器等的习惯的运用方式，它们往往会造成作曲家去创造丰富多样的歌剧音乐形象的阻碍。一个富于特色的音乐肖像或生活风俗画，多半是要靠多种音乐表现手段的密切配合来完成的。仅有性格鲜明的旋律而没有相应的和声与配器等方面的配合，旋律的特性就有可能被“拉平”了，色彩鲜明的音乐形象就塑造不出来。歌剧《望夫云》在人物性格的音乐刻画和戏剧环境的音乐描写上之所以有不够丰富之感，有相当一部分原因是由于作曲家在多种音乐表现手段的运用上或多或少受到了一些个人习惯的牵制，未能充分地发挥各种音乐表现手段在塑造音乐形象上密切配合的作用。在节奏上、织体上、和声与配器的色彩和浓度上，还没有更好地适应音乐形象的丰富多样的需要而作相应的变化处理，因而有的音乐形象未能树立起来，有的音乐形象的个性色彩有所削弱。例如，火把节的音乐大家都觉得是相当新鲜的。但是我想，如果在配器与和声的写作上能够更富于特色些，它在整部歌剧中必将取得更大的效果。

自然，每一个作曲家都应该有自己的风格，而一个作曲家的风格的形成又往往和他习惯的音乐语汇等有一定的联系。但是我想，也不应该把一切创作上的习惯都看成是对一个作曲家个人风格的形成是有益的。在这些习惯中，往往不免有些带有经验与爱好的狭隘性的成分，这些成分和作为作曲家个人风格所必需的个人特色并不是一回事。同时，只有在创作中的个人特色和艺术创造上的丰富性与深刻性辩证地统一起来的时候，作曲家的个人风格才能真正地确立。在克服了音乐创作的某些狭隘性的习惯之后，作曲家的个人风格并不会由此消失，而是会向着更高的境界发展。

歌剧《望夫云》的创作，郑律成同志付出了艰辛的劳动，有很大的成就。特别是作为一种歌剧新形式的尝试更具有独创的意义。从整部歌剧看来，虽然还有一些缺点，但底子是很好的。在经过适当的修改之后，定能成为一部优美动人的歌剧。希望能看到它再度上演。以上两个问题的浅薄意见，并不是对这部作品的全面的评价，只是把它提出来供讨论和参考。希望得到批评和指正。

原载《人民音乐》1962 年第 12 期

气势豪迈的民族音乐会

用我们民族的乐器、民族的唱法，能不能表现今天的时代精神？在音乐创作上，鲜明的民族风格是不是和强烈的战斗气氛有矛盾？在我们许多人的头脑里，这似乎是一个难以解答的疑问。然而，这次由济南部队前卫歌舞团民族乐队和其他部队文工团部分独唱演员联合演出的民族音乐会，却用具体的实践给我们作了肯定的回答。

音乐会一开始，人们就为民族乐队演奏的雄壮的音响和豪迈的气势所吸引。这个人数并不很多的民族乐队，在音乐会上演奏了《解放军进行曲》《水库凯歌》《不朽的战士》《花梆子》等乐曲，它的丰富的色彩变化、强大的音响威力，以及它所表现出来的乐曲的乐观主义情绪和战斗精神，都给人以十分新鲜的感受，使我们对于民族乐队的表现力有了新的概念。这个乐队的编成，不但兼有民间丝竹乐和吹打乐的优点，而且还在这个基础上有了进一步的发展。他们也不仅利用了近年来我国民族乐队发展中的一些良好经验，而且还进行了许多创造性的尝试。特别是在管乐方面，他们改革和试制一些中音和低音的管乐器，使乐队的管乐部分有了雄厚坚实的音响。这样就使得整个乐队的音响大为改观，使其在演奏一些气魄雄伟和刚强有力的乐曲方面，具有更加便利的条件。也就是说，这样的乐队，一方面既有自己民族的特色，另一方面也更接近于时代对乐队音响的要求。自然，这并不是说，他们的做法已经是十全十美，或者说他们已经解决了民族乐队建设中所有的问题。实际上，无论是从各组乐器内部与外部相互间音量的均衡与音色的协调，还是从各种乐器表现性能的改进，以及进一步扩大选用乐器的范围等方面看，都还有不少工作可以做，也还有不少问题需要在今后去努力予以解决。但是这并不影响他们的工作在民族乐队建设事业中的重要意义。任何一件新事物，在开始时总不可能是十全十美的，问题在于方向是不是对头，如果遇到了许多矛盾，采取另一种方法，如低音不足，就用大提琴来解决，管乐不足，就用小号等来解决，麻烦可能不会像这样多，但那毕竟不是民族乐队建设的好办法，也不是一条具有高度民族自尊感与富有创造性的道路。前卫歌舞团民族乐队的实践经验的重要意义，就在于它向我们表明了：在我国丰富多样的民族乐器的基础上，经过适当的改革和大胆的创造，必定能够建立起一种既有鲜明的民族特色又有高度艺术表现力的民族乐队；同时，我们的民族乐队也只有适应着时代和人民的需要，不断地革新与发展，才会有永不凋谢的生命力！

音乐会上演出的多种多样民族乐器独奏与小型合奏节目，色彩各异，风格不同。这里有热烈红火的民族吹打乐，也有优美抒情的琵琶独奏《彝族舞曲》；有活泼健朗的笙独奏，也有富于诙谐感的板胡独奏；但它们都有一个共同的特点，这就是在他们的演奏中始终洋溢着乐观主义精神。张长城的板胡独奏，可以说是别具一格。他的一些滑音演奏，总是满含着生活的诙谐情趣，并没有给人以油滑之感，而是给人引起一种乐观的生活情趣。胡天泉的笙独奏，以丰富而精湛的演奏技巧，彻底推翻了我们头脑中的“拙笙”的概念。在《草原骑兵》这首乐曲中，那战马驰骋的节奏，那热烈而抒情的歌调，动人地表达了战士的情感，它鲜明地刻画了草原骑兵的形象。王惠然的《彝族舞曲》，是一幅富于诗意的抒情画面，或者可以说，他是以比较内在的形式抒写了兄弟民族热爱新生活的感情。他们的这些艺术创造上的成就，说明民族乐器是可以通过我们的创作和表演的艺术创造来很好地反映我们时代的精神的，而且民族乐器表现时代精神的道路也是十分宽广的。

几个独唱演员的演唱，也是各具特色的。马玉涛的《马儿呀你慢些走、慢些走》，唱得既是明朗乐观，而又有浓厚的韵味；蔡佩莹的《红霞》选曲，在婉转中有刚强，在细腻中有热情；张映哲的《蝶恋花·游仙》，有抑扬，有顿挫，正在为这首动人的歌曲找到一种更富于民族气派的表演方式；吕文科的《羊倌的歌》和《走上这高高的兴安岭》都运用了具有特色的高音，也善于捉摸生活的趣味。这几位独唱演员的音色及艺术个性都有着相当明显的差别，但是他们的演唱却都是生根在民族音乐的土壤上，而且也都善于发挥各自的特点，反映今天的生活，表现时代的精神。

听了这次部队音乐工作者所举行的民族音乐会，我们深深地体会到：只要我们有发展社会主义的民族新音乐的雄心壮志，既不盲目崇拜西洋音乐，用“拿来”代替自己的创造；也不狭隘保守，把传统的音乐视为不可发展的遗物，而是在我国丰富的、优秀的民族音乐遗产的基础上，创造社会主义的音乐艺术。我们必能创造出有着浓厚的民族色彩、鲜明的时代精神的具有高度水平的音乐。

原载《人民日报》1963 年 11 月 7 日

向阳川上的英雄曲

甘肃省歌剧团创作演出的歌剧《向阳川》，是一出激动人心的好戏，是歌剧花坛上一朵色彩鲜艳的鲜花。

歌剧描写的是：以党支部书记常翠林为首的向阳川生产大队的英雄儿女们，在他们获得了丰收，正准备兴建水电站的时候，得到了古牛湾生产大队遭受严重水灾的消息。于是他们决定推迟原来的计划，把准备换取水电站设备的15000斤粮食，先拿来支援邻队受灾的弟兄。他们迎着浪急滩险的陇河，冲破重重难关，及时把粮食送到古牛湾去。歌剧的作者以热情洋溢的笔调，歌颂了向阳川生产大队的这种舍己（小集体）为人（阶级弟兄）的共产主义风格，歌颂了我们社会主义时代“一处有事，万处相帮”的新风尚。作者通过生动的人物形象和动人的戏剧情节，表现了这些新人的革命豪情。特别是党支部书记常翠林的形象，是具有感人的力量的。这个人物可以说是我们时代许许多多优秀的农村基层干部的代表。正像她的主要唱词中所说的“身在茅屋想世界，面对晚河看海洋”那样，她是一个充满了共产主义精神、胸襟开阔、高瞻远瞩的风流人物。正是这样的思想，这样的精神境界，使她能够“急他人之急”，把自己小集体的利益放在后边；能够在浪急滩险、缺乏领水的情况下，挑起领水的重担；能够在途中遇到种种障碍的时候，毫不退缩，坚持向前；特别是当她的妹妹因救护别人而在“虎张嘴”失足落水的时候，为了保全一船的人和粮，为了解救灾区更多阶级弟兄的困难，她临危不乱，顾不得自己的妹妹，领着大家闯过难关，终于把粮食送到古牛湾。所有这些，都和她的基本思想紧密相联。反过来，又正是通过这些实际的行动，这些动人的情节，使常翠林强烈的阶级感情和崇高的革命品质得到生动的体现。这部歌剧之所以能够激动人心，可以说是它的思想和形象融为一体的结果。

歌剧的音乐在英雄形象的塑造上也发挥了有力的作用。以“花儿”曲调为素材而创作的《中华儿女斗志昂》一曲，是常翠林音乐形象的核心。它具有开朗、热情的特点，颇能表现她的精神面貌。随着剧情的发展，音乐也有所变化。在第四场翠林提起旧社会苦楚的那一段，音乐有比较好的展开，很有戏剧性，是一段成功的创作。如果在其他部分也能适应戏剧的要求而有较好的戏剧性展开，翠林的音乐形象可能会更丰满一些。第五场常大妈得知翠华牺牲消息的那一段，音乐有着十分感人的效果。这时，常大妈没有说话，先是一阵沉默，随即由乐队奏出一段描写人物内心的复杂情绪的音乐，接着翠林的一段安慰性歌唱之后，常大妈最后唱出了“白发满头红心在……我要有十个女儿也交给党”。这时，观众情不自禁地为之感动得落泪。这种力量，离开了这样的音乐处理是很难达到的。它对常大妈的形象刻画起了有力的作用。除了各个人物的音乐表现之外，在这部歌剧里，值得注意的是运用合唱的形式来表现集体的英雄气概。在合唱中，作者集中地运用了“花儿”曲调中的精华，创造了具有浓郁的地方色彩和时代感情的音乐。它们有着质朴、明朗、热情、豪放的特色。特别在“虎张嘴”和浪涛漩涡搏斗的那一场中，用《呛啷啷令》改编成的号子穿插着另外两个“花儿”曲调，给这个惊心动魄的场面和人物的英雄气概增添了很大的感染力量。这部歌剧如果能够更注意一些歌剧的特点，在唱腔的安排上能更好地发挥音乐的作用，可能会有更丰满的感情，更强烈的色彩。

在新歌剧创作还不是十分繁荣的现在，歌剧《向阳川》的创作和演出确是值得称庆的事情。希望能有更多更好的新歌剧早日出现，也祝甘肃省歌剧团的同志们在创造新歌剧的道路上获得新的更大的成就。

原载《文艺报》1965 年第 11 期

既出节目又出人才

和田专区文工团的同志们全心全意为人民服务的精神，非常令人感动。他们以高度的革命热情，战胜了昆仑山上的风雪和严寒、险峻的高山和冰河的激流，把社会主义的新文化送到偏僻的农村和牧区去，同时还通过其他各种工作为群众服务。在他们那许多动人的事迹里，我们看到了在毛泽东思想教导下的新文艺工作者的崇高的思想品质和精神状态。和田文工团的同志们是我们学习的榜样。

从他们的演出中，我们看到了他们的工作很有成绩。打开歌舞晚会的节目单，看到他们的节目是那么丰富多彩，而且几乎全部是文工团的同志们自己创作的新作品。这些节目集中地反映了和田地区社会主义建设的新面貌，反映了和田地区各族人民在三大革命运动中英勇奋斗的精神，所有节目都是朝气勃勃而且富于生活气息。他们充分利用当地群众喜闻乐见的各种音乐舞蹈形式，在表现新生活的艺术创作中，革新和发展了民族艺术的传统，使人感到既新鲜，又亲切。他们的艺术是真正扎根于人民群众中的艺术。

在他们演出的晚会上，我们可以明显地看出文工团已经拥有了一批优秀的艺术人才，无论在创作、歌唱、演奏、舞蹈方面，都有相当的水平。有时，我们去看专业音乐学校的演出，也未见得会有他们那么多的“珍珠”。像贫农出身的莎拉买提同志，她独唱、演奏、舞蹈，样样都行，还写了不少优秀的曲子，这样的人才，在北京的文艺团体里恐怕也是不可多得的。然而，这个同志在她刚进文工团的时候还是个文盲哩！

他们人并不多，但在短短三年多的时间里，创作了这么多反映了新生活、新思想、新感情，和具有新的民族风格的作品。说明只要坚持毛主席的文艺方向，思想革命化，自力更生，奋发图强，在革命的实际斗争中是会创造出好的作品，培养出好的人才来的。

原载《人民音乐》1966 年第 1 期

真挚的友谊 精湛的艺术

——欢迎奥地利维也纳交响乐团访华演出

在这春光明媚、百花盛开的季节里，维也纳交响乐团的艺术家们，带着奥地利人民对中国人民的友好情谊来我国进行访问演出。他们的精彩表演，受到了首都观众热情的欢迎，给我们留下了深刻的印象。

提起维也纳，人们很自然地想起在欧洲音乐历史上起过重要作用的“维也纳古典乐派”，想起这个乐派的开创者和它的传统的继承者——海顿、莫扎特、贝多芬、舒伯特、勃拉姆斯……正是这些古典音乐的代表者们，创造和发展了交响乐体裁。他们的作品，在一定程度上，成为表达资产阶级的民主思想，反映资产阶级反封建斗争的真实纪录，形成了古典交响乐的进步传统。维也纳交响乐团，作为一个有着一百三十年历史的团体，不仅在历史上曾经和这个古典交响乐传统的发展有过联系，而且在今天，我们也能从他们的演出中看出他们尊重古典交响乐传统，对古典交响乐有着深刻的理解，能够准确地表达出所演奏的作品的思想内容。

在克劳迪奥·阿巴多的指挥下，乐团成功地演出了莫扎特、贝多芬、舒伯特和勃拉姆斯的四首交响乐。他们的演奏具有严谨和热情相结合的特色。这就使得他们的演奏能够达到严谨而不失于刻板，细致而不失于雕琢，有热情而不失于浮夸和粗俗的境界，特别是合奏，达到了高度的统一与和谐。在演奏中，始终看得出他们对于表达音乐感情的关注，突出的表现就是对于器乐演奏中的歌唱性的追求。在那些内容丰富、斑斓多彩的交响乐中，我们所听到的不仅有时而欢愉、时而倾诉的歌唱，也有像善于鼓动的演说家的雄辩的语调，有热烈的欢呼、英勇的步伐等多种情绪的表达。正是由于这种对于表达音乐感情的关注，使那些经过精心琢磨出来的色调和力度变化的细致层次，具有了情绪发展的内容，以至某些容易令人感到沉闷和冗长的音乐，也能使人体会到它的感情内容的丰富。他们演奏的贝多芬《英雄》交响乐中的《葬礼进行曲》，就证实了他们的这种努力所取得的突出成就。也正是这种对于表达音乐感情的关注，使得他们能够准确和生动地揭示这些优秀的古典交响乐的思想意义。

乐团还成功地为我们演奏了奥地利斯特劳斯家族创作的富有民族色彩的圆舞曲。在威利·勃斯考夫斯基的轻松而富于音乐感的指挥下，作品中富于弹性和动力感的节奏，它们的无拘无束的格调、轻松愉快的情绪，都得到了生动的再现。

奥地利艺术家们同中国音乐工作者殷承宗协作演出中国作品——钢琴协奏曲《黄河》的成功，是中奥两国音乐工作者真挚友谊的生动体现。奥地利音乐家们在很短的时间里就掌握了这首协奏曲情绪发展的基本进程，它的不同的色调和力度的变化，特别是某些段落中比较自由和速度变化比较频繁的节奏，和钢琴的演奏作了有效的配合，使这首宏伟的乐曲在中奥艺术家的协作演出下获得了成功。这不仅表现了奥地利音乐家们——特别是指挥克劳迪奥·阿巴多的熟练的技巧和艺术才能，也表现了他们对中国人民和中国音乐的热情。

维也纳交响乐团作为中奥建交后第一个来我国访问的文化团体，在我国首都的成功演出，不仅使我国人民增加了对奥地利人民在音乐文化创造上的优秀成果的了解，而且增进了两国人民之间的相互了解和友谊，我们衷心祝贺奥地利维也纳交响乐团访华演出获得成功！

原载《光明日报》1973 年 4 月 15 日

民族音乐后继有人

——听中央音乐学院附中学生民族乐器独奏会

为纪念毛主席《在延安文艺坐谈会上的讲话》发表三十六周年，中央音乐学院最近举办了一场民族乐器独奏会，由该院附中学生罗立群（唢呐）、赵承伟（三弦）、王明君（笛子）、刘桂莲（琵琶）、姜建华（二胡）联合演出。这几个初出茅芦的青年学生的精彩表演，在观众中引起了颇为热烈的反应。八十高龄的民族音乐专家杨荫浏先生观看完演出之后，兴奋地说:“我很高兴，民族乐器的演奏后继有人！”他从这些幼苗的身上看到他们将茁壮地成长为社会主义民族新音乐的有用之材，也从这些年轻人才的不断涌现而看到我国民族音乐的光明未来。

这几个学生虽然在才气和功力方面都互有差异，各有短长，但从他们的演奏中，也可以显然地感受到一些共同的倾向、共同的特点。他们都不同程度地表现出勤于学习、善于吸收、勇于创新的特点。这也就是这场音乐会的给人印象深刻之处。

这几个学生在学校里只学了三年多的时间，但是他们所达到的水平却超出了一般的想象。突出的例子是赵承伟，据说他在入学之前是什么乐器都不会的，现在他已能比较全面地掌握三弦的基本演奏技巧，能比较自如地在三弦上转换把位和运用各种拨弹手法进行演奏，给乐曲以相当有力的表现。从这几个学生的演奏看，他们不仅在演奏的技术训练方面打下了比较坚实的基础，而且在对音乐内容的理解和感情的表达方面都得到比较全面的培养和提高。像姜建华那样在演奏技巧和音乐表现上有较突出表现的年轻的二胡演奏者，应该说是不多的。这既决定于学校的培养，也和他们勤于学习分不开。必须指出的是：前一阶段，在“四人帮”文化专制主义控制下，要坚持有效的教学工作是异常艰难的，师生们为此付出了极大的精力。

多方面地吸收各家的长处以发展民族乐器的演奏艺术，这一点在他们几个人的演奏中表现得比较突出。在唢呐演奏中，既接受了赵春峰的具有河北民间特点的技巧，也学了山东的《百鸟朝凤》等乐曲的演奏技艺，既学了北方热烈跳宕的特点，也吸收了南方特有的连续吹奏换气法。在三弦的演奏中，吸收了琵琶的轮指手法，并在借鉴柳琴的演奏时发展了高把位的技术。在笛子演奏中，既有南方曲笛柔婉流畅的抒情特色，也有北方梆笛的活泼跳跃的特色。在琵琶的演奏中，不但掌握了传统的“文套”和“武套”的不同风格，而且吸收了兄弟民族弹拨乐器的表现手法。在二胡的演奏中，既有软弓子，也有硬弓子，音乐的情调富于变化。所有这些都表现出一种新的趋势，即试图突破以往民族乐器演奏中地域和流派的某种狭隘性，发展一种新型的演奏艺术。

勇于创新和善于吸收是密切联系着的。用钢琴来为民族乐器伴奏，既是吸收外来经验，也是一种创新的尝试。尽管这种尝试现在还存在一些问题，但只有经过不断试验和改进，才可能有新的形式出现，为反映现实生活的需要提供更多的可能性。把琵琶的轮指引进三弦的演奏中，用二胡来演奏西班牙作曲家萨拉萨蒂的名作《吉普赛之歌》的快板部分，所有这些都是新的尝试。只有思想上不受陈规陋习的束缚，才能做到。这里表现了他们敢于创新的勇气。

当然，并不是说这几个学生的演奏已经达到了完满和成熟的程度，他们不仅在音乐的表现上常常存在着只能做到“形似”而不能达到“神似”的不足，就是在基本技巧上也还有许多需要作进一步的努力。但他们所取得成绩却生动地说明了学校的师生是在努力贯彻毛主席的“古为今用，洋为中用”和“百花齐放，推陈出新”的方针，他们是勤于学习、善于吸收、勇于创新的令人可喜的乐坛新苗！

原载《人民音乐》1978 年第 4 期

【评论（人物）】

学习冼星海先生

冼星海先生逝世了。这是一个震天的霹雳，它使我们惊呆、落泪，以至于失声哭泣。这是难以补偿的损失呵！我们失掉了伟大的战斗者和导师！

冼星海，这人民文化辉煌的标记，他的名字将永远亲切而新鲜地活在我们心中。我们唱他的“枪口对外，齐步前进，不伤老百姓，不打自己人。……”和“中国恰像暴风雨中的破船，……用一切力量争取胜利的明天”等歌曲。这些坚强而有力的音响，在今天依然激励着我们加入为自由与幸福而战斗的行列。他以博大而深厚的情爱，唱出我们每一个人的感情和意志。因此，我们爱他，正如他爱着我们一样。然而不幸的是，现在他死了。我们心中怀着悲痛和效法他的精神，怀着去完成他志愿的决心。

从一方面说，冼星海是中国音乐家中最不幸的一位。他的家境很不好，像“带鱼与黄鱼”似的在货舱里到法国去，那时他身上只有五块钱，到法国后，生活迫使他一面做学生，一面做侍役似的职业。这样艰苦的生活，并不能使他气馁，相反地，他更努力于他的音乐学习。这遭遇培养起他对广大人民的热爱和对于艺术的忠贞态度。

抗战期间，我们在极困苦的境遇中工作和学习，不少人在这时候站了起来，也有不少人落伍了。大家把“营养不良”“环境恶劣”等作为原谅自己的理由，于是祈求脱离现实，轻易地对工作和学习疏忽起来。如果把这种情形来和星海先生的生活比较一下，那我们该多惭愧啊！

我们的生活比起他来惬意多了，而我们的工作和学习却比他差得太远了。现在我们纪念他，要效法他的刻苦求学和认真工作的严肃态度。不要为自己找理由来原谅自己，让自己逃避现实而懈怠下去。

另一方面，冼星海先生对人民博大的情爱已为广大的人民所理解，他对于人民幸福生活的热望如今已部分地成为现实，他所努力建立起来的现实主义的风格，已为中国的新音乐打下了坚固的基础，先生虽死，而他的精神却永远存在。这在他却是幸运的。在中国的音乐家中间，我们找不出第二个人像他一样地把全部的情爱都交给了人民。从一开始他便以广大人民的生活作为他作品的中心题材，他作的《拉犁歌》《起重匠》《青年进行曲》等，每一首都唱出人民的真实情感和迫切的要求。由于表现人民生活内容的需要，他在作品中充分地发挥了现实主义的风格。在他的作品中，有的是人民的痛苦和希望，没有女人的香粉和“风花雪月”的“典雅”。于是专家们说他的作品“不艺术”，“粗糙”。然而人民却喜欢这个，因为这是他们生活的真实的呼喊啊！

星海先生不是站在人民的外面去同情人民，而是生活在人民中间，和人民共生活、共感受，虚心地向人民学习。他的民歌融化了民歌的特质。现在我们许多人也知道为人民服务，是最神圣的事业。但是我们不能办到，我们是游离在人民的生活的圈子外面，只是高高在上地想着去教育人民或同情人民，而不是把自己作为人民的一分子，共同地生活，共同地欢乐和痛苦。于是在我们的创作中，永远没有突出人民的感情和意志。不能向生活突进，也无法造成现实主义的风格。现在，星海先生死了，他的未完成的志愿，正需要我们下一代的青年，尤其是艺术工作者来继续完成，我们应该踏着他的足迹，扩大我们的爱情，深入民间，向现实生活冲进。虚心地向人民学习，有了这些努力，艺术的现实主义的风格才能继续发展，新的人民的音乐也就发展起来。

纪念星海先生，除了悲痛之外，我们要积极地效法他，承继他的志愿，去完成中国新音乐的伟业！

1945 年 11 月 21 日晚于青木关

原载《青年学习》1946 年第 2 期，署名“施盈”

米哈依尔·葛林卡

——俄罗斯音乐之父

葛林卡（MIkahail Ivanovich Glinka）于1804年6月生于斯摩林斯克的一个叫诺伏斯巴斯柯依的小镇上。这小镇现在已荣膺了葛林卡的名字了。

地主壮阔的生活，迷人的自然环境和农民的富有表现力的歌曲等，在这孩子的灵魂中留下不可磨灭的印象。同时他对于1812年俄罗斯对拿破仑所进行的战事记得非常清楚，那时候葛林卡的家庭避开敌人，逃到内地去，他更记得俄罗斯社会中爱国情绪如何高涨和胜利之后的人民如何兴高采烈。这两种力量——民歌的影响和爱国精神——明显地确立在作为艺术家和人的葛林卡的性格中。

1817年他进彼得堡的贵族学校，在学校住了六年，在这段期间，他曾从约翰·费德（John Field）、卡尔·麦耶尔（Karl Meyer）等人学钢琴，并从布姆（Bohm）学小提琴。毕业以后他在交通部服务，这时他还继续学习。而且还向意大利名歌唱家伯乐利学唱歌。他这时已经是一个优秀的钢琴演奏家和歌唱家了，经常参加社交活动，表演钢琴和唱歌。而他的作品也已是闻名遐迩了。

1830年他去意大利，先后到过米兰、罗马等地，这时他颇沉醉于意大利歌剧，并结识了当尼撒替（Donozetti）和伯令尼（Bellin）。1833年他离开意大利到维也纳，然后又到柏林。从此他从特恩（Siegfried Dehn）学对位法和作曲。次年因他父亲去世而返回。

他对意、法、德三国音乐的研究，扩大了他的眼界。但是他对于欧洲的艺术研究得愈深入，对于自己的责任和俄罗斯音乐家的使命就认识得愈清楚。回到祖国以后便着手创作俄罗斯民族歌剧《伊凡·苏萨宁》（*Ivan Sousanin*），这歌剧的主题是得之于诗人朱可夫斯基（Zhukovsky）的暗示，脚本则请罗辛男爵（Baron Rozen）写的。描写17世纪一支企图占领莫斯科的波兰军队，逼迫老农伊凡·苏萨宁指点往首都的路道，爱国的苏萨宁引敌人走到森林里去，而他也就为救祖国而牺牲了。葛林卡称这歌剧为“一生为了沙皇的英雄”（The hero a life for the Tsar）。此剧于1836年演出于彼得堡的皇家歌剧院。

《伊凡·苏萨宁》的题材在葛林卡以前曾由客居彼得堡的意大利的音乐家作过歌剧，但他是以传统的风格写成，离真正的民族风格仍旧很远。而葛林卡的功绩则在于他不模仿什么和利用现成的歌曲模型。但是他这样清楚地了解俄罗斯歌曲的精神，这样坚牢地吸收了俄罗斯的音调，以至于他自己的音乐语言获得了典型的俄罗斯性格。

这歌剧中，葛林卡用了俄罗斯和波兰两种不同民族色彩的音乐对比起来。他成为俄罗斯第一部以民族与人民的成分和欧洲高级技术相结合的艺术作品。葛林卡以这部歌剧展开了俄罗斯音乐艺术史上簇新的一页。当时就有人这样写过：这部作品中“这样卓越地体现了俄罗斯的恨与爱，俄罗斯的眼泪与欢乐，俄罗斯的深沉的黑夜和绚烂的朝霞”。

1837年他被派为皇家教堂的乐长。1838年便开始写他的第二部歌剧《罗斯朗与刘德米拉》（*Russlan and Ludmilla*）。但是这工作进行得很慢，因为那时他正处于与他太太分居的苦恼中。直到1842年才完成，而于是年11月间在皇家歌剧院演出。这剧比《伊凡·苏萨宁》还要好，但他并未立刻得到公认。

这部歌剧是根据普希金的诗写成的，描写在郡主刘德米拉的许婚宴上，恶魔掠走了她。罗斯朗和其他两个青年去追寻她所经历的奇遇。在这部歌剧中，葛林卡像在《伊凡·苏萨宁》中用俄罗斯与波兰的音乐作对比一样，他用靠近他家乡的东方音乐来作对比。剧中许多富有东方色彩的音乐，构成他这部歌剧的特殊形象。

在这两部歌剧中，形式方面充分表现了法国大歌剧形式对于葛林卡的影响，曲调方面则富有意大利式的优美与适合于人声的表现，另一方面在作曲技术上则有深厚的德国作家的影响，音乐的特质则典型地表现了俄罗斯音乐的精神。

1844年他再度欧游，在巴黎他与伯辽士（Berlioz）交往甚密。他们相互影响，在作曲方面彼此获得了不少益处。同时他在巴黎还举行了一次作品演奏会，很成功。俄罗斯的作曲家开始在欧洲获得了广泛的重视。后来他旅行过西班牙，醉心于那儿的音乐与舞蹈。

1847年他回到俄罗斯，受了当时巴黎音乐的潮流和伯辽士音乐的影响。他自己曾经说过：“我决意创作一些音乐会用的管弦乐曲，因为我觉得这样一方面可以了解听众对于我的艺术的渴望和要求，同时，用这种完善的配器和演奏条件去创作一些管弦乐曲，一定可以得到鉴赏家与普通听众同声好评。”就在这样的决心下，他产生了以两个俄罗斯主题为基础的《卡玛琳舞曲》（*Kamarinskaya*），和两部西班牙序曲《亚拉贡土风舞曲》（*The Jota aragonese*）和《马德里之夜》（*Night in Madrid*）。这两部作品是得之居留西班牙时的印象。同时在1838年至1842年之间他还写了一个很重要的作品《霍尔姆斯基公爵》（*Prince Kholmsky*），这差不多公认为他的最好的交响乐诗，正如恰伊珂夫斯基写的：在《霍尔姆斯基公爵》里，许多音乐使我们追忆起贝多芬来。当每一个场面出现以前，序曲开始了，就好像一幅图画，那华丽的交响乐的乐想，足够一些寻常的作曲家们发挥在一首大的交响乐曲里面了。

他后来又去欧洲，先至法国南部，后到巴黎。1854 年返国，写《回忆录》（*Memoirs*）。1856 年他最后一次离开彼得堡，而于次年 2 月死于柏林。葛林卡给俄罗斯文化遗留下丰富的遗产，他的遗训是真正的人民性、真实性和持久地精益求精。他每一步的创作，对于各种音乐样式的发展，都有着一种推动的作用。而他的艺术中最重要的一面——壮阔的动听的旋律——对于现代苏维埃作曲家仍旧起着伟大的影响。

参考资料：梁译《俄罗斯音乐史纲》，Grove 音乐及音乐家字典，音乐及音乐家百科全书。

原载《时代日报》1948 年 4 月 8 日《新音乐》第 26 期，署名“施盈”

亚历山大·达尔高梅斯基

达尔高梅斯基（Alexander Sergeyevich Dargo-mizhsky）于1813年2月，生于杜拉（Tu-la）的乡下，一个小官吏的家里，从小就受了很好的教育。一件很值得提起的事情是他在五岁的时候，便能够很清晰地朗诵或演说了。这对于他后来的创作风格——真实地表现出语言有很大的影响。

6岁他在彼得堡开始学钢琴，后来曾学过两年提琴，11岁时他便开始作一些作曲尝试。学业完成后他在政府机关里做事，他参加社交活动，这时他便以优秀的钢琴家兼作曲家见称了。

1834年他遇见了葛林卡。当时葛林卡在《摘记》中追忆他怎样初次认识了“一个身材矮小，穿着藏青礼服和红背心，说话的声音又高又尖的人。当他坐在钢琴旁边去时，我才发现这身材矮小的人原来是一个很灵活的钢琴演奏家。就是那后来成为非常有才气的作曲家的达尔高梅斯基”。达尔高梅斯基的早期作品（那时他差不多还不知道作曲的规律）是带有感伤的抒情歌曲的意味的沙龙小品或罗曼斯曲。这时他认识了葛林卡，正是葛林卡在创作民族歌剧《伊凡·苏萨宁》的时候，这驱使达尔高梅斯基更严肃地思考写作乐曲的艺术任务。葛林卡帮助他，把他在柏林时特恩教他的和声笔记和练习给达尔高梅斯基，达尔高梅斯基还把它抄了下来。在这种情形下他从事于理论的训练。

1839年，他取材于法国大作家维克多·雨果的小说《巴黎圣母院》写了第一部歌剧《爱斯美拉尔达》（*Esmeralda*），这部歌剧是用奥伯（Auber）和哈利维（Halevy）等轻歌剧的体裁写成的。作者自己曾经清算过自己这一部青年时代的作品的缺点和优点，“《爱斯美拉尔达》的音乐不行，但是在戏剧场面中，已经暴露出后来我努力在自己的俄罗斯音乐中发扬的那种真理与力的语言。”达尔高梅斯基这样不多几个字中说明了他的艺术的最重要的一面——感情与性格的音乐描写中的真实性的倾向。

1844 年到 1845 年他去巴黎，后至布鲁塞尔、维也纳。后归国，于 1848 年开始写《女水仙》(*Rusalka*)，取材于普式庚的长诗，表现一个农家女娜塔莎受公爵诱骗，他的父亲磨坊主人在女儿逝世后发疯的悲剧。

这个悲剧的音乐有许多地方是继续着葛林卡的道路，这在《女水仙》中的群众场面和抒情歌曲中最显著。但他们的性质却不同，葛林卡的音乐是概念的和抒情的，达尔高梅斯基的音乐则是写实的和戏剧性的。同时达尔高梅斯基在这部戏剧中采用了“曲调性的宣叙调”(Melodic recitative)，音乐和诗的文字合流成一个分不开的整体。作者曾说：“我要使声音直接表现出文字来。”“我要真实”这是他非但在歌剧中而且在声乐曲小品中运用的目标和手法。

此剧于 1855 年完成，1856 年上演非常成功，以他特具的民族风格和充分的戏剧效果而被推重。这之后他作了很多优美的和哀悼的歌曲，如《我寂寞》《狂热》等，至今被认为俄罗斯青年歌唱家们不可或缺的节目。此外他还作了许多叙事曲和管弦乐作品。1864 年带着他的《女水仙》的总谱和三个管弦乐的幻想曲《小哥萨克》(*Kazackok*)、《俄罗斯传奇》(*Russian Legend*)和《哑剧人的舞蹈》(*Dance of Mummero*)出国，先到法国和德国，后来到比利时，都曾受到热烈的欢迎。

归国后，他与巴拉基列夫（Balakirev）他们的集团相当接近。此时开始写他最后的作品《石客》(*The Stone Guest*)这个被称为“新乐派的经典”的歌剧是依据普希金的悲剧而写的。他与莫扎特的歌剧《唐璜》(*Don Juau*)的故事大体相同。和普希金一样，达尔高梅斯基在《石客》中所看见的完全不是灰色的恋爱冒险，而是感情和性格的斗争。作曲者这里完全拒绝了传统的歌剧的独唱剧及重唱的形式，依靠不断的“曲调性的宣叙调”来展开歌剧的内容。这里他完成了戏剧的真实与朗诵的音调的风格。

达尔高梅斯基没有来得及完成他这部歌剧便于 1869 年 1 月逝世。未完的工作由他的友人凯撒·居伊（Cesar Cui）和李姆斯基－科尔萨珂夫（Rimsky-Korsakov）依照他的意思来把它完成的。

原载《时代日报》1948 年 4 月 15 日《新音乐》第 27 期，署名“施盈”

安东·罗宾斯坦

罗宾斯坦（Anton Gregoryevich Rubinstein）生于1829年11月28日，是俄罗斯一个犹太血统的卓绝的作曲家和世界知名的钢琴演奏家。年幼时即从他的母亲那儿得到很好的音乐教育，后来在莫斯科维罗影（Villoing）学钢琴，1839年即在公众之前演奏，次年随其师作巡回演奏，到巴黎时认识了李斯特。这时李斯特正在巴黎执教，由于李斯特的劝导，他在那儿继续了他的研究工作。一年后到英、荷、德和瑞典等国家。1845年他到柏林从特恩（Siegfried Dehn，他也是葛林卡的作曲教师）学作曲。1846年至1848年他去维也纳布勒斯堡等地。

1848年回国，大公爵夫人海伦聘他为宫廷音乐家。此后他在彼德堡勤修了八年之久。然后他带着大批作品，以一个成熟了的艺人的姿态而出现于欧洲，遍历德境各地，得到听众热烈的欢迎和出版家的光顾，同时他的几个早期作品也得到演出的机会。自此以后，他的声响便以一个钢琴演奏家与作曲家而迅速地传遍了欧美。1857年他再度访英，而于1858年返国。先后在彼得堡和莫斯科等地举行了非常热烈的音乐会。于是他就在彼得堡住了下来。

罗宾斯坦的头脑清楚、意志坚强、学识渊博而且熟悉欧洲文化，他想到俄罗斯必须有职业的音乐教育。1859年俄罗斯音乐协会组成，他任领导人，因得以联合一些朋友来共同负起推进俄罗斯音乐的工作。他经常指挥欧洲古典作曲家及葛林卡和达尔高梅斯基的作品演奏会。从此给1862年在彼得堡开办的第一所音乐院打下了强固的基础。因之他被聘为音乐院的第一任院长。而他的促进俄罗斯青年有系统的音乐教育的理想也实现了。

1867年他又离开俄罗斯作另一次得意的旅行，经过欧洲的大部分，直到1870年春天才完结。这之后，他就有从社会生活中退休的意思，但未能完全实现，只在一个短时间的休息之后便又重新参加活动。在维也纳做了近两年的乐队与合唱团的领导人之后，他于1872年至1873年赴美作一次新的旅行演奏，而他的名声于是远播全球。这其间若干年，他几乎每年都为退休的意念所苦恼，但也许是由于大众的呼声或者是家庭经济的关系，他仍然勉力地为世界献出他极有价值的工作。1885 年至 1887 年，他对整个欧洲作了一连串的告别音乐会。1887 年至 1890 年他再度担任彼得堡音乐院长之职。1889 年，大艺术家的 50 周年纪念，同时出版了他的自传。

罗宾斯坦的演奏，值得注意的不仅是他毫无瑕疵的演奏技巧，在这方面也仅有他才是李斯特的敌手；但是他的热情与悟性则仅是一个真诚而和蔼的作曲家才能享有的。他能够把莫扎尔特与海顿他们那么简约的曲子弹得使听者的眼泪涌上来，但在另一方面他有时也会被强烈的激动所驱使而以一种粗野的方式来弹奏。当他 12 岁在伦敦演奏的时候，莫歇勒斯（Moscheles）的日记里就曾经这样提到过他："一个 Thalberg 的对手……一个俄罗斯的小孩，他的手指像羽毛一样轻巧，也像成人一样的有力。"他弹萧邦的 B flta Sonata 的丧礼进行曲的办法可以作为他完全地驾驭了音乐的例证。他放弃了作者的意见，用 *ppp* 开始，接下去逐渐加强。trio 过去之后再开始使用 *ff*，接下去同样一点点地减弱下去，最后像开始时一样轻地结束。

罗宾斯坦写了将近二十部歌剧，表现出他的题材与风格的多面性。其中著名的有三幕歌剧《菲拉莫斯》（*Feromors*）和《恶魔》（*The Demon*），这两部歌剧都有着不少富有强烈的东方色彩的场面，尤其是在《恶魔》中，更有着特有的色彩的活力。此外，罗宾斯坦的名作就是"那结合着俄罗斯的抒情乐旨舞蹈乐旨的最有名的第五《大洋》交响曲"以及许多室乐、管弦乐曲、罗爱斯曲和歌曲。还有他根据亚塞拜然诗人米拉士·夏菲的词所作的《波斯歌曲集》（*The Perssian Songs*），因他的优美与热情而颇为风行。虽《大洋》交响曲是他的成名之作，但他的室乐与歌曲才说得上是真正流行的东西。无疑地《大洋》交响曲是他的最佳作品，他的曲趣一贯地保持着活泼而有兴致，同时更显出作者非常的精细，他敢于冒那使听者困倦的冗长，而耐心地把最好的音乐给予他们。

他的作风可以说是得之于德国浪漫派大家门德尔松的影响。用一个美丽的曲调而伴以自然的和声，并显现出熟练的技巧。但是也同样显现出天才横溢而带来的缺乏自我批判与自制的恶果。还有他有着巨量的辉煌的钢琴曲子，而且喜欢在室乐中用钢琴曲，处处都露出他是一个钢琴演奏家而兼作曲家的特色。但很多地方都用得太突出，就像他的 f 调五重奏 Op. 55 简直像一个钢琴协奏曲了。他的创作所产生的积极作用，是在于使俄罗斯音乐接近欧洲发达的艺术形式。他并不像葛林卡他们那般热衷于民族音乐的创作，但是他的音乐却仍然具有俄罗斯音乐的特质。因此，他曾苦恼地说："我是俄国人眼中的德国人，也是德国人眼中的俄国人。"

总结他的功绩，不仅在于他使俄罗斯音乐接近了欧洲发达的艺术形式，更主要的是：第一，他树立了俄罗斯音乐家和作曲家的职业教育的基础。第二，他一变从前的业余性而将他自己的作曲家的劳作归入职业性的范围中去。第三，作为交响音乐会的领导者、钢琴家和教育家的他还从事努力促进音乐文化在俄罗斯的传布。

罗宾斯坦于 1894 年 11 月 20 日逝世。

原载《时代日报》1948 年 5 月 6 日《新音乐》第 30 期，署名"施盈"

米里·巴拉基列夫

米里·巴拉基列夫（Mily Alexeivich Balakirev）于1836年12月31日生于尼奇尼·诺夫高洛德。他是俄罗斯著名的作曲家和教师。由于他，俄罗斯国民乐派才得以形成。

幼时，他便从他母亲那里受到初步的音乐教育，另外更有价值的一部分则是得之于《莫扎特之一生》的作者奥里比谢夫（Oulibishev）那里。就在他的乡居中，巴拉基列夫度过他少年时代的一部分。那儿许多很好的音乐书籍，使他了解了所有的古典名曲，同时又在奥里比谢夫的私人管乐队的实践中使他获得了不少器乐的知识。但是对于他的发展来说，比这一切都更重要的是他完全地被俄罗斯人民的音乐所感动。居住在俄罗斯边远的省份，保守的气氛环绕着他，但是他的敏感的头脑，似乎已预想到在西欧为瓦格纳、伯辽士与李斯特诸人所完成的变革。于是他碰到了这样一个难题，即是如何把新的生命与趣味渗透到那对现代需要格格不入的形式中去。但是以瓦格纳式的原则来解决这个问题的意思，在巴拉基列夫却是没有的，这倒不仅是为了当时瓦格纳在俄罗斯很少被人知道，更主要的是在俄罗斯有着葛林卡所已开发而且发展了的民族曲调的源泉。这也是由于当时民主思潮正弥漫着整个俄罗斯，一般知识分子所幻想的是在本国内进行社会改革，创立解除外来影响而独立的高度民族文化。巴拉基列夫18岁时，满怀着民族文化的热情跑到彼得堡去向那些伯令尼（Bellini）与麦耶比尔（Meyerbeer）的崇拜者们宣扬他的民族思想。在彼得堡的几次演奏会中表演成功以后，他的演奏家与作曲家的声名便传出去了。同时他的热心与才智给予葛林卡极深的印象，而被葛林卡认为继续他事业最适当的意中人。因为年轻的他，具有渊博的音乐知识与不倦的热忱，而且在他那动人而有感染力的热忱后面，还有着真实的见解。

1861 年，巴拉基列夫已成为新音乐运动的中心。第一个作为他的弟子的是凯撒·居伊，然后是莫索尔格斯基，再后是李姆斯基－科尔萨珂夫和鲍罗亭，连他自己在内共五个人，他们一起联合在“民族音乐”的目标之下，形成俄罗斯音乐界中一个崭新的集团——国民乐派。他们认为俄罗斯的音乐不应该模仿欧洲古典作家的模范，而应该以人民生活的根基为出发点。由于他们许多作品和他们全部热烈的活动充满着强有力的气息之故，他们获得了“强力集团”的称号。

在这个集团中，巴拉基列夫领导着他们的研究工作，对于他们之前的作家，从巴赫与韩德尔开始，而主要地更以葛林卡作为他们的模范。而对他们同时代的作家来说，舒曼、伯辽士与李斯特对于他们的影响是远胜于瓦格纳与布拉谟斯。巴拉基列夫为他们分析每一个作品，指出每一个特别的和声与节奏，注意每一个新的乐器的配合，或者一些对于形式的误解。他把目标确立在明确的美学基础之上，而不拘泥于传统的分别。同时追随在葛林卡之后，开始全面地研究俄国的歌曲，东方的音乐以及其他民族的曲调。这不久就反映在他自己的交响乐和室乐的作品之中。

关于他们这个集团后来发展的情形，我们必须了解的是在这段时期中，紧接着农奴的解放、个性的解放是俄国人精神生活中之主导音响。所以到后来，他们每一个人都选择了自己的道路，但每一条道路都通达俄罗斯音乐的光辉灿烂的峰顶。正如鲍罗亭所说：

> 我们像一个母鸡（巴拉基列夫）所产的卵那样都差不多大小，但当幼雏出壳之后，每一个都披着不同的羽毛而朝不同的方向飞去。

1862 年，由于名合唱指挥罗马金（Lomakin）与俄罗斯伟大的批评家史达索夫（V. Stassov）的帮助，巴拉基列夫在彼得堡创办了免费音乐学校，并同时连带举行当代俄国及外国作品的演奏会，尽了使进步音乐在俄罗斯流传的伟大任务。在这些音乐会中，他们几个人以及后来的葛拉祖诺夫与李亚道夫诸人的作品作了首次演出。可惜的是这所学校没有继续办多久，这之后，巴拉基列夫于 1866 年与 1867 年还在布拉格指挥过葛林卡的歌剧演出。1869 年，他受任国家教堂乐长及俄罗斯音乐协会领导人之职。后来，他就暂时地脱离开音乐生活，像果戈理和朵斯妥也夫斯基他们一样，他在中年有着神秘主义的倾向，当他再回到音乐生活中来时，他的热情已消逝了不少。

巴拉基列夫的作品在量上虽然很少，但是在质上却是一些精粹的作品。作为一个作曲家也是与葛林卡的关系更为接近的，同样的富于抒情的深沉的情感与富有诗意的敏锐的感觉。而他还有更大的热情与更成熟的技术知识在操纵着。

1958 年与 1960 年之间，他的一套歌曲（计 20 曲）出版了，我们可以领略到他的作品的绝妙而完美的气质。后来另一本《歌曲十首》也出版，这是他的后期作品，虽然其中仍有美好的例子，但他早期作品中的那种热情与魅力却再也没有了。另外在他的两本民族歌曲集中我们可以看见许多他所加上去的独立的伴奏。

虽然史达索夫曾经毫不犹豫地将巴拉基列夫的管弦乐曲置于标题音乐之列，但他却从未给他自己的作品加上明确的标题。他有三首用序曲为名的管弦乐曲：第一个《俄罗斯主题的序曲》是以三首俄罗斯民歌作为基础而写成的，其中的一首《原野里一棵白桦》最为出名；第二个是《捷克主题的序曲》；第三个是《西班牙主题的序曲》。这曲子的第一个主题是作者自己写的，第二主题原是西班牙进行曲，是他二十岁的时候葛林卡给他的。这个序曲非常成功，在所有俄罗斯音乐中没有能比这序曲结尾的进行曲更辉煌而够味了。

他的管弦乐作品，除开上述三序曲之外还有两首交响诗，一首是《妲玛拉》（*Tamara*），取材于莱蒙托夫写的关于传奇的乔治亚女王妲玛拉的诗。一首是《俄罗斯》（*Russia*），写于1862年，这是为纪念俄罗斯一千年而作的一首管弦乐英雄叙事诗。以三个民族曲调为基础，每一个代表着俄罗斯史上一个特定的时期，结尾处像是在轻声地祈祷着国家未来的幸福与康乐。此外是他自1861年写起的《李尔王序曲》，是莎翁悲剧之最好的圆满的演绎。

在巴拉基列夫所有的作品中显示给我们的是他对于俄罗斯、东方以及其他各民族的音乐的兴趣。尤其是东方对于他的魅惑可以在他的钢琴幻想曲《依斯拉美》中看出来。这曲子常被称为最难的钢琴曲，后来经过加塞拉等人改编为管弦乐曲来演奏。全曲由三个主题自由发展而成。其第一主题是根据乔治亚的曲调而写成，富有东方色彩。第二主题则先由英国管引进而由大提琴合奏。第三主题也是由英国管奏出的。最后一段富于幻想的结尾，是很漂亮的一个尾声。

巴拉基列夫于1910年5月30日逝世于彼得堡。他所完成的一切，使他获得了伟大的俄罗斯音乐建设者的荣誉。且不说他在领导俄罗斯新的国民乐派方面的功绩，就是在他自己的优秀乐曲创作方面，也已经对于民族性有了最广大与最活的了解。

原载《时代日报》1948年5月13日《新音乐》第31期，署名“施盈”

纪念聂耳逝世十三周年：介绍聂耳的一生

今天的日子是非常惋惜的，在十三年以前我们中国有一位伟大的新音乐家聂耳在日本逝世了，那时我还很小，可是很喜欢唱他的歌。

聂耳是云南玉溪县人，玉溪在昆明西南部，风景非常优美。

但是他没有在玉溪生活着，从小就生长在昆明市，聂耳原名聂守信，号紫艺。关于他的名字有一个很滑稽的事，就是当日本人知道中国有一个新音乐家聂耳在日本时，他们开了一个欢迎会，但是在这个欢迎会上没有一个人能认识他，当他在签名簿写着“聂守信”三字，他们还是不知道，开会的时间过去了好久，他们便问谁是“聂守信”，他很泰然地站起来，于是所有的人都笑起来了。

聂耳名字的由来是采用了“Neih”，但是当他签名时常以“h”作“e”，故后即题名聂耳，而在明月歌舞班里的王人美、黎莉莉等那时还很小，他们常常笑嘻嘻叫他“孽子”。

他的父亲是一个郎中，医术很精，在昆明市开设了一个药号，可惜在聂耳四岁时他父亲便因操劳过度去世了，于是家境逐渐窘迫，他的兄妹都被迫失学。虽然他的母亲能继承他父亲的事业来维持全家生活，然而亦非常困苦。当他进圣校读书时，在校中他常常有种感觉要使人知道他是一个很穷苦的孩子，他的成绩始终保持着第一，尤其表演时更能流露出他特殊的才能——语言、音乐。他没有到过玉溪，但是他讲玉溪语很流利，同乡长老都称赞他。他还懂得中国许多地方的语言，如云南、广东、湖南、北平、江苏等地方语，而且讲得纯熟。

他从小就很有天才，能指挥音乐会合奏，他曾组织过音乐团体。在中学时家境更加的艰苦了，毕业后家中要他赚钱补贴家用，但他不顾家里人的反对，进了云南省师范读书。

可是，他想这样下去总不是事，自己觉得还得找点事做。那时刚好是民国十六年北伐时，十六军在云南招兵，他便报名参加，辗转湖南、柳州、广东一带。军队中的生活是相当苦的，因为他受的教育程度比较高所以就担任了文书，后来十六军解散了，于是重回云南省就读。毕业后刚好有一位同乡薛禹耕在上海设有申庄，他便在这店中充当伙计，生活亦很清苦，但是他很能支配时间。当时阅读了不少的文艺杂志，把其中的精华吸收过来。因此，对于文艺的知识也就广了，同时对于音乐方面也得益不少，但在这时他觉得单是喜欢了音乐又有什么用呢？于是埋头学习拉小提琴、学习摄影，并且喜欢找艺术的题材，有一次他照了一张题名为“野花”的照片，这都反映着他的思想感觉在那时都混乱着。

后来店中生意清淡，无法维持，只得结束清理，他便宣告失业。因为在当时是一个沉闷的时代，失业者所感到的苦闷当然是很沉重。于是他感到在当时的社会中都是厌世而空虚，自己虽然有向上的心，但所谓向上也是空洞得很，用什么方法才能使自己向上呢？因此他花费了很长的时间去思索这个问题。

后来（在几个月中他已经将小提琴拉得很好）他参加明月歌舞团，不管天怎么热，总是很卖力地拉。有一次他在台上拉得很有劲时，忽然有一位女同乡在后台说：“难道你这样来了结你这一生吗？”这句话是一个很好的启示，也因为这句话使他当时心中很难受。

当“九一八”后，日本学生放假庆祝，他们非常的骄傲，这时使得当时的聂耳受着一个很大的刺激，他思索着该怎样做才对呢？那时有抗日救国团成立，他毅然地参加了，同时他还非常努力学习及锻炼自己，他的求知欲是这样的深及、这样的迫切，他并不想做一个××家，他是要学习更多的东西。

冬天过去了，在“一・二八”日本进攻上海时，中国军队英勇地反抗使我们感到更加兴奋，他创作的念头开始（在“一・二八”以前写了两个口琴曲子，到现在很少人知道这曲子），“一・二八”之后，他知道音乐是能充实国家来唤醒民众的。

后来他离开了明月歌舞班到北平拟考国立艺术学院，不幸没有考上，以后向一个俄国教师托洛夫学习拉琴，始终刻苦地练习着。即使在峭厉的冬天，他也是这样，但是生活不能够维持，贫穷使他离开了爱护他的托洛夫。

以后他又在联华电影公司工作，那时凡是进步的团体也都去加入了，于是开始表现在作曲上并在当时给人民很大的影响，使人民的情绪都被激发起来，所以我们能坚决地抗日，不能忘怀伟大的聂耳。

自此，他逐渐展开了他的音乐创作，后来因音乐的关系他结识了百代公司的音乐主任。他写了《打桩歌》《码头工人歌》，并得到主任的赞赏，终于灌制唱片问世，这是他初期作品的成功。

以后作品有《大路歌》《义勇军进行曲》《牧羊牛歌》《塞外曲》《新女性》《铁蹄下的歌女》等共34支歌曲，尤以《义勇军进行曲》更是脍炙人口，与鲁热德利耳的《马赛曲》可以媲美。

他在上海感到音乐修养还很差，便在民国廿四年春天，东渡日本，继续深造，进东亚音专。他很虔心研读，7 月 17 日那天与友人去海滨游泳，忽然一阵巨浪竟将他吞噬了，从此就永远看不见了。他的死在我们的心中还是一个谜，在十三年前之今日，他就随着海浪流向不知何处去矣！

聂耳的音乐风格是现实主义创作方法，同时是民族化、大众化的创作路向。

原载《歌讯》（上海）1948 年第 17 期，署名“郭乃安讲，青牛记”

莫索尔斯基给我们的启示

作曲家莫索尔斯基的道路，是一条艺术家为人民服务的道路，是一条现实主义的作曲家的发展道路。处在19世纪沙皇统治下的俄罗斯，莫索尔斯基以他的明智和英勇，天才地创作了深刻反映俄罗斯人民的精神的作品。他以崭新的姿态走在当代作曲家的最前列。

19世纪60年代，是莫索尔斯基的创作鼎盛的年代，也是俄罗斯的革命民主运动高涨的年代。1861年，沙皇亚历山大二世慑于农民所发动的起义，于是颁布了一项“解放农奴”的法令。农民的依赖地位表面上是“解除了”，但是农民并未得到土地，相反的他们为了取得耕地而被迫向地主缴纳巨额的赎金，同时还要替地主做工并把收获的三分之一缴给地主。农民的境遇更为困苦了，不满情绪增涨起来，若干地方发生了骚动，农民与沙皇军队进行着流血的斗争。

农民的斗争获得了先进知识分子的同情，革命民主运动随之高涨起来，车尔尼雪夫斯基等人都起来为农民的利益而斗争，不少文学家和艺术家们都极力想把当时的社会生活反映在他们的作品中去。热情的莫索尔斯基就是在这样的环境下成长起来的。

青年的莫索尔斯基是一个富于浪漫主义色彩的、热情的人物。当1856年在彼得堡认识了当代伟大的作曲家达尔高梅斯基之后，他的音乐视野为之开展，并决定了终身从事于音乐创作的志愿。虽然在当时他已受到了一些革命民主主义思潮的影响，但他最初的意图还是创作一些富于浪漫主义热情的作品，如《窝狄普斯王》（希腊索福克里斯的悲剧）的配乐及根据福楼拜的作品所作的歌剧《萨浪波》等都是。但是当他到乡间去亲身体验到农民的痛苦与农民的斗争精神之后，他带回彼得堡的已不再是《萨浪波》一类的作品，而是被他称为“素材”的一些倾诉农民的痛苦的歌曲。

……
我慈善的老爷，
要饿死了，
要冻得冻凝了。
我慈善的老爷，
可怜我们贫穷，
可怜我们饥寒的孤儿！

——《孤儿》

……
睡吧，睡吧，
矮小细弱的小草，
应当低头。
为了可怜的孤儿
在世界上无忧地过一生，
睡吧，睡吧……

——《摇篮歌》

还有那呆子的无语的呻吟。

批评家斯达索夫说：“这不是歌曲，不是幻想。这是俄罗斯的农民和他们的哀怨。是生活，是生活……”真的，这种歌曲是做不出来的。莫索尔斯基的心被农民的痛苦深深地打动了，真实地反映农民生活的愿望在这颗高尚纯洁的心里顽强地滋长起来。于是作曲家走上了伟大的成就开端，从此他开始了对现实主义创作方法的坚持不渝的探求。

歌剧《结婚》的创作，是作曲家在现实主义创作道路上的一次有益的尝试。作曲家之所以决定用果戈理的《结婚》作为歌剧的脚本，是因为果戈理在这部作品里以极其生动的语言刻画了俄国地主阶级的形象。莫索尔斯基在这部歌剧中企图效法他的先驱达尔高梅斯基在歌剧《石客》中所作的那样，以音乐来表现生活的语言，他要尽量保持果戈理原文的特色，创造一部“对话体的歌剧”。但是这部歌剧他在写完第一幕之后就没有再继续写下去。原因是他已找到了更深刻的题材，同时在经过这一尝试之后，他也有着把他的现实主义创作方法向前推进一步的强烈的愿望。于是莫索尔斯基迅速地攀登上深刻的现实主义创作的峰顶。1868年初冬，他开始了伟大的歌剧《波里斯·戈都诺夫》的创作，一年之后便完成了。

歌剧《波里斯·戈都诺夫》的思想是与20世纪60年代的现实紧紧地相照映的。波里斯是一个用阴谋和对人民的欺骗而登上王位的暴君，他终于被人民抛弃了。莫索尔斯基在这部歌剧中以毫不隐晦的强烈的笔调，歌颂人民的革命斗争，歌颂人民的力量和他们的未来。在这部歌剧中，真正的主人公是纯朴英勇的人民，是革命的群众。与革命的人民相对照的是在人民的革命力量下注定要死亡的波里斯的不可挽回的悲剧。我们看歌剧的《在克洛姆附近》一场所表现的人民的力量，该是多么雄厚，多么有气魄！起义的农民把沙皇统治的支柱——地主捉起来了，发泄了他们的义愤。他们唱着“好汉的雄强力量激发起来了”，高呼着“你死吧，波里斯！”冲向莫斯科去。而波里斯呢，只有绝望和恐惧。

这部歌剧的思想内容与音乐创作的深刻性是难以一下子说清的。莫索尔斯基的这部歌剧以其深刻的现实主义而在音乐史上光辉地屹立着。它在歌剧艺术史上做到了真正的革新。根据表现人民群众的要求，莫索尔斯基抛弃了西欧传统歌剧的常规，创造了与其内容相适应的形式。合唱占了重要的地位，波里斯有着长段的独白体的歌唱，爱情的场面占非常次要的地位。一切音乐都以深刻表现生活内容为依据，朴素而不浮夸。在影片《莫索尔斯基》中我们可以看见李姆斯基－柯尔萨可夫对波里斯加冕一场提出意见的场面。莫索尔斯基说：“我认为音乐就是生活，音乐应该是反映生活的。”这就是莫索尔斯基的基本的美学观点。

由于《波里斯·戈都诺夫》反映了当时人民的思想和愿望，表现了人民的力量，并在歌剧艺术上所达到的真正的革新的程度，它的演出遭到了重重困难。于是原来即已存在的斗争明朗化了。在莫索尔斯基一边的是他的战友，巴拉基列夫、李姆斯基－柯尔萨可夫、鲍罗亭和居伊（他们五人当时被称为“强力集团”），以及“强力集团”的宣扬者批评家斯达索夫等人。另一方面是以公爵夫人为首的盘踞着俄罗斯音乐协会的一批西欧音乐崇拜者。在这场斗争中，真正的胜利者是莫索尔斯基和他们的战友们。因为人民支持他们，进步的知识分子支持他们。歌剧《波里斯·戈都诺夫》的演出在人民中获得了强烈的反应。

为人民的利益，莫索尔斯基以英勇的姿态战斗着，除了在歌剧《波里斯·戈都诺夫》中他热情地歌颂着人民的斗争和力量之外，他还以若干富有战斗性的讽刺歌曲进行斗争。我们熟知的《跳蚤之歌》便是一首辛辣地嘲讽那些谄媚无耻的王公大臣的歌曲。《辣悦克》（音乐家的傀儡表演）则是讽刺那些西欧音乐崇拜者的。此外还有《神学生》《三层包厢》（最便宜的座位）和《古典主义者》等都是他在20世纪60年代中的作品。

人民，始终是莫索尔斯基歌剧创作的中心主题。《波里斯·戈都诺夫》完成后，他接着从事于歌剧《荷苑兴娜》的创作。这部歌剧是以彼得大帝时代新旧势力的冲突为题材的。它写的是“人民起来了，贵族混乱了”，写的是人民的坚强不屈的精神。同时他还打算以布迦乔夫农民起义为题材写一部歌剧。但是莫索尔斯基甚至还未将《荷苑兴娜》全部写完就去世了。

莫索尔斯基的崇高和英勇的品质留给我们深刻的印象。他的对人民的忠诚、为人民服务的热情，不但表现在他的“忠实于生活”的现实主义的创作原则的确定上，更表现在他为实现这一原则所作的坚持不懈的努力上；不但表现在创作方法上，更主要的表现在他对人民疾苦的深切同情，对人民力量的热情歌颂和对人民的未来的坚定信念上，莫索尔斯基的高尚品质和他的光辉的创造性的活动对于我们来说是富有教育意义的。我们幸运地生长在这个时代，受着马列主义、毛泽东思想的教养，并且国家为我们准备了一切为人民服务的条件。但我们却往往缺乏为人民服务的高度热情。如果我们面对着正在进行创造性的建设劳动的人民而仍无动于衷，不能与人民同呼吸的话，又怎能产生要求表现人民高贵品质的热烈愿望呢？没有这个出发点，当然也就谈不到去追求真实反映人民生活的创作方法了。莫索尔斯基的发展道路给了我们很好的启示。他的高尚英勇的品质，是我们光辉的榜样。

原载《光明日报》1953年7月18日

俄罗斯天才钢琴家、作曲家兼教育家安东·鲁宾什坦

——纪念安东·鲁宾斯坦逝世六十周年

1894 年 11 月 20 日，举世闻名的俄罗斯卓越的钢琴家、作曲家兼教育家安东·鲁宾什坦逝世，到今年整整是 60 周年。

安东·鲁宾什坦生于 1829 年（一说 1830 年）11 月 28 日。从幼年时起，他便从母亲那里受到了良好的音乐教育，后来并在莫斯科从名师维洛影学习钢琴。10 岁时，他第一次作公开的钢琴演奏，受到极大的注意。从此便开始了他艺术大师的道路。

11 岁时，安东·鲁宾什坦随其师赴欧洲作巡回演出。在巴黎，他认识了李斯特，受到李斯特的教导和鼓舞，他留在欧洲进行学习。此后几年内，一方面他继续在法、德、美、荷和瑞典等国举行演奏会，到处受到公众的欢迎和音乐界的密切注视，同时他还继续从事刻苦的学习，除开钢琴之外，并学习作曲。他的音乐视野大大地扩展了。

1848 年，安东·鲁宾什坦回到祖国，在彼得堡他进行了八年之久的刻苦学习和辛勤而旺盛的创作劳动。随后，他就带着大批作品，作为一个成熟了的艺术家而出现欧洲的乐坛上。他的卓越的钢琴演奏及作品受到了热烈的欢迎。他的早期作品诸如歌剧《西伯利亚的射手》等都获得了演出的机会，许多作品也开始在欧洲出版。这时他已经不只是作为一个天才的钢琴家，而且也作为一个卓越的作曲家而获得了崇高的声誉。

1858 年，安东·鲁宾什坦回国。具有渊博的学识和广阔眼界的他，注意到了在俄罗斯促进对欧洲和俄罗斯先进音乐文化的传播以及建立专业的音乐教育的重大意义。在他的推动下，“俄罗斯音乐协会”于 1859 年宣告成立，他任该会主席。在协会的主持下，有计划地举行了交响音乐会，演出欧洲古典作曲家以及俄罗斯古典作曲家格林卡和达尔戈梅斯基的作品，安东·鲁宾什坦就是这些音乐会的经常的指挥者。这些活动，不仅大大促进了音乐文化在俄罗斯的传播，而且也为俄罗斯的第一所音乐学院——彼得堡音乐学院的建立打下了基础。1862 年彼得堡音乐学院成立，安东·鲁宾什坦担任院长，他的促进俄罗斯青年有系统的音乐教育的理想也实现了。

1867 年，安东·鲁宾什坦再度出国，除了在欧洲各地举行音乐会和其他音乐活动外，并曾于 1872 年至 1873 年去美国作过一次旅行演奏。1885 年至 1887 年，他在欧洲举行了一连串的告别音乐会，给听众留下了极其深刻的印象。他带着极高的荣誉回到自己的祖国，在彼得堡再度就任音乐学院的院长。

作为天才钢琴家的安东·鲁宾什坦不但有着高度完善的钢琴演奏技巧，而且更主要的是他有着只有一个真诚的作曲家才能具有的那种热情和悟性，那种对于作品的深刻而独到的见解。当他第一次出现在欧洲乐坛上的时候，他还不过十一二岁，但是他的演奏便已引起了极大的注意。著名的钢琴家莫歇勒斯①在日记中曾经这样提到他：“一个达尔伯②的对手……一个俄罗斯的小孩，他的手指像羽毛一样轻巧，像成人一样有力。”这虽是一种简单的印象的纪录，但却包含着这位未来大师的特征的一些方面。首先，莫歇勒斯之所以把安东·鲁宾什坦视为达尔伯的对手并不是偶然的。达尔伯是欧洲当时颇有名望的钢琴家，他的演奏的特点就是他把钢琴的演奏视为“把歌唱应用到钢琴上的艺术”。这就说明了安东·鲁宾什坦的钢琴演奏艺术的特点开始就是对于音乐中作为表现思想感情的主要手段的旋律赋予了极大的注意。他能够富有表情地处理旋律，使其他方面都服从于旋律，也就是服从于音乐的思想感情的要求。这种特点，在他的钢琴作品中也同样鲜明地表现出来。其次，莫歇勒斯后面的两句话虽然看起来是一种表面的评价，但也同样包含着这位未来大师的艺术特点的一些方面：即一方面他能够在一种朴素的、然而是深刻的和动人的演奏中去体现古典作品的精神，“他能够把海登和莫差特的简洁朴素的作品弹得使听者的眼泪涌上来”；另一方面他也会为强烈的激动所驱使，用强力和粗犷的方式来表现作品的热情。他弹萧邦的《降 B 小调奏鸣曲》中的《丧礼进行曲》的处理方法可以作为他完全驾驭了音响的例证。他放弃了作者的意见，用极弱开始，然后逐渐加强。到“中段”之后再开始时用最强，然后一点点地渐弱下去，最后像开始时一样轻地结束。

---

① 莫歇勒斯（Ignaz Moscheles 1794—1870）19 世纪欧洲著名的钢琴家，曾任莱比锡音乐院教授。

② 达尔伯（Sigismond Thalberg 1812—1871）19 世纪欧洲著名的钢琴家，曾在世界各地旅行演奏，享有盛名。

安东·鲁宾什坦在从事于演奏和其他社会音乐活动的同时还进行了辛勤的创作劳动。他的创作不仅在数量上是惊人的（他有近200件作品），而且在样式和题材上也是丰富而多样。他创作了20部戏剧音乐作品（包括歌剧和清唱剧），6首交响曲，5首钢琴协奏曲，以及为数甚多的钢琴曲、歌曲和室内乐曲。

在安东·鲁宾什坦戏剧音乐作品中最为著名的是歌剧《菲拉莫斯》和《恶魔》。《菲拉莫斯》是他的早期作品之一，它描写印度公主拉拉·卢克和一个名叫菲拉莫斯的穷歌唱家的恋爱故事。这部歌剧中有着不少东方色彩的场面，其中以《喀什米尔的未婚女子们的舞蹈》最为人熟知，它已成为音乐会中经常上演的节目之一。歌剧《恶魔》是根据俄罗斯著名诗人莱蒙托夫的长诗《恶魔》改编创作的，它描写一个善良的精灵热恋着少女塔玛拉的悲剧故事。在这部歌剧中，安东·鲁宾什坦以深刻的抒情的音乐刻画了剧中人的心理状态，塔玛拉的咏叹调和恶魔的几段独唱都是充满着深挚热情的感人的音乐，此外像合唱《夜》也以其深沉和感人而著名。由于这部歌剧是以格鲁吉亚为背景的，因此，在它的音乐中也有着若干富于东方色彩的场面。但在那些独唱中却是充分发展了俄罗斯音乐的抒情风格的。鲁宾什坦在这两部富于浪漫主义色彩的歌剧中，以热情的笔调歌颂了高尚的人性，斥责了封建制度和宗教的桎梏。

安东·鲁宾什坦的交响曲中最著名的是第五首《大洋》交响曲。这是一首长大的乐曲，共有七个乐章，其中有着丰富的俄罗斯特色的抒情曲调和舞蹈音乐主题。在这首乐曲中，安东·鲁宾什坦以精心的设计使听众在长时间中保持着不断增长的兴趣。他的钢琴协奏曲一贯是优美、辉煌和富于效果的，特别是作品第45号的《G大调协奏曲》最为突出。他的歌曲中最为著名的有根据阿塞尔拜疆诗人米拉斯·夏菲的诗所作《波斯歌曲》，其中的一首《波斯恋歌》已因俄罗斯现实主义歌唱家的出色的演唱而早为我们所熟知了。此外他的二重唱《阳光照耀着》也以其优美的抒情而著名。

在安东·鲁宾什坦的作品中最为流行的是他的钢琴曲和室内乐曲。他的钢琴曲《F调旋律》被世界音乐家改编在各种乐器上演奏，成为每一个音乐听众所热爱的乐曲。此外如以鲜明的笔触刻画人物形象而著名的一组钢琴曲《石头岛》，活泼而优美的《随想圆舞曲》《船歌》等也都是钢琴家们经常演奏的作品。在他的钢琴曲中，充分地发挥了这一乐器的辉煌和优美的效能。在他的室内乐曲中往往使用钢琴，同样也是富于效果的。

安东·鲁宾什坦作品的特点之一是他一贯重视旋律在表现音乐的思想感情中的重大作用。他的作品总有着鲜明流畅而富于表现的旋律，伴以精致而自然的和声。他的作品虽然较少直接地引用俄罗斯民间音乐的旋律，但在很多场合却是吸取了俄罗斯民间音乐的“音调”上的特点而创作了富有民族色彩的音乐。这种情形不但突出地表现在他的许多声乐作品中，也表现在他的一些器乐作品中。另一方面，在他的作品中也显示了他对于东方音乐的兴趣。这种对于东方音乐的兴趣自格林卡起几乎是每一个俄罗斯古典作曲家创作的特点。

安东·鲁宾什坦不仅以他的演奏和作品大大地影响了俄罗斯音乐文化的进步和发展，同时在他主持的俄罗斯音乐协会以及彼得堡音乐学院的各项活动中，实际地组织和参与了推进俄罗斯音乐文化发展的工作。社会音乐活动的加强和专业音乐教育机构的建立，为19世纪后半期俄罗斯音乐文化的空前繁荣树立了必要的基础。安东·鲁宾什坦的伟大功绩是永垂不朽的！

对于我们中国的音乐工作者来说，今天来纪念这位大师是有着重大的现实意义的。我国的音乐文化比起我国人民在政治和经济等各个方面所取得的成就来说是远远地落后了。因此，努力争取我国音乐文化迅速的进一步发展便是我们每一个音乐工作者的重大责任。在这种情况下，我们可以从安东·鲁宾什坦的全部活动中吸取丰富的宝贵经验和教益。我们需要有像他那样巨大的精力去熟悉和了解苏联和其他国家一切先进音乐文化的丰富经验，去创造具有高度思想性和艺术性的民族音乐作品，去加强我们的音乐演出活动和提高我国专业音乐教育的水平。只有勤奋和刻苦的努力，我们的音乐文化才能得到真正的繁荣和提高！

原载《人民音乐》1954年第12期

人民歌手冼星海

——纪念冼星海同志逝世十周年

今年10月30日，是中国人民的伟大歌手，杰出的革命作曲家冼星海同志逝世十周年的纪念日。十年来，中国共产党和毛泽东同志领导着全国人民，经过了英勇的斗争，打垮了国内外敌人，建立了自己的新国家。现在，我们正在努力为实现国家的过渡时期总任务，为建设社会主义而奋斗。在我们的斗争中，冼星海同志的音乐作品就是鼓舞着我们的强大力量。

冼星海同志出生在一个贫苦的渔家。在他还没有出世的时候，父亲就去世了。因此，从幼年的时候起，冼星海同志就依靠母亲为人家做佣工来维持生活。在中学和大学读书的时候，冼星海同志是依靠半工半读来勉力地完成自己的学业的。1929年，冼星海同志到法国巴黎学习音乐。在那里，他一边做工，一边坚持学习。他曾经上过歌唱学校和巴黎音乐院，学习小提琴和作曲。经过大约七年的艰苦学习之后，1935年他回到了祖国。

当他回到祖国的时候，正处在伟大的抗日战争的前夜。全国人民强烈地反对国民党反动政府所执行的对敌人妥协和对人民镇压的政策，积极要求抵抗日本帝国主义的侵略。在这种情况下，冼星海同志深感到自己作为一个作曲家的重大责任。于是，他便用热情的创作劳动，积极地投身到人民革命斗争中去。他开始创作大量的救亡歌曲，用歌声来教育人民，鼓舞人民的斗争热情。在他的著名歌曲《救国军歌》中，传达了当时人民心中的“枪口对外”的一致要求。这歌曲和冼星海同志的其他许多救亡歌曲一起，迅速地在广大的人民群众中流传开来。他的反映工人生活的作品如《搬夫曲》等，也受到了广泛的欢迎。

抗日战争爆发以后，冼星海同志随着上海救亡演剧第二队到浙江、河南、湖北等地去做宣传工作。他在各地深入到工农兵群众中去进行宣传和开展歌咏活动。这样深入群众的斗争生活，给了冼星海同志的音乐创作很大的影响。他在那一时期的创作，渐渐地走向更大众化、更民族化和艺术化了。他所作的工人歌曲《起重匠》，就是在那一时期中，他到大冶铁厂等地去，亲自下到矿的最底层，亲自观察了矿工的生活，并且从工人口中记录了歌曲之后写成的。由于和群众斗争的结合更紧密，冼星海同志的作品就能够更加深刻和鲜明地反映群众的情绪，因而也就能够为群众所喜爱，给群众以鼓舞。

1938 年冬天，冼星海同志离开了武汉前往延安。到延安以后，他一方面在鲁迅艺术学院担任教学工作，一方面用巨大的努力从事于音乐创作。在延安期间，他不仅创作了大量的群众歌剧，而且也开始作歌曲、大合唱等大型作品。著名的《黄河大合唱》和《生产运动大合唱》就是这个时期的作品。在延安，冼星海同志不仅有更好的创作条件，而且由于当时延安是我国社会主义文化的中心，有着党中央的直接领导，所以冼星海同志的创作天才就得到了更好的发展。像他的《黄河大合唱》那样深刻地反映出我们伟大人民的无限雄厚和坚强的力量的作品，是和冼星海同志在延安期间所获得的思想上的提高有着密切的关系的。同时，也就在这个时期，冼星海同志光荣地参加了中国共产党。

1940 年 5 月间，冼星海同志离开延安前往苏联。1945 年 10 月 30 日，他以肝病、肝肿、腹膜炎、心肝病同时并发，逝世于莫斯科。这五年多的时间中，冼星海同志进行了繁重的创作劳动。他除了整理一些旧时的作品之外，还创作了大量的乐曲，其中有声乐的，也有器乐的，但以器乐的为多。他在这段时期的作品，大都是描写祖国人民的生活，或者是运用我国民间曲调来进行创作。就在这些作品中，他寄托了无限深厚的对祖国和人民的热烈怀念。

冼星海同志的一生的活动，都明显地表现着他和自己祖国的劳动人民的血肉关系。他对我们的祖国和人民有着深挚的爱，他对于我们工人阶级的革命事业有着无限的忠贞和热情。他沿着聂耳同志所开辟的道路，以坚持不懈的刻苦的劳动，创作了数量极多、体式极广的音乐作品。他进一步地发展和巩固了我国社会主义现实主义音乐艺术的传统，使我国的音乐艺术更有效地为我国的人民革命事业服务，为我国的社会主义建设服务。

冼星海同志逝世后的十年间，随着我国革命的发展，我国的音乐艺术也有了显著的发展。我国的作曲家和音乐工作者，在聂耳同志所开辟的并为冼星海同志所发展和巩固了的道路上，为在音乐中贯彻毛主席的文艺为工农兵服务的方针，曾经做了重大的努力，取得不少的成就。当然，如果把这些成就拿来和我国社会主义建设的进展相比较，那是远远落后了的。我们还需要努力向冼星海同志学习，学习他对革命事业的忠贞和热情，学习他刻苦劳动的工作精神，使我们的音乐艺术和工人阶级的革命斗争紧密地结合起来，为我们伟大的社会主义建设事业服务。

原载《工人日报》1955 年 10 月

喜听库吉克的演唱

苏联人民演员、爱沙尼亚著名男中音歌唱家齐特·库吉克在北京的访问演出，使我们有机会欣赏到这位天才歌唱家的卓越的演唱，实在令人兴奋！

这位以优美的歌喉著称的歌唱家，给了我们极为深刻的印象。他的声音是热情和圆润的巧妙结合，是感情体验的深刻性和形象的明朗性的巧妙结合；他对声音对比的运用真可谓刚柔相济，恰到好处。他以高度完善的声乐技巧和多方面的才能，真实地表现了他的节目的艺术内容。

我们都十分赞赏齐特·库吉克演唱的李姆斯基-科萨可夫的《不是高处吹来的风》，他唱这首著名的抒情曲时，全部是用轻柔的弱音来处理的。在这个节目中，我们惊叹的不仅是他演唱弱音时高度的技巧控制，更主要的是我们被他引进了作品的美妙的精神境界。但是，他接着又唱的李姆斯基-科萨可夫的抒情曲《海边》，却是另一种截然不同的境界。这里充满着不可抑止的热情，恰恰同《不是高处吹来的风》构成强烈的对比。

齐特·库吉克卓越地解释了德国作曲家舒曼的歌曲《我不怨恨》和《两个掷弹兵》。在《我不怨恨》这一节目中，他用圆润而又坚实的声音，毫无夸饰地表达了深刻的感情体验。在《两个掷弹兵》中，不仅表达了感情的丰富性，并在后部突现了英雄性的高潮。整个曲子处理得那么丰富、完整而且动人。

歌唱家演唱的两首爱沙尼亚民歌，使我们对爱沙尼亚人民的生活习俗有了栩栩如生的亲切感受。还有爱沙尼亚作曲家阿·卡普的抒情曲《沿着林间小径》和爱·卡普的抒情曲《召唤》的演唱，一个是深邃幽远的诗情，一个是热情的召唤，表现得都是那么恰到好处。通过这些节目的表演，使我们大大地增加了对爱沙尼亚人民的了解。

作为久经舞台锻炼的歌剧演员的齐特·库吉克，在歌剧角色的扮演上有着多方面的才能。而且，他无论演唱哪一类的作品，都没有那种常常出现在歌剧舞台上的过火的夸张和追求表面效果的作风。他的演唱总是善于揭示剧中人物性格的精神特征，并且通过完善的、形象鲜明的手法表现出来。

他唱莫扎特的歌剧《费加罗的婚礼》中的费加罗的咏叹调和抒情曲，轻松而不流于轻薄，确切而生动地表现了费加罗的机智、开朗和乐观的性格。他唱古诺的歌剧《浮士德》中梅菲斯托裴尔的小夜曲时，那些轻蔑的笑声，正是叛逆精神的深刻的表现，一点也不过火。

同样的，在他唱比才的歌剧《卡门》的《斗牛士之歌》时，那昂扬的歌声，不仅表现了他的完善的技巧，而且更主要的是他在艺术创造上对于艺术的真实性、形象的鲜明性和完整性的统一的表现。对于这样一位卓越的歌唱家，他的艺术成就远不是我这篇短文所能概括的。他的访问演出使我们得到了不少的教益。

原载《人民日报》1959 年 3 月 6 日

革命的战斗的音乐传统

自从聂耳同志、冼星海同志逝世以来到现在，我们的祖国发生了翻天覆地的变化。强大的社会主义的新中国从革命的烈火中锻炼出来，正以巨人的步伐，向前跃进着。聂耳和冼星海的光辉的音乐，伴随着历史的迅速前进，永远活在中国人民的心里。他们所走过的无产阶级革命战士的光荣道路，他们所开创的革命的战斗的音乐传统，对我们永远有着新鲜的启示和鼓舞。特别是在今天，重温聂耳和冼星海两位先驱者的战斗的历程，进一步发扬他们所开创的革命的战斗的音乐传统，更有着新的重大的意义。

在20世纪30年代我国民族危机空前深重的时候，是聂耳，他在中国共产党的领导下，首先冲破了资产阶级反动音乐的阴霾，用他的光芒四射的革命音乐，照亮了中国人民的心灵，鼓舞了人民的革命勇气和战斗信心。他的音乐，为我国音乐文化的发展开辟了一条崭新的道路——无产阶级的革命的音乐道路。可惜的是，聂耳还没有来得及完全地实现他的伟大的革命抱负，1935年夏天，无情的海浪就夺去了他的年轻的生命。但是，也就在这一年，冼星海回到了祖国。他用自己顽强的战斗实践，坚持了聂耳的无产阶级革命音乐的道路，并且在更加广阔的创作实践和音乐活动中发展了这条道路。聂耳和冼星海的卓越的革命音乐活动，为我国无产阶级革命音乐的发展奠定了稳固的基础。这些年来我国无产阶级革命音乐的蓬勃发展和辉煌的成就，是和我国广大音乐工作者坚持了聂耳、冼星海所开辟的道路，发扬了他们的革命的战斗的音乐传统分不开的。

聂耳和冼星海虽然各自的出身不同、经历不同，在音乐的创作上也有着不同的风格、不同的艺术个性，但是他们都具有一个光辉的革命战士的优秀品质，在他们的革命音乐活动中贯彻着革命者的勇气和坚定精神。他们的革命精神集中地表现在他们都是从无产阶级革命者的立场来对待音乐事业，都是用革命的观点去认识现实生活，都是以革命的精神来创造新的艺术形式，而更重要的是：他们都是以革命者的态度来对待自己世界观的改造。正因为是这样，他们不仅为无产阶级的革命事业、为革命音乐文化的发展建立了伟大的功绩，同时也为我们树立了无产阶级革命音乐家的光辉典范。

一、积极投身于人民革命斗争的行列，用音乐作武器，坚忍不拔地进行战斗

聂耳和冼星海所处的时代，是我国民族危机空前深重的时代，是中国人民在中国共产党领导下和帝国主义、蒋介石反动派进行着激烈斗争的时代，同时也是无产阶级文化和资产阶级反动文化展开了尖锐斗争的时代。在这样的历史环境中，聂耳和冼星海在党的教育下迅速地走上了革命音乐家的道路。他们毅然决然地抛弃了曾经有过的不切实际的幻想，用音乐作武器，积极地投身到人民革命斗争的行列里去，从事于坚忍不拔的战斗。对于他们来说，音乐的事业，不过是革命事业的一部分而已，它除了服从于革命的需要、人民的需要之外，没有别的目的。

1930 年，青年的聂耳来到了斗争尖锐而复杂的上海。当时的上海，既是无产阶级革命文化的一个中心，也是帝国主义殖民文化、法西斯文化的集中地。这样，摆在一个音乐青年面前的就是两条截然相反的道路：一条是个人主义的夤缘上进的路，把自己的灵魂出卖给资产阶级，为巩固他们的剥削制度效劳；另一条路是把自己的艺术贡献给无产阶级的革命事业，为广大劳动群众服务。聂耳所选择的正是后一条无产阶级的革命音乐的道路。还在他到上海不久的时候，他便从左翼文艺刊物的论文中得到启示，开始找到了这条道路。他在 1930 年 10 月 5 日的日记上写道："今后我的研究和创作文艺的方针将改变了，不再作个人的呻吟或以个人的革命性的表现去影响群众……不如更深一层地往前跑，向着新的艺术运动的路上跑去。"但是，路不是一天就走出来的，这还只是一个良好的开端。此后，聂耳一方面积极地参加党所领导的革命活动，一方面勤奋地学习音乐。特别是进入"明月歌剧社"之后，为了职业的需要，也为了加强音乐的专业基础，他更加刻苦地练习小提琴。然而，革命形势的急剧发展，使得革命者的聂耳不能不考虑新的问题。从"九一八"到"一·二八"，日本帝国主义的侵略迅速地加深了中国民族的危机，革命的火焰在聂耳心中更强烈地燃烧起来。他在 1932 年 2 月 20 岁生日的日记里，追问自己："这样地刻苦练习，几年、几十年后成为一个提琴家又怎样呢？""你能够兴奋起、鼓动起劳苦群众的情绪吗？"他的回答是："不对，此路不通，早些醒悟吧！"从此，他开始探求"怎样去做革命的音乐"的路。也就在这个时候，通过田汉同志，他接触了党，并且成了左翼音乐小组中活跃的一员。得到了党的教育和鼓舞，他更加明确了方向。他在这年 6 月 15 日的日记上写道："我的革命艺术的出路，已渐入门了，努力去吧！"紧接着他就发表了几篇战斗性的短文，给予当时充斥市场、麻痹群众的

音乐以猛烈的抨击，提出了革命的音乐主张。他在《中国歌舞短论》一文中写道："我们所需要的不是软豆腐，而是真刀真枪的硬功夫。……今后的歌舞，若果仍是为歌舞而歌舞，那末，根本莫想踏上艺术之途！……你不听见在这地球上，有着无穷的一群人在你的周围呐喊、狂呼，你要向那群众深入。在这里面，你将有新鲜的材料，创造出新鲜的艺术。喂！努力！那条才是时代的大路。"这既是一曲十分响亮的战歌，也是一篇充满战斗精神的革命音乐的宣言书。此后不久，1933年初，聂耳光荣地加入了中国共产党。也就从这时候开始，他用自己光辉的作品，实践了他的革命音乐的道路。在大约两年的时间中，他在从事繁忙的革命活动的同时，创作了《义勇军进行曲》《大路歌》《开路先锋》等30多首革命歌曲。这些作品有力地表达了我国无产阶级和广大人民群众的革命意志和热情，迅速地受到全国人民的欢迎。它们和聂耳的战友们的革命音乐创作一起，掀起了波澜壮阔的抗日救亡歌咏运动高潮，对我国人民的革命斗争起了巨大的促进作用。

1935年秋天，冼星海回到了祖国。这正是我国人民的抗日救亡运动进入高潮的时候。他曾经是抱着一些幻想回到祖国来的，希望能够在交响乐的指挥、创作方面发挥他的才能。但当他一回到祖国，"眼见国内的情形，民族的危机，民族的受压迫，人民的困难、流亡、失业、饥荒，工农的艰苦、被压榨、被剥削"（见《创作札记》），同时在党的教育和帮助下他认识到自己的任务，毅然地加入了救亡歌咏运动，专心写救亡歌曲。他说："我是一个有良心的音乐工作家，我第一要写出祖国的危难，把我的歌曲传播给全中国和全人类，提醒他们去反封建、反侵略、反帝国主义——尤其是日本帝国主义。"（见《创作札记》）他在困难的生活条件下，以顽强的毅力刻苦地进行创作，写出了大量的革命歌曲。抗日战争开始后，他热情地参加了救亡演剧二队，深入内地的农村和城市，进行抗战宣传活动。他的为数甚多的抗战歌曲，都是在不安定的生活情况下，为了革命工作的需要而创作的。1938年冬天，他到了延安。在延安，他有了良好的工作条件，特别是由于党的关怀和教育，他在政治上有了显著的进步，并且在1939年光荣地加入了中国共产党。是党给了他无比的力量。在延安期间，他以十分旺盛的精力从事创作、教学、社会活动等多方面的工作。仅仅一年半左右的时间，他创作了歌剧、大合唱和群众歌曲等大量的作品，其中包括我国人民抗日民族解放斗争的宏伟史诗《黄河大合唱》等不朽的作品。1940年他去苏联，不久苏德战争爆发。冼星海在艰苦的环境中，忍受了疾病的折磨，仍然勤奋地进行创作。由于缺乏歌词，他的创作不得不转入器乐方面。但就在器乐的创作中，他依然是紧紧关心着革命事业的要求。他在苏联完成了早已着手的《民族解放》交响乐的创作，并且创作了《满江红》交响组曲，它们都是反映我们伟大的抗日民族解放斗争的大型作品。此外他也创作了《中国狂想曲》来表达他怀念祖国的爱国热情，还创作了《神圣之战》交响乐来歌颂苏联人民伟大的卫国战争。所有这些都说明了冼星海即使在远离祖国的条件下，仍然有着高度的无产阶级战士的革命责任心。他的音乐创作和音乐活动，始终是和祖国人民，以至全世界人民的革命斗争息息相通的。正因为这样，他能够创作出那么多优秀的革命音乐作品，在这些作品中反映了我国人民革命斗争生活的广阔图景，洋溢着无比充沛的革命热情，给战斗着的中国人民以极大的启发和鼓舞。

从聂耳和冼星海的这许多生动的事实中可以清楚地看出，他们在受了党的教育之后，是多么坚定地从无产阶级革命事业的立场出发来看待自己的工作，看待音乐事业。对他们来说，音乐工作只不过是一个革命者从事革命斗争的一种方式。这个出发点放对了，他们就给自己的音乐工作找到了正确的方向，走上一条正确的音乐创作的道路，他们就获得了发挥智慧与才能的广阔天地，因而取得了卓越的成就。很显然，这是任何一个眼睛只看到自己鼻尖的个人主义庸人所永远无法达到的。聂耳和冼星海对革命的无限忠诚，永远是我们学习的榜样。

二、立足现实，面向未来，从革命的立场出发，用无产阶级的革命观点去观察生活、认识生活、对待创作

聂耳和冼星海从事创作的时间都不算长，但给我们留下的却是无价的不朽的作品。他们的作品真实地、深刻地反映了那个时代我国无产阶级和广大人民群众的思想感情，描写了广大人民群众斗争生活的广阔图景，是那个时代的镜子和纪念碑。同时，在他们的作品中，又有着真正属于未来的东西、不朽的东西，那就是充满在他们作品中的崇高理想和坚定不移的胜利信心。聂耳和冼星海的创作，虽然不能像我们今天这样明确地运用毛泽东同志所提出的革命现实主义和革命浪漫主义相结合的艺术方法，但实际上体现了革命现实主义和革命浪漫主义相结合的精神。这是由于他们在党的影响和教育之下，不仅能够从革命的立场出发来对待音乐工作，确定革命音乐的道路，而且能够用无产阶级的革命观点去观察生活、认识生活的结果。

聂耳音乐创作的不朽功绩，就是他第一次在音乐创作中塑造了鲜明的中国工人阶级的形象，在中国音乐发展史上引起了伟大而深刻的革命。作为一个革命的音乐家，决定谁是他的创作的表现对象，这是很重要的一步，但是更重要的一步却是如何去表现他的创作的对象。聂耳创作了许多反映工人的生活和斗争的歌曲，每一首都有着和那特定的劳动与斗争相应的鲜明而独特的形象。它们中间，有码头工人的沉重的脚步，也有女工们在黎明前赶着上班的紧迫的心情，有拉着铁磙前进的呼号，也有开路先锋的豪迈的笑声。这一切，都那么准确，那么鲜明，彼此无法代替。聂耳的工人歌曲，真实地揭露了帝国主义和买办资产阶级压在中国工人阶级身上的沉重负担，描写了工人阶级流血流汗困苦不堪的生活。但是他的作品中的工人却不是消极的群众，而是有着高昂的英雄气概和革命乐观主义精神的集体。从《大路歌》《开路先锋》等这些歌曲具体地看，它们是从事于一定劳动的工人生活形象。从精神本质上看，它们则是整个工人阶级或者说是整个劳动人民的形象的概括。《大路歌》正是我国工人阶级肩负着历史的重担，要压碎一切障碍，开辟自由的大路的巨人形象。《开路先锋》更加明朗地表现了我国工人阶级“要引发地下埋藏的炸药”，炸倒山峰，在前面开路的英雄气概。聂耳在饱受剥削与压迫的中国工人阶级身上看到了巨大的无穷的力量，看到了祖国的将来、人类的将来。

除了工人歌曲之外，聂耳不仅在他的战斗进行曲中，而且也在他的抒情歌曲中贯彻着这种精神。他的《义勇军进行曲》，在我们“民族到了最危险的时候”吹起了胜利进军的号角，那是多么坚定、勇敢和充满信心的音调。它不仅给人激励，而且给人鼓舞。他的抒情作品如《铁蹄下的歌女》，写的是歌女的痛苦，但是它的音调却不是轻浮和感伤的，而是在深切的生活感受中有着刚毅的性格和坚定的信念。

从上面这些实例可以看出，聂耳既在那吃人的社会中看见了血淋淋的现实，又在被剥削被压迫的劳动人民身上看见了力量，看见了胜利的未来。这正是由于他是用无产阶级革命者的观点来观察生活、认识生活的结果，也是他努力探求新的艺术创作方法所得到的结果。他在1933年6月3日的日记中写道：“音乐和其他艺术，诗、小说、戏剧一样，它是代替着大众在呐喊。大众必然会要求音乐的新的内容和演奏，以及作曲家的新的态度……旧时代的作曲家们，跟从革命前确立的方法继续作曲……革命产生的新时代音乐家们，根据对于生活和艺术不同的态度，贯注生命。”这证明了聂耳的创作中的革命现实主义和革命浪漫主义相结合的精神，正是他的高度的革命自觉所决定了的。

冼星海的创作在风格上和聂耳是不同的。聂耳的音乐，刚劲明快，乐观坚定；冼星海的音乐则比较热情奔放，粗犷雄浑。但是冼星海的作品和聂耳的一样体现着革命现实主义和革命浪漫主义相结合的精神，而且这种精神越到后来越为鲜明。他在抗战前写的《救国军歌》《青年进行曲》，抗战初期写的《在太行山上》《游击军》等，特别是到延安以后的许多作品都具有这种精神，而《黄河大合唱》则是一个突出的典型。《黄河大合唱》是在抗日战争进入艰苦的相持阶段以后的1939年作的，然而在这部不朽的作品中却是以无比宏伟的气魄表现了我们伟大民族的伟大精神。在这部作品中，冼星海用鲜明生动的音乐，描绘了丰富的生活形象，展开了广阔的画面。这里面有英勇的船夫，有风起云涌的游击队，有受难的妇女，有流离失所的同胞，有高歌的诗人，有怒吼的全体人民。每一部分都是鲜明独特，彼此间又有着联系。总起来，它表现着我们这个伟大的民族正在从苦难中奋斗出来，充满信心地进行战斗。这部作品的革命乐观主义精神，不仅表现在《黄河船夫曲》《保卫黄河》《怒吼吧，黄河》等乐章中，就是像《黄水谣》这样表现人民流离失所、一片凄凉的乐章中，也不是用感伤来代替斗争的。冼星海在《创作札记》中所写的提示就说明：“要有痛苦呻吟的表情，（但）和普通的颓废歌曲不同，里面还潜伏着希望和斗争。”而《黄河怨》则是一段强有力的对日本侵略者的控诉。这部气魄雄伟的作品，充分地表明他从我们饱经苦难的民族身上找到了无穷的力量，看到了我们民族的光辉的前景。这只有用无产阶级革命者的观点去认识生活，才有可能这样高瞻远瞩，预见未来。

聂耳和冼星海的创作清楚地告诉了我们，只有站在无产阶级的立场，用革命的观点去观察生活、认识生活，才能够真正地了解生活的真相，揭露生活的本质，在复杂的生活现象中看出根本的东西，前进的东西，属于未来的东西，才能够最大限度地表现出生活的历史的真实，给人以深刻的教育、启示和鼓舞，才有可能创作出具有革命现实主义和革命浪漫主义相结合的音乐作品。

三、用革命者的精神对待艺术形式的创造，大胆革新，勇于独创

在聂耳和冼星海的创作中，和他们的革命现实主义和革命浪漫主义相结合的创作方法密切联系着的，是他们在艺术形式创造上的大胆革新精神。他们都曾经不间断地刻苦学习前人的经验，重视前人的贡献，特别是注意我国民族音乐的丰富成果，但是他们从不把这些东西偶像化，拜倒在它们面前让各种清规戒律来束缚住自己的手脚。他们用革命者的精神来对待艺术形式的创造，他们是永不停滞的革新家。

聂耳的歌曲具有鲜明的独创性，他无情地打破了传统的歌曲结构形式，创造了崭新的歌曲形式。在他的歌曲创作中，用没有停滞的革命的节奏代替了安闲、庄重的韵律，用内在的均衡代替了形式上的方整。他的许多歌曲，既不可能用什么“二段体”“三段体”去套，也很难用那些对比、反复之类的传统原则去分析。在他的作品中，有的只是全新的均衡、呼应、变化和统一。他的《义勇军进行曲》，谁能说它是几段体呢？它有的是合乎革命的美学原则的新的章法，新的构成。在《开路先锋》中，在那些富于戏剧性的音调中聚积了多少力量，然后在炸药轰开之后．出现了明朗开阔的曲调。这样的音乐结构，在以往的歌曲创作中是谁也找不到的。这正是革命的生活内容所要求的在艺术形式创造上的极大胆的革命。他使一切音乐的形式因素都屈服于他，为他塑造新的生活形象服务，为他的歌词的激昂的革命语调服务。正因为这样，聂耳的作品不仅有着和其他作曲家的作品不同的形式，而且他的每一首歌曲都有着自己独特的形式，他的每一个作品都是一个新的创造。

冼星海在音乐形式的创造上也有聂耳一样的大胆独创精神。不同的是，聂耳的创作主要是歌曲，冼星海的创作体裁则更为广泛，他还在大合唱、交响乐等方面有着新的大胆的创造。冼星海的歌曲创作在形式的创造上不仅继续了聂耳的特点，而且还有了一些发展。例如他创造了二部合唱歌曲的形式。这种形式在群众歌咏运动广泛开展的形势下，对于进一步满足群众的提高的要求、促进群众歌咏运动的发展，有着很大的意义。此外，他还吸取了我国曲艺的特点，创造了具有说唱风格的歌曲，这也是一种群众化的新体裁。冼星海创作了几部大合唱，这些大合唱不仅和欧洲传统的大合唱形式有显著的不同，而且每一首大合唱都是以其独特的形式出现的。他的《生产大合唱》是一个活报歌舞形式的作品，《黄河大合唱》是分段而且加入诵白，《九一八大合唱》则是贯串到底。总之，他不是按照一个固定的大合唱形式来进行创作的。在交响乐的创作中也是如此。他的第一交响乐，第一乐章并不像一般的交响乐那样都用奏鸣曲体，而是交织着诗情画意的祖国河山的广阔图景。第三乐章的三段结构也是和欧洲传统的三段体截然不同的。在结构形式上是如此，在各种表现手段的运用上也是一样。无论在和声、复调、主题的开展和配器的方法上，都是打破了传统的清规戒律，大胆独创的。他大力提倡把中国乐器——特别是中国的打击乐器运用到交响乐队中去，这是大胆的革命。总之，他在音乐形式的创造上正是和聂耳一样，从表现革命的生活内容出发，从

创造鲜明的民族风格出发，一切旧有的形式都敢于打破，敢于独创。这正是一个革命的音乐家对待音乐形式的创造应当具有的精神。

值得注意的是，聂耳和冼星海的创作既具有鲜明的时代特征，也有着强烈的民族风格，但他们的作品的民族风格却绝不是对于民族曲调的摹拟，而是把民族音乐的传统加以吸收，化为自己的血肉，然后根据生活的需要，创造出新的民族风格。在他们的作品中，民族的风格和时代的音调高度地融合在一起，没有丝毫的痕迹。例如冼星海的《二月里来》的曲调，我们可以从中亲切地感到一种春光明媚的江南风味，能够觉察出他和江南民歌的风格有密切联系，但它本身却又有着和任何江南民歌都不同的全新的气质、全新的思想感情。现在我们的作曲家们都在为音乐创作的民族化、群众化而努力，也有着比聂耳和冼星海优越无比的学习民族音乐传统的条件。我们更有必要仿效他们的榜样，既要深入地学习和了解民族音乐传统，又要大胆地进行创造。这样，我们才能创作出更多既有强烈的民族风格，又有鲜明的时代特点的音乐作品。

四、创作活动的正确的稳固的立足点——无产阶级的革命的世界观

聂耳和冼星海在音乐创作上这些伟大的成就，归根到底是由于他们为自己的全部创造活动找到了“正确的稳固的立足点”，这个立足点就是无产阶级的革命的世界观。从这个立足点出发，他们才找到了正确的音乐艺术道路、正确的创作方法和对待艺术形式创造的正确态度。而这个世界观的确立，又正是他们在党的教育下始终以革命者的态度来对待自己世界观的改造的结果。

聂耳和冼星海的出身不同，所受教养和各人的经历也不一样，但是，他们都同样经历了一个从小资产阶级革命知识分子到无产阶级革命战士，从革命民主主义者到共产主义者的转变过程。这个过程的完成，一方面有赖于党的教育和培养，人民群众革命斗争的推动，另一方面也有赖于他们本人的革命自觉和不懈的努力。

聂耳当他还在昆明读师范的时候，就已经是学生中革命活动的积极分子，并且加入了共产主义青年团。他是遭到反动派的迫害而离开昆明到上海来的。在上海，他在与共青团组织中断了联系的情况下，一点也没有放松对自己世界观的改造的努力。他努力地学习马克思主义的著作，积极地参加党所领导的革命活动。从他的日记中随处可以见到他经常检讨自己的思想，随时定出新的奋斗任务，不断地追求提高。在1931年8月16日的日记上写着：“不论你从哪条路跑，你对于哲学的基础不稳定，终于是难得走通的……新的脑子的培养不是用一个模型一套，便一次铸成永不会腐败的……新的脑子要随时装入新的养料，才能向着新的轨道上发达。”否则，“一切的行为都没有稳定的正确的立足点”。从这些记载可以清楚看出，聂耳在当时的历史条件下，作为一个不到20岁的青年，能够用不断革命的观点来对待自己世界观的改造，这是多么可贵的革命者的品质。正因为这样，他能够在党的直接教育下迅速地成长为一个坚强的无产阶级革命战士，能够在急风骤雨的革命斗争中和人民群众同命运、

共呼吸，实现革命音乐家和人民群众的结合，创造出光辉的革命音乐艺术。

冼星海虽然是受了较深的资产阶级教育，并且是作为一个音乐专家回到祖国来的，但因他出身于贫苦的家庭，在巴黎时也是靠自己做杂工的收入来维持生活，艰苦地学习音乐，所以在回国后，一方面是残酷的现实粉碎了他的幻想，更重要的方面是党的启发和教育，使他固有的爱国热忱和阶级感情能迅速地找到正确的轨道。他在频繁的群众歌咏辅导活动中，接触了广泛的群众，特别是在抗战爆发以后，深入农村和内地城市，使他受到了更深的现实生活的教育。他在黄石看到了矿工的生活时，深感到“两个阶级的分别，尤其是资本家对工人的压迫”。这就使他的革命意志更加坚定起来。1938 年去延安之前的日记中，写着他读过《抗战中的陕北》之后的心情：“……比起他们就觉得惭愧得多！我真怕自己渐渐会落后而不大上进。”这里也看出他和聂耳有着同样的追求进步、不断革命的精神。从他到延安后的许多日记、笔记中更可以看出，他那时在十分繁忙的工作中是多么勤奋地学习政治、学习时事，努力于自己世界观的改造。后来他之所以能够在延安加入了中国共产党，正是这种对自己的思想进行不断改造的必然结果。冼星海的道路，正是一个音乐家和人民群众相结合的具有典型意义的道路。他和聂耳两人在对待自己世界观的改造上的刻苦、认真的精神，是永远值得我们学习的。

聂耳和冼星海在他们的全部活动中，走着一条无产阶级战士的道路，革命音乐家的道路。他们用自己全部的活动，开创了我国音乐的革命的战斗的传统。坚持这个传统，发展这个传统，是我国广大音乐工作者的光荣责任，也是我国无产阶级革命音乐进一步繁荣发展的重要保证。

原载《光明日报》1960 年 11 月 10 日

文化战线的猛将 杰出的时代歌手

——纪念革命音乐家张曙

1988年是革命音乐家张曙同志逝世五十周年，也是他诞生的八十周年。

五十年前，1938年12月24日，张曙同志在日本帝国主义飞机的疯狂轰炸下牺牲于广西桂林，年仅30岁，恰好是风华正茂的青年时代。

周恩来副主席在当时重庆举行的追悼会上致祭时说："张曙先生的可贵，在于和聂耳同为文化战线上的两员猛将。"对张曙光辉的一生给予了高度的评价。

张曙同志原名张恩袭，安徽歙县人。生于1908年阴历8月23日（公历9月18日），今年正好八十周年。他自幼酷爱音乐，在家乡读私塾时曾向邻居的一位民间艺人学习徽剧、胡琴等传统音乐。1922年他到浙江衢州（他父亲在那里）插班入衢州第一高等小学学习，毕业后升入衢州浙江省立第八中学。在这所学校里，他学习成绩优秀，并在思想上显露出了进步的倾向。

1927年，正是轰轰烈烈的大革命由于蒋介石的叛变而遭到血腥镇压的黑暗年月，张曙从衢州省立八中毕业之后来到上海，进入上海艺术大学（后改名南国艺术学院）音乐系学习，上海艺术大学原来是当时以提倡革命文学著名的"创造社"中的一班人创立的，此时也包括一些从大革命的浪潮中退下来的文化人，这就决定了这所学校与以往的一些艺术学校不同的色彩。在这所学校中，张曙成了著名的"南国社"的成员，并与该社的主要领导人田汉结下了深挚的友谊。就从这时开始，张曙已经和革命、音乐结下了不解的缘分。

1927年至1938年的十来年间，正是中国人民和国内外敌人作殊死搏斗的艰苦岁月，也是中国人民在斗争中日益觉醒和日益坚强的光荣的时代。在那到处是腥风血雨，笼罩着白色恐怖的时刻，张曙没有逃避现实的斗争，而是迎向暴风雨，从开始接近革命，迅速走上革命的道路。在南国社的时候，他为田汉的一些有进步倾向的话剧谱写插曲。1928 年他进入上海国立音乐院（后改称上海音专）学习声乐及作曲等，仍继续从事多方面的进步活动。因此于 1930 年下半年被捕入狱。但是监禁并没有把他吓倒，同狱的共产党人的英勇行动更给他以深刻的教育和鼓励。1932 年出狱之后，他一方面继续在音专学习，一方面更加积极地投入了革命音乐活动。1933 年初，他参加了“苏联之友社”音乐小组，其后还有中国左翼戏剧家联盟音乐小组和中国新兴音乐研究会等左翼音乐组织，与聂耳、任光、吕骥等在一起，共同研讨创造中国革命音乐的道路，并且加入了中国共产党。这充分地显示出他不畏艰险、勇往直前的革命英雄气概。

1934 年，张曙离开上海到湖南长沙的一家中学去做音乐教员。这年，上海的中共党组织遭到严重破坏，他不得不暂时离开。在长沙，他并没有把那里当作完全脱离斗争的避风港，而是谨慎而又积极地去开辟革命的音乐与戏剧活动的阵地。他以高度的热情从事救亡歌曲的创作，组织歌咏和戏剧的演出，培养群众音乐活动的骨干，在校内外传播着进步的思想。

1936 年，张曙重回上海，积极地投身于当时风起云涌的抗日救亡歌咏运动和群众的爱国斗争，与冼星海、吕骥等共同开展“歌曲研究会”的活动。直至 1937 年抗日战争爆发，他都满怀着炽烈的爱国热情，为宣传抗日、鼓舞士气而努力创作，热情歌唱。1938 年春，他到武汉，参加了郭沫若主持的军事委员会政治部第三厅的工作，和田汉、洪深、冼星海等人在一起，为开展抗日的戏剧、音乐宣传作了大量工作。在他们的领导下，在武汉举行了“抗战扩大宣传周”“七七抗战周年纪念”歌咏火炬游行、“抗战献金音乐大会”等大规模的群众性音乐歌咏活动，其动员之广泛，声势之浩大，影响之深远，实是史无前例。作为运动的领导者之一，张曙为之付出了巨大热情和努力。直至撤退到桂林，他始终以高昂的热情从事着抗日音乐宣传的工作。

这时期，也是他的歌曲创作精力最旺盛，成绩最显著的时候，他的许多深受群众喜爱的优秀歌曲大都是在这一时期写出来的。直到牺牲的头一天晚上，他还自己写词创作了《负伤战士歌》，响亮地高呼“要干到底才是好汉，要干到底才能建立大中华！”的战斗口号。

作为一位革命的作曲家、歌唱家、音乐活动家，张曙同志把他毕生的心血献给了我国人民的革命事业和革命的音乐事业。他无愧于周恩来同志的赞誉，确算得是文化战线上的一员猛将。

他是文化战线上的一员猛将，又是那时代的热情歌手。

张曙一生中共创作有约二百首歌曲，留下来的约八十首。解放后公开出版了的有四十多首。

他的歌曲题材广泛，多方面地反映了当时工人、农民、士兵、知识青年与妇女儿童的生活和要求，同时又紧紧地围绕着那个时代的中心主题，就是要唤起广大群众为争取自身的生存和民族的解放而奋起斗争。从较早的《干干干》中“铲除世界的不平，填满人间的缺陷”到最后《负伤战士歌》中的“要干到底才能建立大中华！”始终贯彻着革命的斗争精神。

他的歌曲创作的风格与形式也多种多样，既有威武雄壮的战斗进行曲（如《保卫国土》

《壮丁上前线》《洪波曲》等），也有温柔细腻的抒情歌曲（如《赶豺狼》《日落西山》等），既有叙事风格的独唱曲（如《丈夫去当兵》），也有戏剧性的对唱曲（如《征夫别》）。而且由于作品反映生活内容的差别，又各有其不同的鲜明音乐形象。在那些深受群众喜爱的歌曲中，更表现出他杰出的艺术创造才能。例如《洪波曲》，不仅以它坚毅而乐观的格调而具有强烈的感染力，而且全曲的结构既错落有致，又不失其均衡，节奏富于变化，而又流畅自如，几乎可说是天衣无缝。这样的歌曲作品，在我国现代音乐史上也是不多见的。

张曙歌曲创作中对于民族风格的追求与成就是早有公论的。可以看出他的歌曲和传统音乐有着有机的联系。这既反映了他对中国传统音乐有相当深入的接触和了解，也表现出他在运用传统音乐原料时的创造性态度。他在用《小放牛》《小上坟》《梨膏糖》等传统曲调来配新词时，就根据实际的需要而对原曲作了必要的改动，但又不失原曲的风格。（他在这几首歌曲的曲名后面用了“仿小放牛”“仿梨膏糖调”等，是很恰当的。）他的《赶豺狼》《日落西山》，不是具体采用某一民歌曲调，而是吸取东南地区某些山歌的音调，突出山歌特有的较为自由的节奏和类似“加垛”手法而创作出来的。从当时的情况来说，张曙把自由体山歌的体裁引入新歌曲的创作似乎还是一个创举。还有《丈夫去当兵》，吸取曲艺的特点而创作出一种新型的叙事歌曲，也是大家公认的一个具有特色的创造。此外，在作曲技法上，和民间“隔凡”手法相联系，他多次运用主调向下属调的转调，给他的作品增强了鲜明的民族特色，如《丈夫去当兵》《洪波曲》便是。总之，他一方面着手在吸收，同时更着眼于创造。他在探求具有时代特色的民族风格。

张曙的歌曲明显地反映出他的创作是经历了一定的发展过程而日趋成熟的。抗日战争爆发前后的两三年间是他的创作的高峰期，也是他的创作更加成熟的时期，绝大多数优秀的歌曲都是在这一时期创作的。这一方面是由于他在音乐创作上已经积累了丰富的经验；另一方面则是作曲家的心灵与时代的精神达到了交融的境界。抗日战争爆发前后的那段时期，正是中华民族空前觉醒，民族解放的意识空前昂扬的时代，这个时代需要革命的民族的音乐。张曙的歌曲正反映了这个时代的需要。他的心是和人民、时代的脉搏紧紧地联系在一起而跳动着的。他是那个时代的人民的歌手。

我们为张曙同志为人民所做的贡献而感到骄傲，也为他的英年早逝而感到惋惜。他如果能活得长一些，他必定能为我国革命的音乐事业做出更多的贡献，也一定会在不断创新的努力中极大地提高音乐创作的水平。我们今天所处的时代已经和张曙同志生活和战斗的时代大不相同，但是努力使音乐创作同时代的精神和人民的利益结合在一起，在人民群众为之而奋斗的事业中发挥积极的作用这一基本点上，和张曙同志并不应有什么不同。我们完全可以从张曙同志的生平业绩中得到启迪，让我们音乐家的心灵也像张曙同志那样和时代、人民紧密地联系在一起，达到一种交融的境界，我们的社会主义新音乐必定会更深地扎根在人民群众之中，更加繁荣。

原载《音乐研究》1989 年第 2 期

人民音乐家聂耳

聂耳（1912～1935），中国作曲家、音乐活动家。1912年2月15日生于昆明，原名守信、字子义（亦作紫艺）。原籍云南玉溪，父聂鸿仪，母彭寂宽（傣族），以中医兼营药铺为业，弟兄四人，聂耳行四。4岁（1916）时父亲去世，靠寡母继承父业，勉力维持一家生计。1918年入昆明师范附属小学，开始接受正规教育。在校学业成绩出众，又喜爱音乐，课余从民间音乐家学习演奏笛子、胡琴、三弦、月琴等民族乐器，熟悉传统乐曲。1992年，入私立求实小学高级部，为该校“学生音乐团”的活跃成员。1925年，考取云南省立第一联合中学插班生。时值第一次国内革命风暴在中国南方兴起，他开始受到进步书刊和《国际歌》等革命歌曲的影响，在1925年秋的一篇学校作文中，已有了“吾人欲免除罢工之患，非打破资产阶级不可”的初步认识。1927年考入云南第一师范高级部英文组，参与本校学生进步组织“读书会”的活动，与友人组织“九九音乐社”，经常参加校内外的音乐、戏剧演出活动，并开始学习小提琴和钢琴。1928年后，更加积极地参与到各种公开和秘密的革命活动。为逃避搜捕，于1930年7月潜离昆明，经越南转赴上海。在此之前，曾于1928年12月去驻在湖南郴州的滇军范石生部“学生军”中当了四个月兵。途中的经历与见闻，旧军队中不堪忍受的新兵生活，在他心上留下了深深的印记。

到上海后，先在一家商号云丰申庄做店员，工作之余坚持学习小提琴和外文，阅读文艺理论书籍，并在1930年11月加入“反帝大同盟”。1931年3月，云丰申庄歇业，适黎锦晖主持的“明月歌剧社”招考，遂前往应试，被录取，任小提琴手。在明月歌剧社期间，聂耳一方面努力提高专业技巧，师从普杜什卡接受严格的小提琴训练外，还自修钢琴、和声学、作曲法和作曲等，另一方面随时注意思想上的锻炼。在“九一八”和“一·二八”事件之后，严重的民族危机和明月歌剧社的歌舞实践更加促使他去考虑自己的生活和艺术的道路，探求“怎样去做革命的音乐”。1932 年 4 月，他认识了左翼剧作家兼诗人田汉，建立了与左翼文艺界的联系，进一步坚定了走革命音乐道路的信心。和田汉的友谊与合作，对聂耳的艺术成就产生了深刻的影响。7 月间，用“黑天使”笔名发表了著名的战斗性短文《中国歌舞短论》（载《电影艺术》第 3 期），对黎锦晖的歌舞作品提出了中肯的批评，并鼓励他“创造出新鲜的艺术”。但此举未能得到社内一些人的理解，不得已退出该群体，与 1932 年 8 月前往北平，积极参与北平左翼戏剧家联盟和左翼音乐家联盟的演出活动和组织建设，并师从外籍教师托诺夫继续学习小提琴，11 月重返上海。

回上海不久，即进入联华影业公司工作。他以炽烈的热情和充沛的精力参加左翼音乐、戏剧、电影等多方面的工作，积极从事创作和评论活动。同时还参加“苏联之友社”音乐小组，发起组织“中国新兴音乐研究会”，随后又参加中国左翼戏剧家联盟音乐小组。在这些左翼音乐团体中，聂耳是一位积极而活跃的主要成员。在繁忙中，他仍坚持学习音乐业务，除继续从普杜什卡学小提琴外，从 1933 年 12 月起，每周都去参加上海工部局由司劳特斯基指挥的交响乐队的排练和演出。1934 年 4 月，聂耳进百代唱片公司，与任光共同主持音乐部，组织录制了一些进步歌曲唱片。同时建百代国乐队（又名“森森国乐队”），选编并领导演奏录制了《金蛇狂舞》等 7 首民间器乐曲。他借“百代新声会”音乐会上的演出扩大革命歌曲的影响。自入“百代”之日起，他又向国立音乐专科学校外籍教授阿克沙可夫学习作曲理论。1935 年 1 月他转入联华影业公司二厂任音乐部主任。日益严重的白色恐怖迫使他决定出国，拟经日本前往苏联学习。他于 4 月 18 日抵东京。在日本，聂耳考察了日本音乐、戏剧、电影等方面的动态，向日本文艺界介绍了中国音乐的新发展，并加紧学习外语和音乐。7 月 17 日，在藤泽市鹄沼海滨游泳时，不幸溺水逝世，年仅 23 岁。

聂耳一生共创作有 37 首歌曲（包括歌剧《扬子江暴风雨》中的 4 首歌曲），都是在他死前不到两年的时间里，在从事多方面活动的同时所写的，其中为数较多的优秀之作，也是具有历史价值的不朽的珍品。

在聂耳的歌曲创作中，反映工人阶级生活和斗争的歌曲占有较大比重。1933 年 8 月发表的第 1 首作品便是《开矿歌》（田汉词，影片《母性之光》插曲）。在这首歌曲中，他将民间劳动号子里一人领唱、众人和腔的形式引进了电影歌曲创作。随后，在 1934 年元旦首映的影片《大路》里，又创作了《开路先锋》（孙师毅词）和《大路歌》（孙瑜词）。这两首歌以其鲜明的典型形象和富于独创的艺术形式，表现出聂耳创作技巧的成熟，是两首成名之作。此后他陆续创作有《码头工人歌》（蒲风词）、《新女性》（孙师毅词）、《打长江》（田汉词）等一些优秀的工人歌曲。在这些歌曲中的几种工人形象，都得到了准确、鲜明、生动的音乐表现，他们是正在觉醒、正在崛起的新时代的主人。这些肩负着历史的重担，英勇地奋起斗争，并对未来充满胜利信心的工人阶级形象，也正是中国伟大的民族精神的写照。聂耳是中国音乐史上第一个成功地塑造出工人阶级英雄形象的作曲家。

聂耳创作的歌曲中，另一个重要的部分，是几首进行曲风格的爱国歌曲，这是他的歌曲中影响最广的一部分，包括《毕业歌》（田汉词，影片《桃李劫》主题歌）、《前进歌》（亦名《苦力歌》，田汉词，歌剧《扬子江暴风雨》插曲）、《自卫歌》（唐纳词，影片《逃亡》主题歌）以及后来成为中华人民共和国国歌的《义勇军进行曲》（田汉词，影片《风云儿女》主题歌）等。这些歌曲以具有鲜明时代特色的号召性音调，斩钉截铁般果敢的节奏，勇往直前无所阻挡的气势，有力地表现了处在深重灾难中的中国人民不畏强暴、英勇战斗的革命精神，从而在群众中迅速而广泛流传。

聂耳还创作了一些抒情歌曲，其中重要的有《飞花歌》（孙师毅词，影片《飞花村》主题歌）、《塞外村女》（唐纳词，影片《逃亡》插曲）、《铁蹄下的歌女》（许幸之词，影片《风云儿女》插曲）、《告别南洋》和《梅娘曲》（均为田汉词，话剧《回春之曲》插曲）等。这些歌曲倾诉了饱经忧患的中国人民的苦难与不平，但它们不是无望的呻吟，而是在感情的深处蕴藏着坚韧的毅力，在抒情中饱含着刚健的美感，这使他的抒情歌曲在同时代的抒情歌曲中显现出新的特色。此外，聂耳还创作过一些反映儿童生活的歌曲，其中最杰出的一首便是著名的《卖报歌》。歌中那为困苦生活而沿街奔走叫卖的报童形象，是那样生动、真切，令人喜爱和同情。

聂耳歌曲创作的杰出成就，就是他自觉地运用新的创作方法的结果。他从开始创作之日起，就对生活和艺术抱有一种新态度。他能立足于现实，预见到未来，在层层的压迫下看到抗争的烈焰，在无边的黑暗中预见到灿烂的明天。因此，他的歌曲在深刻揭露现实生活中矛盾的同时，始终洋溢着革命的乐观主义精神。也正是基于这样的态度，他在歌曲中的艺术形式上作了创造性的革新。他的歌曲既有浓郁的民族色彩，又有强烈的时代气息；既有鲜明的时代特征，又有严密的组织结构。这种结构与陈规束缚的框格截然不同，而是与音乐形象融合无间的崭新的形式、崭新的韵律。正由于此，他第一次使中国群众歌曲提高了艺术价值，奠定了这种体裁的历史地位。

聂耳的歌曲以高昂的革命热情，揭露了社会的矛盾，唱出了人民的心声。给人民带来了力量，带来了光明。他为中国无产阶级革命音乐开辟了道路，奠定了基础。

原载《中国大百科全书•音乐舞蹈卷》，中国大百科全书出版社，1989 年

眼光广远　实事求是

——谈李凌音乐评论的主要特色

在当今的中国音乐评论界，像李凌这样勤于笔耕、成果丰硕的实在是少见。且看那厚厚的一摞文集，洋洋洒洒数百万言，都是他在繁忙的公务之余，或见缝插针、忙里偷闲，或放弃休息、熬夜加班赶写出来的，其中倾注了他许多心血！

李凌的音乐评论，涉及的范围甚为广泛：音乐的创作、表演、理论、教育、出版……上至领导的决策，下至群众的日常音乐生活，都被纳入他观察的视野，一一予以评说。在他评论的对象中，既有许多影响广泛、知名度高的作曲家、指挥家、演唱演奏家、理论家、教育家、组织工作者和他们的创造性成果，也有不少“初出茅庐”的新人，以及那些长期扎根基层、默默地艰苦劳作的实际工作者，对他们所作的贡献也给予热情的鼓励。他随时注视着我国音乐文化发展的动向，关心着各个不同岗位的音乐家们的工作和甘苦，不时地向社会发出呼吁。

读过李凌的若干音乐评论，我仿佛感觉到，尽管文章的内容和形式有着许许多多的差别，但似乎都或隐或显地萦回着一个执著的“主题”，那就是他始终坚持不懈地为争取我国社会主义音乐艺术多样化的健康发展而奋争，反对思想上的片面性和实践中的偏激情绪，鼓励和扶持不同体裁、风格、个性的创造性发挥。在文集《音乐流花》中，他评论了150多位中国音乐家的艺术创造，阐释他们的创作个性，赞扬他们的特殊成就或指出某些不足，其着眼处常在于发扬艺术家的个性，促进音乐的百花齐放。此外，在他参与音乐界若干不同意见的讨论中也可以明显地看出这方面的意义。

自中华人民共和国成立以来，我国音乐界曾经多次出现过不同意见的争论。这些争论大都和音乐工作的实际有着密切的联系，往往对音乐实践甚至领导的决策产生程度不同的影响。在这些争论中，李凌大都发表了自己的看法。从他的意见中，我们不难看出他为我国音乐艺术多样化发展所做的努力。例如：1950 年音乐界曾出现过关于“洋土唱法”的争论，一方面说中国的传统唱法不科学，另一方面则说西洋唱法咬字不清等等，两种意见各执一词，互相排斥，门户之见甚深，影响声乐艺术的正常发展。李凌鲜明地提出了“两种努力，一路向前”的主张，号召“学过洋唱法的，加深对民间歌唱的研究……唱民歌的也不要拒绝用洋方法作参考。前者是逐步民族化，后者是革新”，提倡两种不同唱法的音乐家彼此尊重，互相吸收，取长补短，共同繁荣。我认为，李凌的这一主张体现出他一贯的理论品格——广远目光，科学态度，辩证思维，宽容精神。此后几十年的经验证明，我国的声乐艺术正是在这种辩证互补的关系中得到了显著发展和提高。

1956 年陈沂的文章《音乐舞蹈创作的民族形式问题》在《人民日报》发表以后，音乐界展开了一场关于音乐的民族形式问题的讨论。这场讨论中，李凌先后发表了《音乐的民族风格杂谈》和《音乐的民族风格问题续谈》两篇重要文章，对有关音乐民族形式的一些带根本性的问题阐述了他自己的观点。他极力主张在创造民族形式新音乐的实践中，“需要我们热爱民族音乐艺术，同时要头脑冷静，眼光放远一点，放宽一点，要‘沉着、勇猛、有辨别、不自私’，并且要付出无数心血来进行认真的研究、批判、吸取、创造，才能使事业一天天更趋完美”，主张“不要伤害任何方面的积极性”，并实事求是地通过对具体事物的具体分析而分别采取不同的态度。他说：

> 我们能不能这样来要求：
>
> 最理想的，当然是深刻地表现了生活，而且又富有强烈的民族色彩，或者说，很好地表现了民族精神和风貌。
>
> 此外，掌握了新的生活实质，而形式上融汇了中西特点，成为一种新的声音，也可说是优秀作品。
>
> 要不然，反映了人民新的要求，表现了新的节奏、音响，而风格上和传统多少有些距离，就像冼星海的《青年进行曲》，也不失为有益的东西。
>
> 退而像《远航归来》，音乐语言极近似俄罗斯音乐，就算被列做“下乘”之作，是不是一定要遭到排斥呢？我认为可以对这样的曲子进行批评，但也不必因此不准人唱它。有句俗话“百货中百客”，只要对人民有益，是不是也可以让人民自己去选择。如果还有群众欢迎，也应容许它存在。

当时的客观情势是：自 1955 年以来，社会上开展了对资产阶级思想的批判，其中自然也包括对“盲目崇拜西洋音乐”思想的批判。在这些批判中，有正确的意见，也存在不少思想片面、情绪偏激的言论，给许多音乐工作者造成精神上的压力和实际工作上的限制，对音乐事业的发展带来一些消极的影响。李凌的上述两篇文章，目的是要克服那些思想片面性和偏激情绪，让音乐艺术的多种形式与风格走上共同发展、共同繁荣的正常轨道。

在李凌的音乐评论中，类似这样的情况是不少的，或者可以说是经常的。例如：1960年，在“反右倾”和继续“大跃进”的形势下，音乐工作中“左”的情绪日趋炽热，轻音乐的处境颇为艰难。他先后发表了《轻音乐杂谈》《谈轻音乐艺术》等几篇文章，详细地阐述了他对轻音乐问题的看法，提出了“应把轻音乐放在应有的政治地位和艺术地位”的意见。1979年，“文化大革命”虽已结束，但“左”的遗毒仍有一定影响的时候，他发表了《抒情歌曲随谈》的文章，鼓励音乐家们“创造大量好的抒情歌曲，来满足青年对音乐的迫切要求，才能使青年音乐生活走上健康之路”。20世纪80年代中，正当港台流行歌曲泛滥，许多优秀的音乐艺术，如歌剧、交响乐、合唱、独唱独奏、民族音乐和曲艺、戏曲等都处在“惨淡经营”的困难中时，他多次在文章中呼吁社会各方面和有关领导部门关心这些音乐家的工作，给他们以鼓励和支持。近年来，针对音乐界某些对“新潮”音乐和流行音乐持完全否定的看法，也提出了不同的意见。所有这些都表明李凌所关注的、所期望的正是各种形式与风格协调发展的“百花齐放”的局面，同时也表现出他始终坚持正确见解而不随波逐流的评论家的可贵品格。也许正是这个缘故吧，他的意见不免与别人相牴牾，从而引起非议，甚至像1964年至1965年间那样遭到音乐界少有的集中的点名批判，批判的主要内容恰恰就是他对于“百花齐放”政策的理解和阐述。如今再回想当时的那场批判，不禁怵然！

李凌的音乐评论文章在我国音乐评论界是别具一格的。他的文章大都不是很长，且常用“杂谈”“随谈”“漫笔”等为篇名，类似杂文或随笔一类文章。文笔潇洒自如，不摆理论文章的架势，只是娓娓道来，仿佛与朋友在聊天，无拘无束地说说自己的看法，读来使人颇感亲切。自然，也会有人对他的文章有逻辑和论证不够严密的印象。其实，这或多或少带有误解的成分。举一个例来说吧，他自己曾说“尤其是《矛盾论》，对我观察问题、分析问题影响最大”。《矛盾论》指出“每一事物都存在许多矛盾，要解决矛盾，就要用力找出其中的主要矛盾，把主要矛盾掌握住，其他矛盾就迎刃而解”。李凌说：“我对民族风格等问题的分析，就是借助这样的观点来把握的。”“的确，音乐的民族风格问题很复杂，有乐器的使用问题、唱法问题、演奏问题、曲体结构问题等等，但其中最主要的是音乐语言问题。我想这样的把握基本上是对的。”由此可见，李凌运用科学的世界观和方法论，对于所面临的理论和实践命题是经过深思熟虑之后才提出自己的见解的。只不过他在把这些成熟见解形诸文字时，并没有采用理论家们常用的高度抽象和思辨的形式，而是以自己独有的潇洒轻灵、亲切自然的笔调加以阐发而已。我认为，这正是李凌理论风格的独特之点，也是其表达方法有别于他人的优越之处。除了前述两篇文章之外，他后来还写过《音乐艺术民族化问题中的思想内容与形式风格的关系》《必须研究音乐民族风格的各种构成因素》《民族化与地方色彩问题》《民族形式、风格是不断发展的》等一系列文章，对与上述命题相关的诸多方面进行了深入的探讨，作了完整的系统的阐发。这若是没有较艰苦而周密的理论思考是绝不可能做到的。

其实，理论的意义正在于给音乐生活的客观现实做出实事求是的科学的分析，从它的过去、现在和未来的历史性运动中找出切合实际的对策。李凌正是这样做的。我们前面已经提到了他对于音乐的民族形式创造实践中不同的成果采取不同态度的看法，下面还可举他对待流行音乐和“新潮”的两段话为例。

> 由于流行歌曲品种复杂，要加以分析研究，不要一概视为“怪胎”“毒瘤”。虽然这些东西绝大部分是传播忧伤的、消沉的、享乐的东西，但其中也有一些是比较健康的。对于好的如《血染的风采》《亚洲雄风》等，可以加以推广鼓励；对于不够理想的给予批评、指导；对于低级庸俗或有害的应该禁止。香港就曾禁止过《尖河嘴酥歌》《金丝猫》等歌曲。对于歌星，也要敢于批评（包括作风）。较好的如广东的张咪等，给予鼓励；对于恶劣的，不能像有些小报那样只许吹捧，别人提出批评，反而连篇累牍地为之叫好。对广大的缺乏审美力、鉴别力的“歌迷”，应耐心地引导，帮助他们扩大眼界，提高审美力。

对于“新潮”音乐，他说：

> 对于这些新的实践，我认为应该细心观察、分析、研究，对可取的给以鼓励，不对的提出要求，走偏的给以提醒、商讨、批评，都是需要的。但我认为，简单地、笼统地称为“怪胎”，就不恰当，称为“毒瘤”也不一定合适，而把这种实践都当作“自由化”恐怕就更欠考虑。因为，“自由化”是搞反社会主义、反党的，带很强政治性的断语。要知道，学问、学术有些和政治是直接联系的，但不是所有的学术和学问都有联系，不好轻易画等号。

这两段话看起来好像是再简单不过的，但是，要像这样实事求是地而又通情达理地看待音乐生活中的实际问题，却并不是所有的人都能够或者愿意做到的。李凌之所以能这样，就是由于他胸怀宽广，像他所说的那样：“要头脑冷静，眼光放远一点，放宽一点……”他把音乐艺术的发展看作是一个复杂而又不断运动的过程。因此，多样性、不同层次和不同程度的成功与失败、正确与错误，都是很自然的事情。这样，他自然能实事求是地分析，对它们采取不同的态度。反过来说，也因为他能够采取实事求是的客观分析态度，因而能在纷纭的音乐现象中发现各种积极的因素，主张“调动各种各样的积极因素，并充分发挥音乐艺术的多种功能”，“最大可能地满足各阶层各行业人民大众多种多样的文化需要”。他所期望的，正是我国的音乐艺术“百花齐放”的繁荣昌盛的局面。

一方面是眼光广远，一方面又是实事求是，我以为这就是李凌音乐评论的主要特色。自然，像他这样在音乐评论上做出过那么多业绩的人，他的成就、贡献远远超出了这样的范围，还有很丰富的内容值得我们学习和借鉴。

我无意把李凌描述成一个理论完人。在他长达数十年的批评实践中，有弱点，有失误，有不够冷静、客观之处，但从他理论批评活动的整体看，这些不足毕竟是瑕不掩瑜的。一个远在30年代就投身于革命音乐事业的老一辈音乐家，能够在中国现代音乐的各个发展阶段上始终站在当时的理论前沿，始终保持拥抱时代、研究新情况、解决新问题的热忱，纵使在各种复杂艰难的理论环境中，依然不失深沉的历史感、强烈的现实感和一定的预见性，面对形形色色的干扰和压力，理论勇气和锐气并不因此而稍减，始终保持自身人品与文品的挺拔；而他的许多理论篇章和音乐主张，虽然经过几十年的风云变幻和历史考验，至今仍有其理论价值和现实意义，仍能给当代人以许多启发。这在中国现代音乐批评史上实属难得。我认为，李凌的音乐批评生涯表明，他是能够当之无愧受此嘉评的。

原载《中国音乐学》1994年第2期

实践是理论的基础

——杨荫浏学术活动的主要特色

杨荫浏先生在他的巨著《中国古代音乐史稿》的“后记”中总结他编写该书的心得，指出它的得失。其中一条题为“理论的基础是实践”，说明实践对理论研究（包括音乐史研究）的重要性，同时也说明由实践方面的不足而给“史稿”留下某些遗憾。

回顾杨荫浏学术活动的历程，可以明显地看出，重视实践是他治学道路的显著特色。因此，本文把他的那句话翻转来说，用“实践是理论的基础”为题。

他在这里所说的实践，自然包含了多种社会实践在内，本文所述则只限于与音乐直接相关的实践活动。

杨荫浏学识渊博，对古今中外的文化与学术有很深的修养，在诸多音乐历史与理论的学者中，他又是以重视音乐实践（特别是中国传统音乐的实践）为特色的一位。这主要表现在如下三个方面。

1. 他首先是一位音乐家，然后才是一位学者。

2. 他把深入实际的调查和学习，看作是理论研究必不可少的实践的一个重要组成部分。

3. 重视科学实验，以实验来验证理论。

一、他首先是一位音乐家，一位唱奏兼长的音乐多面手

杨荫浏从6岁开始向道教音乐家学习箫、笛、笙、胡琴、三弦、琵琶等民族乐器，11岁

进天韵社学唱昆曲及琵琶、三弦、古琴等乐器，同时也向道士和民间艺人学习十番锣鼓、十番鼓（吹打）等，有很深的造诣。在天韵社的18年中，他接受了非常严格的训练，绝非一般爱好者的逢场作戏可比。

天韵社是一个历史悠久的曲社，它的特点是：1. 研究清唱；2. 曲谱累代传抄，兼用《纳书楹曲谱》；3. 研究曲韵，习曲时必先查韵，逐字注明分韵分调；4. 严于四声豁、落、断、连之辨；5. 注意笛、鼓、三弦之伴奏技术；6. 严守师承，丝毫不容增损来自传统的唱奏技术。①

杨荫浏就是在这样一个标准高、要求严的曲社中，经过严格的训练和多方面的实践活动中培养出来的，在唱奏技艺上都有很深的造诣，可以说得上是民族音乐科班出身的音乐家。

坚实的音乐实践基础，给杨荫浏的中国音乐史和民族音乐研究的学术活动创造了极为有利的条件，使他对民族音乐中的一些理论问题能够做出独到而切合实际的解释。

先以他的深厚昆曲基础来说明：

天韵社讲究音韵的传统，不仅为他打下了音韵学的基础，也为他进一步在更广阔的范围内研究传统音韵的演进轨迹和音韵与音乐的关系开辟了道路。

在他于20世纪40年代写成的《中国音乐史纲》中，用了31页篇幅撰成了《近世期间音韵学与词曲的关系》一节文字，其中“字调与乐调之关系”部分内容，1945年曾以“歌曲字调论”为题发表在《礼乐》第一期。② 文中通过大量的实例，分析和归纳出昆曲的旋律随歌词声调的不同而存在的各种不同的进行规律，揭示出声调相同的字，因前后字声调之不同，曲调音节繁简的差异，其旋律走向亦随之而变化的运行机制，从一个特有的方面，为探讨昆曲音乐的结构特征打开了一条门路。

他通过对昆曲音韵的全面考察，对昆曲音韵的历史渊源及其音韵体系的全貌作出了系统的概括。他从元代周德清的《中原音韵》（1324年）至清代周昂的增订《中州全韵》（1792年前后）之间各种曲韵书谱的比较分析中，发现我国的戏曲音韵，随着戏曲中心地区由北向南转移，逐渐产生了“南音化”的倾向，从而形成了兼容古、今、南、北的昆曲音韵体系。他说：在昆曲中，“除南曲入声之字，在北曲中并入三声，与南音异读，及南音中若干浊声字在北曲中改读清声，与南曲出入之外，其余的字在南北曲中，唱法完全无异。字音不尽是北音，也不尽是南音或吴音。闭口（m）与抵颚（n）音，在吴音区域之人读来，并无区别；所谓‘南音化’了的曲韵，却都在要求区别；这是曲韵中保存了传统的古音的缘故。穿鼻（ng）与抵颚（n）音在吴音区域以内，也不大区分；‘南音化’了的曲韵，却又都要求区分；这又是曲韵中包含了北音成分的缘故。在声的尖、团、清、浊，和韵的广、狭、纤、洪方面，北音与南音的相差之点甚多，而且甚是显明。现在从北方人看来，说是偏于南音的曲韵，在南方人看来，却又觉得不是南音。所以，可以说，所谓‘南音化’了的曲韵，它们的

---

① 杨荫浏：《中国音乐史纲》，万叶书店，1952年，第235—236页。

② 杨荫浏：《杨荫浏音乐论文选集》，上海文艺出版社，1986年，第93页。

适当位置，其实是在古、今、南、北之间。”[①] 这正是他长期昆曲演唱的实际体验和对音韵学的深入钻研所获得的认识。他的这些见解，对于我们了解昆曲音韵体系的实际有很大的帮助。

在天韵社长期的学习与实践的过程中，杨荫浏熟练地掌握了大量的昆曲曲目，直到晚年他还能背得出100多曲完整的昆曲。这样深厚的积累，使他不仅可以从昆曲和其他传谱中发现许多明代以前的遗音，而且可以借助昆曲音乐的一些经验来对某些古谱的符号作出解释。例如，他在翻译姜白石歌曲谱的时候，就是从昆曲的“豁”和“落”两种唱法中受到启发来对“ㄣ”这一符号作出解释的。这样，再加上对古琴、琵琶等传统器乐曲的积累，在他的心目中，中国的音乐史就不是没有声音的音乐史。（他的《中国古代音乐史稿》中大量引用的谱例，只不过是他所掌握的古代音乐实例中有限的一部分。）是他，开始使中国的音乐史向着“有声的”音乐史大大地迈进了一步。

深厚的昆曲音韵学修养也为杨荫浏的民族音乐调查研究带来极大方便。例如，他在对河北戏曲“丝弦老调”进行采访时，为了了解他们所用音韵的情况，他除了从聆听艺人的实际演唱中予以辨认之外，还通过提问，或有意地将某些字的字音或声调读错等方法，以听取他们的意见。如用北方话中的“心”“相”“将”“秋”四字问艺人，它们在“丝弦老调”中唱作什么音，而他们所唱的却并不是像日常北方话里那样念作“xin”“xiang”“jiang”“qiu”，而是念作：“sin”“siang”“ziang”“ciu”，从而判断出艺人是按照“尖音”的读法来唱这几个字的，也就证明，在“丝弦老调”的演唱中，“尖音”和“团音”是有严格区别的。这是因为他有传统戏曲音韵学方面的丰富经验，就能用这样简单的方法取得这样的效果。

1983年，他的专论《语言音乐学初探》发表，这是在他为音乐学院所作的系列讲座的基础上写成的。文中联系着音乐的实际，从语言的声韵与演唱的咬字、歌词的声调与音乐的旋律、语言的句逗与歌曲的节奏等的相互关系上，作了系统的阐述，对青年音乐工作者来说，不失为一本很好的教材。

杨荫浏对于笛和箫的演奏也是按照天韵社的传统严格地训练出来的，在演奏的风门、口风、口劲以及指法等方面都有讲究，而其中最值得注意的是关于“叉口”指法的运用，它是天韵社一直保留下来的传统。所谓“叉口”指法，主要是指在笛上吹小工调的“凡”音时开第六孔和最下面的三孔（或两孔）按其间的两孔（或三孔），这样吹出来的便是低的“凡”音；[②] 如果不用“叉口”，打开按着的孔，吹出来的便是比“叉口”吹的“凡”音高半音的“大凡”音。这种分别用“叉口”和不用“叉口”的方法在天韵社里是严格遵守的。而在其他许多地方，这种传统技艺却是已经失传了。

据杨荫浏的考证，“叉口”是一种古老的技法，至迟在宋代的文献中便已经有了关于它的记载。其一为陈畅《乐书》中的如下记载：“今太常笛从下而上，一穴为太簇，半窍为大吕；次上一穴为姑洗，半窍为夹钟；次上一穴为仲吕……谓用黄钟清与仲吕双发为变声（杨

① 杨荫浏：《中国音乐史纲》，万叶书店，1952，第239页。

② 杨荫浏：《杨荫浏音乐论文选集》，上海文艺出版社，1986年，第191页。

荫浏按此与今“凡”音之叉口吹法相同）[①]。这段文字中，引述乐师语的所谓“黄钟与仲吕双发”，即将独开最上一孔（黄钟清）和放开下方第二、三两孔（仲吕）两种按指法结合起来，便成了叉口指法。这一解释，可从另一文献宋代陈元靓的《事林广记》“附录2”中的“管色指法”表中得到旁证。兹将该表中几项相关的指法罗列如下：

六（即黄钟清）○●●●●●
大凡（即应钟）○○○○○○
凡（即无射）○●●○○●
上（即仲吕）●●●○○●

很明显，将“六”的指法和“上”的指法结合起来，便成了“凡”的指法，即今之“叉口”指法。不用“叉口”则为“大凡”。由此可见，天韵社严格区分用与不用“叉口”指法是认真地保留固有的传统。

中国的传统六孔竹笛，为了转调的需要，古代曾经采用按半孔和“叉口”两种指法来达到升高或降低半音的目的。到近代，按半孔的办法在艺人中已经失传，“叉口”指法在大多数艺人中也已经失传（或者不加区别地一概用“叉口”指法），唯独在天韵社里仍旧严格地保存着。杨荫浏的老师吴畹卿就说过：“凡”“六”二调不“叉口”吹。[②]不用“叉口”，“凡”音升高了半音，凡字调的re-mi和六字调的do-re都得到了恰当的大二度关系；如果一概用“叉口”，则这两个地方都会出现小二度，音阶的性质就变了。要是没有用与不用“叉口”的区别，则往往会发生自以为转调而实际并没有转调的情况。

由于杨荫浏深深懂得传统的半孔与“叉口”指法可以升降半音的作用，他主张在对传统竹笛略加改进的情况下，仍然保持它原有的六孔体制，运用半孔和“叉口”指法来解决一些转调的问题，而不必每一调去专做一支笛，那样反而会造成不便。他还给学吹箫笛的青年按兼用“叉口”与不“叉口”和半孔指法，拟定了箫笛七调指法表[③]。只是可惜，在现在的市场上，再难买到原先那种传统式的竹笛，不少民间的传统乐社，因旧有的竹笛损坏，又买不到合适的传统竹笛，而不得不放弃使用竹笛的传统。在这样的情况下，杨荫浏的这种笛上转七调的理论与实践，似乎就很难发挥它的影响了。

在昆曲与箫笛之外，杨荫浏的笙、琵琶和古琴等乐器的演奏实践，都曾经对他的理论工作产生过积极的影响。例如，在他的论文《笙—竽考》中，他通过对宋代以来有关笙的文献和实物的考察，得出了如下的结论：“自宋至清，就笙上各管音高的相对关系言，大部分是前后相同，存在着继承关系，小部分是有所变动，显示了变迁情形。”[④]这一结论，当然要靠

① 杨荫浏：《杨荫浏音乐论文选集》，上海文艺出版社，1986年，第175页。

② 杨荫浏：《杨荫浏音乐论文选集》，上海文艺出版社，1986年，第178页。

③ 杨荫浏：《杨荫浏音乐论文选集》，上海文艺出版社，1986年，第192页。

④ 杨荫浏：《杨荫浏音乐论文选集》，上海文艺出版社，1986年，第381页。

对文献和实物的广泛而深入的研讨，然而，由于他有实际的演奏经验，熟悉笙管的音列和指法的规律，无疑会给他的研究以极大的便利。又如，在论文《三律考》中，他用在我国有悠久历史的阮咸、月琴、琵琶、秦琴、双清、柳琴等乐器为例，指出这类乐器都是用“相”和“品”（古代称“柱”）来节制各音的振动弦长的；每一个品，都要同时管到几条弦上的音，而且这些相或品的形式都不是曲的而是直的。用一些直形柱位来兼管几条弦上的高低不同的音，就有调和大小音程的必然要求，也就有应用平均律的要求。说明我国古代在实践中早已存在应用平均律的要求。再如，他还通过古曲《碣石调·幽兰》、宋姜白石所作琴曲《古怨》和明代琴谱《广陵散》等实例，用古琴第三、六、八、十一徽上泛音的应用，来说明我国古代也早已存在纯律的应用；（对于这一点，有的学者有不同意见。但这些徽位的运用，至少会有在一定范围内出现纯律音调的可能性。）此外，他还用民间“点笙”工人在校音时，常将互成完全五度或完全四度的两管同吹，听其和谐关系的实际，来说明三分损益律在民间早已存在的事实。[①] 他在这篇文章中所表达的一个中心意思就是：先有乐律的实践（开始时往往只是一些粗糙的经验和审美直觉的契合），然后才有乐律的理论出现这样一个简单的道理。以上这些事例足以充分说明，丰富的音乐实践经验，在杨荫浏的研究工作中起了多么重要的作用。

二、他把深入实地的调查和学习看作实践的重要组成部分

杨荫浏从幼年开始学习传统音乐的过程，也就是对传统音乐作深入调查的过程。他在20年代编辑的两本《雅音集》，实际就是他经常参与演奏的乐曲。《十番锣鼓》一书虽然在1980年才出版，但是他很早就已经进行了调查、学习和搜集、整理。作者在1943年跟他学习“十番锣鼓”时，那已是一本相当完备的书了。《十番鼓》的情况也差不多，只是他后来又对它作过进一步调查和了解。中华人民共和国成立后，有了很好的工作条件，使他有机会在更广阔的范围中作传统音乐的调查与研究，如对阿炳（华彦钧）的采访和录音，河北定县子位村管乐的调查，河北丝弦老调的采访，北京智化寺京音乐的调查，京津单弦牌子曲的调查，西安鼓乐的调查，以及对一些重要的出土文物的调查与测音，如信阳出土春秋编钟的测音等。每一次调查之后，都有相应的成果，或调查报告，或学术论文，或资料汇编，许多都表现出他独到的见解，具有相当高的学术价值。

1956年在杨荫浏的领导下，音乐研究所的研究人员组成湖南音乐采访队，到湖南省去进行音乐的“普遍调查”。出发之前，为了在思想和业务上作准备，杨荫浏特为采访队员们组织了一系列讲座。随后便把这些讲座的讲稿合印成册，名为《音乐业务参考资料十二种》保存了下来，其中10种全为杨荫浏所作。包括《记谱法提纲》《记谱符号几种》《音乐速度计算表》《管乐器按指法》《乐器绘图法》《工尺谱》《工尺谱的翻译问题》《宫调或调式问题》

---

① 杨荫浏：《杨荫浏音乐论文选集》，上海文艺出版社，1986年，第394—402页。

《音韵学提纲》《字调与乐调的关系》以及《乐器记谱法》中笛和敲击乐器的记谱法。一般地说，其中大都与采访调查时的实际操作有关，其目的都是要求采访者能够对他的调查对象得到合乎实际的认识，作出合乎实际的记述，随处都贯彻着讲求实际，重“实录”的精神。但是同时，在这些讲座中，我们同样可以看到，许多地方表现出他对问题的考虑之深入。例如，关于流水板的记谱问题，他提出将传统称为流水板的乐曲，根据它们的实际情况分为四种类型，分别用不同的节拍符号和方式来记写。这四种不同的情况是：1. 每拍都用强音的，记作 1/4 拍子；2. 每拍打板，不是每拍都用强音，而节奏有定或用混合节奏的，曲首用（1/4）拍子符号，曲中依强弱区分小节；3. 每拍不打板，节奏有规则的，曲中依实际所表示的强弱区分节奏，曲首标明与分节相当的拍子符号；4. 每拍不打板，曲调用混合节奏，曲首用“∧”符号，曲中依强弱不规则地区分小节。这说明，他的这些做法的提出，完全是建立在他对实际存在的流水板音乐节奏多样性的深刻了解上的。又如，在对管乐器的调查中，他十分强调对演奏中指法运用情况的了解，并要求用图表来说明。因为他有适用“叉口”和演奏多种管乐器的经验，知道指法所具有的重要意义。而这一点却往往为一些学者所忽视。

在关于工尺谱翻译问题的探讨中，杨荫浏基于他对实际存在的各种工尺谱的广泛而深入的了解，提出了许多重要的意见和看法。他认为，“工尺谱的音律系统，或翻译的方法，可因它演变过程所属的时代而不同，也可因它流行的地区而不同，可因它所通用的音乐种类而不同，也可因它被应用的目的和方法而不同，而在这些不同的情形之下，能帮助我们求得统一的因素，则是对于曲调的实际奏唱，实际聆听和在其中所体会到的对于音程的（全音的或半音的）及调性的（音阶首音的正确位置）感觉。”这就是说，在工尺谱的翻译过程中，弄清调性是首要解决的问题，在依靠实际唱奏和聆听的感觉来作出判断之时，不能不对其中可能出现的复杂情况有一个清醒的考虑。在一般的情况下，把工尺谱的“上”字译作“1”（do），“凡”字译作“4”（fa），可能是不会错的，因为有相当多的乐谱是依这种谱式写定的；但是，在另一个或许是更广阔的范围内，它可能是不合适的。他引了不少例证，说明这里面包含着各不相同的情况：

第一种情况是，有些工尺谱原来就是移调记写的。例如，弹琵琶的艺人，对正调（小工调，D 调）的指法最熟，所以往往有些不属于正调音阶的曲调是用正调形式记写的。李芳园的《琵琶新谱》中，就有将原属于尺字调（C 调）的《霓裳曲》及《陈隋古曲》，与原属于正工调（G 调）的《浔阳琵琶》均记成正调（小工调，D 调）的情况；

第二种情况是，在表面不转调，没有升降符号的工尺谱曲调中，有时却实际包含着转调及升降半音的运用。例如，《邯郸梦·扫花》中的《赏花时》曲牌，虽全部用小工调（D 调）形式记写，但第一句实际是尺字调，若与一般曲家实际歌唱的声音相核对，便可以听出，大多数有经验的曲家，唱到这里，“乙”音与“工”音，都是降低了半音唱的（这时的歌声是与笛音不和的）。虽然，为了照顾全曲大部分旋律的调性，我们不得不译作 D 调，但在第一句中的某些音上，我们却至少应依照歌声加上降半音符号，才合实际情况（具体谱例，见《杨荫浏音乐论文选集》第 319 页）。

第三种情况，有些乐种的及有些地区的工尺谱，个别属于另外的一些不同系统，只能各自予以不同的处理。例如，山西五台一带的工尺谱，是以“尺”为调首音的“清商音阶”（尺工凡合四一上尺，其半音在凡与合及一与上之间），译成简谱便应是译“尺”为“5”的56712345音阶；西安鼓乐的工尺谱则是用“合四”等工尺字来表示绝对的音高，是一种固定唱名法的谱。它的“六、尺、上、五”四调，依次是以“六”“尺”“上”“五”作为调首音的四个新音阶；翻译时六调应译“六”为“1”，尺调应译“尺”为“1”，上调应译“上”为“1”，五调应译“五”为“1”。在谈到河北定县一带的管乐曲谱时，他说它是以“六”为调首音，并以之为转调的关键。但根据艺人们口头的说明及他们在笙上、管上所吹奏出来的各调音阶中各音的高低，则半音是在“乙、上”与“工、凡”之间。这似乎与汉魏以来的清商律，所谓“以商为主”的“清调”（据《魏书·乐志》所载陈仲儒的话）相合，也与宋人所谓“变徵——于十二律中阴阳易位”和“变奏”为“七声所不及”（据蔡元定《燕乐》）的说法有关系。他还用下表来予以说明：

工尺字谱	合	下四	四	下一	一	上	勾	尺	下工	工	下凡	凡	六
清商音阶	商		角		变徵	徵		羽		变宫	宫		商
宋俗乐音阶	宫		商		角	变		徵		羽	闰		宫
管乐工尺谱音阶	六		五		乙	上		尺		工	凡		六
译简谱	5̣		6̣		7̣	1		2		3	4		5

他之所以要把这个管乐工尺谱音阶和前面两种音阶联系起来，似是考虑到在运用这种音阶记写的音乐中，有可能存在实际应是属于上述两种音阶中之一的情况。如果是这样，按照他关于古音阶与新音阶都应该将宫音译作“1”，而不应因古音阶的半音在第4—5与7—8音之间，和从“4”开始的音阶相合，便把“宫”译作“4”的意见，就应该分别将处在“宫”音位置上的谱字译作“1”，将处在“变徵”和“闰”音位置上的谱字分别译作“$^{\sharp}4$”和“$^{\flat}7$”这是通过一个具体的实例，说明有可能出现的类似的复杂情况。

以上这些情况说明，把工尺谱翻译成简谱，首要的问题是确定调性，而调性的确定，主要依靠实际聆听或唱奏的感觉和经验，同时也需要向艺人作深入的了解，并运用自己的知识，仔细地研究乐谱，才能较好地完成译谱的任务。

以上所介绍的，仅仅是他对翻译工尺谱问题的看法的一部分，无疑对工尺谱翻译的实践有重大的指导意义。它同时也给我们启示，在为数不少的工尺谱文献中，还有可能遇见别的复杂情况。

这里不可能对杨荫浏在系列讲座中所讲内容作全面的介绍，联系前面谈及的一些内容，无不表明他数十年从事传统音乐的调查与研究中积累的丰富经验，为提高民族音乐调查研究的科学水平做出了贡献。

杨荫浏丰富的民族音乐调查经验，还对他的研究工作发生重要的影响。例如，他在对山西五台山笙管乐和西安鼓乐进行采访的过程中，发现他们现在使用的乐谱中，还保留着宋代谱字模式，从而为他翻译姜白石歌曲谱的工作提供了重要的参考依据。然而，杨荫浏远没有对他的调查活动感到满足。在《史稿》的“后记”中，他不无遗憾地说：“我的另一个缺点，就是实践不够，理解不深，太多依赖书本知识。比如，西秦腔结合了其他一些地方音乐，形成多种梆子腔；弋阳腔便于与各地方言相结合，形成多种其他地区的高腔，我虽然是这样说了，但自觉空疏得很。我心里有数，若要能写得结实一些，我应该再花上几年时间，到甘肃、陕西、山西、湖南、四川等地去与当地群众相处一些时间，研究其方言，其音乐美化语言的方法，其特殊的音乐语汇，熟悉其一些梆子戏，才能有更好的发言权，能写得更具体一些，深入一些。”他的这段意味深长的感慨，使我这样实践基础薄弱的人感到，他好像是对我的教诲或鞭策。

三、重视科学实验，以实验来验证理论

杨荫浏是一位富于科学精神的学者，这种精神不仅表现在一般的研究工作中，尤其表现在乐律学和乐器改进的研究与实践中。

1. **乐律的运算**　乐律问题是中国音乐史上一个令人头痛的问题。在中国的历史典籍中，保存着大量关于乐律问题的史料，其中既有合乎于科学的，也有许多荒谬的东西。为了把这两者分辨清楚，就必须运用现代科学的成果。通过精确的运算，才能得出可靠的结论。为此，杨荫浏付出了不少精力，吸取现代音乐声学的经验，运用数学公式，对中国音乐史中所有关于乐律的重要数据都进行了不厌其烦的验算。那时没有电子计算机，他是在计算尺和对数表等极简单的辅助手段下进行艰苦的运算的。

1937 年，他发表了第一篇乐律学论文《平均律算解》。在这篇论文中，他先对中国历史上先后出现的几种类似平均律的尝试，包括刘宋时何承天的“新律”（或称“三分损益均差律”），隋代刘焯的“等差管律”和清代江永的“等律”，逐一进行数学验算和理论分析，并作出相应的评价，然后再对朱载堉的“十二平均律”（包括“平均弦律”和“异径异长之平均管律”）进行了深入细致的运算和分析。20 世纪 40 年代初，在经过抗战初期的流动生活之后，他曾用较多精力从事中国音乐史（包括乐律史）的研究，于 1944 年完成了他的重要著作《中国音乐史纲》，并在这一过程中，先后完成了《音准及量音尺》（1941），《钱乐之三百六十律音程比较表》（1941），《乐律比数表四种》（1942），《弦乐定音计述略》（1942）等一些预备性的研究。在《中国音乐史纲》中，他对中国音乐史上重要的乐律史事，都用经过验算的数据来予以解释或作出评价。他正是通过如此大量的验算和分析，给中国乐律史上一些疑问作出合理的解释。

例如，对于周代的三分损益律，他根据对当时尺度的考订，按三分损益的生律法，分别就弦律和管律（未加校正）作实际运算，将两者所得频率与音分值进行对比。他说：“若根据实际测听，则略有音高感觉者，谁都可以听出，合于这种算法的弦律音阶，相当好听；而合

于这种算法的管律音阶，则很是难听。”所以他说：“古人最初选得十二律的时候，所凭借的，是求悦耳的直觉，很难想象他们会舍了弦律，而从管律求得三分损益的算法。”[①] 力求三分损益算法实始于弦律之说。

又如，对于何承天的“新律”，人们（包括“精究音律”的刘复在内）往往弄不明白，何承天究竟根据什么道理算出他那与“旧律度”不同的“新律度”的？杨荫浏经过分析和验算，不仅弄清它的算法，而且还校正了文献中一些讹误的数据。他说：“其实何氏不过因中吕上生黄钟，其数不及，故将此不及之略数，平均分配，依相生之序，自林钟以下，递加于十二律间，至中吕再生黄钟，适成九寸。其林钟以后，各律所递加之数：林钟加一厘许，太簇加二厘许……中吕还生之黄钟加一分二厘许。盖旧律中吕上生之黄钟八寸八分八厘弱，与黄钟九寸相较，其差为一分二厘强。将此一分二厘之略数，平均分配于十二次相生之间，各多加一厘许也。”[②] 揭示出“新律”数据产生的来由。

还有一些类似的例子，这里就不一一列举了。

2. 测定音律的实验 杨荫浏的乐律研究，除用数学验算之外，还运用简单的方法进行音律的测试或检验。例如，对于一支竹笛的音律的测定，他曾经作了如下的叙述：“至于我的实验则穷得可怜，我非但没有最新式的测量频率的机械，而且，连一个较精密的单弦音准都置办不起。我所利用的，不过现成的古琴琴弦与其徽位而已。我将六弦七徽的泛音，调合笛上小工调的‘合’音；听了泛音，配合按音，得七徽按音弦位的改正长度；又同样在四徽上得改正长度，然后请别人吹笛我按琴弦，用按音配合笛音，得各音的按音弦度，最后根据改正弦度，计算音分。用这种穷方法，所得当然难望其十分精密，但至少也能接近精密，而比仅借听觉的辨别，要靠得住得多。”[③] 他就是用这样简陋的设施来完成他的科学实验的。

对晋代“荀勖笛律”的检验，则是另外的做法。他一方面按荀勖的方法，将其所用晋前尺换算成米制，取得数据；同时，又依现代管律算法，在加入管口校正数后仍用三分损益法算出数据。两相比较，除五位小数微有出入外，可谓完全相同。证明“在第三世纪之末，荀勖在实际上已应用了管口校正。”[④] 另一方面，他还根据荀勖的方法所算出的数据，做了一支荀勖黄钟笛，经试听，觉得它的音阶接近准确；又听它的第一孔宫音，觉得比 g1 稍低，而恰与荀勖的黄钟律相合。这样一来，就由实验进一步证明了荀勖在实际上已经应用了管口校正的事实，也肯定了“荀勖笛律”在历史上的地位。

前面曾经提到，杨荫浏为了说明三分损益律系产生于弦律而非产生于管律，曾将按三分损益的算法分别在弦上和管上所得之数据，予以比较。后来，他为了说明三分损益管律之不科学，又设计了作实验用的三组律管，每组包含 4、5、6、7、1、2、3、4 一个八度内的八音；

---

① 杨荫浏：《中国音乐史纲》，万叶书店，1952，第 75、79 页。

② 杨荫浏：《杨荫浏音乐论文选集》，上海文艺出版社，1986 年，第 262 页。

③ 杨荫浏：《杨荫浏音乐论文选集》，上海文艺出版社，1986 年，第 184 页。

④ 杨荫浏：《中国音乐史纲》，万叶书店，1952，第 160 页。

以第一组代表古来的三分损益管律；以第二组代表三分损益十四管律；以第三组代表经过了管口校正的三分损益管律。各律管的直径都是 8.73 毫米，三组分别按照各自的律制，从相同的黄钟律管长度 232.25 毫米起，算出其余七支律管的长度（原文俱载《三组律管长度数据》)，然后按算出的长度和管径，做出三组不同的律管。这样，就可以通过实际吹奏和检测，来证明三分损益管律之不正确。[①]

以上这些实验都是在没有现代科学仪器的条件下，用相当简单的办法来完成的，虽不是很精确，但颇能说明问题。

3. 改进乐器的试验 对于传统的箫笛乐器，他认为，为使多种国乐器合奏能够谐和起见，必须改制。他的办法是:“从高音部分三孔的后置略移，改正音高，求合等律，低音部分三孔除将位置略移外，又将中间一孔的直径加增，使三孔距离仍保持相当平均的情形——因为这三孔若不平均，则按指在技术上，很是别扭；目的在使民间乐人，不觉得技术方面有何不便或不惯的情形发生。在外表上，改制的六孔箫笛，仍和原有的箫笛不差多少，只是尾部不按的出音孔方面更改一些，在近尾处另开两个系绳的孔，以除去原来因系绳孔（同时为主要的出音孔）与音高的关系过于密切时，常易发生的音高和音色上的改变。”[②] 他的这个改制方案，是经过无数次的试验和修改，然后提出来的。如果能照这个方案予以实施，原有六孔箫笛的音律状况当会得到有益的改善。

杨荫浏对乐律的运算与实验是严肃认真、一丝不苟的，但是，他却以为“在音律上，并不要求纯而又纯，而可容许一定限度音差的存在。一定限度音差的存在，非但无害于音乐的表达，反而有助于加强音乐的表现性能”。关于异律并用问题，他也说:“异律并用究竟好不好？ 1. 人耳辨别音高的能力并不是十分精密……2. 音差有着刺激作用……3. （在某种情况下，乐器）发音太准，音色不够丰富，表现力不强……要求乐器包含音差。4. 比较理想的钢琴定弦法，是将高音区部分，随着音高上升，逐渐增加拍音，在低区部分，随着音高下降，逐减少拍音。就是说，为了满足感官的要求，在一定程度上，有意违离了准确的平均律，而在高低音区之间造成音差之矛盾。参考这类情形，可知在音乐实践中间，一方面虽然要求音律上相当准确，另一方面又并不要求纯而又纯，而且要求有一定的音差存在。这里并不是一个简单的准确与差误的问题，而是一个比较复杂的辩证统一的问题。在这种情形之下，律制之间的差异，便成为不很重要，而容许异律并用，便有其充分的合理性。”他的这些意见，对于我们如何看待音乐实践中出现的乐律问题，具有重要的指导意义。

以上所述，不过是作者学习杨荫浏的有关著述中所接触到的一些情况，由于对他的著作未能全部认真而深入地仔细研读，难免遗漏许多重要的意见；也由于自己的认识水平有限，未能领会其中的意义，把许多有价值的东西给忽略掉了。因此，很可能是片面的，不准确的。但是，尽管如此，杨荫浏重视实践，勤于实践的学风，却是我十分敬佩的。他，作为一

---

① 杨荫浏:《杨荫浏音乐论文选集》，上海文艺出版社，1986 年，第 390—392 页。

② 杨荫浏:《杨荫浏音乐论文选集》，上海文艺出版社，1986 年，第 191 页。

位孜孜不倦的中国音乐史和民族音乐的学者，能够不满足于只向书本里讨生活，而倾心于音乐的实践，到无限广阔、无穷无尽而又无比生动活泼的民族音乐的大海中去调查、学习、探寻、挖掘其中的无价之宝，从而将对中国音乐的历时的与共时的研究结合起来，互为补充，互相促进，为中国音乐史和民族音乐的研究打开了门路，开创了局面。就他自己来说，他始终认为他所做的，距离他所希望的，还有很大的距离。就我们的音乐学术事业来说，也可说是方兴未艾，许许多多的工作期待着众多学者去完成。杨荫浏的学术成就，他的心得、经验，无疑可以为我们提供某些启发或者借鉴。

注：本文据 1997 年一次学术报告写成。

原载《杨荫浏纪念文集》，文化艺术出版社，2013 年

一篇给人启迪的短文

一个人的文章或者言行，如果确能给人以启迪和共鸣，那就是对社会对历史做出了贡献。

吕骥同志长时期以来，在我国音乐界担负领导工作，为了工作的需要，他曾发表过许多很有分量的长篇理论文章，对我国音乐的历史进程产生过重要的影响。这里我所想到的并不是这些鸿篇巨制，而是一篇仅一千多字的短文《如何研究民间音乐》（研究提纲）①。这是我最早读到的一篇吕骥的文章，也是一篇给我和我的同志以启迪的文章。

那是56年前的事了。1946年初，延安的两位艺术家欧阳山尊和李丽莲来到重庆，我们国立音乐院“山歌社”的三位同学（我、谢功成和朱石林）应邀到重庆曾家岩去和他们见面。大家在一起作了亲切的交谈，他们两位向我们介绍了延安方面的音乐和新秧歌、新歌剧等方面的情况，并把他们带来的延安方面的音乐出版物给我们看，并答应将几本民歌集和文集借给我们，吕骥的这个“研究提纲”就收录在一本叫《民间音乐研究》的书中。

我们非常珍视这些资料，回到学校之后，一方面赶紧把那些民歌抄录下来（现保存在音研所资料室的民歌档案中），传阅那些书刊上的文章，并把吕骥的《如何研究民间音乐》一文刊登在我们出版的油印刊物《山歌通讯》第一期上，让我们的社员和其他同志来共同享用它。

在此之前，山歌社的同仁从事中国民歌的搜集、改编、演出等活动已经有一年多的时

---

① 此文写于1941年秋，是为延安鲁艺民间音乐研究会写的。1946年在东北书店出版的《民间音乐论文集》上发表。1982年，此文经作者修改，题为《中国民间音乐研究提纲》在《音乐研究》第2期上再刊。本文所论只与短文相关。

间，油印出版过一本简谱的《中国民歌》，内收民歌124首；积累有几十首为民歌谱写的钢琴伴奏谱与改编曲，在校内和重庆、北碚等地举行过多次专场民歌演唱会，召开过民歌专题的学术讨论会等。当时大家的热情都很高，想法却比较简单，一方面认为这是接近我们的专业，能够团结更多同学并使我们和人民保持某种联系的一种比较好的活动，同时也希望通过对民歌的分析和研究，能够找到创造真正的人民音乐的途径。而如何更有效地对民间音乐进行较全面而深入的研究，在这之前却很少考虑。

因此，当我们读到吕骥这篇虽然短小但内容却较为全面和深刻的文章时，便受到了启发，开阔了视野，增强了信心。《提纲》所表达的意见，我觉得主要有这么几点：

1.《提纲》把民间音乐置于它所生长的社会与大的人文环境中加以考察，指出研究中国民间音乐，“首先注意研究各种民间音乐之形成的社会条件，与民众实际生活（包括政治的、经济的、文化的各方面生活）的联系”。

2.《提纲》提出：“用历史的观点比较的方法，研究其发源与演变的实际情形，以认识各地现存的民间音乐之形成过程，及其相互关系与影响。”并认为这种历史的比较研究，不应只限于国内各地区各民族之间的比较研究，还有必要与邻近国家（如朝鲜、日本、印度以至中亚各国）的音乐作比较研究。

3. 对民间音乐研究的范围，《提纲》除列举通常说的“五大类”（民歌、歌舞、说唱、戏曲、器乐）之外，还提到了“民间宗教音乐，如和尚、巫婆、喇嘛、道士之念经文、唱咒文的音调，以及祭祀、跳神、跳鬼时用的音乐”，以及“民间风俗音乐”等。此外，在关于“研究内容”部分，《提纲》拟出了一些问题，如“从民间音乐所见到的劳动人民的生活、思想与情感，其表现方法与表现形式”，“民间音乐中的文学与语言，及其与音乐的关系与影响”，“宫廷音乐与民间音乐的相互关系”等一类“一般问题”；以及“民间音乐之节奏、曲调、形式的研究”，“民间音乐之演唱技术研究”，“民间乐器之流传历史与演奏技术”以及“民间乐队的组织与在各种音乐中之应用”等专门的技术问题。这样，不但实际上已把所有中国传统音乐包容在研究的范围之内，而且也已经考虑到了民间音乐研究的诸多方面。

4.《提纲》强调实事求是、客观分析的科学态度，力求避免由本人的学养和观念带来的片面性，要求“客观地分析中国的民间音乐，发现中国民间音乐自身所具有的规律和特点”，“研究其特点与规律之形成的社会根据，予以适当的估计，确定其对于新音乐建设的意义与价值”。

从以上分析介绍可以看出，《提纲》已较全面地考虑到了民间音乐研究的有关方面内容和研究方法，用现在流行的话说，就是一个“全方位，多层面”的构想，并倡导采用“本位”“主位”的观察法。联系着中国民间音乐这个汪洋大海，我们就会感到有无穷无尽的课题值得去探索，去钻研，其前途是何等的宽广。这篇短文，今天看来仍然闪烁着学术光泽，不仅会给人以知识，也会给人以信心和力量。

原载《人民音乐》2002年第2期

润物细无声地呵护我们

——对恩师的点滴回忆

1943 年秋，我结束了休学一年的打工生活，回到青木关国立音乐院复学。这时我原来的班已升入三年级，我便入了当时二年级的作曲组 1947 级，主科老师就是江定仙先生。

江先生是一位时时处处、一言一行都为人师表的老师。他教学非常认真，都是准时来到课堂，认真授课。他的讲课要言不烦，对关键问题交待得特别清楚，有的同学一时未能了解的，先生都耐心地给予解释。对学生交来的习题，都极认真地批改，有改动的地方，先生就一边在钢琴上弹出来，一边询问学生的意见:“你看这样是不是好些？”态度十分谦虚。有时候学生做得比较好，他便一边弹一边说:“这不错。”记得在学对位的时候，有一次我做了一道题，无意中所写的对位声部曲调出现了模进的结构，比较有特点，江先生当时就给予了鼓励。

我们这班人除了后期的配器法和赋格两门课分别由林声翕和陈德义两位先生执教之外，所有专业基础课包括和声学（包括高级和声）、对位法（包括复对位及卡农）、曲式学（包括高级曲式），全部由江先生教授的。江先生有很高的钢琴演奏修养，特别是在曲式学的教学中，许多范例我们都能从江先生的演奏中听到；更为幸运的是我们的曲式练习也能通过先生的弹奏而获得实际的音响感受。

江先生不仅在教学中十分严肃认真，在生活中也很讲究文明礼貌。那时在青木关那极为简陋的环境里，有的人不太注意日常行为中的文明礼貌，在上课的时候有的同学就会出现随地吐痰以至脱下夏天脚下发臭的球鞋之类的不文明行为。这时，江先生就会提出批评意见，尽管口气不是很严厉，但看得出他的要求是严格而认真的。我们和江先生相处那些年，从没有见过先生不修边幅的时候，也没有见过他厉声叱骂人的情况，始终保持着一种既严肃认真而又温文尔雅的风度。

我们这一班人一直在江先生的教育下成长起来。那些年正是在中国大地上民主革命的浪潮风起云涌的时代。我们这班同学基本上是在入学前便不同程度地参加了抗日救亡的音乐活动或其他社会活动，年龄最小的严良堃更是已有了五年参加革命工作的经历。由于现实生活的教育，我们这些人有着较为强烈的争取民主与自由的愿望，故而在校内外的民主活动中大都表现比较积极。江先生对于我们的活动采取了不加张扬的默默支持的态度。例如我们搞的民歌活动，江先生开始时并没有急忙地找民歌来改编，而是在他遇到了《康定情歌》这首优美的曲调而且有了改编的艺术构思时才开始第一首民歌改编曲的写作。1947 年我在上海准备从我们在音乐院时大家改编的民歌谱中选出若干首来予以出版时，于是我们便把有关曲谱带到南京去请江先生予以选择并对乐谱加以审订。江先生欣然接受，并对曲谱做了认真的选择和细致的审定，还同意将先生改编的《康定情歌》一并收入，使《中国民歌选》得以保留下这首民歌改编曲的精品。这是对山歌社的莫大的支持。

还有 1947 年春夏间，音乐院院方曾有意想开除我们一些积极参加进步学生运动的同学，据说在院务会上遭到江定仙、杨荫浏、黄友葵几位先生的反对才暂停此议。而我们几个传闻已上黑名单的人，也才有可能勉强在开完两场毕业作品音乐会后立即逃离南京，潜赴上海。没有江、杨等先生的仗义行为，我们早已做阶下囚了。

另一件令我终生难忘的事是：在我们毕业作品音乐会上，江先生和小提琴教授阿德拉先生为我的作品《回旋曲》（小提琴与钢琴）担任演奏，这件事好像是由江先生出面邀请阿德拉和他一起来演奏的，同时演奏的还有王震亚的一首曲子。演出的效果精彩极了。我的这首《回旋曲》是弗兰克尔先生离开之前在他班上完成的。当时他就曾指出过作品的一些缺点（如调性的选择不当，音乐的展开不够等），但当时也没有时间来加以修改，整个乐曲可以说是相当平庸的。可是在两位大师的演奏下，音乐却不像想象中那样平板、幼稚、拘谨，而显出了生气，听众的反映也较热烈。这时候我想到正是两位大师的演奏达到了一种“化腐朽为神奇”的境界，我也头一次领会到优秀的演奏对于音乐的重要意义。江先生出于对学生的爱护而登台演奏学生的作品，使我不由得产生了崇敬和感激的心情。

音乐会之后我和严良堃、谢功成一起溜到上海去，以后又各奔东西。从此我和江先生就相当长时间不在一地工作。后来音乐院搬到北京，我们才有一些机会碰头，但一直因为忙于工作，偶尔到音乐院去办事，才顺便去看望先生。记得有一次我和妻子一起去看望江先生，一进门师母萧先生就笑着说：“哎呦！郭乃安，你还想着来呀！”师母的“责备”使我羞愧难言。自然，这也表明我们师生之间的亲切关系。

“文化大革命”之后，由于外地的同学时有到北京来的，往往约在一起去看望先生。一次我们几个人一起去看望江先生，他非常高兴，还亲自动手做了一份他们家的拿手好菜“珍珠丸子”给大家吃。这是我们第一次吃到江先生亲手做的菜，都赞口不绝。我们高兴地看到了江先生热爱生活的一面。

这段时期和江先生另一次印象深刻的接触是中国大百科全书音乐编辑委员会在黄山开会那一次。时间大概是1983年或者1984年的夏天。我们从北京去的人是先坐火车到上海转杭州，然后从杭州坐汽车到黄山。同行的有近十个人，非常巧的是同行者中除了我的主科老师江定仙先生之外，还有教过我钢琴的洪士铨先生和教过我小提琴的章彦先生。三位先生和一个学生碰在一起，自然都很高兴，在路上趁汽车休息时我们四个人照了一张相。这张照片我很珍视它，曾想把它放大来作为纪念，可惜现在找不到了，心里颇觉遗憾。江先生那时虽然已年逾古稀，但身体和精神都还相当不错。这次一路走来，兴致也很高。记得在屯溪休息时一起找了一家饭馆去吃饭，末了江先生坚持由他掏腰包请客，大家都很高兴。到黄山之后，头一天人还不齐，许多人去爬天都峰。我因高血压戴上冠心痛的帽子已有十几年，医生反复嘱咐不要去爬山，所以没有去。江先生虽已年逾古稀，还是兴致勃勃地去了，直至天黑了他才风尘仆仆地回到招待所，他当然也累，却很高兴。因为他以古稀高龄完成了登上黄山高峰的夙愿。

我最后一次去看江先生时他已经病重住在宣武医院里。这时已经是靠管子送入一些营养品维持着生命，不能用言语交谈了。当我们目光相对时我的心真有一种像要撕裂的感觉。最后大家也就以无可奈何的心情向先生告别了。

回想那么多年先生对我们的教育、关怀和爱护，通常都是“润物细无声”地呵护着我们，影响着我们。只是我们学习不够，领会不够，不得不留下深深的遗憾。先生的风范是我们永远学习的榜样。

原载《春雨集——江定仙音乐研究文论选》，人民音乐出版社，2002年

【序、跋】

《中国民歌》（第一集）序言

民歌是人民生活的反映，为广大的人民所熟悉和喜爱，因此民歌得以广泛地流传；民歌是人民真挚情感的流露，经过无数人口口相传的洗练，造成一种朴实而优美的作风，在艺术上获得了不朽的评价。所以，我们无论是基于提高民众音乐水准，或是建立有世界荣誉的民族音乐的立场，都得要研究民歌。

所以，我们今天搜集民歌是有两方面的意义：第一，改造民歌，无可讳言的，民歌的作者缺乏技巧的训练，有的不免粗糙，有的不免流于低级趣味，我们想试着将他们再加一番洗练，使人民从自身的艺术上提高起来。第二，由民歌的研究着手而创造出民族的音乐。民歌既然是人民生活的产物，它的节奏、旋律等都与人民生活有密切的关系，所以，我们要创造真正反映人民生活的音乐，便去研究民歌的旋律、节奏和调式的规律，并且从这些民歌中去寻求一些可能的和声体系。我们以为，只有从这个基础之上，才是创作真正民族音乐的道路。

原载《诗与音乐》创刊号 1945 年 4 月

《识谱法》序

新中国成立一年多来，上海工人的歌咏运动普遍开展，而歌咏指挥干部的需要量也就随着增大了。在新中国成立以前，工人们不仅在经济上处于被压迫的地位，同样在文化上也是被压抑着没有发展的机会。那时候工人们虽曾有过一些歌咏活动，但这些多半是在工人夜校之类的场所，在教师们的教授下进行。许多有音乐天才的工人没有机会获得较有系统的音乐知识，可是这种情形在今天已有了根本的转变，工人的音乐天才已在各方面的帮助下有了发展的机会，也有机会获得一些较有系统的音乐知识，并由此而培养出自己的干部，自己来推动自己的歌咏活动了。这个转变就充分地说明了工人们翻身，做了新社会的主人的事实。

目前培养工人歌咏干部的工作，正在各方面的配合下大力地展开着。各个地区都在举办工人歌咏干部的学习班。就在这些学习班中，要求得比较适用的教材是一件相当困难的事情，以前所出版的一些音乐理论书籍，几乎是讲五线谱的，对工人来说，不适用。现在马剑华同志把他曾用过几次的讲义交劳动出版社出版，这是很好的事。它当能解决目前工人同志们学习音乐的教材困难，而且它是能得到读者的欢迎的。

要编好一本音乐教材，不是一件容易的事，它不仅要简明而有系统地说明理论，尤其重要的是按部就班地编出一套练习，而这个工作又是很艰巨的。马剑华同志所编的一套练习，将在广大的读者面前接受考验，它将因读者的反映和意见而获得改进，并由此而使这部教材更趋完善，更加合乎工人同志们学习的需要。

总之，这部教材的出版，是值得我们高兴的，我们还希望许多有研究的专家和有经验的工作者们——起来为这件富有重大意义的工作而努力，并盼能有更好的成果。

一九五〇年七月一日

原载《识谱法》，劳动出版社，1950 年

《中国民歌选》后记

当李凌等同志向我提出准备把1947年山歌社编的《中国民歌选》拿来重新出版时，开始我想：这是35年前出的书了，35年来，为我国优美的民歌编配钢琴伴奏谱已经不是什么稀罕的事，并且已经出现了不少配得很好的民歌钢琴伴奏谱，它们无论在探索和声的民族化方面，或者在钢琴伴奏的写作技巧上，都已经取得了长足的进步。在这种情况下，还把35年前的书拿来重新出版，能有多少意义呢？还有，作为本书编者的山歌社，尽管在“文化大革命”中被一些人称作“音乐界的二流堂”而予以口诛笔伐，甚至有要连人一起消灭的架势，但它的功过，历史自会给它作出恰当的结论，用不着给人一种印象，似乎这是借此机会为山歌社“恢复名誉”。因此，颇有些犹豫。后来，想到过去这些年，时常有人来找我，要借这本书，拿去抄其中的乐谱，以供演唱或其他用途。可惜自己原来保存的两本，早已杳无踪影，只得去音乐研究所资料室把那仅有的一本拿了出来应付。这样我就不得不时常处在一种既乐于相助又担心丢失的矛盾心情之中。现在，如果重新出版，既可以满足那许多需用者的要求，而我也无须为保护资料室的孤本资料而担惊受怕了。况且这本书，尽管其中有的谱子还不免幼稚，但在它产生的年代里，像这样附有钢琴伴奏的中国民歌集，它即使不是第一本，起码也可以说是最早出版的这种民歌集之一吧。其中的一些曲子，在中国人民的音乐生活中一直在发挥它们的作用，在国际乐坛上也时常能听到它们的声音。因此，当人们想要批判地检阅那个时代中国音乐文化发展的历程时，它仍不失为一种可供了解和研究的历史资料。它的重新出版，也不是毫无意义的。于是，我欣然同意将它重新出版。

1944年冬天，重庆青木关国立音乐院的同学们经过同学校当局的反复斗争，赢得了经济生活的一些改善，在除夕那天，和学校当局签订了由学校保证免费供应学生伙食用煤的协议。这一斗争的胜利，促进了同学之间的团结，增强了斗争的勇气，音乐院的校园里顿时活跃起来，各种各样的活动勃然兴起，一扫以往消沉的气氛。而搜集民歌，研究和介绍民歌，把这一向被视为俗物的民歌引来登上学院的“大雅之堂”，便是这些活动中的一种。倡导这件事的便是当时音乐院理论作曲系三年级的一些同学们（山歌社的主要发起人）。那时我们认为这是切近我们的专业，能够团结较多同学，并使我们和人民保持某种联系的一种比较好的活动。

方向确定之后，大家就在 1945 年初开始了积极的行动。首先是把我们这些人过去收藏的民歌集和自己采录的一些民歌统统搜集起来，准备按不同的地区分印成册，供作大家学习和研究的资料。同时就动手编选和刻印，1945 年 3 月 5 日，顺利地完成了《中国民歌》（油印简谱本）第一辑的出版工作。这本民歌集共收新疆、青海、内蒙等北部地区的民歌 124 首，材料主要来源于李凌、王洛宾等人编辑出版的民歌集。书前除编者自序（这编者自序的主要部分被保存在本书的“序”中）外，还有杨荫浏先生写的一篇序（这篇序已收入即将出版的《杨荫浏论文集》），这在当时来说，对我们是一个极大的支持。

《中国民歌》第一辑出版之后，我们公开征求音乐院的老师和同学们为这些民歌配钢琴伴奏或改编成重唱、合唱等形式。很快便有不少的人来响应，包括我们班的和不是我们班的，学作曲的和并非作曲专业的，有学生，也有老师（已故的陈田鹤先生就是积极参与这一活动的老师之一），都积极地投入了为民歌编配钢琴伴奏或改编的活动。一时间，许多曲子被配好了。我们便邀请一些对民歌有兴趣的同学来排练，4 月 23 日，在音乐院礼堂举行了在中国或许是空前的一次专场民歌演唱会。这时，距离《中国民歌》第一辑的出版还只有一个多月的时间。

这一次民歌演唱会产生了相当强烈的反响。在第二天举行的座谈会上，师生们除了对和声写作等艺术技巧方面的问题发表意见之外，都一致肯定了这一活动对中国音乐文化的发展所具有的积极意义。院外的一些朋友对这件事也都持肯定和鼓励的态度。此后，为民歌配钢琴伴奏或改编民歌的愈来愈多，在音乐会上演唱民歌也逐渐成为很自然的事。专场的民歌演唱会也开始走向社会，如 1946 年 4 月音乐院同学为欢迎戴爱莲先生而举行的民歌演唱会，同年 5 月，山歌社应重庆《学生导报》之约，为酬谢该报的捐款人及赞助人先后在重庆和北碚举办了三场演唱会等等。当时重庆等地的一些艺术院校的同志们也陆续地开展了类似的活动。把中国优秀的民歌搬上音乐会的舞台，一时蔚为风气。在这种情况下，为了满足许多演唱者的需要，山歌社于 1946 年 6 月 4 日出版了附有钢琴伴奏谱的线谱油印本《中国民歌选》第一辑。其中选刊了民歌演唱会及其后编配的民歌的一部分，计 21 首，作者包括屠咸若等 15 人。这本乐谱虽然印制简陋，但在当时还是满足了许多需用者的要求。

1947 年我从音乐院毕业之后逃到上海，正好李广才在一些朋友的支持下办起了中华乐学社，他既是需要，也有可能来出版一些我们希望出的东西，于是我们便决定从上面那本《中国民歌选》和许多未载入该书的民歌中精选若干首来交他出版。最后选出十四首，并请一贯给与山歌社的活动以鼓励和支持的江定仙先生亲自予以校订，并写序言。这就是今天重新呈现在读者面前的《中国民歌选》。现在，为了保存当时的历史面貌，对原有的序文和乐谱都保持原状（个别笔误除外），未加修改。因此，其中有如“民歌正逐渐地发展起来而成了音乐运动的主流”之类比较幼稚的话也就不足为怪了。

山歌社作为解放战争时期音乐院的一个学生社团，它的主要活动并不在学术活动，而是在学生运动方面。自然，它为开展民歌活动所付出的心血是不少的，前面的叙述，也不过是其中有限的一部分。尽管如此，山歌社所开展的这些工作绝不可能仅仅依靠自己的成员所能完成，而是团结了许多社外的同志共同来进行的。即以本集而论，就包括了并非山歌社成员的江定仙、陈田鹤两位先生和郑亚通、黎英海两位同学。此外，无论在民歌的编配和演唱、伴奏等各项工作中，都有不少社外的同志参加，我们在这些合作中建立起来的友谊，至今还给我们留下美好的记忆。今天，这本书重新出版，不仅会使我们回忆起风华正茂的青年时代，也将会唤起我们的同志为发展社会主义的民族新音乐而献身的壮志雄心。愿我们携起手来，为开展音乐文化的新局面而共同奋斗吧！

原载《中国民歌选》，中国文艺联合出版公司，1983 年

《中国音乐学》1989 年第 1 期前言

这里发表的九篇文章是中国艺术研究院研究生部音乐系 1988 年毕业的硕士研究生学位论文。由于篇幅有限，没能都发全文，大都是由作者摘取其中较重要的部分刊出。这自然会影响到对论文整体的了解，但作为这批论文的总体展示，还是有意义的。

中国艺术研究院研究生部自 1978 年开始收攻读学位研究生以来，音乐专业除一名博士研究生外，前后共招四届硕士研究生，分三批陆续取得了硕士学位。现在发表的就是第三批的硕士学位论文。

这批研究生是 1985 年入学的。三年来，他们修完了规定的硕士学位课程和必要的选修课程，在导师的指导下，对各自所属意的领域进行了较深入的钻研和相应的实地考察，完成了学位论文，通过了答辩，取得了硕士学位。就是说，他们的学业已达到了相应的水平。但同样明显的是：他们无论在才性、学识和努力程度方面又都存在着不同程度的差异，或互有短长，甚或有较明显的差异。在读过这些文章（尽管它们未必能准确反映原作面貌）之后，读者自会获得一定的印象。

这些文章广泛涉及有关中国音乐的诸多研究领域，所取的角度也多不相同，但它们还是有某些相同或相似的特色。其中主要的一点就是求新。

求新的第一个表现就是新的研究领域的开拓。从某种意义上说，几乎每一个论文的作者都面临着这方面的抉择，没有新的研究领域的开拓，就较难确定新的研究课题。但它的意义还不止于此，随着音乐学术研究日益向深度和广度伸延，新的研究领域的开拓不仅是必须的，而且对这种领域的确定是否得当，对于学科的发展也具有不可低估的意义。例如，对于中国传统音乐的特性的研究，以往较多侧重它在音乐表现形态方面的探讨，而对于它的审美特性的研究不是避而不谈就是一笔带过，没有真正进入学术研究的领城。这次费邓洪的《含蓄与弦外之音——中国文人音乐审美特色探》一文，对中国传统音乐中极富特点的文人音乐的审美特色作了较集中和深入的考察，力图从历史和美学的角度对含蓄与弦外之音的现象作出规律性的解释。也许他的解释未必都很准确，但这种努力，终究是将对中国传统音乐的特色的探究由表层向着深层掘进了。这样就可能更全面一些，也更深刻一些。

自然，求新并不一定都表现为对新的研究领域的开拓，有时在某些曾经古今学者反复探讨过的领域里，一个研究者如能本着科学的求实精神深入思考、实验，就有可能取得新的成果。例如，对于荀勖笛律的研究就不好说这是开拓了新的研究领域，因为古今的学者都有过一些探讨，并已取得了某些重要的进展。但是，王子初在他的《荀勖笛律的管口校正问题研究》中却没有停留在前人已有的结论上，而是在深入钻研的过程中，细心地检视前人研究的得失，从而得出了与前人不尽相同的新见解。这种在理论上的创新，构成了求新活动的一个有意义的内容。其实，一些新的研究领域的开拓，正是为了实现理论上创新的目的，或者与理论上的创新存在不同程度的联系。

求新的另一个重要表现就是研究方法的更新，尤其是现在改革开放的形势下，各种新的研究方法的引进更是相当时髦的事情。在音乐方面，不仅有信息论、系统论等的输入，更为明显的还有民族音乐学和与之相关的民族学、民俗学、文化人类学等的研究方法的引进，影响已经相当普遍。在这批论文中，其影响也是显然可见的。方法的更新，实际上也就意味着观念的更新，最终将会大大地改变音乐学术的面貌。因此，研究方法的更新，新的研究方法的引进，不但是有益的，也是很必要的。只是在目前，新的研究方法的引进似乎还处在一个开始不久的阶段，往往还会发现某种程度的食而未化的现象，需要经过一定的消化过程，才能较好地看出它的效益。

新的研究领域的开拓和研究方法的更新，常常会引出一个新的结果，就是新的学科的发展。这批论文中，不少对我国近年兴起的一些新学科的发展多少起了些添砖加瓦的作用。方建军的《考古发现先商磬初研》之于音乐考古学，高兴的《简论岸边成雄先生的唐代音乐史研究》之于音乐史学，张振涛的《中国传统音乐煞声问题的乐学理论研究》之于音乐形态学，杨晓鲁的《四川木里拍米藏族音乐考察研究》之于民族音乐学，等等，似都可作如是观。

以上情况表明，这些论文作者在求新这点上所作的努力，对于在音乐学术研究中新领域的开拓，新学科的发展，研究方法的更新和理论上的创新，或多或少添加了一些新的成分，对于中国音乐学的发展是有益的。

求新在一定程度上是和学术研究中的创造性联系在一起的，而创造性则可说是学术研究的灵魂。因此，我经常鼓励学生们去求新，去发挥学术研究中的创造性。要他们勇敢地去超越前人所已达到的界域、阶梯、境界。首先就不要囿于我们这些教师的识见，力避在学术上作“近亲繁殖”，而应该放开眼界，在广阔的原野上去追求，去探索，去摘取创造性的硕果。因为我相信，只有充分发挥学术研究的创造性，才能为我国音乐学开创灿烂辉煌的前景。

当然，要在学术研究中发挥创造性，仅有这样的理想和热情是不够的，必须具备与之相适应的才性、学识和功力。这些都有赖于长期的培养和积累，有赖于坚韧不拔的毅力。尤其是现在，学术研究日益向深度和广度延伸，一方面是学科的划分日趋细密，另一方面又是不同学科之间相互渗透的日益深入，而且这两方面又常常难解难分地纠结在一起。音乐考古学，从音乐史学的角度说，它是一个更细的分支；从另一角度说，它是音乐史学和考古学（还包括其他某些相关学科）相互渗透的产物。许多音乐现象的解释，既需要作理论的分析，也需要作历史的考察，才能体现出一定的深度和广度。因此，在音乐学的范围内，音乐史和音乐理论的相互渗透程度也日趋深化。在这次发表的论文中，有的我们已经较难于将它划入历史的或者理论的范畴，它们是两者兼而有之，只是略有侧重而已。

音乐学内部以及音乐学与其他学科间相互渗透日益加深的大趋势对研究者的学识修养的深度与广度提出了越来越高的要求，你的根底越深，见识越广，能够解决的问题越多，你就能在更大的程度上发挥学术上的创造性。从这些论文中，我们可以明显地看出这方面的差异。如果说这些论文中还存在某些不足的话，我看主要的就是在学科间的渗透日趋深化的形势下，对有些相关学科的准备不足，不是缺乏必要的了解，就是缺乏必要的深度和广度。这些不足，常常不免影响论题的深入。

十一届三中全会以来的十一年间，正是我国音乐学得到空前发展的时期。我们的研究生正是在这蓬勃向前的时代洪流中从事学习、研究和写作的。他们的许多想法和做法都从这时代的大潮中汲取而来。今后他们在各自的工作岗位上，仍将随着这时代潮流前进。只要认真努力，坚持不懈，他们将取得不同程度的成就。

原载《中国音乐学》1989 年第 1 期

《音乐学，请把目光投向人》后记

这本文集选录了我自1945年以来半个多世纪中发表过的大部分文章，其中自然少不了如鲁迅先生在《集外集·序言》中所说的那种像“出屁股，衔手指的照相”一类的东西，虽然幼稚可笑，但确是“我的影像”，因此也就不揣谫陋，一并予以收录。

我本是边远山区的一个贫寒青年，虽有喜爱音乐的天性，却没专学音乐的条件，从未梦想过把音乐作为自己的职业。只是由于日寇的入侵，把我卷进了抗日歌咏的历史浪潮，从此才无意中和音乐结下了解不开的缘分。将近60年的辰光，除却奉命去从事生产劳动和大家都投入的“运动”之外，大部分时间用在音乐工作上了。也正是由于工作的关系，经常会接触到音乐方面的问题，于是便不时地腾出时间来写一些文章，发表一点自己的看法。既才疏学浅，又不够勤奋，很少能够进行深入持久的系统研究。因此，所写的东西，无论在质和量两方面都无法与诸多时贤的宏文巨制相提并论。如今作为文集出版，自不免有惭愧之感。

本文集是在中国艺术研究院音乐研究所领导的关心、支持与鼓励之下出版的。乔建中同志亲自为此事张罗，还抽空审读全部初校稿样；张振涛同志在他离京之前，于百忙中抽出时间为查找原文、复印及编次等做了大量工作；还有资料室李文如等同志以及上海音乐学院的陈聆群教授和梅雪林同志都为查找和复印文稿给予了热心的帮助。最后，还有山东文艺出版社的编辑同志和印刷厂的工人师傅们，他们以极其认真的高质量的工作，使本书得以精美的面貌呈现在读者面前。对所有这些同志的帮助，我都怀着深深的敬意和谢意。

1998年4月15日于北京

原载《音乐学，请把目光投向人》，山东文艺出版社，1998年

《中国乐器志》绪言

一、中国乐器发展述略

中国乐器有悠久的发展历史。1986—1987 年在河南舞阳贾湖遗址出土的一批骨笛，经碳同位素 14C 测定和树轮校正，其年代为距今 7920（±150）年，是迄今发现的年代最古的一批乐器。这些骨笛都用猛禽骨管制成，一般长 20 余厘米，管径 1.1 厘米左右，两端敞开（以一端作吹口），多数在管身开七个指孔，有的还留有开孔前测定孔位时刻划的标记。乐器形制有定，制作规范。其中最完好的一支经试奏可吹出六声和七声音阶。这些乐器的发现，说明当时在我国境内已存在相当发达的音乐文化。

考古发现的距今 8000—4000 年新石器时代的古乐器遗存为数不少，除贾湖骨笛外，比较重要的还可以举出：山西襄汾陶寺和夏县东下冯的石磬，河南陕县庙底沟的陶铃，陕西长安县客省庄的陶钟（铙），山西襄汾陶寺的木筒鼍鼓，甘肃永登乐山坪的陶（土）鼓，浙江河姆渡、西安半坡村、山西万荣和甘肃火烧沟等地的陶埙，浙江河姆渡和江苏吴江县梅堰的骨哨（笛），山东莒县大朱村的陶号等。这些遗物绝大部分是由石、陶、骨等不易腐朽的材料制成，故得以在地下经历数千年岁月而保留下来。由此不难想象当时实际使用乐器的种类当比这多出不少。

在一些古代文献中记载有关于远古乐器产生的传说，如“舜作五弦之琴”（《礼记·乐记》），“庖羲氏作瑟”（《世本》），“土鼓、蒉桴、苇籥，伊耆氏之乐也”（《礼记·明堂位》），“女娲之笙簧”（《礼记·明堂位》），“箫韶九成”（《尚书·益稷》，韶为舜时的乐曲）等。这些记载目前还不可能对它们的历史真实性作出完全的准确判断，但从前述已发现的一些考古遗存看，至少像箫、苇龠之类乐器在青铜时代到来之前便已出现的可能性是存在的。

综观上述远古时代的乐器，虽然大多数是体鸣、膜鸣的节奏性乐器，但气鸣的旋律性乐器也有了相当可观的发展。这些乐器为后来乐器的发展提供了重要基础。

中国古代的青铜技术发轫于夏代，而在商、周时期得到了迅速发展。这不仅为各种青铜乐器的产生与发展创造了必要的前提，也为其他乐器的制造提供了锐利的工具，乐器的种类和性能都随生产与技术的进步而取得令人惊叹的进展。

到春秋、战国为止，见诸各种先秦文献的乐器名目已近百种，除去若干确知为同器异名者外，亦不下 70 种。随着乐器品种的增多，西周时出现了按照乐器使用材质的差异而分为金、石、丝、竹、匏、土、革、木八类的“八音”分类法。这八类乐器中，除革属的各种鼓和木属的柷和敔为节奏乐器之外，其余六类都为可奏旋律的乐器，表明当时的乐器构成所具有的高文化性质。

八类乐器中，金、石两类在商、周时期最受尊崇，被视为奴隶主权势的象征，因而制作越来越考究。从早期三件一套的商代编钟（铙）和编磬，经过不断的发展，到战国初期曾侯乙墓中 64 件的编钟和 32 件的编磬的出现，使这两种古代体鸣旋律乐器达到了发展的顶峰。它们的音质之清纯，音律之准确、完备（编钟的中音区 12 个半音俱全，可作旋宫转调）等都达到了令人惊叹的地步。在西南边境的一些民族中，形制特殊的编钟和大小不等的铜鼓等青铜乐器也有令人瞩目的进展。

笙类乐器的出现，是这一时期乐器发展的重要成果，从商代的龢（小笙）到周代的笙、竽，以及西南边境民族的葫芦笙等，这种有多支簧管可同时发声，既可奏旋律，也可有和声的乐器的出现，是中国人民一种伟大的创造，后世西方的管风琴就是受到它的启发而创制的。在我国人民的音乐生活中，笙类乐器至今仍占有重要的地位。

琴、瑟、筝、筑等弦鸣乐器的出现也具有重要意义。琴自西周时起便和人们的生活产生了密切的联系，从此成为历代文人寄托其情思的载体，至今保存有大量的琴曲乐谱和相关的美学理论，成为极具特色的一份中国文化遗产。筝至今仍在民间广为流传。筑虽然已经失传，但它作为一种持奏的击弦乐器，可能对后世轧筝类乐器的产生有过某种启迪的作用。

箫、管、篪、篴、龠、埙等竹制和陶制气鸣乐器，虽然有些已在新石器时代出现了早期形态，但在这段时期中却有了显著的进步。如早期的埙都不超出三个指孔，到商代便出现五孔的埙，有的五孔埙运用不同指法可以吹出连续的半音进行。曾侯乙墓出土的篪（闭管）、篴（开管），其形制已与后世流行的横笛甚为近似。箫（排箫）在当时及以后的长时期中也曾被广泛用于乐队中。

在这段时期中鼓类膜鸣乐器也有很大发展。在周代，根据应用场合的差别而用不同形制的鼓。如鼖鼓用于军事，鼛鼓用于役事，雷鼓用于神祀，灵鼓用于社祭，路鼓用于享鬼（参见《周礼·鼓人》）等，使鼓的品种有了很大扩充，音色也有多样的变化。

此外，实际还存在一些“八音”之外的乐器，除前面提到的骨笛、苇龠等外，在《诗经》中多次提到的簧（即现在被称为口簧或口弦的乐器）也是一例。这种乐器在当时曾广为流行，深受人们欢迎，但后来却在内地失传了。这种以自然泛音为基础的乐器对当时人们乐音观念的发展起过良好的作用。

前述情况表明，当时人们在制造乐器的实践中已经懂得了乐器管、弦的粗、细、长、短和弦的张力以及笙簧与笙管的长、短相结合同乐音的高低密切相关的原理。不仅如此，在《周礼·冬官考工记》的"凫氏为钟""磬氏为磬"和"韗人为皋陶"三节中，在书面上记下了当时制造钟、磬、鼓的各构成部分的相关比例及其变化对乐器音质的影响，还有为磬调整音律的方法等，可算是世界上最早的乐器制作科技文献。

自秦汉至隋唐的一段时期中，中国乐器是在境内各民族各地区之间以及国际间的文化交流甚为频繁的历史环境中发展的，多种来源的乐器汇聚中国，呈现出多彩的面貌。

这时期出现的乐器，属外国传入的主要有曲项琵琶、五弦琵琶、竖箜篌、凤首箜篌、胡角、唢呐、铜钹、都昙鼓、毛员鼓等，属于境内不同地区和民族的则主要有阮、卧箜篌、轧筝、奚琴、笳、角、筚篥、羌笛、箫（即箫）、尺八、七星管、锣、方响、拍板、达卜、羯鼓、齐鼓、腰鼓等，其中不少成为后世广为流传的乐器。

这时期出现的弦鸣乐器大都突破了琴、瑟等平置坐奏的格局，以抱持演奏为主要特点。阮（汉魏时期称琵琶）所创的长颈多品位体制，对此后类似乐器的发展产生了重要的影响。曲项琵琶则以其较强的音量和丰富的色彩与技巧变化，适应着歌舞艺术的兴盛而占有重要地位，并在后来演变成很有代表性的民族乐器，竖箜篌曾一度广为流行，可惜后来逐渐销匿了。轧筝和奚琴则标志着中国擦奏弦鸣乐器的诞生。尤其是奚琴可说是后世各种胡琴类乐器的前身，对此类乐器的发展产生了重大的影响。

在气鸣乐器方面，汉魏时期的笛（即今之箫），与唐之尺八，其形制已与今日无异。横吹的笛则有广西贵县罗泊湾1号墓出土的西汉初期的明器笛，其形制已与现今流行的竹笛相似，吹孔与指孔已开在同一平面上。到唐代七星管的出现，便完成了现行带膜孔竹笛的体制。出于北方的胡笳和来自西域的筚篥，当时都很流行，后来演进成现今的管子，在多种管乐合奏中占有重要地位。唢呐在新疆拜城克孜尔石窟寺的晋代壁画中出现，说明它在那时已从中亚地区传入了新疆，以后也成了我国广泛流行的乐器。

体鸣乐器中，方响是继钟、磬之后最早出现的一种可奏旋律的乐器，曾长期被使用，但主要在宫廷中。印度传入的钹和产自我国南方的锣（广西贵县罗泊湾1号墓出土有西汉初期的铜锣）的出现，为后世多种形制的钹和锣的发展打下了基础。拍板随歌舞艺术的兴盛而诞生，其后又成了多种音乐形式不可或缺的击节乐器。

鼓除了许多原有的鼓继续存在和发展之外，又有许多新的种类随外国和边地乐部的进入而盛行一时，尤以羯鼓为最，曾被尊为"八音之领袖"。这些新兴的鼓，包括锅形、桶形、筒形、细腰形等多种形制，具有不同的演奏技法和声音色彩。后来，这些新出现的鼓虽然大都逐渐衰落，但它们的特点和长处却在民间得到了继承和发展，只是具体形态有了不同程度的变化罢了。

在频繁的音乐文化交流中，一方面有各种外来乐器的引进，另一方面中国的乐器也在国外流传。在这段时期中，日本、朝鲜以及东南亚的一些国家也都可见到中国乐器的踪影。日本奈良的正仓院至今还保存着一些日本访唐学者带回国去的珍贵唐代乐器。

宋、元以后至20世纪末的这段时期，随着商品经济的日趋活跃，戏曲、说唱、歌舞和器乐等多种民间音乐形式有较显著的发展。适应这种形势的需要，各种乐器的传播与交流已不像前期那样主要在宫廷范围内进行，而是主要在民间因地制宜地互相吸取别人的成果和加以创造性的改制，从而出现乐器形制极为丰富多彩的面貌。

这段时期乐器发展的一个突出现象是以马尾弓擦奏的弦鸣乐器以多样的形式在各地繁衍，遍及全国。本书所收此类乐器九十余种，都是在这段时期出现的。它们的音箱有管形、碗形，也有盒形；分别用铜、木、竹筒、柳壳、葫芦、牛角等材料制成；前面有蒙蟒皮、蛇皮、蛙皮，以及牛、马、羊、骆驼皮的，还有盖薄木板、笋壳和树叶的，皆因地制宜，物尽其用，各依其文化传统而发挥其创造性。如今广为流行的二胡、京胡、四胡、板胡、坠子、椰胡等都各有特色。还有如新疆维吾尔族的哈密艾捷克，一方面用了钉式管形胡琴的琴体，同时又将艾捷克加用多根共鸣弦的体制与之结合起来，形成一种独具特色的乐器，体现了两种音乐文化的交融。

三弦、云锣、扬琴是这段时期出现而又影响广泛的几种乐器。有一些乐器如阮、唢呐、锣、钹等，虽然前段时期已经出现，却在这段时期获得更为广阔发展的。三弦不但出现各种大小不同的三弦，有的还向擦奏弦鸣乐器发展；阮除了衍生出大小不同的阮之外，还派生出多种不同的月琴和秦琴等；唢呐也有大小不同的变化，除新疆还保有木管唢呐之外，大都在明代以前已用了铜制喇叭口；至于锣、钹类乐器的种类则发展得颇为多样，各地不同的钹已不少于40种。

还有一件重要的事实，那就是曲项琵琶由原来的有相无品、横抱、拨弹，在这段时期内确立了在面板置品、竖抱、指弹的新体制，使之成为一件极富中国特色的乐器，在我国人民的音乐生活中占有极为重要的地位。

这时期中，先是由于宋代新疆喀什的喀喇汗王朝改信伊斯兰教，以及其后蒙古军的西征等，促进了波斯、阿拉伯等的乐器东传。先后有萨它尔、弹布尔、热瓦甫、艾昔塔尔、卡龙等传入喀什、和田等地。在元代，还有火不思、72弦琵琶（当即卡龙）传入内地。到明代则有扬琴从海路传入南方。这些乐器在我国流传的过程中大都有了不同程度的变化，远非原有的面貌。其中的扬琴已成为我国应用极为广泛的乐器之一。

自20世纪末以来，各种西洋乐器逐渐以较大的规模传入我国（此前还是个别地进入宫廷），影响颇为巨大。尤其是中华人民共和国成立之后，各类音乐演出团体蓬勃兴起，在这些演出团体中，西洋乐器在总体上已占有不小的比例。有的西洋乐器如钢琴、风琴、手风琴、小提琴、吉他等都在不断地扩大其影响。然而迄今为止，西洋乐器的传播主要还是在城市的知识分子中，广大的农村和少数民族地区，各种传统的中国乐器依然是人民音乐生活中最活跃的成分。

西洋乐器和现代乐器科技的传入，触发了对中国传统乐器的改良以及与之相联系的某些失传乐器的复制，使中国乐器的发展由自发的演进而逐渐向自觉的推进方向转变。20 世纪 20 年代以来，已有一些人开始致力于乐器的改良和失传乐器的复原工作，如刘天华对二胡和琵琶的改良，杨荫浏等改作 12 半音琵琶的实践，物理学家丁燮林改良的 11 孔新笛（可奏 12 半音），大同乐会根据潮州“附线”（一种椰胡）改制而成的“弓胡”等，有的在当时及以后曾产生较大的影响。

中华人民共和国成立之后，乐器的改良和失传乐器的恢复工作在国家的扶持下得到迅速发展，取得了可观的成绩。不少经过改良或者复原的乐器如：6 项 25 品的琵琶、转调筝和扬琴、改良箜篌、低胡、革胡和其他双千斤的胡琴、加键的气鸣乐器（笛、管、笙、唢呐等），还有扩展了定音系列的云锣、排鼓等，大都已为各专业音乐团体所采用，有的已日渐趋于普及。许多获得成功的改良乐器（包括一些有所改良的复原乐器），都在尽可能地保持乐器原来特有的音色的前提下或者是不同程度地改善了乐器的音律结构和音准度，使之具有演奏多种音阶和较方便的转调能力；或者是扩大了乐器（单件的和成组的）的音域，丰富了乐器的表现力和改善乐队的音响构成；或者是增强了某些原来声音比较细弱的乐器的音量，改善了某些原来声音比较刺耳的乐器的音质；或者改变乐器的某些构造，以利于演奏技巧的发展等等。所有这些都为进一步发扬中国乐器的优秀传统，改进中国乐器的音乐表现力，起到了良好的作用。（当然也存在一些问题，如一些固定音位的乐器因改用十二平均律定音而破坏了原来特有的音律结构，有损乐器特色。）中国乐器正是在现代文化与科技的新条件下，朝着更高的水平向前发展。

二、关于中国乐器的分类

在 20 世纪以前，关于中国乐器的分类一直沿用西周即已开始的“八音”分类法。1916 年萧友梅在德国完成的博士论文《17 世纪以前中国管弦乐队的历史的研究》中，首次吸取霍恩博斯特尔和萨克斯的乐器分类原理，对中国乐器的分类作了若干新的考虑。但由于这篇论文当时没有译成中文向国内介绍，所以没有产生影响。一般多沿用管乐、弦乐、打击乐的分类，或按民间习惯依吹、拉、弹、打分类。近年来，随着民族音乐学的迅速发展，日益显出对中国乐器进行科学分类的必要性。于是大都不同程度地吸取霍恩博斯特尔和萨克斯乐器分类的原理，结合中国乐器的实际，提出了自己对中国乐器的分类方法。本书在乐器的分类编列上用意与此基本相同。我们和霍 - 萨乐器分类表的一个主要不同点是：他们在弦鸣乐器一级分类之下，不是像其他几大类那样以激振方式作为二级分类，而是将乐器形体构造放在二级分类上。我们则在弦鸣乐器之下，将拨奏、击奏、擦奏列入二级分类，然后才是乐器形体构造的分类。此外，我们对体鸣乐器的分类也在霍 - 萨体系的基础上做了较大调整（详见本卷“总论”）。这样做既符合统一的分类原则，也和中国乐器的实际相适应。

现将本书乐器分类法列表如下：

<table>
<tr><td rowspan="6">体鸣乐器</td><td colspan="2">碰奏（对击）</td><td>棒形；板形；槽形；容器形</td></tr>
<tr><td colspan="2">敲奏（被击）</td><td>棒形；板形；管形；容器形</td></tr>
<tr><td colspan="2">摇奏</td><td>串形（环、棍棒）；框形；容器形</td></tr>
<tr><td colspan="2">刮奏</td><td>棒形；板形；容器形</td></tr>
<tr><td colspan="2">拨奏</td><td></td></tr>
<tr><td colspan="2">吹奏</td><td></td></tr>
<tr><td rowspan="4">膜鸣乐器</td><td colspan="2">击奏鼓</td><td>锅形鼓；管形鼓；圆柱形；粗腰桶形（浅桶形）；细腰筒形；高脚杯形</td></tr>
<tr><td colspan="2">箍框形鼓</td><td>有柄；无柄</td></tr>
<tr><td colspan="2">摇奏鼓</td><td>有柄；无柄</td></tr>
<tr><td colspan="2">膜管</td><td></td></tr>
<tr><td rowspan="5">弦鸣乐器</td><td rowspan="2">拨奏</td><td>单一载体</td><td>杆形；半管形；盒形</td></tr>
<tr><td>复合载体</td><td>钉式碗形；钉式盒形；钉式管形；
颈式碗形；颈式盒形；竖形箜篌</td></tr>
<tr><td>击奏</td><td>单一载体</td><td>全管形；半管形；盒形</td></tr>
<tr><td rowspan="2">擦奏</td><td>单一载体</td><td>半管形</td></tr>
<tr><td>复合载体</td><td>钉式碗形；钉式盒形；钉式管形；
颈式碗形；颈式盒形</td></tr>
<tr><td rowspan="12">气鸣乐器</td><td rowspan="5">边棱音</td><td rowspan="3">吹口管</td><td>竖吹（开管与闭管）：单管；多管</td></tr>
<tr><td>横吹（开管与闭管）：单管；多管</td></tr>
<tr><td>容器形</td></tr>
<tr><td rowspan="2">哨口管</td><td>外置哨：单管；多管</td></tr>
<tr><td>内开哨：单管；多管</td></tr>
<tr><td rowspan="5">簧振管</td><td rowspan="2">双簧</td><td>筒体：单管；多管</td></tr>
<tr><td>锥体</td></tr>
<tr><td rowspan="2">单簧</td><td>筒体：单管；多管</td></tr>
<tr><td>锥体</td></tr>
<tr><td>自由簧</td><td>单管；多管</td></tr>
<tr><td colspan="2">唇振管</td><td>自然号；直号；无号嘴；有号嘴</td></tr>
<tr><td colspan="2">号角</td><td>无号嘴；有号嘴</td></tr>
</table>

以上分类大体与全书篇章结构相应，一级分类为卷，二级分类为编，三级分类为章，四级分类为节，其余再在节下细分，可列或不列目。由于各类乐器数量极不平衡，因此，各编、章、节的分量各不相同，且有很大差距。

本书所收录乐器，仍然是以当今我国各族人民中使用的传统乐器为主，同时也收一些已广泛流传的改良乐器，以及一些历史上使用过并有明确的文献记载及实物或图像为依据的古代乐器。这些都将按确定的种属意义予以选择，即一般只择取具有种属意义的典型个例。

上列分类表，在各卷编辑的具体过程中可能因实际情况的需要而作局部调整，但总的格局大体如此。

原载《中国乐器志•体鸣卷》，人民音乐出版社，2003 年

《金石回响》序

得知洁轩的音乐学术论文集即将出版，我很高兴。他的文章，凡是能见到的，我是必读的，因为我从他的文章中能够得到知识，得到一些新的启发。洁轩的文章，虽然数量不是很多，但学术质量却比较高，在当今中国音乐史学论文中还是不多见的。特别是他的一些重要论文如《论郑卫之音》《说徵》《调（均）·清商三调·笛上三调》《中国最早的拉弦乐器“筑”考》等篇，都有“发前人所未发”的新观点，而且论证翔实，逻辑严密，令人心服。

综观洁轩的文章之所以能取得这样成就，首先得力于他的“小学”素养。对此他自己是深有体会的，在《中国音乐史学方法论题外三议》一文中，他说：“研究历史，首先碰到的往往是古代文献，古人读经要先明‘小学’，也就是文字、音韵、训诂等学，今人一样要明白一点它的大概，使用文献才能力求正确。”读洁轩的文章，一个比较突出的印象就是他为探求古代文献的真实涵义，常常运用他丰厚的“小学”知识，不厌其烦地对之辨析、考订，直到求得准确的、与以往诸家陈说不同的结论。他的《说徵》就是一篇比较突出的例子。他的这类文章也起到了向读者介绍“小学”知识的作用。

在重视“小学”修养以求给古代文献以准确解读的同时，洁轩还十分重视对遗存的古代音乐文物的了解和运用。早在他写《论郑卫之音》一文时，就广泛地引用了当时所见的商代编钟和西周至春秋早期的周代编钟的测音材料，证实了西周雅乐的确是不用商音，而商代音乐则是有商音的，由此再参照其他有关的文献史料，对孔子所说的“郑声淫”一语作出了与前人不同而又合乎实际的解释。

在《说徵》一文中，洁轩用马王堆一号汉墓出土的瑟为实例，详细地描述了古瑟的构造和安弦的方法。再结合一些相关的文献中对徽字的解释和实际运用情况，提出了古瑟上四条缠结于瑟弦尾端的罗绮带（一种对瑟弦张力的调控具有重要影响的部件）其正名应即是“徽”的意见。如果没有结合研究相当完好的古瑟遗物，这样的意见似乎是难以形成的，早期文献中的某些明显与瑟有关的徽字似也难以确解了。

关于筑是中国最早的拉弦乐器的提出，洁轩也是经过相关的文献的多方考辨以及对出土文物（包括实物、冥器和图像）的考察和分析而最终得出来的，其中那些生动的图像所引发的想象无疑也起了很重要的作用。

以上几例生动揭示出音乐文物对中国音乐史研究的极端重要性。如果我们能把对历史文献的考辨与对历史文物的研究结合起来，而又能不满足于粗浅的印象，并进而深入思考、辨析，是可望取得有意义的新成果的。

洁轩的音乐史学论文还有一个特点值得重视，就是他在论述某一音乐事项时，总是恰当地把它和所处的历史文化环境结合起来，使读者对它的来龙去脉有一个清楚的了解。他在《论郑卫之音》一文中就说过：“要对郑卫之音有一个合乎历史的正确认识，就必须把它放到当时特定的历史环境中来加以考察。”他的这篇论文就是对这个观点的一次成功的实践。

在《说徽》第四部分的两个自然段（见本书第225—227页）中，洁轩为了说明琴徽的产生及其对琴乐风格的影响，对当时（汉末至魏晋南北朝时期）的社会、思想、文化等方面的情况作了一次简明却又全面的表述，说明琴乐的发展，正是当时客观形势的需要，是一种历史的必然。

《秦筝吐绝调　玉柱扬清曲》是一篇以“散论”的形式讲述古筝历史的文章，不是一篇严格意义上的论文。但正因为此，所写古筝音乐在不同时期存在与发展的情况反得以生动活泼地呈现在读者面前，音乐本身和它生存的环境都融为一体了。

以上所述，只能说是洁轩文章的部分主要特点，许多重要的特点和长处都还未涉及，例如在《对于中国古代音乐与古代天文相关的两种新说的初步考察》一文中，他就运用自己丰富的天文科学知识揭穿了那两种“新说”的伪科学性质。这也使我对洁轩博学多识的素养有了更多的认识。

洁轩在音乐史学领域所取得的成就是他数十年勤奋学习钻研的成果，更是他追求科学真理的执著精神和学术勇气的结晶。清代史学家章学诚在论及汉代刘向校书而作《别录》时，曾用“辨章学术，考镜源流”称赞他的功绩。洁轩的书虽然和刘向的《别录》性质不同，但就他们的学术精神来说，却是相通的，这八个字用在洁轩的论文上也是不为过的。

2005年5月1日于北京

原载《金石回响：冯洁轩音乐学术论文集》，上海音乐学院出版社，2006年

【杂文、译文】

记民歌演唱座谈会

第一次民歌演唱会后两天，我们邀请了很多先生和很多热心民歌的同学开了一次民歌演唱座谈会。

在座谈会中，几位出席的先生发表了许多宝贵的意见。同学们则在和声和唱法两个问题上有着激烈的争辩。

杨荫浏先生对于民歌运动作了很高的评价，首先他从民歌的社会价值，或者说是民歌的民俗价值上说，如果要发展人民的艺术，提高人民的音乐知识，民歌确是一条合理而必须遵循的道路。我们要做民歌工作，就是要用我们比人民丰富的音乐修养去改造民歌，把艺术从人民自身提高起来。其次就是民歌的国际价值来说，国家与国家间之文化的沟通，就好像朋友间心灵的交流一样，愈是富有个性的人愈容易为对方所理解。国家的个性就是所谓民族性，唯一能够代表民族性的音乐，就是民歌。因此民歌的国际价值是很高的。再其次就是民歌的艺术价值来说，杨先生举出一位法国神父的话说：如果“一个国家的音乐不在自己国家里生根的话，是没有办法发展起来的”。另一方面就淘汰观念来说，民歌能够长久而广泛地流传而不被淘汰，自然有其艺术价值在。后来杨先生又赞许我们的民歌运动比作五四的新文化运动，盼我们不断努力。这些话使每一个民歌工作的参与者都感到异常的兴奋！

陈田鹤先生发表了许多意见，大都是关于配制伴奏等技术问题。陈先生以为民歌的研究与改造工作，应首先配伴奏，有改编的意义者，须留待以后。关于演唱的方法，陈先生以为应力求音色与情感之适合于民歌的表现，纯粹西洋方法，只适用于国际的演唱。后来在很多同学对于和声等问题作过一番激烈的争辩之后，陈先生又发表了一些宝贵的意见。陈先生以为配制民歌伴奏，首先应该清楚民歌的调式（Mode），其次要分析民歌曲调进行的特征。用对位法作伴奏也是一个有效的方法，陈先生又说，和声学是理论的问题，至于和声的运用则是创作问题，须由作者的才能来决定，规定是无法限制的。

伍正谦先生到会比较迟，但他也发表了很多意见。伍先生以为在发声原理上不应该有西洋的和中国的分别，因为西洋的发声法是科学的，科学的就是合理的，不同的地方是表现方法的差异，他还进一步强调了生活体验的重要。

几位先生的谈话都深受同学们重视，同学们则不断地说出自己在作伴奏和演唱中所遭遇到的困难和克服的方法。其间往往引起一些辩论。一个很有趣的问题便是感觉的问题，有一位同学说："我们不要用我们的感觉能力去主观地判断一切旧有和声便不能作中国的情调而只求标新立异。"另外一位同学说："我们应该凭借我们的感觉，因为我们已经受了很久的训练，我们的耳朵较一般人要锐敏些，如果不凭借我们的感觉还能创作什么呢？"这两方面的意见其实并不是根本相反的。音乐家自然应当凭借他的感觉去创作和批评，但是不能为培养起来的主观所拘囿和歪曲，这是应该注意到的。

大家在许多问题的争辩上闹得面红耳赤，但是正如杨荫浏先生所说，我们的座谈会与其是要求得结论，无宁是交换意见。因为民歌事业的前途是很辽远的，我们今天所走到的不过是第一站而已，我们不能急于在这工作开始便求其毫无瑕疵，需要不断地尝试，尝试的愈多，则成功的可能性愈大，话虽如此，而我们的同学之间并不会拒绝严正的批评。座谈会从下午七点钟开始，直到十一点多钟，大家都并不感到疲劳，话题一个个地跟了上来，但是时间不容许我们再继续下去了！

原载《青年知识（重庆）》1945 年第 1 卷第 5 期，署名"乃安"

怎样唱民歌

一、用什么声音唱

有人说:“用西洋的发声法来唱民歌不合适，我们应该研究一种中国的发声法来唱民歌才好。”

我认为不应该把这个当作发声方法的不同。民歌和西洋歌曲（或现在一般唱的新歌曲）在声音表现上的差别，应该是音色的差别。

能力很强的歌唱家，他们都能控制他的音色，使其有丰富的变化，来作为表现的手段。这种情形在近现代音乐中更见普遍，许多有名的歌唱家如夏理亚平和基里等人都是如此。所以我相信一个在西洋发声方法的训练下出来的歌唱家，他一定也能利用音色变化的技巧，来表现出中国民歌的音的特色。如果不能，那该是他的训练不够，不能当作是西洋的发声法限制住了他，而要另创造出一套中国发声法来。

中国人唱民歌时，很广泛地利用假声（Falsetto），这种声音西洋人也用，只是不如中国民歌中用得多罢了。其所以这样广泛是有两种原因：

第一，因为在山野里歌唱，为要使声音传得远，于是需要把它提高。这一来超过了普通的音高能力，便不得不采用假声。但是这种声音本身还是好粗犷的，而不是纤细轻靡的。

第二，有一种假声是由模仿歌女的声音而来的。有一些民歌称为小调的，它是从职业歌者传播出来的。人们也模仿她们用那种尖得刺耳的嗓音唱起来，民歌在这里已经失去了天真的本色。这里所用的假声和前面的一种不同，它不是粗犷的而是纤细轻靡的。

由于这两种原因（它包含了城市和乡村），使中国民歌的唱法中，利用假声成了相当普遍的现象。但是这并不是绝对的事，我们知道在若干劳动中产生的歌曲，假声已被一种雄壮的声音代替了！

就因为民歌的唱法中广泛地采用了假声，所以当我们要唱民歌时，我们就应该考虑考虑假声的应用。

比如我们在唱绥远民歌《大同府》时，那第一句是这样的——

2 2 2 1 2 5 2

大 同 府 呀 摇 一 摇

我们先照普通的唱法唱下去，我们立刻可以感到唱到那个“一”字上时非常不舒服。因为这个字是在弱拍上的，如果我们照平常的唱法唱下去，这个“一”字便会因为那是这一句中最高的音而使他的节奏加强。这样一来，岂不是轻重倒置了吗？但是，如果我们把这个音用假声来唱而使其力度减低，同时因为利用假声的关系，“一”字不应该读着衣（i）而读着欸（ei 国语罗马字拼音）。我们用这个方法把这一句反复地唱几遍，比较比较，我们便觉得趣味到底不同而且生动得太多了。

这里的利用假声只有一个字，这也和前面说的因为超出音高能力而用假声，但是在这里已经由不得已而变为必须了。

有时候一首歌也可以整个利用假声，但是这种情形比较要少见些。有许多山歌需要这样去唱。因为山歌比其他的民歌唱时的环境都开阔，所以整首歌都在高的音域上盘旋。

武俊达在谈他唱民歌的经验时说：“唱民歌时不仅可以利用假声，还有一种介乎真声和假声之间的声音。给它加上一个名字就叫半声（英文该叫 half voice）吧，这种声音有一些民歌唱起来非常合适。我在唱《想卿卿》时就是用的这种声音。”

现在将这首民歌抄在下面：

1 6 6 3 5 5 5 | 3 5 2 1 6 - | 7. 6 6 3. 5 3. 5 |

你 给 他 小 拉 卿 卿 捎 上 一 句 话， 你 就 说 三 天 三 夜

渐快 渐强 还原

3. 5 3. 5 3. 5 3. 5 | 3. 5 3. 5 3. 5 3. 5 | 3 5 6 1 5 3 | 2 - - 0 |

没 吃 没 喝 不 说 不 道 不 言 不 语 面 黄 饥 瘦 但 想 他 呀 卿 卿。

正如前面所说在民间唱民歌并不是完全用假声来唱的一样，我们也不能固定假声或者所谓半声来唱民歌。这里只不过是提出几种可能采用的唱法。同时也在说明声音的表现方法不是基本的发声法是不是“中国的”的问题，而是要利用音色的变化来表现出“中国情调”的问题。在我们唱民歌时绝不能拘泥于这里所提的几种唱法，而要从民歌本身出发，去研究它，体验它，从人民的生活和艺术中去求理解，然后采用一种最适宜的唱法。这里所提出的

只是极少的可能的方法，要知道民歌的表现是很丰富的。

二、曲调中应该注意的问题[①]

许多朋友常和我谈起，当他们拿一首民歌谱去唱时，唱起来总是非常生硬而无生气的，要我告诉他们一些关于这方面的常识。我认为要把民歌唱得生动，自然不只是有一副好喉咙了事。正如唱艺术歌曲一样，主要的还得看唱的人对于音乐情调的理解如何，以及对于歌词的意义和情调的理解如何而定。在唱民歌时我们可以提出一些关于读谱时应注意的问题。

一般的民歌记谱是不很完全的。一方面由于现在的记谱法还有若干缺点，比如民歌里有些音也许是乐制的十二个音里所没有的，记谱时无法记出。同时也有记谱的人不一定是音乐能力很强的，于是往往用自己已成的音阶观念去记谱。于是这两个原因使民歌的乐谱很不完全。就好像我们看见一些歌剧宣叙调的记谱难于完全一样。但是如果歌者能善于去发现其中的微妙处，唱起来便生动了。

第一，我们要注意到民歌中有许多装饰音没有记出或记不出来。这些装饰音往往是暧昧而不清楚的，游离而不一定的，有时它不是我们现有乐律中的音。

装饰音在中国民歌中常用的是倚音，这种倚音同时也不常在二度的距离，有时隔得相当远。普遍是在两种情形下用。第一是用在强拍上，其次是用在较长的音上。

我听黄凛唱绥远民歌“房前的大路卿卿你莫走”时，依她唱出的谱，我们可以大略记录如下——

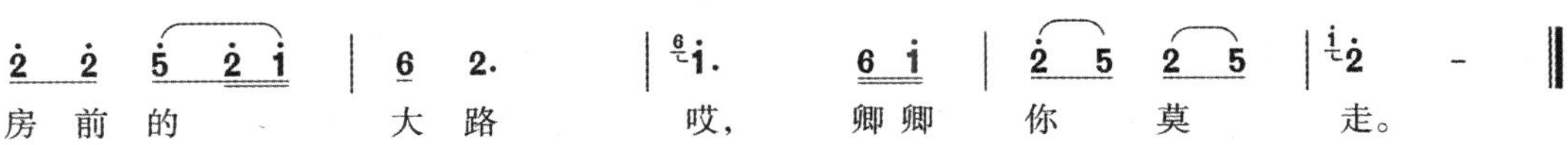

这个附有装饰音的记谱，只是一个不精确的轮廓。在我们的中国民歌第一集出版以后，很少有人注意到这个调子，原谱上是一个装饰音也没有的。但是自从黄凛唱过以后，许多人顿时注意到这个调子上来。因为这个民歌被她唱活了。这种生动的效果是哪儿来的呢？装饰音成了她的主要原因。所以我们在唱民歌时，应该详细地推敲它的趣味，在适宜的地方加上装饰音，使它由生硬而变成活泼。

第二，我们应该注意到民歌的滑音（Portamento），这在弦乐器里是常有的，在民歌里也有很多。一种是向上的，多半用在由一个低到一个相当高的音而必须接起的时候。另一种是向下的，用得较多，多半用在高音和低音之间，或者歌曲的结束处或一句的末尾，由结尾的强拍滑下去。如青海民歌《半个月亮爬上来》的第一句——

① 编者按：本节后以《民歌曲调的唱法》为名刊于《时代日报》1948 年 1 月 1 日“新音乐”第 13 期。

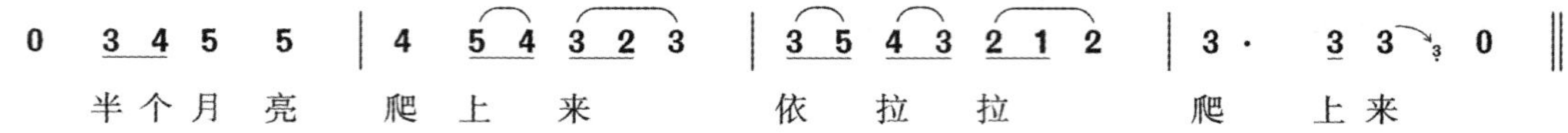

最后的一个音由mi滑到低八度的mi上去，同时也用一个曲线表示是滑音。有的时候这种滑音也是没有记出来的。要唱得不生硬，就不能机械地唱出那两个音来便算了事，而应该滑下去。其他在民歌中间的例子还有很多，不多举了。

第三，我们在唱民歌时也应该注意节奏的问题。除了一些山歌的节奏较自由以外，大多数民歌的节奏都是简单而自然的。有的人在唱民歌时，因为过分地想表情，于是处处想着用一种自由的节奏，于是一首短短的民歌，被弄得支离破碎了。这是很不好的。所以我们在唱民歌时，除了特殊的情形外，普通总应该把握住它的节奏，不要因过分求表现而失掉自然的韵律。

三、民歌和语音

歌曲是音乐和诗的综合体，因此我们要求恰当地表现一首歌曲，除了在音乐方面注意外，同时还应该注意到歌词。

歌词的含义自然是唱民歌的人应该认识的中心问题。但这里暂不谈，先看民歌和语音有些什么关系。

民歌是民间的诗和音乐的综合体。因此，就如民间诗歌和文人诗歌的不同一样，民歌的词是活的语言，是口语化的，也就是方言的。同时民歌因为它在非常自然的情况下产生的，歌词对于曲调就越发具有决定性的影响。这我们可以从两方面来讲。

第一，我们试把一些民歌去掉歌词，单唱曲调，结果我们不仅会感到它单调而无味，同时有若干跳进的音程会使我们唱起来觉得别扭非常。相反的如果我们把词合起来唱时，那种别扭的感觉便会自然地消灭，曲调和语调融洽无间了。由此可以证明歌词对于曲调的决定性的影响。

第二，同样的民歌，往往因为地方不同而使其曲调发生变化。如果我们曾经留意极流行的《孟姜女》这首民歌的话，我们会发现除了一些主要的音不变外，中间的变化是到处可以发现的。我们甚至可以说有一个不同的方言，便有不同的曲调。

《孟姜女》之类流传的曲子变化不多。有一首民歌叫《烟花调》，它就因流传的地域不同而变化很大。拿云南的《烟花调》和天津的比较一下，我们几乎找不出一点共同的特点。这些差别也都是由于方言的影响。

第三，影响最大的要算是山歌，唱山歌时除结束音之外，其他的往往比较自由。所以听山歌也就最容易听出方言的特性来。

四川泸县的乡下，他们的山歌是这样唱法的：

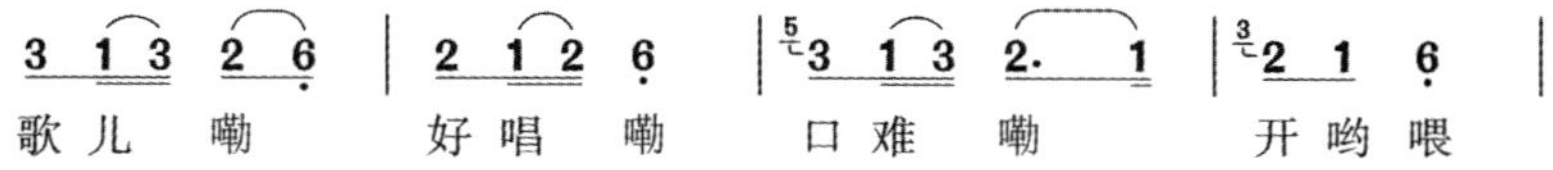

在四川话里，口字的读音近似北方话的叩字（去声），放在难字前面，口字的音调比难字高。用四川话唱起来口字上便用个倚音，难字比口字低了。但如果用北方话来唱这句时，在北方话里上声字在阳平之前一定要比较低点。足见民歌受方言的影响特别显著。

因此，我们如果要使民歌唱得生动，一个主要的条件就是要注意语音问题。用方言唱民歌才能够表现出民歌的地方色彩和情调，如果不用方言唱字，必致减色不少。我听过一个人演唱民歌《送大哥》时，没有充分地去利用方言，结果使民歌的情趣失掉不少。

当我们要唱一首民歌时，因为我们一个人很少能懂得各地方言，唯一补救的方法便是就近请那个地方的人，或者懂得那地方方言的人来教我们。要想单靠乐谱上的字来发音，除非我们的文字已经发展到拼音化的时候才能办到。

上面这些意见，只不过提供一些可能的方法，民歌的表现是很丰富的，绝不能用这些简单的原则来限制住。更可靠的方法是不只体验民歌本身的曲调与诗句，而要去体验人民的生活和情感，认识他们的艺术而去进一步地发展。这才能真正地接触到民歌的艺术的核心，也才能谈得上表现民歌。

1945 年 10 月 24 日于乐家村

原载《青年知识》1946 年第 2 卷第 1 期

谈民歌欣赏

在一般提倡民歌的朋友们的眼里，往往只注意到民歌对于民族音乐的制作上所具的作用，而没有注意到民歌对于普通音乐欣赏者也具有很大的作用。

首先从一般的音乐趣味上来说，在我们这样的社会制度之下，流行着的音乐都充分地表现出了奢侈品的特质。他们所给予人的不是深沉的心灵的震动，而只是浮夸的感官的刺激。当人们长久地处在这种氛围之下，已不知不觉地以此为当然，而不再去向音乐中追求更深的感情，这就是一些比较有价值的民歌在都市中不曾得到广泛的欢迎和许多民歌被改成黄色歌曲（如《大坂城》是很健康的歌而被改作《杭州姑娘》后的靡靡之音一样）的主要原因。这种音乐趣味的堕落是一种很可怕的现象。为了洗涤我们心目中那种为奢靡的音乐所麻痹了的音乐趣味，我很赞成欣赏者们首先在朴质与纯真的音乐中去洗一个澡。当我们能为那纯真的民歌而感动的时候，也就是我们的音乐趣味已经在正确的道路上开步走了。

有一首云南民歌的词是这样的：

> 哥是天上一条龙，妹是地上花一蓬。
> 龙不翻身不下雨，雨不洒花花不红。

虽然这首歌也有哥呀妹呀的字眼，但是它的朴质而天真的美，却非都市里那种“郎呀郎”之类的歌曲所可比拟的。

自然我并没有把民歌捧到天上去的意思，因民歌中也有着许多不健康的因素，这是为中国社会长期地为封建势力统治的结果，但是如果我们肯广泛地搜集，详细地研究，我们也可以发现民歌曾反映出极深广的社会生活基础，而且它们是用最简单而纯真的方式表现出来。因此只要我们的欣赏者能稍加选择，他将从民歌中得到不少益处。

另一方面如果我们从形式上来看民歌对于欣赏者的益处，那就好像登石级一样，民歌正好是我们攀登峰顶的第一级。要使我们能登高，必须从第一级走起，要是跨越一步，便有摔一跤的可能。

从音乐的发展史看，我们这种说法仍是有益的。最先还没有乐器的时候，人们便以喉咙为唯一的乐器而唱出他们的感情。这种形式便是民歌。借着它，我们的音乐才发展到今天这样庞大而完美的地步。一个很重要的基础便是民歌即使在极其简短的情形下它们表现出情感的饱和与形式的完整。今也译的一首蒙古民歌，“年青的姑娘赶着一群羊，马上的小哥哥赶着小姑娘”。这样简单的一句，不仅在文学上是一首好诗，即在音乐上那曲调的情趣，和结构（收法的完成）都是够得上格的。

对于一个欣赏者，要是他能够把握这种短小形式的特质，尤其是在感觉上能够充分地领略，然后一步步地向比较大的形式进展，那么他对于音乐的理解也就可以因而逐渐进步。这是攀登音乐峰顶的第一道石级，希望欣赏它不要忽略了它，也希望音乐工作者们能善于选择一些好的民歌来领欣赏者走上一条正路。

原载《西南日报》1946 年 5 月 16 日

乐府介绍之二：访问中华音乐学校

有好几次机会我们听到中华音乐学校的演奏。在他们的演奏中，我们所听到的不仅是熟练的技巧，尤其可贵的是他们对于艺术的热忱。他们不介绍那些风花雪月一类风雅的玩意儿，歌唱的是与人民大众生活关联的乐曲。在一切音乐学习者的面前，他们以崭新而有力的姿态出现了！由于这，使我对这间学校怀着极大的兴趣而作这次初步的访问。

中华音乐学校成立到现在仅有一年多的历史，而创办的动机，远在陶行知先生在世的时候就开始了，陶行知，这位新音乐的保姆，计划着在他铸设的上海夜大设立音乐系，吸收职业青年利用工作余暇从事音乐学习，然而不幸：夜大流产了，音乐系也就成了泡影。但是中国新音乐的教育工作绝不能因此而停顿，于是一些工作者改变原有的计划，成立星期音乐院。所谓星期音乐院，就是利用星期日的空闲上共同课，主科则另有个别上课时间。然而，由于课程逐渐加多，学生们也逐渐觉得有增加学习时间的必要。于是星期音乐院就改为中华音乐学校了，共同课增加了两个晚上。

主科分声乐、钢琴、理论作曲和小提琴四组，一般音乐课程超过大学的音乐系，即使与国内出现有音乐专门学校相比，其成绩也不会差的。学校的性质和法国的音乐院相近，他们认为加强音乐艺术的训练是音乐学校的任务，而一般基础知识的培养则是其他教育部门的事情。在此，我们真替那些音乐专门学校的学生花太多的时间去学那些杂七杂八的课程感到惋惜。而对中华音乐学校的学生们则寄予更大的希望。

由于学校是陶行知先生所领导，因此在教学上自始即保持着陶行知先生教学做合一的精神，启发学生的创造性，在工作中学习，在工作中去教育大众，在工作中求创新。所以他们很重视演出工作。由此我明了了他们在演出中如此使人感动的原因。

中华音乐学校校长是名提琴家马思聪先生，里面的教授有作曲家张文纲和孙慎诸人，他们的教育方法是新颖的，不走陈旧的道路。学生们也能在极少的时间里努力学习，把学校当作自己的家庭似的爱护它，用热爱来支持学校。

他们的精神是可佩的，然而他们的物质条件却十分贫乏，四十多人挤在一间狭小的屋子里上课，没有桌子；晚班在一间小学课室里上课，小孩子们坐的桌凳，真叫那些大孩子们无法直起腰来。我有些难受：为什么这么一所有希望的学校，却遭受这么大的贫乏。愿社会上的先进们多多给予他们以精神、物质的支援。

原载《时代日报》1947 年 9 月 7 日《新音乐》第 3 期，署名“楚晖”

山歌社一年

中国音乐必须走上他自己的路，这条路不是西洋音乐的旧道，也不是顽固地只谈保存国粹。他应该是吸收西洋音乐之进步的理论与技巧，发掘并授受本国丰富的音乐遗产，以达到民族音乐的理想。而与这密切相关的工作，便是普及音乐教育，提高音乐水准。因为如果设有普及音乐教育提高音乐水准为基础，那所谓民族音乐的理想，就等于建在沙滩上的金字塔一样不堪想象。所以作为一个从事音乐工作的人，他的使命是双重的：一方面是往深处去吸取；一方面是从浅处去教育大众。这工作非常艰巨，并且有许多困难。在这种情形之下，个别的劣势是难于收效的，他需要更多的人把心力集中起来有组织有计划地去工作。这种想法早已在我们若干朋友的心中存在，大家盼望着有一个团体产生，好让我们来共同地研究和工作。山歌社就这样在去年三月间在重庆青木关成立了，到现在，刚好一年。

本社共有社员四十多人，都是想贡献出自己的一切而为新的音乐事业尽力的青年朋友。到现在为止，虽然大都已从事实际的音乐工作，但仍有一大部分在音乐院就学的同学，因此本社还是一个学校社团的性质。自然我们并不希望把我们的工作关闭在学院之内，都盼望为整个的文化事业而尽力。纵然我们的力量是微薄的，而我们的热忱则是充足的。

我们的工作主要的可分做研究、出版、函授、服务五方面。现在分别作简略的介绍。

一、研究

因为我们觉得中国音乐如欲普及、改良与发展，民歌是一条最有效的路，而民族音乐的创作，也有赖于对民间音乐作深入的研究。所以大家除了研究西洋音乐之理论与技巧之外，用了许多功夫来从事于民间音乐搜集与研究。到现在为止，计搜集有民歌两千多首，这也就是大家研究的素材。研究的结果就作为出版与演出的材料。现在已出版的有：

王震亚著：《五声音阶及其和声》。作者分析了五声音阶之构成，整理出它的体系并说明其和声方法。许多在编配民歌中感到困难的朋友，都从中得到不少帮助。

《中国民歌选》（线谱本）——为本社社员及社外热心民歌朋友所编配，共收21曲，皆是历经演奏而收良好效果者。

此外尚有已经演奏而未经出版者计有80余首，以及若干零星发表之论文和创作乐曲。大家都把研究的目标集中在音乐的民族化与大众化之上。

二、出版

1.《山歌通讯》——本社对内报道工作与生活情形的刊物，经常出版，现已至第十二期。

2.《山歌渝刊》——为通俗音乐刊物，重庆西南日报副刊，两周出版一次，出至第八期，因本社复员来京即停刊。

3.《中国民歌选》——山歌研究业刊之一，线谱本。

4.《五声音阶及其和声》——山歌研究业刊之一，王震亚著。

5.《播种之歌》（放平词）——山歌创作业刊之一，王震亚曲，用五声音阶写成者。

6.《暴风雨之夜》（放平词）——出版创作业刊之一，文彦曲。

7.《中国民歌》（第一辑）——简谱本，共收边疆民歌一百二十余首。

8.《民歌选集》——简谱本。选有三十余首。

9.《民歌选唱》——简谱本，在京刊印。

10.《中小学音乐教材》——简谱本，遵义印行。

11.《活页教材》——本社服务部在汉口发行。

三、演出

本社单独演出者，在重庆时计有三次，第一次在重庆胜利大厦，第二次在北碚重庆师范大礼堂，连续两场，第三次在复旦大学，皆为科学时代社等团体募捐而演出者。前后四场共有听众三千余人。在南京为中央广播电台每周广播一次者，计有五次，并灌有唱片一套。其次为本社参与演出者，在重庆时有演唱会四次，听众三千余人。自本社有民歌演出以后，民歌不仅受听众的欢迎和创作者的重视，演唱家也还渐在他节目中加入不少民歌。

四、函授

为若干无法进学校而有志于音乐的朋友也能学些音乐知识。我们办了函授部，第一期已结束，内容以学完简单和声学并能创作歌曲为目标。第一期因复员期中变迭太大，课务稍受影响。现第二期正开始。计第一期学员五十人，第二期已有二十余人参加。

五、服务

为帮助在外音乐教师及工作者解决困难，本社曾印行教材，或零星供给教材及解决其他有关音乐问题。

这一年来的工作，大致是这样。因为本社同人都是在工作与学习中抽出时间来做事，所以难得满意。同时我们又仅由做事的朋友捐助些钱来用，经济困难，也是工作不能开展的原因。其他若干缺乏，在此不详说了，希望音乐界和文化界的先进们多予指导与帮助。

原载《文化先锋》1947 年第 6 卷 20 期

一年工作感言

匆匆的一年过去了，我们在动乱与紧张中进行工作。虽然从外面来看，我们有着不少的工作成绩，然而，如果我们自己来反省一下，仍然会发觉有几分的惭愧，因为我们距理想还太远，而且我们应该有更多的收获才对的。

我们的工作为什么不能顺利地进行和开展，主要的是我们的工作缺乏计划和组织，理事会没有充分的时间和精力来详细地讨论和策划，失去了有计划的领导，工作自然散漫，而工作的计划并不是简单的事。过去我们并不是把工作完全放在计划之外，我们也曾经计划过，但是由于大家不是迫于生活便是迫于学习，没有足够的时间来做工作，所以即使理事会有计划也难以推动，所以在理事会对于工作的计划中无疑应该考虑到时间的支配问题。如果没有时间的分配在其中，空洞的分配工作是难以生效的。

工作散漫的另一原因便是我们缺乏对工作的检讨。往往工作进行到某人手上即行停顿，此时又无人过问、检讨与批评。不负责的拖延，渐渐地成为习惯。如果我们经常有检讨与批评，不负责与拖延的人，经过一次次批评，他自然不好意思再犯。这样他的习惯将不再是不负责与拖延，而是负责和加紧工作了。

再从我们各个人来说，在生活与工作的态度上，仍然有许多不够的地方。有的人太孤僻，不常同其他的同学或朋友接近。另外也有人对社会的关心不够，或者有时还有些意气用事。自然这都是比较苛刻一点的看法。我相信只要我们肯去反省，我们定能做得很好。一年是过去了，自然有无数的工作摆在我们面前，无数的人寄给我们以希望。我们要正视以往的缺点，勇于去改正它，我相信我们的将来是会有光辉的成就的。

原载《山歌通讯》“周年纪念特刊”1947 年第 11 期

音乐 • 生活

一

音乐本身不是目的——
是音乐为生活而存在，不是生活为音乐而存在，

人活着总比死了好。
我们活着，所以我们要歌唱。
唱出我们的乐歌和悲哀、爱和恨、痛苦和希望。

有希望才有歌唱；即使在失望的时候，人们仍为更多的希望而歌唱。

音乐不止是唱出现在和过去，主要的还要唱出未来。
不是幻想，不是预言；是人类必然的幸福生活的远景。

把理想和希望组织成行动的，是音乐的任务。
最好的音乐，是人类向美满生活突进的指标和推进器。

二

有什么样的生活，就有什么样的音乐。

瘫软的生活，永远也唱不出一首有力歌。
要唱得响亮，先要生活得有劲。

只有忠实于生活，才谈得上忠实于音乐。
现世者和伪善者是永远也唱不出一首真实的歌来。

生活是创作的宝库，
只有深入生活，才能得到有意义的题材。

不是生活的旁观者，而是生活的战斗者。
只有和生活肉搏，才能给作品以生命。

不要把个人的生活夸大在作品里，应该把千万人的生活融合在作品里。

原载《时代日报》1948 年 1 月 22 日“新音乐”第 16 期，署名“施盈”

谈合唱团的音量控制

在一般合唱团的指挥者身上，他们不仅要负起在人事与行政上解决一些难题的责任，同时还会在技术上遭遇到许多困难。而且这些困难，常是他们演出失败的主要原因。

第一种现象便是对于音量控制的困难。

在这一点上，一般业余性的合唱团就有着他先天的缺点存在。那就是男声多于女声与高音多于低音的畸形现象。这在唱齐唱的时候是没有关系的。但如果唱合唱时，问题便发生了。唱二部合唱时，在那些男声多于女声的合唱团中便因为男声太强而常使男声部次要的曲调把女声部主要的曲调掩盖了。又如一些团体，在合唱分部时，男的多半愿意唱 Tenor（男高音），女的多半愿意唱 Soprano（女高音），于是四声部往往很不均衡。这在演唱的时候，不仅有次要曲调压倒主要曲调的危险，而且还有和声不充实的毛病。在这种情形下，要克服音量不协调的缺点，是要花相当精力的。

第一步的办法是要求合唱团本身音量的均衡。首先看，如果缺乏女的，多请女的朋友来参加；缺乏低音，就请些唱低音的人来参加。如果在这方面已经尽了最大的努力，那么就可以进一步在分部上来多下功夫。认真地甄别每一个人的声音，究竟该属于哪部就属于哪部，对于那种并非高音而想唱高音的朋友应当尽力劝导。严格地划分以后，就要来看看声部是否均衡了。在这里要注意的是不要只机械地从人的数量上来看音量，有的时候，一个音量大的人，他的音量可以抵得两三个音量小的人。要在这一点上把握得稳，便是用各部唱最强的音来判断。只有这样才能得到真正的音量的观念。如果合唱团本身在这样严格划分以后也没有得到各部音量的均衡，那你又可以去劝导一些声音比较接近的朋友到音量缺乏的声部中去。

比方 Bass（男低音）缺乏人，你就在 Tenor 中去劝几个可以唱得比较低的朋友到那一声部去。但是在许多团体里面，由于先天条件的限制，即使经过如上的方法仍不能在其本身求得音量的均衡，那就只有从另外的一些技术上来求得解决了。

一个保险的办法是使合唱团的团员，经过训练而具有控制音量的能力。但是这在一般合唱团是不大可能的。指挥者在这种情形下便得从实际的歌曲出发来分析，主要曲调的地方，声部音量稍强是没有关系的，但是情形如果恰巧相反，就可以用临时加强的声部中有几个人不发出声音来作为补救，或者在音量特强的声部中采用 AB 制，分组在演出中参加不同的歌曲演唱。我们用上面的办法来解决声部音量均衡的问题都是些治标的方法。治本的方法还是先求本身音量的均衡，不可能时则是以加强合唱团员对音量的控制能力的训练为合理。最简单的办法是常常给你的合唱团以轻声练唱的机会。

在音量的控制上，另一方面便是强弱变化的把握。我们听一般合唱团唱歌的时候，往往只见他们把一首歌用 mf 从头唱到尾地唱下去，既没有把一首歌的强弱变化在情绪上的需要表现出来，也没有在各声部的弱强配合上使合唱曲的主要曲调突出来。这也就表现出指挥者与合唱团员没有音量的控制能力。要补救这个缺点，不仅要在上述的那些技术方面来求得解决，还得要从音乐的理解上来加以努力才行。在一首歌曲练习之前，指挥者就应该将全曲的情绪及其高潮加以分析，最好是在印歌曲时就把所有的强度记号如 ff、f、mf、mp、p、pp、sf、cresc、dim 等都详细地注上。在练习的时候便严格地要求每一个合唱团员依照所有的记号来使用他的音量。这样下去，久而久之便成了习惯，看见一个强度记号便会像看一个音符那样准确地唱出来。如果唱合唱曲，指挥者就应该详细分析主要曲调的所在，在印谱时可以用一个箭头表示。其他声部的音量即使在极强的场合也不能放开来使它掩盖掉。训练每一个人，要他们能清楚地听见主要曲调在哪一声部，这也就是使他们的声音不盖掉其他声音的好办法。

一个曲子总是有一个高潮的，普通的合唱团体因为缺乏对音量的控制能力，往往在高潮之前便使音量达到饱和点，而在高潮的地方反不能使音量加强起来。关于这点有一个方法可以补救，就是在高潮的前面，即使我们的音量与那儿所注的记号是相符的，但为了使我们在高潮的地方表现得更充分，可以在那里先使音量稍为减弱，而在高潮的地方尽量用音量来表现。这一切也完全地依靠于指挥者与合唱团有自身控制音量的能力，这些办法并不能对完全没有音量控制能力的合唱团有十足的帮助，但对于一个控制能力不强的合唱团则可能产生一些效果。这话的意思也就是要一般合唱团的指挥们在平时就应该注意团员控制音量的训练。

原载《时代日报》1948 年 5 月，署名“楚晖”

歌曲的处理

一首歌曲的处理是否得当，直接影响到演出的效果。“如在学校的教学方面来说，则直接影响到学习的兴趣与进展。”所以无论是演唱者或指挥者，抑或是学校里的教师们，都应该在练习之前，对于一首歌的处理作详尽的分析与研究。

要把一首歌处理得很好，并不是一件容易的事，他除了要我们具有普通的知识与对生活的体验之外，更需要相当多的音乐知识及一般艺术常识。但如果我们的要求并不太高，肯一步步地向至善至美的境界走，这也就不是如何艰难的事情。关键便在于我们的态度是否严肃，以及对于内容的是否忠实。

处理歌曲的第一步是解题。每一首歌都有一个标题，这标题不仅概括了这首歌的中心意识，也常常暗示出这首歌的情调与某些形式的意义。如叫做什么夜歌，什么小唱或什么进行曲之类的歌，通过标题，便可以使我们把握住大体上的一些差别。

与解题密切关联的是对于作者的认识。一般人往往忽略了这一点，直到一首歌唱得烂熟了，作者是谁还不知道。我们知道，作者的生活，感情与思想直接地影响到他的创作的形式与气质。如果我们对于作者个人的历史有相当的认识，明白他的创作意图及创作经过。那么对于歌曲的理解也就会更确切，更深入，也就不至于犯了在歌曲的处理上与作者原意相背的毛病。

作者的生活、感情与思想虽有其独自的内容，但也一定为他的时代、社会环境及其所属的阶层意识所规定。因此，在我们考察作者个人的历史的同时，也必须注意到他所处的历史背景，当时的社会实况及其阶层关系。另一方面，作者创作的形式与风格，也受当时艺术与文化潮流的影响。所以在处理歌曲的历史认识中，不仅涉及一般社会的范畴，更要对艺术与文化思潮有充分的理解。

解题的工作过去之后，便可以分析歌曲本身了。首先，还是从歌词入手，把歌词先朗读几遍，对于它的情趣先作一般的领略，然后最重要的是把握歌词的中心意义，根据中心意义再详细分析，辨别出哪些词句是主要的，哪些词句是次要的，甚至还有哪些是更次要的，都弄得清清楚楚。在实际的处理上，通过这分析，使主要的意思更明显，更突出。次要的意思则是有力的陪衬，它是主要意思的辅助而不是累赘，如果弄到喧宾夺主那就糟了。附带着要注意的是歌词的形式，一首口语化的歌词和一首散文化的歌词，或是一首形象的歌词和一首抒情的歌词之间，在处理上都是应该有差别的。

歌词的分析完成之后，我们先来把曲谱单纯地唱几次。这里除了把音符的高低、时间唱对之外，首先便要注意到速度。通常一首歌的开始处总标有速度记号。一首短小的歌，大都是用一个速度从头唱到尾的，进行曲一类的歌多半如此。但如果歌的情趣有速度变化的需要，就不能老用一个速度唱下去了。如果曲谱本身记有速度变化的记号，我们便应该仔细地依着它唱下去，粗枝大叶是最不好的。如像曲子中间有稍慢或慢的记号就绝不能把它唱成了渐慢。要是曲谱上没有注明，我们就要从音乐的实际情况中去多多体会，如果有必要就使速度有些变化来加强表现。这里要注意的是，不要因速度变化的无限制使用而把一首歌弄得支离破碎了。

其次，便是强弱的变化了。一般人唱歌，常是不分强弱地把一首歌唱完。事实上少有一首歌是用同一强度唱完的。一首歌的表现，依靠速度变化的成分少，依靠强度变化的成分多。许多歌曲在演唱时能够使它很生动，就靠强弱的变化，尤其是逐渐加强与逐渐减弱等的灵活运用。一般歌谱上虽也注得有强弱及强弱变化的记号，但这些记号常是不够精细的。所以我们在唱谱时不但要留心谱上已有的强弱记号，还得在歌曲本身上多多体会，每一个需要强弱有变化的地方都用记号标记出来。这样一来，如果每一个人每一次唱都注意这些更详细的记号，对于音乐的趣味也就更容易把握。

经过速度与强度的处理之后，对于歌谱部分已经有了相当了解。这时候，我们便可以进一步把歌词和歌谱合起来。如果是一首很完美的歌，那我们对于词和曲的分析都会恰如其分地协调起来。但有时也会有不协调的情形存在。在这种情形下，常可能给我们以前的分析一个校正的机会。如果是作者的处理观点不同，我们应该尽可能依照作者原意去处理。但如果是作者音乐的能力不够，我们的取舍就宁可牵就词意而不牵就音乐。因为词是内容的核心。

这之后我们就应该注意到一些其他的问题了。第一件便是分句。唱歌时的呼吸便是与词句的划分息息相关的。有的谱上有呼吸记号，有的谱上却没有。但是即使在谱上有呼吸记号，唱歌的人却常常忽略了这点，随便地在歌曲中任何地方呼吸，这样便常使乐句的结构不能够清楚地表现出来。要分句得恰当，自然最好是我们具备有一般的和声和曲体的知识，按理说要明了音乐的结构，没有和声与曲体的初步知识根本是不可能的。但是在我们一般的音乐修养贫乏的今日，只要大家肯注意这些问题，诚恳地从内容的分析开始，使呼吸与歌词的句读相一致，这样分析的功夫便可以很轻易地达到了。

再其次，我们在唱歌时应该注意到一首歌的变化和对比的部分。一首歌之所以要有变化，是为了使其不单调。有对比是为了使主要意思更明显、更突出，变化与对比在音乐上是用一些相对的形式来完成的。如相反的进行，级进或跳进，短暂音或连续音，大调或小调，强或弱，渐强或渐弱，快的或慢的，长的或短的等等不一而足。这些东西都应该适当地运用。善于在歌曲中表现出变化与对比的部分，是使歌曲生动的必要条件。

最后，便是高潮的把握，高潮便是歌曲的中心意识，歌曲情绪发展的顶点。把一首歌的高潮确定以后，便要给它以强有力的表现。一般歌曲的高潮大部在曲尾处，前面的一切都为最后这一点而尽力，千万不能弄成头大尾小的样子，而使一首歌失去了重心。高潮的表现越有力，也就是中心意识传达得越确切。这也就是唱一首歌的主要目的。把上面的简略的意见，贡献给曾为这问题而思考的朋友们。

原载《现代教学丛刊》1948 年 8 月 25 日

苏联音乐的古典传统和革新

（译文）

艺术如失去了和人民的接触便注定要枯萎。人民不会接受这样的艺术，而留给艺术家自己的是注定要堕落。

失去与人民的接触，极端个人主义和主观主义的见解，形式主义倾向的表现——所有这些就是帝国主义时期的艺术的最大的特色。艺术的形式主义，特别是音乐的形式主义，在上世纪初即已在西方出现，同样也扩展到俄罗斯来。只需回想起一些像斯特拉文斯基的《春之祭》《彼德鲁什卡》《斯瓦得布卡》《玛芙拉》，普罗柯菲耶夫青年时的舞剧《弄臣》《镰刀组曲》，李亚道夫和特别是斯克里亚宾他们晚年的一些没落的作品等这样的作品便够了。

在这些作品中，包含在俄罗斯与西方古典音乐中的进步思想都被一些为着音乐的“野蛮主义”，惊人的音响效果和神秘的和声的精心探索所代替。

斯特拉文斯基在谈及他的《春之祭》时说过：“对于我，所谓感情的领域似乎就是节奏，运动便是音乐艺术的基础。”在这位资产阶级现代派的领袖的“口号”之后，他的追随者与同僚便神圣地随声附和着。作为古典作曲家的基本主题的自然，诚实与深挚的情感就不再打动现代资产阶级音乐的代表者们了。资产阶级社会的音乐精英们宁愿把他们的音乐贡献给病态感情的描绘或天主教主义的赞美。布里登、门诺梯、美塞安或者著名的法国的“四人团”，他们的许多音乐用这种精神写的。

斯特拉文斯基在哈佛大学所作一连串有关音乐美学的演讲中，他承认说：“我们时代的精神便是病态，因此音乐便染上了病态的堕落色彩。”普通人都知道这位可敬的作曲家在他自己的作品里就有效地把天主教的弥撒和美国爵士音乐的动机结合在一起。

在斯特拉文斯基及与之同类的作曲家手里，音乐变成无意义与不艺术。它变得丑恶、粗俗，在失却全部存在的理由之后就不再成其为音乐了。

没落的形式主义倾向已在若干苏联作曲家的作品中也有它的踪迹。事实上，在苏联国土内，那种在西方让形式主义音乐兴起的条件是不存在的。像音乐的形式主义这种不良意识形态之所以在社会主义的领土出现，只意味着一部分知识分子的意识中，还存在着资本主义的残渣，只是从资本主义世界散发出来的有害的没落影响，而且对于苏联男女是完全相反的。

远溯到1924年，当代西方音乐的“新派”便已输入苏联。那时候，我们歌剧院就上演过伯尔格和克日尼克的表现派歌剧，卡塞拉、米尔豪德及另外一些人的极端矫饰的交响乐作品。苏联的一部分作曲家错误地把这些作品当作在音乐方面是很新的，并且就去模仿他们。这就是为什么萧斯达科维奇的歌剧《鼻子》，莫索罗夫的《工厂》，波罗文金的《望远镜》，波波夫的第一交响曲和一些其他类似的作品产生的原因。

这些音乐家为音乐的貌似的新所驱使，就很少考虑到他们的作品中包含的道德和思想。也很少注意到听众的愿望和趣味。“如果我的音乐要在五十年或一百年之后才被了解，我也不介意。”这就是这些作曲家和与之同见解的理论家们的“美学”信条。

萧斯达科维奇的歌剧《姆庆斯克县的马克白夫人》和舞剧《清朗的水流》在十二年前即已被苏联公众严厉地批判过。1936年《真理报》刊载一篇题名为《混乱代替音乐》和《伪造的舞剧》的论文，谴责萧斯达科维奇的音乐，并警告作曲家有破坏俄罗斯及西方的古典传统，和把像歌剧这样富有民主意味的工具变成只是为了音乐贪美者有限圈子的危险。

不幸的是，虽然曾有过一部分苏联大众如此锐利的指责，而这些倾向却仍继续存在，并且在战后还有着不可忽视的强固增长。

形式派作曲家的特色是不重视曲调——莫扎尔特曾称之为音乐的灵魂——倾向于不顾声乐的形式，在人声可能性的发展上完全使专家无用，慎思于降低乐器的性能（例如：把钢琴当做打击乐器），拼命追求音响效果，与“新颖的”和声，为不协和音及形形色色自然主义的噪音效果而熟虑等等。

> 自然界富有各种最不相同和质地互异的音响，但这些音响，有的我们叫作喧哗声，霹雷声，爆裂声，破碎声，泼水声，隆隆声，矗蓥声，铿锵声，吠叫声，咿哑声，嘘嘘声，谈话声，私语声，飒飒声，咝咝声，潺潺声等等，另外还有一些我们口语叫不出来的。所有这些音响要不就不把它们当做音乐语言的材料，如若用了，也只是一些例外的方法（敲钟声，钹、三角铁、大鼓和铃鼓的打击声等等）专为音乐用的完全不同目的音响。

上面的话，是俄罗斯知名的作曲家，伟大的现实主义歌剧《敌军》的作者谢洛夫所写的。形式主义的作曲家们已经忘记谢洛夫对于乐谱所说的话，他们想把自然界的音响精确地移植到音乐领域里面。就这样他们把粗糙的、庸俗的自然主义成分带到音乐中来。

由于这些在本质上只是虚伪的革新的关系，这些作曲家们便违背了音乐语言的真实性，违背了事件的现实主义的描写，明确的戏剧意象，谐合的韵律，总说一句，违背了所有俄罗斯古典歌剧，葛林卡、柴可夫斯基、穆索尔格斯基、鲍罗亭、里姆斯基－柯尔萨珂夫和达尔高梅斯基的歌剧的特色，这些作曲家的作品在音乐历史上的进步作用是一致公认的。

俄罗斯与西方古典音乐的音乐技巧的全部进化——和声的发展，管弦乐法的新的发端，丰富的节奏的探求——都是直接地发展那音乐表情的主要工具——即曲调为目标的。俄罗斯与西方浪漫派作曲家在音乐语言上大大地跨进了一步。莫扎尔特与葛林卡、贝多芬、柴可夫斯基，他们的深邃发见在他们自己是绝无止境，但在把曲调当作传达思想的主要媒介而使之突破出这一点上却是不变的。

无论如何，没有什么事比只是以革新为目的的革新更无用的了。如果革新没有达到新的成就，它就注定了要枯竭，并且和所有做作的东西一起消灭。新的必得比旧的好，否则便是无用。诚然，古典遗产并非音乐成就的绝对顶点，但它却可作为而且曾作为向前发展的基础。它包含有这种发展的全部先决条件。只需回想起葛林卡、谢洛夫、史达索夫和其他俄罗斯音乐的伟人们的深深进步的美学原则便够了，他们努力于音乐的崇高思想，努力于形式的明确和音乐语言的平易，努力于艺术的民间基础。如谢洛夫所恰当地指出的“正像百合花之因它的纯洁而华丽的美使锦绣与宝石的光彩都为之晦暗那样，民间音乐也一样地以它孩子般的单纯，比起所有学究们在音乐院和音乐学校里说教的博学的智慧的技巧来要丰富和有力到一千倍”。

这些原则引导以往伟大的俄罗斯作曲家们给艺术的发展展开了宽阔的景象。那些在苏联时代遵循这条道路的作曲家们已因创造许多新的和进步的东西而成功了。

拥护古典优秀传统，特别是俄罗斯乐派的传统的作曲家们，他们已经能够保持着与民间音乐结合，并把真实性、现实主义和专门技巧的高度水准配合在一起，而创造了具有庄严的美并为崇高的思想所丰富的音乐。

在另一方面，形式派的作曲家们则保持他们自己与民间曲调远离，摒弃古典音乐遗产，拒绝为人民服务，而只为一小群优秀美学家的纯粹个人主义的需要而服务。结果便是他们的作品对于人民无用。于是以形式主义音乐为特征的音乐会的听众强固地减少。无线电的听众写信去表示他们对于这些作曲家所制造的骚音的愤恨。人民对他们的作品完全失去信心。苏联的听众对于普罗柯菲耶夫后期的模范大曲中的不明确与不能了解的“打击乐”，或者毫无意义的节奏玩弄固然没有用处，他们也不会在听波波夫与哈恰都梁的某些交响曲中的钻研出来的经验时得到任何快乐。哈恰都梁最近的交响诗里的震耳欲聋的二十五个喇叭的吼声，以及“作魔的”风琴乐段都只能引起听众的愤慨。

听萧斯达科维奇写于苏军已胜利地进入德国领土时的第八交响曲，苏联音乐会的听众就会被音乐中所表现的悲剧的悲观主义色彩和对武装侵入的恐惧的颤栗所惊扰。在这部交响曲中，好多段是明白地企图去描写一些战争的场面，引起一些生理的突变的感觉。在第八交响曲中，他的曲调是痉挛性而且神经质的，几乎遍及整个乐曲，耳朵都被一连串自然主义的噪音效果所震颤。况且，出现在这作品中的英雄形象是全然与苏联人民相反的。听众会在这音乐中想象到一个迷惑的生物，被战争的可怖机械连身体带精神一起轧毁。在这事上，对于苏军战士的精神和全苏联人民距离得多么辽远。大多数人在想到就是这位第七交响曲的作者，他在那部作品中曾那么深信地描写了敌人的怪样和苏联人民的作战必胜的决心，而现在竟能有一首给大众感情以这么虚伪而歪曲的描绘的乐曲这事时，都经验到一种奇异的感觉。

萧斯达科维奇的第九交响曲，是一些细小而貌似快乐的场面的选集，他的幽默的外貌正是一种隐藏着极度精神贫乏的粗俗的假笑。

第八和第九交响曲的音乐意象，一会儿是钻研出的悲剧，一会儿又是深思熟虑得来的滑稽，不得不是与当代没落艺术的病态倾向相结合。

上世纪著名的音乐批评家史达索夫，有一次写过“不像欧洲音乐家们那样，新的俄罗斯音乐家们，肩上没有那种以承袭自以往数世纪学院派时期的长链为形式的，历史背景的重负，因能勇敢地正视科学（音乐科学——作者）：他们尊重它，享受它的赐益，但没有夸大和阿谀。他们拒绝学究气的枯燥和浪费，拒绝那数千万欧洲人赋予如许重要性的体操式的娱乐，他们更不相信它有在它的神秘的仪式下面温顺地停滞若干年的必要。”但在我们现在，却有些苏联音乐家们已追循着西方资产阶级艺术的足迹，而驯服在这些“神秘的仪式”下面了。

形式派音乐的典型样本是去年在大剧院上演出的苏联作曲家摩拉杰里所作的歌剧《伟大的友谊》。摩拉杰里不仅没有解决苏联歌剧音乐问题，而且他真正地引导苏联歌剧的音乐脱离了德塞尔庆斯基在 1936 年所著的歌剧《静静的顿河》里即已迸发出来的现实主义道路。

摩拉杰里的歌剧的音乐是无表情而又苍白的。没有一个单一的曲调或歌咏调可资记忆。既混乱而不协和且专门地建筑在一些不协和音与震耳的音响配合之上。其中偶有一些段落和场面一有任何曲调的要求，便突然被一些不快的震响在常人耳际且使听者有不安效果的噪音的骚扰所打断。

所有形式主义倾向的基本缺点，特别是这些音乐家之全集团的作品的所有的短处，似乎都已集中在摩拉杰里的歌剧里了。它是恰好在艺术脱离人民时的典型例证。

摩拉杰里的歌剧之所以引起苏联政府及党的一部分领袖之这样大的注意，并不是偶然的事。他们的困恼由这部歌剧本身所引起远不如它所代表的这种倾向为多。他们所困恼的是在苏联土地上的作曲家们竟能对人民的利害、要求与趣味都漠不关心的这种事实。这就是为什么在大剧院这部歌剧的预审之后，联共党中央给予苏联艺术的发展以极大的重视，而召集专为音乐的特别会议，由苏联音乐界的七十位成员与会。

值得注意的是在这个会议中苏联卓越的歌曲歌唱家杰尔靖斯卡雅、卡杜尔斯卡雅和别的几个人所发表的谈话，他们引证地指出在形式主义的歌剧中，声乐艺术怎样的被忽视了。在讲到一些和摩拉杰里的歌剧相像的歌剧时，大剧院的一位成员就说：“在这样的歌剧里，你不得不闭着嘴唱了。”

在会议中发言的有沙波林，格陧辛、戈登魏塞尔诸教授，有老练的乐师，小学教员以及代表苏联音乐中倾向大不相同的作曲家——赫伦尼柯夫和萧斯达科维奇，哈恰都梁和查哈夫洛夫，德塞尔庆斯基和摩拉杰里。来自莫斯科、列宁格勒、基辅以及哈尔柯夫的作曲家们都在会议中发言。

绝大多数的发言者强调指出，音乐进步的道路并非置于排除曲调，不顾声乐形式，或节奏的肥大症之上。只有使音乐所有的合成部分——曲调、和声、节奏都有机而相等地发展，才能使音乐艺术推进。同时这三个要素的每一个都必须与第四而且是最重要的要素——即思想或使命合谐一致。这就是古典艺术的基本原理。而它的主要价值也就在此。真正的新和用虚无主义的态度去对待以往的进步现象是绝不相同的。复杂的用语并不就是进步。它在本质上是保持和维护这些美学标准，而这些美学标准正是数世纪以来世界艺术向前进步的基础。违背了这些标准，就算是从人类在艺术历史发展的方向上说已达到的退步了。

联共中央书记日丹诺夫在会议上的演说，俄罗斯古典音乐和苏联音乐做了一次透彻的分析。

他说：“我们拥护美的，优雅的音乐，拥护音乐能够满足苏联男女的审美要求与艺术趣味，而且这种要求与趣味已经无限地滋长。人民评判音乐的得失是看它在反映我们的时代，我们的人民的精神上达到怎样的深度，要看他在为广大群众的领受上达到怎样的广度。最后，成功一个伟大作品的是什么呢？绝不是那只能为一个或一小群美学饕餮者所欣赏的东西。越是伟大的音乐就是内容越深刻，艺术价值越高，欣赏它而且为它感动的人民也越多。自然，并不是每一件能了解的东西都必定是伟大的，但在另一方面，一切真正伟大的东西都是可了解的。而且越是伟大的东西就越能为广大的人民群众所了解。”

在谈及古典作曲家们对于人民的要求的态度时，日丹诺夫引用葛林卡论及人民与音乐家的关系时所说的“是人民创造的音乐，而我们，艺术家不过是把它编起来而已。”日丹诺夫还提醒他的听者们说：“伟大的音乐家们绝不畏惧去运用任何样式的，只要它有助于把音乐推广到群众中去。”

在谈及古典音乐时，日丹诺夫说：“古典音乐的特色是真实性与现实主义，是善于达到辉煌的艺术形式与深刻内容的谐和一致，把单纯与平易性和最高的技巧结合在一起。形式主义与粗糙的自然主义和古典音乐而特别是俄罗斯古典音乐时是漠不关心的。而后者的卓越处是以承认古典音乐乃是以人民音乐为泉源的事实作基础的崇高思想，和对于人民及其音乐的深深的敬爱。”

这个会议的必然结果是 1948 年 2 月 10 日联共中央谴责摩拉杰里的歌剧“伟大的友谊”的决议。这决议作了一个不单是对摩拉杰里的歌剧的评价。它勇敢地、深刻与严肃地揭发出苏联音乐中所有形式主义倾向的罪恶。他严厉地指出所有的音乐，主要是萧斯达科维奇、普罗柯菲耶夫、米亚斯可夫斯基、赛巴林、波波夫和哈恰都梁的音乐都脱离了人民生活，而且指出在形式派作曲家们审美观点的根底里，存在着深为反动的观念主义的理论。依照这种理论，艺术作品的唯一评判者是作者，艺术家本人。决议的目的是想结束许多苏联作曲家及其作品之离开人民。它给苏联艺术工作者发出这种危机的合时的警告，尤其它警告苏联作曲家不要去选取这条实际上正引导到否定音乐之为艺术的虚伪道路。在决议中所列举的一些形式主义音乐的分析和原则，对于当今音乐的整个发展有惊人的重要性。

联共中央的决议在全国引起了热烈的反应。工人和集体农场的农人医生和工程师，艺术家和演员，他们无论在公共集会的谈话中，在信函和文件中，都为决议而欢呼，并且在它的每一行中有力地响起了全苏联人民的呼声。作曲家们既破坏了他们与人民的纽带，且不顾他们的意见和艺术趣味，不顾他们的思想和感情，也就不能够获得像苏联这样一个民主国家的人民的同情。企图只为音乐贪美者的特有圈子而不能为大众的广大阶层所了解的音乐，缺乏思想的音乐，都是不能为苏联公众所赏识的。

苏联的人民对于他们作曲家是例外地优厚了。在苏联已为创造的艺术家们准备好理想的条件。无数的奖金、竞赛、津贴，每年把数千万卢布分配给我们的音乐家们的创作。在颁给萧斯达科维奇、普罗柯菲耶夫、塞巴林、哈恰都梁、米亚斯可夫斯基和波波夫的斯大林奖金中，苏联人民及其政府充分了解这些作曲家的短处。正如日丹诺夫说的，我们是希望“我们的作曲家们能自己有勇气选择正确的道路”。总之，并没有这样。于是党便不得不来过问了。党要这些作曲家注意到他们的严重错误。因为人民的利益对布尔塞维克是神圣的。同时，对于这些犯了错误的作曲家的警告，证明了对于这些艺术家的作品的有份关心。它乃是根据要引导他们走上一条正确的创作道路的愿望而订的。

联共中央 1948 年 2 月 10 日的决议，对这些作曲家已有了鼓舞和提高的效果。苏联作曲家们现在正继续写作许多歌剧、交响曲和歌曲，还包括有他们那些在决议中被批判过的作品。萧斯达科维奇正在用法捷耶夫著名小说《青年近卫军》为题材写作歌剧，另外一部流行的文学作品波列伏伊的《真人的故事》是普罗柯菲耶夫正在作的一部歌剧的题材。哈恰都梁正在作一部歌剧《斯巴达库斯》等等。

无疑地，在不久以后，苏联音乐将呈献人民以与沙波林和柯瓦尔的圣剧，赫伦尼柯夫和德塞尔庆斯基、梯柯兹基和哈伊贝柯夫的歌剧，索洛夫耶夫－塞多伊、杜那耶夫斯基、查哈洛夫和诺维柯夫的流行歌曲以及其他现实主义的作品相等的乐曲。苏联音乐正在攀登成就的新峰顶，足使苏联音乐在当代世界文化中占有领导地位而无愧色。

创造一种有力的、健康的音乐，它具有以往成就的精华，反映时代的精神，并且把苏联文化提到更高的水准——这就是今天苏联作曲家当前的急务。

原载《中苏文化》杂志，1949 年第 20 卷第 3 期，署名“B. 雅鲁斯托夫斯基著，施盈译”

教歌经验谈

现在许多爱好音乐或具有相当音乐修养的青年朋友们，都纷纷地进入了工厂和各个职业部门去帮助职工们进行文娱活动。自然其中也有着若干在技巧上很高、工作上经验很丰富的人，可是由于普遍的需要多，工作的干部少，所以也不得不由一些音乐修养较浅、工作经验较少的人们去担任教唱工作。对这些朋友，我愿意在此提供些教唱的意见，作为各位的参考，其中有些并不是我自己亲自经验到的，而是其他的朋友把他们的经验告诉我的，我便一并写在下面。

首先谈谈态度问题，我们知道工友们在长期的反动统治底下，一般的文化水准都比较低，许多工友们不仅不知道乐谱怎么回事，就是字也认识得很少，有的工友连一个简单的五声音阶都唱不准，像这样的情形，一个教歌的朋友如果没有耐心，他便会在工作中遭遇到失败，可是反过来我们又不能因为工友们的文化水准较低，便以为他们对于音乐没有判断的能力，我们必须明了群众的创造力与判断能力是远比我们一二个人来得大的，同时我们也必须具有能够做群众的学生，向群众学习的优良作风，注意群众的要求，虚心接受群众的意见，只有这样才能使工作顺利地开展。

除开在态度上具有耐心和虚心的优良作风之外，我们还得在某些教唱的技术上有相当的把握。

教唱的人，首先要能够精确地掌握歌曲，一首歌在自己还没有熟练之前，最好不要去教，因为不熟练的歌我们在教唱时不免有错误，这些错误如果继续到相当长久的时期，唱者已经成为习惯，到那时再来改正，就非常困难了。

对要教的歌有了精确的把握，对它的感情有了充分的理解，在教歌的时候首先把歌曲的结构与主题等清楚地告诉给唱歌的人，同时在教唱时也要每句都把适当的感情放进去，这样在唱到最后才可能把整个歌的内容充分表达，那种在水准较高的团体中可以先把音唱好，然后再来把感情放进去，这种方法对于水准较低的职工群众是不适合的，因为常有一种先入为主的印象，叫他们难以改正。

许多细节都可以依照这种看法来加以说明，比如高的音、低的音的问题，我们教歌的人常常凭着自己的判断在每次开始唱歌时定出一个音高。这个音的高度，会因为自己声音的情况而随时改变，可是因此而引起的结果是音高随时不定，就不能在唱者脑子中形成一个音高的记忆。但反过来如果我们在唱歌时争取到每次唱的音高一致，那么这个音高便能在唱者脑子中形成记忆，而且我敢保证这种记忆是很顽强不易更改的，所以为了要有一个不变的音高，我们在教歌时要尽量争取有一架风琴或其他有固定音高的乐器。

上面所讲的几点，主要的就是要说明教歌之前要有充分准备，在教的时候不要自己有错误，如果唱者发生了错误就应该立即改正，要永远记得一个错误造成事实以后，改起来虽不是完全不可能，但却是一桩极为麻烦的事。

其次，我想谈谈应不应该先教唱谱的事，关于这点我认为也不是机械地解决的，如果一首歌是没有变音或五声音阶的，我主张要先唱谱，先唱谱的好处是许多旋律上比较容易错误的地方可以通过唱谱来求得解决，尤其是一个字配有几个音符地方。不过由唱谱到唱歌之间必须经过一个过渡，这过渡就是先要脱离 do、re、mi 等“唱名”，而用单纯的母音像“A”（啊）字来唱旋律，先要他们能用简单的母音唱谱，没有问题，也就是要他们能在脱离开“唱名”时唱出旋律的音，这样再配上字去，才不至发生问题。

至于歌谱中有变化音的，我的意见以不唱谱为最好，如以前流行的《山那边好地方》一首歌，其中有一句是 $\underline{\dot{2}.\ \dot{2}}\ \underline{\sharp\dot{1}\ \dot{2}}\ |\ \dot{3}\ \natural\dot{1}\ |\ \dot{2}\ -\ |$ 这个 $\dot{1}$ 的升高的音，许多人唱错它并不是由于他们没有唱变化音的能力，而是他们读谱的时候不能把那个音唱准的关系，如果我们在唱这首歌时不先唱谱，开始便唱歌，这个升高半音是不难唱准的，这点我曾经试验过，颇有效果，如果有人要唱两部唱的《打得好》时，女声如果不先唱谱的话，那个升高的“4”是一定可以唱准，因为它的音程和主题第一句是完全一样的。

再其次我想来谈整齐的问题，大家在听过各文工团的表现后都觉得他们表现中一个重要的特色便是集体性，这种集体性首先有一个“齐”字表现出来的，要齐第一要起得齐，有许多团体唱歌时开始往往只有少数人唱，然后其他的人才真正开始唱起来，这种现象也不能等到要演唱的时候才来注意，每一次练习的时候都必须注意，开始时如不齐，就得马上停止，然后再开始，如果还不齐，就再停止，又再开始，直到能整齐开始为止，通过这种方式就可能逐渐地培养唱者一开始便很齐的习惯。

不仅起唱要齐，就是一首歌曲中间任何一个音符的长短拍子也要齐，首先要教唱的人能作精确的示范，对于唱者也要严格要求，该唱一拍的决不要唱作一拍半，该唱一拍半的也不要唱了一拍便完事。不能让一个声音先停下来，也不能让一个声音拖长下去，拍子的齐，从细的方面来说和上面所说的一样，只要每个音符的长短都唱得精确，自然也就齐了。从大的方面来说则和拍子的快慢有关，有的人性子急，较活跃，唱起歌来容易赶拍子；性子慢，较沉静的容易拖拍子。要补救这个缺点，一方面教歌的人首先要有精确的节拍观念，另一方面我们应该采取适当的步骤来纠正一些现象，教唱者应该要唱者避免用身体任何一部分来打拍子的习惯，应该随时提醒唱者把节拍的快慢保持在他的心里。教唱的人如果利用了指挥的动作，就应该使自己的拍子准确，还要清楚地把动作传达给唱者，这是教唱者应该特别注意的。

单是拍子齐还不够，还要句法齐，要句法齐就是要呼吸齐。教唱的人应该先把一首歌的分句法弄清楚，在教唱的时候要尽可能分句来教，合起来的时候就要注意到分句，千万不能让唱者把应该分句的地方连下去，反过来又把不应分割的句子用不适当的呼吸把它割裂开来，就像讲话一样，句法的清楚，是完整地表现歌曲的主要因素。

最后是要表情齐，如果前面的齐字都办到了，表情的齐也就比较容易了。因为音乐的表情大都由轻重急徐上表现出来，轻重不齐，在一般的团体也是容易发生的，有的时候唱到某一段歌时应该轻的，可是偏有一两个人唱得很响，这样便会把整个歌曲表情破坏，所以也要求它齐。要它齐，最好是教唱的人随时都把表情加在教唱中去，这是在前面也提到过的，教唱者要注意随时启发对于歌曲表情的要求，经常向唱者解释，只有这样才能达到我们的目标。

其他关于教唱的问题还有很多，待以后再作详细的补充。

原载《业余歌咏》1949 年第 3 期

怎样去欣赏民歌?

民歌的普遍发展，正是当前音乐界的主要趋势，一个听者应该用什么样的态度去欣赏民歌，也就是每个关心音乐的人心中的大问题。

以前我曾经在一篇《谈民歌欣赏》的文章中说明，我们欣赏民歌首先是可以因它的真实朴质的音乐趣味使我们改变了为都市中的不健康音乐所培育起来的不正确的音乐趣味，其次因为民歌较容易了解，由于和它接触，可以使我们逐渐踏入音乐之门，从短小的形式逐渐到大的形式去。同样欣赏民歌也就像欣赏其他艺术品一样可以得到许多感人的深邃的思想。

民歌的长处是在于它的真实的内容与朴质的形式以及它与现实生活的密切关系。但这话并不是意味着所有的民歌都是很健全。中国民歌中也有许多是不健康的东西，除了许多革命的落伍意识之外，尤其是在男女关系上就有着不少恶劣的东西。在封建社会的统治下，由于愚民政策的关系，人民间普遍地流行着落伍的观念。而男女关系又因为没有得到正常而合理的发展，于是便自然地走到歪路上去。所以我们在欣赏民歌时便不能不对于民歌的意识有一番鉴别。

在民歌中，我们现在常接触到的以情歌为较多。这一方面由于采集者与演唱者没有努力去发掘民歌中较健康的部分而只片面地注意一些表面上较优美的情歌，同时因为“民歌脱离劳动而在余暇中发展起来时便自然地以情歌为较普遍”的缘故，所以我认为在主观上演唱者与欣赏者都有主动地去选取比较健康的题材的必要。

自然在民歌中并不是情歌都是不好的。情歌中常常也不能离开劳动的痕迹，即如大家熟知的《在那遥远的地方》就没有和他们的牧畜生活分开。同时情歌中真实情感与健康的趣味也与都市中流行的“黄色音乐”有着天壤之别的。这里可以举个例来说明的便是新疆有名的《马车夫之歌》，他开头一句是“大坂城的石路硬又平”，大家可能听见有人唱过，他的节拍相当快，节奏也很明显。可是我们如果拿来和广播电台播送出来的《杭州姑娘》比较一下，相差不知若干倍。而他们却同时用一个曲调哩！大家如果在脑里回想一下这两个音调，便可以了解。同样民歌中也有郎呀妹的，黄色歌曲里面也有。可是他们之间的差别就是这样大。

唱民歌的人有用这种“黄色音乐”的趣味去理解自然不好。但反过来用知识分子的情感去理解民歌的也一样不好。有一首云南民歌的词是这样的：

> 哥是天上一条龙，妹是地上花一蓬。
> 龙不翻身不下雨，雨不洒花花不红。

这原始云南花灯戏中的一个曲调，他们唱的时候多半是载歌载舞的，所以节拍是轻快的。后来，唱的人把这首歌的情绪用知识分子的眼光去理解为一个懦弱而多情的女子；于是便把他的节拍放慢了。这样一来，原曲的精神便损失了。

我们要怎样才能鉴别出一种正确的唱法呢？ 一个最好的歌者是应该能忠实地传达出民歌中的民间情调。不过很可惜，在目前的中国还难办到。我只能要求尽他们的可能表现出一些来而已。如果我们要注意这个问题的话，有一点可以参考的是语言问题，民歌同语言的关系最为密切，中国的地方很大，各地方言有不少出入。我们听两首不同地区的民歌，按理应该感受不同的情调，如果听起来没有什么差别，我们第一步便可以用方言来加以分析，看唱者是不是用方言来吐字。进一步便可看他在曲调的处理上是否注意到一些地方特色。如此便可逐渐批判一下许多唱民歌的人的好坏。

民歌的欣赏并不是一件难事，一则形式短小，再则中国的民歌毕竟比起其他音乐来要和我们的感情接近得多。又其次是他有歌词可助我们理解，所以要为民歌的欣赏而写一篇文字是大可不必的。这里不过提出一些鉴别民歌中不同倾向的问题，主要是能让读者对于民歌的好坏等有一个初步的认识。总之一句，民歌的长处是在于他的真实与朴质，而演唱它与欣赏它的人也自然应该以一颗真实而质朴的心灵去接近它，否则我们不仅不是爱民歌，而是糟蹋民歌了。

原载《中学时代（上海 1947)》1949 年第 29 期

独奏音乐的欣赏

——西洋音乐欣赏

前两次我们已经讲过各种乐器，对于它们的构造和性能都有了初步的了解。现在我们进一步来讲各种乐器的演奏方式。

各种乐器的演奏方式，大体可分做独奏、重奏与合奏（此处系指分部合奏 Parts together）三种。这一次因篇幅关系我们先讲各种乐器的独奏。

独奏（Solo）就是一件乐器，由一个演奏者单独演奏。但是因为乐器的性能不同，有的乐器如钢琴、风琴等，它们既可以奏出动人的旋律，又可以奏出优美的和声，所以无须用其他乐器来伴奏。另一方面，有一些乐器如小提琴、长笛等，它们大都只能奏出单一的旋律，即使像小提琴那样能奏出一些和弦，而它的和声也是很有限的。这一类乐器演奏时，除了极少数的例外，总是需要钢琴或其他乐器来作伴奏，借以支持它的和声。所以乐器独奏时又可分作“有伴奏的独奏”和“没有伴奏的独奏”两种。

我们在上面说伴奏是支持独奏乐器的和声的，其实它的作用并不止此。它同样可以加强独奏的节奏，丰富独奏的音色，使独奏的情绪和气氛都为之增强。但归根到底它不过是独奏的陪伴者而已，就如绿叶之于红花那样，有了它便益增独奏的美妙。反过来如果“喧宾夺主”地使独奏成为伴奏，伴奏成为独奏自然不好。或者使两者占有同等的重要性，这也失掉独奏的意义而变成重奏了。

有一种乐曲叫“协奏曲”(Concerto)，演奏时是用一件独奏乐器与管弦乐队合奏。这种形式我们在以后要详细来讨论，这里并不把它算在独奏之内。另有一种如“小提琴奏鸣曲”，它虽称为小提琴的，同时也常在小提琴独奏会中听见，但它在本质上是由小提琴和钢琴合奏的二重奏。所以这种乐曲的严格的称呼法是“小提琴和钢琴的奏鸣曲”（Sonata for violin and piano）。这我们在以后也要讲到的。

乐器独奏的时候，对于乐曲的处理全由独奏者个人负责，伴奏者只能跟随着他。因此一个演奏者在独奏时比在合奏时有更大的自由。在这更大的自由中他又负有更重的责任。他必须有高度的技巧，深刻的认识。既要忠实于乐曲，又要富有创造性而不虚假地模仿他人。所以我们说一个完美的独奏并不是轻易获得的。各种乐器中用来独奏的有钢琴、风琴、小提琴、大提琴、长笛、洋箫、喇叭等，其与许多乐器大都只作管弦乐队合奏之用。乐器之能否作独奏用，首先是看这乐器的构造和性能，是否在演奏那作为“音乐之灵魂”（莫札尔特语）的曲调上有怎样大发展的可能性，在表现力上有多少效果。其次是看它的演奏技巧是否已发展到可以独奏的程度。例如有的乐器会因有一个演奏者把它的演奏技巧发展到相当高度，于是大作曲家便为这乐器作独奏的乐曲，如果万一他的演奏技巧因为他死而至失传，这乐曲也就只是记录那些奇迹而已。这在过去会有许多例子。由此我们知道钢琴和小提琴之所以常被当作独奏，一方面因为它们的构造和性能具有丰富的表现力，另一方面也因为它们的演奏技巧有着宽阔的发展。其他乐器之所以逐渐被采作独奏用也是这个原因。

钢琴是独奏中用得最多的一种乐器。它的特色是可以发展旋律与和声，同时弹几部的旋律，在音量上可弹出极强与极弱，音色有丰富的变化，还有广阔的音域。但它也有缺点，那就是它不能在一个音上弹出由渐强而至减弱（＜＞）的变化和旋律进行的真正的连贯（Legato）以及小提琴上的动人的滑音（Portamento）。但是这些缺点比起它的丰富的表现力来是并不重要的。所以钢琴仍是独奏乐器中最有地位的。

钢琴音乐的发展是随着钢琴构造的改善，演奏技巧的进步及作曲家的风格而进化的。早期的钢琴音乐如斯卡拉第（Scarlattis）、库柏林（Couperin）和巴赫等人的作品，都是为钢琴的前身Clavichord和Harpeichord而作的。这两种乐器的主要缺点是没有钢琴的宏大音量及丰富的音色，因之那时的钢琴音乐多半很清淡，同时又因为它们不能演奏长音（因为没有踏板设备），所以在音乐中有持续一个长音的需要时便不得不用装饰音和颤音（Trill）的方法来补救，于是这些装饰音等便成为初期钢琴音乐的特色。到悲多汶时代，钢琴出现了。一方面因为钢琴在音量上有很大的进步，另一方面也因为悲多汶的风格，于是给予钢琴音乐的力的特色。李斯特使钢琴的技巧发展到极高度，使钢琴的庞大的内容都为他所操纵，再由于他的热烈奔放的风格而使钢琴音乐充满了热情。另一方面萧邦则注意于钢琴的弹法（Touch）讲究声音的柔美，加以他的诗的气质而给钢琴音乐以美。还有印象派的大家德彪西则应着他注意色彩的要求而发挥了钢琴音乐中音色与节奏的效果，同时这也和他一些钢琴的新的演奏技巧相关联的。钢琴音乐之丰富的表现也由此可见。

钢琴独奏所用的乐曲包罗最广，有赋格曲（Fugue）、奏鸣曲、夜曲、幻想曲、狂想曲（Rhapsody）、序曲、即兴曲（Impromptu）及各种舞曲等。至于许多作曲家与演奏家的名字，我们在以前讲乐器时已经提到过，这里不再重复。现在我们讲一点钢琴音乐的欣赏步骤。

初听钢琴独奏的人较之听小提琴独奏要困难得多。第一是因为小提琴具有接近歌唱的动人音色而对于钢琴则不大习惯。其次是听小提琴容易把握旋律，听钢琴时却像是糊涂的一片。但是这些不是不可超越的界限，只要由浅而深地听，经常地听。习惯逐渐可培养，了解可以慢慢加深。初听的时候可以从一些旋律比较熟悉的短小乐曲开始，首先使我们与钢琴音乐相接近。例如许多有名的钢琴曲像舒曼的《梦幻曲》（*Traumerei*），鲁宾斯坦（Rubinstein）的《F 调旋律》（*Melody in F*）等，都因填成歌曲而早为我们熟悉了。另一方面许多有名的歌曲如葛林卡的《云雀》（*L' Alouette*）就会被巴拉基列夫（Balakirev）改编为钢琴曲，又如我们熟知的修裴尔特的《小夜曲》也有钢琴曲谱。这一类钢琴曲大都短小而旋律明显，且为我们熟悉，并且听起来容易接受。只是要注意，当我们把它当作培养听钢琴音乐的步骤时，千万不可跟着唱或只注意旋律，应该仔细领略整个钢琴音乐的意味。例如我们前面提到的舒曼的《梦幻曲》，它的开始一句是这样的——

这个旋律大家一定不生疏。它是舒曼著名的钢琴曲集《童年之景》（*Scenes from Childhood*）中的一段，用一个旋律反复演奏，下面配以复音的旋律。舒曼在回忆儿时欢乐时所生的绵绵情思不仅表现在那感人的旋律中，也在那复音旋律的配合中，所以我们听时不仅注意它的旋律，更应该细心领略音乐的全部。

在与钢琴音乐逐渐接近之后，我们便可一步步地向较大的形式和乐曲的内容突进。一方面是由这种简单的乐曲进而至短小的序曲和舞曲，再进而至于变奏曲（Variations）、回旋曲（Rondo）和奏鸣曲等较大型的乐曲和幻想曲等较自由形式的乐曲。（自然最好能具备一些乐曲形式的知识，这是我们在以后要讲的。）另一方面是先听一些前人有解释（虽然这些解释大都附会）而内容较为明确的乐曲，逐渐地欣赏到那些内容较深的乐曲。这种乐曲的例子很多，如韦伯的《邀舞》（*Invitation to the Dance*），萧邦的许多“序曲”都有李斯特的解释，悲多汶的《月光奏鸣曲》，还有鲁宾斯坦的*Kammenoi-Ostrow*（Kammenoi是尼瓦河上一个岛的名字），就有人解释说它是描写在夏夜的月光下，一对情人在水边窃窃私语，他们的情话为附近教堂的钟声和修士们的圣歌声所打断。这些解释对于初学欣赏西洋音乐的人是很有帮助的。

现在我们来讲乐器中独奏用的最多的另一种——小提琴。

小提琴独奏大都是有伴奏的，但也有极少数例外是不用伴奏的。名小提琴家帕加尼尼曾写过24首不用伴奏的随想曲（Capricio）。巴赫也有6首不用伴奏的奏鸣曲（那时奏鸣曲形式未臻完善，实际上等于组曲Suite），其中有一乐章“夏孔尼舞曲”（Chaconne）最为著名，“维克多”唱片公司有这曲子的唱片。这里还得提醒大家的就是前面已经讲过的，“小提琴奏鸣曲”在严格的意义上讲并不算是独奏。钢琴在这种情形下已是与小提琴合奏而非作小提琴的伴奏了。

小提琴的特色是适于演奏旋律，音色与歌声接近，而四根弦的音色又富有变化。加之演奏技巧非常复杂，有极丰富的表现力。擅长于把辉煌的效果与动人的旋律结合在一起，这就是它的长处。它的缺点就在于它不能演奏完整的和声，所以必须伴奏。

前面已经讲过“小提琴协奏曲”和“小提琴奏鸣曲”都不属于独奏范围之内。这样一来，小提琴独奏曲的种类虽然繁多，大抵不外乎一些形式比较短小的乐曲。这一点也是我们接近小提琴音乐较为容易的原因之一。

小提琴独奏的乐曲大都是从歌曲、钢琴曲及其他器乐曲改编来的。从歌曲改编来的如修裴尔特的《小夜曲》《圣母玛利亚》，勃拉姆斯的《摇篮歌》（*Cradle Song*）和里姆斯基－柯尔萨珂夫的《印度之歌》等曲。从钢琴曲改编来的如舒曼的《梦幻曲》、萧邦的《降E调夜曲》（*Nocturne in E flat*）、鲁宾斯坦的《F调旋律》和德伏柴克的《幽默曲》（*Humeresque*）等曲。从其他乐曲改编来的如巴赫的《G弦的旋律》和恰伊柯夫斯基的（*Andante Cantabile*）等曲。这些曲子都很流行，随时随地都可以听见。它们都因为有感人的旋律才被改编作提琴乐曲的。所以属于这一类偏于旋律的表现。

专为小提琴独奏用的乐曲自然不少，但我们最常听见的大都出自名小提琴家之手。我们再讲乐器的认识时所举的例子像温略夫斯基的《回忆莫斯科》，莎拉莎蒂的《茨冈人之歌》及《西班牙舞曲》，克拉伊斯勒的《维也纳狂想曲》《爱之欢乐》和《中国花鼓》等作品，这些不都是出自名小提琴家之手吗，这些小提琴家们所作的乐曲的特色是比较偏于辉煌的技巧表现，少用单纯的旋律。但这许多成功的作品，也常达到我们在前面说的“把动人的旋律与辉煌的效果结合在一起”的成就，莎拉莎蒂的《茨冈人之歌》便是如此。听过马思聪音乐会的都可以听到。（在他的节目单中译作《流浪者之歌》。茨冈人，一称吉普赛人，是欧洲一个漂泊无定的民族，因为他们大多长于医卜、星相等术，故又有译为“江湖人”的）。在这曲子中，小提琴演奏的若干艰深技巧都包含在里面，同时它的旋律也是非常动人的。

若干大作曲家如悲多汶、孟德尔松、勃拉姆斯、佛兰克和圣·桑等人都有很重要的小提琴音乐的作品，但是他们都把重心放在较庞大的形式“奏鸣曲”和“协奏曲”之上。另一方面有一种乐曲像圣·桑的“引子及随想回旋曲”（Introduction and Rnodo Capricioso）和温略夫斯基的“传奇”（Lengend）则是用小提琴独奏与管弦乐合奏的乐曲，因为他们的演奏方式与音乐作法都与协奏曲相同，故留在讲协奏曲时再讲。

除开钢琴和小提琴之外，独奏用的最多的乐器是大提琴。比起小提琴来，大提琴是比较缺乏辉煌的技巧表现而长于歌唱旋律的表现的。一般说来，它的音色比小提琴还要接近于人声些。因此，大提琴独奏用的乐曲更多的是从歌曲、钢琴曲及其他器乐曲改编而来。前面提到过的舒曼的《梦幻曲》、萧邦的《夜曲》和鲁宾斯坦的《F 调旋律》等都可以随时在大提琴独奏中听见。看过电影《乐府千秋》的人更可以听到一首名叫《天鹅》（*Le Cygne*）的乐曲，它便是从圣·桑的钢琴曲改编来的。现在它已成为一首著名的大提琴独奏曲了。下面是它开始的一句——

许多大音乐家也曾为大提琴写过曲子。悲多汶、舒曼、孟德尔松、格里格、希德洛士和勃拉姆斯等人都写过一些奏鸣曲或协奏曲等较大的乐曲。真正为大提琴独奏的舒曼有五首“民歌体”（Im Volkston）的小曲。

其他乐器如中提琴、长笛、洋箫、洋管和喇叭等独奏的时候较少。中提琴独奏曲中著名的有焦卿（Joachim）的《希伯来旋律及变奏》（*Hebrew Melodies and Variations*）。其余的独奏乐曲，除开一些创作之外，也有许多是从其他乐曲改编来的。

对于乐器独奏的特点及独奏音乐的一般情形，我们已有了这个大略的叙述，它或能对欣赏独奏音乐有所帮助。我们要了解较大的演奏方式，先得了解独奏。要欣赏较大的重奏与合奏的乐曲，也必须以欣赏独奏音乐为基础。初欣赏西洋音乐的人，多留意独奏音乐是最好不过的。

原载《中学生》1949 年第 207 期

什么是室乐

——西洋音乐欣赏

上次我们谈过了各种乐器的独奏，这一次我们接着来谈各种乐器的重奏。

什么叫重奏呢？重奏就是两件以上到十件以下的独奏乐器的合奏。第一，重奏不像中国过去的音乐那样用好几种乐器奏同样的旋律，这只能叫齐奏，而不能叫重奏或合奏。自然在重奏中偶尔也有齐奏的地方，但那只是为了增强旋律的效果而设，并非整篇如此。在重奏中总是每一件乐器负责演奏一个声部的。第二，重奏又与合奏不同。合奏虽也分为好几个声部，但每一声部不只用一件乐器演奏。比如在管弦乐队中的第一小提琴部分起码便有八件之多，它们在自己一部中是齐奏，在整个乐队来说便是合奏。第三，重奏更与用其他乐器伴奏的独奏不同。在有伴奏的独奏当中，独奏乐器为主，其他乐器只是陪伴它。但在重奏中，每一件乐器都有同样的重要性，在乐曲当中则给每个演奏者以相等的兴趣，绝不能使某一件乐器特别突出而使别的乐器作为它的附庸。它们必须随时调换主从关系，一会儿是你做主人我做仆人，过一会儿又是你做仆人我做主人。这样便能使各演奏者的兴趣和紧张程度得到调节。如果是某一件乐器特别突出，如舒曼的一些使用有钢琴的重奏乐曲使钢琴过于突出那样，便失去了重奏的意义而接近于独奏了。

重奏的名称由演奏乐器的数量来决定。两件乐器的重奏称为二重奏，三件乐器的重奏称为三重奏。其余以此类推。有的时候也会有把重奏的每一个声部各加一件乐器演奏的，这称为双重奏。比较常见的，在弦乐四重奏演奏时每声部用两件乐器，这就叫做双四重奏

(Double Quartet)。不能把它叫做八重奏。不过这种方式接近于合奏，有失重奏的意义，所以比较少用。

重奏还因它所用的乐器不同而有不同的称谓。如钢琴二重奏、弦乐三重奏、钢琴四重奏等，都因它用的乐器不同而得名。同时这些名称都有一定的界说。如弦乐三重奏便是指小提琴、中提琴和大提琴组合的三重奏，并非随便三件弦乐器的组合。又如钢琴四重奏的组合法是在弦乐三重奏中再加一架钢琴而成，并非是四架钢琴的重奏。所有这些名称都是习用而成，并非依照任何规律而定。后面我们再详细说明各种重奏的形式。

所有的重奏音乐都属于“室乐”(Chamber Music)。室乐的意思原是指在贵族的厅堂中，用少数乐器为少数听者演奏的音乐。但现在它的意思已经有了变化。简单地说，便是指的重奏音乐。这种音乐以在较小的场所演出能获最好的效果，不像乐队音乐和戏剧音乐那样适宜于在较大的场所演出。另外一点要附带说明的是现在有一种很流行的“客厅音乐”(Salon Music)，我们不能把它当作室乐。这种音乐虽也只用少数人演奏，但却未具有严格的重奏的意义。同时他们所演奏的大都是一些浅薄的“轻声音乐”(Light Music)，用以娱乐宾客，并没有太多的价值。

室乐的演奏需要每个演奏者都有很高的技巧，因为作曲者是把兴趣与重要性平均地分给每一件乐器的。同时又因为室乐的演奏不用指挥，所以每个演奏者均须有深厚的音乐修养，对乐曲有彻底的了解，并发挥充分的合作观念，然后才能使演奏获得一致的效果，达到完美的境界。他们比起独奏来较少自由，比起管弦乐合奏来则需要更多的精细。

欣赏室乐的时候，不能用欣赏独奏的态度，必须把注意力平均分配给每一件乐器，而不能单凭自己的兴趣集中于某一乐器之上。要善于寻求乐曲的主要旋律之所在，并领略各乐器相配合的微妙之处。另一方面也不能用欣赏管弦乐的态度去欣赏室乐。因为管弦乐的音色丰富，音量强大。室乐则相反，它的音色单纯，力量较弱。室乐的音乐表情是传达自每一乐器演奏的细微之处。它着重于细腻的、精炼的表现，着重于合奏中高度的、理性的抑制。着重音乐较少作感情之力的表扬，而较多作哲学意味的含蕴。因此有人说室乐是所有音乐中最富有哲学意味的领域。而我们欣赏它时就更需要细心玩味。

室乐曲的形式几乎全是包含三个或四个乐章的奏鸣曲。所以在二重奏中，凡是钢琴与其他乐器合奏的奏鸣曲都直称奏鸣曲而不称二重奏。反过来如三重奏、四重奏等则只称“×调×重奏”而乐曲的形式便必然是奏鸣曲。如果不是奏鸣曲形式的乐曲，我们便不能简单地叫做“×调×重奏”，而应该用其他乐曲的名称来叫它。譬如修裴尔特的著名的《死神与少女》弦乐四重奏，可以叫做《d小调弦乐四重奏》，意思就是，暗示它的形式是一个包含有三个或四个乐章的奏鸣曲。但如果我们只拿它的第三乐章来演奏，或假定这一乐章是一首独立的乐曲，那就不应该直接叫它做《d小调弦乐四重奏》，而应该叫它做“谐谑曲”(Scherzo)或“为弦乐四重奏的谐谑曲”。即如大家时常可以听到的恰伊柯夫斯基的“Andante Cantabile”，这是他的《D调弦乐四重奏》的第二乐章，Andante Cantabile两字是这一乐章开始处的速度和表情的标语。前一字是“徐缓”的意思，后一字是“像唱歌似的”的意思，现在它们已经成为这首乐曲的名字了。

因为室乐曲大都是奏鸣曲的形式，所以欣赏室乐曲最好能知道奏鸣曲的形式。但我们现在主要在讲各种演奏形式，关于奏鸣曲的组织我们以后再专门讨论它。现在我们分别讲一讲各种重奏的情形。

先讲二重奏，英文称 Duet 或 Duo，后者为一部分作曲家所采用，专指乐器的二重奏，前者则兼指二重唱。意思是两件同样乐器或性质相近的乐器的重奏。如两把小提琴的二重奏、小提琴和中提琴二重奏、洋箫和低音大箫的二重奏等便是。一般称为钢琴二重奏的有两种不同的情形：一种是两种演奏者弹两架钢琴，另一种是两个演奏者弹一架钢琴，这种又叫“四手弹”（aquatre mains）。至于钢琴和其他乐器的二重奏，大都直称为奏鸣曲，或其他乐曲的名称，而不称二重奏。

二重奏中用的最多的是钢琴和其他乐器演奏的奏鸣曲。别的两件乐器的二重奏曲比较少，其中著名的可以举出悲多汶的《洋箫与低音大箫的二重奏》（*Duo for Clarinet and Bassoon*）。钢琴二重奏的乐曲很多。著名的有莫札尔特的《C 调赋格曲》（*Fugue in C*）和萧邦的《C 调回旋曲》（*Rondo in C*）。修裴尔特的《大二重奏》（*Grand Duo*）和《转向匈牙利》（*Divertissment ä la Hungroie*）是“四手弹”的名曲。但是钢琴二重奏现在已少有人演奏了，只有音乐家或钢琴爱好者们，为了能再听到管弦乐作品演奏之前弹它的改编曲时才用得到。

前面已经讲过钢琴和其他乐器的二重奏大家都称奏鸣曲。即如小提琴与钢琴合奏的奏鸣曲，一般提到它时叫做“小提琴与钢琴的奏鸣曲”（Sonata for Violin and Piano），但也可以简称为“小提琴奏鸣曲”（Violin Sonata），其余如“大提琴奏鸣曲”等也是一样。不过这种说法不适用于悲多汶以前的作品。

各种乐器与钢琴合奏的奏鸣曲当中，最重要的是小提琴奏鸣曲。许多大作曲家如悲多汶、修裴尔特、舒曼、勃拉姆斯、格里格、佛兰克（Cesar Franck）、希德洛士和万生·旦第（Vincent D' Indy）等都有小提琴奏鸣曲的作品。最丰富的是悲多汶，他共写过十首。最著名的是悲多汶的《克洛策奏鸣曲》（*Kreutzer Sonata Op. 47*），佛兰克的《D 调奏鸣曲》和勃拉姆斯的 Op. 100 的《奏鸣曲》。普通最容易听到的是悲多汶的《克洛策奏鸣曲》，这曲子因献给当时著名的小提琴手克洛策（Rodolphe Kreutzer）而得名。听过马思聪音乐会的人便可听到这首曲子的演奏，其他名家演奏的唱片也容易找到。它共包括四个乐章，第一乐章具有强烈的感情的力，第二乐章是一首缓慢的迷人的旋律，第三乐章是一首轻快的正规的变奏曲，最后是用一段民歌风的旋律做成的辉煌的末章。全曲中钢琴与小提琴有着同样重要的表演，这是悲多汶首先这样做的，后来勃拉姆斯在他的奏鸣曲中也有同样的成就，尤其是佛兰克的《D 调奏鸣曲》更在这一点上占有卓越的地位。听这种乐曲时如果只把注意力集中在小提琴上，对于乐曲的真正好处便无法接受。

除开小提琴奏鸣曲之外，较多的要算大提琴奏鸣曲。悲多汶曾写过五首，其余如孟德尔松、格里格、希德洛士和圣·桑诸大家都有大提琴奏鸣曲的作品。其中以格里格的富有民族色彩的一首 Op.36 为最著名。中提琴的奏鸣曲更少。现代作曲家布罗赫（Ernest Bloch）有一首中提琴与钢琴合奏的《组曲》（Suite）很著名，这首曲子的形式与奏鸣曲相似，其中第四乐章很有中国风味，特介绍给大家，有机会可找来听听。至于其他乐器与钢琴合奏的奏鸣曲因为少用，这里不再详述。接着我们来谈谈三重奏。

三重奏英文叫 Trio，这个另外还有一种用法是指大三段体的乐曲如进行曲，梅吕爱舞曲的中间乐段而言。三重奏的配合方式很多，但是最重要的是弦乐三重奏和钢琴三重奏两种。弦乐三重奏是由一把小提琴、一把中提琴和一把大提琴组合而成。钢琴三重奏是由一架钢琴、一把小提琴和一把大提琴组合而成。现在这两种形式已较少用，弦乐三重奏的和声不如弦乐四重奏坚实，音色少变化，音量也较贫弱。钢琴三重奏中钢琴与弦乐器的发音原理不同，音色相异，音量不等，很不容易处理得好。原先在钢琴的前身 Harpsichord 的时代这种缺点自然少点，但始终没有在彼此均等的配合上获得圆满的解决。较早的钢琴三重奏如海登的作品，事实上等于钢琴独奏而用小提琴助奏主要旋律，大提琴则保持低音。到后来因为钢琴的出现，在这两种乐器本身不易均衡处理的情形下，自然也难得有完美的钢琴三重奏的作品出现。

大作曲家如海登、莫札尔特、悲多汶、勃拉姆斯和雷格（Reger）等人各有著名的弦乐三重奏或钢琴三重奏作品。弦乐三重奏的作品比较少，著名的有悲多汶的三首（Op.3，Op.8，Op.9）。尤其是雷格的《a 小调三重奏》（*Trio in A minor Op.776*），以它精妙的配合与处理被认为最好的弦乐三重奏。钢琴三重奏的作品比较多。著名的如悲多汶的献给爱尔杜第（*Mariel Von Erdody*）的三重奏（Op.70），勃拉姆斯的《C 调三重奏》（Op.87）和德伏柴克称为“顿基舞曲”（Dumky）的三重奏。普通很容易听到的是海登的《G 调三重奏》的末章《吉卜赛回旋曲》（*Gypsy Rondo*）。它的旋律是非常动人的。

其余三重奏的配合法很多。纯用弦乐器的如两把小提琴和一把中提琴的三重奏，纯用木管乐器的两支洋管和一支英国管的三重奏，用木管乐器与弦乐器的如长笛、小提琴和中提琴的三重奏，用钢琴及木管乐器和弦乐器的如钢琴、洋箫和大提琴的三重奏等，所有这些形式都曾为悲多汶采用过。

四重奏（Quartet）中最主要的是弦乐四重奏，它由两把小提琴、一把中提琴和一把大提琴合组而成。两把小提琴中一把奏第一声部，称第一小提琴（First Violin）。另一把奏第二声部，称第二小提琴（Second Violin）。这四件乐器配合起来相当于一个混声四重唱：第一小提琴相当于女高音，第二小提琴相当于女低音，中提琴相当于男高音，大提琴相当于男低音。这样的组合法的和声基础坚实，音色也相当丰富，它有小提琴的华丽，中提琴的优雅和大提琴的力。同时因为这四件乐器在音质与发音原理上都同属一系，合奏起来纯粹而融合。音量也很适度。因此，弦乐四重奏是室乐中最优美的演奏方式，弦乐四重奏乐曲也是一切音乐中最纯粹、最高尚的一部分。

弦乐四重奏在舞台上演奏时的位置如下：

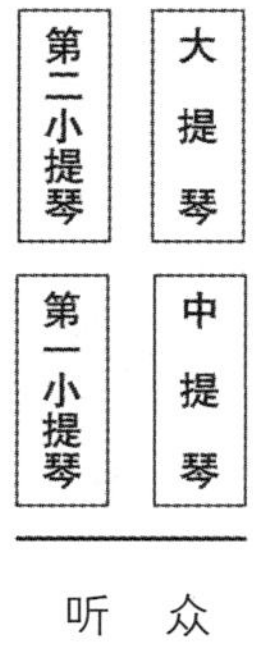

大作曲家都有弦乐四重奏的作品，而且这些作品往往在他们整个创作活动中占有很重要的地位。我们只需举出一个大概的数字便可以明了。海登有 83 首、莫札尔特有 26 首、悲多汶有 16 首、修裴尔特 15 首、孟德尔松 6 首、勃拉姆斯 3 首。其余如佛兰克、万生·旦第、德褒西、拉凡尔（Ravel）、玄堡（Arnold Schoenberg）、巴多克（Bela Bartok）、恰伊柯夫斯基、鲍罗亭（Borodin）、格里格和史密达纳（Smetana）等大作曲家都有相当多的弦乐四重奏的作品。悲多汶的四重奏是四重奏乐曲的典范作品，无论在音色、音量、配合及表情上都达到难以超越的程度。他的著名的献给当时俄国驻德大使拉素莫夫斯基（Rasoumowsky）的两首四重奏 Op.59 便是有名的例子。修裴尔特的《死神与少女》四重奏也占有极重要的地位。另外佛兰克的《d 小调四重奏》被公认为近代作曲家的室乐杰作。其他如勃拉姆斯和德褒西的四重奏也很有名。大家最熟知的四重奏乐曲恰伊柯夫斯基的《D 调四重奏》中的第二乐章《Andante Cantabile》。这曲子的旋律是根据一首民歌作成的。它那幽婉动人的情调，真像一个流浪者夜深人静时在逆旅中思念家园而辗转回思的情形一样，尤其是后半段加进拨弦，会叫我们中国听众想起凄凉的梆子声来。它的主要旋律曾有人填入歌词来唱，现在把旋律附在后面：

另一首同样因为填有歌词来唱为大家所熟知的四重奏的旋律便是海登著名的《皇帝四重奏》中第二乐章变奏曲的主题。这便是他后来被采用为英国国歌的名歌《上帝保佑佛兰兹王》（*Gotterhalte Franz den Kaiser*）的旋律，后来因为他很喜欢它，便用来做这首变奏曲的主题，这首四重奏便因此而称为《皇帝四重奏》（*Kaiser Quartet*）。这首歌的旋律是这样的：

四重奏中另一种通行的形式是钢琴四重奏，它的组织法是在弦乐三重奏中再加进一架钢琴而成。这种配合形式也比较少用，原因是它像钢琴三重奏那样弦乐既不够坚实，而弦乐器与钢琴的配合又极不容易处理。莫札尔特、悲多汶和孟德尔松等大作曲家都有过钢琴四重奏的作品，但直到勃拉姆斯才使这种形式得到相当成功，而德伏柴克的两首钢琴四重奏（Op.23，Op.87）则是有卓越成就的作品。其余的四重奏的配合则比较少见。

五重奏（Quintet）中以钢琴五重奏及弦乐五重奏为最普通，尤其是钢琴五重奏。它的组合法是在弦乐四重奏中再加进一架钢琴。这种形式无疑比钢琴四重奏完善得多。因为其中弦乐器已自成为一个完整的体系，在音量上足以和钢琴相抗衡。同时与弦乐四重奏比起来虽不能那么纯粹融合，但音色方面却较为复杂和多样，音量也要雄厚得多。所以说钢琴五重奏是室乐中常用的一种丰富而有力的形式。这种形式首先为舒曼所创用，后来勃拉姆斯、德伏柴克和佛兰克诸大家皆有钢琴五重奏的作品，尤其以勃拉姆斯的《f 小调钢琴五重奏》（Op.44）为最著名。上海的读者如果曾去听过 1948 年 5 月 25 日在法文协会举行的国际音乐会，便可听到苏侨演奏的俄国作曲家亚伦斯基（A.Arensky）的钢琴五重奏（Op.51）。这首曲子写得很美。演奏的时候是在弦乐四重奏的左边放一架钢琴。

弦乐五重奏的普通配合法是在弦乐四重奏中再加一把中提琴而成。莫札尔特、悲多汶、孟德尔松和勃拉姆斯诸人的弦乐五重奏，大都用的这种形式。也有在弦乐四重奏中再加一把大提琴而成弦乐五重奏，但这种形式有使低音太强而中间声部较弱的缺点，所以少用。至于在弦乐四重奏中再加一把低音大提琴而成弦乐五重奏的办法，则因它已超过室乐范围，用者更少。昂斯维（Onslow）在他写的 34 首五重奏曲中试用此法，后来德伏柴克的五重奏（Op.77）也用这种方法。

修裴尔特有一首著名的《鳟鱼》五重奏［这曲子的第二乐章是用修裴尔特的名歌曲《鳟鱼》（Forellen）做主题作的变奏曲，故有此名］，它的组合方式是在钢琴四重奏中再加进一把低音大提琴。这是钢琴五重奏的变形。其余五重奏的配合法如莫札尔特和勃拉姆斯曾写过在弦乐四重奏中再加一支洋箫的五重奏，另外莫札尔特还写过一首在弦乐四重奏中再加进一支法国号角的五重奏。其他一些形式就不再讲了。

六重奏（Sextet）用得较多的是用两把小提琴、两把中提琴和两把大提琴组合而成。勃拉姆斯、德伏柴克和拉弗（Raff）诸人的六重奏都是如此。海登一首有名的《回声六重奏》(Echo Sextet)用的是四把小提琴和两把大提琴。悲多汶写过几首在弦乐四重奏中加两件管乐器的六重奏。七重奏(Septet)比较少。悲多汶有一首用弦乐器和管乐器的七重奏;圣•桑有一首用钢琴、弦乐器和喇叭的七重奏。八重奏(Octet)又稍多一些。修裴尔特的著名八重奏是弦乐四重奏、低音大提琴、洋管、法国号角和低音大箫组合而成。悲多汶的《大八重奏》(Grand Octuor op.103)纯用管乐器,他用两支洋管、两支洋箫、两支法国号角和两支低音大箫组合而成。其他如孟德尔松等人也有八重奏的作品。

总之,这些乐器较多的重奏形式,因为它们和小型乐队相近,作曲家往往少用,而且用起来也没有什么一定的形式,完全由作曲家的兴趣和音乐要求来决定。

现代作曲家玄堡创用一种“室内管弦乐”(Chamber Orchestra)。这种形式是介乎室乐与管弦乐之间的。它与管弦乐合奏不同的是每一部只有一件乐器,这一点与重奏相近。但是它所用的乐器总在十五六件之多,音乐本身是管弦乐的性质,这又显然与重奏不同。现在这种形式还不很普遍,只为少数作曲家所采用。

原载《中学生》1949年第208期

乐队的组织

——西洋音乐欣赏

前两次我们谈过了各种乐器的独奏与重奏，这一次我们接着来谈各种乐器的合奏，也就是乐队的组织。

乐队的组织形式有好几种，最主要的是包罗我们以前讲过的各种乐器的管弦乐队。(Orchestra)，其次是管乐器和打击乐器的管乐队（Wind band），这种乐队为演奏军乐曲而用，故通常总称军乐队（Military band）而不叫管乐队；再其次是用弓弦乐器的弦乐队（String Orchestra）。其余虽也可能有只用木管乐器的木管乐队（Wood-wind Orchestra）和只用铜管乐器的铜管乐队（Brass band）的组成，但用的却是非常之少，我们最常听见的自然要算管弦乐队的演奏了。

管弦乐队的组织是逐渐发展起来的，在巴赫和亨德尔的时代，乐队的组织不过十几个人。到海顿和莫扎特以后古典时期管弦乐队的组织（后）完成。后来经过伯辽士和瓦格纳后发展到近代管弦乐队的形式。各个作曲家所写的管弦曲也因他的音乐的需要而使用不同的乐器，因此，一个管弦队所用的乐器常常是没有一定的，尤其是管弦乐器和打击乐器。现在把管弦乐队所用的乐器依其使用情形列表如下：

管弦乐队使用乐器表

组别	弦乐队	木管乐器	铜管乐器	打击乐器	弹弦乐器	键盘乐器
古典乐队使用	第一小提琴 第二小提琴 中提琴 大提琴 低音提琴	长笛 洋管 低音大管 洋箫	喇叭 法国号	定音鼓		
近代乐队使用		短笛 英国管 最低音大管 低音洋箫	洋号 细管喇叭 低音大喇叭	大鼓 小鼓 三角铁 铜锣 铜钹 键盘铜板琴	竖琴	管风琴
偶尔使用		萨氏箫		铃鼓 钢板琴 响板 木琴	吉他琴 曼陀林琴	钢琴

从上面的表里面我们可以知道近代的管弦乐队在使用乐器的种类的数量上要比古典时期的管弦乐队多得多。因此，演奏的人员也就要多得多。同时各种乐器也因均衡的关系而增加了。这样一来，古典时期的乐队最多不过六十人，而近代的乐队则多至百人左右了。于是管弦乐队便发展为最丰富、最壮大的演奏形式。同时，管弦乐队的人数虽因时代的先后而有所不同，另一方面即使同一类型的管弦乐所用的人数也有差异的，只是这种差异并不太大，因为无论如何配备法，每个指挥者都必须顾虑到各组乐器之间的音量的均衡。像上海市政府交响乐队在演奏某些近代乐曲时因弦乐器的数量不足而与管乐器失去均衡的情形，只能算是因环境限制不得已而有的现象。依照比较合理的比例，管弦乐队的人数配备可列表如下：

类别	弦乐器组	木管乐器组	铜管类乐器组	打击类乐器	弹弦乐器	合计
乐器名称	第一小提琴 第二小提琴 中提琴 大提琴 低音提琴	长笛 短笛 洋管 英国管 洋箫 低音洋箫 低音大管 最低音大管	法国号 喇叭 细管喇叭 低音大喇叭	定音鼓 大鼓 小鼓 三角铁 铜板琴 铜钹 其他	竖琴	
古典时期所用件数	一二 一〇 八 六 四丨六	二 二 二 二	二 二	二		五三人
近代乐队所用件数	一八 一六 一四 一二 一〇	三 一 三 一 三 一 三 一	四 二丨三 三 一	三 一 一 一 一 一 一	一	九七人
实际人数及例外		第三长笛兼 第三洋管兼 第三洋箫兼 第三低音大管兼	有时为六丨八 有时用二洋号	一人演奏 奏大鼓者兼 一人演奏	有时为二	

现在世界上著名的管弦乐队，如美国的费城交响乐队（Philadelphla Symphony Orchestra）和伦敦的爱美管弦乐队（Philharmonic Orchestra），人数配备大都如上表所列近代乐队那样。像这样的管弦乐队用的乐器有 24 种，动员的演奏者快到一百。他们在演奏古典作曲家的作品时自然绰绰有余，如果是演奏某些近代作曲家的作品便得加进一些上表所未列入的乐器。例如要演奏恰伊柯夫斯基的《胡桃钳组曲》（*Nutcracker Suite*），便必须加进键盘钢板琴和铃鼓等乐器，又如演奏圣・桑的《死之舞蹈》便必须加进木琴。演奏美国作曲家盖许温（George Gershwin）的《蓝色狂想曲》（*Rhapsody in Blue*）便要用萨氏箫了。不过这都是比较特殊的情形，一般的管弦乐曲用这样的管弦乐队演奏是足够的了。

管弦乐合奏中，弦乐器组的五部各奏一个声部。木管乐器和铜管乐器组则是每件乐器各奏一个声部，近代作曲家为了使弦乐器的运用稍有变化起见，便采取了两种办法：一种是利用弦乐器做独奏，最著名的例子如俄国作曲家李姆斯基 - 柯尔萨珂夫的组曲《雪赫拉查德》（*Sheherazade*）中的小提琴独奏的装饰乐句便是。次一种是把弦乐器中的某一部分再分部。普通是分为两部，偶尔也有分为三部或四部的。如果是分为两部的，演奏时大部分是由每一个谱架前面的两个演奏者中右面的一个奏第一部分，左面的奏第二部分。要是分为三部或四部时，演奏者的划分或由指挥者分配或由作曲者预先注明都可以。将弦乐器组再予以分部的这种办法是从瓦格纳才开始用。以后的作曲家如恰伊柯夫斯基的用法就很有名。

管弦乐队演奏时在舞台上的排列法虽然并没有一个十分刻板的形式，但是普通都是依照一定的原则来排列的。这样便是把奏旋律的声音高而音量小的乐器排在前面，奏和声及节奏的声音低而音量大的乐器排在后面。因此，各组乐器排列起来时是把弦乐器排在最前列，木管乐器次之，铜管乐器又次之，打击乐器排在最后，每组乐器又把高音的放在前面，低音的放在后面，所以各个乐队的排列法之间的差距并不大，有的不过是把中间声部的乐器的位置互相调换而已，这都是由指挥者决定。按照上面的原则，管弦乐队的演出排列法可如图所示，以作参考。上海市政府交响队演出的位置也大致相同。

现在我们接着来谈谈军乐队的组织。

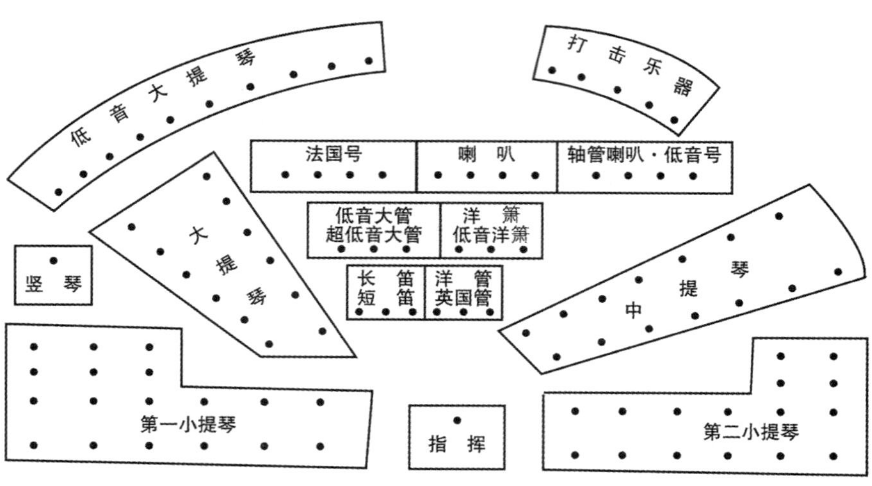

军乐队原只是为军队进行时或者各种典礼时用的，但到近代，因军乐的水准逐渐提高，也常演奏一些名曲，并且有时还有开音乐会的，所以军乐也逐渐有了艺术。至于它的组成，一般是用的木管乐器、铜管乐器和打击乐器三组，但却和管弦乐队中把这三组提出来是不同的。有的乐器增多了。例如在木管乐器中，洋箫高低不同地用上四五个，萨氏箫也用四个，铜管乐器中则加入洋号等。也有的乐器少用了。例如木管乐器的英国管和最低音的大管就很少用。同时军乐队的组织各国的体制都不相同。像中国的军乐队本身就不统一，有的是德国式，有的是英国式，甚至于有的什么式也不是的乱来。所以要给军乐队找一个比较标准的组成形式确实很难。这里且用英国皇家军乐学校的军乐队的组成为例，以供参考，它的组成如下：

短笛、长笛、第一及第二级洋箫、第一及第二洋管、独奏洋箫、第一二三洋箫（上两种为较低的洋箫，故列在此）、中音及次中音萨氏箫、第一及第二低音大管、第一二三四法国号、第一及第二洋号、第一及第二喇叭、第一二次中音细管喇叭及低音细管喇叭、低音大喇叭、定音鼓、大鼓、小鼓及其他打击乐器。

弦乐队的组织非常简单，用的乐器就是管弦乐队中的五部弓弦乐器。它的人数配备是和管弦乐队中的弦乐器组相似的，依照李姆斯基－柯尔萨珂夫的意见如分成小型、中型和巨型三组，其人数如下：

巨型：

第一小提琴（16）第二小提琴（14） 中音提琴（12） 大提琴（10） 低音提琴（8—10）

中型：

第一小提琴（12） 第二小提琴（10） 中音提琴（8） 大提琴（6） 低音提琴（4—6）

小型：

第一小提琴（8） 第二小提琴（6） 中音提琴（4） 大提琴（3） 低音提琴（2—3）

李姆斯基－柯尔萨珂夫又说：“在大的乐队中第一小提琴的数目可多至 20 或 24，其余的乐器则按比例地增加”，同时他也认为使第一小提琴少于 8 个是不好的。

军乐队的音乐普通很容易听见，而且多半是一些进行曲一类的东西，听起来也比较容易接受。弦乐队演奏的乐曲比较少，大都是一些比较细腻的夜曲。一般最容易听到的是莫札尔特有名的《小夜曲》（*Eine Kleine Nachtmusik*）。大家如果爱听收音机的音乐，这首乐曲是不难碰见的。

乐队的演奏少不了一个指挥者（conductor），在巴赫与韩德尔的时代，指挥者是坐在 Harpsichord 的前面，先示意首席小提琴开始，然后由首席小提琴领导其他乐器一起开始，指挥者便不断地在琴上弹和弦。到悲多汶时期离开乐器而站在演奏者前面，手里拿着一个纸卷指挥乐队。后来斯波尔（Spohr）开始用指挥棍（Baton）来指挥。原先指挥者的任务无非是打拍子而已，但后来指挥的艺术逐渐发展，经柏辽士和瓦格纳诸位的创造，指挥者已成为乐队演奏的全权负责人，就像一个独奏者一样，指挥者把一个庞大的乐队当做一件乐器，在乐曲的创造中充分发展他的个性。这样一来，一个指挥者显然并不只是打拍子，更主要的，他是一个乐队的灵魂。

作为一个乐队的指挥者，必须具备多方面的条件。第一，他必须熟悉各种乐器的性能，最好需要精通一两件乐器。第二，他必须了解各种乐器的配合法。第三，他必须有阅读十几行复杂乐谱的能力，而且有人奏错了时他也要能够指出来，他得有一副很好的耳朵去辨别演奏者的效果。第四，他必须能充分地了解乐曲，并能把他对乐曲处理的意见明确地传达给演奏者。最后，他还得是一个很有组织才能的人，有的伟大艺术家不能在指挥艺术上获得成功，缺乏组织的才能便是主要原因。其余，作为一个指挥者所具备的条件还有很多，这里不过举出最重要的而已。

原载《中学生》1949 年第 209 期

什么是奏鸣曲（上）：“西洋音乐欣赏”

当我们谈到钢琴独奏的乐曲及钢琴和其他乐器合奏的乐曲时，曾经不少次提到一种最主要的形式——奏鸣曲。这种乐曲是有其特定的组织形式的。这一次我们来仔细地谈一谈。

奏鸣曲，英文叫做 Sonata，这原是一个意大利字，意思是指用乐器演奏的乐曲，用以和歌唱的乐曲 Cantata 相对举。因此就译作奏鸣曲。也有译作“模范大曲”或“长曲”的，因为这种乐曲是一切乐曲中形式最庞杂的一种。此外也有音译为“朔拿大”的。奏鸣曲这个名字最早在 16 世纪的时候便由意大利作曲家开始采用，那时候它所指的还只限于一个乐章的乐曲。后来在 17 世纪末和 18 世纪初，有一位著名的小提琴手兼作曲家柯雷利（Corelli），曾经写过约 48 首为弦乐器和风琴用的奏鸣曲，另外还有十多首为弓弦乐器独奏用的奏鸣曲，这些奏鸣曲就包含好几个乐章，不再是只限于一个乐章的乐曲了。接着便有塔尔替尼（Tartini）和纳尔第尼（Nardini）诸人的著名的小提琴奏鸣曲，巴赫和韩德尔也都有小提琴奏鸣曲的作品。这时候奏鸣曲的名称已逐渐地用于为乐器独奏的大型乐曲。不过还没有发展到近代所公认的奏鸣曲的形式，那时候的奏鸣曲只是把几首舞曲合并为一首大的乐曲，形式和组曲差不多。我们现在所称的奏鸣曲，它的形式在与巴赫同时的作曲家斯卡尔拉梯（Scarlatti）为 Harpsichord 所作的奏鸣曲中便已奠定了初步基础，后来经过海顿和莫札尔特的大量创作，便确定了这种形式在音乐中的卓越地位，而悲多汶的奏鸣曲则达到难以超越的崇高境界，他的钢琴奏鸣曲也荣膺了“钢琴曲中的新约圣经”的尊号。从那些时候起，奏鸣曲的形式便被公认为乐曲形式中最完整的一种而为作曲家们所乐用。交响曲、协奏曲、室内曲和大部分前奏曲也都采用这种形式作成。

因为奏鸣曲的形式不仅用于一切的奏鸣曲，也用于交响曲和协奏曲等乐曲中，所以我们必须对奏鸣曲的形式有足够的了解，在欣赏一切大型的器乐曲时总不至于感到困难。但是我们在这里要弄明白的是交响曲、协奏曲等乐曲虽然用的是奏鸣曲的形式，可是它们并不能就叫做奏鸣曲。奏鸣曲的确定的定义是为一件或两件乐器演奏的大型乐曲（钢琴奏鸣曲就用钢琴独奏，其他如小提琴奏鸣曲和大提琴奏鸣曲等则用那种器乐和钢琴合奏），它包含两个到四个乐章，而且大都是至少有一个乐章用的是一种称为“奏鸣曲式”的形式。从此我们可以知道奏鸣曲大都只限于独奏音乐，像小提琴奏鸣曲起初也不过是用小提琴独奏与钢琴伴奏的乐曲，后来因为作曲家们在乐曲中赋予钢琴同等重要的地位而形成现在的形式的。

普通的奏鸣曲大多包含四个乐章。这四个乐章的排列次序和它们的形式大致如下：

第一乐章：快板（Allegro）多用奏鸣曲式。

第二乐章：慢板（Adagio 或 Andante）多用三段体曲式或变奏曲式

第三乐章：快板（Allegro 或 Allegretto）多用小步舞曲，谐谑曲或其他三段体曲式。

第四乐章：急板（Presto 或 Vivace 或 Allegro assai）多用回旋曲式或奏鸣曲式。

这四个乐章在满足人的思想与感情的要求上是非常完美的，所以奏鸣曲的作品中以用 4 个乐章作为最普遍。其次是用三个乐章的比较多些。海顿和莫札尔特的奏鸣曲有不少用三个乐章的，悲多汶的奏鸣曲中也有一部分是只用三个乐章的，如他著名的《月光奏鸣曲》（*“Moonlight” Sonata Op.27 No.2*）和《悲怆奏鸣曲》（*“Pathetique” Sonata Op.13*）便是。只用两个乐章的很少，悲多汶曾经写过两首简易的钢琴奏鸣曲（Op.49,No.1,2）便只有两个乐章。还有他著名的《瓦尔斯坦奏鸣曲》（*“Waldstein” Sonata Op.53*）也只有两个乐章。只用三个乐章的奏鸣曲一般都是省去第三乐章的，如悲多汶的《悲怆奏鸣曲》和《热情奏鸣曲》（*“Appassionata” Sonata Op.57*）就是这样的。但是例外的也有，如悲多汶的《F 大调奏鸣曲》（Op.10，No.2）便是把第二乐章省掉的，还有他的《月光奏鸣曲》实际上便是把第一乐章省去的。另一方面各乐章次序的排列也不尽是上述的次序的，例如俄国国民乐派的作曲家鲍罗亭在他所写的两首交响曲（因为交响曲都是用的奏鸣曲的形式，故引来作例）中都把快板的谐谑曲作为第二乐章，倒在第三乐章中用慢板。又如悲多汶的《E 大调奏鸣曲》（Op.109），只有三个乐章，而它的排列法却是第一乐章用快板的回旋曲式，第二乐章用急板的奏鸣曲式，第三乐章则用慢板的变奏曲式。不过这些例子都是不常有的自由用法，一般的奏鸣曲大都是依照上面的次序排列的。

其他艺术的形式中比较可以用来和奏鸣曲相类比的要算是包含三四幕的戏剧了。第一乐章把全曲的主要内容与精神传达出来，第二乐章富于抒情的意味，第三乐章轻快而有趣味，第四乐章则总结全曲趋于高潮，多表现出辉煌的效果，就好像一场大戏中之变换场景与情绪而在最后总结全剧一样。弹一首奏鸣曲在组织上又和一场大戏有不同的地方，主要的就是戏剧虽然分幕，但是各幕戏很少有独立的可能，因为它不能放弃戏剧中事件发展的连续性。奏鸣曲则不然，它的每一乐章都可能相对地独立起来，因为每个乐章在音乐材料上并无实际的联系，即是说各乐章的主题之间并无明确的关系，所以它们可以独立。它们之间的关系是保持在一定的风格与情趣之上。即是说奏鸣曲的完整是建立在思想、感情和精神的一致之上，不像戏剧那样必须受事件发展的连续性的限制。

下面我们接着来谈谈奏鸣曲各乐章的曲式。

先谈第一乐章，一般的情形它总是用奏鸣曲式的。但是也有例外，像悲多汶的《$^{\flat}$A调奏鸣曲》（Op.26）的第一乐章便是用的慢板的变奏曲式（莫札尔特也有同样的例子）。那么什么叫奏鸣曲式呢？

奏鸣曲式（Sonata form）也叫作“第一乐章曲式”（First movement form），这是因为这种曲式常用于第一乐章的缘故。同时又因为这种曲式在第一乐章中都是用快板，所以又叫做“奏鸣曲快板曲式”（Sonata allegro form）。奏鸣曲式和奏鸣曲并不是同一件事，我们不能把它们混为一谈。我们在前面已经讲过奏鸣曲式包含几个乐章的大型器乐曲，奏鸣曲式则不过是其中的一两个乐章所用的特定的曲式而已。这种曲式主要由三个部分构成，第一部分叫“呈示部”（Exposition），其次是“开展部”（Development），再其次是“复示部”（Reacpitulation）。

呈示部以正副两个主题为骨干而构成。在奏鸣曲的开始处用一个短小的引子（Introduction）的也有，但大多数是一开始便是正主题。这正主题总是有着非常明显的特性而能给听者很深刻的印象的。紧接在正主题之后的是用来连接正副两主题的过渡句（Bridge-passage），这是在呈示部中负有承前启后的重任的份子，它由正主题所用的调圆滑地转换到副主题所用的调上去，同时也不知不觉地由正主题的乐意引到副主题乐意去。紧接着它的便是副主题。副主题往往比正主题要长，有的有两段，有的是三段。副主题主要的要和正主题有对比的特性，它们在音乐中常演着相互斗争的角色，然而却又保持着某种一致性。正副主题总是在不同的调上，但是副主题所用的调却不能脱离开主调太远，必得保持一定的关系。副主题后面一段大都是愈来愈紧张而造成一个部分的高潮。副主题完了之后有时也用一个短小的尾声（Codetta）来结束呈示部。这里我们把呈示部的简单性写在下面：

（引子）——正主题——过渡句——副主题（Ⅰ.Ⅱ.）——（小尾声）

以前的作曲家为使听众对正副主题得到更深刻的印象就常将呈示部予以复奏，所以在乐谱上呈示部的末了便有一个复奏的记号。近来复奏的方式多已放弃，即在演奏以前的作曲家的作品时也少有予以复奏的了。这一方面固可说是近代人听音乐的能力已逐渐进步。同时就奏鸣曲而言，它除开呈示部之外还有以呈示部材料为基础的开展部和复示部，呈示部的复奏实在是不必要的，接下去便是开展部。

开展部的主要作用是在与呈示部形成一种对比。它把呈示部中的主题或某些片断材料用各种方式来予以开展，使乐意多有变化。主要的自然是用正副两主题的材料，有时也用过渡句的材料或引资材料。另外还有在开展部中用全新材料的，这是例外用法。悲多汶的《c小调奏鸣曲》（Op.10，No.1）第一乐章的开展部便是一个例子。开展部的开展方法可说是变化多端，常有作曲家别出心裁的精巧设计，故在开展部中可以充分地看出作者的天才。悲多汶在他所有著名曲式作品中便表现了他卓越的才能。现在把一般常用的开展方法说明如下：

一、利用主题旋律而改变其和声或伴奏形式。

二、利用主题之某一极小片段而在不同高度、音量及色彩或调上予以反复。

三、利用复调音乐的技巧，使主题作各种摹仿或位置的互换等。

四、利用主题将其节奏予以伸长或缩短，或将其旋律通行方向予以变化。

这是常用的主题开展方法，即在这简单的几条项目中，便已使音乐有足够开展的地盘了。而开展部中一个主要的关键便在于如何使一连串的转调能够很圆滑很有力地自然进行到复示部去，由开展部到复示部之间是要做到非常连续才好的。

复示部是在变化丰富的开展部之后再现呈示部的主题，依照正反合的逻辑的自然要求，在充分的变化之后再求其一致。故又重复呈示部而结束。一般的情形是把呈示部的正副主题都全部反复，有的时候也有把副主题省去某一段的。复示部与呈示部的主题差别是在所用的调上，前面曾经说过呈示部的正副主题用这曲子的主调，副主题则用与主调关系相当接近的调。另外一点与呈示部不同的是在复示部的后面多了一段较长的尾声（Coda）用以结束全曲，尤其是悲多汶的作品中，它有着显著的重要性。

奏鸣曲式的组织大致已如上述。我们由此可以看出这种形式的主要特色便在于它的主要部分乃是由两个相对立的主题所构成，而这两个主题所用的调又保持着一定不移的关系。次一个特色便是与呈示部相对比的并不是完全不同的材料，而是用已有的材料予以多样变化的开展部：这是与其他由三部分构成的曲式（即三段体曲式，以后要在讲奏鸣曲其余各乐章中详谈的）不相同的关键。现在我们把奏鸣曲式简略地表示于下：

- 奏鸣曲式
  - 显示部（A）
    - （引子）
    - 正主题（在主调上）
    - 过渡句
    - 副主题（在与主调关系接近的调上）
    - 小尾声
  - 开展部（B）—— 将呈示部材料予以开展，可构成几段
  - 复示部（A^2）
    - （引子）
    - 正主题（在主调上）
    - 过渡句
    - 副主题（亦在主调上）
    - （小尾声）
    - （尾声）

现在我们应该来学一些实例。本来在悲多汶手下，奏鸣曲式已被用得相当自由，要看清楚的奏鸣曲式最好是莫札尔特的奏鸣曲的作品，但读者们比较容易听见的自然是悲多汶的作品，尤其是他的几首有名的钢琴奏鸣曲。所以我们在此地就用悲多汶的《月光奏鸣曲》中的第三乐章为例，把他的组织分析一下，让听者可以增加了解，同时可以知道奏鸣曲式究竟是怎么样一回事。

这乐章一开始便是正主题，情绪非常激动。在♯c 小调上。

接着过渡句用正主题开始，然后结束在♯g 小调上，于是副主题便是以♯g 小调出现，旋律富于表情。

♯g 小调刚好是♯c 小调上面第五个音的调，它们间的关系非常密切。这种在上面第五个音的调在理论上叫做属调（Dominant），而把原来的调叫做主调（Tonie）。大多数奏鸣曲当中的副主题都是用的属调。至于用其他有关系的调的例，以后讲到别的曲子是还可以补充。这一个乐章中的副主题主要的有两部分，上面的这个是第一段，它有 22 小节长。接下来是第二段，仍然在♯g 小调上，音乐前一段显得急迫。

副主题第二段的后一部分趣味又稍有转变，比较轻柔而似有希望，蕴藏着无限的含蓄。

开展部共计 37 个小节，前面 6 小节用正主题，在$^\#f$小调上。接下去便是用副主题的第一段的材料，也在$^\#f$小调上，一句奏完之后这主题便由低音部演奏，伴奏则掉到较高音部去。这用副主题第一段做成的一段计有 16 小节，下面便开始了开展部中的第三段。它是由副主题的第二段中取来部分材料而发展成的新的旋律，计 15 小节，改用$^\#$c 小调，这样开展部便与复示部无缝隙地衔接起来。

复示部正主题开始于$^\#$c 小调上，经过过渡句之后，副主题也同样在$^\#$c 小调（在呈示部中副主题用$^\#$g 小调)。现在把三段副主题在复示部中的音乐附在下面，大家和前面的例子互相校对，便可以明白呈示部与复示部用调不同的情形。

在将呈示部复示完了之后，这个乐章有一个 43 小节长的尾声。用正副主题中的主要材料集合起来，给全曲已结束。奏鸣曲式的结构，我们现在可算有了相当的认识，至于奏鸣曲中其他各乐章的曲式，这一次已来不及谈了，留待下次再谈。这里我们可顺便提及的便是奏鸣曲式中的一种变体。它叫“节略奏鸣曲式”(Abridged Sonata form)。所谓节略奏鸣曲式便是不用开展部而只用简单的连句（Link）将呈示部与复示部联系起来。这种形式多用奏鸣曲中的慢板乐章。悲多汶的《c 小调奏鸣曲》(Op.10，No.1）中的第二乐章是这种曲式的最好的例子，就是《月光奏鸣曲》的第一乐章也可算是这种曲式。另外一种变体称为“现代回旋曲式”(Modern Rondo-form)，这留到以后讲回旋曲的时候再讲，因为现在大家还不知道什么叫回旋曲式哩！

原载《中学生》1949 年第 210 期

什么是奏鸣曲（下）:“西洋音乐欣赏”

上次我们谈过了奏鸣曲中所用的一种最主要的曲式——奏鸣曲式。这一次我们就接着来谈奏鸣曲各乐章中常用的其他几组曲式。除开前面讲过的奏鸣曲式之外，从上次我们所举的各乐章曲式中可以看出常用的有变奏曲式、三段曲式、小步舞曲、谐谑曲和回旋曲式几组。小步舞曲和谐谑曲又多用的是三段曲式，这样归纳起来实际只有变奏曲式、三段曲式和回旋曲式三种。这一次我们就谈这三种曲式。为了解说方便，这里先把两种基本的形式说一说。

1. 小二段体（Simple binary form），为两句乐意不同的小段构成，第二句常为第一句的应答或补充。许多短小的歌曲都用的是这种形式。下面讲到三段曲式的时候所举的悲多汶《月光奏鸣曲》的第二乐章的第二段便是一个例子。

2. 小三段体（Simple ternary form），为三个乐句所构成，第二句与第一句相互对比，第三句为第一句的反复。许多歌曲也用这种体裁，如俄国民歌《伏尔加船夫曲》便是明显的小三段体。下举悲多汶《月光奏鸣曲》第二乐章的第一段便是一个例子。

接着我们开始谈变奏曲式，三段曲式和回旋曲式的组织。

变奏曲（Variation）是以一个主题为根据而用各种不同的方法予以复奏的曲式。这主题大都是形式短小（多为 16 小节的小二段体），节奏徐缓而又旋律优美的乐曲。它的来源有四：1. 作者特意的创作。如悲多汶的《$^{\flat}$A 调奏鸣曲》（作品第二十六）的第一乐章变奏曲，和莫札尔特的《A 大调奏鸣曲》的第一乐章变奏曲都是自己特意创作的主题。2. 作者旧有的作品。如海顿的《皇帝四重奏》第二乐章的变奏曲便是用他作的奥国国歌《上帝保佑弗兰兹王》为主题。修裴尔特的《死神与少女四重奏》第二乐章变奏曲便是用他自己的同名歌曲做主题的。3. 别人的主题。如勃拉姆斯就曾经根据舒曼的主题作过两首变奏曲（作品第九及二十三），另外他还有一首根据海顿的主题作的管弦乐变奏曲（作品第五十六 a），是很有名的乐曲。4. 民歌或通俗歌曲。李姆斯基 - 柯尔萨珂夫便有 4 首变奏曲是用民歌作主题的。

变奏曲开始先奏主题，接着奏变奏部分。变奏的次数不等，少则四五次，多则有数十次。如悲多汶的 C 小调变奏曲便有三十二次之多。各次变奏依次下去，称为第一变奏，第二变奏等等。所有的变奏和主题一起保持着一贯的情绪与逻辑的要求，它们是一个整体，而非各自独立的乐曲。所以演奏者既不能抽出其中某一段来单独演奏，也不能随意更动其次序或省去某段。故有人称这种曲式为“主题与变奏曲”（Theme and Variations）。

法国作曲家万生·旦第有一首交响乐变奏曲《伊斯达》（*Istar*）。次序与上述的情形相反，先奏变奏，后奏主题。他描写有罪的女子伊斯达，经过七道门去找她的爱人，通过一道门便被夺去一次衣服，最后剩下一个裸体的人，便是它的主题。

变奏的作法和奏鸣曲式中的开展法不同。开展法是将主题中的部分予以多样的变化，但是变奏曲则必须保持主题的轮廓，整个地予以多样变化的复奏。多种变化的方法虽出于作曲家天才的创造，但归纳起来不外下面几条原则：

1. 主题和声不变而变化其旋律。
2. 主题旋律不变而变化其和声。
3. 主题和声不变而旋律亦只予装饰。
4. 主题旋律与和声结构大体不变，而改变其节奏和拍子。
5. 主题旋律由高音部移至低音部或由低音部移至高音部。
6. 利用对位方法予以变化。
7. 改变主题调式。由大调改作小调，或由小调改作大调。
8. 用全然不同的方法表现主题，仅保留其某种特色。

现在举悲多汶《♭A 调奏鸣曲》第一乐章的变奏曲为例，说明他所用的几种变奏方法。这一例证自然不能将所有的变更方法搜罗进去。其余的方法读者可在分析其他变奏曲时获得例证。这首变奏曲的主题为长 34 小节的小二段体乐曲。第一句如下：

以后是五次变奏。第一变奏是用上述的第一项方法，即主题和声不变而只变其旋律：

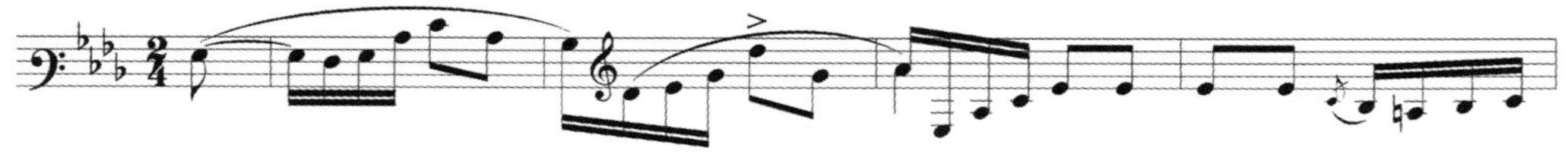

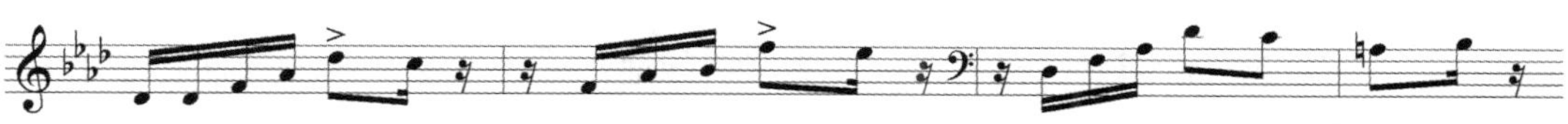

第二变奏是用上述的第五项办法，即将主题由高音部移至低音部。每一个音重复一下，高音部用“变节奏”（Symcopation）作节奏：

第三变奏是用上述的第七项办法，将原用♭A大调的主题采用降♭a小调。节奏亦稍予变化：

第四变奏是用上述第一项办法，只变化其旋律，音位常在八度上互换，调子仍还原为♭A大调：

第五变奏是用上述第四项办法，主题变为三连音的节奏，同时旋律部分亦用第三项办法予以装饰：

最后还有一个尾声，用以结束全曲。有些变奏曲不用。

欣赏变奏曲的时候首先需要把握住主题，然后再留意各变奏与主题的关系，看它们是用些什么方法予以变奏的。最后还得了解整个变奏曲在结构上究竟有什么特点，它们是适应着一种什么样的感情与逻辑上的要求而组织起来的。即如上面举的这首变奏曲，它的第一变奏造成了与主题较疏远的感觉，接着第二变奏又明显地接近于主题。第三变奏又利用变调在整个变奏曲中造成对比的效果，然后第四变奏又回到原调，主题的变化也不太厉害，最后第五变奏则利用节奏变化与旋律装饰而使变奏曲趋于高潮，并加上一个尾声以结束全曲。由此我们也可以了解到前面所说的变奏曲乃是一种完整而统一的大型曲式而并非各自独立的乐曲。

变奏曲多半用在奏鸣曲的第二乐章，因为它的节奏徐缓，旋律优美，用作第二乐章最为合适。但它有时也用作奏鸣曲的第一乐章，如悲多汶《$^{\flat}$A 调奏鸣曲》及莫札尔特《A 大调奏鸣曲》的第一乐章都用变奏曲。不过这种形式在近代几乎没有人用。

下面再讲三段曲式。

三段曲式（Ternary form），用以和小段体相区别。它是由两段相互对比的乐曲加上第一段的复奏而成。用字母来表示便是ABA2。这种曲式起源于小步舞曲加上中段（Trio）而成。小步舞曲为A，“中段”为B，小步舞曲的复奏则为A2。故若干作曲家都把这种形式称为“小步舞曲与中段”（Minuet and Trio），理论家该丘斯（Goetschius）也称三段曲式为“加一中段的歌曲体”（Song-form with one Trio）。因为他总称小二段体和小三段体为歌曲体。

第一段通常都用小二段体或小三段体。如大家熟知的悲多汶的《G 调小步舞曲》的第一段便是小二段体，前面曾经提到的《月光奏鸣曲》的第二乐章的第一段则是小三段体（见后面的谱例）。这一段是大三段曲式中的主要主题，大抵节奏比较明显，并富有特色，调子用主调。结尾处为主调的完全收法。有的时候在第一段结尾处还加用一个短小的尾声。

第二段称“中段”，英文为Trio，这字原以为三重奏，因为在十七八世纪时，这段音乐通常都写作三个声部，或者用三件乐器演奏，故而称为Trio。但后来无论在写作和演奏方面这种形式事实上都已不存在，这字的意义也不过是“中段”而已。

“中段”通常用小三段体或小二段体，前举悲多汶《月光奏鸣曲》第二乐章的“中段”便是小二段体。“中段”的主要特色为与第一段互为对比，早期作品大都是较第一段为平静。拍子大都不变，在较快的曲子中“中段”与第一段大都同调，如，下举悲多汶“月光奏鸣曲”的第二乐章便是。但在较慢的乐曲中转调的情形就比较多，但多不转至关系过于疏远的调子，以期能在对比中保持着一致。“中段”的尾部通常都有一段过渡，借以便于第一段互为对比的“中段”能自然而无隙地回返第一段去。

第三段为第一段的重现，有时用完全的重现，有时则用变化的出现。如为完全的重现则在谱上无须将第一段照原样再写一遍，只要在“中段”结尾处写一个 Da capo（意为回头）的记号，或简写为D.C.，再在第一段结尾处写一个 Fine（意为完结）的记号便可以了。像这样的情形，我们在听的时候自然可以清楚地辨别出它是一个三段曲式，但是在看谱的时候却千万别把它错认为二段曲式。下举悲多汶《月光奏鸣曲》的第二乐章便是第三段为第一段之完全的重现的三段曲式。

第三段有时用第一段变化的重现，这自然不能在谱上利用上述的省略写法，必须整个写出。变化的方式多半是有些删削或删削某一段扩充另一段，单纯的予以扩充的例子很少。原因是乐曲越到后面越需要紧凑，所以要尽可能地将材料压缩。这种用变化重现第一段的三段曲式的乐曲，例子很多，尤其以节拍较慢，形势较大的为然。恰伊柯夫斯基《悲怆交响曲》的第二乐章第三段便是将第一段略予删削的变化重现第一段。

第三段的结尾处为了使全曲圆满结束，往往利用前面的材料或全新的材料做成一个尾声。例如悲多汶的《♭E 调奏鸣曲》（作品第二十七之一）的第二乐章便是一个附有尾声的三段曲式。

前面已经讲过三段曲式不仅为奏鸣曲的慢板乐章所常用，即第三乐章的小步舞曲和谐谑曲也是用的三段曲式。所以我们只要了解基本的三段曲式，对它们就容易了解。不过为了使读者更清楚起见，我们也顺便把小步舞曲与谐谑曲的特色大体说一下。

小步舞曲（Minuet）起源于法国（法文作 Menuet，有细小的意思），为十七八世纪流行于欧洲贵族间的舞蹈，速度中常，用三拍子。音乐大体文雅而优美。自海顿以后这种舞曲即被用作交响曲和奏鸣曲的第三乐章，实际上便与舞蹈脱离。于是小步舞曲只是一种感情愉快而用它的节拍的乐曲，速度也较原来的快。

谐谑曲（Scherzo）在海顿时代原只是在第三乐章加用的演奏标题，意思只是演奏的时候要更加活泼而有谐谑趣味，音乐的节拍和曲式与小步舞曲无异。但在悲多汶的作品中不仅广泛地采用谐谑曲（即如他的 32 首奏鸣曲中包含四个乐章的只有 12 首，而用谐谑曲的便有 6 首之多。他的交响曲的第三乐章也大都用谐谑曲），而且他开始将谐谑曲创造了特色，而成为具有古怪的（Freakish）意味的乐曲，拍子也不再只用三拍子，有的用六拍子，也有的用二拍子。我们前面讲变奏曲时所举的悲多汶《♭A 调奏鸣曲》的第二乐章便是一首谐谑曲，还有他的《第五交响曲》（命运）的第三乐章也是一首谐谑曲。读者不难听到。

下面我们再把三段曲式用表来表明：

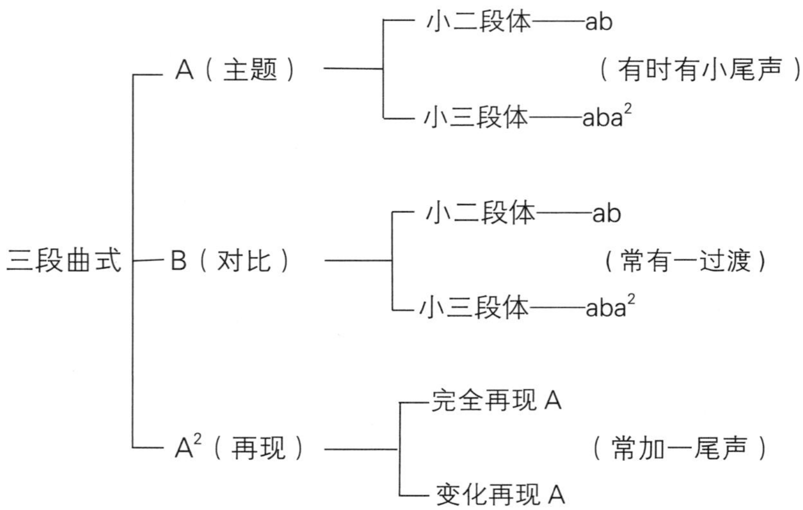

回旋曲（Rondo 或用法文作 Rondeau）起源于一种歌唱的舞曲，先由全体合唱主要主题（Principle subject），然后由一人独唱一段插曲（Episode），接着又是合唱主要主题，另一人在独唱另一段插曲，最后仍由全体合唱主题作结，这样便形成了一种 ABA2CA3 的曲式。这种曲式在巴赫前后即开始用于器乐曲中，即至海顿和莫札尔特的作品用回旋曲的就更多了。悲多汶的作品中，原曲是不仅用在第四乐章，用在第二乐章的也不在少数。

回旋曲的特色是主要主题，有很重要的地位，它反复数次，而插曲则并不反复。因此我们听回旋曲的时候曾觉得乐音老是在主题上面。回旋曲的主题的性质大多较为强烈，富有特色。插曲部分则与之成对比，但虽然没有三段曲式中的“中段”来得重要。它的目的是在陪衬主题。主题反复的时候通常都予以适当的装饰或变化，借以免去单调的感觉。最后常有一个尾声结束全曲。

这种 ABA2CA3 等回旋曲式一般称之为“旧回旋曲式”（Older rondo form），兹用表列明如下：

旧回旋曲式
- A 主题——小二段体或小三段体，用主调
- B 第一插曲——小二段体或小三段体，用临近调
- A^2 主题——在线全部或一部，装饰或变化
- C 第二插曲——小二段体或小三段体，用临近调
- A^3 主题——再现，常全部，装饰或变化（常有尾声）

悲多汶的第七、二十、二十四、二十五和三十等几首钢琴奏鸣曲中的回旋曲都是“旧回旋曲式”。其余悲多汶的奏鸣曲中所用的回旋曲大都是“新回旋曲式”(Modern rondo form)。

“新回旋曲式”我们在上次讲“奏鸣曲式”已提到它是“奏鸣曲式”的变体。现在我们把它的行事列表如下：

新回旋曲式
- Ⅰ
  - 主题（主调） 有过渡引回原调
  - 副题（属调或关系调）有过渡引回原调
  - 主题（主调）
- Ⅱ —— 插曲（临近调），有时为短小的展开部分，最后结在主调属和弦上
- Ⅲ
  - 主题（主调）有过渡引回原调
  - 副题（改主题）有过渡引出主题
  - 主题（主调）最后有尾声

这种曲式与“奏鸣曲”相似之点为正副两主体之间的调子关系。但在“奏鸣曲式”中通常有第二副题而不在呈示部中反复主题，且有开展部，故此种曲式实与“奏鸣曲式”不大相同。从上表我们可以看出“新回旋曲式”实际上是个三段曲式的复奏，中间用一点简单的插曲把它们联系起来。

“新回旋曲式”的例子在悲多汶的作品中很多。如他的《悲怆奏鸣曲》(作品第十三)第三乐章便是一。它的主题在 C 小调上。

经过一段过渡之后，副题开始在E大调（关系大调）上。

后面的过渡引回主调，主题开始。然后插曲开始的降A大调。

插曲结束在主调属和弦上，主题接着再现。副题再现时改作C大调，最后有一点尾声。

奏鸣曲各乐章的曲式都已讲过，读者可以尽量设法去找来听。在一切奏鸣曲中以悲多汶的最为丰富而有价值。他的全套奏鸣曲都曾由名钢琴手希拉拜尔弹奏而灌有唱片。必须要多听，你才会真正了解，最终只能说个大概而已。

原载《中学生》1949年第211期

谈秧歌剧

在解放区，秧歌剧要算是最受群众欢迎的一种艺术形式了。随处都可以看到这种新型歌舞剧的演出，它在宣传和教育群众上起了很大的作用。作品数量的丰富也是很惊人的。

秧歌剧的形成是由北方的秧歌舞和“跑故事”经发展而至于综合的结果，所以我们要明了秧歌剧的发生和发展，便得先明了秧歌舞发展的情形。

秧歌舞普通称为“扭秧歌”，因为这种农村的简单舞蹈是进三步停一步，同时身体扭动，所以就叫做“扭秧歌”。这种舞蹈多半在农村的节日中活动，秧歌队由二三十个人组成，一个人拿着一把张开的伞或者一个长柄的斗子灯在前面领着。后面跟着秧歌队，男女对唱对扭，女的是由男子装扮的，此外还有丑角和和尚，表演的大都是一些男女调情的内容。在关中一带的秧歌则只是由“垫场子的”顺口编一些吉庆的四六句子的歌词，扭扭唱唱而已，没有多少内容。延安一带的秧歌还有在腰间挂一只鼓，边舞边唱边敲鼓（现在各文工团表演的腰鼓便是从此发展出来的）。因此，可以说原来在民间流行的秧歌是非常多样的。后来在抗战初期秧歌就有了一些改变和发展。原来领队的持着伞或斗子灯，后来改成了镰刀斧头；原来是调情的男女，后来变成了各种不同阶层的人士，丑角和和尚也取消了。内容也不再是色情的东西而是抗战的内容。由于人物和内容的不同，舞步变得健康并趋向于集体化了。

“跑故事”和秧歌的差别是它没有唱，只有动作，颇似“哑剧”。跑故事又分成两种：一种是地故事，一种是马故事。跑故事的人，化了装，穿着戏衣，打扮成旧戏里的角色，扭起花子来，作各种姿态表演；故事大半是历史上的，如《黑虎搬三霄》《三英战吕布》之类的。地故事是在地上表演，马故事则是人骑在马上表演。后来跑故事也有了新的内容，如《中国魂》和《五里坡》，以及马故事《反徐州》等，便是刘志仁在看过新宁完小的演出后编成功的。

刘志仁是关中的一个农民，有名的南仓社火头。他首先不满足于旧的跑故事，所以编了新的《中国魂》和《反徐州》等。但他觉得单用旧的跑故事的形式来反映新的丰富的斗争生活仍然不够。他“为了演得更真，使群众更喜欢看”，便把跑故事和秧歌结合起来，丰富了秧歌的形式，使简单的秧歌开始走上秧歌剧的途径。这秧歌剧，当时他们称为“新故事”。其内容几乎全部是群众斗争生活的反映，形式方面也增加了全体秧歌队的齐唱，一齐扭花，因之更为生动活泼且富有群众性了。

在整风运动之后，通过延安文艺座谈会的讨论及毛主席的天才指示，文艺工作者开始掌握了文艺为工农兵及向群众学习的正确方向，于是大家纷纷深入农村和工厂，研究民间的艺术宝藏，各种地方戏剧、民歌、舞蹈及其他口头上的文艺。在充分地了解并吸收了各种民间艺术的优良传统之后，文艺工作者们不仅认为秧歌剧在艺术上有其优越的地位，而且它还有向前发展的可能。于是便融合了各种民间艺术的形式，并吸收了五四以来新文艺的优良传统而创造了新型的歌舞剧，即新的秧歌剧。第一个成功的作品便是大家熟知的《兄妹开荒》，它的结构还是非常简单的。后来逐渐发展，也有一些较为复杂的作品如《牛永贵负伤》和《周子山》等，它们在剧的情节及内容上都扩大了。其他如更大的歌剧《白毛女》等也可视为这种歌舞剧的发展。

所有秧歌剧的内容都是与群众的斗争生活密切关联的，许多作品的题材都是群众斗争生活的事实。内容的真实性是秧歌剧感人的重要关键。另一方面秧歌剧的主题常与实际需要相配合，每一次运动都有大量的作品产生。如在生产运动中便产生了《兄妹开荒》和《一朵红花》等剧。又如在拥军爱民运动中，便产生了《军爱民，民拥军》等剧。其余如《夫妻识字》《冯光琪锄奸》等剧也都是与各种运动相配合的。秧歌剧与群众的斗争生活结合起来，为群众解决了若干问题。它批判坏的，歌颂好的。群众因之受到教育，得到鼓励。它为八年的抗日战争与三年的解放战争尽了最大的力量。

秧歌剧是戏剧、舞蹈、音乐与诗歌融合在一起的综合艺术。现在我们分别来谈这几种构成部分在秧歌剧中的特殊情形。

秧歌剧通常是在广场中演出的。因为随时随地在广场中演出，所以它没有布景，也没有大道具。既然没有布景和大道具，许多实际的情况便得用剧词和象征的动作来予以表明。如两手向前，左右分开，就表示开门。前脚一跨，后脚一提，便表示进了门。和旧剧的许多动作相像。又因为没有布景，所以场地的变换就是由人物的上下场或者兜一个圈子再唱着“急急忙忙往前跑，不觉来到 ×××”之类的歌词以表明。在化装方面则因为在广场演出，与观众的距离较近，并且没有舞台灯光，所以都比较清淡，以免有损真实感。同时小道具也都用的真实物件，目的也是为了加强真实感。

秧歌剧的语言部分大多数是诗歌体，也有一部分是说白的。说白有对白、独白和旁白三种，都是用日常语言的自然语调，并不像旧剧里那样保持某种腔调。至于诗歌体的语言部分大体都用韵，以保持歌舞剧特有的音乐性。第一种是快板，也叫做数“练子嘴”。剧中人在作自我介绍的时候大都用这种快板。如《兄妹开荒》中的兄，在上场唱完了“扛起锄头上山岗”的歌之后，便说了几段快板，第一段如下：

> 我小子，本姓王，家住在本县南区第二乡。兄妹二人都长大，父亲母亲也健康。自从三五年革命后，咱们的生活是一年更比一年强。种地种了三十垧，还有个耕牛吃得胖，吃的穿的都不用愁，一家四口喜洋洋来么喜洋洋。

数快板的时候，依着它下面所画的节拍来念，并依照一定的情绪而抑扬。这种快板是秧歌剧构成的一个相当重要部分。若干剧情都由它清楚地介绍出来，同时也不失其音乐性。诗歌的语言的另一部分便是歌唱的歌词。歌词也用韵，其节奏多用民歌的节奏。

秧歌剧所用的语言都是人民日常的活语言。因此各地方的创作中都有着浓厚的方言色彩，各地区所演的秧歌剧大都是不相同的。将来我相信也会有许多南方语的秧歌剧出现。

秧歌剧的音乐可分为两方面，一方面是歌唱，另一方面则是伴奏用的器乐。歌唱大都是用的民歌曲调，有的时候为剧情或歌词的需要而予以适当的改动，此外创作的曲调也有，但都富有民间音乐的特色。《兄妹开荒》的音乐便都是采用民歌曲调或予以适当的改动成功的。《买卖公平》里的小姑娘唱的一段，也是由民歌改成的。现在把它附在后面：

（曲一）D调

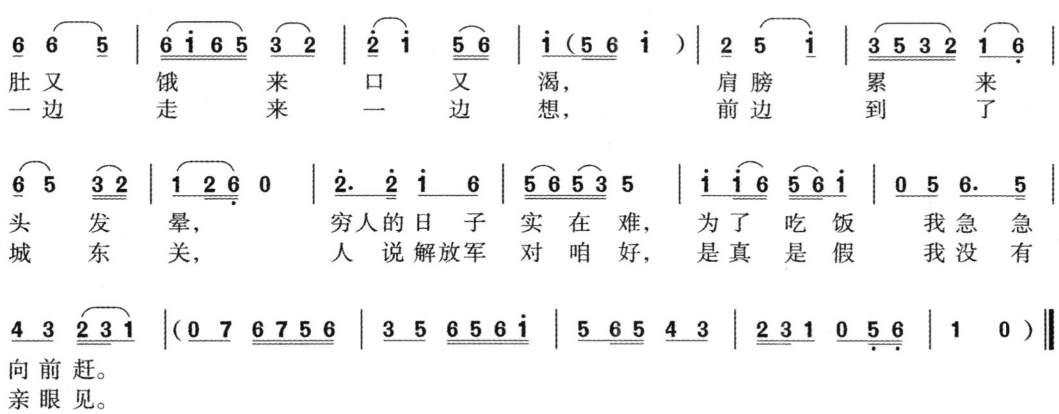

如果大家曾经熟悉一首叫《李大妈》的歌的话，便知道这两首歌实际上是从一首民歌脱胎出来的。

秧歌剧里的器乐主要是作歌唱和舞蹈动作的伴奏，或作过场的音乐，也作戏剧气氛的加强。所用的乐器为二胡、笛子、三弦或加入西洋乐器小提琴、口琴、手风琴等，并不十分一定。打击乐器如锣、鼓、钹、铃等是少不了的，它在加强节奏，制造气氛及必要时作效果之用都发挥了很大的效能。演者在唱的时候有器乐伴奏，乐器奏过门的时候则是他作必要的动作的时候。我看过《买卖公平》的演出：当小姑娘在小溪里洗瓜的时候，用轻快地敲锣边的声音作效果；在她一步步小心地踏着小溪中的石头过去时，用一步一敲的小锣作伴奏；在她发现自己的担子不见时，用强烈的锣鼓声作效果，并进一步加强她的张皇。这些都是打击乐器的绝好的运用。

秧歌剧的演出中，演员们对于歌唱时的吐字非常重视，他们的声音都是自然的，唱时决不因求声音的美而损害字音的准确。每个字都力求其能清楚地传达到听众的耳朵里。

秧歌剧的动作，我们前面已经讲过，因为它是在广场中演出的，没有布景和大道具，所以许多动作都像旧剧中一样，是象征的。同时又因为这种剧是由秧歌舞发展起来，而且还要与音乐结合，所以总是保持一定的节拍。秧歌舞的动作本来是进三步停一步的，在秧歌剧中为了实际的需要，事实上停一步的步法已经不存在了，只是在步伐中保持着一些秧歌舞的特色，而且这种秧歌舞已不是旧有的色情的舞姿，而是经过改造的健康的舞姿了。其次，秧歌舞步的舞姿还可因人物的性格及年龄性别的不同而有差异，并且可以因地位的不同而进退自如。总之，我们虽然还称这种剧为秧歌剧，其实秧歌舞在这种剧中已经过若干发展而与原型很少相似之处了。

在新的秧歌剧中最值得重视的是许多经过发展的自然动作所成功的舞蹈。每个演员的动作都予以舞蹈化，许多劳动的动作都符合音乐的节拍，尤其是许多集体化的舞蹈，更是秧歌舞向高级形式发展的强固基础。在秧歌剧《火线爱民》中：战士们挖战壕时以及割麦时的舞蹈，都是从实际劳动中摘来而使之韵律化的动作。又如《军民一家》中战士回屋休息时解裹腿和脱鞋抖沙的动作都是很好的舞蹈。这些舞蹈已经与秧歌舞没有关系了。

从以上的叙述，我们知道秧歌剧最先是秧歌舞和跑故事结合起来的简单的东西，后来吸收各种民间艺术的宝藏及新文艺的优良传统，进一步创造成功新型的歌舞剧，这种新型的歌舞剧与秧歌舞事实上已经发展到相去甚远的程度了。歌和舞在这种新型歌舞剧中占着极其重要的比重。这种歌，已不是单纯的民歌，多半予以改造，或者逐渐用新的富有民族色彩的新创作来代替。这种舞也不是原有的秧歌舞，即使是改造过的秧歌舞也只主要地用于走动的时候。另一方面除了那些富于造型意味的象征动作之外，更广阔地发展了由实际劳动中精练出来的舞蹈，而特别是集体的舞蹈。

这些年中，秧歌剧由初创而发展至现有的形态，在将来，它将向着更高级的歌舞剧的形式发展。秧歌剧这个名字在现在已觉得不顶合适了，将来形式更向前发展，秧歌剧一名将更不适用。我们的读者也许在这里已经觉得我所说的与你所想的是大不相同了，正如我前些天刚看见秧歌剧的演出时一样。

原载《中学生杂志》1949 年第 213 期

推荐两首抗美援朝歌曲

一、《打败美国野心狼》（此歌曾在本报1950年11月30日第三版刊登过，现因内容稍有修改，故重刊于此。）这首歌已在华北地区流传。它的歌词是流行在朝鲜前线中国人民志愿军中的一首诗。它集中地说明了抗美援朝运动的意义，表现了中国人民志愿军的爱国主义与国际主义相结合的新英雄主义气概。曲调雄健而朴素，表现出乐观、坚定、充满信心的感情，这种感情和今天的群众感情相符合。因此，它不仅成为一首好的军歌，也是一首好的群众歌曲。唱这首歌时，要情绪饱满，要有勇往直前、充满信心的感情，不要拖拉。每小节的第一拍都要加强，“中国好儿女，齐心团结紧”那两句每句都要唱得连贯，有气势。曲中“抗美援朝鲜”一句已改为“抗美援朝”，曲调省去一个音，要唱得简洁有力。四个音上面的记号是要充分保持音的长度，不要唱成“断音”。

打败美国野心狼

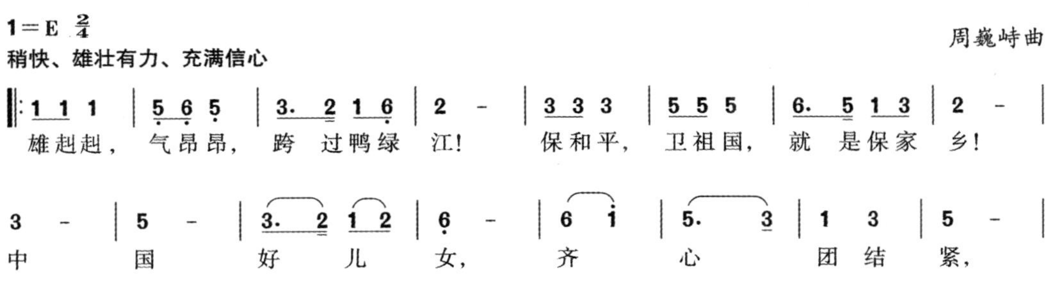

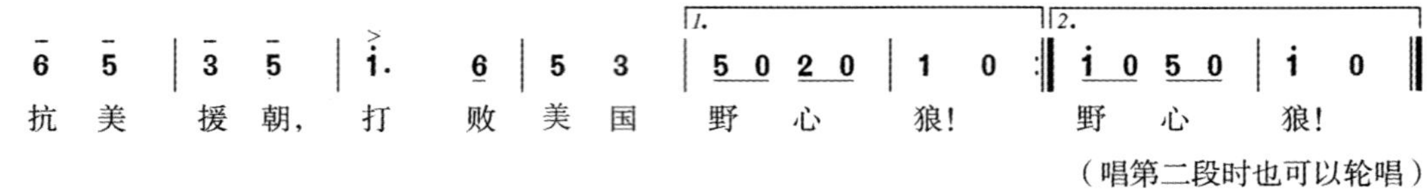

二、《全世界人民团结紧》原是题为《中苏团结力量大》的一首歌，在流传中部分词句有了修改。这首歌所以受到欢迎，基本的原因还是在于它表现了中国人民胜利的感情，热情有力，活泼健壮。这种感情是新中国成立后中国人民感情的基调，歌曲作者如果掌握住这种基本感情，便为他的作品的流传取得了必要的保证。这首歌便是一个实例。另一方面这个曲调还贯串着民族特色，易学易记，又不单调，是它流传的另一原因。唱这首歌时要掌握住热烈而活泼的情绪，四拍子中的强拍和次强拍要适当予以加强，节奏较快的地方如“中朝人民”“帝国主义”，要唱清字音。

全世界人民团结紧

东北文教队作

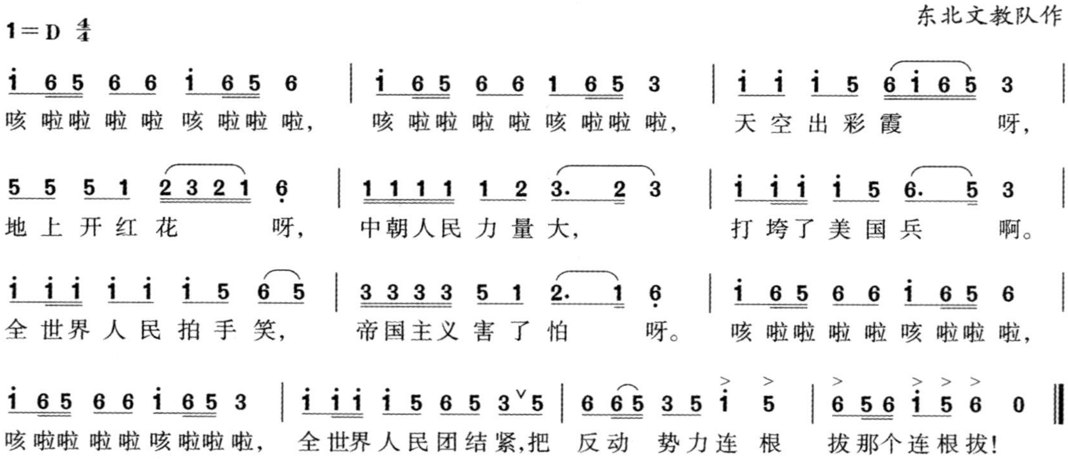

原载《人民日报》1951年4月1日

怎样欣赏交响乐？
交响乐如何表现人民的思想情感？

在回答本问题之前，我们认为首先应该把交响乐的概念弄清楚。

“交响乐”或作“交响曲”[①]，这一名词有广义和狭义两种用法。在十六七世纪的时候，流行广义的用法。那时的音乐家们把器乐合奏的乐曲称作交响乐。但是到海登、莫差特和贝多芬之后，交响乐的形式已经确立。于是交响乐这一名词就不再用来称一般器乐合奏乐曲，而是用来指一种特定的为管弦乐队演奏用的大型乐曲。这种乐曲通常包含四个乐章，每个乐章主题大都是不相同的，但它们在思想内容上却保持着内在的联系。直到现在，普通称作交响乐的就是指的这种大型乐曲。然而对于许多接触音乐不多的读者来说，交响乐的这种涵义是不清楚的。他们往往把交响乐当作了所有为管弦乐队演奏用的乐曲的总称。这是不对的。对所有为管弦乐队演奏高度发挥了管弦乐性能具有原则性的思想意图的乐曲，我们可以统称为“交响乐曲”，至于许多其他一般为管弦乐队演奏而作的乐曲，我们可以统称为“管弦乐曲”。

交响乐曲绝大多数是专为管弦乐队演奏而作的，只有极少数的例外，如贝多芬的《第九交响乐》和哈恰图良的《斯大林颂》等作品才加有部分歌唱。因此，交响乐曲就不像歌曲和

---

①“交响乐”和“交响曲”是同名词的两种译法。如同一乐曲往往有称为“交响乐”，有的称为“交响曲”。译作交响乐的理由是因为一般称乐器演奏为“乐”，歌唱的为“曲”，但凡乐曲也都可称“曲”，因此也可译作“交响曲”。

歌剧等音乐与文学相结合的体裁那样可以让我们借歌词文字的帮助而更确切地理解音乐的内容。这样就使得许多读者在欣赏交响乐曲时感到较多的困难。

但是这些困难是不是不能克服的，或者说很难克服的呢？当然不是的。任何一个对音乐有兴趣的人，只要他肯关心音乐方面的知识，能够循序渐进地多听音乐，那他就一定能够对交响乐曲得到和他的生活经验及他对于历史社会的知识程度相应的不同程度的理解。优秀的交响乐曲不但能为我们所接受，而且定会被我们所喜爱的。

交响乐曲之所以能够为我们所接受和喜爱，首先就在于一切优秀的交响乐曲总是深刻地反映着人民的思想和情绪。人民的感情，无论其表现为欢乐和悲伤，在本质上都具有乐观主义的性质。这种乐观主义的基础便是人民对于自由与幸福生活的渴望，以及人民对于战胜压迫与剥削的信心。这一点就为我们欣赏和理解交响乐曲提供了必要的基础。我们往往可以不经过更多的解释的帮助，而能够直接地为某些交响乐曲的情绪所感动，其原因也就在此。

但是仅仅从大的倾向上去欣赏交响乐曲还是很不够的。因为任何一首优秀的交响乐曲所反映的人民的思想和情绪，并不是什么抽象的人民的思想和情绪，而是具体的作曲家所处的那时代和那社会的人民的思想和情绪。贝多芬的交响乐曲所表现的是18世纪法国资产阶级民主革命时期的，主要是德奥两国人民的思想情绪。而米亚斯科夫斯基的交响乐曲则表现的是现今苏联人民社会主义的精神面貌。这种具体的人民的思想和情绪，必然和当时当地人民群众的革命斗争相联系，也必然受这个民族的传统、他们的风俗习惯的影响，有时还受他们所处的自然环境的影响。因此，我们若要更进一步地去了解交响乐曲的内容，便不能不去丰富我们对于作品所产生的基础方面的知识。我们应该努力去丰富我们的历史与社会知识，特别要更多注意各国人民革命斗争的历史。而要丰富这方面的知识，单单去读一些历史书籍是不够的。其他的文学艺术作品将会帮助我们对于当时的社会生活得到更生动具体的认识。这里面也会包含着当地那个民族的传统，他们的风俗习惯以至于他们所处的自然环境在内。

有了以上所说的知识，我们对于作品的内容的理解算是基本上解决了。因为任何一首交响乐曲都不外是社会生活在作曲家头脑中的反映。但仅仅如此还是不够的。因为作曲家各有其自身的历史，他是在他的地位上来看待社会生活的。同样的社会生活，因为作曲家的历史不同，他们所持的看法就会有某些不同。总而言之，他们由不同的个人历史所形成的个性，必然影响到他们的作品的内容以及作品的风格。因此，对于作曲家个人的历史的知识，也将帮助我们对于交响乐曲的内容的理解。

然而，我们如果具有了如上这些方面的知识，是不是就毫无疑问地能够理解交响乐曲的内容了呢？显然不是的。因为作曲家对于社会生活的理解是通过具体的音乐材料来体现。如果缺乏对作曲家所借以表现其思想内容的音乐材料的一些认识，是不可能谈到真正理解交响乐曲的。特别是因为交响乐曲既不像歌曲和歌剧那样有着概念明确的歌词，而是凭借着纯粹的音乐材料来创作的；同时也不像一两件乐器演奏的乐曲那样比较简单。交响乐曲是用庞大的管弦乐队来演奏的。这种乐队的人数有时在百人以上，所用的乐器通常也有十几种。这样一种演奏形式，为交响乐曲的创作提供了极为丰富的表现力。它有着丰富的音色变化。它有着广阔的音域。它可以表现出雷霆万钧般的力量，也可以唱出窃窃私语般的轻柔的歌。它还可以由多声部交织成锦绣。总之，无论在旋律、和声、节奏等方面，它都给作曲家提供了无限丰富的创造的可能性，让作曲家的幻想有了自由开展的无限广阔的天地。但也正因为此，交响乐曲便和它的丰富的表现力一起带给了欣赏者以理解上的复杂性。许多接触音乐不多的人，在听交响乐曲时摸不着头脑，面对着庞杂的声音茫然不解，这种情况往往是对于那些具有相当丰富的历史社会知识的人也不例外。

这样说来，要欣赏交响乐曲不是很困难了吗？其实不然。交响乐曲固然因为它没有歌词使我们较难确切理解其内容。但我们也可以直接受到音乐的情绪的感染，这种音乐情绪上的感染往往是对于一个即使不识字的人也能发生作用的。同时尽管交响乐曲所用表现手段是那样复杂，它们还是必然服从于音乐形象的塑造和音乐思维的逻辑的要求。这样就使我们有可能从这两方面入手逐步熟悉和了解各种复杂的音乐的表现手段。

交响乐曲和其他音乐作品一样，它反映社会生活的基本方式是音乐形象的塑造。作曲家们把他们对于现实生活的认识以各种不同的方式在音乐中表现出来，这反映着生活中某一具体现象的具体的音乐，我们称之为音乐形象。例如听俄罗斯作曲家鲍罗丁所作的交响乐曲《在中亚细亚的草原上》，它就会给我们展现出一片辽阔无际的草原，一个东方的商队在俄罗斯军队的保护下穿过草原的情景。这是一种如画般的形象。又如我们听格林卡的《卡玛林斯卡雅》，那优美舒畅的结婚歌和热烈而又有些诙谐感的卡玛林斯卡雅舞曲，给我们展示了俄罗斯人民生活特有的风貌。这是另一种形象。又如贝多芬的《第五交响乐》，它表现了代表黑暗势力的“命运”主题和富有人性的主题的斗争，以及人民斗争的胜利。这又是另一种形象。由此可见作曲家在塑造音乐形象时是采取各种不同的途程的。也就是说他们是以各种不同的方式来反映现实生活的。一般地说，那种与生活现象的联系比较具体的音乐形象就比较容易理解些。而概括性较强，而且主要是从人们的精神面貌上来刻画的音乐形象，有的时候就比较难以理解。因此，对于接触音乐不多的音乐爱好者来说，要使自己能够逐渐了解交响乐曲，最好是先从那种与生活现象的联系比较具体的，也就是标题性比较强的交响乐曲来欣赏。这种乐曲大都有确定的标题内容，其内容还往往由作曲家本人用文字予以说明。如我们前面提到的《在中亚细亚的草原上》便可以作为欣赏者接触交响乐曲的良好的材料。

一个音乐形象的创造固然是作品本身所运用的一切音乐表现手段结合起来的结果，但其核心却是作为主题的旋律，一切音乐的表现手段都服从于主题旋律的要求。因此，无论一首交响乐曲如何复杂，只要我们首先把它的主要旋律抓住，便找到了作曲家思想的主要线索。既找到了这主要线索，就不仅能理解到作曲家所用的各种音乐表现手段的意义，而且也就有可能了解到作曲家所要表现的思想内容了。这就是为什么在每一篇交响乐曲的解释文字中总要说明哪个是第一主题，哪个是第二主题的主要原因。

在交响乐曲中，每一个主题都代表着一种思想，也即是一种社会生活的现象。每一种思想都是在它的运动与发展中表现出来的。根据思想发展的逻辑，音乐也就取得了它发展的形式。这就是交响乐曲的各种曲式所以建立的基础。例如在交响乐曲中常常遇见的“奏鸣曲式”便是建立在两种相互矛盾的思想的戏剧性的斗争的基础上的。贝多芬的《第五交响乐》，一开始便是那代表着黑暗势力的可憎的“命运”主题；接着便是富有人民性的代表着为自由与幸福而斗争的人民的主题；然后是这两个代表着两种势力的主题展开了斗争；最后是通过斗争而到达人民的胜利。萧斯塔科维奇的《第七交响乐》也有着类似的情形。在他那里第一主题代表着侵略苏联的法西斯强盗，第二主题表现着为保卫着社会主义祖国而斗争的苏联人民的英雄形象。由此可见，即使是相当复杂的如以“奏鸣曲式”所作的大型乐曲，它的思想发展的道路也是非常明确，并且是不难理解的。至于其他更简短的形式，那就更易了解了。当然，要了解这些东西，也还是要求我们不断地努力去获取一些有关乐曲形式方面的知识，而不是仅仅抓住一两个主题便够了的。

由此可见，对于一个欣赏者所必须努力知道的音乐知识便是音乐形式结构方面的一些知识。有了这方面的知识，其他的部分也就容易了解了。

最后我们还得补充说一下交响乐曲如何表现人民的思想感情的问题。前面我们已经说过，作曲家在用交响乐曲来反映现实生活时是采取各不相同的途径的。他们有时借助一些生活现象的描写来表现人民的思想感情，有时直接去表现人民的精神面貌。但无论怎样，当他们企图表现人民的思想感情时，他们总是考虑到如何去充分利用人民音乐创作的源泉。例如格林卡的《卡玛林斯卡雅》就直接用了俄罗斯民间的结婚歌和民间舞曲来表现了俄罗斯人民的风俗习惯和情绪。又如鲍罗丁在他的《在中亚细亚的草原上》中，吸取了东方民间歌曲的特点来表现东方的骆驼商队。贝多芬的《第五交响乐》的第二乐章的第二主题是吸取了法国大革命时革命歌曲的特点而创作的，他用这个主题表现了英勇斗争的革命人民。当然，吸取民间音乐源泉是作曲家们表现人民思想感情的重要的方式，但却不是唯一的方式。这也是值得我们注意的。

由以上所述可以看出，要真正能理解交响乐曲，是需要从多方面来准备的。但也可以看出，要求去获得这些东西也不是很困难的。因此，每一个对音乐有兴趣的人都可以经由循序渐进的途径而逐渐获得更多对于交响乐曲的了解。当然，音乐工作者们多给业余音乐爱好者更多帮助，这也是很必要的。我们也希望能看到一些交响乐曲的解释文字在刊物上发表，和出版一些正确地解释交响乐曲的书籍，以及在广播中多作一些必要解释。

原载《人民音乐》1954 年第 10 期，与伍雍谊合作

贝多芬《第五交响曲》

贝多芬《第五交响曲》，一般叫“命运”交响曲，是那些最足以代表贝多芬的思想观点和艺术风格的辉煌作品之一，同时，也是世界交响曲文献中最伟大的作品之一。几乎没有另一部音乐作品在受到欢迎的程度上能够和贝多芬的《第五交响曲》相比拟。

在《第五交响曲》中，贝多芬十分深刻和鲜明地体现着法国资产阶级革命时期革命人民的崇高理想，表现了他们为争取自由和幸福而斗争的无畏精神和革命的英雄气概，他们的胜利信心和取得胜利后的欢乐。贝多芬在他的这部交响曲中实践了他自己的名言：“艺术的目的就是为了人类的自由和进步。”

在《第五交响曲》中，贝多芬突出地表现了在他所有的重要的作品中都体现着的伟大思想，那就是“通过斗争，获得胜利”。在这部作品中，贝多芬创造了向黑暗势力作坚决斗争的光辉的英雄形象。整个交响曲从头到尾贯穿着尖锐的斗争，那就是英雄的人民向黑暗势力进行英勇的搏战，最后是人民获得胜利。只是在这胜利中，人们才体验到真正的生命的欢乐。这里，贝多芬揭示了人民革命斗争的辩证规律。

贝多芬的《第五交响曲》和他的《第三交响曲》一样，都是充满了英雄主义的精神，都表现着通过英雄主义的斗争而获得胜利的过程。不同的是在《第三交响曲》中，作者通过对作为人民理想人物的英雄个人形象的刻画来表现这一主题；而在《第五交响曲》中，英雄主义却是和人民群众的英勇斗争紧密地联系着的。《第三交响曲》所歌颂的是作为群众的代表的个别英雄人物，而《第五交响曲》所歌颂的是人民，是人民的斗争和胜利。此外，《第五交响曲》在艺术手法上更为洗练和集中，因而创造了更鲜明的、更具有典型性的形象。《第五交响曲》的伟大的划时代的意义就在这里。

为了体现上面所说的这些伟大的思想，贝多芬就不能不以自己新的观点、新的原则来对待那为海顿和莫扎特所创建的交响曲形式。贝多芬在《第五交响曲》中完成了交响乐创作的一次伟大的革新。他使交响乐的庞大结构服从于一个中心思想的有机的一贯的发展，赋予交响乐浑然一体的雄伟的气魄。在这部交响曲中，贝多芬不仅使个别乐章中的对比和发展部分严格地服从于内在思想发展的要求，体现着思想的丰富和深化的过程，而不再只是一种趣味的转变或装饰，同时，他还使整个交响曲的各个乐章之间具有内在的联系，使整个交响曲成为体现一个中心思想的统一的整体。《第五交响曲》的全部戏剧性的结构和发展，正是要把经过英勇斗争而最终由人民获得胜利的伟大思想明确地体现出来。

贝多芬的这部交响曲是充分地反映着他的时代的。但是它的思想、它的意义，却远远地超越了他的时代。这部交响曲所表现出来的那种革命的彻底性和复杂性，那种“通过斗争，获得胜利”的革命的辩证观点，那种为人民为全人类的自由与幸福而奋斗的宏大的胸怀，都是真正地属于未来的。在今天，社会主义的思想已经在越来越广的土地上变为现实的时代，这部交响曲得到了越来越多的人的喜爱，这是完全可以理解的。

交响曲用四个响亮的、震撼人心的音响开始：

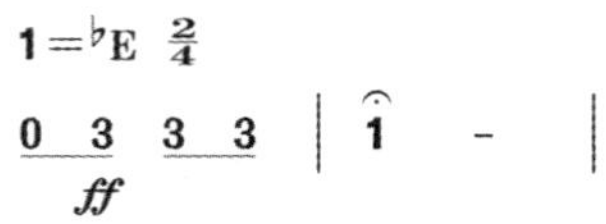

这是“命运”的音型。贝多芬曾经说过：“那就是命运在敲门。”这个音型贯串了整个交响曲。在第一乐章中，它是那尖锐地对立着的一个方面的核心，在后面三个乐章中，它就像是一种回响，一种时隐时现的残余和征兆。

“命运”的音型像霹雳似的由全部弦乐器齐奏出来，威严而有力。接着是弦乐器上分别的呼应，仿佛霹雳以后田野的回声。“命运”——黑暗的势力笼罩着大地。这就是交响曲第一乐章的第一主题：

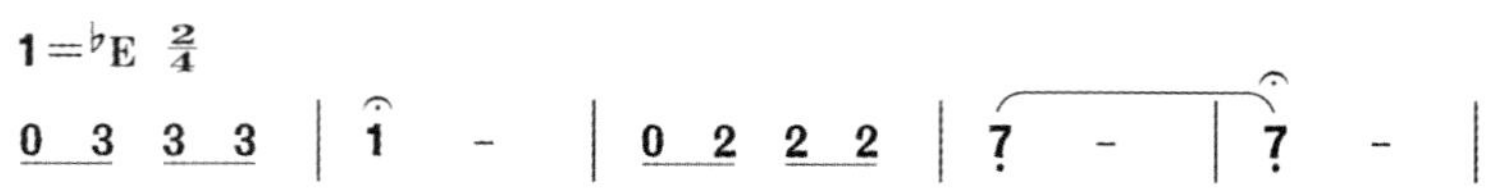

音乐向前发展着，到后面越发显得有力。不久以后，法国号演奏的一个乐句引出了小提琴上抒情风格的英雄主题。

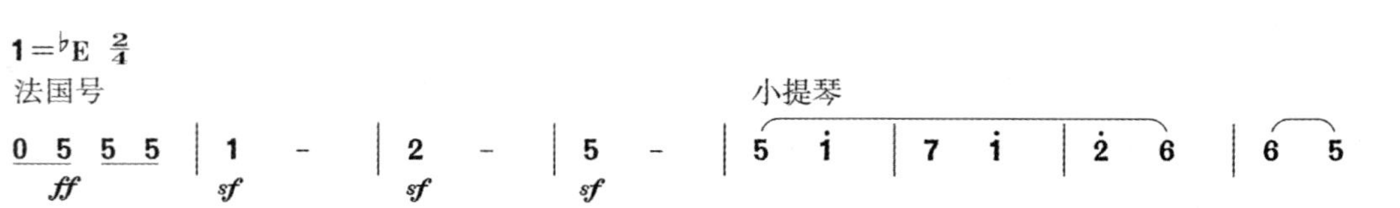

这就是第一乐章的第二主题。它是一个充满着纯良的品格和丰富的感情的主题。在这优

美的主题下面，低音部分不时地出现严酷的“命运”的音型。就在这中间，斗争持续地展开着，英雄的性格在这斗争中受到锻炼，得到发展，音乐很快地转化为明朗的、刚毅的和乐观的性质。

这是具有无限力量和英雄气概的音乐，它构成了第一乐章呈示部的结尾。

但是，不久以后，令人震动的“命运”音型又强有力地出现，剧烈的斗争展开了，这是第一乐章的展开部。在这里，“命运”占有了似乎是处于优势的有利地位，暂时形成了一片恐怖的波涛。直到这一乐章的结尾，“命运”的音型依然显示着它的威力。在这个乐章庞大的尾声中，尽管我们也能够听到英雄的搏战，但是，“命运”却占着统治的地位，斗争还要在以后才能看到结果。

在紧张地斗争着的第一乐章后面，是抒情的第二乐章。这一乐章由两个在性质上不大相同的主题构成。第一主题中音提琴和大提琴慢慢地拉出来：

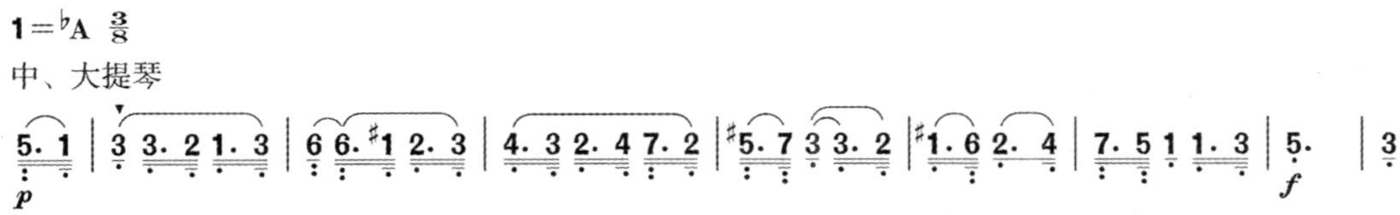

这是在一场搏战以后的沉静的思索，蕴蓄着深厚的力量和内在的热情，它是一首富有英雄气质的抒情曲。

接着木管乐器吹出了第二主题：

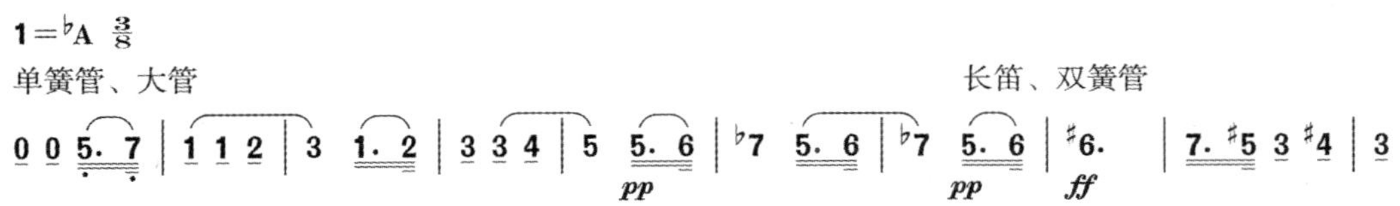

这是一个具有刚毅和英勇的性质的曲调，它和法国资产阶级革命时期的革命歌曲有着音调上的联系，人民群众的面貌在这里开始展示出来。英雄的斗争找到了正确可靠的道路，这就是和人民群众的革命斗争相结合的道路。

交响曲的第二乐章就是用这两个主题和它们的变奏构成的。在变奏中，这两个主题向着更深刻的激情发展。特别是第一主题，通过了这激情的发展的道路，它开始在和第二主题的相互生长的过程中获得了新的精神力量，形成了新的品格。例如在一段变奏中，木管乐器在弦乐器的陪衬下所奏出的旋律就同时具有第一主题和第二主题的特征，它们好像汇合成了一个形象。在这里，进行曲的形式和抒情的情感结合起来，好像揭示出贝多芬英雄的最隐秘的思想：

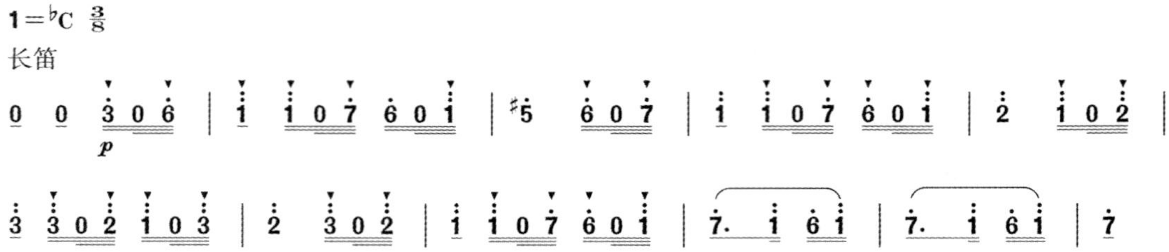

在第二乐章的尾声里，第一主题作了一个简单的开展，表现出人们的思想在找到了真正的出路的时候的喜悦心情：

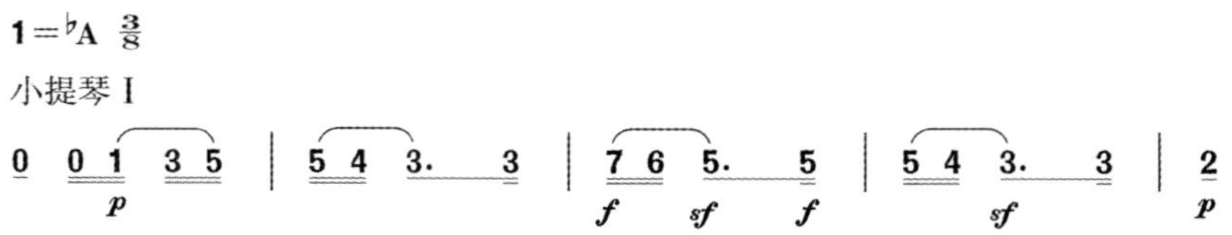

英雄人物的斗争，他努力探索的结果，是在人民中找到了革命的力量的源泉，这是构成这部交响曲的中心思想的一个重要的转折点，给人民最后的胜利显示了光明的未来。

第三乐章和第一乐章一样地充满着矛盾和斗争。不同的是：在第一乐章里，“命运”的音型像不可预料的厄运似的突然袭击人们，在对黑暗势力的斗争中人们才开始受到考验而在第三乐章中却是由人的有目的有意识的斗争开始。在大提琴和低音提琴演奏的紧张的乐句中，充满着向前突进的动力：

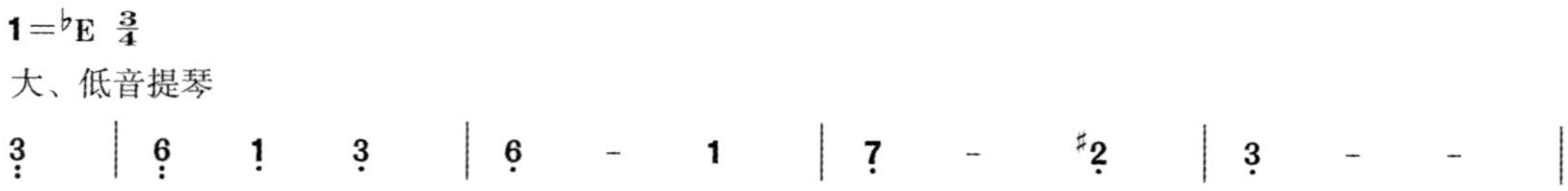

但是紧接着来的却是小提琴上带有一些迟疑不前的情绪的乐句：

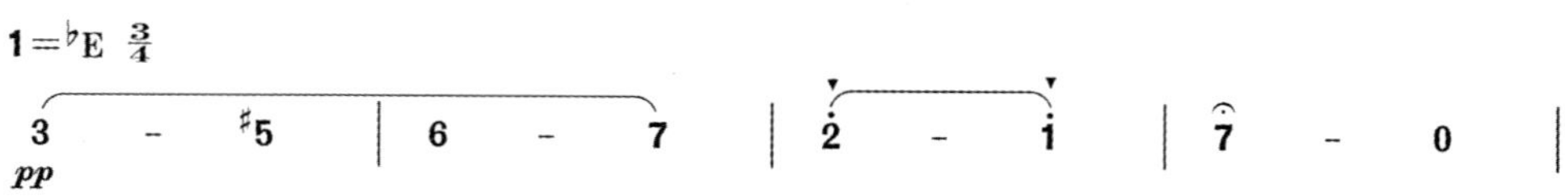

这就是这个主题本身所具有的双重性格。但是尽管是这样，在第三乐章中，人的意志终归是采取了主动的立场。

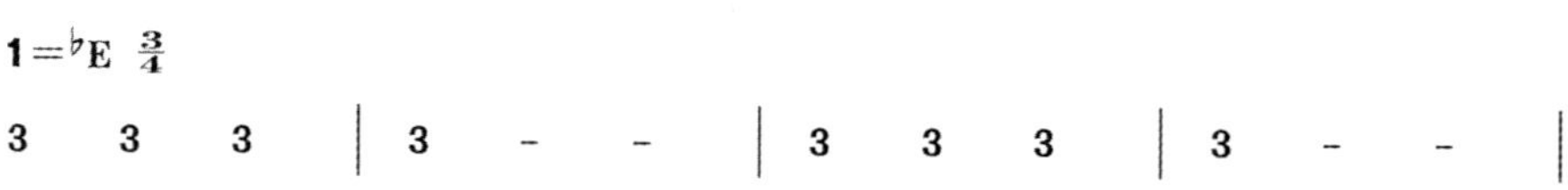

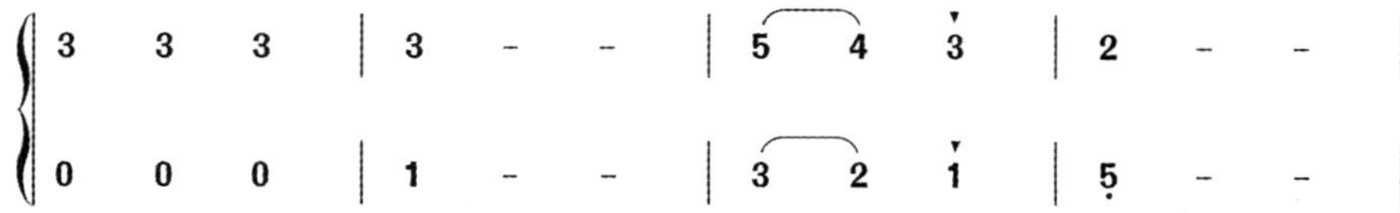

然后，整个乐队强有力地演奏着，黑暗的势力又重新威胁着人们。斗争再度开始，第一主题的那个犹豫的部分逐渐地变得坚强起来了。

第三乐章的中间部分，是由热情而有力的舞蹈主题为中心的，它开始由大提琴和低音提琴奏出，接着在别的弦乐器上作了许多模仿和发展，形成了一个群众的热情而欢快的舞蹈场面。这是对于那可怕的“命运”的对抗，它表现着群众对黑暗势力采取的蔑视的态度：

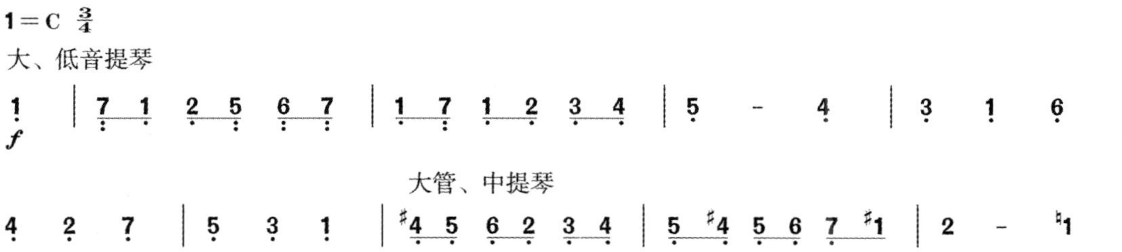

但是不久以后，在第一主题的后面，“命运”的音型又出现了，剧烈的斗争强有力地开展着。“命运”想继续占有统治的地位，像在第一乐章一样，但是它已经不再是那样的强有力的了。经过一番斗争，“命运”的音型只是在定音鼓上残存着轻微的回声。而第一主题却在这时候自由地向上伸展，随即引出一首雄壮的进行曲，音乐紧接着进入第四乐章。

在第四乐章中，贝多芬以辉煌的音乐把人民的胜利和胜利的欢乐表现出来，具有无比壮阔的声势和宏伟的英雄气概。这个乐章的第一主题包含两个重要的部分，第一部分由这整个乐队强有力地奏出来：

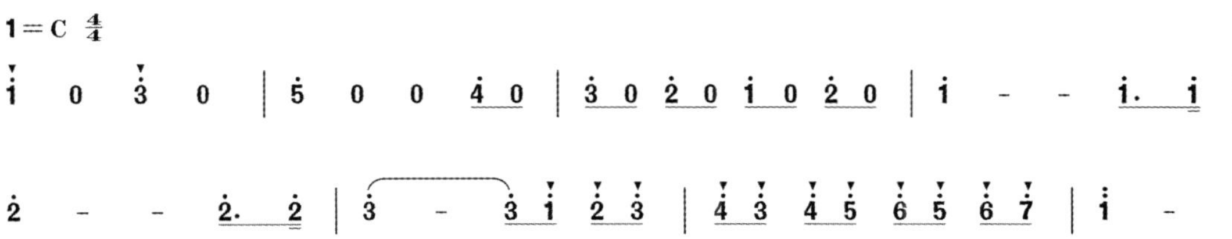

第二部分由法国号和木管乐器奏出：

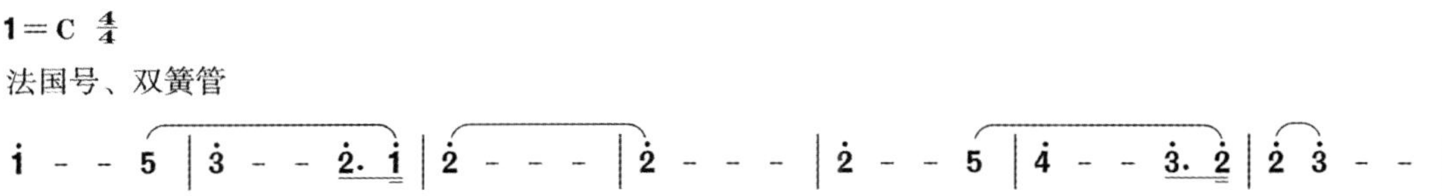

这是胜利了的人民的壮大的行列在前进，充满着无比豪迈的感情。

第二主题出现在小提琴上：

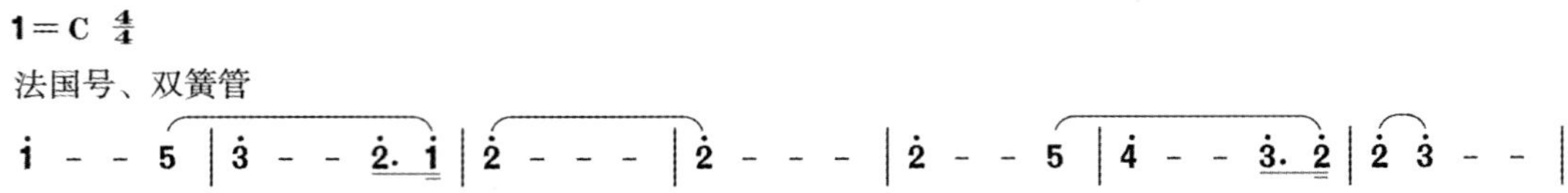

这是一片节日狂欢的景象，洋溢着无限的欢乐和热情。在这个乐章的展开部，就是用这个主题作为基础的，表现出无边无际的人群都被卷入了狂欢的浪潮，那真是一片狂欢的海洋。

突然间，“命运”的音型又一次地以在第三乐章中的形象出现。但是它无论如何也阻挡不住胜利前进的人民。雄壮英武的进行曲又重新响起来。第四乐章的尾声，是用第一主题第二部分的英雄主义的颂歌式的变体作为基础的。

贝多芬在这里热情地歌颂着人民辉煌的胜利。

我们可以看出，贝多芬是多么天才地利用交响乐的形式来明确地体现出他的伟大思想。贝多芬的这部交响乐曲，就因为它这样鲜明地表现了人民的理想、意志和力量，所以它永远受到广大人民的欢迎。这是一首不朽的人民胜利的交响曲。

原载《外国音乐欣赏小丛书：贝多芬的九首交响曲》，人民音乐出版社，1983年

【音乐作品】

快乐之歌

（歌曲）

1＝F $\frac{2}{4}$
轻快·活泼

孙 潜词
乃安习曲

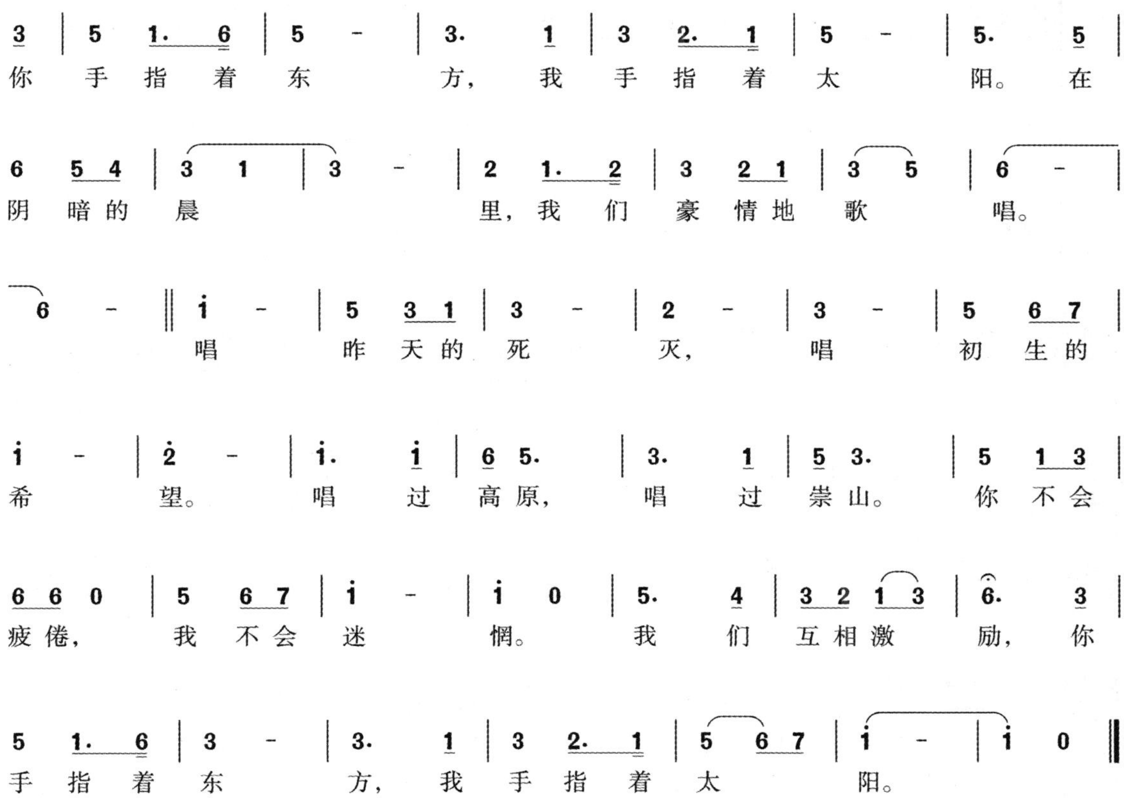

原载《新音乐》1940年2卷1、2期合刊

菜子花儿黄

（钢琴伴奏）

施　盈编曲

原载《新音乐月刊》1947年第7卷第2期

不拿枪的敌人

（歌剧）

唐铁海作剧、郭乃安作曲

时间：1950 年

地点：上海某公营纱厂

人物：朱新怀——洋线间摆筒管小工，24 岁。

马大意——工会委员，文教科长，25 岁，技术员出身。

沈桂英——16 岁，细纱间扫地女工，青年团员。

李金娣——拆坏纱女工，工会小组代表，30 岁。

刘爱财——轻花间保全工，21 岁。

张喜宝——粗纱间加油工，19 岁。

男工、女工、护士、解放军。

【剧本略】

第 一 曲

1=♭E $\frac{2}{4}$ 朱新怀唱

慢、阴险地

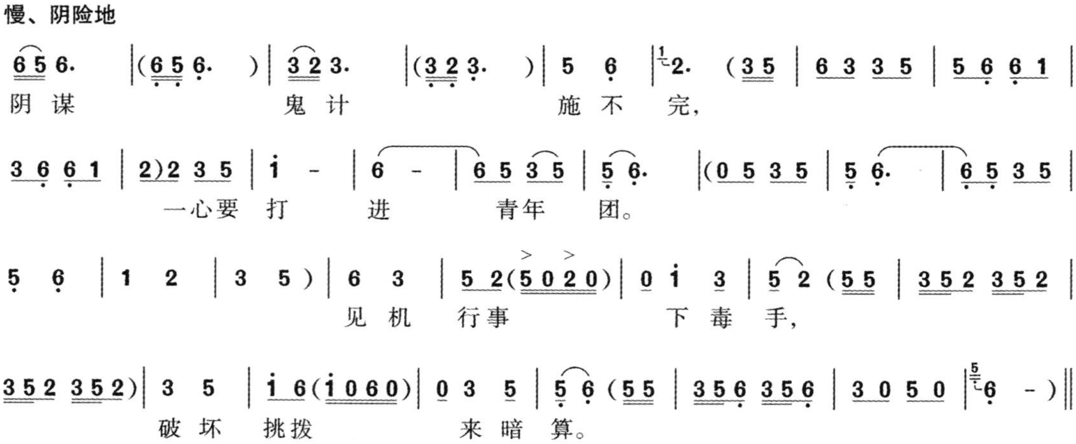

第二曲

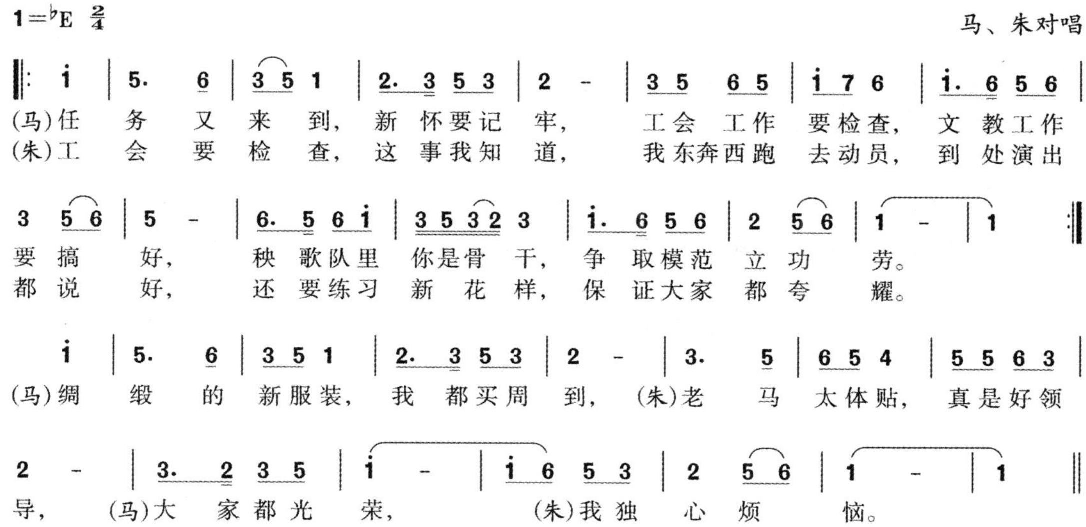
1=♭E 2/4
马、朱对唱
(马)任务又来到，新怀要记牢，工会工作要检查，文教工作
(朱)工会要检查，这事我知道，我东奔西跑去动员，到处演出
要搞好，秧歌队里你是骨干，争取模范立功劳。
都说好，还要练习新花样，保证大家都夸耀。
(马)绸缎的新服装，我都买周到，(朱)老马太体贴，真是好领
导，(马)大家都光荣，(朱)我独心烦恼。

第三曲

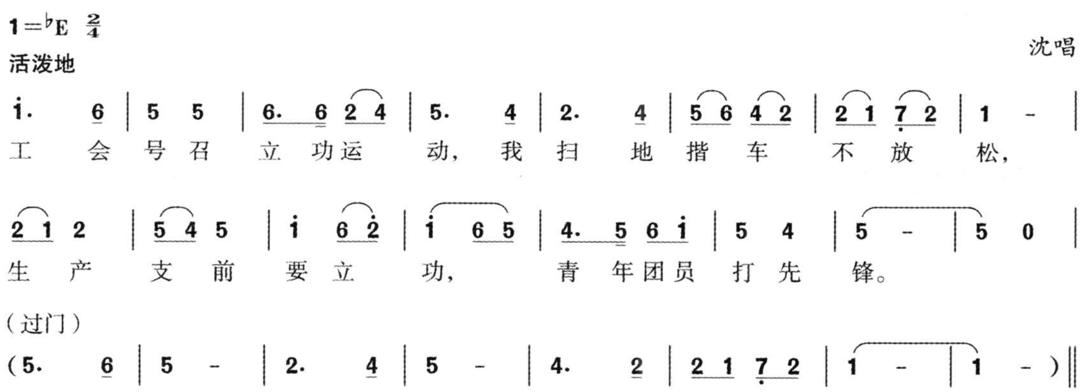
1=♭E 2/4
活泼地
沈唱
工会号召立功运动，我扫地揩车不放松，
生产支前要立功，青年团员打先锋。
(过门)

第四曲

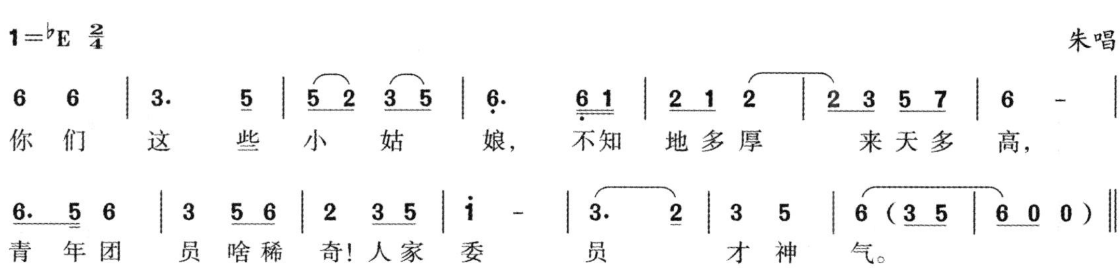
1=♭E 2/4
朱唱
你们这些小姑娘，不知地多厚来天多高，
青年团员啥稀奇！人家委员才神气。

第五曲

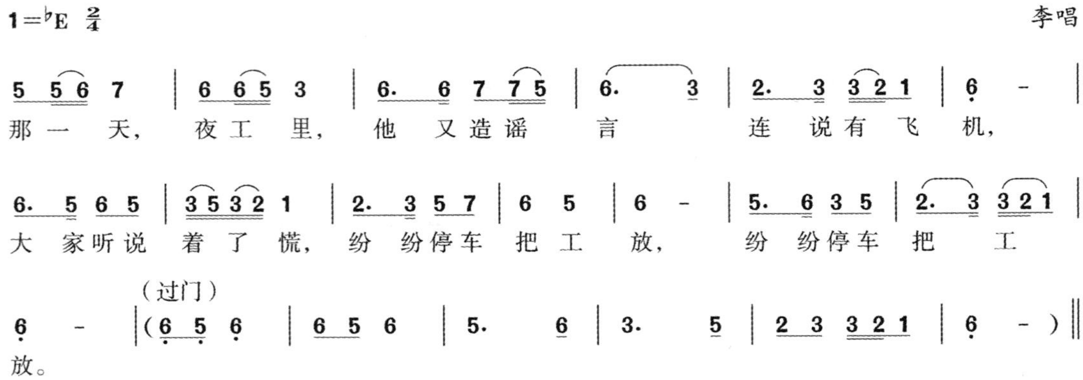
1=♭E 2/4
李唱
那一天，夜工里，他又造谣言 连说有飞机，
大家听说着了慌，纷纷停车把工放，纷纷停车把工
放。
（过门）

第六曲

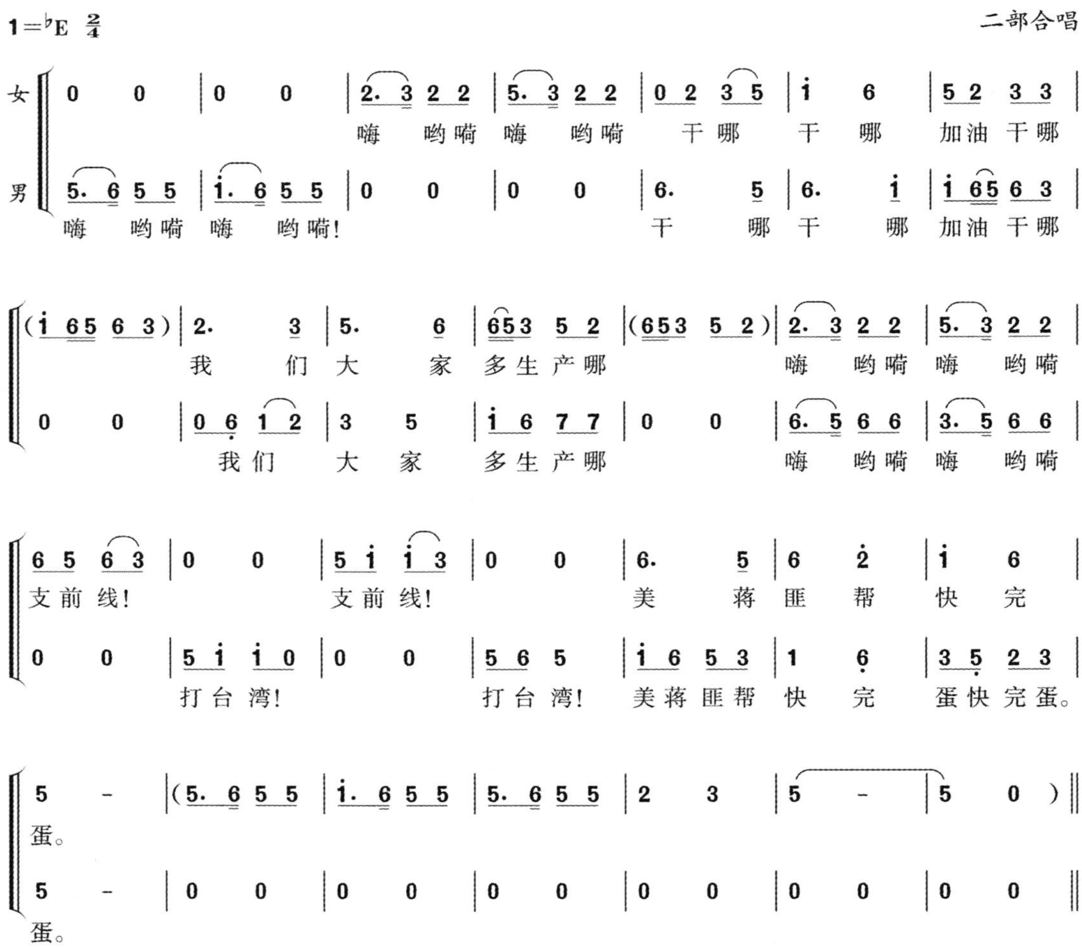
1=♭E 2/4
二部合唱
女
男
嗨 哟嗬 嗨 哟嗬 干哪 干 哪 加油 干哪
嗨 哟嗬 嗨 哟嗬！ 干 哪 干 哪 加油 干哪
我 们 大 家 多生产哪 嗨 哟嗬 嗨 哟嗬
我们 大 家 多生产哪 嗨 哟嗬 嗨 哟嗬
支前线！ 支前线！ 美 蒋 匪 帮 快 完
打台湾！ 打台湾！ 美蒋匪帮 快 完 蛋快完蛋。
蛋。
蛋。

第七曲

1=♭E 2/4

刘、张唱

慢、稍快

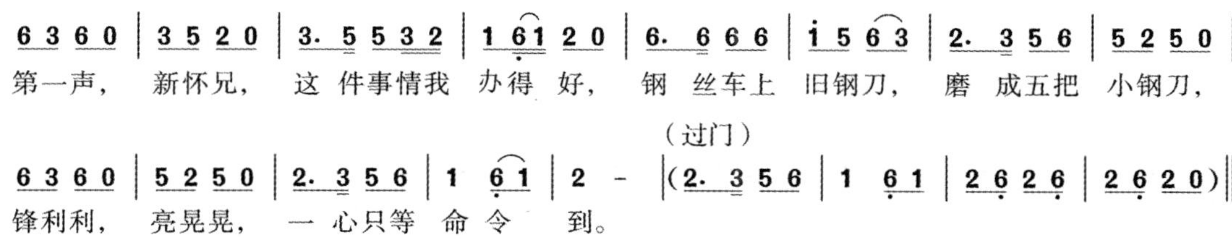

第八曲

1=♭E 2/4

沈、李唱

行板

第九曲

1=♭E 2/4

马、沈、解对唱

中速、清楚如说话

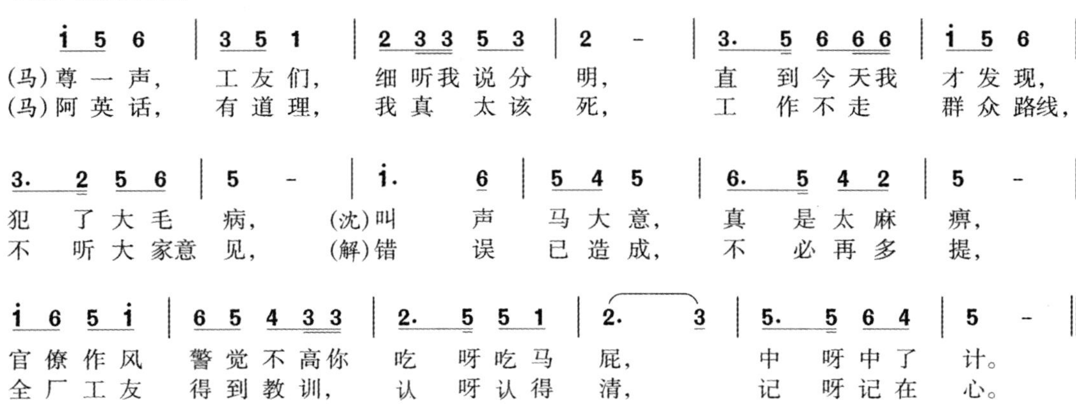

第十曲

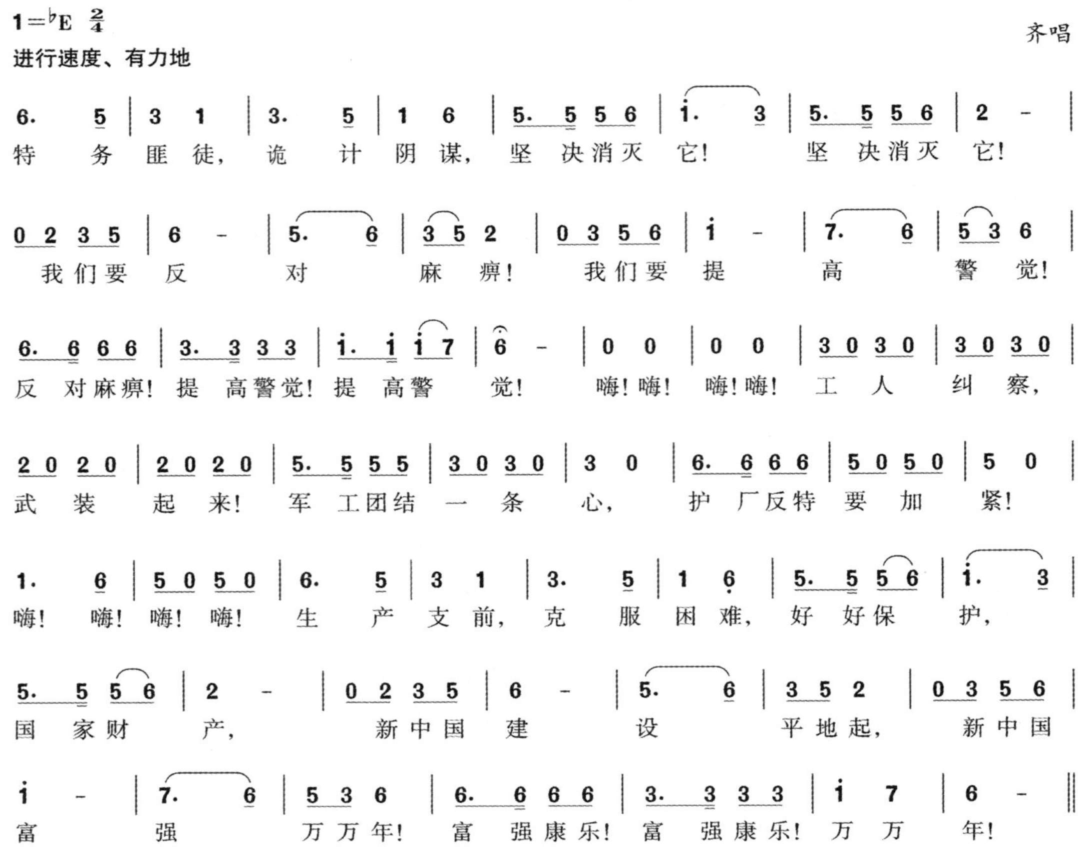

原载《不拿枪的敌人》，劳动出版社，1950 年

增产为了志愿军

（歌曲）

袁水拍词
郭乃安曲

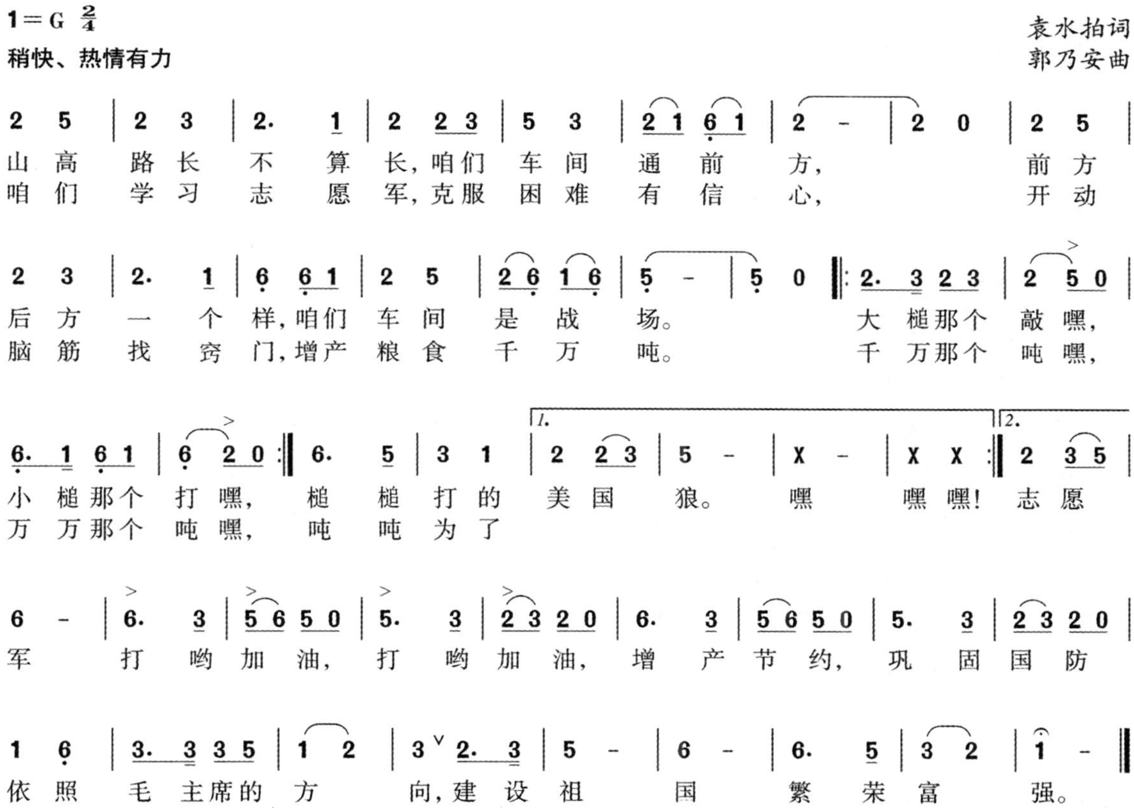

原载《歌曲》1952年创刊号

【授课、谈话】

1979：郭乃安先生的两次讲课笔记

乔建中[①] 记录、整理

整理者按： 以下是1979年3月至1981年元月我在中国艺术研究院研究生班读书期间记下郭乃安师的两个讲题、五次课的课堂笔记。此前，我与全国各地很多同行于1978年10月参加了文化部文学艺术研究院研究班的招生考试，最终，有戏曲、美术、音乐等三个专业的40名考生被研究院录取。其中包括音乐专业（又分音乐史、音乐理论、民族音乐，三位导师分别是杨荫浏、郭乃安和吕骥）的12位。1979年3月1日举行了开学典礼。随后即开始上课。课程分为共同课和专业课，共同课三门：马克思主义、文艺理论和外语。专业课由三个专业研究所自行决定。音乐专业共开设两门：音乐史和民族音乐。我本人的学习习惯是每次都尽可能详细地记课堂笔记，现在共留下五个笔记本。其中，音乐史先后由吉联抗（我们的第一堂课，1979年3月22日，以下仅注明月、日）、郭乃安（3.29，4.5，）、黄翔鹏（4.12）、许健（4.19）、关也维（4.26、5.3）、杨荫浏（5.4—5.24共4次，6.28一次）、裘锡圭（6.7）、阴法鲁（6.13）（以上为上学期）；吉联抗（9.13）、吴钊（9.27，10.11）、阴法鲁（10.18、11.1）、刘东升（11.8）、郭乃安（11.30—12.13共三次）、乔东君（12.20—12.27，共两次）诸师讲述，两个学期共26次课（有时中间会插入别的讲座）。

我和伍国栋、何昌林两位同窗是以郭先生的名义被招收入学的，后来因为音乐理论导师吕骥前辈太忙，而将理论专业的王宁一、梁永生转在郭师名下，我们三人则分别由何芸、乔

① 乔建中，男，1941年生，中国艺术研究院音乐研究所研究员。1981年毕业于中国艺术研究院并留音乐研究所工作。曾任中国艺术研究院音乐研究所所长。国务院特殊津贴专家。

东君、简其华三位先生指导，但我们对郭师仍然敬重如初，且常常问学于老师。

郭师讲的第一课是《作为社会意识形态的音乐史》，其主旨是把中国音乐史置放在中国数千年的大历史进程中，特别关注作为古代艺术重要门类之一的音乐史与中国每一个历史段落及其社会变动之间的紧密关系，从而一方面探讨音乐史自身的沿革脉络，一方面寻找它在哪些方面受到诸历史阶段社会意识形态的制约或影响。在当时，这样切入音乐史学研究是很新的角度。虽然仅仅两堂课三个多小时，我的笔记也不过4600言，但郭师高屋建瓴、言简意赅、思路清晰，给听课的我们留下十分深刻的印象。例如，一开始就说“历史是一个社会存在，它有自己的规律”，又如经济基础与上层建筑相互作用的观点，关于“‘载民’是祖先崇拜，‘玄鸟’是图腾崇拜”的论断，商、周文化的特征、关联与短长，乐府民歌的地理分布（“赵代秦楚”代表东北西南），宋代“缠达”“缠令”体裁的成熟成为南北曲出现的条件等等，对于我们这些因为“文化大革命”而专业荒疏的老学生（我们大多数已近于不惑之年）而言，实在有振聋发聩的震撼力。

第二课是在下学期，题目为“明、清两朝音乐”，在郭师之前，已经有北大教授阴法鲁讲的“唐代音乐”、本所刘东升先生讲的“宋代音乐”，二位都是专治断代史的专家，我们从中获益良多。郭师讲“明清”，可谓史“表”而论“里”，他按历史顺序讲，但又以类别体裁为核心，分别讲民歌、曲艺、歌舞、戏曲。由于郭师在1960年代担任《民族音乐概论》的主修，所以他对于诸民间音乐体裁类别的历史渊源、相互联系、形态特征等非常熟悉，无论讲到哪一处，都是驾轻就熟、娓娓道来、如数家珍。我印象最深的是：明清小曲与南北曲的不同渊源（郭师说它们是“两码事”）；南北方民歌由结构而形成的两大系统，北方上下句山歌与梆子腔的亲缘关系；南方四句体与古代“清商乐”“西曲”“吴歌”的继承关系；牌子曲的三种类型（大调、小调、套曲）；“吹打”（“十番鼓”）是鼓吹的另一种形式，与“锣鼓”（十番锣鼓、浙东锣鼓等）不是一个东西，前者有独立的“鼓段”等等。这些观点都让我终生难忘，并对我后来做民间歌曲和民间器乐的研究都有很深远的影响。

如今，在往电脑里输入这两堂课的记录时，许多当年听课时的场景记忆一一浮上心头，特别是敬爱的郭师已经离开我们将近一年之际，我觉得，把它们公之于众，一是释怀我对老师的思念之情，一是能给在读的青年学人提供一份前辈学术思想理论的路径，为大家正在进行的音乐学研究助力。

2016年9月30日上午

一、作为社会意识形态的音乐史

时间：1979 年 3 月 29 日至 4 月 5 日

（一）历史是一个社会存在，它有自己的规律

但是，马克思主义诞生之后，它才成为一门真正的科学。音乐史也是如此，恩格斯在《共产党宣言》中写道："社会意识是社会存在的反映，精神现象为物质生产所制约。反之，生产力决定生产关系，经济基础决定上层建筑。推动其向前发展的，则是阶级斗争。"这是第一次简明地论述了人类历史的发展规律。当然，上层建筑不是消极的，它反过来又推动经济基础的发展。同时，各种上层建筑又是相互影响的，特别是政治的影响，尤为强烈。

就上层建筑而言，它又是沿着自己的内在规律向前发展的，保持它自己的传统和独立面貌。我们要用马克思主义关于社会意识形态的观点研究这门科学。

（二）音乐从原始时代就开始反映了人们的社会意识

人类社会的初期，为了生存，就要同自然作斗争。他们往往采取集体劳动方式，在劳动过程中，出于自身的需要，就产生了原始音乐。原始音乐的基本内容就反映了各种劳动生产。普列汉诺夫的《艺术论》就探索了原始文化的产生。

我国古代文献中，如《吕氏春秋》中记载的"葛天氏之乐"，就再现了原始人类的劳动生活。"载民"是祖先崇拜，"玄鸟"（实际是指燕子而言，古代商人吃玄鸟蛋而生的传说）是图腾崇拜。说明劳动、生活内容、宗教等在音乐中得到了反映。同时说明音乐不是个别人的活动，而是一种社会现象。

（三）奴隶制时代的音乐

中国的奴隶制从夏代开始（由禅让而转为世袭制），即前 21 世纪到战国时代，共 1500 年。这一方面我们知道的材料比较少。音乐方面只留下两个材料。《大夏》和《九招》，前者是歌颂夏禹的，是在他的儿子启的时代。夏之后为商（前十六世纪开始），在这个社会制度的初期，在人们的意识中最重要的表现就是祖先崇拜。目前发现的商代音乐作品有"濩"和"桑林"。前者是颂扬"汤"的，"桑林"是一种祭祀。郭老在他的甲骨文字中有一篇"释祖妣"，对"桑林"作了很好的考证。既是祭祖又是男女求爱的活动。后来有"桑间濮上之音"就是指此而言。

商代还有一个"雩"，是求雨的舞蹈。另外，商代盛行巫术活动，"巫"是一种人和神鬼之间的沟通者，他有较高的社会地位。他用各种歌舞娱神，如"楚辞"中的"九歌"，就反映了这类社会生活。这些人在作"术"时，又唱又跳，所以，也是反映奴隶制社会生产关系的。

周代也是种族奴隶制社会的国家，但它在意识形态方面同商有很大不同。

《礼记·表记》里记载："殷人尊神，率民以事神。先鬼而后礼，先罚而后赏，尊而不亲……周人尊礼，尚施，事鬼敬神而远之，近人而忠焉……"

周代手工业不如殷，但农业生产发达。同时商代重刑轻礼，对奴隶极为残酷。杀祭、陪葬非常普遍。但周代不同，他们爱说"殷鉴不远"，即要吸取殷朝之历史教训。从上引《礼记》中的话也说明二者之间的不同。"天子"就是从周代开始使用的。《诗经·周颂》说："昊天有成命，而后受之。"意即代表了天的意志，所以周代重礼。以周族为中心，于是出现了大分封，有了宗庙、社稷，以此来维护统治。因此，周代有了礼乐制度。什么等级可以享受什么音乐。音乐色彩也与商不同。后者以"巫"乐为主，具有娱神的性质，风格华丽动听。周代则讲礼，风格是严肃庄重的。我由此想到孔子反感"郑声"的问题。

商代本是一个文化高度发达的国家，周本来不如商，但它代表了社会前进的方向。

周开始，商的贵族曾发动叛乱，被周公镇压，并采取措施，以防止再出乱子。如把贵族集中于一处，郑、卫等就是商代贵族的居住地。他们变为被统治者。因此，他们的音乐就成为与周对立的因素（或许可以说有了某种革命因素）。《诗经》中的卫风、郑风、邶风、鄘风等，就反映了这一现象。其中情诗很多，故受到孔子的指斥。

从"卜辞"中发现，它同"诗经"中的郑卫诗，在用语方面很近似，如"上下其雨"，"燕燕于飞，上下其音"（邶风《燕燕》），"崇朝其雨"（鄘风《蝃蝀》），因此可以说"郑卫之音"即商之遗音。它保留了商代音乐的特色：巫及男女幽会（《溱洧》，这与周代崇礼是极不吻合的。它的出现以及遭到排斥都是当时阶级斗争的反映。卫国是商之工奴集中的地方，这里曾爆发过工奴的起义，社会思想较为活跃。鲁迅先生曾把春秋战国分为"周礼派"（尊崇庄老）、郑卫（民法、商鞅）派（是法家源出的地方）。另外，这里手工业、商业很发达，后世称买卖人为"商人"，即源于此。所以，它在思想感情上表现较为大胆、新颖、活跃。

孔子是宋国人，但他完全崇周，吹捧"二南"（周南、召南）完全具有周代的格调，却坚决排斥郑卫"桑间濮上之音"。这是有鲜明立场的。

总之，周代的音乐文化既同商有联系，又有所发展。郑卫之音应当看成是含有新因素的音乐。孔子维护周代礼乐制度，还表现在："季氏八佾舞于庭，三家以雍彻"的议论上。但到战国初，由于新兴地主阶级的力量日渐壮大，出现了礼乐的"僭越"现象。

另外，新乐出现如郑、卫、齐、宋等国都有新乐产生，并逐渐进入宫廷，原来的"金石之乐"就名存实亡，而由俗乐所代替。俗乐同人的表情联系很紧，以管弦为主，钟磬等日渐消亡。奴隶时代的音乐也就在这种情境下衰微下去。

（四）封建社会前期的音乐文化（战国—唐）

前半段的情况是：农民还带有比较强的人身依附关系，只是在黄巢起义之后，这种依附关系才消失。在音乐方面，这一段以宫廷音乐为中心。后半段则是以戏曲为中心的民间音乐的发展时期。

前半段又可分为战国—汉代，它是封建社会的兴起、初建阶段，由奴隶制而转入法典化。从政治上看是从割据到基本统一为多民族的国家。与政治上相适应，在思想领域里则是从百家争鸣到定于一尊（这是我的看法）。在音乐上，除各国新乐兴起外，楚声有了极大的发展。从历史上看，楚是商的友邻国家，周是敌对国。在文化上，它更多地吸收了商代的文化。如音乐上，楚国的巫乐就特别兴盛，以至产生了屈原的“九歌”以及楚辞“九章”等。另外，秦末的农民起义的基地是楚，旗号也是“楚”，因此，“楚声”通过农民起义有了更广泛的传播。在汉代初期也是重“楚声”的。直到汉武帝成立“乐府”，广泛搜集各地音乐，就有了更大的规模，所谓“赵代秦楚”，“赵”指东，“代”指北，“秦”指西，“楚”指南。实际上是表现了它集中了全国四面八方的因素，由分裂到统一，由分散而集中。

音乐思想方面，由百家争鸣而定于一尊，所谓“百家”主要指：儒家，它重礼乐，看重音乐的社会作用，这一观点由荀况系统化、完整化，他从“性恶论”出发，指出人都想做大官、挣大钱，于是必然要争，这就要用礼乐来约束、节制。所谓“制礼作乐”者也。法家也肯定音乐的作用，只是认为音乐无所谓，只要遵循法治路线，你可以听音乐，影响并不太大。他们是先法而后乐。墨子是否定音乐的。他从实用的观点出发，认为音乐多了会浪费时间、人力、财力等。另一种否定音乐的观点来自道家，他们从人的修养出发，所谓“绝圣弃智”，“五音令人耳聋”，主张人的欲望越少越好，音乐应该回到原始时代最简单的状态中去，即“大音希声”。以上诸家，实际上是“礼治”与“法治”之争。儒家是礼乐，法家是刑政，最后是二者合流。“礼乐刑政，其极一也”。反映这种思想的就是《礼记》。将二者结合起来从荀子开始。他不完全是儒家思想，他虽然主张“礼”，但他说这可以使人有了进取思想，这样，贤者可以得而进，不贤者不得而进，所以有人说他是“儒表而法里”。

二、作为社会意识形态的音乐史

时间：1979 年 4 月 5 日

战国时代出现了“士”的阶层，标志由“学在官府”而转到下层，原来称音乐家为“师”，而这时就直呼其名了，如伯牙等。音乐思维中出现了直接反映自然的作品，如《高山流水》，琴的艺术得到较大的提高。

汉初出现了《安世房中歌》，武帝时有《郊祀歌》，前者属于祭祀，后者是歌颂“太一至尊”（即天帝）。

汉—南北朝：自汉武帝后，土地兼并集中日益激烈，出现了大的豪强地主，农民仍然是依附于地主的，被称为“徒附”“佃客”“部曲”，构成了所谓的“庄园经济”。魏晋时又成了士族地主，他们在政治上有很大的特权，做官也成为世袭。

汉代的音乐可以分为四种：大予乐、雅颂乐、黄门鼓吹、短箫铙歌。大予乐用于宗庙，雅颂用于响射，黄门鼓吹用于宫宴，短箫铙歌用于军乐。前二种已经是摆设，后两种则主要表现为：鼓吹（“仪仗”）和“相和歌”（享受之乐，魏晋时称“清商乐”）。“相和歌”是指带有丝竹伴奏、演唱者用“节”控制节奏，它又发展成歌舞形式。常常由三部分组成：艳——趋——乱。清商乐也大体相近，最后称“送声”。这种结构自然影响到音乐的其他体裁，如琴曲，有很多是从“相和歌”而来。

从思想上看，汉代是谶纬神学，然后是玄学，至南北朝后是佛学，它们对音乐自然要产生影响。

琴的发展与士族官僚经济有直接关系，如蔡邕、阮籍、孔融、嵇康等。

魏晋的玄学对各种艺术都有影响，音乐上呢？我们可以研究，如《流水》一类的作品这个时候可能比较多。

隋唐时期，隋末农民起义打击了世家豪族。唐初，统治者只能采取与阶级力量相适应的政策。如“均田制”“租庸调”，以劳动力分田、分帛，使经济大繁荣。

南北朝时期，由于社会大变动，促使各民族有一个大融合的过程。

唐初的几个皇帝，对音乐是重视的，采取开放政策，重俗而轻雅，使燕乐得到很大的发展，但到后期，仍然出现了土地集中的现象。

总的规律是，音乐是人民创造的，每一次社会变动，农民起义便推动了文化的发展，但音乐的提高、集中、加工又靠谁呢？可以说主要是靠地主、世家的代表人物，他们可以称作是专业的队伍。

（五）封建社会后期（宋—清）

又可以分为宋—明中叶，明中叶—1840年。唐末农民起义打击了地主阶级经济，农民的依附关系有所改变，成了雇佣形式。城市中的阶级关系也有所变动，手工业有了很大的发展，出现了小作坊。城市体制也发生变化。唐代分为坊、市，坊是居民点，市是商业区。宋代没有坊和市的区别，出现了夜市。因此有很多游乐场所，叫做“勾栏”“瓦肆”。为民间艺术的发展提供了条件。

在宋代，农民起义的口号也同以前不同，宋时提出了“均贫富”，即具有所有制的性质。

统治者为了对付这种形势，在思想上打出了“理学”（道学）的旗号。周敦颐认为：音乐应该淡而和。“淡则欲心平，和则躁心释”，这正是从统治者的利益出发的。

明代，王阳明提出了“今要民俗反朴还淳，取今之戏子，将妖淫词调俱去了，只取忠臣孝子故事，使愚俗百姓人人易晓，无意中感激他良知起来，却与风化有益”。

宋代宫廷中，复古倾向极为严重，另一方面，又利用民间艺术渗透统治者的思想。

同时，宋代有了专业半专业的艺人，也有了民间艺人的团体，如“遏云社”，以歌曲为基础发展起来的戏曲，在这时候形成并发展，至昆曲达到高峰。

开始，由“缠达”（两首曲子轮流）、“缠令”（多个曲子轮唱），称为“赚”，此后逐步复杂化，最终构成了中国音乐史上的南北曲时代。

后半叶从明中叶—清末，这时经济上有了资本主义萌芽，经济交换进一步加强，中小城市数量增加，为地方戏的形成创造了条件。在清朝宫廷设了“花部”（地方戏）和“雅部”（昆山腔），其中最有特色的是“梆子腔”和“皮黄腔”，它是一种新的结构——即板腔体。“梆子腔”很可能通过明末起义得到一次很广泛的传播，这时的音乐思想都比较强调真情实感，李渔云：音乐要“发乎情性，由乎自然”，冯梦龙则在《序〈山歌〉》中说：“借男女之真情，发名教之伪药”。

板腔体最大的特点是它的群众性。

宋代以来，基础仍然是民间音乐，提高则靠民间艺人，他们同民间音乐保持更加紧密的联系，其主要表现形式则主要是戏曲、说唱音乐。

三、明清音乐（第一课）

时间：1979 年 11 月 30 日

明清之际，中国社会进入了封建社会的衰亡时期，资本主义因素出现。正是在这种情形下，封建统治者必然要强化自己的集权统治。

在文艺思想上，道学家与具有民主思想的文人之间的斗争更加尖锐。

（一）民间歌曲

冯梦龙收集编纂了《山歌》。李调元收集编纂了《粤风》。这些民歌集的出现，说明文人更加注意民间音乐。

号子：讲义中的例子，不能断然说它就是明清时期的，但它的历史是毋庸置疑的。

山歌：唐代李益诗中就有“山歌闻竹枝”。目前两大系统，黄河以北，有“爬山调”“山曲”“信天游”“花儿”、藏族山歌，基本上都是上下句。北方的戏曲结构同山歌似乎有些联系。

北方山歌，其曲调进行一些特有的跳进；南方山歌，一般为四句，或者是两句的反复，或者是第三句做些变化。

北方的山歌，徵调式为多，上下句落音以四、五度最为普遍。

南方的多为 2、5、6、$\underset{\cdot}{5}$。

四句头的源头可以追溯到“清商乐”中的“西曲”“吴歌”。

所谓“清调以商为主”，同现在的调性相比，正好是“徵”调式。“清调”的歌词一般都是四句，而且，“其始皆徒歌也”。所以，山歌也是没有伴奏的。另外，“吴歌”中也有对答唱法，这也被山歌继承下来了。

由于流行地区的局限，山歌形式的沿袭是很稳定的，这一点，我们可以相信。

小曲：同元散曲是两回事，南北曲是以前的东西。

小曲经过艺术加工后称为“牌子曲”，它也分成两个系统（南和北），北方以河南“曲子”最有代表性；此外，北京有单弦牌子，山东有“八角鼓”。

南方有代表性的是“扬州清曲”“四川清音”“广西文场”和湖南的“常德丝弦”。它们流传的原因是出版条件好，但更多的是仅有唱词而无曲谱。

这些牌子曲，完全可以归并成许多个类型。

小曲反映生活的面比较广，甚至一些重大的社会事件都在其中有反映。

（二）曲艺

元代即有“词话”这种形式。“十字句”“七字句”皆有。北方叫“鼓词”，南方叫“弹词”。

“弹词”，宋元时期叫“陶真”（1547 年，田汝成《西湖游览志余》就有记载），后来，流派林立，风格多样，有“陈调”“俞调”“马调”等。

中国音乐的发展，自南北曲以后，越来越简单化。

“道情”，宋代已有，叫“鼓子词”，是否与“道情”有关，不能断言，但最早的确有一种隐逸的味道，全国各地都有。

四、明清音乐（第二课）

时间：1979 年 12 月 6 日

（三）牌子曲

各种小曲连缀，蒲松龄叫它“俚曲”，并且用它写了戏。

又可以归纳为三种形式：1. 大调，如河南大调曲；2. 小调；3. 套曲。

大调：即把单一的曲子发展成为大型的段落，如“四川清音”中的【寄生草】，“扬州清曲”中的【满江红】，河南“大调曲子”中的【越调】，它们不用其他曲牌。

小调：单独唱的小曲。

套曲：前有曲头——各种曲牌——曲尾。“大调”中的曲牌一般是作为曲头、曲尾使用的。

单弦的结构是：岔曲——数唱——牌子——曲尾。牌子曲基本上是两条线：南方与北方。如果我们把这方面的历史研究清楚了，对进一步研究戏曲、器乐等形式都将有推动作用。至少，我们可以摸清明清小曲的来龙去脉。

《叠断桥》多半是作为转调的枢纽，其落音一般为 6、5、2。

（四）歌舞

中国的歌舞从一开始就是向戏曲发展的。它重视人物（角色）和故事情节。外国歌舞，则强调节奏，独立的器乐曲都是舞曲，如巴赫的组曲。中国的器乐更多受到声乐、戏曲的影响。所以，《兰陵王》《踏摇娘》都很重视人物。南方的戏曲差不多是从“花鼓”发展而形成的。我们应当从比较中来认识中外音乐形式形成的不同。

采茶、花灯的音调有它共同的特点，例如调式，多半是羽调。

少数民族歌舞：锅庄、囊玛、堆谢、十二木卡姆等。

十二木卡姆是有很多种的，目前出版的仅是南疆木卡姆，新疆各地都有各自的木卡姆。

木卡姆一般分三部分：散——慢——快。

唐代大曲：散序——中序——入破。

相和大曲：艳——趋——乱。

藏族的锅庄，又叫“弦子”，边拉边唱。

（五）民间器乐

它总的属于鼓吹系统。

历史悠久的是“西安鼓乐”，保留下来的乐谱，有的注明“大唐开元”年间，但实际上比较复杂，其中有“匣”“耍曲”“穿靴”等。一般分两部分，重要的套词在后半。整个结构庞大，可能与唐大曲有联系。

明清以来，鼓吹乐又受到戏曲的影响。

宋以来的伴奏，主要是板、鼓、笛，离开戏曲，它们就成为独立的器乐演奏。

吹打，是鼓吹的另一种形式，同锣鼓不是一个东西。“十番鼓”即是“苏南吹打”，主要的标志是有独立的“鼓段”，并且有弦乐器加入。江南“十番锣鼓”“浙东锣鼓”“潮州大锣鼓”等是一种类型。

五、明清音乐（第三课）

时间：1979 年 12 月 13 日

山西五台山“八大套”，据说和《词源》（张炎）中的谱式是一样的。

西安鼓乐，我估计与元代戏曲有一定关系。以往一直认为宋元戏曲是弦索伴奏。其实未必，最早很可能是管乐伴奏。

主要曲牌：主要是南北曲或明清小曲等，渊源较久。

它的曲式比较庞大，典型的是法鼓段全套：

前部		后部
起（头匣、二匣、三匣）	过	引子
帽	过渡	起
正声		帽
靴		正声（引、令、套词）

退鼓　　　　　　　　　　　　　　　　　　　靴

　　　　　　　　　　　　　　　　　　　　　花退鼓

“匣”，类似“相和歌”中的“解”，即歌舞表演中的器乐间奏。

（听：西安鼓乐《尺调双云锣八拍鼓段全套》）

开场鼓——双云锣起　八拍鼓段——　清吹耍曲——奉金杯

　　　　（清吹散板）（尺工尺）

二匣：清吹耍曲——摇门栓——三匣——退鼓

十番锣鼓

它的曲目有的有出处，如《下西风》《满庭芳》，但有的又无可考，如《汉寿亭侯》。

结构模式

起（锣鼓丝竹乐合奏，以丝竹为主）。

中（大四段，以锣鼓为主，有四次变奏）。

结（丝竹与锣鼓并重）。

锣鼓段用不同的节奏（七、五、三、一）和音色（七、内、王、同）的变化来表现锣鼓的特色。

（听：《下西风》）

起（羽为主）A（快 羽）——急急风——过文　B（慢 徵）过文——C（慢 宫）过文——D（稍快 弱）

中：（四大段）曲鼓 ——头段　　二段　　　　三段　　　　四段

　　　　　（合头）（合尾）　合头 合尾　合头 合尾　合头 合尾

弦索乐：1814年荣斋编纂的《弦索备考》，是一部合奏手抄谱，今天的“河南板头曲”、潮州的“弦诗”都与它有渊源关系。所用乐器为：琵琶、三弦、筝、胡琴，所有小套都是68小节（68拍），为什么会这样，现在还不知道。今后可以进一步研究。《寒鸦戏水》《青莲乐府》等均属此类。《月儿高》36小节，后一部分20小节，《寒鸦戏水》前面20小节，再一部分21—41小节，最后42—68小节。

《昭君怨》开始16小节，17—32，句法不整齐，33—68展开性结构。琵琶小曲，河南板头曲、潮州弦诗等三乐种中，很多曲目的篇幅都是如此。

丝竹乐（略）

独奏：琵琶曲此时的曲目中，模仿性因素增加，这就给《十面埋伏》的产生做了准备。

（以下略）

为发展人民的音乐文化而努力工作

——中国艺术研究院音乐研究所郭乃安研究员采访录

吴犇　采访、整理

郭乃安，男，音乐理论家，1920年出生，贵州盘县人。1941年在重庆进国立音乐院学习理论作曲，1947年毕业。曾于1946年1月与同学共同发起成立“山歌社”，从事进步学生运动和民间音乐的搜集与研究多项活动。音乐院毕业后，去上海参加新音乐社的活动及其他革命文艺工作。1950年底调往文化部，先后在艺术局和学校司任职，从事音乐方面的行政管理工作。1959年1月调中国音乐研究所，任研究室副主任，副研究员。1977年至1985年，先后任中国艺术研究院音乐研究所领导小组成员和副所长。1983年被评定为研究员，1985年冬任《中国音乐学》主编。又自1982年起兼任中国艺术研究院研究生部音乐系主任，并于1986年经国家审定为音乐学博士研究生指导教师。此外还担任中国音乐家协会理事，音乐理论委员会副主任，当代音乐学会副总干事等职。

自1946年以来，先后在报刊上发表文章百余篇，涉及音乐评论、音乐美学、中国音乐史、民族音乐理论等领域，大抵以继承民族音乐传统、发展民族音乐为旨归。其中包括:《发展中国的民间音乐遗产》(1953)、《作曲家和人民的音乐创作》(1959)、《试论民间曲调的可塑性》(1960)、《一个待开发的宝库——中国音乐美学遗产》(1979)等。参加编撰的重要著作有《民族音乐概论》（统修，1964)、《中国音乐词典》（主编，1984)、《中国大百科全书》音乐舞蹈卷（音乐学科编辑委员会委员，“中国古代音乐”分支主编，1986）等，在国内外有一定影响，1989年被选入美国出版的《世界名人录》(Who's Who in the World) 第9版。

采访时间：1991 年 1 月 24 日上午

采访地点：郭乃安寓所

采 访 者：吴犇

采访记录如下（已经本人审阅）：

记　者：您多年来从事音乐研究工作，还参加编撰过些重要的音乐理论著作，请您谈谈在这些方面工作的体会。

郭乃安：我是从 1959 年调到中国音乐研究所以后，才开始专业搞音乐研究工作。从那时起直到现在，我除了自己写一点文章以外，一般都是参加集体的“活儿”。最初参加的是《中国近现代音乐史》的编写，我主要是搞其中的当代部分，那时叫“解放十年”。我具体搞了一个重要文章的目录和大事年表，此外，我自己还写了一篇“关于民族音乐十年”的文章。

记　者：是不是在《音乐研究》上发的那篇《蓬勃发展的民族音乐》？

郭乃安：是。第二件事是 1960 年《艺术概论》的编写，文化部组织了编写组，成员主要来自各艺术院校。我担任副组长，除了组织工作和看稿改稿外，还执笔写了“绪论”一章。当时准备作为艺术院校的教材，内部曾出过铅印本。接下去就是《民族音乐概论》了。1961 年所里举办的“民族音乐研究班”集体写了《概论》初稿后，我参加了第一次修改和第二次统修。教材会议后，1961 年至 1962 年，我的精力基本投入再次统修《概论》。

记　者：这次统修是由您一人完成的？

郭乃安：是。这次改动较大，有两章是我重写的。到“文化大革命”后期，1973 年我又参加了《中国音乐简史》的编撰，是主要负责人，曾分工写过一稿“明清”部分，最后改写过战国至南北朝部分。这部稿子只出了内部讨论稿。我写的内部材料就太多了，加在一起可以有一大堆。

记　者：这真是受了当时历史条件的限制。

郭乃安：“四人帮”倒台后，就是《中国音乐词典》的工作了。在“文化大革命”前就曾计划编一本《音乐辞典》，包括中外音乐。但由于需要不同单位合作来搞，一直也没搞起来。后来我出了个主意，就以咱们所的力量为主，搞一本《中国音乐词典》，因为最需要搞的也是中国音乐这部分。以后又把缪天瑞先生请来，由我们三人（还有吉联抗）主编，书出得挺快。此后又搞了《续编》，已经校过，快印了。

记　者：这部辞典影响很大，是第一部专门关于中国音乐的辞典。

郭乃安：是。在这中间又有了《中国大百科全书》音乐舞蹈卷的工作，本来是让我总负责中国音乐方面，后来因为我身体也不太好，就负责“中国古代音乐”分支。以后又来了《当代中国》音乐卷的工作，我是常务副主编，所有的稿子我都要看，提意见、修改等。现在还没搞完。

记　者：主编是谁？

郭乃安：李焕之。总之，我这个人这些年来一直是在集体的活动中间贡献一点力量。我没有什么别的长处，唯一的一点就是我希望能够团结人们一起来搞工作，同时我自己也能虚心向同志们学习。

记　者：您太谦虚了。

郭乃安：这些工作对我来说比一般人也许还算有一点基础，但有些东西我并不是专业搞的，我就是愿意向同志们学习，也愿意自己认认真真地学习不懂的东西。在这些项目中，有些对我来说比较生疏的东西，我都自己认真地学习，比如最后修改《民族音乐概论》那两年，我每天工作时间都很长，一般在半夜两三点才休息。当然《民族音乐概论》也有缺点，例如对福建南音这样的音乐没有能涉及，因当时在这方面除有些谱子外，没有什么研究性的文章，我自己又实在来不及一下子钻进去，但是《民族音乐概论》中所有已经涉及的东西，我全都自己去摸过，不管别人怎么说，我都要自己拿来再看一看，对一对。

记　者：这个工作量相当大啊！

郭乃安：后来搞音乐史，我虽有些基础，但也还是粗浅的。以后逐渐对音乐史形成了自己的一些看法，我为《大百科》写的"中国古代音乐"概述条目，以及这部分条目的框架，就体现了我自己的一些看法。

记　者：您在中国音乐史方面有很多自己的见解，您给研究生讲课时就讲过一些。

郭乃安：我的有些看法没写成文章，讲课的东西不能都写在《大百科》里，在那里我力求用的材料一定是扎实的，不弄似是而非的东西。通过《民族音乐概论》和《中国音乐简史》，我对中国传统音乐从纵的、横的两个方面都理了一下。

记　者：您的研究工作涉及的领域真是相当广泛。

郭乃安：我从做学生的时候就有这样的理想，发展一种中国的、人民的音乐文化。这种音乐应该反映人民的思想、感情、愿望、意志，同时又是人民所喜闻乐见的。而这样的音乐又必须继承我们新旧音乐的传统，在这个基础上才能发展起来。我早期的文章是发议论的多，大体分为两种：一种是关于民歌的；一种是关于革命传统的，都是围绕着发展人民的音乐文化这个中心。后来感到需要扎扎实实地做一点基本建设的工作，这就是"概论""音乐史""辞典"等工作，包括那篇关于中国古代音乐美学的文章。有些说不上是研究，只是想以此推动大家的研究。

记　者：这些工作真是成果丰硕，影响深远，比如《民族音乐概论》，我们很多人最早接触民族音乐理论就是通过这本书，虽然已经出版了多年，但现在还没有一本类似的书能代替它。

郭乃安：这些年来我具体写东西少了，有时写一点感想之类的。我的工作大体是这样，有时我也感觉遗憾，脑子里有好多东西，但由于这些年忙于别的工作，身体也不太好，所以写得少了。

记　者：这也是由于那些集体项目花费了您过多的精力。自1985年《中国音乐学》创刊以来，您还一直担任主编。它的影响颇大，已成为全国音乐学术方面最重要的刊物之一。

请您谈谈这方面的工作经验以及今后的设想。

郭乃安：以前所里一直想办个刊物，曾经出过不定期的《音乐学丛刊》，主要由我来管。后来《中国音乐学》办起来了，它的宗旨在《发刊词》上都说明了。

记　者:《发刊词》是您写的?

郭乃安：是大家讨论后写出的。我们的目的就是要为发展具有中国特色的马克思主义音乐学做出贡献。我们坚持以马克思主义为指导；坚持改革开放，尽量吸收好的、有用的东西；坚持百家争鸣、实事求是的方针，把刊物办成高质量的学术性刊物。我不想把我们的刊物说得有多好，但基本格局还可以。我们有时舍得一些篇幅刊登一些别人不愿登的文章，比如关于舞谱研究的文章，对认识当时歌舞的性质还是有帮助的。有时一些争鸣的文章质量不一定很高，是作为一种意见来介绍的，这样可以使刊物办得活跃一点。有争论也是正常现象，即使有与经典作家不完全一致的意见，也不宜把它视为非圣无法，因为真理是需要经过讨论才越辨越明的。另外刊物搞了一次评奖，这次评奖即使有的不是太合适，但总的精神还是好的。

记　者：评奖意义很重要，是音乐理论界第一次，没听说有什么不合适。

郭乃安：我在发奖大会上有个发言，其中有两点意见还想强调一下，一是在某些“微观”研究方面缺乏“宏观”的眼光，而相反某些以“宏观”为视角的论文有时又忽视相应的“微观”基础的研究，这种状况希望有所改观；另一点是希望在介绍和借鉴国外多种学派的理论的同时，加强对马克思主义的学习，特别是对经典作家的原著的学习，这样可以使我们有较强的鉴别力，不致迷失方向。总之，我觉得我们办刊物基本方向还是正确的。当然，我们主动宣传马克思主义是否有不够的地方？事实上真正用辩证唯物主义与历史唯物主义去解决一点实际问题是不容易的，靠简单的概念不能解决问题，要做实际的工作。另外我们这个班子合作还是可以的。开始办时，由居其宏同志主持建立了一整套工作制度。我们开了一种先例。即我们的主编、副主编、编委没有一个是挂空名的，所有的人都做实际工作，讲求实效。我这几年虽然身体不太好，但对刊物的审稿我是认真负责的。有时同初审、复审的意见不一致就提出来，不因为讲情面就马虎过去。同毕业论文一样，基本上要达到一个水平，不达到不能通过。

记　者：您自 20 世纪 70 年代末开始做培养研究生的工作，现已有三届硕士毕业，还在培养博士，请您再谈谈这方面的工作。

郭乃安：关于我对培养研究生的一些想法，你可以看看《中国音乐学》1989 年第 1 期（即《中国艺术研究院研究生部音乐学系 1988 年硕士研究生论文专刊》上我所写的“前言”)。其中我有一种思想，就是认为一个老师不能用他所学的东西限制学生，而应该鼓励学生探索新的领域，了解新的观点，运用新的方法，发现新的问题，提出新的见解。学生所涉及的领域和达到的成就应该超越老师；而不应是近亲繁殖，越来越萎缩。同时我也希望学生是扎扎实实的，而不是哗众取宠的；把结论建立在科学的、实事求是的基础上，而不是搞空洞的概念游戏。总的来说，我们培养研究生的工作成绩虽不很显著，但基本效果还是好的。毕业生都已成为业务骨干，做出了贡献，在其他单位工作的人反映也不错。当然，这都是同学们自己努力的结果。

记　者：也是各位先生教导、培养的结果。

郭乃安：是这样。我现在还在带博士生，但在这方面还没有什么经验。总之，我培养研究生与办刊物的路子是一致的，即除了质量上要求严格之外，在思想上要放得开一点，不要求学生同自己观点一样，鼓励创新的精神。有时有的东西还不太成型，不完善，但这种创新、探索的精神是应该鼓励的。

记　者：现在所里又在进行《中国乐器志》的工作，作为主编，请您再介绍一下对编撰这部书的设想。

郭乃安：这方面我曾写过一个材料，你可以拿去看看，在这儿就不多说了。

记　者：谢谢郭先生，祝您工作顺利，身体健康！

郭乃安：谢谢。

原载《中国音乐年鉴1991》，山东教育出版社，1992年

郭乃安先生谈中国传统音乐研究

崔　宪[①] 记录、整理

整理者按： 自1993年到中国艺术研究院音乐研究所工作后，我在工作中仍得到郭乃安先生的悉心指导。先生平常话语不多，但在学术问题上每每谈到兴致勃勃时，总愿将自己多年的思考无私相告。在修订《中国音乐词典》（增订版）的过程中，先生更是希望将多年的研究心得落实到词典的修订工作中。现根据多次有关学术研究的谈话录音整理并予以发表，不但是对先生的原创性学术见解给予充分尊重，也是对先生最好的纪念！

2018年2月

一

时间：1995年9月4日下午

地点：北京红庙北里郭乃安先生家中

1. 老六板的结构

在中国传统音乐中，有一种以结构内部变化为发展原则的曲式，这就是“老六板”所表现的。

老六板每一段都是八小节，但每一个八小节都不一样。第一段是5+3+5，5+3+5；第二段是7+7，第三段是第一段的倒影，又回到了5+3+5……

这种结构外部是对称的，整个结构全是八拍，成为结构的骨架，但内部又有变化。这在

① 崔宪，男，1954年生，博士，中国艺术研究院音乐研究所研究员。1993年毕业于中国艺术研究院并留音乐研究所工作。《中国音乐词典》（增订版）常务副主编。

西方是少见的。

2. 昆山腔到底是什么

昆山腔到底是什么东西，现在还不清楚。说是昆山腔，是不是昆山的？现在昆曲中的东西有很多南北曲中的东西，不可能光是昆山的。

从杂剧发展到传奇，但哪些是杂剧的，也不清楚。除蔡伯喈《琵琶记》、蒋世龙《白兔记》外，传奇中的重要东西都是从杂剧来的。《九宫大成》中有的片段是原来的。

洛地、武俊达对昆曲是了解的。杨先生是从“字词”上对“音调”做研究。他从字词的音调上考虑旋律变化，洛地讲有许多“固定乐汇”——腔，与杨先生有相近处。

3. 杨荫浏先生的贡献

《中国音乐史纲》中很多材料在《中国古代音乐史稿》中不用了。

昆曲北音化、南音化，这个杨先生的见解别人是得不到的。因为他自己的音乐实践，会吹管，会弹琵琶，会做乐器，后来又学了古琴，自己又在“天韵社”里有多年的实践活动，在昆曲方面曹先生帮了他很大的忙。他才从昆曲——音韵学——中原音韵到后来的发展，得到一些概念。工作做了，但还没进入结论阶段。比如他对杂剧乐谱的搜寻，董西厢——诸宫调的搜集等。

杨先生重视实践，还可从他晚年对琵琶品位的律制研究中看出。这就是吴祖强他们创作《草原英雄小姐妹》时发现如按老琵琶的品位就与管弦乐队合不上，所以就有了琵琶品位的平均律的发现。

杨先生重实践，是来自实证主义的观点。乐律问题靠计算，乐器问题都靠做实验。

对笙的音位，杨先生的看法是：总体音位是不变的，后来以实际的需要，地方的不同，有的有改变。他有这样的话：“自宋至清，就笙上各管音高的相对关系言，大部分是前后相同，存在着继承关系，小部分有所变动，显示了变迁情形。”①

杨先生的贡献还表现在他的研究说明：历时与共时，二者不可替代的研究方法在中国传统音乐研究中的重要性。

现实与历史文献中存在的问题，只有从调查中得到解决。比如“隔指调”，张振涛在调查中得到了新的认识。

二

时间：2004 年 1 月 24 日下午

地点：北京红庙北里郭乃安先生家中

---

① 整理者按：见《杨荫浏音乐论文选集》，上海文艺出版社，1986 年，第 381 页。

中国古代音乐史中魏晋南北朝这个时期很重要。这时开始风行“文人雅集”，形成了文人集团，如曹氏父子、建安七子都属于这个范围。

从这时开始出现了“文人音乐家”，如诗人、画家、雕塑家都有很懂音乐的，古琴家更不用说了。丝竹管弦，四声音韵也是这时出现的。

中亚、西亚的音乐进入中国，佛教的传入很重要，如《高僧传》中记载，唱道、经师的讲座，高僧都很有音乐的才能。

昭武九姓（九个邦国）：康国、何国、安国、安息等。

我主张音乐史是与生活密切相关的学问，史书的记载意义不大。

三

时间：2004 年 10 月 30 日上午

电话采访

电话请教郭先生魏晋南北朝断代研究问题，郭先生回答：

魏晋的研究要上连汉，下连南北朝，否则有的问题不容易说清楚：1. 在汉末佛教传入中国，思想及艺术都有大的影响；2. 相和歌到吴歌西曲的变化，以及后来的清商乐——华夏正声。

四

时间：2007 年 5 月 27 日下午

地点：北京红庙北里郭乃安先生家中

有关笛色、管色与工尺谱字的来历问题

笛色、管色这两个词，有人常用“笛色”什么调，有人又常用“管色”什么调，这是两种不同的称谓。那这笛色和管色两个词是不是一回事呢？实际上是一个东西。所谓管色指法，也就是笛色指法。按照我的看法，工尺谱就是笛色谱。管子用的也是这个调，但是与笛色的指法位置不一样。管子背后有两个背孔，在《辽史・乐志》中的十个工尺谱字是“五、凡、工、尺、上、一、四、六、勾、合”，其中“六”和“勾”就是背孔音。与笛色相比，二者之间可能只是指法位置不同。

在戏曲中，管色可能主要指唢呐的调子，而不是管子；笛色主要指笛子的调子。我以为书上讲的两者就是一样的关系，只是用调的名称是他们习惯的，两种调名可能不一样。应当有专门的研究，熟悉的人就比较好办。

《楚辞》中有“四上竞气”的记载，是不是有管乐器上的名称？因为有“竞气”两个字。

“四上竞气”是不是在管乐器上哪个字气用得多点，哪个字气少点的意思？可能最早时用过“四上”两个字，我觉得可能是在笛上用的词。

工尺谱的谱字各字的来历：

“合”字是全部孔都按上为合。

下把：

“四”字是下把开第四指为四。

“乙”字用中指，中指与三弦谱有关，三弦谱用“甲乙丙丁”等字记谱：在空弦上按食指是“甲”，按中指为“乙”，按无名指为“丙”……

“上”字是下把（无论你习惯是左手还是右手在下）最上一指（食指）的意思。

上把：

“尺”字是上把的四指，不重复下把四指的“四”字，借用“尺”字，也可能与中医切脉部位名称的“尺脉”有关，“尺脉”用的就是四指。

“工”字可能是从琵琶谱里面来的，在空弦为“do”的弦上，食指按的是“re”，中指按的是“mi”，工尺谱“上”字唱“do”，“尺”字唱“re”，“工”字正好是“mi”。

“凡”字就简单了，全按是“合”，“所有的孔”全放开就是“凡”。

“六”字是下面五孔全按，只开六孔为“六”（“合”字的高八度音），可能艺人们就把这个音叫“六”音。

“勾”字本来是升“do”音，但在管子的背孔不用“勾”字后，“勾”字就失传了。碰到用“勾”——升“do”音，是用“上字代勾”来解决的。

它的办法与“凡”字有“高凡”“低凡”之分的道理一样，是把比“尺”字低的“乙”“上”这二、三两孔按住，打开四孔，使四孔的“尺”字的气柱增长而降低半音来解决。这在传统音乐中称为“叉口”指法。也有人叫“交叉指法”。在《中国音乐词典》（增订版）中应当加一个“叉口”的词目。

对“叉口”的研究，最好能深入一个曲子中去。如“勾”字如何出现以“上”代“勾”、以“宫”代“勾”的。从实践看，真的是改变音高了，还是没有变，有无特殊情况？如变的话，调性就变了。因为“勾”不是“导音”，就是羽音的上方大三度音——羽角。

调首在实际音乐中如何运用？音乐中有无清商音阶？音位是这样，但也可用别的宫，也可能有调式的移位。

比如《叠断桥》，进入单弦牌子时变了。因为定弦的音域是四度音。sol — do—sol 变成了 sol — re—sol，这就不能用 do，而用 re 了。所以要到活的东西中去，不能停留在乐器的几个孔上。

工尺谱字的来历我是这样思考的，所以这都与“笛”——不管是竖吹的笛，还是横吹的笛都一样。“工尺谱”实际上就是“笛谱”。

所以很早的时候可能用过“四上竞气”这样的东西。工尺谱中的“合、四、上”这些字都是很容易来的，其他的字可能是后来加入的。上面说了：

全按为“合”，全开为“凡”，独开六孔为“六”，下把最上一指为“上”。有借用三弦谱的，如“乙”；有借用琵琶谱的，如“工”；有借用中医名称的，如“尺”（上把的四指）。不是一个逻辑体系完整地定出来的，而是艺人们的经验不断积累的。在音乐实践中发现这个可用，那个也可用，慢慢就积累出这一套谱字系统。如果是一、二、三、四、五、六、七、八……是一种办法，甲、乙、丙、丁、戊、己、庚、辛……又是另一种办法；两种都是逻辑体系。所以工尺谱也不是一个人设计出来的，这与中国文化中的复杂关系有关。

以上是我对工尺谱字来历的一种简单的解释。

古代是不是存在三度的指法在艺人中应用？以前我们的十二律：黄钟、大吕、太簇、夹钟、姑洗、中吕、林钟、夷则、南吕、无射、应钟、蕤宾。其中黄钟、夹钟、林钟、应钟，大吕、中吕、南吕，都存在三度关系。律名本身不是按五度推出来的，而存在三度的逻辑关系。这里面有问题可以思考。比如曾侯乙编钟铭文中有“辅一曾”三度关系，上层钮钟也按大三度排列。说明三度关系的确存在过。

五

时间：2007 年 11 月 1 日

郭乃安先生书信

崔宪：

寄来的文稿收到了，我觉得是否“叉口”可以加进这样的内容：

1. 叉口名称的由来，说明叉口是在一个具有二百多年悠久历史的昆曲班社无锡《天韵社》中使用并传承下来的一个管乐指法的名称。在历代的文献中都没有记载。

2. 叉口的名称虽然文献中没有记载，它的演奏实践却在文献中早已有过记载，其一为宋陈旸《乐书》中的一句话：“谓用黄钟清与中吕双发为变声。”其中的“黄钟清”就是笛子上单开六孔发出的工尺谱六字音，中吕就是笛上开第三孔吹出的工尺谱上字音，两种指法合在一起，发出的就是比工尺谱原有的凡字低半音的变声，这也就是叉口指法的实际运用。此外，在宋代陈元靓的《事林广记》中的附录二里有管色指法的图表。其中既有用叉口指法吹凡字尺的图，还有将叉口指法的结构规律用到比工尺谱尺字低半音的勾字上。这在管乐的发展上有重大意义。

以上所写，均本人一己之见，恐不尽妥当，且文字很不通顺，请你们斟酌处理，能否用，或有取舍，修改，均听便。

郭乃安 于病中

2007 年 11 月 1 日

怀念先生

音乐学术研究的带头人

——忆郭乃安先生

刘东升[①]

2015年10月7日郭乃安先生在美国加州溘然离世，95载的人生永远停止在那一刻，至今已经两年有余，先生温和敦厚的身影还时时在眼前浮现。近日整理思绪，写下与先生合作共事的点滴回忆，以表达对先生的怀念和敬仰。

一

1973年，根据国务院文化组的指示，音乐研究所（当时称“文化部文学艺术研究所音乐舞蹈研究室”）成立了“中国音乐简史”编写组，编写《中国音乐简史》（以下称《简史》）。本所吉联抗、李纯一、吴毓清、吴钊、向延生和我都是编写组成员，外单位则请来夏野、冯文慈、周畅、赵后起等。此工作一直延续到1976年唐山大地震之后。全书分章节撰写，我执笔“宋元”一章。郭乃安先生从“五七干校”回来得稍晚些，回来后也参加了这个编写组，黄翔鹏先生回来得更晚，已近尾声了。

---

① 刘东升，男，1940年生，中国艺术研究院音乐研究所研究员。1963年毕业于天津音乐学院民族器乐系并留校任教，1964年调入中国音乐研究所（即现“中国艺术研究院音乐研究所”）工作。国务院特殊津贴专家。

编写组组长吉联抗、副组长夏野。大家分头执笔，然后讨论，再反复修改，先后四易其稿。1978 年冯文慈、齐毓怡、向延生编辑了与《简史》配套的音响、曲谱资料，曾油印过一份“参考曲谱、参考音响目录征求意见稿”和一份出土乐器的测音资料。

其实，我们的“左邻右舍”一直都在搞“通史”，戏曲研究所（当时称“中国戏曲研究院”）从 1958 年开始就集体编写通史，至 1980 年出版了张庚、郭汉城主编的《中国戏曲通史》（中国戏剧出版社出版），历时 22 年，分上、中、下三册，85 万字。这还只是古代戏曲史，还有近现代戏曲史，另行编写。舞蹈研究所建所较晚，1980 年成立，该所也以“中国舞蹈史”作为学科的基础建设。1984 年出版了 5 卷本《中国舞蹈史》（文化艺术出版社）。2010 年又出版了洋洋数百万字的 10 卷本《中国舞蹈通史》（上海音乐出版社）。该书“总序”说，这是舞蹈史专家们五十年成果较全面的总结，并谦虚地认为此书“或许依然不过只是一块基石或一个阶梯，甚至有些可能成为后人批评的标靶，但能供给后人踩着向更高的境界攀登，亦足以让人欣慰”。两个研究所都把集体编写“通史”当作头等大事来抓，常年坚持，所以做出成绩。

郭先生很希望音乐研究所能搞出“一史一论”，能像《民族音乐概论》那样，写出一本堪称“范本”的《简史》。可能是杨荫浏先生《中国古代音乐史稿》影响太大，人们觉得一时难于超越，所以望而却步，不敢想也不敢做，没有戏研所、舞研所那样的胆识和魄力。我们可以暂时不写《通史》，但是先写一部《简史》还是完全可能的。

“文化大革命”这些年，由于“四人帮”的破坏，音乐理论园地百花零落，一片荒芜。郭先生从干校回到工作岗位，多年被压抑的热情和才智得到复苏，一心想把“文化大革命”耽搁的宝贵时间夺回来，几年间他在古代音乐史方面下了很大功夫。这表现在 1983 年起，被聘为《中国大百科全书·音乐卷》编委会委员及“中国古代音乐”分支主编的工作上，他为该分支拟定条目、框架及审稿。我曾参加了此分支的审稿会，由责任编辑狄沙同志召集，郭乃安主持。与会者有黄翔鹏、吉联抗、蓝玉崧、冯文慈、吴钊和我。蒋博彦、陈应时先生也在场，他们二位时任《中国大百科全书·音乐卷》特约编辑。开会地点在东郊酒仙桥一家宾馆，住在那里，连开三天，逐一讨论“中国古代音乐”分支的条目，工作是很认真细致的。我写了与宋元时期相关的“沈括”“词源”“事林广记”“瑟谱”“海青拿天鹅”“教坊”等 10 个条目，大家提出意见，会下做了修改，再交分支主编。此外，我为“乐器与演奏艺术”分支写了若干条目，另由该分支主编管理。郭先生自己撰写了三万余字的“中国古代音乐”综述条目。这篇长文可能就是他心目中《简史》的纲要。大百科《中国大百科全书·音乐卷》于 1989 年出版，郭先生此时早已投入到其他工作中去了。《中国音乐简史》之梦，再无机缘重温，时久天长，成了东逝之水。但郭先生对《中国大百科全书·音乐卷》则做出了重要贡献。

二

说起编“音乐词典”，时间要回溯到音乐研究所“十间房”时期的 1962 年。吕骥同志倡议，中国音协、中央音乐学院、音乐出版社、音乐研究所四单位联合组织编撰一部涵盖中外的《音乐词典》。音乐研究所负责民族音乐部分，周沉先生和我从天津音乐学院借调来参加词目编选，在元庆同志亲自领导下工作。当时赵宋光先生为研究律学，也暂借音研所，我们三人在二楼一间有时可以当小会议室用的大房间办公。周沉先生在办公楼外一排平房有宿舍，赵先生和我在办公室各设一单人床位，下班后如不进城回家就可以住下。音研所凡家在城里的同志都这样。赵先生是我的老师，给我们讲过一学期《民族调式与和声》，彼此很熟悉。他也很关心"词典"，有时也会谈些自己的想法和建议。音乐出版社派两位资深编辑陆海藩、何士德（《新四军军歌》作者，时任音乐出版社词典编辑部主任）定期来音研所沟通、督促。后来音乐出版社内部刊印了一份《民族音乐词目初稿》，这项工作因"四清"（社教运动）、"文化大革命"而搁置。

"文化大革命"后，时任音研所副所长的郭乃安先生率先提出不要管外国音乐，先编一本《中国音乐词典》（以下简称《词典》），这个最重要，也最需要，并与音乐出版社王凤岐在 1979 年底全国政协新年联欢会上偶然相遇商定、筹划。当时缪天瑞先生因参与《中国大百科全书·音乐卷》的工作已借调到北京。缪先生正式调至中国艺术研究院是 1983 年 7 月的事，《词典》（正编）交稿是 1982 年 9 月，就是说《词典》（正编）的编撰是缪先生尚在借调期间完成的。缪先生尚未定居于北京，有时还回天津小住，稿子便寄给他，请他审阅。《词典》日常工作均由郭先生主持。《中国音乐词典》上马之初，大家推举缪先生为主编，联抗、郭乃安为副主编，下设若干编委。缪先生认为音研所的同志对民族音乐比他更熟悉，在会议上表示不同意，他说"大家都是主编"。由于缪先生的坚持，大家同意设三位主编，设立乐律学、古代音乐、近现代音乐、民歌和民间歌舞、曲艺音乐、戏曲音乐、器乐、古琴音乐七个分科，各分科也设主编，另设两位主编助理，以此设置和安排实现了"大家都是主编"。我任器乐分科主编。各分科分别搜集、拟定条目、向所内外及全国各地音乐院校、演出团体、各省、市艺术研究机构的专家约稿。因为是第一部音乐词书，带有"开创性"，无现成的资料可供参考，主编要求尽量约请作品的原创者或入选者本人或掌握第一手资料的研究者撰稿。有些学科尚存在很多无人研究的空白，则需要我们自己钻研，撰写释文，可见工作的艰辛。黄翔鹏先生任乐律学、古代音乐分科主编，曾写过一篇《知其不可而为之》的文章发表在《词典工作通讯》1982 年第 6 期上，谈到词典的不少条目是大大小小的研究课题，自己只能边研究边撰文，做点力不从心的铺路工作。

三位主编都很认真、敬业。各分科的稿子他们都要看，负责的方面有所侧重。郭先生主持并统修过《民族音乐概论》，对民族音乐各个门类的知识更全面，承担的工作也最多。缪先生和联抗同志看过稿子，也常常叮嘱一句："让郭乃安再看看，听听老郭的意见"。郭先生审稿思路严谨、一丝不苟，有的问题你去问他，当时就会告诉你该如何办；有的问题一时难于决断，他就不太说话，但不会忘记，过些时候会主动找你再次和你商量如何处理。

大家都很尊重缪先生，我提出的器乐分科的人名中，有三位演奏家，同时也是教育家的入选者，缪先生不同意。缪先生有自己的入选标准，他比较看重实际演奏水平，不太在意长期工作在教学岗位、学生众多的演奏家。郭先生虽然接受了我的意见，缪先生也表示：“听你们的吧，你们了解情况，考虑得更周到些。”但是我们都尊重缪先生，最后还是删去了这三位入选者。其中一位在“增订版”中已作为理论家收录。这三位在近年出版的中央音乐学院《音乐百科全书》（中国大百科全书出版社，2014）中均已收录。类似情况可能各分科都会有。

郭先生不擅长轻松地工作，写文章要殚精竭虑，他不止一次说过：“我写东西很慢，常常整段文字都能默背了才敢动笔”；做事情是事必躬亲，好像一切都要安排妥当才放心。例如词典的入选者需要头像，乐器需要线图。这些看似小事，处理不当，全书质量将大打折扣。人物的年代跨度很大，早期人物无法找到清晰照片，随文印在书中，大都模糊不清。大家反复研究多次，最后出版社请到著名木刻家聂昌硕先生，根据我们提供的照片雕刻人物头像，既清晰又传神，每一头像都是专门创作的艺术品。这种量身定制的做法在工具书中极为罕见，算是我们做的一件很“奢侈”的事情。

北京乐器学会朱虎雄先生20世纪50年代曾在音研所工作过，是大家的老朋友，给我们推荐一位常年给“学会”绘图的陈一鹏先生，为《词典》绘图。我和本所摄影师张振华师傅精心挑选每件乐器的“标准照”，洗印出来之后，我分期分批送到团结湖南水碓子小区陈一鹏先生家，以便以此绘图。每次都是取回绘好的线图，送去待绘的照片。这些乐器线图绘制的精确细致，大家都很满意。这些照片送交之前，郭先生都要一一过目，从未遗漏过，也从不嫌工作的零散、繁琐。后来，艺术研究院有一重点项目《中国艺术百科辞典》，冯其庸先生任总主编。建中所长任《音乐卷》主编，我任副主编。其中“乐器”部分也是用的这批线图（商务印书馆，2004）。

《词典》编辑后期，刚好我正与高教部所属中央电化教育馆编制一套《中国音乐史幻灯片》，大约已拍好了一百多幅古代音乐、乐器照片。这些照片在当时都是很难得到的，如果为《词典》专门去各地搜集、拍摄，则需要耗费大量人力物力，编辑部绝无此条件，是不可能的事。以那时同步编辑的《中国大百科全书·音乐卷》为例，他们也需要大量插图，曾设两位图片编辑，其中一位是中央音乐学院姜永兴先生（姜先生著有《中国古代音乐图像》一书，中央音乐学院出版社2012年出版。于润洋、王次炤两任院长为该书作序）。

大百科全书出版社以其权威性和充足的经费条件可以调动全国的人力资源，我们与之无法相比。王凤岐得知这套幻灯片之后，很想用在《词典》之中。先与三位主编协商，他们完全同意。我们又与“电教馆”领导商议，得到他们大度的授权。这批图片作为插页用在《词典》之中，既可以作为艺术品鉴赏，又是直观的文化传递。一百余幅色彩斑斓的图像成了《词典》一道靓丽的风景。“增订版”图版印制得更为精良，尤其如此。

音乐出版社还请到出版界权威人士，也是《中国大百科全书》装帧、版面的总设计者张慈中先生为《词典》设计封面、题写书名。出版时，上述设计、题名、木刻、绘图的作者已署名在《词典》扉页上，“增订版”也如是。《词典》从内容到形式都臻上乘。

综观《中国音乐词典》作为“文化大革命”后音研所第一个大型集体项目，遇到“天时、地利、人和”的良好机遇，得到全国音乐界专家、学者及社会各界人士的支援、支持。

本书责任编辑王凤岐先生为《中国音乐词典》做了大量的工作。至今我还记得一个细节，也是故事。《中国音乐词典》编辑之初，出版社与音研所在“出版合同”上有分歧，僵持很久，不能签约，王凤岐先生压力很大，只好从中斡旋。一天上午刚刚上班，他到辞书编辑室主任邬析零先生（老音乐家，延安时期《黄河大合唱》指挥者之一）办公室谈“合同”之事，两人意见不一致，一时谈不拢，对坐很长时间不说话。凤岐便一支接一支地吸烟，直吸得脸色苍白、天旋地转，动不了了。邬析零吓得扶住他，直问：“怎么了，怎么了！”原来是晨起没吃早点，空腹无食，吸烟过多导致了“一过性脑缺氧”。事后，凤岐跟我说：“那天抽烟把我抽晕了。”今日说起此事已成笑谈。编辑部的同志都知道，为“合同”之事，凤岐与周沉先生、郭先生也争论过多次。凤岐要在双方做工作，费尽苦心。他要用自己的明智、聪慧和耐心，去调和一系列在当时可能是十分棘手的问题，从而促成《中国音乐词典》工作的顺利进展，个中原委和滋味外人岂能知晓。范慧勤先生在《〈中国音乐词典〉工作回顾》一文中说：“这样大规模的工程，仅用两年9个月的时间，人民音乐出版社正式出版也只用了两年时间。编辑时间、出版时间如此迅速是罕见的。周沉和王凤岐两位功不可没。”①

王凤岐先生当时在音乐出版社辞书编辑室任职，后调入中央音乐学院，任研究员、科研处处长、中央音乐学院《音乐百科全书》编辑部主任。近年，回忆《中国音乐词典》往事，感慨地说：“《中国音乐词典》有两大特点，一是编辑、出版的周期（时间）短，二是没花钱。再说，当时音乐出版社和音研所也没钱。”编《中国音乐词典》时，他常驻音研所，每天来所里上班，有了稿子随时审阅、商定、协调、处理，大大缩短了全稿“齐、清、定”之后送交出版社，再审稿、运作的时间。我们称之为“编审合一”。工作紧张时，如合拢、校稿、通读等，大家都要每天来所里上班，也无电脑，全凭当面交流，用传统“爬格子”的方式撰文、改稿。《中国音乐词典》团队执着奉献、勤奋工作的氛围感染着所里每一位同志。只是这种“编审合一”的工作方式是改革开放初期的产物。当时环境宽松，允许“摸着石头过河”，大胆探索，其后时过境迁，条件变了，迄今已无人仿效、难以企及。

《中国音乐词典》出版30余年之后，2016年10月出版了“增订版”。此版由常务副主编崔宪主持，新增分科主编：冯洁轩、张静蔚、乔建中、伍国栋、栾桂娟、路应昆、韩宝强、林晨；图片编辑刘晓辉。约请数十位专家、学者撰稿。把30年来民族音乐的新成果包含在内，新增词目1400余条。原有条目也做了调整、补充、丰富，增加约50万字的篇幅，全书已达200万字，是名符其实的“升级版”。“增订版”比第一版在很多方面更为完善，质量大大提升。以“乐器、器乐”分科中的乐器分类为例，第一版我是用《中国乐器图志》（轻工业出版社，1987）的分类法，也即民间习用的“吹奏、弹拨、拉弦、打弦、打击”的分类。主编和大家没有提出反对意见，于是就这样做了。后来，郭先生撰写《中国乐器志·绪言》，全文只有两个题目，谈两个问题：（1）中国乐器发展述略；（2）关于中国乐器的分类。可见他对分类法的重视。文中说：“随着民族音乐学的迅速发展，日益显出对中国乐器进行科学分

① 刊于《中国音乐学》2014年第4期。

类的必要性。于是大都不同程度地吸取霍恩博斯特尔和萨克斯乐器分类的原理，结合中国乐器的实际，提出自己对中国乐器的分类方法。”多年来，我一直在想，《中国音乐词典》第一版的分类法是不是太“民间化”了，缺乏科学性。直至最近“增订版”出版，虽然仍沿用第一版的分类，稍做调整，“口簧乐器”没单独算一类，列为“其他”。在此基础上，每件乐器加注“萨克斯分类法”，补充“气鸣、弦鸣、膜鸣、体鸣”分类，再辅以不同发音方式，如“气鸣边棱”“气鸣簧振”“体鸣击奏”“弦鸣拨奏”等的划分。这样，既考虑到中国乐器的实际应用和习惯，又吸收了西方乐器分类的原理与方法，的确是一个切实可行的“两全之策”。表明《中国音乐词典》汇集了郭先生和大家的智慧和力量，共同创造出集体的学术成果。这样别具特色的乐器分类是我们的发明和原创，相信会得到音乐理论界的认可。“增订版”在缪先生、郭先生精心规划、谋篇布局之中进行工作。两位主编生前先后通读全稿，为“增订版”倾注了心血。

《中国音乐词典》两版参加编辑班子者共 28 人，两版撰稿者来自全国，达 300 余人。《中国音乐词典》有望砥砺成传世经典。回望《中国音乐词典》岁月，桩桩件件往事和细节历历在目，给我留下很多让人眷恋的珍贵记忆，当然我们不会忘记作为《中国音乐词典》“鼎足而三”的领衔者郭乃安先生自始至终全过程的作为和卓越的功绩。

三

1990 年前后，郭先生投入了《中国乐器志》的编纂，担任该书主编。此书也是人民音乐出版社的约稿，现已出版《体鸣卷》(2003 年)、《气鸣卷》(2010 年)。郭先生为全书撰写了《绪言》(已刊入《音乐学，请把目光投向人》文集)，还为各卷制定编撰方案、审校各卷文稿。与《乐器志》上马的同时，即 1990 年 1 月，音研所又应山东教育出版社之约，编撰一本《中国乐器图鉴》。因为此书要大量拍摄本所收藏的乐器，工作伊始，所领导召集参加工作的相关人员开会，安排日程。郭先生也参加了会议，会上有同志建议请郭先生当顾问，指导此项工作，郭先生说:“不必、不必”。我拟定了一份“编辑方案”，郭先生也未提出异议，他尊重和支持我们的设想，对我们参加工作的小小团队给予足够的信任，让我们放手去干。因为出版社为该书投资的经费有时间的限制，必须当年交稿，大家日夜兼程，除撰写 20 余万字的文字说明之外，还多次去外地采访、拍照，仅用一年时间完稿。交稿后，又四次赴德州“山东新华印刷厂”校对图版和文字，出版周期也不到一年，该书于 1992 年 7 月出版发行。郭先生充分肯定了我们的工作，并把该书列为编撰《中国乐器志》的重要参考资料。所里的同志，无论是谁，做了一些工作，有了一点成绩，他都非常高兴，都要表扬、鼓励、赞叹！体现了先生为人的谦恭仁厚和广阔的胸怀，也留给我们融融的暖意和鼓舞。

郭先生在生活中不善言辞、话语不多。待人总是淡淡的，若有所思的样子，甚至有些木讷，像是阅尽尘世浮华的疲惫，或是对有些事情不尽如人意的牵挂，或是“高处不胜寒”的寂寥。先生安详平和的表象之后，是富于激情的热爱音乐事业的拳拳之心，他不倦地追寻探索，不敢一日懈怠。先生做了很多无名的工作，长期担任《中国音乐学》主编，尽职尽责，甘愿做“人梯”，“为他人作嫁衣裳”。本文只是就我与先生合作共事之中，亲身经历、参与的工作做些粗略、片断的记述，从中也可看出先生坚韧、沉静、谦和、仁爱的品格。郭先生是音研所深孚众望、“一将难求”的领军人物，是理论功底深厚、勇于奉献担当的音乐学术研究的带头人，深受大家尊敬和爱戴。

我们深切地缅怀郭乃安先生！

原载《中国音乐学》2018 年第 4 期

怀念恩师郭乃安先生

王宁一[①]

惊闻恩师郭乃安先生已于去年十月在美国仙逝，痛悼之际，先生的音容笑貌，教诲的恩德，学术上的建树，一齐涌上心头。在这个追思会上，先说几件我记忆中的小事。

一、一场别开生面的考试

我们这个班的第一个学年，除了玩命恶补外语，就是啃了一本《民族音乐概论》。这本在民族音乐领域内，至今仍是无可替代的、奠基性的开山之作，就是由郭先生率领音乐研究所的团队共同完成。事实上是以他为灵魂并由他统修的力作，在研究生班就成为由郭先生主讲的重点课程之一。一年之后课程结束，研究生部要求考试（“文化大革命”后恢复高考，尊重知识，重视考试，风气为之一变）。听说要考试，心里有些打鼓。天哪！五十六个民族，上下几千年，纵横几万里，传承下来的五大类民族音乐，这得从哪准备起？你知道先生从哪个犄角旮旯出题？出乎意料的是先生宣布：开卷考试，可以翻书，不必死记硬背（考场上现抄都来得及），但下句话更出乎意外，每人写一篇文章，题目自选，观点自定，字数不限（整个一个大撒把，等于让你们自己出题考自己）先生不是考中学生，而是在带研究生。不出题胜似出题，出题本身就是对你的考查，看你切不切题，靠不靠谱。我在吉林省工作期间

① 王宁一，男，1939 年生，中国艺术研究院音乐研究所研究员。1981 年毕业于中国艺术研究院并留音乐研究所工作。曾任中国艺术研究院音乐研究所副所长。国务院特殊津贴专家。

对二人转音乐多少有些了解，就选了“单出头”这个分支作一种概论性的把握，借以说明弟子学得了这门课程，试用学得的知识和方法分析民族音乐的一个小品种，请先生考核批评。因为是考试，所以封面上毕恭毕敬地写上《民族音乐概论》试卷的字样。卷子发回来，全班没有一个得满分的，我的卷子上是 4+，我理解，人文学科不像几何代数，对错界限分明，有标准答案，可以打满分。但先生认真地批阅了每一篇试卷，在我的卷子的封面上，写下一段批语：文章表现出作者对所论问题有自己的见解和较好的分析论证能力，重点是后面第三部分写得比较好。批语热情地肯定了作者的“有见解”和“较好的分析论证能力”，有写得比较好的第三部分，批语上只字未提考卷的问题和不足，一个不给满分已尽在不言之中，那是你这个研究生应该体会得出的。这的确促进了我们的思考。这场考试充分体现了先生的开放心态，信赖学生，调动学生独立思考的积极性。教学态度的谦和民主，判断问题的机敏精准这是先生给我的第一印象。跟着他你不会迷失方向，丧失信心，但也不会忘乎所以，飘飘然起来。

二、帮我确定专业方向

考上研究生，只知是按音乐理论专业招来的，并无明确的专业指向。正当我举棋不定，不知所措的时候，郭先生却想在了我的前面。他作为副所长，副导师（名义上的总导师是吕骥，但三年中从未见过，所以事实上的导师只有郭先生）对每个人都作了安排和打算。他把我和梁永生叫到一起，说“所里考虑还是要培养些搞音乐美学方面的人才，据我们观察，你们两个是合适的，所以毕业论文也请选择音乐美学方面的题目”。先生素来不喜欢口若悬河，说话言简意赅，点到为止。既然是工作的需要，是组织上的安排，我作为刚入党的新党员不可能不服从。尽管我知道，这个专业很难，“经常被认为是吃力不讨好的学问”，黄先生也说过这是一个很难出成绩的专业，但他们总是鼓励我朝这个方向努力，并为之奋斗。关键是要有人，要有很多有识之士“为发展具中国特色马克思主义音乐美学而奋斗”，他在研究生中物色人的工作正是他宏伟目标的组成部分。先生为发展音乐美学的远大抱负和坚定的方向，我当铭记，终生未敢忘也。我永远感激恩师的指路恩德。

三、签发一篇受到批评的文章

研究生毕业，1982 年我作为音乐研究所成员参加了在南昌召开的第二届全国音乐美学会议，在会上作了《音乐美学基本理论的存在方式必须超于经验》的发言，受到严厉的批评，认为“不符合马克思主义认识论，号召开展两条战线的斗争”。我也当即表示保留意见。回来后我向郭先生作了汇报，并将我的发言稿交给了他。郭先生耐心地听完了我的陈述，既未批评我（也没表扬我）而是把我的发言稿带回去研究。这件事的最终结果是他签发了“同意打印”的意见，交李翠打印若干份，作为所庆三十周年参会论文在会上发表。后来，李文如又把它编进了《中国艺术研究院音乐研究所所庆三十周年论文汇编》，如果没有郭先生的这些决策性举措，这件事就会湮沦而莫可考矣。现在想来，先生在告别“文化大革命”后，战略重心转移的改革开放的时代，作为领导者，准确地把握了事情的性质，即告别“以阶级斗争为纲”的时代，不再以“两军对战”的模式论是非，而是如实地把它看成学术上的反思与争鸣来对待，营造尽可能宽松的环境，允许不同意见的发表，让学术问题在争鸣中得到深化和发展。

先生一生，纯以个人的名字署名的专著虽然不多，但他以巨量精力投身于许多重大的集体项目之中，并在其中发挥了举足轻重的作用。从主持《民族音乐概论》的修改工作，到《中国大百科全书·音乐舞蹈卷》中的中国古代音乐分支条目的组稿和编写，与缪天瑞、吉联抗共同主编《中国音乐词典》《中国音乐词典续编》，主编《中国乐器志》，出任《中国音乐学》主编等。在这些项目中他都是参与者和组织者，是项目的核心和灵魂。先生生活的那个年代，强调集体忽视个人的政治环境中可说是毫无私心杂念地投身于共同的事业中。他本人也在实际工作中成为音乐研究所的领导者，音乐研究的领军人物，音乐学界的著名学者。这些都是人所共知的事实。郭先生是个全才，只要是工作的需要，他都亲力亲为，认真钻研，由于他视野开阔，修养全面，只要肯下功夫都能作出非同凡响的成果。无论民族音乐、古代音乐、近现代音乐史、美学、律学应有尽有。今天，我只对先生三篇署名文章做一个白描，三篇文章是先生理论足迹的三个闪光点，三个里程碑式的标志。

（一）《试论民间曲调的可塑性》

20 世纪 50 年代从国外（主要是苏联和东欧）引进音乐美学，音乐界开始了学习和摸索的历程。从对个别作品的音乐形象的分析这种美学的应用开始，渐渐地戏曲—民间音乐的一曲多用的探讨这种应用美学提上议事日程，郭先生的《试论民间曲调的可塑性》一文使音乐思想界眼前为之一亮。他不再是司空见惯的现象的感性描述（一曲多用，多变应用），也不是时髦概念（不确定性，概括性思维）的简单套用，他将一个音乐母体（一首民歌，一个曲牌）在口口相传的流变的过程中不断被重复，被填词所形成的一种可更改，能变化，直至发生质变的这种音乐发展的特性，名之为“民间曲调的可塑性”，这已是揭示了事物本质的理论创造了。文章着重发掘这一现象的历史成因（口口相传的集体创作方式）、具体表现（叙事与抒情），乃至提升为创作主体的创作能动性上来驾驭这个问题（塑造形象），因而可信可感，知其然而又知其所以然，甚至具有某种可操作性。可塑性概念的提出不仅是民族音乐学的新成果，而且还是音乐美学结合实际问题的运用，它和当时的创作思潮几乎是同步的。我们从刘炽、罗忠镕等作曲家的同期作品中就不难找到运用可塑性思维取得成功的范例。

从反右到“文化大革命”，整个社会在以阶级斗争为纲的内耗中折腾了二十年，先生正当 40 岁至 60 岁的鼎盛年华都在无法置身其外的运动和劳动中而付诸东流，这是时代的悲哀，那也是无可奈何之事，可贵的是形势一旦好转，他立刻就能脱颖而出，而且不同凡响。

（二）《一个有待开发的宝库——中国音乐美学遗产》

1979年，第一届全国音乐美学会议上，受吕骥委托，作了题为《一个有待开发的宝库——中国音乐美学遗产》的讲演，引起广泛反响，并在国外刊物上转载。文章以《乐记》起笔，上溯远古旁及古希腊，广纳博收，触类旁通，把以控制为特色的正统的《乐记》与以反控制 而崭露头角的《声无哀乐论》两相对照，以展示我国古代音乐美学思想多彩风貌。那真是一个改革开放的年代，百废待兴，跃跃欲试，万千思绪从笔尖下源源不断地奔涌而出，丰富多彩又洗练概括。

先生的文风脚踏实地、朴实无华，反映着时不我待的时代中的那种神采飞扬的行云流水，一则得力于他博览群书的功底，二则有赖于他高度的理论概括力。从本质上探讨音乐的哲理就转向以和为中心的琴论、曲论这些密切联系音乐实践的理论。为古代音乐美学的发展划出了一条脉络清晰的轨迹。“文化大革命”之后，关于我国古代美学的研究是一个成绩突出的部门，对于这一局面的形成，郭先生的引导和发动是立了头功的。

（三）《音乐学，请把目光投向人》

20世纪的最后一个十年，先生已是七十开外的老人，不但继续坚守在《中国音乐学》《当代中国音乐》《中国乐器志》等繁重的岗位上，百忙之余仍能坚持命笔。《音乐学，请把目光投向人》一文的发表，就是这位摸爬滚打了一辈子的智者对音乐学界的期望与嘱托。语重心长，高屋建瓴，既是经验总结，更是方法的传授概括。纵横交错、分门别类的音乐学诸领域，包罗万象，令人眼花缭乱，先生却从无限纷繁的现象中发现了人的因子，发出了“请把目光投向人”的谆谆教诲。“人是音乐的出发点和归宿”，“是音乐本身及其外部条件交互关系的中心接触点，能动的中介”，因此人的因素贯彻始终，渗透一切。音乐这个由人所造，为人而在的创造物，离了人就无由产生，也就没有意义。而问题的复杂性却在于当人一旦完成了他的创造就通统交给他的创造物去承担。而把它的动机、目的、方式都化作意识、潜意识乃至无意识而变得似乎难觅难寻。但它确乎存在过，不过是以潜在的方式凭附在音响实体之中而已。“这样，我们就不得不从现有的音乐事实中去探寻它所具有的人的内涵”，找到它就捉住了根本，寻得了方向，获得了解决问题的办法。这就是“把目光投向人”的神奇大用。于是先生就引领我们巡游音乐学的诸多领域，用生动的实例来印证自己的理念。

从音响学上人耳接受频率的阀限（听阀）为音乐画上第一道人的印迹开始，物理量上绝对同一的音程（大三、减四）在不同语境中对人的感受的协和与不协和之辩；律学中人对律制的发现与选择；民族音乐学中山形地貌通过人而在旋律、调式上留下的烙印，蒙古长调的颤音、河曲山歌的跳进，西藏民歌的高耸入云，应有尽有，民俗、礼仪、宗教无所不谈，就连社会学上的阶级性问题也举出同为地主阶级的嵇康与阮籍因性格各异，遭遇不同，故有《广陵散》《酒狂》之差别，等等。

总结先生的业绩，阐发先生的思想，这是一项需要认真钻研的工作，追思会上，浮光掠影，蜻蜓点水，挂一漏万的发言何能说尽他毕生业绩之万一，弟子不孝，深感不安。在这悲从中来、百感交集的时刻，我们怀着依恋、感激、崇敬的心情，目送他渐渐远去的身影，愿先生一路走好，天堂里再笑看人间的千态百戏，他曾为之添砖加瓦、为之奠基、为之奉献了终生的，因为有过他的存在而不断增添了发展潜力的音乐研究事业，一定会有一个更加美好的未来。

原载《中国音乐学》2017 年第 1 期

高山仰止大家风范　舐犊情深吾辈楷模

——深切回忆我与郭乃安先生共事的几个断片

居其宏[①]

惊闻敬爱的郭乃安先生于去年10月7日在美国驾鹤西归，作为他在中国艺术研究院音乐研究所（以下称“音研所”）的学生和20余年的同事，怎不痛断肝肠！往日一起工作和共事之点点滴滴，不觉穿越时空，恍若昨日情景，才下眉头，又上心头……

一、初识郭乃安先生

说老实话，在1978年之前，我根本不知有郭先生其人，亦从未读过他的文论。直到中国艺术研究院（当时叫“文化部文学艺术研究院”）首届硕士研究生复试时，我才到位于新源里的音研所，见到老所长杨荫浏、副所长郭乃安和李佺民，以及黄翔鹏诸先生。当时，郭先生担任我们音乐理论方向复试的主考官。但见他五短身材，体态微胖；面试时态度亲切，语亦和善，出题虽不生僻但含义丰富，唯对我的回答未置可否，因此对他确有几分神秘感。

及至我们硕士毕业、分配到研究所工作，我与郭先生同在音乐理论研究室，常在一起开会讨论学术问题、制订研究计划，彼此接触渐多、了解亦深，始知先生非但满腹经纶、思维敏捷，且行事低调，待人随和，从不以“大家”“权威”姿态示人，亦不喜在公众场合出头露面。在师辈同事中，郭先生已届花甲之年，较杨荫浏、缪天瑞等老前辈年轻，比黄翔鹏和

---

① 居其宏，男，1943年生，南京艺术学院教授。1981年毕业于中国艺术研究院并留音乐研究所工作。2002年调入南京艺术学院。曾任《中国音乐学》常务副主编、南京艺术学院音乐学研究所所长。

李佺民诸先生年长。看上去他的健康状况似乎一直欠佳，常有微恙缠身。所喜者，先生一无烟酒之类不良嗜好，饮食起居颇有规律；二是晚年移居海外，充分享受洁净阳光、空气和饮食，又有良好医疗条件，有助于先生益寿延年；三有缪天瑞先生一样与世无争、淡泊名利的情怀；然而更重要的是四——在长期复杂的人生历练中，特别是经历过“文化大革命”后，铸就一种认清历史发展规律、顺应时代先进潮流而处变不乱、处乱不惊的博大精神境界，以及得之不喜、失之不忧、宠辱两忘而超然物外、气定神闲的高超慎独能力。我以为，这正是郭先生得以长寿的主要秘诀所在。

郭先生对我们这些刚刚取得硕士学位的后生小辈，无论在学术上还是在生活上，均竭力提携、关怀备至。这里有一个与我个人有关的细节不能不提——到音研所工作不久，因我本人选择中外歌剧史论作为研究方向，希望到上海音乐学院随焦杰先生补上欧洲歌剧史这个短板。这一想法得到我的副导师李佺民先生（导师为吕骥）的全力支持。报告呈送所务会议之后不久，郭先生代表所领导找我谈话，正式通知我：所务会议已经批准了我的报告，说他和李佺民老师都与焦杰先生联系好上课事宜，所里也为我报销往来路费，并就我在学习中必须掌握的知识面和应当重点分析的作曲家及其经典剧目提出他的观点和建议。这番谈话，让我倍感温暖。真可谓：事无巨细，尽显先生舐犊情深；有教无类，皆为吾辈处世楷模。

二、在郭先生领导下编辑《中国音乐学》

转眼到了1985年，音研所以黄翔鹏先生为所长的新一届领导班子提出“开门办所”的理念，决定创办一个全国性学术季刊，由郭乃安先生任主编，吴毓清任第一副主编，我任常务副主编兼编辑部主任，所内各方向专家组成编委会。各项申报和筹建工作完成、选定《中国音乐学》为刊名之后，其英文刊名*Musicology in China*则由郭乃安先生亲自确定。

正是因为《中国音乐学》的创办和1985年底创刊号的出版，使我得以在郭先生直接领导下，开始了长达十余年的学习如何当一名合格的学术刊物编辑的历程。我要说，在这个历程中，郭先生无论对《中国音乐学》实现其“执中国音乐学界之牛耳”的办刊目标还是对我本人的学术成长道路，其作用和影响都是巨大的、长远的和不可估量的。首先从办刊说，与当时许多兄弟刊物的主编多属挂名性质不同，郭先生这个主编从来都是实打实地干实事的，非但由我起草的编辑部所有规章制度，都必须先经他审定修改后再提交编委会讨论议决，一俟通过，郭先生必身体力行，严格照章办事。就连创刊号的版式设计图样和每篇文章之后“编辑部收稿日期”的设置，都是经郭先生亲自审定议决的——一直沿用多年；而每次例行编前会郭先生必亲临现场主持，除了正常的审稿、编稿程序外，还就编审工作中每每碰到的三审意见不一致、对作者提出文稿修改的方案和建议，乃至退稿（特别是某些著名音乐家的退稿）等难题提出他的处理意见和建议。

更重要的是，凡属办刊中的许多重要事项，郭先生必在充分发扬学术民主、认真听取其他编委意见以集思广益的基础上，由他做出最后决策。

其中，经编委会集体讨论、由郭先生最后拍板开设的新栏目有《大学生研究生论稿》及《回顾与思考》专栏；以刊物编辑部名义倡议举行的重要学术活动有1986年召开的“兴城会议”、1987年底召开的“全国通俗音乐研讨会”，以及从1987年开始、由编辑部连续举办了多届的各个学科方向“读书会”；议定的重要约稿人选和选题有陈聆群《反思求索，再事开拓》、本刊先后发表的朱践耳《生活启示录》及其后与赵沨的论辩文章，以及根据李焕之和吴祖强1990年“音乐舞蹈创作座谈会”就当时成为音乐界热点话题和论战焦点的“新潮音乐”创作和借鉴西方现代作曲技法等敏感问题的讲话整理而成的文章；此外，本刊首届优秀论文评奖的举办，以及《中国音乐学》英文版的正式出版发行；等等。

可以毫不夸张地说，《中国音乐学》的上述举措，以学术刊物为平台、为园地，主动介入和积极参与音乐现实生活中重大思潮、重大事件的记写和论争，客观而真实地反映了20世纪80—90年代中国音乐界和音乐史论界在伟大思想解放运动及那场深刻而激烈的“回顾与反思”中所带来的百花齐放、百家争鸣、欣欣向荣局面，同时也历史地记载了音乐思潮和观念论争的长期性和曲折性。

毫无疑问，在这些颇具风险的敏感问题上，刊物是否介入、应做何种反应，编委会内部并非没有顾虑和争议。每逢此时，事前郭先生均持坚定不移、态度鲜明的支持立场，从不模棱两可；事后则主动承担责任，从不后缩推诿，更不诿过于他人。

决定一家刊物面貌的因素有多种，但最主要的因素还是取决于主编的学品和人品。《中国音乐学》之所以能够在创刊不久即在音乐界和音乐史论界赢得广泛赞誉，并对当时的音乐创作、史论研究和现实音乐生活产生了重要影响，广大作者、编委会和编辑部全体成员的集体努力和奉献当然功不可没，但作为主编的郭先生则居功至伟——若无他的远见卓识、宽宏胸怀、超强魄力和英明决策，《中国音乐学》的学术面貌和社会形象必会是另一副模样。

还有一个事实令我终生难忘：

1990年“音乐思想座谈会”后不久，有关部门领导认定我是音乐界“资产阶级自由化思潮”的代表人物之一，又在“音乐思想座谈会”上“表现不好”，故建议撤去我的《中国音乐学》副主编职务。郭先生得知此事后，当即召开编委会，并委托缪也（时任编辑部主任）起草一个编委会意见，大意是说居其宏以往发表的文论应由他自己负责；在本刊编审工作中并无“资产阶级自由化”倾向，因此，建议仍留任刊物副主编。此事对我是一个极大的触动和震撼——在我遭到音乐界“口诛笔伐”的关键时刻，郭先生及全体编委为一个学生和同事挺身而出、仗义执言，其舐犊之情令我深深感动之余，也从中体悟到了郭先生在大是大非面前绝不苟且、勇担责任、同舟共济的高风亮节，更加深了我对郭先生伟岸高尚的人品和深邃坚挺的学品的高山仰止之情。

三、在郭先生指导下编辑《当代中国音乐》

1987年，为落实中央书记处关于编写出版《当代中国》大型系列丛书的决定，中国音协牵头成立了《当代中国》丛书音乐卷编委会和编辑部，由当时的中国音协主席李焕之同志担任主编，郭乃安先生担任常务副主编，由我担任编辑部主任，王安国、梁茂春担任编辑部副主任，在李焕之和郭先生领导下实际主持音乐卷的编写工作。

从那时起，郭先生同时担任《中国音乐学》主编和《当代中国》丛书音乐卷常务副主编职务，两者都系非挂名而是领衔性的实职，且一刊一书都在草创初期，百事待举，面临的问题和困难纷繁复杂，都需要郭先生投入大量精力和时间来亲自把关掌舵。事实证明，郭先生同时出色地履行了自己承担的这两项职责。

仅就《当代中国》丛书音乐卷的编写工作而论，打从正式上马之后，郭先生带领编辑部正、副主任，按照《当代中国》丛书总编辑部的要求和体例，排定编写和审稿流程，设计全书的结构布局，提出每个章节撰稿人选的建议，呈送主编李焕之审定批准后具体实施。

在编写和审稿过程中，郭先生还一而再、再而三地强调，音乐卷书稿在总结 1949—1989 年间中国当代音乐的主要成就、历史经验和教训时，编辑部和全体作者都必须严格遵循《当代中国》丛书总编辑部在丛书“总序”中提出之“遵循实事求是的科学态度，不虚美，不掩过，用可靠的事实资料，如实地写出新中国三十多年的建设史，为世人为后代留下一部科学的信史”这一科学历史观和编写原则，将这本书稿写好编精，使之经得起音乐实践和历史的检验，以不辜负广大音乐家对我们的重托和期待。

郭先生虽未直接担任具体章节的撰写任务，但对每位作者、每一章节的书稿连同我们三个编辑部主任的初审意见，均以“不虚美，不掩过”的科学尺度，认真审读并详细提出他的二审意见和修改建议，由我们呈送李焕之主编终审，由他做出或退改、或定稿的决策；如此反复再三，精心打磨，全书方基本定稿。考虑到全书正文共五十余万字规模，其巨大篇幅以及多个来回修改打磨的审稿编稿过程，其间经郭先生审看过的书稿绝不下于 150 万字！由此可知，郭先生在音乐卷审稿改稿过程中投入的时间和精力之巨。

更何况，音乐卷中涉及的领域，尤其是在不同历史阶段和宏观语境中的音乐思潮和音乐创作领域，其中横亘着若干重大、尖锐、敏感、聚讼纷纭的问题，牵涉到对许多重要的音乐家、重大音乐事件的记写和评价，因此，史家在忠于史实、史料的基础上，下笔时轻重如何权衡、分寸如何拿捏，非但需要史胆和史识，更要仰仗史家丰富的学术智慧和高超的表达技巧。我看到，郭先生在审稿、改稿过程中，从来一丝不苟，一旦面对这类政治性、学术性和风险性都很强的史学难题，总是以成熟政治经验、超拔历史眼光和精深文字功夫，往往在某些文字、词序或语序的勾画、调整中，甚至仅仅是一字之易，便将原稿中存在的逻辑漏洞修补完整、某些偏激之见或不当之论改正过来，终令这些难题一一化解于无形。《当代中国》丛书音乐卷最终以《当代中国音乐》之名由当代中国出版社于 1997 年正式出版后，能够经受住激烈批评，除归功于广大作者的史学担当和素养以及主编李焕之的逐篇审读、精心修改和最终把关外，身为常务副主编的郭先生亦功不可没。

四、郭先生文论中的学品与人品

郭先生是我国音乐学界著名的旗帜性学者，更是音研所严谨、深邃学术传统和科研血脉的主要代表者和传承者，其学术视野开阔，中外文史哲修养全面，音乐本体功夫精深，著述编撰活动和学术生涯广及民族音乐学、音乐美学、近现代当代音乐史、音乐评论、音乐编辑学等诸多领域；发表文论数量虽少，然每有所作，篇篇分析鞭辟入里，论理深明透彻，见地卓越，文字精妙。因我本人学术视野逼仄，仅就先生以下几篇文论说几点学习体会。

其一，关于郭先生的几篇歌剧评论

我是治中外歌剧史论研究的，所以在郭先生公开发表的诸多音乐评论中，对他就歌剧《草原之歌》《刘胡兰》《望夫云》《红珊瑚》和《两代人》这几篇创作评论尤为感佩。因受篇幅所限，本文且以《望夫云》评论为例。

在民族歌剧风起云涌的50—60年代，《望夫云》（郑律成作曲）是当时为数不多的正歌剧代表作，与《草原之歌》并称为“新中国成立后17年间我国正歌剧创作的双璧”。

郭先生的评论以《看歌剧〈望夫云〉所想到的两个问题》为题，在充分肯定此剧音乐创作整体成就的基础上，有意不取司空见惯的面面俱到视角，仅从此剧纷繁复杂的音乐创作课题中，精心选取“从头唱到底”“性格刻画和环境描写”这两个问题来展开评论。

所谓“从头唱到底”，即全剧去对话、无说白，所有抒情叙事、情节推进和冲突展开均通过各种音乐形式来表现的歌剧类型，这一点正是西方正歌剧的形式特征。如今看来，这个问题似乎是个根本不成问题的小问题或常识问题，但在20世纪50—60年代，却是关乎中国歌剧方向和道路的大问题和原则问题——君不见，在当时中国歌剧舞台上，以《白毛女》为旗帜和典范的民族歌剧《小二黑结婚》《红霞》《洪湖赤卫队》《红珊瑚》等剧独步天下、占尽风流，赢得千千万万普通观众的热烈欢迎，而采用西方正歌剧形式创作中国歌剧的实践和剧目则少之又少。究其原因，除了正歌剧审美品格趋于高雅、不易为普通观众所接受之外，另一个重要原因就是，在当时批判“盲目崇洋”的强大声浪中，主流意识形态对于西方正歌剧形式采取强烈排斥态度；曾成功创作我国第一部优秀正歌剧《秋子》的作曲家黄源洛，却因在座谈会上提出“歌剧应以音乐为主”观点而被扣上罪名，在1957年被打成“右派”，便是典型一例。因此，批判黄源洛的剧烈言论声犹在耳，郑律成便能在如此严峻的宏观语境下创作中国正歌剧，体现了作曲家的艺术胆识；剧目演出后，郭先生敢于撰文公开为郑律成的创作大声鼓与呼，则体现了评论家的学术胆识。

当然，正如一部成功的歌剧音乐不能光靠作曲家的胆识一样，评论家仅有胆识也是无法写出有深度、有见地的创作评论来的。我们看到，郭先生的评论，首先批评了将西洋正歌剧视为圭臬并以此为据认为中国歌剧是“话剧加唱”的偏颇，随即对西洋歌剧和中国戏曲的音乐表现体系做了概略的比较研究，认为两者在“唱”“说”关系处理上虽不相同，但“它们却有着若干共同的经验、相通的原则”，这就是使作品“更好地反映生活和具有完整的艺术形式”——于是，郭先生从这个原则出发，为中国正歌剧创作的合理性和必要性正名，由此展开对《望夫云》音乐创作在处理旋律的歌唱性和宣叙性方面具体得失的评价。

关于“性格刻画和环境描写”，说的是运用各种音乐手段和音乐形式来刻画典型环境中的典型性格，则是歌剧音乐创作中两个基本母题。郭先生对《望夫云》在这两方面的成就做了“有若干突出成就”的评价，并以第一女主人公阿馨为例，指出作曲家对其性格刻画有许多精彩之笔，但若用更高标准要求，则还缺乏性格发展的阶段性及丰富的戏剧性对比；在环境描写上，郭先生肯定了作曲家对于具体戏剧情境之客观性、色彩性元素的呈现，但却忽视了对处于这一情境中人物主观感受和深层戏剧内涵的揭示。窃以为，郭先生对此剧音乐创作所做的分析和评价，既高屋建瓴又深入细致，中肯而精准。此文和郭先生的其他歌剧评论足以证明，他所秉持的评价尺度和阐发的歌剧美学，已经站在当时中国歌剧评论和史论研究的最高处，非但给我本人以极大启迪，更是我国歌剧理论建设的一篇经典文献。

其二，关于郭先生的《音乐学，请把目光投向人》

郭先生的论文《音乐学，请把目光投向人》，是他毕生论著中的后期作品，也是最具人文精神和美学光彩的篇章之一。他在文章中指出：“音乐，作为一种人文现象，创造它的是人，享有它的也是人。音乐的意义、价值皆取决于人”；“在音乐本身与其外部诸条件的交互关系中有一个中心的接触点，那就是人”，“人是音乐的出发点和归宿”。这一系列经典性结论的得出，顿使全文标题和立论主旨“音乐学，请把目光投向人”熠熠生辉。

郭先生明确指出，此文的写作动机“不是想构建什么体系或阐明什么原理，而是有感于音乐学研究中的某些现实”。的确，当代音乐学研究在许多重大问题上之所以聚讼纷纭、论战频起，当与此有关。郭先生此文既出，就将音乐学研究的基本立足点回到“以人为本”这个音乐发展观的科学基础之上，对我本人今后的史论研究有莫大启发——

无论当今音乐学者持有怎样的历史观和艺术观，却无不承认这样一个基本事实：音乐是人创造的，人是音乐的造物主，人是推动音乐发展的唯一动力，人在音乐发展全部历史中的主体地位不可摇撼。因此，人类所创造的音乐永远是以人为本的音乐，永远都是为人而存在并以人的需要为其一切前提的音乐，也是人为着自己的需要而存续而守成而发展而变化的音乐；任何一种音乐风格、观念、语言、技法、传统以及蕴含于其中的人文精神，它们在历史进程中发生、发展、演变的任何一件事实，也就都可以从人的自身需要及其时代变异中获得合情合理的解释。音乐史上新陈代谢、吐故纳新、来来往往、生生死死、沉浮兴衰和枯荣成败，每日每时都在永不停歇地演绎着辩证法胜利的新故事；将死未死之际终于去了，方生未生之时终于来了，一如红日西沉、月上东山那样寻常，那般自然，那样千古不变。

在人与音乐相互关系问题上否认这一铁的事实，企图把音乐从其对于人和人的需要的强烈依附关系中单独抽取出来，将它蒸发为一种超乎一切物质条件和人的需要这类精神条件之外或之上的超稳定结构，变成一种让人为之顶礼膜拜的音响图腾、一种神化偶像，甚至不惜要求人们牺牲现时的审美需求，放弃活生生的音乐创造，堵塞一切新鲜的源头活水，转而皈依那种早已被历史逻辑、生活逻辑和审美逻辑扬弃过的、所谓亘古不变的“传统”，这是一种典型的削足适履，是真正的理论异化。

以上这些文字，是我学习郭先生此文的点滴体会；在我参与的有关学术论战中，它也成为支撑我所有篇什的基本立场和核心论点。

正因为如此，我在编写《音乐学文论写作》这本教材时，将郭先生此文列为“范文解读”之重要篇目，让本书的合作者冯效刚教授以《高屋建瓴重申“人本”思想——对郭乃安〈音乐学，请把目光投向人〉解读》为题写了一篇分析文章，从音乐学文论写作的理论与技巧层面对此文的高度成就做了较为详尽的解析。

恩师郭先生虽已离我们而去，他的音容笑貌却永远留在我们心中。本文抚今追昔，不觉已逾万字，但纵然再有万语千言，也说不完种种温馨往事中他对我的亲切关怀和谆谆教导的追忆，也道不尽我对他的思念和崇敬之情。而今，唯有学习他高尚的学品和人品，继承和发扬先生留给中国音乐学界的这笔极为宝贵的精神遗产，首先将先生亲手创办的《中国音乐学》以及他为之贡献了大半生的中国艺术研究院音乐研究所办得更好，进而广及整个学界，推动我国音乐学研究事业的更大繁荣，方能以此来告慰先生的在天之灵。因为，郭先生及其学品和人品的楷模意义和榜样作用，不仅对《中国音乐学》和音研所有重大价值，更是我国音乐学界全体学人的宝贵财富。

原载《中国音乐学》2016年第2期

回顾恩师郭乃安先生对我的教导

吴犇[①]

恩师郭乃安先生已去世两年多了。作为郭先生的学生，我总觉得应该为纪念先生做点什么。感谢老同学薛艺兵帮我联系到音乐研究所刘东升老师，给了这个机会。郭先生杰出的学术成就已经多有论述，就不重复了。这里想回顾郭先生对我个人教导的几个片段，借以怀念郭先生。

一、初次见到郭先生

第一次见到郭先生是1982年春到音研所参加考研的复试。当时我在山西省雁北艺校教书，报考院研究生部以曹安和、郭乃安为导师的音乐学专业，民族音乐理论研究方向的硕士生。笔试过后不久，收到复试的通知。记得那天走进口试的考场，见到对面坐着几位先生。经教学秘书介绍，为首的就是当时担任研究生部音乐系主任的郭乃安先生，李纯一、许健等先生也在座。

主要是由郭先生提问题。他人很和气，先问了我以前学习音乐的经历和目前的工作情况；接着又问了读过哪些有关的书，有什么收获和感想，对什么问题感兴趣，等等。记得许健先生插话，问我叶栋译解的《敦煌曲谱》看过没有，感觉怎样；我回答看过，感觉那旋律

---

① 吴犇，男，1950年生，博士，1985年毕业于中国艺术研究院并留音乐研究所工作，后赴美国匹兹堡大学深造，留美工作。

有点怪，就再说不出什么了。口试开始时我还有些拘谨，后来看到先生们都很平易近人，我也不那么紧张了。整个过程没有多少考试的气氛，倒更像就是先生和学生在聊天。第一次见到郭先生，他的和蔼可亲给我留下了深刻的印象。

复试后不久，我就收到了录取通知书。这次考研成功，改变了我的人生轨迹：首先是在专业学习方面迈上了新的台阶，有机会直接向郭先生等德高望重的前辈们学习；同时，也摘掉了最高学历是“工农兵学员”的帽子；毕业后留在音研所工作，也了却了想要回北京工作的夙愿（以前我是被卷入“上山下乡”才离开北京的）。回想起来，这成功的关键是郭先生录取了我做他的学生。对此，我是永远心存感激之情的。

二、郭先生对我硕士论文的精心指导

我硕士论文的每一步进展，都是在郭先生的指导下取得的。记得一入学，先生们就要求我们开始考虑各自论文的选题，越早决定越好。我由于在大学主修琵琶演奏，毕业后又教书，对学术研究没有经验，所以对论文选题一时拿不定主意。后来还是郭先生给我提了个建议，看能不能对传统琵琶小曲做些研究。他让我先看看有关材料再做决定。我经过一番研读，很快认定这是一个非常好的选题。因为第一，把现存传统琵琶曲谱上的一百多首小曲作为研究对象，目标明确，范围也不是很大；第二，以前没有人对此做过专门研究；第三，可以把我琵琶演奏的经验用上。对郭先生为我想出这个适合的好题目，我非常感激，也非常佩服。

记得在开始写论文的时候，郭先生要我先写出一份详细的提纲，包括各个部分的内容和论点，要举什么谱例，说明什么问题，等等。我最初交给郭先生的提纲内容相当“丰富”，恨不得涵盖所有能涉及的方面，包括对琵琶小曲里四分之三音的来历及乐律学方面的探讨，琵琶小曲的标题与曲意，甚至还有“琵琶小曲中的美学”等等。郭先生看了以后，认为内容过于庞杂，有些问题也不易说透。他建议全文在序言之后分三大部分：一、对六十八板结构的源头“八板”的探讨；二、对琵琶小曲本身的探讨，侧重曲调和结构；三、对小曲联套，即从小曲发展而成的大曲的探讨。对其他方面，或省掉，或一带而过。这些建议给我指明了方向，使后来的写作和答辩都比较顺利。

三、郭先生关于民族民间音乐研究的一次发言

1985 年我毕业后到音研所工作不久，有一次《中国音乐学》编辑部召开了一个关于民族民间音乐研究的座谈会。与会者有民族民间音乐研究室和《中国音乐学》编辑部的同事们。郭先生作为这个领域的前辈及《中国音乐学》的主编也在座。记得在讨论学科建设时，我发言说，本学科应该有一套“独立于和不同于中国音乐史研究”的目的、对象和方法。随后郭先生发言，在谈到本学科和中国音乐史研究的关系时，他说不大同意我刚才说的。他建议我们不要和中国音乐史研究分得那么清，而是应该加强和音乐史研究的联系，把本学科的史学

基础打扎实（大意）。他还语重心长地以亲身经历说明，他的工作是多么得益于对音乐史深入系统的研习。郭先生的发言使我认识到自己先前的片面，给我的印象和教育很深。

随后应《中国音乐学》编辑部之约，我根据那天自己的发言及后来的讨论，整理出短文“关于民族民间音乐研究的两点意见”，发表在《中国音乐学》创刊号上。那时候，期刊上的每一篇文章都是经过主编郭先生亲自审阅的。以后随着工作经验的增加，我越发感到郭先生“史论不分家”的思想是多么英明！

四、对郭先生的“人物专访”

1991 年初，《中国音乐年鉴》编辑部给了我一个任务——以特约记者的身份采访郭先生。由于事先郭先生和我都做了相应的准备，谈话本身进行得很顺利，采访录后来发表在当年的《中国音乐年鉴》。这次经历使我更加深入全面地了解了郭先生，特别是他高瞻远瞩的学术视野和观念，兢兢业业实事求是的学风，以及谦虚谨慎、无私奉献的为人。

记得在采访前，我把要提的问题交给郭先生后，他传给了我一份学术简历。其中提到了一些我认为十分值得骄傲的早期革命经历，特别是郭先生在重庆青木关国立音乐院学习期间，曾于 1946 年与同学共同发起成立“山歌社”，并被选为社长，从事进步的学生运动及民间音乐的收集与研究。我觉得这本身就是中国近现代音乐史上重要的一页，所以想请郭先生在采访中谈谈当时的情况。但可能是出于谦虚的考虑，郭先生对这方面没有多谈。发表的采访录是从 1959 年他调到音乐研究所以后谈起的，关于在那之前的革命工作经历都没有谈到。还记得我把采访录整理出来拿给郭先生审阅时，他把不少我作为采访者对他工作的高度评价和赞扬都给删掉了。

五、郭先生对我在其他方面的关心和教导

郭先生对我争取出国留学的努力一直是支持的。1993 年夏，我被美国匹兹堡大学音乐系民族音乐学（Ethnomusicology）专业录取为研究生，决定出国留学。临行前，我到郭先生家与他话别。记得那天郭先生谈了一些海外中国音乐研究的情况，还谈到赵元任和赵如兰曾到所里来访问过，录取我的荣鸿曾是赵如兰的学生等等。郭先生还嘱咐我走之前到公证处做一个出生公证。我当时还不大清楚出生公证有什么用，后来才明白它的重要，越发感谢郭先生的提醒和关心。

1997 年夏，我于出国四年后第一次回国。当时我已经修够了学分，通过了博士资格考试以及题为“清宫仪式音乐与清代的统治”的论文计划，并在哈佛大学燕京图书馆做了相关的典籍研究。那次回国主要是到北京、沈阳等地做进一步的图书馆工作以及相关的历史遗迹考察。记得去看望郭先生时，向他汇报了论文的计划，说明选这个题目的主要原因是考虑到哈佛燕京图书馆在这方面的史料比较全。当时曾担心郭先生会对这个选题有异议，因为在国内

权威的《中国古代音乐史稿》上，明清宫廷音乐被认为是没有多少价值的“反面教材”。郭先生仔细听取了我的汇报后，并没有提出批评意见，只是说“对清代宫廷音乐以前没有过专门的研究，你要做很多工作了”。接着又谈到相关的史料，他告诫我说，明清的史料相对较多，要注意去伪存真，挑选最靠得住，最有价值的。

1998年，我在美国收到了从北京寄来的郭先生的文集《音乐学，请把目光投向人》。虽然以前读过其中的一些文章，但通读全书我仍然有很多收获和启发。如今看着扉页上郭先生的题字和签名，我心中充满深切的怀念。恩师郭乃安先生的教导让我受益终身。

原载《中国音乐学》2018年第4期

非凡睿智　战略眼光　舐犊之情

——怀念郭乃安先生

费邓洪[①]

李岩、项阳、居其宏三位专家来电要我尽快给纪念郭乃安先生的文集撰文。我患病，没精力，又时间紧，其实更担心是写不好，便谢绝了。可居老师说，写郭先生“你责无旁贷，死活都得写！”

好纠结。忽想起赵宋光老师的话：“郭先生是我国音乐美学界在二十世纪前半叶成长起来继而在后半叶持续影响学界数代人的少数音乐思想精英之一，先生对音乐艺术本质的深邃洞察，对古今中外音乐艺术现象的广阔视野，给予费邓洪深刻而持久的影响……”[②] 是啊，我“责无旁贷，死活都得写！”

两年前，我和师兄冯洁轩最早得知先生辞世的消息，那一刻傻呆了，往事幕幕……

一、睿智音乐家

写郭先生，必提其睿智，这众人皆知，我就说些我知道的事吧。

1985 年—1988 年我在读时的中国艺术研究院研究生部有位领导人伍国栋老师，只要提

---

① 费邓洪，男，1950 年生，广东省文艺研究所研究员。1988 年毕业于中国艺术研究院。

② 赵宋光：《费邓洪〈弦外之音——隐内容初探〉序》，《人民音乐》2005 年第 6 期。又见费邓洪著《弦外之音——隐内容初探》之“序”，大众文艺出版社，2004 年，“序”第 1 页。

到郭先生，他就一句话：“郭先生的思维呀，那真的是……”不说了，然后一个至今铭记我心的表情。意思是“妙不可言”，还是“高深莫测”？“敏慧过人”，还是“高瞻远瞩”？口语“太独到独特了”，还是“绝了绝了”“常人想不到”？或都是，似又不全是。

人们都以为，“音程两音振比数字越小越协和，越大越不协和”，从而推理为当两音振比为439∶440时，“这个极大的数字应产生高度的不协和……使两音振比为最小的1∶1时，就会像刀切一样突然最协和！”可郭先生引用一项实验结果：“这一切并未发生”。大家感到蹊跷，不知何故。郭先生则洞见：“事实上，两个振动数相差只有1∶440的音，在人的耳朵里即使不是不可能也是极难将它们区别开来的，等于同音，因而它们是‘相当协和’的。”然后有更高的哲学、美学、心理学的升华：即使对于“最客观”的“音乐声学的研究也往往不能排除人的因素。”①

从“人”的高度看似乎很客观的现象，是当时音乐界振聋发聩的高见。记得一位同学去西南山区作了几个月异常辛苦的音乐考察，回来把该地音乐的节奏、旋法、调式、结构等各形态特点写满几大纸，高兴地跑去郭先生那里滔滔不绝一大通，满以为会获大赞。没想到先生一句“你写成这样干嘛呢”，令他蒙了。我拿这事去问其他学校老师，那老师也蒙了，像似在困惑地反问：“这不都是事实吗？”后来读先生一文才得其意：“……所说的全是事实，但即使把它们综合在一起也很难形成一个完整的印象。关键的问题就在于对这些形态的描述都还没能接触到它们的本质特征。……本质的东西便是这些形态所包容的人的内涵，即它们和人的音乐感受、音乐观念和音乐思维方式等的有机的联系。”②这使我想起另一些经常可见的相似状况：大量论文，包括不少专家教授的论文，里面的音乐形态分析那没得说，时代地域背景的描述也没得说，似乎已写得很可以很完美很得意了，然而是什么东西将二者联系起来的呢，其间的具体逻辑怎么看不到呢，“原因就在于作这种考察时忽略了它们之间重要的中间环节，即人的积极作用。任何音乐现象无非是处在特定历史条件下的人们的精神生活的一种表现形式……”③

音乐事业发展上的许多难题呼唤音乐美学站出来。音乐美学研究的一个核心是“音乐的内容是什么”，其研究难度之大，堪比一般美学中的千古难题“美是什么”，以致现代美学诸多学者避之不谈，或干脆坐而论道，不涉具体。然而20世纪50年代中国民间音乐研究热中面临的“一曲多用”（触及“音乐的内容是什么”）之事实与特征，非常现实地被提上了桌面。论理、争辩、质疑、胶着，迫切需要高水准的音乐美学理论予以科学阐发和指导。这时的郭先生以其睿智又谦逊、谨慎却勇敢的形象风貌立在了波澜汹涌的学术浪尖上，一文《试论民间曲调的可塑性》充满创见地使之成了破解该题的领头羊（有多人介绍该文，此不赘）。

---

① 郭乃安：《音乐学，请把目光投向人》，山东文艺出版社，1998年，第3—4页。

② 郭乃安：《音乐学，请把目光投向人》，山东文艺出版社，1998年，第6页。

③ 郭乃安：《音乐学，请把目光投向人》，山东文艺出版社，1998年，第11页。

我曾作《从音乐的“情感内容”到“另一种心理内容”的猜想》，[①] 赵宋光老师对拙文过奖道:“通过接二连三的质疑，把思维推向常人熟视无睹的深处。”[②] 其实，这正是我受先生影响的结果。那是一次我向先生讨教：如何使研究具有深度和创见。“方法很多，其中一条是要有追问精神，追问问题背后的原因的原因的原因的原因……”并举例黄翔鹏先生的研究。黄先生最具“追问精神”，故郭先生对其称道有加，这给了我极深印象。

郭先生有一种“贴近大地”的情怀（这使他区别于一些喜欢远离音乐实际的理论工作者，尤其音乐美学理论的研究者。他总是将形而上与形而下作深度结合，由于两者间存在诸多中介环节，需要广厚知识和敏慧思维方可胜任，许多人畏之），你总能看到在其高论之下有对感性、具体的音乐和相关活动入木三分的观察、体验，及由此而来的“常人想不到”的生动表述和独见。否则就不可能纯靠一般的理性思考去发现种种音乐事实背后的“人”的影子；也不可能在难解的“一曲多用”里分离出影响“音乐形象”构成和伸延的诸多要素（为解释“可塑性”奠定逻辑基础）；同样也不可能发现许多人在说明“音乐形象”时忽视表演环节的意义而带来的弊病（详后）；更不可能窥见民族风格创作难题中思想感情所起的决定性作用（详后）……这促使我后来给星海音乐学院研究生开讲“音乐创见导论”课时设立了一章“深入感性体验，提取新的事实”，并激发了拙文《感性 直觉 灵感——兼说音乐教育》[③] 的写作。此外，因“贴近大地”，还产生了先生尤重“名实”统一的科学作风。曾有多人向他问起某书某刊发表了某某专家学者关于某某问题的研究成果，他经常是在肯定其价值之时，指出其“名实”不符之处（如有的话）。更为难得的是，先生还能进一步指出“不符”的原因及各种可能的后果，让人叹为观止。据说他一句“书本解释的‘郑卫之音淫’，名实不符”，竟成就了冯洁轩漂亮的毕业论文。

然而先生又总是立于山顶“俯瞰大地”，故你又总能看到先生有对作品、表演之具体感觉经验的超越和升华，有从哲学、美学等层面揭示的深层逻辑和问题的普遍性。这又使他洞察力过人、见解非凡。其中一条表现在他对宏观把握音乐与他学科的纵横联系的强调上。1985 年研究生招生试卷里，有他出的最后一题（可做可不做，人称“尖子题”），记得大致是“请你试从中国诗歌、中国小说、中国歌舞、中国绘画的特点谈谈中国音乐的特点”。据说此题无人愿做，我因喜读各类艺术书，便斗胆做了。多年后才从音研所领导那里得知，郭先生改卷到此“一下子坐不住了，追问这题是谁做的”，且不拘常规给了高分（虽然我做的并不佳）。这就解释了他为什么会说“音乐学内部以及音乐学与其它学科间相互渗透日益加

① 费邓洪:《从音乐的“情感内容”到“另一种心理内容”的猜想》,《南京艺术学院学报・音乐与表演》2003 年第 3 期。又见费邓洪:《美学——音乐的灵魂》，武汉大学出版社,2015 年，第 3—20 页；费邓洪:《弦外之音——隐内容初探》，大众文艺出版社，2004 年，第 52—71 页。

② 赵宋光:《费邓洪〈弦外之音——隐内容初探〉序》,《人民音乐》2005 年第 6 期。又见费邓洪著《弦外之音——隐内容初探》之“序”，大众文艺出版社，2004 年，“序”第 2 页。

③ 费邓洪:《感性 直觉 灵感——兼说音乐教育》,《人民音乐》2004 年第 8 期。又见费邓洪:《美学——音乐的灵魂》，武汉大学出版社，2015 年，第 186-193 页。

深的大趋势对研究者的学识修养的深度与广度提出越来越高的要求，你的根底越深，见识越广，能够解决的问题越多，你就能在更大程度上发挥学术上的创造性。”[①]还有对于影响论题深入的原因，“我看主要的就是在学科间的渗透日趋深化的形势下，对有些相关学科的准备不足……”[②]另在研究中国音乐形态特点时，有一难题：为什么中国传统器乐、说唱音乐、戏曲音乐乃至较大型民歌里普遍存在“散、慢、中、快、散”的速度模式（以及相应出现的变奏性多段体结构）？我在多位曲式学专家那里未得答案，郭先生亦无直说，却指出一条高屋建瓴的探寻之道：“你看欧洲音乐史强调个人和他们的历史作用，中国音乐史更突出的是集体社会性。奴隶时代最有代表性的形式是‘乐舞’，封建前期是‘歌舞’，封建后期是‘戏曲’，你看它们是不是始终融合着‘诗、舞、乐’多种艺术要素作综合发展？这说明了什么呢？你去想想。”“中国古代音乐我们今天听不到了，可是结合着音乐的舞蹈、诗歌、戏剧被记载了下来，从中观察可见，舞蹈、诗歌、戏剧作品在展开中也基本遵循‘散、慢、中、快、散’的速度模式。这就是说，中国传统音乐的诸多特点常常也是中国其它传统艺术的特点，它们互相牵制、影响，甚至互相加强，使特点变得更加鲜明、突出。那么为什么在中国会这样呢，这又需要考察中国文化、社会，尤其中国的哲学观念，和由这观念支持的审美心理的特殊性，以及造成这些特殊性的物质原因，如地理特性，生产力发展状况。然后再把它们和悬在意识形态上的中国音乐的特点联系起来，寻找联系的内在逻辑……你想是不是这样，才更接近问题实质的揭示呢？”还在20世纪的音乐界，郭先生就有了如此高位的思考维度，真应了伍国栋老师那句“郭先生的思维呀，那真的是……”

郭先生博览群书，高见无数，却一向低调、谦虚。他于音乐美学问题有那么深入的思考，还说“我对音乐美学的学习还很不够”，[③]更曾多次对我说“我没什么东西”。有学生就说，“好像没见郭先生有什么大部头专著呀”。是啊，比起一些好大喜功、空空如也的大部头来，先生的作品似乎不多，但在他的著述、评论、音教、建议，乃至闲谈里，新意、独见、创见、卓见，俯拾皆是。

教学上的郭先生，采取的是“放鸭式”教法，以至我们这些习惯了高校“喂鸭式”教法的学子初到先生门下，多感不适，甚至不知如何是好。杨晓鲁就在我面前自言自语：“跟郭先生学好苦啊！”这所谓“好苦”，是因为先生不是那种手把手去教你，而是站在高处点到即止，让你自己在琢磨思考中锻炼自己心智的“启发性”教育所致。“好苦”的另一含义，是“放鸭式”里深藏着先生那异常的谨慎，常在你不以为然的微细之处指出问题。他和黄翔鹏先生共事多年，关系甚笃，很欣赏黄先生的才华和钻研精神，但在黄先生公布一个重大研究成果时，郭先生表示：“还是大胆些了。”

---

① 郭乃安：《1988年硕士研究生论文专刊——前言》，《中国音乐学》1989年第1期。

② 郭乃安：《1988年硕士研究生论文专刊——前言》，《中国音乐学》1989年第1期。

③ 郭乃安：《音乐学，请把目光投向人》，山东文艺出版社，1998年，第14页。

有人因此问我，郭先生做学问是不是有点儿胆小啊？其实，先生在科研上是极力鼓励我们“要有学术勇气”的，而这里面就有“大胆”的成分。这“大胆”的一个突出表现，是先生要求“要敢于做难题，做有意义的难题”，“怕难的人不要读研”。当年他给我出的毕业论文题叫“弦外之音”①，我一听，傻了，摸不着头脑。乔建中老师说，弦外之音？真玄！我去问中央音乐学院几位音乐美学老师，他们也感到有点蒙，说题目太大太难，且不像论文题，“这是个文学题吧？”南京艺术学院一教授甚至问我，“可考虑换个题目吗？”我找回郭先生，诉题太难，先生道：“这题是难，而且不是一般的难，是很难！”他把“很”字说得很重。接着再次强调“拿出学术勇气！”“题目是大了些，但是这题目很重要，不能没有人做了。上一届学生我就让他们做，没人愿意。一个是因为难，一个是因为他们不是音乐美学方向的学生。这题主要研究的是极具中国特色的中国文人音乐，尤其古琴音乐的美学面貌的。你搞音乐美学，不能推托。古琴家大多高龄，已经越来越少，你再不做，就难有人做了。”“可是我水平有限，要是做不好，拿不到学位，毕不了业……”“不要考虑这些，做不好也会给后人一块砖，告诉他们可接着做，或者此路可能不通，需要另辟蹊径。”没想到后来答辩时，黄翔鹏先生一句“初起平平，渐入佳境”引起多人关注。先头提到的中央音乐学院的老师甚至改口说“这老先生出题出得太绝了，太高明了！你得多让他给你出点儿题。”（据说有人得知此事，也去请郭先生出题。我工作多年后，求得先生给的一题是“人为与自然”——你看这是个什么题啊，你不觉得这题奇妙，“摸不着头脑”，却富深意、韵味和想象力吗？）不久，有吴毓清老师发文批评我毕业论文，提了很有启示性的意见，至今受用，但也确有多处颠倒论文原意，我不敢回应作为老师的他。先生又一次鼓励：“拿出学术勇气！”“‘吾爱吾师，吾更爱真理’嘛！”……②

宽容和高要求，是郭先生形象的又一侧面。先生从不轻易说别人的不是。我常看到有人去他那里陈述自己的学术观点，他多是几句鼓励，几句建议，然后微微一笑。后来我发现，这是先生认为你的观点没有什么新意或价值时的一种学术宽容。然而这是一种深藏严谨的宽容，高要求的宽容。也就是让你慢慢来，慢慢探索，慢慢积累。一旦你说到点子上，说到痛处，说到有创意的见地或有辐射力的关键时（有时你自己还没意识到），他会话匣大开，侃侃而论。有一次我谈起明代以虞山派古琴之风为代表的文人情趣，把之前的“含蓄”这一美学形态推上了它的顶峰，即由早期的“中和”式“含蓄”走向了“淡和”式“含蓄”，亦即由先前的“乐而不淫、哀而不伤”式的“情感论”进一步为“清、微、淡、远”式的“心境论”时，先生忽然站起坐下，坐下站起，阔论纵横，兴奋如孩童。而且往往这时，他会把你推向问题的深处。就说刚才这题，他的意思是，我们经常得出的一些结论可疑，或结论难

---

① 费邓洪：《含蓄与弦外之音——中国文人音乐审美特色探》，《中国音乐学》1989年第1期、第2期。又见费邓洪：《美学——音乐的灵魂》，武汉大学出版社，2015年，第100—142页；费邓洪：《弦外之音——隐内容初探》，大众文艺出版社，2004年，第1—51页。

② 后在淄博举行的全国音乐美学会议上，吴毓清老师表示他的批评“过分了”，笔者也没再撰文回应。

以自圆其说，一个重要原因就是和我们的思维长期习惯于“静态”观察问题有关（把事情看“死”）。而这里有“静态”与“动态”有机结合，就可能使认识走向全面、深刻（以至形成创见），既可看到事物变化的生动性，又可看到变化中的统一性。然后还不止此，他要求再跳出来，放眼更高一线：这一态势所体现的，是不是更高层面关于“变化中统一，统一中变化”的美学原则，和哲学、物理学所云“自然法则”呢？如果是，那么这里是不是潜藏了“人为与自然统一”“历史与逻辑统一”的境界呢？——我们学子一个不经意掠过的想法，或偶尔一个小创意，之所以能在郭先生那里得到发掘、提升和辐射开去，不正是先生高要求下的鼓励、提携所致的吗？

呵，郭先生，我怎能不写您！

二、战略音乐家

我一直以为，在郭先生一生的音乐活动中贯穿有一条红线的，这条红线就是他对中国音乐事业的赤诚之爱！

先生对中国音乐事业的赤诚之爱，突出而生动地表现在他总是自觉不自觉地为中国音乐事业的发展进行呕心沥血的思考和战略性的谋划上，在此过程中他不断探索有利于中国音乐发展的道路，努力纠正航程中偏离的航向。这使他不再是一般的“知识型音乐家”，也超越了所谓“思想型音乐家”，可称之为“战略型音乐家”。

早在20世纪五六十年代发现有日益轻视、甚至鄙视中国民族音乐的倾向时，他就代表一批音乐工作者大声疾呼：“社会主义的新音乐，必须具有鲜明的民族特色……必须继承和发扬民族音乐的优秀传统……大力地革新和发展民族音乐；另一方面，要结合中国的具体实际，促进外来的音乐形式民族化……积极地学习和钻研民族音乐，从根本上改变音乐工作者对民族音乐不熟、不懂、不爱的不正常状况。”① 试想，如果当初没有这种前瞻性的改变意识及后续行动，今天我国的音乐事业会有如此长足的进步和绚丽多姿的民族风貌吗？

当铺天盖地的论文都只看到环境、时代对音乐的表面影响而不能解其内在逻辑时，郭先生站了出来：“我们需要了解历史背景，是因为它总是这样或那样地影响着人们的思想、情绪、意志和愿望，因而也就影响着人们的音乐活动。如果不去关心处在特定历史条件下人们的精神生活的诸多方面，当然就难得给那时代的音乐现象以准确的解释。”②“只有首先了解大自然对人的影响，才能理解自然环境对音乐的影响。”③ 真是居高临下，目光如炬！

改革开放初期，一些音乐活动的畸形发展已达不利音乐事业发展的程度，这时的郭先生

① 中国艺术研究院音乐研究所编：《民族音乐概论》，人民音乐出版社，1964年第1版，1983年第3次印刷，第1、6页。

② 郭乃安：《音乐学，请把目光投向人》，山东文艺出版社，1998年，第11页。

③ 郭乃安：《音乐学，请把目光投向人》，山东文艺出版社，1998年，第10页。

以其因对中国音乐事业的赤诚之爱所生忧患意识，不惜动用他《中国音乐学》主编的权力，率领团队高调宣布："在我国音乐界，各种各样的比赛、评奖非常之多，有表演的，有创作的，特别是那些'通俗歌曲大奖赛'之类的比赛，既有丰厚的奖品或奖金，又有名人授奖，电视、广播等各种宣传机构也大力宣扬，真可谓热闹非凡；唯独音乐理论方面，冷冷清清，似乎没有谁曾经考虑到应该也给那些经过长时间刻苦钻研而写作出来的优秀音乐论文以应有的奖励，只是一任其自生自灭而已。相形之下……太不合理。因此，我们便想到要在音乐理论界来开这么一个先例，决定在本刊设置这个'《中国音乐学》中青年作者优秀论文奖'，希望通过这种评奖活动，能为推动我国音乐学研究的繁荣与发展尽一点微薄的力量。"①好一个叫人欣慰！

在指导学生科研时，郭先生尤其给"创造性"以突出的强调，而这种强调，也是和我国音乐事业发展的美好梦想紧密联系一起的："……创造性则可说是学术研究的灵魂。因此，我经常鼓励学生们去求新，去发挥学术研究中的创造性。要他们勇敢地去超越前人所已达到的界域、阶梯、境界。首先就不要囿于我们这些教师的识见，力避在学术上作'近亲繁殖'，而应该放开眼界，在广阔的原野上去追求，去探索，去摘取创造性的硕果。因为我相信，只有充分发挥学术研究的创造性，才能为我国音乐学开创灿烂辉煌的前景。"②多么的谦逊、宽容，高瞻远瞩而又富有诗意……

论文写作中"常见的现象是一些以'宏观'为视角的论文往往忽视论据的客观准确性，有时甚至把论据的是否准确可靠视为可以不考虑的'雕虫小技'，结果是使自己的结论建立在一个经不起推敲的基础上；与此相反，一些以'微观'为视角的论文则往往满足于就事论事的分析，而缺乏一种高瞻远瞩的历史眼光和全局观点，这样也就难以揭示研究对象的本质意义。""'宏观'的文章能有相应的'微观'研究为基础，'微观'的研究能有'宏观'的思考为引导，则我们的音乐学术论文的水平定会得到显著的提高。"③……能有这样的高台指导，你不感到幸运吗？

在观察和分析"音乐形象"时，人们通常只注意音乐作品本身，或作品与外物的联系，很少关心表演环节。此时郭先生匡正道："绝不能忽视演唱表情的意义……离开了具体的演奏或演唱，它是不能作为客观的物质存在而成为艺术审美对象的……一个优秀的真实的艺术品，由一个没有生命的音乐家表演，它也会变成没有生命的苍白的音响堆积。所以，离开音乐的表演的性质来考察音乐形象的创造，是不可能得到有关这方面的正确概念的。"④这一醍醐灌顶的提示，为何那么多人没看到呢？

---

① 郭乃安：《音乐学，请把目光投向人》，山东文艺出版社，1998年，第307-308页。

② 郭乃安：《1988年硕士研究生论文专刊——前言》，《中国音乐学》1989年第1期。

③ 郭乃安：《音乐学，请把目光投向人》，山东文艺出版社，1998年，第300-310页。

④ 郭乃安：《音乐学，请把目光投向人》，山东文艺出版社，1998年，第29页。

音乐创作上的一个烦难之题是很多人为想表明自己的作品具有民族风格和个性，便把某民族音乐的形态特点拿来予以标签式使用和发挥，然而问题跟着就来了：你不能说他写的没有民族风格，也不能说他写的没有艺术个性，可那音乐常常就是不动人、不好听、不美。怎么办呢？作者、评论家这时往往也不知何解。郭先生则没有像常人那样陷到“战术”的牛角尖去左冲右突，而是返身立于“战略”的高度指出：“他们对于民歌的作为也就只限于吸收形式而已，活的生命被他们抛弃了”，所以“他们首先就走错了一步……而进一步使音乐与人民相结合的课题下所遭遇的困难，是我们只能产生枯竭而生硬的形式。”①什么意思呢？就是不是先有某民族民歌的形态特点，后有某民族生活的独特的思想感情，而是反过来先有某民族生活的独特的思想感情，才造就着该民族音乐的形态特点的。也即某种程度上可说，思想感情是“因”，是“内容”；形态特点是“果”，是“形式”，不宜颠倒。故“只有在能够充分地表达作品的内容的时候才是有意义的。否则就会成为为风格而风格，为色彩而色彩，其结果是风格损害了内容的传达和形象的塑造。”②甚至（在为毛主席诗词谱曲中）即使“注意到了具体的形象刻画，力求赋予音乐以形象性的特征，但是他们却又不够了解毛主席诗词中的‘自然’乃是‘人化了的自然’……在它们身上满涵着作者的感情，贯穿着作者的思想”③。也就是说，只有深入“因”里去深切体验和把握那作为内容的思想感情，才有可能使作出的音乐形态（作品）发出生命的光彩进而产生艺术的感染力。这一深刻警示，是仅处于战术层面（此指技术层面）就能意识得到的吗？

这里触及的音乐形态问题，我们在另外场合还可看到先生有进一步的理论发挥：“在不同层次上对各种相关的音乐形态作总体的考察看来显得更加重要。不过，这种总体的考察也仍然需要有分别考察的基础，如果分别考察能与总体考察有机地结合起来，将能更深入和全面地揭示作为一种有生命的活体的意蕴。”④

一些老一辈的音乐大家（如于润洋、张前、何乾三、赵宋光、茅原、钱仁康、叶纯之、廖乃雄等）都在他们学术生涯的中后期不约而同地重视起音乐美学的研究来，郭先生亦复如此。然而先生仍然不忘将这种研究与他对中国音乐事业的赤诚之爱所导发的战略思维紧密相连。例如他在对中国音乐美学思想遗产作了深入考察后，清醒而又不无忧虑地提示道：“我们对这个领域的研究还没有真正地动起来……和其他方面比较起来确实是落后了。这对于提高我们音乐的艺术水平来说，不能不是一个缺陷。要改变这种状况，就需要有成批的‘有志之士’投身到中国音乐美学思想的研究工作中来……一个一个地去夺取新的研究成果……给音

① 郭乃安：《音乐学，请把目光投向人》，山东文艺出版社，1998 年，第 402 页。

② 郭乃安：《音乐学，请把目光投向人》，山东文艺出版社，1998 年，第 366 页。

③ 郭乃安：《音乐学，请把目光投向人》，山东文艺出版社，1998 年，第 372 页。

④ 郭乃安：《音乐学，请把目光投向人》，山东文艺出版社，1998 年，第 8 页。

乐艺术水平的提高以有力的促进。”[①] 由此，我终于理解了他为什么要我（及他人）做“弦外之音”课题的原委了：“没有新的研究领域的开拓，就较难确定新的研究课题。但它的意义还不止于此，随着音乐学术研究日益向深度和广度伸延，新的研究领域的开拓不仅是必须的，而且对这种领域的确定是否得当，对于学科的发展也具有不可低估的意义。例如，对于中国传统音乐的特性的研究，以往较多侧重它在音乐表现形态方面的探索，而对于它的审美特性的研究不是避而不谈就是一笔带过，没有真正进入学术研究的领域。这次费邓洪的《含蓄与弦外之音——中国文人音乐审美特色探》……”[②] 没想到我一小小论文的背后竟隐有先生那对中国音乐如何良性发展的深谋远虑和战略把握，有先生的一生心血为学生撑起的一片蓝天！

郭先生所具有全局意识和战略思维，令其身影不断出现在一系列国家重大科研项目和学术工程里（所占时间之多，或是先生个人专著偏少的一大原因）。无论是在《中国大百科全书》《中国音乐词典》的编撰里，还是在《中国乐器志》《中国音乐学》的主持中，或是在《民族音乐概论》的定稿和编写间，或是在中国艺术研究院音乐研究所的领导工作里及各种学术职务、社会头衔的活动中，你都能看到他那战略性的顶层设计、建议、决策、主导，或参与布局的智慧和贡献……

呵，郭先生，我怎能不写您！

三、舐犊音乐家

郭先生平时话语不多，似总在思考什么，可谓一典型学者。然而其怜爱学生之情，让人慨叹。

先生住所距研究生部够远。一个寒冷早晨，年近七旬的他坐公交一小时余还走两段路，八九点时来看学生，没想到莘莘学子还在大睡不起。工作人员怒中欲喊，先生赶紧拦住：“别叫醒！一定是熬夜学累了，让他们多睡会儿。”

研究生部外地学子多，每逢中秋，先生总要托人送来月饼、果品。

学生参与重大学术活动，意义有时超过课堂学习，但又与教学纪律冲突（如需出差、开会），先生总是不遗余力上下奔走，予以协调。

那时我毕业到广州工作不久，先生来信望我入京继续深造，我因家境困难必须挣钱供子念书，先生急了，长话那头大声道：“孩子的学费我来出！”我夫人一旁热泪盈眶……之后又常收到先生寄来的各种书籍……

有一次我出差到京要来看先生，没想到八旬老人的他，事前竟摇摇晃晃扶墙下楼，拐去菜市场给我买冬瓜（知我喜吃冬瓜）……

工作多年后我有所宽裕，时常惦念日渐衰老的先生，便与仍在先生门下学习的张振涛商

---

① 郭乃安：《音乐学，请把目光投向人》，山东文艺出版社，1998 年，第 33 页。

② 郭乃安：《1988 年硕士研究生论文专刊——前言》，《中国音乐学》1989 年第 1 期。

量，欲将先生一生散在的著述集为一书出版。可研究所经费奇缺，我俩决定，我出费用（商定不得告诉任何人），张出力，由他在京搜集整理先生资料并联系他在山东文艺出版社的熟人。我们本以为此事做得天衣无缝，可书（《音乐学，请把目光投向人》）出来后很久，有一天我家人突然收到先生汇来 9000 元（书款）。原来那时研究所学者出书要经过所领导审查同意，知此我们就一再要求所长乔建中对经费来源保密，只说是公家负责出版，并得到乔的默许。我猜后来一定是乔所长不经意透露了此事。据说郭先生得知后几月坐立不安，终筹得书款寄来。但不是寄给我，是寄给我夫人，嘱她不要告诉我，怕伤我心……

最难忘毕业与先生告别一幕。那天我约云南来进修的小杨等人去郭先生家大扫除，饭后围坐先生膝下聊天。当时很怕先生问起我们的毕业去向，原因是 1988 年期间，学子们多想出国，不少人已联系外国导师，其实大家心知肚明，要研究中国音乐，那些导师怎比我们郭先生、黄先生？先生似乎看出我们心思，不多问。反而说国外有很多东西值得我们学，有机会留学是好事。我们跟着也就大起胆来，东扯西说嘻嘻哈哈地拉家常。拉着拉着，忽然静了下来，谁都不说话了……我悄悄抬头，看着平静如常的先生，灰发、花镜、鱼尾纹、旧上衣，渐渐看不清了……最后我轻轻说：“郭先生，您的书给您放在书架上了，两支笔在桌子上，这几件衣服就在您旁边，随手可以拿到，别着凉了。”先生眼睛微闭，半晌，一句“你们都去奔自己的前途吧”。我眼泪夺眶而出，好像一下子没了娘的孩子……

呵，郭先生，我怎能不写您！

原载《中国音乐学》2018 年第 4 期

音乐学，请把目光投向他

——怀念郭乃安先生

张振涛[①]

继开创者杨荫浏、李元庆之后，我们把黄翔鹏、郭乃安并列为中国艺术研究院音乐研究所第二代学者的代表人物。这个评价是大家对他们学术成就和人格魅力的认可。郭乃安的“音乐学，请把目光投向人”与黄翔鹏“传统是一条河流”，已经成为中国音乐学的“双句教”。言简意赅，词爽义亮，让人看到常规表达与恰当提升之间的同与不同，也见证了学者谱系中一对双星座的整体器宇和凌云健笔。

郭乃安1920年11月16日出生于贵州省贵阳市，2015年10月7日病逝于美国，享年95岁。他生前曾任中国艺术研究院音乐研究所副所长、研究生部音乐系主任、研究员、博士生导师、《中国音乐学》主编、中国音协理事、理论委员会副主任。他对中国音乐学所做的路标性贡献，就是主修了迄今被视为全国艺术院校传统音乐教材范本的《民族音乐概论》。他与缪天瑞、吉联抗共同主编的《中国音乐词典》，为音乐工具书的编撰，立下开天之功。我曾总结：杨荫浏撰写的《中国古代音乐史稿》、郭乃安主修的《民族音乐概论》、缪天瑞主编的《中国音乐词典》，是中国艺术研究院音乐研究所的“两弹一星”！一史、一论、一典，

① 张振涛，男，1955年生，博士，中国艺术研究院音乐研究所研究员。1988年毕业于中国艺术研究院并留音乐研究所工作。曾任中国艺术研究院音乐研究所所长、《中国音乐学》主编、中央民族乐团副团长。

三项成果，成为中国音乐学的奠基性成果，而以三位学者为代表的学术群体，就是中国音乐学的“功勋学人”。以此衡量，郭乃安参与了两项重大成果的编修，并以其执鞭谋律，名声光国。担任《中国音乐学》主编的十余年间，他以海纳百川的胸怀和敢于担当的气魄，让这家诞生最晚的学术期刊，秀发学林。担任中国艺术研究生部音乐系主任期间，培养的三届研究生，被学界誉为“黄埔三期”。他在中国艺术研究院音乐研究所工作的四十余年间，以其做事严谨的敬业精神、持之以恒的工作态度、尽心任事的聪哲善断，让每一个与他过从的人，铭记他的英名。这些后人高山仰止的功绩，不能不令人隔着茫茫太平洋不能送他远行而延首叹息。

一、他呼吸的第一口气便充满山歌气息

郭乃安的父亲曾任遵义邮政局局长，后调回盘县老家。他的童年和少年在盘县老镇度过。外祖父是县里有名的教书先生，他像那个时代的孩子一样，从小开始背书。他谈道：“小学时国文课考试，其他学生花半个小时才能写好一篇作文，我通常十来分钟就能写好，剩余时间再为别人代写一篇。”对自己的语文天赋，毫不掩饰自豪。

当然，最吸引他的还是音乐。由于成绩突出，老师奖了他一本《儿童世界》，里面有黎锦晖改编的歌曲《梅花三弄》。从未上过音乐课的孩子，竟然爱不释手，硬是自学了简谱。对于第一份见到的乐谱，他的心思倾注得如此专注，以至于硬是学到了一项靠自学很难获得的技能。这则童年故事，一方面说明他性格中面对困境时的意志力，另一方面也说明了一股强烈的热情被引燃了。郭乃安回忆，对于后来不得不奉命批判的黎锦晖，早年却情有独钟，“他的所有歌曲我都能唱得出”。陪姐姐在乡下教书的时光，虽然刻骨铭心的一直是“贫穷”和“封闭”两个词儿，但也有“乡音”和“花灯”两个词儿。贵州绵延起伏的山冈中飘荡的嘹亮山歌和若隐若现的花灯调，埋藏心底，以至于 80 高龄时依然脱口而出且兴致盎然。一个孩子接触乡间音乐并不难，而一旦在心底与音乐有了感应和交集，人生道路就不一样了。

1939 年冬，“教育部第三戏剧教育队”到盘县演出，恰好住在他任教的学校。他与队员聊天说：“我跟你们走吧？”谁知人家马上答应了。1940 年，他加入了“教育部第三戏剧教育队”，参加了诸如《放下你的鞭子》等节目的演出。随便一声问询，就跟着人家跑了，真是个决定命运的时刻。冥冥之中的召唤，让一个心中积淀了艺术、千方百计发现机会实现梦想的年轻人，遵循了自己的天性。沉入心底的山歌，注定让他不会做个安分守己的孩子。

1942 年，郭乃安考入重庆（青木关）国立音乐院，在“作曲组”跟江定仙学习。在这里，他干出了人生第一件惊天动地的“大事”。1945 年至 1946 年间，他与一群志向高远的同学成立“山歌社”，他出任社长。旨在搜集民歌的社团，是中国近现代史上第一次由专业音乐院校的学生有组织地整理研究民歌的开始。在“五四”运动的背景下，最具反叛精神的年轻人，竟然自觉搜集民歌，这件事无论从什么角度观察，都令人称奇。二十出头的学子，到底出于何种考虑，想到这个具有爆炸性的创意点？飘动在乡野中的音乐，对有些人来讲，一

下就滑过去了。但对另一些人来说，却忍不住停下来听个仔细，而且寝食不安。事件具有的“先锋”意义，是学术界于20世纪末反思学科道路时才意识到的。我们知道这一行动是与当时民俗学界搜集民谣的学术行为最“接轨”的事件，也知道它与1943年张鲁、马可、刘炽等延安音乐家到陕北记录民歌的实践遥相呼应。“山歌社社长”的作为，得到了包括杨荫浏、江定仙等师长的奖挹。参与者后来都成了音乐界的带头人物，谢功成、黎英海、王震亚、伍雍谊、孟文涛、杨匡民、严良堃、华尉芳等，这恐怕是青木关大部分“作曲组”同学日后个个成为精英的“绝例”。有人从事创作，有人从事教育，有人从事表演，“社长”却始终没有离开这条路。

“山歌社”的价值学术界已做过评价，我们想评价的则是社长本人。用笔名“施盈”发表的《民歌中看世界》《从“五四”中看民歌》等文章，成为一种推力，让胸怀大志的年轻人，从此走向执笔的道路。从文生涯获得瞩目，源自初看起来并不显眼却对社长具有充足意义的事件。念及此事，他的眼睛，总是放光。生命初年的经历，真真切切发生了作用。从此，定位执笔，向未动摇。

1945年4月23日，作曲组以“学生自治会”名义，举行首场“民歌演唱会”，反应强烈，人心振奋。搜集民歌的成果以创作改编方式雄壮地呈现。1947年，郭乃安毕业于沃尔夫岗·弗兰克尔（Wolfgang Fraenkel）教授作曲班，毕业作品是小提琴与钢琴《回旋曲》、合唱《流浪者之歌》（放平词）。对于创作，他一直保持自信，自谓“未尝吹篪，执管便韵”[①]。但历史没有再给他机会，只能于晚年拿出创作的钢琴曲给我看时，显出分外喜悦的神情。

毕业后，他到上海麦伦中学任音乐教员，开始参与“新音乐活动”。上海《时代日报》的副刊《新音乐》由“新音乐社”的孙慎主编，1948年初，因故不得不离开。工作交予郭乃安代管。他的编辑生涯从此开始。1949年上海解放，郭先生出任上海总工会文工团团长。此时，在上海中华乐舞学院执教，与学生吴蕴中相识，结为连理，一生相伴，鹣鲽情深。

1950年12月5日，他奉调北京，先在中组部，后到国务院“文教委员会”工作。新中国成立，他因笔耕勤勉，下笔成篇，成为文化部第一批职员。其时，周扬任文化部副部长兼艺术局局长，艺术局下设戏剧音乐处，周巍峙任处长，孙慎任音乐科科长，郭乃安任副科长，后任科长。参与政府，入侍帷幄，身居高位，体国经邦。新中国一系列富有历史意义和学术意义的大事件，塑造了他望眼远大、举不失略的断事能力。10年政府工作历练的磕磕碰碰、起起落落，造就了他做事稳健的风格。虽然工作中兼及各类事务，但总以音乐为基调。

二、《民族音乐概论》在学术史上的地位

1959年，郭乃安调入中国音乐研究所[②]，确立其学术地位的事件始于1960年。60余位从

---

① ［宋］司马光等：《资治通鉴》（九），中华书局，1987年，第4193页。

② 编者按：即“中国艺术研究院音乐研究所”。

事传统音乐教学、研究的音乐家，云集音乐研究所，开始《民族音乐概论》和《中国近现代音乐史》两本教科书的编撰。在杨荫浏、李元庆领导下，先后由十多位音乐学家（郭乃安、方妙英、简其华、贾淑英、章鸣、傅景瑞、杨羽健、黄翔鹏、吴毓清、古宗智）参与撰写的书稿，最后交由郭乃安统修。该书于 1964 年作为高等音乐院校的教材，由人民音乐出版社正式出版。

这是我国第一部对民族音乐进行系统论述的教科书。五大类（民歌、器乐、说唱、戏曲、歌舞）的分类原则，各个体裁艺术特征和技术规律的概括，对全面认识传统音乐提供了一套理论框架。此书不但对音乐教育起着重要作用，而且对学术研究同样起到了引领作用。

该书的编辑出版是 20 世纪中国音乐学学术史上具有划时代意义的大事。新中国成立后，政府文化部门的重要任务之一，就是建立一套与国家体制和民族身份相适应的贴近国情、贴近民众的全新话语，载体就是各类教科书。没有哪个国家像新中国这样持久地保持着建构话语体系的强大动力，这一点决定了学科的走向和路径。中国音乐学在改造旧话语、建立新话语的过程中，必须对封建与西方话语体系和技术理论予以双重规避，采取民族文化自我扶持、自我提升的立场，重构国家文化体系。这是《民族音乐概论》应运而生的第一重背景。

中国音乐学需要从寄居的旧籍中挣脱出来，新的叙述是 20 世纪中国音乐学家借鉴西方社会科学方法、运用现代音乐分析概念、重新梳理传统音乐的新形式。大量田野考察和获得的新材料，让历史上任何一次的文化整理事件为之逊色，前无古人的现代学术型资料，为概括传统音乐奠定了基础。从学科史角度系统整理遗产的时代到来了。这是《民族音乐概论》应运而生的第二重背景。

郭乃安恰逢其时，器任其职。可以从任职文化部的经历看到之所以选择他为主修人的原因，也可从他此前的写作得到答案。收入郭乃安个人文集《音乐学，请把目光投向人》的文章，按年代可分三个时期：1945 年到 1949 年共 10 篇，20 世纪 50 年代到 1966 年共 39 篇，1978 年后 18 篇。20 世纪 40 年代发表文章的学者，为数不多，郭乃安是佼佼者。这是他 1950 年调入北京担任国家机关公职的资质。20 世纪五六十年代是他的多产期。他关注当代音乐创作和演出活动，评论性文论占最大比例。这些文论自然是他名声日隆的原因。勤奋写作与担任官职的经历，使其日益成熟，也获得了信任和重用，因之成为恰当人选。“功业立，而其人之大节亦终赖以全。”（王夫之《读通鉴论》卷九）

用通俗易懂的话，演述事理，尽量少用或不用古语和外来语，平易浅白，深入浅出，是郭乃安的文风。他的文字，大雅若白，流畅清晰，广受赞誉。表面上看，好像是文风之异，实际上，是方向之异。郭先生说：“在政府工作期间，草拟过无数公文，文字凝炼，这一点常被人看好。”不妨读一段《民族音乐概论》的文字：

> 当小孩长大到一定年龄，就必须向老人学唱歌，不会唱歌便被认为是一件十分不体面的事。在有些地区、有些民族过去甚至将是否善于唱歌作为选择配偶的条件之一。不少民族的人民不仅在平时有唱歌的习惯，而且还有自己的传统的唱歌节

> 日。如壮族的“歌墟”、苗族的“游方”、侗族的“坐妹”、蒙古族的“敖包会”、回族的“花儿”、瑶族的“放浪”、仫佬族的“走坡”等。每逢会期，四面八方的青年男女就聚在一起，高歌低吟，纵情表达他们之间纯真的爱情和对幸福生活的向往。①

简洁流畅，清晰朴实。这种风格，很少能有人与他相比。这一点是教科书广为流传的重要原因。个人条件是捐身“为天下当大难之冲”的前提，也是教科书确立历史地位的第三重背景。

黄翔鹏评价道：“教科书的谱例，是最见功夫的窗口之一。《民族音乐概论》的谱例，都是最典型的，至今没有哪本书，能与其相比。这反映了郭乃安的眼光。”郭乃安曾以民歌歌词来比喻：“月亮为我们准备了银子，太阳为我们准备了金子。”我们的任务，就是把“金子、银子”拣出来。他以高度的负责心和专业精神，精拣细挑，使教科书的谱例，成为范例。这或许就是黄翔鹏对郭乃安一直抱有敬恐之心的原因之一。

《民族音乐概论》的历史地位，是不是因为此前空缺所形成的先行者必然具有的填补空白的优势？这种因素当然存在，但学术界自会检验质量，并将其放到历史天秤上。不妨拿同时编写的两本教科书的情况对比一下。对同一时期的两本教科书的后世评价，令人深思。在特殊背景下产生的教科书，难免不被政治言说裹挟，即使纯粹音乐本体的表述，也难避时风。但《民族音乐概论》遵循了知识学规范，圆熟地利用了音乐技术的排他性，干出了与戒律相左的事。如何面对教科书编写中难以回避的世风问题？在操作层面上，郭乃安并非一味听从“布置”，对内容做了十分审慎的规避。根据吴璨的研究，凡与时风联系紧密的章节和段落，最后全部删除。“新民歌”叙述，开始被减缩到最小篇幅，后因可归至新音乐史的正当理由，整章删除。② 这类游离于“一元化”表述之外的决断，令人吃惊。删减也许并不能证明作者的独立之精神和自由之思想，但的确证明了职业精神的强大和避开“非音乐话语”的宏规远略。与《民族音乐概论》相比，《中国近现代音乐史》的修订频率之高和释义变幅之快，严重影响了作为教科书的稳定性和持续性，也影响了编写组和主修者的声誉。上代人费尽心思为下代人安排的言说模式以及希望将政治遗产交给下代人的努力，最终因为忽左忽右，终难见信。紧贴传统，紧扣本体的《民族音乐概论》却延誉至今。学风世风，并未互为表里，学风压过世风，学统强过道统。应该说，两批作者都在时代夹缝中博弈，以郭乃安为代表的学者群体，表现出纯正的学科理念并把握住了叙述体式。这些都是单一语境中极难掌控而在多元语境中已不可理解的存在。上述区分固然与两本教科书的内容相关，但也不能否认编修者揆情度理、拿捏把握的高超定力以及训练有素的写作技巧。作为主修者，郭乃安心里清楚，此书的某些观点未必令后来者全部奉行，但其整体，终会见信学林。依此而言，两

---

① 中国艺术研究院音乐研究所编：《民族音乐概论》，人民音乐出版社，1964/2003 年，第 9 页。

② 《民族音乐概论》草稿原设“宗教音乐”一节，由于人所众知的原因，修订中被郭乃安删除。后人提出该书为什么不包括宗教音乐的质疑，实际上是不了解历史内情和不体谅当事人的不当之论。

书得失，不待援笔，已见分明。

学术话语，更新很快，教科书更新，也不算慢。经得住考验的，终会留下来。郭乃安在学术史上的飞身一跃，达到的高度，不仅是他学术工作的顶峰，也代表了20世纪中国音乐学的最高水准！他做出了教科书级的贡献。后人享受成果，不会忘记那段特殊背景中的学者坚守。这本教材，在20世纪的学术精神和理论建设上，树起了一个地标！

三、署名问题

20世纪五六十年代出版的著作，常署名“集体编著”“集体创作”“集体编写”。这些特定语境下的特定概念，今天看来不可思议。“集体”掩盖了无数个体。“集体”怎么行动？“集体”不能行动！只有“集体”中的“个体”，才能行动。虽然时过境迁，还是需要对“公共大于个体”的隐喻进行一番检讨，以期让后人懂得遮蔽的苦衷。

1995年，75岁高龄的郭乃安对我说，希望到我的家乡山东转一转，看看曲阜、泰山。于是，我们一起到了曲阜，游览孔府、孔庙、孔林，最后登上泰山。知识分子对孔子诞生的地方，有种抑制不住的朝拜心结。那次山东行，算是遂了他多年的夙愿。一路上，他兴致很高，谈起对孔子和儒家的崇敬。

对于《民族音乐概论》的编写者到底是谁的问题，我与大家一样，一直不好意思开口询问，趁他高兴，就问到这个问题。

他回答的大意是：“那时，我不断被指派到由各单位成员混编的编写组中，这个编写组结束了，又去另一个同样由各单位成员混合组成的编写组。各种名誉的临时编组的弊端是，真正到动手执笔了，没人愿意负责。虽然人人不负责，但也必须懂得‘集体编写’的好处。集体项目，不被指责。个人行为，难免遭人指责。除了杨荫浏等谁也不敢动的个别权威外，个人署名，在当时的情况下，不是让人获得声名，而是让人获得罪名。后人必须了解这个背景，才能懂得那时为什么不愿个人署名的问题。”

他的解释很沉重。“集体编写”的真实的目的是逃避批判。有了这重保护伞，就把所有人放到一个平台上，共同担责，虽然动手时多数人逃之夭夭。一本书的内容或叙述倾向，难免遭到质疑或批判。运动频仍，人事关系，交相扼逼。推卸责任的最好方式是拿“集体”当盾牌。法不责众！知识分子，穷蹇困顿，谁能扭转乾坤，改变风气？“盖明者远见于未萌，而知者避危于无形，祸固多藏于隐微而发于人之所忽者也。”① 特殊时期，只有经历者才知苦楚。那个时代不利于个体创新，不但不提供反映个体贡献的激励，反而变本加厉打击个人创造。这就是为什么大家甘愿署名“集体”而淹没个人的苦衷。

黄翔鹏曾说：“《民族音乐概论》编写初期，的确很多人参与，但到了最后，执笔的就是郭乃安一人”。音乐研究所老一代学者章鸣，也对我说过类似的话：“《民族音乐概论》的作

① ［宋］司马光等：《资治通鉴》（二），中华书局，1987年，第566页。

者，就是老郭一人。别人都退了。轮到干活了，谁也不动手，谁也不负责。”

刘东升回忆郭乃安时说：“我们相处50多年，总体印象就是他不善言谈，不多说话，与所里同事相处，也是淡淡的。”这是郭先生的基调，不声张，不高调。环境复杂，他选择了沉默。《民族音乐概论》的署名问题，与他一贯的做事方式一致。①

寻求一本书的产生过程，不仅是讲述编写内容，还要讲述编写背景。作者行止甚紧，不吐真相，是因为说出真相就等于把自己推到审判台上。后人说不出当事人为什么缄口不语的原因。其实，原因是那代人共识！后人既敬其志，复悲其遇！对于这类缄默，我们更愿意相信出于一代人的默契。②许多当事人已经故去，终身不谈这类往事，因其如此，我们才需要松开手脚，记下他们渴望有人代其表达的实情。历史易被忘却，我们不得不赶快把能够知道的一点真话记下来，即使暂时得不到更多人的认同。时间过去了四十多年，不算太久，但已隔了两代人。有当事人的解释，有黄翔鹏、章鸣等人的旁证，再联系历史环境与个人做事风格的基本逻辑，应该可以澄清事实。历史造成了许多扭曲，我们无法还原，但学术界是否应该知道这本享誉学界的教科书的真实执笔者？

拉美作家加莱亚诺，曾以谦逊的笔调写道：“人们都说，一本书不会改变世界，的确如此。但世界是被什么所改变呢？是一个进程，或快或慢；永不停息的、上千个层面同时存在的进程；写出来的文字就是这其中的一个层面。”③

郭乃安的《民族音乐概论》就是这样一本书——慢慢改变世界。没有轰动一时，没有万人敬仰，没有销量打着滚翻倍增长。但人们可以在一个学科的发展史中检验到一点一滴的变化。许多学子读过它，因而认识了中国音乐的基本面貌。对于一本教科书来讲，这还不够吗？或许这正是渴望在千千万万读者的阅读中获得永恒的作者的最大心愿。

---

① 还有个令笔者印象深刻的旁证。杜亚雄写过一篇文章，批评《民族音乐概论》分类法。郭乃安看后，表现出“护自家孩子”的强烈反应。这从另一侧面反映出郭乃安对此书的感情。若非己出，断然不会有此反应。但后来杜亚雄认为，作为教材，没有比这本书更实用的。对《民族音乐概论》五大类分类法，许多学者发表过意见，这是学术进步。黄翔鹏提出“民俗型、乐种—雅集型、剧场型、音乐会型”四分法，王耀华、杜亚雄提出“宫廷音乐、宗教音乐、文人音乐、民间音乐”四分法，薛艺兵提出“上层、中层、下层”说等。现代分类，视功能而定。从教学层面考虑，五大类较实用，其他的探索认知，属学术讨论范围。瑞典植物学家林奈所说的“分类和命名是科学的基础”的话，今天已经不能再较真儿。现代分类已经不要求统一，如同人类起源学，马克思主义的“劳动创造了人”，《圣经》的“上帝创造了人”，达尔文的“动物进化论”，三说并置，各取一维而已。

② 笔者在叙述中国艺术研究院音乐研究所老一代琴家王迪的故事中，谈到她晚年对自己知识产权的要求问题。她是那一代学者中唯一敢大胆说出自己名分的人。

③ 张伟劼：《拉丁美洲需要什么样的文学？》，《读书》2017年第9期，第71页。

四、研究成果大略

音乐学界对郭乃安的评价，很大程度上归于一篇产生了巨大影响的文章题目《音乐学，请把目光投向人》。大多数人被这个题目的立意打动。无论如何，这篇叫人拿起来放不下的文章，成为他“登高一呼天下响应”的标志。历史转折带来了一系列方向转折和目光转折。转折的意义，转折者自身不自觉，旁观者也不自觉。大家越来越陷入技术分析，并因此而承受转折期方向不清的迷惘。埋头技术分析乃至乐律学理论从而忘却最终目的时，他提醒到，刚刚建立了许多分支庞杂和诸如以“本体”为宾语的学科，往往窄化人的理解。这篇立意鲜明的文章，引导了整个学界的目光，体现出音乐学家的高远立意。这是郭乃安毕生最精华的文字。

发表于1960年《音乐研究》的《试论民间曲调的可塑性》，是郭乃安的代表作。文章围绕民间音乐最普遍的一个现象——相同曲调填入新词并适用于不同时代和场合，即“一曲多用”的问题，展开多重讨论。全文分四部分：民间音乐的集体创作方式和可塑性；民间音乐创作的概括性思维和可塑性；民间曲调的叙事性、抒情性和可塑性；从音乐形象的创造看民间曲调的可塑性。集体创作赋予民间音乐以高度的概括性，具备适应多种唱词的表现力。无论民歌还是戏曲、曲艺，都采用分节歌唱方式，自然具有适应不同唱词的功能。每次变化，都赋予一次新生命。常变常新，生生不息。从文学角度看，作品变为新作；从音乐角度看，曲调以超越时代的稳定性长期流传。相同曲调与新词结合，都有所改动。又变又不变的现象，就是“民间曲调的可塑性”。

这篇名文，不仅对民间音乐做了不乏“同情之理解”的结构性解释，而且对中国音乐不像西方音乐具有独立个性的疑问给予回应。这为驱除文化自信心的动摇，找回既往价值，提供了充分理据。郭乃安的思辨力，在该文中体现得最为显著。联类无穷，思入深境，对每个可能展开的部分，充分衍展。思考目的，不在于下定义，而在于对相关范畴的思辨，并在思辨中建立新视角。这令人想到古希腊普罗塔哥拉的话：“大脑不是一个等待填满的‘容器’，而是一个需要点燃的‘火炬’。”

1979年12月，中国音协在广州召开“全国音乐理论工作座谈会”，讨论音乐美学问题，此后被称为“第一届全国音乐美学会议”。郭乃安受邀作专题发言，后把讲稿整理为《一个有待开发的宝库——中国音乐美学遗产》，发表于《人民音乐》1979年第1期。这篇吕骥安排下的命题作文，是郭乃安对中国古代音乐美学的研究提纲。“虽然过去也有一些同志对中国古代音乐美学思想的研究做出过不同程度的贡献，但总的说来，我们对这个领域的研究还没有真正地动起来，连真正是深入的专题研究都很少，更谈不到全面的系统的研究。”①

文章大略梳理了古代音乐美学的主要历史文论，指出“如果说古希腊的美学思想是以史诗和悲剧的艺术实践为基础，因而摹仿论——即认为艺术是现实生活的摹仿的理论——在希

① 郭乃安：《音乐学，请把目光投向人》，山东文艺出版社，1998年，第33页。

腊美学中占有优势的话，那么，在中国古代，美学思想是以‘乐’的艺术实践为基础，因而表情论——即认为艺术是人们的思想感情的表达的理论却占有优势，这就不足为奇了。”这样的高度概括，是郭乃安学术目力的体现。“在音乐的艺术创造活动中重视思想感情的表达，这是中国古代音乐美学思想的一大特点，也是中国古代音乐美学思想的一大优点。”[①]总结高屋建瓴，虑无不周。文章对思想感情的表达方法给予论述。他提醒当时尚未被学术界关注的李世民的音乐思想。“可以看出李世民的观点和嵇康的‘声无哀乐论’的观点是相当接近的”。通过这些触面，作者广泛触及内容与形式的矛盾，作品本身的创作意图与表演者解释之间的矛盾，音乐实际内容与欣赏者理解之间的矛盾等问题。他认为：无论是文人音乐还是民间音乐，中国音乐美学注意分寸感，讲究“恰到好处”“含蓄蕴藉”，追求“弦外之音”“余音余味”。开拓论域，他意犹未尽，让研究生费邓洪作硕士论文专门探讨，还要求他“天天听古琴”。郭乃安是中国音乐美学学科最早的营建者之一，该篇论文具有开启意义。

《实践是理论的基础——杨荫浏学术活动的主要特色》是一篇从技术分析角度高度概括前人研究方法的学术宏文。若问杨荫浏研究方法的最大特点是什么，郭乃安的概括是“立足实践”。文章从三个方面概括：一、他首先是一位音乐家，一位唱奏兼长的音乐多面手；二、他把深入实地的调查和学习看作实践的重要组成部分；三、重视科学实验，以实验来验证理论。

第一部分，郭乃安让人注意杨荫浏能够演奏的各种乐器，强调无锡“天韵社”接受了18年教育的事实，“是在这样一个标准高、要求严的曲社中，经过严格的训练和多方面的实践活动中培养出来的，在唱奏技艺上都有很深的造诣，可以说得上是民族音乐科班出身的音乐家”。

下面论述杨荫浏的音韵学研究。兼容古今南北的昆曲音韵体系，是杨荫浏演唱的体验和钻研音韵学的认识。这为调查带来方便。对河北“丝弦老调”的采访，除了聆听艺人演唱，他有意将字音或声调读错，听取艺人意见。“心”“相”“将”“秋”四字在“丝弦老调”中没有像北方话念作“xin”“xiang”“jiang”“qiu”，而念作“sin”“siang”“ziang”“ciu”，从而判断艺人按“尖音”读唱，证明“丝弦老调”中的“尖音”“团音”有严格区别。

郭乃安所举下一事例是笛上“叉口”指法。所谓“叉口”，指笛上吹“凡”音时开第六孔和最下三孔（或两孔），按其间两孔（或三孔），这样吹出来的是低“凡”。如不用“叉口”，吹出来的便是高半音的“大凡”。用与不用，天韵社严格遵守，其他地方已经失传。

杨荫浏引述历史文献，陈旸《乐书》：“今太常笛从下而上，一穴为太簇，半窍为大吕；次上一穴为姑洗，半窍为夹钟；次上一穴为仲吕……谓用黄钟清与仲吕双发为变声”（杨荫浏按此与今“凡”音之叉口吹法相同）。这段文字，引述乐师语“黄钟与仲吕双发”，即独开最上一孔（黄钟清）和放开下方第二、三两孔（仲吕）两种按指法的结合，就是叉口。这一解释还可从宋代陈元靓《事林广记》“附录2• 管色指法”得到旁证。几项相关指法如下：

---

① 郭乃安：《音乐学，请把目光投向人》，山东文艺出版社，1998年，第35—36页。

六（即黄钟清）○●●●●●

大凡（即应钟）○○○○○○

凡（即无射）○●●○○●

上（即仲吕）●●●○○●

很明显，将“六”的指法和“上”的指法结合，便成“凡”的指法，即叉口指法。不用“叉口”则为“大凡”。

第二部分谈田野考察，杨荫浏20年代编辑《雅音集》，1943年学习“十番锣鼓”并于1980年出版《十番锣鼓》，1949年后阿炳采访、河北定县子位村管乐调查、河北丝弦老调采访、北京智化寺京音乐调查、天津单弦牌子曲调查、西安鼓乐调查、信阳出土春秋编钟的测音与音律研究、湖南马王堆汉墓出土乐器考察等，每项都有成果，或调查报告，或学术论文，或资料汇编，表现出独到见解，具有相当高的学术价值。

关于工尺谱翻译，杨荫浏认为：“工尺谱的音律系统，或翻译的方法，可因它演变过程所属的时代而不同，也可因它流行的地区而不同，可因它所通用的音乐种类而不同，也可因它被应用的目的和方法而不同”。一般情况下，把“上”字译作“1”（do），“凡”字译作“4”（fa），但在另一范围可能不合适。西安鼓乐属于固定名体系。“六、尺、上、五”四调，都是以该字为宫的新音阶。

第三部分讨论杨荫浏的乐律学和乐器改进研究。1. 乐律运算。1937年，发表第一篇乐律学论文《平均律算解》。对历史上出现的几种类似平均律的尝试，刘宋时何承天“新律”（“三分损益均差律”），隋代刘焯“等差管律”和清代江永“等律”，逐一验算并作出评价。对朱载堉“十二平均律”（包括“平均弦律”和“异径异长之平均管律”）进行运算分析。

何承天“新律”究竟根据什么与“旧律度”不同？杨荫浏的验算，不仅弄清了算法，而且校正了讹误。他说：“其实何氏不过因中吕上生黄钟，其数不及，故将此不及之略数，平均分配，依相生之序，自林钟以下，递加于十二律间”。

2. 测定音律实验。对晋代“荀勖笛律”，杨荫浏一方面将晋前尺换算成米制，取得数据；同时加入管口校正数后用三分损益法算出数据。两相比较，除五位小数微有出入外，基本相同。证明荀勖已采用了管口校正，肯定其历史地位。

杨荫浏的运算与实验一丝不苟，但结论是：“在音律上，并不要求纯而又纯，而可容许一定限度音差的存在。一定限度音差的存在，非但无害于音乐的表达，反而有助于加强音乐的表现性能。”他的意见，对于音乐实践具有重要的指导意义。

归纳总结，学者所愿。如何总结杨荫浏的研究方法，人们往往无从下笔，常常苦于难以概括。其实还是没有下一番苦功夫。郭乃安踏踏实实，对实例逐一概述，达幽究微，超逾伦匹。遇罗克说：“所谓的不朽，就是在后代的心中引起共鸣。”郭乃安对杨荫浏研究方法的总结与评价，反衬了他对自己治学理念的思考。郭乃安和黄翔鹏，对杨荫浏的治学道路都做过总结。黄翔鹏的《人今方见思》与郭乃安的《实践是理论的基础》堪称“双璧”。

“文化大革命”后期，“国务院文化组”要求音乐研究所重编中国音乐史、西方音乐史，郭乃安参与编写《中国音乐史》。《中国大百科全书》“中国音乐史”条目，出自于此。如果说《试论民间曲调的可塑性》因其高度思辨与丰富内涵而获得学界赞誉，《中国音乐史》条目则没有获得与其相匹配的评价。长达三万字的条目，没有沿用朝代分期，提出自己的划分法，虽有挥之不去的“御用”模式影子，但也看到大分期模式的闪动。这个例子颇能让后人看到留在书页间的新思与旧影并列的交替踪迹。大分期对黄翔鹏的“古代音乐史三分法”的启发显而易见。

刘东升提到，郭乃安一直关注古代音乐史的编著项目，希望音乐研究所能够编成一史一论。与此相反，黄翔鹏不提倡再编“通史”，认为那不过是炒冷饭，超不过杨荫浏，但郭乃安却一直想做。没有变成现实的原因，部分是因为没有一个大家觉得合适的人可以承担主修使命。吉联抗、夏野、冯文慈，都表示过愿意承担，但音乐研究所的领导层觉得都不合适。郭乃安与黄翔鹏担任《中国大百科全书·音乐卷》“中国音乐史”分类主编，从这一点上也能够看得出，他一直有编通史的意愿。另一个原因是，后来，郭乃安把精力转到《中国音乐学》的编辑上，再没提及此事。

采访杨荫浏的李妲娜说，老人家给人印象最深的一句话是（大意）：“希望以后的年轻人，不要再编中国音乐史。你们不可能达到我这个高度，应该去搞断代史和专题史”。黄翔鹏一辈子不写音乐史，也是听从了老师的话。他希望学术界出现像曾侯乙乐律学体系那样精致的个案研究，才能有条件整合为一部有新材料、新创建的古代史。每人想法不一，郭乃安想编的是与《民族音乐概论》一样普及性与学术性融为一体的音乐史。

《说“匣”》是郭乃安晚年撰写的未收入文集的考证性文章。《晋书·乐志》有“更造新声二十八解”之语，此语的“解”与民间乐语的“匣”是不是一回事？何钧《中国民族民间器乐曲集成·陕西卷》《西安鼓乐述略》说：“匣，又作瑕。是以曲（吹）鼓（打）合奏的鼓段曲与清吹耍曲（不带铜器的小曲）相间出现的一个循环体乐章。鼓段曲与耍曲各奏一次为一匣，分头、二、三匣，每匣鼓段曲不变，只换耍曲；最后一匣，只奏鼓段曲而无耍曲”。郭乃安把《尺调双云锣八拍坐乐全套》和《六调坐乐全套》的“匣”，做了结构分析。

他指出，古代曲调的反复，有不同称谓：解、遍、叠、幺篇、煞、前腔等，昆曲北曲的“煞”和“匣”（瑕）读音相近，也是反复，称“一煞、二煞”，但处于结尾，“匣”（瑕）处在乐曲前部中部。他排除了另一读音接近的“契”字与“匣”的关联。“解”字依《广韵》有三种读法：1. 佳买切，见（声母），蟹（韵母），上声，今读作 jiě；2. 古隘切，见（声母），卦（韵母），去声，今读作 jiè；3. 胡买切，匣（声母），蟹（韵母），去声，今读作 xiè。作为乐曲的“解”，用第一读法。据王力《汉语语音史》魏晋南北朝时期，解字韵部拟测为 [ai]，隋至中唐，虽有分合，但仍属 [ai] 韵。结论：古代乐语“解”与民间乐语“匣”，读音相同，在音乐中所指结构，基本相同。

这篇文章得益于他从文献学、音韵学储备中从容调出相应材料的功力。别人只看到一则术语，他却从中辨识出历史根系，及与现实交错的网络。凝辨宏达，言能释结。这种连接力，显然得之于将小学、音韵、音乐及对文献含英咀华生成的直觉感知力。

郭乃安晚年仍然坚持写作，80 多岁发表的这篇文章，思考深度精深，文字表述老到，细腻而不琐碎，深入又能浅出。这使他与同代人，大不一样了。

> 很多长寿的作家并没有把自己的重量延续到中年之后，他们的光亮仅仅集中在青年时代。尤其在二十世纪中期的一场社会大变革之后，他们中有的人卷入地位很高却又徒有虚名的行政事务之中，又有的人则因为找不到自己与时代的对话方式而选择了沉默。①

1997 年，我与他聊天时谈到黄翔鹏的几本文集，他说："有时想送朋友一份礼物，却不知拿什么好，只好拿几本《中国音乐学》相送，但刊物又不是我的作品。"我一拍大腿说："干脆把您的论文辑起来吧。"那天在他家喝茶聊出的这番话，促成了我的行动。

我与费邓洪商议，他出钱，我出力。费邓洪毕业后到广州工作，经济宽绰，希望为老师做点事，资助出版文集。但他知道，这种方式老师肯定不同意。于是我们获得乔建中默许，打着"杨荫浏基金"名目。虽然文集内封印着"杨荫浏基金资助"，实际由费邓洪出资。我的任务是收集文章，汇总复印，把目录打印出来，让郭先生审定，最后交付山东文艺出版社。因我弟弟在出版社，只出印刷成本费。

后来郭先生还是知道了实情，给费邓洪寄回出版费。回想 20 世纪 90 年代，真是无奈，像郭乃安这样的学者，竟无力出版一本自己的文集。那时，很多老先生一肚子学问，就是没有书，直到 90 年代才有由文章攒起来的文集。无论如何，我与费邓洪共同为郭先生编选了他唯一的文集《音乐学，请把目光投向人》，算是对"三春晖"的一点回报。

费邓洪是郭先生最喜欢的学生，每次到京，总要到老师家拜访，郭先生见到他就高兴。费邓洪得意地说，我起到了谁也起不到的作用。老人家寂寞，需要见到我那张喜气盈盈的脸和说个不停的嘴。他的确有一口气讲上小半天的能力，让郭先生听着就开心，这就够了。

五、助推《中国音乐词典》

1980 年，他出任音乐研究所副所长，其时副所长有杨光、何芸、周家骆。"文化大革命"刚结束，作为继续推进的新一届领导班子，站在十字路口上。领导层的难题，不在登台，而在执政。什么值得继续去做？郭乃安提出编辑《中国音乐词典》。这项工作与"文化大革命"前中国音协提出后被打断的提案衔接起来。

《中国音乐词典》责任编辑王凤岐回忆：1978 年我调入人民音乐出版社辞书编辑部，当时的负责人是郭析零、何士德。我了解到，原来有个约定，由中央音乐学院、中国音乐家协会、中国音乐研究所三家合编《中国音乐词典》。但事实上，三个单位，谁也不负责，根本

① 余秋雨：《门孔》，湖南文艺出版社，2017 年，第 46 页。

没有实际推动。1978 年，我看到日本的《邦乐词典》，其时恰好在“政协礼堂”开会，遇到郭乃安。我提议：“由中国音乐研究所独立编辑《中国音乐词典》可以吗？”郭乃安问：“你说了算吗？”王凤岐回答：“算数！”事情就这样定下来。之后，中国音乐研究所组织编辑部，花了三年时间，撰写条目。出版社花了两年时间，于 1984 年编辑出版。由此可知，编辑《中国音乐词典》的实际推动者，也是郭乃安。

刘东升说：接触郭乃安最多的是编辑《中国音乐词典》的那段时间。缪天瑞年龄大，德高望重，但专业是西方音乐，对中国音乐不熟悉。最后决定，由缪天瑞、吉联抗、郭乃安三位共同任主编。缪天瑞负总责，郭乃安负责传统音乐，吉联抗负责古代音乐。最重要的部分在郭乃安身上。大家有什么问题找缪天瑞，他总是说，去找郭乃安。实际上，郭乃安在编辑部起的作用最大。

《中国音乐词典》体量之大、规模之大、投入人力之多，面对问题之繁复，差不多超越了任何一项音乐文献的编撰工程。第一部中国音乐工具书，平地起阁，从无到有，梳理门类，列名释义，宏纲细目，弥所不遗。它已经成为中国音乐学的可靠指路牌，全面体现了中国音乐学界的学术水平。1983 年，郭乃安担任了《中国大百科全书·音乐舞蹈卷》“中国古代音乐”分支主编。他参与了中国音乐界最重要的两部工具书的编辑工作，为 20 世纪重大学术项目做出了突出贡献。

20 世纪，外来冲击，四方幅裂，本土知识，散如碎片。口碑知识，民间之所贵而国家之所轻；典章乐书，国家之所贵而民间之所轻。术语不通，语境乘绝，各不相属，互不衔接。“音乐第一辞书”则把民间知识与专业术语，合而为一，勒为一典，为中国音乐大厦，构建了知识框架。如此看来，能够看到工具书的导向性、典范性和深远意义而拍板定夺、立誓毕功的人，一定是能够从大处着眼、把目标放诸长远的学者。郭乃安主动请缨，助划方略，领命于各单位相互推诿之际，受任于各组织互不承领之间，把个人精力汇入集体成果，体现了一代音乐学家的崇高气节。

六、主编《中国音乐学》

1981 年 8 月，中国音乐研究所主办《音乐学丛刊》第一辑，郭乃安任主编。在新形势下，作为一个实验，不定期的《音乐学丛刊》已经完成了历史使命，剩下的问题就是如何使星星之火在更大的范围内持续燃烧。1985 年，《中国音乐学》创刊，替代出版了三辑的《音乐学丛刊》，郭先生转入《中国音乐学》，继续任主编。无论从什么意义上说，中国音乐研究所都需要他这样的办刊人。

作为研究机构主办的杂志，随着学术的迅猛发展，很快闯入学界视野。作为主编，他认为最重要的就是心胸宽广。他说：“一个不成熟的编辑的标志，就是只爱自己所爱的领域，对其他领域，视若敝屣。成熟编辑的标志，就是除了自己所爱的专业，对其他学科，都心存敬意。”这是他主持的《中国音乐学》之所以能海纳百川的原因。

如果不仅看创刊之初的三审制和管理制度，还可以从其他方面发现刊物之所以被学界推崇的原因。1989 年，副主编居其宏因为一些文章的叙事倾向而遭责问，要求撤销其《中国音乐学》副主编的职务。身为主编的郭乃安，与编辑部全体成员共同签字，认定居其宏没问题。一组高亢到极点又扭曲到极点的声音，被挡了回去。关键时刻，郭乃安起到了定海神针的作用，于小环境中保护了学者。这是平日谨慎的郭乃安，从未做过的壮举。郭乃安“于目前小事，时有所忽，至于大事，与四海接，恩之所加，皆过其望”[①]。

> 余（游雅）与高子（高允）游处四十年，未尝见其喜愠之色……高子内文明而外柔弱，其言呐呐不能出口。昔崔司徒（崔浩）尝谓余云：“高生丰才博学，一代佳士，所乏者，矫矫风节耳。”余亦以为然。及司徒得罪，起于纤微，诏指临责，司徒声嘶股栗，殆不能言；宗钦已下，伏地流汗，皆无人色。高子独敷陈事理，申释是非，辞义清辩，音韵高亮。人主（魏高宗）为之动容，听者无不神耸，此非所谓矫矫者乎！……此非所谓风节者乎！夫人固未易知；吾既失之于心，崔又漏之于外，此乃管仲所以致恸于鲍叔也。”[②]

未在郭乃安身边看到毅然承担责任、毫不含糊做出判断、且白纸黑字付诸行动的人，绝不会相信他的内心坚强。见识了这等场面，才能从惊魄一刻中感受到他的真正品质。此前大部分人对他的印象都是“其言呐呐不能出口”，谨守绳墨，绝无例不拘常，“余亦以为然”。然而面对大是大非，他“辞义清辩，音韵高亮”。恰如张岱称述朋友沈素先所言：“弱不胜衣，见人呐呐似不能言，及其临大事，当大难，则坚操劲节，侃侃不挠”。[③] 了解一个人，真不是件容易事。大家错看了他！上引魏高宗时高允的故事（发生于 458 年），正像是对像郭乃安这类外柔内刚之人的精彩描述。事到关口，他们体现的品质和表现的方式差不多。“此非所谓风节者乎”？

陈平原说：

> 八十年代没有所谓的公共知识分子，因为，几乎每个学者都有明显的公共情怀。独立的思考，强烈的社会责任感，超越学科背景的表述，这三者乃八十年代几乎所有著名学者的共同特点。[④]

20 世纪 80 年代后期，李西安担任第四届中国音协书记处书记、《人民音乐》主编。此

---

① ［宋］司马光等：《资治通鉴》（五），中华书局，1987 年，第 1995 页。

② ［宋］司马光等：《资治通鉴》（九），中华书局，1987 年，第 4035 页。

③ 夏咸淳辑校：《张岱诗文集》，上海古籍出版社，2014 年，第 10 页。

④ 查建英：《八十年代访谈录》，生活 • 读书 • 新知三联书店，2006 年，第 133 页。

时对待通俗歌曲的态度分歧很大。《人民音乐》支持新潮音乐和通俗音乐，开辟《通俗音乐》栏目，《中国音乐学》相互呼应，成为那个时代刊物相互支撑的难得一见的局面。

1997 年前的那段时间，我差不多每两周去看一次黄翔鹏，顺便到郭乃安家拿回编辑部发送到主编手里等待审批的稿子。他在审稿单三栏中的主编栏里，写满批注（可惜稿签没有汇集起来当作一份学术资料）。看了这些稿签，才知其断事能力。他眼光犀利，一针见血，寥寥数语，便能指出一篇文章的长处与短处。谈及稿件，他用语温和简略，落到稿签上，却毫不客气，单刀直入。到他家里拿稿子，总有几篇他看过还没来得及写意见，免不了当面看他写“稿签”。他稍加思考，即行之篇翰，不待凝思而成。

2002 年，我成为《中国音乐学》的第二任主编。郭乃安把我叫至家中，交代了几件事。第一，所有稿件，亲自过目，能动手删改的就自己动手，不烦他人。第二，主编尽量不在自己刊物上发文。第三，每个作者一年内不能发文两次。第四，讨论歌唱技术的文章，一般不发，因为说不清楚。第五，某些人的文章，斟酌为好。

对学术界各个分支学科的大部分作者，他心里都有个评价乃至排序表，虽然嘴上不说。人之器量，孰清孰浊，谁贤谁庸，心明如镜。知人至深，是他几十年尽职尽责、不懈审阅、总结出来的。可以说，主编对刊物的总体把握，建立在大量的阅稿之上。

我像大部分人一样，开始并没有充分认识郭乃安，对于他是否像“传说中”那样神奇，半信半疑。他不善言词，做事低调，“高谈无所与陈，精义无所与展”，表面上平凡至极，真的好像没有过人之处。相处长了，才知道同代人为什么尊重他。凡遇大事，他的判断力与决策力，清楚无误。大多数时候，他总是静静地听，从来是个礼貌的人。只有当众人嗫嚅急需决断时，他才举起手来，一锤定音。这就是他在中国音乐研究所中的地位，无可取代！

七、私人空间中的老师

《民族音乐概论》是我考研时唯一天天读且像磁铁一般嵌入记忆的教科书。第一次阅读时的冲击，记忆犹新。年轻时代如饥似渴的阅读，不能不让人对作者肃然起敬。那时中国音乐研究所只有三个研究员，杨荫浏、郭乃安、李纯一，黄翔鹏尚是副研究员。他是学术重镇的标志性人物，一直渴望见到。想象中的他，高大威严。然而，第一印象，却朴素异常，像后来遇到的中国音乐研究所大部分老一代学者一样。第一次见他，没有“事先设计”。他与师母，默默走在前海西街恭王府大门口，像千千万万普通人一样。乔建中指着他的背影告诉我:“那就是郭乃安！”

不知道为什么会想起过去了很多年却仍然印象清晰的事，或许是因为老师的影响流淌于潜意识，或许是解释不清的缘分。师如父母，难以选择，遇上了，终身难忘。先生教导，终生受用者，不胜繁多，兹举一二事为例。

他说:“学者要干三件事。第一是写作，第二是编辑，第三是教书。写作让人深思。编辑让人学会删繁就简。自己文章，舍不得砍，删改他文，毫不心疼。反过来再看自己，就知道怎么删了。教学能把思路越理越清，讲课时可能会把一个长期琢磨而说不清的问题，脱口说出来了，一下子知道该怎样表达。凡经三职，就能断之于心，行之于笔。”待我把三件事都干过了，才深有体会，老师所言，都有深意。

对于写作，他告诉我：“写事，句子要短；说理，句子要长。句子短，干净利索，条理清晰。句子长，逻辑贯穿，阐述有力。”此话我也常在课堂上转告学生。听着课堂少有的掌声，看着几十张纯真的脸，才明白，刚才转述的话，实惠实用。

谈到他的文章《阶级和音乐的阶级性》，他对我说（大意）：“那篇文章，观点过时，却是功夫下得最大的。因为是上面布置下‘重大课题’。为写此文，翻书熬夜，字斟句酌。想不到，到了另一时代，价值全失。当代读者十有八九会对那时的‘严肃选题’失去兴趣。所以，只有研究传统，才保值。不要跟风走，曲媚当下，以称时求，结果会像诸如阶级性一类的话题，吃力不讨好，最终被遗忘。选择传统音乐研究，不要犹豫，此路最可靠。”

听了他的话，我又找来那篇文章，琢磨再三。看得出，的确是下了功夫的，滴水不漏。老人家的悔悟，深刻至极。这样的言论，不是每个人都能听得到的。这类反顾，才是真实，才能探视老师内心。过度窥测老师，可能不适宜，但也必须恰当解读。上述感慨，大概就是他及时醒悟、最终退出各类写作班子的原因。

波伏娃在 1964 年出版的《时势的力量》写了句惊人的话：“我受骗了。”意思是从某种意义上说，她被误了。人们困惑，像她这样写出一本全世界都认可的著作的学者，也会被误？其实，她是感到晚年衰老以及并未实现全部梦想甚至走过一段歧途而感到无奈。此话放到郭乃安晚年对自己的评价也合适。历史仿佛开了个大玩笑，让他最下功夫的文稿，在另一时代失色。过来人的话，怎不令人警醒。

听郭先生诉说往事，像听父辈叙述陈年旧事，难免不伴着唏嘘。走进长者，常感到他们并非想象的那样透明，因为时代让他们不能透明。作为一种负累，后人难以剥离他们的“面罩”。老师主动在学生面前摘下“面罩”，让我听到了他的另一首心曲——不得不隐藏的无奈与叹息。这是外人难以想象的。

八、对我影响最大的三件事

我在写作博士论文《笙管音位的乐律学研究》时，因为一点小小发现而洋洋自得，不免在指出杨荫浏的错误时态度不恭。看了我的表述，郭先生说：杨荫浏对别人的错误向来宽容，美籍华人音乐家周文中第一次来中国时发表了一篇文章，其中把古代典籍的原文与后人注释混为一谈。郭乃安撰文指正，杨荫浏见到他说：“不必苛求，可以从大的方面，谈自己的论点，不要直接批判和否定别人，那样显得小家子气。”这番话反映了杨荫浏做学问与做人的态度。他提醒郭乃安：“你是中国音乐研究所的专家，看的资料比别人多。人家不如你，所以尽量宽容别人的小错误。”他的批评不是出于本单位的人对于外单位的人的评论，而是出于前辈对于后辈的评论。

郭先生讲的这番话，让我无比震动，从此以后，再不敢妄议他人。我们在某个领域的一点发现，算不了什么，都是建立在前人基础上，所以切不要妄议前人，更不能在巨匠面前舞大刀。

第二件事，也发生在写博士论文期间。当时我对文献的重视程度不够，抄录时没有一一核对原文。郭乃安不放心，有一天，亲自跑到图书馆来翻查文献。我在图书馆看到郭乃安坐在那里专门为我翻查典籍，不禁吓了一大跳。于是，老老实实，把所有引录原文，一一核对。果然发现因版本不同而出现的多处错误。这事让我懂得，古籍版本，差异很大，必须找到最好版本，心里才有底。郭乃安很少夸人，却在文章中肯定了我的博士论文，这使我感到踏实。

第三件事，1988年硕士研究生毕业时，学生们在音乐研究所二楼会议室（204室）悬挂答辩时用的是红条幅。我们那届学生，有正式录取的研究生，还有同等学力的研究生，景蔚岗、何建军、杨宪明，属于后者。因为一起答辩，就想把两种条幅，并为一种。郭乃安看到后发了火，说我们做事不认真："一是一，二是二，不能混淆"。过了许多年，他一直没忘这件事。1995年，我们到曲阜旅游，他竟然对我解释道："当时不该发火呀！我认识缪天瑞五十多年，从没见过他老人家发火。只有一次，因为刚从天津调到北京，人已经到了中国音乐研究所，还没有安排房子，没地方住了，他才发过一次火。他一辈子从没有对学生发过火。"

那是郭先生唯一一次发火，也是唯一一次在音乐学系主任期间没有与我们交流而表达的不满。看得出，他为当众发火，十分歉疚，一直想找机会向我们表达。不了解他的人，难以理解他为什么过了十年还向我解释这件事，因为这违背了他一贯的为人处世原则。这一点也是与前面提到的他宽容别人的态度一致。

我们常常私下议论。缪天瑞一代人，几乎没发过火。郭乃安、黄翔鹏，也几乎没发过火。到了我们这一代，怎么就控制不住到了常发火的程度。教养之浅，以此而分。控制不住自己，不论什么场合，火气冲天，不但口不择言，而且故意伤人，有些人甚至把其称为"学术严谨"。这就是人们常说的"一代不如一代"。我们与前辈之间的修养差异，就在这些小事上。善良是装不出来的，那是一种伟大的天性和教养。高尚品行，难以假装。这使我想起余秋雨引述王元化对妻子张可的评价：

> 心里似乎不懂得恨。我没有一次看见过她以疾言厉色的态度对人，也没有一次看见过她用强烈的字眼说话。总是那样温良、谦和、宽厚……她无法依靠思想或意志的力量来强制自然迸发的感情，只有听凭仁慈天性的引导，才能臻于这种超凡绝尘之境。[①]

人的最终评价，还在于做人。学问极境，内心平简。伟大人格，就是至善。郭乃安是达

① 余秋雨：《门孔》，湖南文艺出版社，2017年，第94页。

到超凡绝尘的人，虽然有些事看不惯，难免一时表现出来，但马上以自己的老师为榜样，深自检束。事过十年，念念不忘，终于找到机会，向我表达。此时此刻，我才感到老师的伟大与高尚！“诿败推过，归咎万物，常执其功而隐其丧……谬之甚矣！……行失而名扬”[①]。学生从老师身上学到的就是这些平平常常谈天说地中流露的质地。最好的老师，不在课堂，在生活里。“一粒粟中藏世界，半升铛里煮山川。”[②]

此事在我心中时时泛起自问，挥之不去。我们这代人与上一代人的距离到底在哪里？我们所受的教育与上代人所受的教育的区别到底在哪里？“他们身上的那种最珍贵的精神基因能否跨越‘革命教育’造成的间隔，隔代相传与后人对接”？在学术视野上，我们在某些方面可以超越前人，甚至也能写出一点超越前人的文章，但在自制能力以及由此体现的修为器量上，真的能超越前人吗？时时失控苛刻他人遇事不能宽容，这个差别，怕是教育短缺造成的难以弥补的地方。我常对自己说，忍不住时，想想缪天瑞、郭乃安、黄翔鹏慈祥的样子。那是修养，是内涵。

结语：中流砥柱

郭先生到了70多岁还黑发如漆，他开玩笑说:“这是不白之冤。”晚年他依然笔耕不辍，岁有增益。学生问郭乃安为什么做学问？他答道：曹雪芹写《红楼梦》是为了“寂寥时，试遣愚衷”。写作的快乐与思考的快乐，与畅销和获奖，没什么关系，“试遣愚衷”而已。这是桑榆景迫才有的宽弛心态。

2008年，中国艺术研究院研究生院音乐系研究生吴璨的硕士论文以郭乃安为研究对象，做过梳理。郭先生自己为其所在单位“人事处”撰写的《郭乃安传略》也简略梳理了一生。晚生不才，无能对其深描细画，只能就自己的接触，写下这些跳跃式的追忆和述评。追电之驹，不免忆起与老师相处的点点滴滴，回忆起来，常觉温暖。那是一生中不多的最令人珍视的心屋暖火。

身居高位且雄文千卷者，常受惠于社会职位带来的独特慧目。文章落笔势高，行文雍容大气。这是职务赋予的器量。郭乃安一生经历了国家需要学者型领导、解决文化建设和学术变革遇到的大至教科书编修，小至词目编撰等各类烦杂事项的时代，亲身参与了20世纪50年代以来各类重大社会活动并于现场感受到大浪袭身的热烈激情和彻骨冰冷。在其位，谋其政，其位其政，迫使他参与各类事项并因之而感受到不参与其中便难以感受的复杂情势。行政职位，学术职位，主编岗位，列置要津，让他骑驰东西，车骛南北，交际时贤，启悟遂多。这些机遇，激发了他的学术敏锐，因而思虑当时，愤激思奋，行之翰墨，著文彰志，而且绝不以业划界，笔不旁涉。他一生不改志，投身学术，其生命因之而永存。

---

① ［宋］司马光等:《资治通鉴》（六），中华书局，1987年，第2402页。

② 夏咸淳辑校:《张岱诗文集》，上海古籍出版社，2014年，第11页。

在音乐学的精神谱系中，杨荫浏一代学人得天独厚，获得了传统音乐教育。郭乃安一辈人则是第一代音乐学人于民国教育环境中培养出来的，也许是尚能保存早年所受传统音乐熏陶与民国人文底色的唯一一代人，他的谢世几乎可以说是那一代音乐学家的终结。郭乃安、黄翔鹏，与杨荫浏、曹安和一脉相承，形成两代人难分彼此的整体，做事的方式以及体现的气质乃至平日的话语，都“表现出做领袖的冷静，同时也表现出疆场上磨炼出来的深刻的怜悯”。[①] 毋庸置疑，两代人凑在一起，就是中国艺术研究院音乐研究所学术高峰之所以形成的原因。那个层峦叠翠的“曾在”，永远与他们的名字连在一起。

原载《交响》2018 年第 3 期

① 〔法〕巴尔扎克:《贝姨》，人民文学出版社，1979 年，第 530 页。

怀念郭乃安先生

吴璨[①]

广州的二月是清冷的，慵懒之际，惊闻郭乃安先生去世了。自从先生八年前随儿子远赴美国，其间，我因要请教硕士学位论文的相关问题，与先生邮件来往过几次，此后，便失去了联系。我一直知道先生的身体不好，也了解先生已入耄耋之年，离开中国可能很难再回来……但他去世的消息依旧让我难以接受。虽然已经八年未见到郭先生，但先生的音容笑貌却时常在我脑海中浮现，久久未能离去。

对我来说，先生是"师爷"级的。我在中国艺术研究院音乐研究所读硕士时，先生已经退休多年，即便如此，同学之间提到先生名字时，仍然如雷贯耳。我与先生的缘分始于我的硕士学位论文。论文开题之际，我因为选题问题走进了死胡同，开题不太顺利。很快，艺术研究院元旦晚会时，张振涛老师见到我，问我是否愿意把之前的选题换掉，改写郭乃安先生。当时，我年轻气盛，也没考虑是否有些不自量力，便不假思索地同意了。也是因为这样的决定，我有幸认识了郭乃安先生，即便他当时已是将近九旬的老人，先生的魅力、睿智的思维和温文尔雅的气质，特别是先生一生对音乐的热爱，深深感染了我。

先生对我这样的后学、晚辈没有一点居高临下的感觉，在最后几次的请教中，我也没有觉得有丝毫麻烦。即使后来先生远在美国，由于年岁已高，耳朵已经有些听不见了，我们没有办法用电话沟通，先生依旧通过口述，让他的儿子通过发邮件的方式回答我提出的问题，并抱着学术交流的态度与我十分认真地沟通和探讨。先生治学态度的严谨、平易近人的态度、博大的胸襟，无形中影响了我后来对音乐学习的态度和对自己人生价值的定位。时至今日，与先生接触的点点滴滴仍历历在目。

① 吴璨，女，1983 年生，博士，华南师范大学音乐学院讲师。2008 年毕业于中国艺术研究院。

郭乃安先生是20世纪20年代生于贵阳。父亲是邮局职员，后任遵义邮政局局长、贵州盘县教育局局长，母亲精通诗文雅句。在家庭环境的熏陶下，幼年的先生常与诗词格律相伴。先生年近九旬时讲述到儿时的经历，还饶有兴趣地吟诵了五言诗《松下问童子》。虽然先生后来成为音乐学家，但对诗词的爱好始终不渝，深厚的文学功底使他在自己的音乐生涯中获益良多。

在从贵阳正谊小学到贵州师范学校十几年的读书生涯中，青少年时期的郭乃安始终深深热爱音乐。无论是第一次无意间接触到黎锦晖编写的歌曲《梅花三弄》，并自学简谱直到熟练掌握，还是主动拜访乡下驼背老人学习花灯调；无论是抗战前夕便已阅读了大量丰子恺音乐论文，还是自学口琴并组织同学一起排练大量京戏等，并积极参加到抗日救亡活动中……郭先生投身音乐事业看似事出偶然，却又反映出当时音乐研究工作者面临的历史命运的时代必然性。

郭乃安十九岁从盘县师范学校毕业，随后便被同学邀请到盘县比较好的乡里一所六年制小学教书。当时教师人数有限，郭乃安在那里几乎承担了学校的全部课目，其中也包括三至六年级的音乐课。这恰好给予了他展现音乐才华的平台。那时，他带着班里的同学排演了许多经典的合唱曲目，比如张曙作曲的《还我河山》等。

同年冬日，恰逢教育部第三戏剧教育队到盘县巡回演出，并正好住在郭乃安任教的学校里。那一段时间，戏剧教育队组织了多种类型的演出和比赛，郭乃安给学生排练的曲目，在戏剧教育队举行的中小学生歌咏比赛中得了第一名。这给当时的戏剧教育队的负责人留下了深刻的印象。

经过一段时间的相处，戏剧教育队的队员们发现郭乃安虽然很年轻，却很好学，在一次与戏剧教育队队员的闲聊中，郭乃安很随意的一句“我跟你们去吧”，得到了大家肯定的答复。于是，二十岁的郭乃安便加入教育部第三戏剧教育队，成为当时队里唯一非别人介绍而是自己主动加入的一员。

郭乃安的文笔从小就很好，在戏剧教育队这样的大的文艺氛围中和锻炼下，又精进了许多，为他后来在重庆国立音乐院期间编辑出版《山歌壁报》《山歌副刊》《中国民歌》《歌曲月刊》等刊物及撰写学术性文章打下了坚实的基础。

在教育部第三戏剧教育队时，因为他是地道的贵州盘县人，普通话基本不通，初进教育队的首要任务便是练习说普通话。还因此闹出不少笑话。回忆起这些往事时，先生还特别开心，好似老顽童。他说贵州那里的人说话时许多音并不像普通话里那样区分，就像广告中常播的“脑白金”，在他的方言中就和“老北京”是同一个发音。他说自己后来学说普通话时，还自己琢磨出许多窍门。

先生风趣地说：“那个时候，赵元任不是编了一本叫《国语》的书吗？而我就可以写一本关于普通话的书，名字就叫《贵州人怎样学普通话》。”在戏剧教育队一年的日子里，郭先生有更多机会近距离接触音乐，而先生这一段学说普通话的经历无形中积累了有关“音韵学”知识。先生从此有了想学习专业音乐的想法。

1940 年，国立音乐院在重庆青木关正式成立并开始招生，郭乃安报考了重庆国立音乐院。但由于时间因素，未能按时参加考试。当时担任教务主任的应尚能还宽慰说：“已经过了时间，你只能等下一次了，再接再厉。”第二年，郭乃安如愿进入重庆国立音乐院学习。可当时正处在抗日战争时期，他与家人中断了联系，经济窘迫，他的衣着一直是很讲究的，可那衣服却破了好几个洞，唯一的鞋子也张着大口子。为了能够更好地继续学习音乐，只能先挣得口粮和学费。

于是，郭乃安利用一年的时间在重庆川康兴业公司做办事员，用挣来的钱买了一些音乐书籍，还给自己买了新的鞋子和衣服。就这样，郭乃安入校后便顺利进入作曲组学习，并在五年的学习生涯中与同学一起为中国民族音乐发展而勤奋努力。

那时，郭先生正值青年，在当时中国社会动荡不安的时局下，广大爱国师生都想为国家做些什么，学生自发的社团组织“山歌社”应运而生。在校的五年里，郭乃安在“山歌社”扮演着十分重要的角色“山歌社”的前身“级会”成立后，郭乃安与谢功成、伍雍谊、孟文涛、王震亚、严良堃等成员一同自筹经费、自行刻印，出版了油印的《中国民歌》第一辑，共一百二十四首，并由郭乃安执笔、代表本年级作曲组同学写了序言。

序言提出了研究民歌的两个目的：一是改造民歌。民歌的作者缺乏技巧的训练，有的不免粗糙，有的不免流于低级趣味，这本歌集期望将民歌加一番洗练，使人民从自身的艺术上提高起来；二是民歌的研究着手而创造出民族的音乐。这本歌集希冀创造真正反映人民生活的音乐，便去研究民歌的旋律、节奏和调式的规律，并且从民歌中寻求一些可能的和声体系。

郭乃安还以“施盈”等笔名在《山歌》等刊物中，发表了《从民歌中看社会》《从“五四”看民歌》《民歌与方音》等数篇文章。1946 年，重庆国立音乐院迁往南京之际，由 1947 级作曲班同学发起，并邀请各年级的几十位同学，组建了“山歌社”。在作曲组同学中间，郭乃安较多地关注着民族音乐发展的方向问题，并擅长写学术性、纲领性的文章，受到大家的敬重。因此，大家一致推选郭乃安为“山歌社”理事长，这反映了他当时在“山歌社”中发挥的组织和领导作用。

“山歌社”成员在国立音乐院迁至南京后，从几次民歌演唱会的曲目中，选出 21 首编成了《中国民歌选》，并用带伴奏的五线谱刻印出版、内部发行。1948 年，由郭乃安在上海重新编辑精选出 14 首，请江定仙先生校订作序，由“中华乐学社”正式出版，公开发行。1983 年，该书由中国文联出版公司重印出版，郭乃安加写了《后记》。这是中国第一本带钢琴伴奏的民歌集。回顾“山歌社”对民族音乐发展的影响，意义重大，不仅为民族音乐理论研究奠定了初步的基础；促进了民族音乐走进课堂，成为音乐教育的重要组成部分；还发掘了许多脍炙人口的民歌。

1947 年，白色恐怖重新笼罩着中国大地，这时，听说国民党政府已在上海抓人，当时，包括郭先生的几位“山歌社”骨干成员也被列入“黑名单”，并要逮捕他们。紧急情形下，郭乃安、谢功成、王震亚、孟文涛、严良堃等人问江定仙，是否还开毕业音乐会，江先生十分坚定地表示一定要开。于是，郭乃安等人就设计了一场戏，他们在演出前已买好离开南京的票，在举行完两场“理论作曲组 1947 级毕业曲作演奏会”后，又特意开了一个联欢会，并趁场面比较热闹的情况下乘机离开。那次演奏会上，江定仙先生亲自为郭乃安的小提琴独奏曲《回旋曲》弹钢琴伴奏，上海交响乐团首席阿德拉担任小提琴独奏，毕业音乐会非常成功。

新中国成立后，经马可推荐，中共中央组织部下令将郭先生从上海电影厂调至文化部工作。郭先生先后担任文化部艺术局戏剧音乐处音乐科副科长、科长级秘书并兼任《歌曲》月刊编辑、音乐舞蹈处处长的工作。在文化部干部下乡劳动锻炼的那个非常时期，郭乃安被分到河北省丰润县劳动，当时没有条件看书，他积极配合中央安排的任务，种田、搞水泥工程、挖水塘、积肥等，同时还兼任丰润县某乡的乡村支部书记，在丰润县做了两件比较有意义的事情。

一是利用空余时间，在同事孙幼兰的帮助下，与他的会唱很多歌的盲艺人房东一起去采集民歌。后来，这些歌大部分被先生搜集到《七十老农张春山所传民歌卅首》中。先生还给这本民歌集写了后记，对张春山老人做了简单的介绍，并在最后一段写道：“这次抄印的多数只是一段词，而这些民歌又都是多段词的，少的是十来段，多的有八十段，抄下来很费时间，只选了两首抄下。可以看出，这些词也是非常好的文学作品。记谱方面都用 2/4 拍，为了省去划分小节的更多麻烦，有些还需仔细推敲的。总之，这只是一个工作的初步而已。”这 30 首歌中有 29 首曾被收录到其他歌集中，从未被收录到其他歌集中的《梁山伯与祝英台》，后被收入《河北民歌选》。

第二件有意义的事，是 1958 年国庆节，丰润县搞庆祝活动，小白花歌舞团到县里慰问演出。郭乃安在县里成立了艺术学校。在几个月的时间里，郭乃安帮助歌舞团的成员排演了许多节目，特别排练了一个合唱，与县里的艺校一同完成了这场演出。

郭乃安先生早期与音乐相关的经历，尤其是他对中国民族音乐敏锐的捕捉力和观察力，自然而然促成了先生在后来音乐道路上卓绝的艺术成就。正是因为儿时积累的文学底蕴，在民族音乐的发展史上，才能出现郭乃安论文集《音乐学，请把目光投向人》这样的涉及中国古代音乐史、近现代音乐史、中国传统音乐、音乐评论、音乐美学、宗教音乐乃至外国音乐诸领域的扛鼎之作。正是由于郭乃安少年时期就善于向民间艺人取经，时时保持着与传统音乐的亲近，才有了后来担任修订负责人的《民族音乐概论》问世。先生对民族音乐的发展影响是极其深远的！

郭乃安先生是音乐界知名的大家，对我辈而言，能够亲眼目睹先生的风采已是幸事，对我而言，又能够有幸在硕士期间对先生的学术成就进行研究，接受先生对我的教诲，这是多大的幸运！先生如今驾鹤西去，给我们留下的不仅仅是他一生的学术成就和睿智的学术观点，还有这些先生早期与音乐结缘的点点滴滴，这促使我们青年晚辈沿着大师的道路，认真而踏实地继续前行。

原载《中华文化画报》2016 年第 6 期

郭乃安先生追思会暨学术思想研讨会学者发言辑录

郭　威、王芳芳、许　馨、陈　猛　整理[①]

会议主办：中国艺术研究院音乐研究所、《中国音乐学》杂志社

会议时间：2016年10月14日

会议地点：北京市长白山国际大酒店

会议主持人：项　阳（中国艺术研究院音乐研究所）

与会学者：

高显莉（中国艺术研究院党委）　刘东升（中国艺术研究院音乐研究所）

乔建中（中国艺术研究院音乐研究所）　王宁一（中国艺术研究院音乐研究所）

王凤岐（中央音乐学院）　蔡良玉（中国艺术研究院音乐研究所）

缪　也（中国艺术研究院音乐研究所）　栾桂娟（中国艺术研究院音乐研究所）

于庆新（《人民音乐》编辑部）　汪申申（武汉音乐学院）

张振涛（中国艺术研究院音乐研究所）　叶明春（西安音乐学院）

齐　易（河北大学）　李　玫（中国艺术研究院音乐研究所）

黄敬刚（中国艺术研究院音乐研究所）　张春香（中国艺术研究院音乐研究所）

刘晓辉（中国艺术研究院图书馆）　王清雷（中国艺术研究院音乐研究所）

林　晨（中国艺术研究院音乐研究所）　陈燕婷（中国艺术研究院音乐研究所）

李宏锋（中国艺术研究院音乐研究所）　郭　威（中国艺术研究院音乐研究所）

陈　瑜（中国艺术研究院音乐研究所）　孙嘉艺（中国艺术研究院音乐研究所）

施　艺（中国艺术研究院音乐研究所）

① 郭威，男，1980年生，博士，2010年毕业于中国艺术研究院并留音乐研究所工作；2019年调入首都师范大学；曾任《中国音乐学》副主编。王芳芳，女，1991年生，中国艺术研究院研究生院2014级硕士。许馨，女，1992年生，中国艺术研究院研究生院2018级博士。陈猛，男，1994年生，中国艺术研究院研究生院2018级硕士。

项　阳：郭乃安先生去世一年了，今天我们组织了一个相对小范围的追思会，邀请了郭先生的好友、同事、学生，共同追思先生的生平事迹、学术工作，共同缅怀郭先生。

郭乃安先生的夫人今天在美国动手术，家人都在美国，因此不能到场。郭先生的女儿郭幼安女士昨天用微信发来一个代表家人的致辞，全文如下：

> 尊敬的院领导、所领导、各位来宾：
>
> 首先，请允许我代表我的全家感谢院领导、所领导，组织这次周年纪念会。感谢家父生前同事、学生、好友，从百忙之中抽出宝贵的时间前来参加座谈，追忆我的父亲。
>
> 去年10月7日上午10时，我父亲在美国加州安详离世，享年95岁。20世纪50年代末，父亲进入音研所从事音乐研究工作，至今已有半个多世纪。父亲与音研所的几代同仁，共同为中国音乐理论的学科建设与发展做出了不懈的努力。他的许多重要学术成果，大都出于这个时期。他参与、创建的学术期刊《中国音乐学》，倾注了他大量的心血。晚年，父亲虽离开北京，远赴他乡，但仍心系音研所，经常惦念与他共事多年的同事，关注晚辈的成长。直至去世前，他还叮嘱我们："大家现在工作都很忙，我的事不要去麻烦所里，麻烦大家。"
>
> 父亲一生为人低调，宽厚待人，特别是对晚辈更是关爱有加。只要是有利于他们学术事业发展的事，他多予以支持。每当看到哪位后生出版了什么大作，他总会显得十分高兴，有时还会夸上几句。很遗憾，我们几个子女，都未继承父业。但他老人家严谨的学风与高尚的人格，却深深地影响着我们，为我们留下了最为宝贵的遗产。
>
> 再次感谢音研所召集此次会议，让大家有机会相聚在一起，追忆父亲，展望未来。愿父亲毕生所热爱的音乐事业不断繁荣发展，谢谢大家！

下面，有请中国艺术研究院党委书记高显莉同志讲话。

高显莉：尊敬的各位老师，大家上午好，我今天很荣幸，音乐研究所的项阳所长邀请我参加咱们音研所的这个追思会。

今天，我们在这里召开"郭乃安先生追思会暨学术思想研讨会"，缅怀他为中国音乐事业做出的突出贡献，追思他的钻研精神和高尚品德，激励音研所乃至我院全体科研人员，为把我院建设成为国家级的艺术智库的目标而努力奋斗。在此，我代表中国艺术研究院，向郭乃安先生的亲属、同事和音乐界的同仁致以诚挚的问候。

郭乃安先生出生于1920年11月16日，贵州盘县人，中国共产党党员，是我国著名的音乐学家，中国音乐金钟奖"终身荣誉勋章"获得者，享受国务院政府特殊津贴专家。

郭先生自幼喜爱音乐，少年时代便投身音乐实践。1942 年，郭乃安考入重庆青木关“国立音乐院”，师从江定仙等学习音乐理论与作曲，并从杨荫浏先生学习传统音乐。其间，郭先生发起成立“山歌社”并任社长，成为我国近现代史上专业音乐院校系统整理研究民歌的开端。1947 年毕业后，郭乃安曾任上海《时代日报・新音乐》编辑，主持中华音乐学校教务工作；新中国成立后，先后在上海总工会文工团、文化部艺术局等处，从事文化艺术管理工作。

1959 年，郭乃安先生调入音乐研究所，曾担任我院音乐研究所副所长，担任研究生部音乐学系主任、博士研究生导师，以及中国音协理事、理论委员会副主任等职。郭先生涉猎广博，在学术研究、基础理论著作编纂、研究生教育、学术刊物创办等方面，做了大量奠基性工作。作为音乐研究所早期负责人之一，他与杨荫浏、李元庆等诸位先生一起，为音乐研究所的发展壮大做出了重要贡献。

郭乃安先生创造性地提出“音乐学，请把目光投向人”，极大地拓宽了音乐学的研究视野，成为音乐学界的重要指导理念之一。先生于 20 世纪 60 年代主持编纂《民族音乐概论》，80 年代以来又主持编纂《中国音乐词典》和《中国音乐词典续编》等大批学术奠基著作，成为 20 世纪中国音乐学术史上划时代意义的大事。先生是国务院批准的首批硕士、博士研究生导师之一，培养出大批优秀音乐学术人才。先生也非常注重学术平台对研究的推动作用，于 20 世纪 80 年代主持创办《中国音乐学》，长期担任刊物主编及名誉主编职务，使之成为音乐学界公认和首推的重要学刊。

去年 10 月 7 日，郭乃安先生不幸病逝，音乐学界纷纷表达哀思。此次音乐研究所召开“郭乃安先生追思会暨学术思想研讨会”，学界同仁齐聚一堂，深切缅怀郭先生对我国音乐事业的突出贡献。只有深入研讨郭先生的学术思想，弘扬以郭乃安等先生为代表的音乐研究所老一辈学者的学术传统，我们的音乐学术事业才能不断获得“源头活水”的滋养，在未来收获更多令人欣喜的成果。

预祝此次研讨会圆满成功！谢谢大家！

项　阳：下面有请乔建中先生发言。

乔建中：感谢所里邀请我回来参加这个重要的活动，这也是我自己特别想来参加的一个活动。刚才高显莉书记对郭先生的生平做了介绍，年轻的同志可能也是第一次听到。回忆起来，我到音乐研究所读书、工作之前，与郭先生有两次相遇。

第一次是在 1965 年 11 月，当时我在中国音乐学院音乐理论系学习，我们当时都算高班，即四年级、五年级。冯文慈老师带着我们十多个同学到“十间房”——音研所最早的地址，做毕业论文。当时叫毕业设计，不叫毕业论文。去了以后，第一次见到了李元庆老师、杨荫浏老师，还有郭乃安老师。郭先生介绍了音乐研究所（乔按：自 1964 年 9 月中国音乐学院成立起，文化部将音乐研究所归属于中国音乐学院）的情况。

第二次是在 1979 年，中国艺术研究院第一次招收研究生。当时一共三位导师，音乐理论吕骥老师、音乐史杨荫浏老师、民族音乐郭乃安老师。最后有我、伍国栋、何昌林三位录于郭先生名下。

入学以后，当时吕骥先生还是中国音协的主席，他没有时间来指导。音乐理论当时招进六位，所以就把很多理论学生，像王宁一、梁永生他们分到郭先生的名下。我由简其华老师指导，伍国栋由何芸老师指导，何昌林由乔东君老师指导。但是，作为招收进来的学生，以及后来我们作为学生听郭老师的课，还有《中国音乐学》编辑部的成立与办刊的这些活动，我跟郭先生有许许多多的接触。特别是我们那时候是邻居，他们住在 14 号楼，我们住在 17 号楼，与郭先生、黄先生隔三差五都会见面，包括跟郭师母也是经常在一起。郭先生 1949 年以后在文化部，从 1959 年开始在我们音乐研究所工作，2007 年离开大陆到美国，其间将近 50 年在音研所，可谓殚精竭虑，做了很多重要的工作。

50 年间，我觉得郭先生有这么几个方面的贡献：

第一个是《民族音乐概论》。1964 年的民族音乐概论班，全国各地共 60 个人，我们研究所大概是 21 个人，全国各地的民族音乐的老师是 39 位。整整 60 位老师，用两年的时间，在我们音乐研究所编撰《民族音乐概论》。先编出十本分类资料，这十本资料是内部的，但又是铅印的，有中国民歌、城市歌曲、古代歌曲、戏曲音乐、曲艺音乐、歌舞音乐、民族器乐、现代音乐家论民族音乐等。有了这些资料作基础以后，再编出了《民族音乐概论》。《民族音乐概论》这本书属于音乐院校专业教材，以民族音乐“五大类”编撰，它是在杨荫浏、李元庆老师主持下完成，然后又专门请马可等更有经验和权威的前辈进行审读、修改，最后，整个文字工作再由郭乃安先生统修或称主修，所以，郭先生是最后的完稿人。但是这本书版权页上并没有留下任何人的名字，这是那个年代的普遍做法。

我自己一向认为，《民族音乐概论》本身就是 20 世纪中国传统音乐教材的一个开端，是一个里程碑式的著作。后来 20 世纪 80 年代各种各样版本的《中国传统音乐概论》《民族民间音乐概论》，都是参照这个为母本。它是真正的我们中国民族音乐体系的一个理论上的总结。这本书非常重要，主笔就是郭先生。这是郭先生对我们这个所也好，对整个音乐界的理论建设也好，做出的第一个贡献。

第二个就是《中国音乐词典》的“正编”与“续编”。那个时候，全国大概有两百位作者参与词典的编撰。最近这本书修订版快要完成了，我最近跟修订版主持崔宪老师联系比较多，我也帮他的忙。因为台湾、香港的条目资料信息太陈旧。我于是跟香港、台湾的很多学者恢复了联系，就把此前的条目做了一些修改。这本《中国音乐词典》，刚才高书记已经说过了，是中国音乐的一个重要典籍，是作为整个中国音乐知识的一个词典化的工作，郭先生是三位主编之一，同样是对研究所的学术建设，对整个中国音乐理论建设的一个重大贡献。

接下来就是 1985 年 7、8 月份，正式成立“《中国音乐学》编辑部”。这个编辑部，最早我和王宁一在筹备的时候是编委。但是，黄先生任所长以后规定，所有参与行政领导的一律不进编委会，我们就都下来了。我觉得这是一个好风尚，这个好风尚同样是郭先生、黄先生开创的。你们现在可以看到，全国所有的学刊，比如各大音乐学院的院刊，主编一定是院长。但是，我们的《中国音乐学》却相对独立，黄先生、郭先生开创了这么一个先例，这不是做样子给别人的。

实际上，因为当时黄先生上任以后，研究所作为一个改革试点，那个时候实在太忙了。黄先生住到西二楼，天天开会。萧兴华、黄先生、王宁一三位老师都抽烟，且抽得非常厉害，我不抽烟，被动吸烟将近三年。这种情况下，把《中国音乐学》给一个相对独立的编辑部，我们不是做样子。事实证明，后来由郭先生独立主持音乐学编辑部，才会有后来《中国音乐学》十年、二十年、三十年持续一贯的这样一种在音乐学界的声誉。

回过来讲，郭先生是整个编辑部的灵魂。没有郭先生，《中国音乐学》办刊也许会是另外的一个面貌。因为有了郭先生，他坚持绝对的“三审制”，一审、二审、三审。编委一审，两位副主编二审，他最后三审，所有的文章他都看。他的那种鉴别力，他的眼光，不是一般人能有的。你们可以看一下，我可以保证，在他主编的将近二十年内，到了 2001 年，大概十六年，我们可以看一下《中国音乐学》的文章，没有一篇是没有质量的、没有影响的。

所以，我觉得郭先生在《中国音乐学》的编辑方面，主持整个编辑部工作制度方面，都很有成效。那时候音研所非常困难，全年的经费一共 42 万，还要发工资，还要办“三刊”——我们的“三刊”是《音乐学术信息》《中国音乐学》《中国音乐年鉴》，一个年刊、一个季刊、一个双月刊。这么多刊物，他们三个月开一次编辑部会议，从来没有一次延误。鉴于对他们工作精神的尊敬，即使经费再困难，我都乐意支付每次选题会的简餐费用。

我觉得，有时在艰苦的环境下反倒会出很多成果。这是郭先生对音研所的建设和整个音乐界的理论建设方面的三个非常重要的贡献。

说到郭先生的研究，我觉得同样在 20 世纪 60 年代，应该是 50 年代末，他的第一篇论文影响很大，就是《试论民间曲调的可塑性》。这是对于整个民间歌曲里面非常普遍的，“一曲多用”这一现象，还有“可塑性”这样一个词，做了一个理论的归纳。这个理论归纳，高屋建瓴，深刻独到。因为民间歌曲里面的“一曲多用”，一般作为一种自然现象。但郭先生从创作方面、传承方面、历史方面等进行了多角度的“可塑性”的阐述，这是郭先生在民歌研究方面的一大贡献。

1979 年，郭先生写了一篇关于音乐美学的论文《一个有待开发的宝库——中国音乐美学遗产》。当时经过了“文化大革命”，郭先生首次在音乐美学方面提出这样一个非常有号召力、有见地、有历史文献依据的论述和论断，在当时真如空谷足音，发人深省。

第三篇文章，就是大家都听过的，刚才高显莉老师说的《音乐学，请把目光投向人》，这个影响就更大了，几乎成了我们现在很多很多论文中必引的一句音乐学箴言。我们音研所的三位巨人，杨荫浏先生写一部“有音乐的音乐史”，黄翔鹏先生“传统是一条河流”，郭先生的“音乐学，请把目光投向人”，它们不仅仅是一句口号，而是源于他们自己对整个中国音乐史、中国传统音乐所具有的非常深厚、有历史眼光的认识，一种高度的概括。无论在史学方面，或者在当代研究方面，都是有召唤性、深刻性的至理名言。今天的学科很多，无论是做传统音乐的研究，还是做音乐人类学、音乐民族学，还有我们项阳老师现在做的礼俗方面的考察，做什么都离不开人。我们当时都是亲历者，我们都听过郭先生的这次演讲，老先生不像有些人讲起来慷慨激昂，精彩纷呈，他是不紧不慢、娓娓道来，郭先生的“这一堂课”，变成了我们这一代人的一个难忘的学术记忆。

接下来我要说的，是我自己跟郭先生接触的一些事。郭先生 80 岁生日的时候，我们几个老学生，给他做了一个小小的庆寿活动，让人特别难忘。记得大师兄张静蔚还专门买了红围巾，那天郭先生、郭师母兴致很高，状态非常的好，一切如在眼前。

我要讲另外一件事是 1979 年入学以后（从 3 月 1 号开学），那时候研究所的老师都是专题研究性课程，没有系统的《中国音乐史》或是《民族音乐概论》这种课，都是专题讲座。当时，我把所有老师当时讲课都做了笔录——其中，有杨先生的五次“关于我如何做音乐学研究”，后来以题为“杨荫浏先生的音乐之路”发表在《中国音乐学》1999 年第 4 期。最近，为了参加这次追思会。我特地查了郭先生上课的笔录。他给我们讲过两次课。一次是《作为社会意识形态的音乐史》，讲了两节，一次是《明清音乐》，讲了三节，总共五节课。我记录下来的大概有 8000 字左右。当时，“作为社会意识形态的音乐史”这个角度，我自己觉得特别新颖。我把笔录已经预先寄给所里了，这里就不展开讲了。但是，这两讲里面，对我自己影响大的有这么几点。

第一点，郭先生从史学的角度讲道：“我们今天的板腔体的戏曲，源头应该在上下句的山歌里面去寻找。”这句话对我影响很大，因为在戏曲音乐学界，关于梆子腔的源流，专门开过好多次学术研讨会，可惜音乐界参加的很少，戏曲史界、文学界的多一点，我觉得始终不得要领。但是郭先生的一句“要在上下句里寻”（我们今天看到的所有的板腔体都是上下句），让我们茅塞顿开，让我们沿着这样的思路去探索“上下句的源头”。他自己就认为在上下句的民歌里面，特别是北方的几种山歌，如“信天游”“山曲”“爬山调”“花儿”等，它们上句下句、往复不断，给梆子声腔、皮黄腔提供了一个原始的结构基础，或者说是一种宝贵的思维框架。郭先生的这个论断，对我影响很大，我后来在讲课时也用很多民歌的例证申解他的这个看法。

至于我们的曲牌体，应该叫牌子曲。他认为，明清俗曲和南北曲完全是两个系统：南北曲是文人的东西，这个在元代以后变成长短句；明清俗曲的源头是民间小调。它们又成为戏曲、曲艺中“曲牌体”程式的源头。他对民间乐种的看法也很独到。比如说，他讲到“吹打乐”与“锣鼓乐”其实是完全不同的两个乐种，对此，我们今天也应该很好地去思考，为什么呢？郭先生讲：“‘十番锣鼓’属于锣鼓系统，‘十番鼓’是吹打乐系统。杨先生在 50 年代先出的苏南吹打，他认为是锣鼓乐；而杨先生 80 年代出的十番鼓，他认为那个是真正的吹打乐。”

当然还有很多，我这次就把这个笔记交给咱们会议，将来出书也是可以的。我自己写了 1500 字的按语，一共是 8000 多字。我觉得算是一份自己追随郭师学习、思考的一份“回课作业”，以及我作为晚辈的点滴感怀。谢谢！

项　阳：非常感谢乔老师这么重要的一个发言，这就是口述史的意义。他这是亲历的很多事情，说得很清楚。下面有请王宁一先生发言。

王宁一：（详见前文《怀念恩师郭乃安先生》，编者注）

项　阳：很感动！王先生讲得非常深刻，富含真情实感。咱们接下来还是以年龄为序，那就由东升老师来讲吧！

刘东升：我跟郭乃安先生在一起共事 50 多年了。最初我到音乐研究所来的时候，是 20 世纪的 60 年代初。那会儿我感觉就是，所里的活动郭先生他不怎么参加，因为他总是每天“开夜车”，他整理修订《民族音乐概论》。给我的印象，一个就是郭先生不大善于言谈，他不怎么爱多说话；另外一个，我总感觉，他跟同事之间比较淡淡的。另外，他好像总有一种疲惫之感，好像总是很疲劳的样子，为什么呢？他好像吃饭、睡觉都不大在意，他老考虑写东西，给人感觉挺疲劳。后来我们干校在一块劳动，劳动他也不跟大家在一起，团泊洼时期他去养鸭场养鸭子，但是他干什么事都是挺认真的。

我跟郭先生真正接触多的，是后来到了左家庄以后搞“音乐词典”。20 世纪 80 年代初，缪先生刚从天津来，当时组织班子搞“音乐词典”。缪先生非常谦虚，他刚到研究所。编写这本《中国音乐词典》，他总觉得，自己对中国音乐没有音乐研究所的同志那么熟悉。他很谦虚，班子成立的时候，本来考虑缪先生是主编，有一两位副主编。缪先生坚决不同意，缪先生有一句话说：“大家都是主编”。所以后来才有了那么一个结果，就是三位主编，下设分科主编，主编助理。主编都德高望重，学识渊博。

但是比较起来，对中国音乐，郭先生更全面。缪先生搞律学，他一直当领导、院长，对外国音乐更熟悉；吉联抗先生搞古代，别的好像不怎么太多介入。所以，大家有什么事情，还是更多地跟郭先生商量。而且，有什么事找缪先生，他也总是说：“这个事啊，跟郭乃安商量商量，听听老郭的意见。”他一般就这样。当然，大家还是互相很尊重的。

从我来说，商量的人最多的，还是跟凤岐，因为他当时一直常住所里。再有很多事情，还是跟郭先生商量。有些问题他当时跟你说这事怎么办；有好多事情，当时他不答复你，但是他不是不考虑，有时候三天五天，十天半个月，甚至于更长，他会主动找你，跟你商量这事如何处理。他是挺认真的。

有很多事情，郭先生很尊重缪先生。比如器乐分科，本来在人名上我还提出一些人来。我提过蓝玉崧，提过陈振铎，提过杨大钧。这个事缪先生不太同意。他好像对于演奏比较在意，对于长期在教学岗位的人，他不太在意。我说，蓝先生多才多艺、搞艺术史，书法也不错。他说，书法不错可以上书法家词典哪。这事我也跟郭先生商量，郭先生同意。后来缪先生也说，那还是听你们的吧，你们更熟悉。但是我想如果缪先生模棱两可，还可以商量。如果他明确不同意，那还是得尊重缪先生的意思，最终删去了这三位。

郭先生在整个《中国音乐词典》的编辑过程中，起的作用非常大。因为他搞过《民族音乐概论》，他对中国音乐的各个方面、各个学科，确实比联抗同志、比缪先生知道得更全面，我觉得他起了非常大的作用。这是我跟郭先生接触比较多的感受。

20 世纪 70 年代初编写《中国音乐简史》。前前后后搞了四五年，所内的同志都参加了，我、纯一先生、吴毓清、吴钊。外单位有夏野，他在研究所带着夫人住了四五年；还有周畅跟他夫人以及他的女儿，女儿就借读在左家庄小学，也在研究所住了四五年。后来还有徐士家、俞玉姿都参加过。还有冯文慈，冯先生每天来所里上班。前前后后这个简史有十几位成员参加工作。

组长是联抗同志，副组长是夏野。夏野先生非常实在。这个稿子前前后后也五易其稿，总是反复讨论。但是，干扰太多，阶级斗争、儒法斗争、评法批儒。郭先生不是每次开会都到，文艺组时不时地老找他写文章。黄翔鹏先生来得很晚，因为他“解放”得最晚，他基本上没怎么参加简史的写作。郭先生虽然不是自始至终地参加，可是他非常关注这件事。大家总有印象，“文化大革命”以后，黄翔鹏原来搞近现代，后来搞古代。实际上，郭先生当时也搞古代史，他说：“研究所应该搞一史一论。”《民族音乐概论》，他是下了很大功夫统修的。成为一个范本，教材，这是郭先生的一大功劳。

郭先生从干校回来以后，非常认真地在考虑搞一本音乐史。通史大家都在搞，戏曲研究院一直在抓“中国戏曲通史”，从 1957 年就开始搞。20 世纪 80 年代以后，出了一本上、中、下三卷的《中国戏曲通史》。可以说，搞了几十年，是张庚、郭汉城二位挂帅，用了全国的力量。从 1957 年开始，全国好多人到东四八条参与“戏曲通史”的写作。戏曲史也不简单，它是综合艺术，它涉及的面更多，搞戏曲音乐的力量并不弱。有何为、萧晴，还有后来到咱们音乐研究所来的施正镐、乔东君，还有马可。马可在调到中国音乐学院任院长之前，每天骑车到东四八条上班，是戏曲音乐研究室的室主任。当时参加《中国戏曲通史》写作的，外单位也有人，天津音乐学院有一位康少杰，他就参加这个工作。还有四川音乐学院的朱舟，又名朱泽民，是东四八条研究生班的毕业生，他在八条住了三年，我就是那时候认识他的。——就是说，他们搞戏曲音乐的力量也很强大，舞蹈所也在编“舞蹈通史”，它是每人一卷，一直编了几十年。王克芬一卷、董锡玖一卷、彭松一卷，刘恩伯一卷，最近两年，他们又编了十卷本的《中国舞蹈通史》，每人一卷，长期负责，光是图录就有两卷。

我们的左邻右舍都在搞通史，可能是因为杨先生的《中国古代音乐史稿》影响太大，结果咱们这么多年没搞通史。当年有黄先生一个思想的影响，黄翔鹏先生不大同意搞音乐通史，他认为没有条件，就是搞，也超不过杨先生的“史稿”。所以，他说咱们就搞专题，搞音乐考古，搞曲调考古，搞乐律学史。

但是我感觉，郭先生一直想搞一本音乐史，就是不搞通史，实际上，咱们投入的力量很大，全国各地的人都来，后来出不来，为什么？没人统修——夏野不统修，吉联抗不统修，冯文慈也不统修。唯一明确地说，咱们修改这个简史，把“评法批儒”删掉，正式出版，还是郭先生。

用什么事来证明郭先生是认真在思考这个事的呢？20世纪80年代初，《中国大百科全书·音乐卷》上马了，其中的《中国古代音乐》两位主编就是郭先生和黄先生。这个分支的综述条目，就叫《中国古代音乐》，它不叫“音乐史”。郭先生写了一个三万多字的综述，这就能看出来，郭先生是下了很大功夫的。可问题是，要从一个三万字的综述变成一个三四十万字的简史，并不那么简单。

这是郭先生的一个未了的心事。你叫它课题也好，学科也好，郭先生很关心“一史一论”，咱们音研所，比起戏研所、舞研所来，对于“一史”重视得不够。

《中国音乐学》创刊以后，郭先生更多的精力就放在期刊了，因为一个人的精力是有限的。我觉得郭先生在音研所的历史上贡献很大，而且涉及的面很广，考虑的很多。另外，郭先生很疲劳，他自己说“我写东西很费劲”。他写的文章不太多，不像有人一本一本地出书。为什么？郭先生说：“我写的东西，老得想。”这是他自己亲口说的。他说：“我非得把这一段文字想得都背下来了，才动笔。”我看郭先生写东西就是呕心沥血，非常累。这个习惯可能导致他很劳累，很辛苦。

郭先生对于咱们音乐研究所来说，是一位“旗帜性”的人物，中坚力量。郭先生去世，大家来追思纪念他。郭乃安先生是咱们音研所历史上的一个贡献很大的人。

项　阳：大家说的内容都非常好，我们应当整理出一个集子，对近现代音乐史、当代音乐史而言，都是珍贵的资料。接下来有请中央音乐学院的王凤岐教授发言。

王凤岐：追思郭乃安先生，我就讲一件事，那就是先生与《中国音乐词典》的故事。1978年我调入人民音乐出版社辞书编辑部（即第五编辑室，主任是《黄河大合唱》首演指挥邬析零同志）后，得知虽然早在1960年代初，中国音乐家协会、中国音乐研究所、中央音乐学院、音乐出版社（即现在的人民音乐出版社）等单位就着手进行音乐辞书的编纂工作，并早已纳入国家音乐出版社的出版计划，足见对音乐辞书建设早已有着深刻的认识——提升国民音乐素质。何士德同志曾在音乐出版社负责这件工作多年，并曾请专家学者制订过词目框架，翻译过大量的外国音乐词典中的释文，以及进行译名统一的工作等，可见付出了长期巨大的努力，但是都没有搞成。

1979年年底，全国政协礼堂开新年联欢会，我在休息室碰见郭乃安先生，聊到词典事宜时，我就跟先生建议，能不能仿效日本的《邦乐词典》，由音乐研究所一家专门编一部收录的全是中国音乐词语的词典，跟那两家脱钩，省得来回扯皮，什么也搞不出来。郭先生反问我：“王凤岐，你说的话算数吗？”我说没问题，此事我跟邬析零同志商量过了。他说：“你要是说话算数，能保证出版，我们就干！”这样，由郭乃安先生断然拍板口头定下这部书，数日之后双方签下了出版合同，这就是日后于1984年出版的《中国音乐词典》。

我出任了该书的责任编辑（刚开始时尚有王顺通同志）。这项工作是1979年决定的，1980年开始的。在这期间我几乎天天在音研所上班，那时候被周沉同志称之为“编审合一”。

在编纂过程中，正像刘东升先生说的那样，郭乃安先生全身心投入《中国音乐词典》的编纂工作中去，又因为跟吉联抗先生、缪天瑞先生相比，郭乃安年岁算是小的，所以，编辑部开会的时候，往往都是郭乃安先生主持。当时，缪先生大概有 70 岁了，刚从天津调到所里来。所以很多工作、决策，如词条确定、体例问题、人员调动问题等方面，都是郭乃安先生安排的。他不仅对该辞书的全局进行统筹兼顾，而且往往亲力亲为、审改稿件、核实资料、一丝不苟。在老一代学者的影响下，当时音乐研究所诸位老一辈的学者，各领域的权威，都积极主动地参与了编写工作并为其出谋划策，如乔东君先生、施正镐先生、章鸣先生（记得章鸣先生那时还编过一个《世界音乐大事年表》）、黄翔鹏先生等。

为了保证辞书的质量，李佺民同志特意给我写了条子，同意我自由出入资料室，自由借阅，得到文彦同志、李玖玲同志的大力支持（资料室的李文如先生还搜集了音乐家的各种笔名编为一册，我曾将其推荐给出版社，但未获同意）。同时，又动员了全国 200 多位专家学者一起进行编纂这部巨著，甚至某些地方的文化馆的同志也参与了，如刚刚出土不久的曾侯乙编钟的照片就是由当地文化馆免费提供的。面对这么庞大的编辑队伍，如何将其有效地组织起来呢？于是周沉、范慧琴同志她们想了个办法，即编辑油印了《〈中国音乐词典〉简报》，用以与全国撰稿人进行联系和通报《中国音乐词典》的进展情况，有力地推动了编辑队伍的建设。

现在有些书，署名的都是“大人物”，但是干活的时候人不知都跑到哪里去了。与此相比，这个班子是那样可爱，那样和谐，令人敬重，很让我无限怀念——主编真叫主编，分支主编真叫分支主编，编委真叫编委，那可不是不干活的。再有，那时用来做卡片的纸都是用白报纸（薄而泛黄）裁的，现在饭店菜单的纸都比这种纸强百倍，其艰苦可见一斑。

从 1980 年到 1982 年，郭乃安集全所之力，仅仅三年，书稿就交给了人民音乐出版社。出版社又搞了两年，于 1984 年分精、简本正式出版发行。是继《中国民歌》《民族音乐概论》之后的又一力作。在新时期伊始，即组织人力在原有的科研基础之上，以国家之力系统地整理有关中国 56 个民族五千余年所积累的音乐词汇，加以分类、甄别、指出其出处，并成功进行了科学诠释，不可不谓之为“创举”。此举不仅是音乐研究所重大科研成果之一，也是中国音乐走向世界，让世界了解中国音乐迈出了极其务实的一步（可惜尚未有英文版，有待翻译家去做）。关键之时的关键决断，开启了新中国音乐辞书建设的新篇章，先生一生之快事岂非此乎！

项　阳：越来越觉得编纪念集的重要性。现在大家手中拿到的关于郭先生的图册《先生的身影》，是由郭威、刘晓辉、张春香、陈瑜自发编辑的，向他们表示感谢！接下来，有请蔡良玉老师发言。

蔡良玉：我非常怀念郭先生。我的印象跟大家一样，郭先生很低调，但他对所有人都很诚恳，尤其对我们这些晚辈，非常关心。刚才刘东升老师和其他老师谈到的中国音乐史的问题，我想补充一点。

现在很多年轻人可能不知道，我们当时就是在这么一个状况下工作的。但是，另一方面，当时把全国著名的音乐史家，中、西方的都请来，也很不寻常。我们外史组就有从武汉、广州、西安等各地请来的老师。这些老师们太苦了，“文化大革命”期间不断地有运动，所以是不可能搞成功的。在这期间，这些老师们所下的功夫都很大，他们那么认真，因为好不容易能有这样的机会重新摸到专业，思考一些问题。我们作为刚毕业的学生，有机会跟全国最著名的老师们在一起，向他们学习，感到机会非常难得。这方面我专门写过回忆文章，这里就不多说了。我觉得，中国史也是这样的。在那样一种冷峻的、严酷的环境下，是很难搞出来的。

纪念郭先生，我跟大家有同感，我非常尊敬郭先生，所以一定要来参加。希望能够把我们大家对郭先生的这种感情转达给他的家属，问候他们，还有郭师母，希望她能早日康复！

项　阳：感谢蔡老师。下面，请缪也先生发言，大家欢迎！

缪　也：知道郭先生去世的消息比较晚，最近也才知道要开这个会。从接到通知开始，我就好像天天在跟郭先生见面一样。因为我 49 岁从中国音协调进中国艺术研究院音乐研究所《中国音乐学》编辑部，一直到退休，都在先生的直接领导下工作。

和郭先生接触的时间越长、接触越多的人，谈起先生就会有很多话想说。我今天听了一些过去的同事发言，觉得特别好，特别生动具体。我就不讲在编辑部那些具体事了，因为郭先生的人品、学品、文品，都体现在平时的工作中，可谓处处楷模。

有人说，郭先生讲话少，特别低调，而且总是显得有些疲惫的样子，确实如此。

记得先生那本文集《音乐学，请把目光投向人》的“后记”里面有这样一句话：“我是从一个偏僻的山村出来的贫苦孩子”，郭先生在家乡当过老师，因为对音乐的酷爱和抗日救国，而走上音乐的道路。先生长期艰苦自学，终于考进了在重庆青木关的国立音乐院，实现了他的人生梦想。

现在我谈谈郭先生是怎么对待“当代”和“争鸣”的。当前的电视剧编一些神剧，而且爱编一些古代的，好像越远就越好编，越好发挥。而真涉及当代，涉及反映我们现实各个方面的就十分薄弱，似乎这样更稳妥。

而郭先生不怕涉及当代，而且提倡并创设争鸣的条件。我国改革开放以后，中宣部主持编了一套涉及当代的丛书。《当代中国音乐》就是其中一部。郭先生担任这部文集的常务副主编。实际上，这本书就是中国当代音乐史。编“当代”，有很多的争鸣的问题，有很多很不好对待的问题。郭先生担负这样的工作，可想而知是多么艰难。我觉得郭先生的思想里有一点——不怕争鸣！现在我们对待“当代”，很多人说“百花齐放，百家争鸣”只是个理想。对这个说法，我总觉得有些回避现实。我认为，要达到高境界的那种“双百”是一个理想。但是，要推动时代前进，不争鸣不行，是应该充分争鸣的。

郭先生担负《当代中国音乐》常务副主编，可说压力相当大。这本书出来之后，果然是有争议的。比如音乐界有的领导，就公开发表文章，说这不是一部“信史”。文章我看了，实际上，他们说不是信史，只举出了那么一两个例子，一个是《半个月亮爬上来》的作者问题，还有一个其他的并不重要的问题。我觉得，以一两个问题为例就否定这部《当代中国音乐》，就说这么厚的一本书不是信史，是不能服众的。而郭先生作为《当代中国音乐》的常务副主编，功不可没，值得一提。

此外，我还想举个例子。《中国音乐学》曾经有一个栏目叫《争鸣论坛》，还有一个栏目叫《大学生研究生论稿》。设立这两个栏目都是郭先生提出来的，我觉着在当时意义非常重大。特别是《争鸣论坛》，我记得当时发表过一篇文章，好像作者是赵建伟吧。我们所里的人对他是知道的。当时很年轻，思想很活跃，也在我们音研所工作过一段时间。他这篇文章就涉及当代很多问题，郭先生认为可以发表。他说，我们既然叫《争鸣论坛》，并不是说这篇文章一定都是正确的，既然放在《争鸣论坛》，就一定会有争议。他说既然叫“争鸣”嘛，那就让大家先来“争”，这样才能推动“当代”。

这篇文章发出以后，我印象最深的是，我们所的老专家许健老师就大发雷霆，气得不得了，而且据说是大骂郭乃安。后来我才知道，郭先生与他是青木关的同班同学，几十年都相处得特别好。后来，编辑部派我去许健先生家了解情况，做工作。——当时播了一部电视剧叫《编辑部的故事》，那个故事里面就有一个主编，特别左右逢源，能够处理一些为难的事。当时大家开玩笑说我这个人某些方面颇像这个主编，所以他们都说我去找许先生，来做一些调和很合适。实际上，我跟许先生接触很少。没想到我到许先生家，从进门开始一直到出门，大概 40 多分钟吧，就一直在听他不停地骂。当时就感觉是我在受批判，简直是难堪至极。后来我一想，这个老先生真是太难得，那可是如鲠在喉。他说：“你们这个编辑部是干什么的，简直是胡闹，尤其是那个郭乃安。”说真的，当时我想我要向这个《编辑部的故事》的主编学习，他怎么样骂我，我都不急，就这么听着，多说一些安抚的话。回来以后，我就向郭先生如实汇报，不回避问题。但是，我当时特别细致观察郭先生的态度，郭先生听到骂他之后却十分平静地说：“他这么反应，那是正常的。”是的，因为他太了解许先生这个耿直的真人了。当时郭先生还说：“发表没有错，让他去说吧。”郭先生就是这么一位既平和又特别坚持原则的人。

郭先生晚期写文章不多，因为有严重的心脏病。郭先生曾说：“我发不白、牙不松、眼不花，就是里面看不到的不行了。”他夫人不让他写文章，怕他累着。但是，就像大家刚才说的，我觉得只需两三篇文章就能说明郭先生的价值。

郭乃安先生千古。

项　阳：感谢缪老师，下面有请栾桂娟老师！

栾桂娟：从我来了所里之后，开始对郭先生有所接触，就是从《中国音乐学》创刊以后，把我们各个研究室主任都作为编委来看稿子。那时候我觉得，郭先生看稿子很仔细，三审很严格。当时是冯洁轩当副主编兼编辑部主任，一开会大家都来，畅所欲言，包括定哪个题目，出哪个文章，非常民主。

另外，郭乃安先生给我印象最深的是，他这个主编不是挂名的。《中国音乐学》从编委到编辑部主任到主编，那是真干活儿的。像郭乃安先生，我们二审送上的每一篇稿子——学术性的稿子很累人，他逐字逐句地看。我觉得他是名副其实的主编。

他处理问题时，完全从原则出发，不讲私情。比如我们所里同事的稿子，郭先生有原则，不管是所外投来的稿子，还是所里人写的稿子，都一视同仁，不能用的就是不能用，他不怕得罪人。

我觉得，从大家讲的郭先生的这些事情来看，说他写的东西比较少。但是，王宁一讲的那三篇文章，将来要写学术史的话，恐怕是绕不过去的。当然还有一点应该看到，他是为了我们的重大项目做奉献。从20世纪50年代开始到20世纪80年代，郭先生一直都耕耘在对中国音乐研究事业这个土地上。对个人的东西，实际他是有所舍弃的，我觉得应该看到这一点。

今天搞这个追思会，我的感触非常深。我觉得从老一辈的大家们身上，值得我们后人学习的东西太多了。我也希望像刚才项阳说的，能够出一本书，给我们后人留下一笔财富。那样，我们还是做了一件有益于这个事业的好事情。

项　阳：感谢栾老师，下面有请于庆新先生发言。

于庆新：之前听项阳说准备组织这个活动，我主动说到时候别忘了叫我。我为什么想参加这个会呢？

第一，刚才很多人讲了很多具体的事情，我以前只是从他编的很多著作中，他的文章当中，了解和学习郭先生的学术思想；我在《人民音乐》编辑部工作时，或者在中国音协参加各种会议，见到过郭先生。我很敬仰郭先生。我是想借这个机会，表达我个人对郭先生的缅怀之情。

第二，出于学习。郭先生是一位学术大家、理论权威。关于他的追思会，一定会谈到很多，从他的学风、文风、人品各个方面，很多详细的东西，值得我学习。我觉得正如刚才栾桂娟所说，这个会没有白来，我听到了很多过去不了解的事情。

第三，我想说一些情况，表示一下遗憾。在2005年、2006年，我快退休的那个时候，我当时想，音乐研究所集中了我们国家在音乐理论方面这么多有成就的大家，可是音乐理论工作在整个音乐事业，特别是在媒体的关注中，应该说是完全不被重视的。媒体上关心的都是大明星、歌唱家、演奏家、指挥家，经常是舞台上的艺术家；对于作曲家——这些年因为对著作权的重视，宣传也比较多了。但是，真正在理论战线上默默无闻工作，而且又有这么多成就的这些理论方面的精英，我觉得作为一名《人民音乐》的工作者，我应该有责任进行宣传。

当时，我记得跟张玄提了四个人选：黄翔鹏、曹安和、郭乃安、李纯一。当时张玄很支持我的想法，我记得当时拟定了一些撰稿人。但是大家都很忙，学术、教学等各方面的事情，就不断地往后拖。拖了好多年，直到我退休，以及退休了以后开始返聘，再到后来不返聘的时候，我还惦记着这件事。

后来，我听说有一位崔宪的学生叫吴璨，她正在写关于郭乃安先生的论文，那时候郭先生已经去美国了。我一听，马上跟吴璨联系。她把稿子发来以后，我当时看了以后提了一些修改意见，作者也进行了修改。按照当时刊物的惯例，我们要批出一页或者一页半的介绍学者的学术成果，便于读者来研究它。我就提出这个要求，她当时表示有困难。这件事，确实有困难，因为郭先生人在国外，很难联系。这件事就这样没了音信。《中国音乐学》每一期都给我寄刊物。有一天，我看到吴璨写的纪念郭先生的那篇文章已经刊登了。我觉得特别遗憾，我说弄了半天，我们还是落了空了。但我还是觉得，最后能够有我说的那样一个表，可能对读者来说就更完满了。我觉得这件事很遗憾。

现在我作为《人民音乐》的编委，还经常参加活动，也经常给编辑部推荐稿子。但是，这些默默无闻的理论战线上的老专家、老学者，究竟在刊物上怎么安排，我也不好多过问了。所以，我在这表示一下遗憾的心情。

安波曾经在他写的长诗《雷锋颂》里有一句话："纪念死者为生者"，这句话我觉得说得特别好。所以我想说，刚才大家说了很多郭乃安先生在文风、人品等方面来说，他有踏踏实实做学术的这种精神。我觉得我们纪念的目的，除了告慰死者以外，应该把这种学风一代一代地传下去。当然，对比现代，我很怀念 20 世纪 80 年代，甚至更早的时候的那种踏踏实实的学风。我觉得应该通过这样的活动，在我们音乐理论界呼唤郭乃安先生这样的学风和精神，希望这种学风和精神，能够代代相传！

项　阳：下面有请武汉音乐学院的汪申申教授。

汪申申：我在郭先生的领导下工作了五年，这个会我应该来。我担任《中国音乐学》主编助理兼编辑部主任五年中，刊物发表过三篇非常长的文章，情况比较特殊。一篇是于润洋先生的《对一种社会学派音乐哲学的考察——阿多诺〈新音乐的哲学〉一书的解读和评论》，很长，分了两次发，每次都是两万多字，一共四五万字。这篇文章是关于阿多诺音乐美学在中国的研究，是一篇很重要的文章。当时，我曾经表示为难。我说："这么长怎么办？"郭先生说："就是因为太长，我们不给他发，谁还给他发呢？发吧。"还有两篇长的文章，一篇是罗艺峰的《口弦源流的历史语言学研究》，一篇是吴文光的《琴调系统及其音乐实证》。这两篇文章不仅长，而且有大量的、很难绘制的谱例、符号，这些当时都是我在电脑上一笔一笔地画的，尤其是罗艺峰的那篇关于口弦的文章，很多稀奇古怪的符号、图像，很难弄。我跟郭先生说，这个不好搞。郭先生说："有价值的文章，花点功夫还是要搞。"吴文光写的关于古琴的那篇文章，当时我根本看不懂。郭先生说，这篇文章很有价值。我硬着头皮分两期登了。就这三篇，于润洋先生的那篇我看得懂，但是很长。那两篇，我都看不大懂，但也都登出来了。这是一种情况。

还有一种情况就是，别的编委审稿已经通过了，我也觉得可以登。但是，郭先生说，不能登，这篇文章学风不正，这个人的学风不正。后来，这篇文章硬是没有登。凭道理说，关于审稿，当时，《中国音乐学》的审稿，一般是稿子来了，编辑部主任根据稿子所属的学科，请相关的编委审，如果编委觉得文章不值得一用，那就算了。如果编委觉得还可以用，或者编委的意见两可的，就请主编定夺。我将稿件汇总，交给郭先生，用还是不用，由郭先生提出意见。基本上只要编委同意用的，郭先生一般没有不同意的。少数的，像我刚才说的，编委同意用，我也觉得可用，郭先生不同意用的情况是很少见的。

郭先生对于用还是不用，他的态度方面是有区别的。如果郭先生的态度是“用吧”，那就是说可用可不用——如果稿子很多，不用最好；如果稿子不多，用了也不是不可以——这样的稿子也碰到过几篇。

只要决定要用的稿子，从郭先生那发回的审读稿子上面，几乎每一篇上都有郭先生修改的痕迹。郭先生从来不用红笔，他都是用铅笔。不管提意见也罢，改错字也罢，改句子也罢，他都是用铅笔。意思很明显，你觉得改的合适就用，不合适你就用橡皮把它擦掉。郭先生从来不强加于人，这方面非常值得我们学习。

在到《中国音乐学》之前，我在武汉音乐学院学报《黄钟》搞了七年，加上五年的《中国音乐学》，我搞了十二年的编辑工作，在音研所我还得评了副编审，原来是副教授，到这还专门弄了一个副编审的职称。所以我对编辑工作还是挺有感情的。郭先生是那么一个大专家，前面各位也讲了，因为搞《中国音乐学》《中国音乐词典》以及其他事务，他花费了大量精力，耽误了他自己写文章。我觉得确实是这样的。

《中国音乐学》是 144 页的篇幅，每一期实际到手审阅的稿件比这个要多。每一篇所有的文章从头到尾都看一遍，那么大年纪的人，要花多少精力。但是，郭先生从来都是非常认真的。从他那里拿回来的稿子，一看就是从头审读到尾的。不像有些主编，有些文章他有兴趣就看看，没兴趣就大概粗粗地看一下。郭先生不是，连文章中错别字，他都会改过来，光这个不知道花了多少功夫。这方面也耽误了他做自己的研究工作。

当时有很多稿件，我发现有些稿件，尤其是在音乐美学方面，经常碰到有一类稿件，你说它是音乐美学吧，它把“音乐”两个字换成“美术”两个字，这篇文章也能讲得通。这样的音乐美学文章，我们经常碰到。有一次我跟郭先生聊天时，我就半开玩笑地跟郭先生说：“郭先生，您写过一篇文章叫做《音乐学，请把目光投向人》，我要再写一篇文章，题目叫‘音乐学，请把目光也投向音乐’。”当时郭先生就笑笑，“嘿嘿、嘿嘿、嘿嘿嘿”，给了我七个“嘿”。显然，郭先生不同意我的这种说法。因为你叫“音乐学”，肯定是投向音乐的，不投向音乐叫什么音乐学，所以这话是废话。搞音乐学，研究音乐，不仅要研究音乐，还应该投向人，这才是应该强调的，郭先生就是这个意思。所以我这话，郭先生是不同意的。但是，郭先生没说“你这话是废话”，他不说，他就“嘿嘿、嘿嘿、嘿嘿嘿”完了。这是郭先生的一种宽容。

在郭先生的领导下工作非常愉快，他从来没有责备、训斥、批评。他的看法、想法，有时直接地说，有时会非常婉转，他的意图每次都能够让人非常明确地理解和比较好地接受。和他一同工作的这几年，非常值得回忆。我就说这些，谢谢大家！

项　阳：下面有请张振涛研究员发言。

张振涛：郭先生去世，我写这篇文章，是非常有感情的。我总结过我们所里的“两弹一星”。一个是杨荫浏的《中国古代音乐史稿》，一个是郭乃安主修的《民族音乐概论》，一个是缪天瑞等三位主编一块编辑的《中国音乐词典》。就是“一史、一论、一典”，把国家的权威话语体系基本梳理成序。

我们音乐研究所的最大贡献，拎出来大家公认的，而且持续这么多年立于不败之地的，就是这三大贡献。其中，郭乃安参与了两项大事。我听黄翔鹏先生，包括章鸣等几个老人跟我说，现在可以这么说，《民族音乐概论》基本就是郭乃安编写的。前期的工作很多人参加，但最终基本上是郭先生写的。那个时候的署名，都是共同署名。后来我曾给人民音乐出版社说过，能不能改一改。前面有“音乐研究所编”，有没有可能加一个“郭乃安统修”，或者改变一下的办法。但是，出版社方面觉得历史已经延续下来了，不太愿意改。

王凤岐：也不是不愿意改，是牵扯面太大。

张振涛：是的，主要是这原因。但是，我觉得，在这件事情上，我们不应该把郭先生的名字淹没在集体创作中。那个时候没办法，现在大家越来越讲究知识产权，我们应该给郭先生所做的工作给与肯定。

刚才王凤岐老师谈的这点很重要，真正拍板《中国音乐词典》编写的，还是郭先生。诸如此类的事情，我们都应该记载下来。刚才项阳提到能不能给郭乃安先生编个纪念集，我非常赞同。

我和刘东升老师一块编《李元庆纪念文集》的时候，刚开始的思路就是把纪念文章集在一起。但是，打印出来一看，太薄了，对不起李元庆先生。后来，我把李元庆先生撰写的所有文章全汇进去。当时我找了一个学生，硕士论文就写李元庆先生。我让她把李元庆文章全收集起来汇总进去。我现在觉得，那本书有一定的分量，咱们现在也可以这样做，把郭乃安先生的文章都汇到这一本，因为他没有写太多文章，要出一个全集很难。

我觉得我为郭乃安先生做的最重要的事情之一，就是我去香港之前，花了两个月的时间，把郭乃安先生的文章汇在一起，出了《音乐学，请把目光投向人》。作为郭先生的学生，我这是报师恩。我觉得这是我做的最对得起郭先生的一件事。当时，乔建中老师当所长。我跟乔老师说，得给点钱。乔老师说，杨荫浏基金会有钱，你编吧。我就把当时能找到的郭先生的文章都汇在那一本里面了。另外，我当时编的时候，他还有作品，他写了很多音乐的作品，我不知道现在还能不能找得着。早年他是学作曲出身，如果有这部分可能会更好。

所以，我觉得项阳这个提议挺好，咱们不妨给郭先生再编一本文集，他基本的东西都在这。刚才乔建中老师也谈到，郭先生的“音乐学，请把目光投向人”和黄翔鹏的“传统是一条河流”。我觉得这是音乐学的“双句教”，反映出音乐学群体与一般表达的同与不同之点，学者的学品以及他的凌云健笔。没有到达一个相当高的学术水准的话，是概括不出来。

项　阳：接下来请河北大学的齐易老师发言。

齐　易：我是看了张振涛老师那篇纪念郭先生的文章，才知道郭先生去年 10 月份过世了。郭乃安先生是音乐学术界德高望重的老前辈，也是一个对我这个晚辈有提携之恩的人。我是来自地方的学者，与郭先生的交集不多，但有一件事情让我终生难忘。

1994 年 9 月 24 日至 27 日，《中国音乐年鉴》第五届学术研讨会在河北省石家庄市召开，那次会议有郭乃安、乔建中、孙继南等许多著名学者参加，我也作为河北省地方的学者参加了这次会议。这次会议有一个关于中国音乐史的议题，我就带去了自己刚刚写成的一篇题为《陈鹤琴及其儿童音乐教育思想》的文章。尽管文章当时还有许多不足之处，但是当我发言之后，研究中国教育史的孙继南先生还是给了我很大的鼓励，他对这篇文章做出了较高的评价，认为以教育救国为志向的伟大的理想主义者陈鹤琴先生，他在音乐教育方面的诸多贡献，以前还没有人进行过认真总结。这篇文章较为全面地论述了陈鹤琴儿童音乐教育思想，及他在儿童音乐教育方面的一些做法，是对陈鹤琴先生在这方面贡献的一个总结，具有填补研究空白的意义。

郭乃安先生在会后主动找到我，深情地回忆起了 1949 年前他在上海麦伦中学任音乐教师时，与陈鹤琴先生交往的一些事情。他说那个时候陈鹤琴先生已经是非常有名的教育家了，但是他对刚刚参加工作的郭先生积极鼓励，并提出了改善学校音乐教育的一些建议。在私下他们也建立了良好的个人关系，并且他和陈鹤琴的几个子女都是朋友。他还提供了关于陈鹤琴先生的许多我不知道的情况，并且对我这篇文章怎么进一步修改，提了一些意见。最后有一句话，让我心里很受感动：“改完以后，把这个稿子给我，我在《中国音乐学》上发一下。”我只是一个名不见经传的后生晚辈，这篇文章能够让郭先生主动约稿，我觉得心里特别热乎。

他还说了一句话：“这些伟大的理想主义者，在音乐教育方面的贡献，包括陈鹤琴，还有陶行知，这些人在音乐教育方面的贡献，确实没有人认真地总结过，你如果有兴趣，希望多往这方面下些功夫。”受郭乃安先生的启发，我在这篇研究陈鹤琴先生的文章在《中国音乐学》1995 年第 2 期发表后，又积极地搜集另一位教育家陶行知先生在音乐教育方面贡献的相关资料，写出了《陶行知与他创办的育才学校音乐组》这篇文章，后来这篇文章也在《人民音乐》1997 年第 8 期上发表了。

一个人在成长的道路上，往往会受到许多前辈的提点和扶持，这样才能使想在这方面有所作为的人能够逐渐地有所进步。而曾经受惠于这种扶持和鼓励的后辈，对前辈的提携之恩应该永远铭记在心，并时刻以他们为榜样去做好自己的本职工作，去扶持后来者，这样持之以恒地薪火相传，我们的事业才能够发扬光大。以前我跟郭先生从来没有打过什么交道，但是老先生出于对晚辈的爱护，能够给我以实实在在的学术上的提点与帮助，鼓励和帮助我发表论文，这才有了我后来调入河北大学，在大学层次上更专心地进行学术研究，有了后续的一些研究成果。我的学术起点与郭老师对我的帮助与教诲是密切相关的，对此我将铭记终生。我在这里再次感谢郭先生对我的帮助，也非常感谢中国艺术研究院音乐研究所的《中国音乐学》杂志对我的帮助。

项　阳：接下来，有请西安音乐学院的叶明春教授发言。

叶明春：感谢项阳先生、音乐研究所对我的邀请。我知道这个会议比较晚，我是上周从乔老师那知道的，后来又问张振涛老师才了解具体的时间。我把我跟郭先生接触的一些心得和郭先生给我的启示，在这里跟大家做个汇报。

我读博士期间先是跟随蔡仲德先生。2004 年，蔡先生去世以后，我有两个月的导师“真空”。后来在时任中央音乐学院音乐学系美学教研室主任的李起敏老师的引荐下，找到当时的音研所所长张振涛老师。张老师随即跟郭乃安先生联系，我就转到了郭先生门下。我的毕业论文后半部分是在郭先生指导下完成的。我毕业以后，郭先生就去美国了。所以，我是他离开中国的最后一个学生。

我跟郭先生有将近一年的学习。整个过程，郭先生给我的启示非常多。他跟蔡先生有些相似的地方，比如：他提出“音乐学，请把目光投向人”，这跟蔡先生的人本主义有很多相通的地方，我能从两位先生的启示中找到共通的地方。

郭师母对我非常好。两个老人对我都非常好。有时候，我会在郭先生家里待一整天。我跟郭先生上完课就留在先生家里做饭。郭先生夫妇比较喜欢家乡的味道，所以我到郭先生家的时候经常拎着米线。我与郭先生算是半个老乡，他是贵州盘县人，我是云南镇雄人，我们两人的老家相距 314 公里。郭先生一直叫我“老乡”，到他那里，我们两个就说方言了，他说贵州话，我说云南话，方言接近。当时，我感觉郭先生特亲切，觉得很多年前就应该认识老先生一样。

有时，郭先生也跟我讲他从青木关上学之前以及他小时候的事情。小时候，他从盘县出来遇到日本飞机轰炸，看到一个十岁左右的孩子，父母被炸死。郭先生说：“你根本想象不到，‘哀莫大于心死’是什么样子，我真见过。”这件事对郭乃安先生的触动非常大。他个人成长经历比较艰难，走上学习音乐、研究音乐的道路，非常不容易。

郭先生对我的鼓励非常大。在论文的写作过程中他提醒我，美学研究要跟音乐史多联系，要关注音乐实践这个问题。郭先生整个眼界比我以前所接触的更宽。我的论文写作，是置于中国音乐文化发展的一个大背景，同时跟每一个历史时期的音乐实践联系，这个是蔡仲德先生也说过的。蔡先生走了之后，我的论文没人把关了，最后还是郭先生帮我把住这个关。郭先生对我的论文提意见时说得都比较婉转，甚至有时候很客气。我比较敏感，凡是先生提的意见和指出的错误，我都尽可能按照先生的意见进行修改。郭先生总是鼓励为主，在提交给中央音乐学院的导师意见中对我学习的评价很高。

最让我感动的是，当时郭先生做白内障手术，专门留了一只眼睛不做，给我看论文。他看文章非常费劲，离得很近，每一次阅读都要批写意见。他改过的论文，每一部分提的意见，我都留下来了，我觉得很珍贵。我在博士学位论文答辩期间精神比较紧张。郭先生对我非常关心，在那段时间里，他总是打电话问我情况，鼓励我。当时的答辩委员有中央音乐学院于润洋教授、张前教授、王次炤教授、李起敏教授，外请的有南京艺术学院茅原教授、中国社会科学院哲学研究所滕守尧研究员。后来答辩非常顺利地通过了。先生非常高兴。

遗憾的是，先生从大陆去美国以后，我就联系不上先生了。知道先生去世，也是很晚的事情。能够聆听先生的教诲，这是我个人的福分。我觉得自己非常幸运。我跟先生相处近一年，先生对我的影响非常大。所以，这个追思会，我无论如何得来，表达我对先生的缅怀之情。

听了刚才几位老师的描述，更加勾起了我的这种情感。我的同学们一直都在说，我那么年轻就能得到老先生的指导，我只能说我的运气比较好。我觉得，在这个浮躁的社会，能不能像郭先生那代人一样坐得下来，把“冷板凳坐穿”，把先生的治学为人的精神传下去，才是最重要的。

项　阳：下面请我们所的李玫研究员发言。

李　玫：我来到音研所的第一个任务是负责编辑部的工作，所以跟郭先生有一个很短暂的交往，这是我一生中的一个幸运。当时，郭先生在所里已经很少活动了，我赶上了他在所里活动的一个尾声。其中，有两件事情给我的印象非常深刻。

一件事情是我来所里工作之前，我有一篇《中立音源流之猜想》的文章。当时因为我的文章太长，版面安排特别麻烦，所以拖得比较久一直没发。后来，正好我来北京——我每回来都会到音研所坐坐，崔宪跟我说：“郭先生提了一点修改意见，你修改一下。通常编辑部看过的稿子，是不会给作者看的。但是因为情况特殊，你就拿去看一看。”就这样，我就看到了有郭先生批注过的我的稿子。我当时第一个感慨就是郭先生功力深厚。刚才前面几位前辈都提到了这一点。我的这篇文章，首要概念是叙述了乐句的结构，然后括号里面会标注一个绝对音高。有一个地方有一个笔误，就是把那个音名写错了，郭先生看了出来。前面几位老师都说郭先生看文章仔细，这种细小的错误，一般人是看不出来的。郭先生不但会注意到每一个细节，看得这么细，并且能够进入我文章的思路，看到我的错误。我当时就说，郭先生看稿子太厉害了。所以，他这个主编，不是虚的，是实的。我用我自己经历的事情来说明。

再一个就是在编辑部的时候，我有一篇《中立音赖以存在的民间乐器机制》，当时投给《中国音乐学》。有一天，冯洁轩老师给我打电话说：“李玫，你那篇文章，郭老师给你否了。”我听了挺沮丧，我说：“否了就否了吧，那就说明我写得不好啊。”结果他哈哈大笑说：“哈哈，你被我骗了！我骗你的。”他说，郭先生很少会这样表达，郭先生说“这篇文章写得太好了！”听到这个事情，我非常受鼓舞。我这样说并不是说因为郭先生表扬我了，我就很骄傲。而是我当时的感觉是，郭先生鼓励后生是不吝溢美之词的，他觉得好，他就会充分予以肯定，但又不会让晚辈因此而产生骄傲之情，而是受到鼓励。

刚才乔老师提到我们2000年给郭先生祝寿。因为生日的事情，我和冯老师几次跟郭先生接触。刚才前面几位音研所的前辈、长辈说到的一些郭先生人品的事情，在我那么短暂接触郭先生的时间里，我都有所经历。这说明郭先生这个优良的人品，是渗透在他日常生活的每一个瞬间的。

我是想用我自己经历过的事情，再次佐证郭先生深厚的学术功力和提携后学的学术公心。

项　阳：去年，我们开《中国音乐学》创刊30周年座谈会的时候，大家都还不知道郭先生去世。春节之前，我接到了范慧勤老师的电话。范老师跟我讲：“郭先生去世，你知道吗？”我说：“我不知道。”她说是去年10月份去世的。于是，我立即在所里的微信群发了消息，大家知道了，纷纷表达对郭先生的缅怀之情。之后，我征求了乔建中、刘东升等几位先生的意见，商定在今天为郭先生开一个追思会。

回想近三十年跟郭先生交往的往事，先生对我的许多关爱之举如影像一般浮现在眼前。我的感恩之心，难以言表。先生在我心里，既是尊敬的学者，又是儒者。他所具有的学术高度，如刚才大家所说，非一般人所能企及。他以独特的学术眼光，为学界引领道路。就像振涛说的，达不到相当的高度，是提不出那样学术理念的。

我了解先生比前面几位老师较晚。1986年，当时我在山东工作，在一次学术会议上，见到了当时郭先生带的两名研究生，一个是薛艺兵，一个是吴犇。他们对屈家营的报告，上半部分用的是传统音乐的方法，后半部分用的是民族音乐学的方法。我听了以后，心想：这是什么方法？觉得很新鲜，当时这是第一次。

第二次是在考研期间。1988年，我在研究生部见到了郭先生带的一个博士生杨晓鲁，再加上原来学习过《民族音乐概论》，从《中国音乐学》创刊之时我就订刊了，我知道郭先生是主编，因此当时对先生有了更多间接的了解。

1988年之后，我在厦门大学读研究生的时候，我向《中国音乐学》投稿《从筑到筝》，后来在1990年发表。这个期间，接到了《中国音乐年鉴》副主编韩锺恩的一个任务，到福建泉州对南音现状做相关调查。于是，就有了之后在1990年冬天应邀来音乐研究所参加召开的“中国音乐年鉴地方音乐专栏”的研讨会。与会期间，我将调查报告在会上宣读，当时郭乃安先生与黄翔鹏先生都在场，而且还为我们发了宣读论文的证书。

1991年开春，我在外面考察回到厦门大学。突然发现我的桌子上摆着一封信。打开一看，是郭乃安先生招博士的一个简章。当时，我很矛盾。因为在此之前，乔建中老师已经决定让我到音乐研究所工作。所以，我就写了一封信给郭先生，我说:“知道您招博士，我特别想考，但是我自己这段时间写论文写得正较劲，而且乔老师已经决定让我到音乐研究所工作，我去了以后再考。”没想到一个多礼拜，郭先生就回信了:“理解，那你就来了以后再考。”当我拿到第二封信的内容，跟第一封信的封面一比对，才知道第一封信就是郭先生亲自签发的。当时，我很难过，觉得辜负了郭先生的一番苦心。

来到音乐研究所工作以后，拜见郭先生，备考博士。不曾想，这时候中国艺术研究院研究生部开始有了收学费的规定，一年 8000 元。我那时候一个月工资才 200 元，就这样，我不得不再次放弃报考中国艺术研究院，失去了投师郭先生门下的机会。最后，我去了中央音乐学院随袁静芳先生攻读博士。后来，郭先生跟我开玩笑地说:“你根本不想跟我学。”虽然我知道先生是开玩笑，但听到先生这么说，我心里还是很难受。

1995 年，我随先生去河北固安参加首届鼓吹乐研讨会。这期间跟先生有多次长谈，深切感受到先生学术视野的开阔与敏锐。先生的“音乐学，请把目光投向人”的学术理念，是我一直追求的目标。在山西从事音乐文物考察的过程中，特别是与乐户后人的接触。我深感这个群体是中国音乐文化在相当长的历史阶段中的传承者和创承者，由是更多地将目光投向这个群体。应该说，能够在这个领域有所收获，与我的导师袁静芳先生教诲和坚持密不可分。同时，我对于郭先生的学术视野一直非常钦佩，先生的学术理念也成为我前进的路标。

直到 21 世纪初，每次去先生家拜访，向先生汇报学术收获，总是得到先生的热情鼓励。这些场景至今历历在目，特别是我的那篇文章《轮值轮训制——中国传统音乐主脉传承之所在》，当时投给《中国音乐学》。郭先生说:“你选的这个课题非常重要。”并与我讨论道:“乐户是有乐籍身份的，那先秦也有这么一个群体啊，那他们是什么？”我就跟先生解释，我说:“先秦有这个群体，但是要‘户籍田结’。也就是说，先秦还没有这么一个户籍制度。他们是这一类人，但是它不能叫‘乐户’。”郭先生当即说:“答辩通过！”郭先生对我这篇文章的肯定，让我备受鼓舞。

到音研所工作后，我多次去先生家中向先生请教，陪先生聊天。郭先生家里的电脑也是我夫人帮着给装的。先生晚年去美国，消息隔断，我们只能在心中默默地为先生祝福。我感恩来到音乐研究所，感恩这里的每一位先生以及学界师友的学术关爱，这成为我学术道路上有所积累的宝贵财富。能够做出点滴成绩，恰恰是有像郭乃安先生这样许多学者的指引路径。所以说，先生的关爱，也使我受益终生。

今天的研讨会，来了的都受教，特别是所里的年轻的研究人员，每个人都会受到教育，受到一个心灵上的震撼。刚才，大家说得都特别好，先生兢兢业业、踏踏实实地在想着做大事情，他自己的文章反而写得偏少，最后没有太多的著作，但他为音乐学界做了那么多重要的事情，没有一个高度，没有一个学术态度，是绝对做不成的。这就是郭乃安先生为代表的他们这一辈学者的高贵品质！

附录

郭乃安传略

吴　犇

郭乃安，音乐学家。原名郭鼐安，曾用笔名施盈、楚晖、戈楠、徐南平、小宣等，男，贵州盘县人。汉族。1920 年 11 月 16 日生于贵州贵阳。1926 年入贵阳私立正谊小学学习，两年后回盘县老家，继续读初小、高小，学习成绩优秀，同时喜爱音乐，常参加学校的歌唱及其他音乐活动，曾向当地民间艺人学习花灯、山歌等民间音乐。1933 年入盘县联中，1936 年毕业后考入贵州省立盘县师范，时值抗日救亡运动兴起，经常和学校的老师、同学一起开展抗日歌咏和戏剧宣传活动，同时广泛阅读各种音乐理论书籍，自学和声学和作曲法。1939 年师范毕业后，曾在盘县水塘小学六年级任教师兼教全校音乐课，所指导的学生合唱队在全县中小学生歌咏比赛中获一等奖。1940 年 1 月参加教育部第三巡回戏剧教育队，到云南、四川的城市和农村巡回演出，主要负责合唱的训练及指挥，并开始音乐创作，于同年 8 月首次发表作品《快乐之歌》（载《新音乐》2 卷 1、2 期）。1941 年秋，进重庆（青木关）国立音乐院，学理论作曲，师从陈田鹤（和声）、江定仙（和声、对位、曲式）、陈德义（赋格）、林声翕（配器）、吴伯超（指挥）、杨荫浏（昆曲、十番锣鼓）等；于 1947 年毕业于沃·弗兰克尔（Wolfgang Fraenkel）教授作曲班，毕业作品有小提琴与钢琴《回旋曲》、合唱曲《流浪汉之歌》（放平词）等，获好评。

在国立音乐院学习期间，曾参与《中国学生导报》等多种进步学生活动。1945 年初，与同班同学共同搜集中国民歌，编辑出版《中国民歌》第 1、2 集，并组织学校师生为民歌加工改编，开民歌演唱会和学术讨论会等多项活动，使一向被视为俗物的民歌开始登上了学院的“大雅之堂”，在校内外产生了强烈的影响。在这些活动的基础上，于 1946 年 1 月正式成立了有各专业同学参加的学生进步团体“山歌社”，被选为社长，并代表其参加学生联合会组织的活动。从此开始在报刊上发表音乐评论文章。

音乐院毕业之后由南京去上海，在麦伦中学任音乐教员，并参加新音乐社的活动。曾与舞蹈家戴爱莲等人共同创建中国乐舞学院，还组织“青木合唱团”，举办音乐会，演出进步音乐作品，为进步电影配音。1948 年春，原上海新音乐社负责人孙慎被迫离沪，遂接替他任《时代日报》副刊《新音乐》的编辑和主管所属中华音乐院的教务。同时还为中苏文化协会主持苏联音乐欣赏会，并接替戈宝权为《中学生杂志》撰写西洋音乐欣赏的连载文章。1948 年 10 月加入中国共产党。1949 年 5 月上海解放后，6 月间调到上海总工会，任文教部文娱科科长兼上海总工会文工团团长，创作有歌舞曲《生产花鼓》（敢泊词，军乐队伴奏，发表在《解放日报》上）和小歌剧《不拿枪的敌人》（唐铁海作剧，上海劳动出版社出版）等少量作品。1950 年 12 月调北京文化部，先后在艺术局和学校司任副科长、科长级秘书、副处长、代理处长等职务。由于工作需要，除在人民大学夜校学习马列主义课程外，还努力学习马克思列宁主义文艺理论和中外古典美学名著，以提高文艺理论修养，并结合当时的实际撰写了一些音乐评论文章，有一定影响。如 1953 年写的《发展中的中国民间音乐遗产》一文，除分别译载《人民中国》（英、日文版）之外，还被译为法文收入《中国的文化与教育》一书，随后又为美国的音乐刊物 *Sing Out* 所转载。

1959 年 1 月调中国音乐研究所工作，任研究室副主任，副研究员。先是参加中国近现代音乐史编写组工作，分工于当代音乐部分，当时只写出一部分，以《蓬勃发展的民族音乐》为题发表在《音乐研究》1959 年 10 月第 1 期上。1960 年，参加由文化部组织的《艺术概论》编写组，任副组长，除参与审稿与讨论之外，还负责第一章《绪论》的撰写。此书的初稿及修改稿均有铅印件供各校讨论和送审。1961 年初开始主持集体编写书稿《民族音乐概论》的修改工作，同年 8 月经文化部召开的教材会议讨论之后，又单独对该书作了全面的修改及改写，于 1964 年由人民音乐出版社作为中央音乐学院的试用教材公开出版，是为我国第一部对民族音乐作全面系统论述的著作，对普及民族音乐的基本知识，提高民族自信心起了积极的作用。1963 年至 1966 年间，为配合“音乐舞蹈的革命化、民族化、群众化”的讨论和随后展开的社会主义教育运动，曾受有关单位的委托或指派，在北京、上海等地的音乐单位和工厂、农村作社会调查，写了一些与音乐的革命化、民族化、群众化主题相关的文章，其中的《民族化实践中的“三怕”》一文（原载《人民音乐》1964 年 2 月号）曾为日本的进步音乐刊物《劳音》所转载（见该刊 1964 年 8 月号）。

“文化大革命”期间被迫停止工作，接受批判斗争，并于 1969 年到“五七干校”劳动。1973 年回京后，主要是参加《中国音乐简史》编写组的活动。这段时间的工作虽未取得明显的成果，但为后来主持《中国大百科全书》（音乐舞蹈卷）中的“中国古代音乐”分支条目的编写积累了必要的知识和经验。

1977 年，音乐研究所作为文化部文学艺术研究院的所属单位恢复了建制，被任命为所领导小组成员；1980 年正式改名为中国艺术研究院音乐研究所，被任命为副所长，直至 1986

年。1983 年被评为研究员。1985 年出任音乐研究所学报《中国音乐学》（季刊）主编。自 1978 年开始招收研究生以来，至 1988 年已培养硕士研究生 9 人，均取得硕士学位。自 1982 年至 1991 年，还兼任中国艺术研究院研究生部音乐系主任。1986 年经国家审定为音乐学博士学位研究生指导教师。1980 年开始，与缪天瑞、吉联抗共同主编《中国音乐词典》，这是为我国第一部专收中国音乐词条的专科辞典，1984 年由人民音乐出版社出版。接着又编辑了《中国音乐词典续编》，主要收录中华人民共和国成立后的有关音乐事项与音乐家的条目，于 1991 年出版。自 1983 年起，被聘为《中国大百科全书：音乐舞蹈卷》的音乐编辑委员会委员及“中国古代音乐”分支主编，除为该分支拟定条目、框架及审稿外，还亲自撰写了“中国古代音乐”的综述性条目。该书于 1989 年由中国大百科全书出版社出版。1990 年又投入了新的大型科研项目《中国乐器志》的编纂，担任该书主编。

自 1945 年以来，先后在报刊发表的文章有一百多篇，涉及音乐评论、音乐美学、中国音乐史、民族音乐理论等诸多领域，其中心思想是通过多方面的理论研究和讨论，以达到促进创造和发展真正的人民音乐文化的目的。早在 1945 年 3 月第一篇公开发表的短文《中国民歌》第 1 集的序中这种思想即已初露端倪，提出搜集和研究中国民歌的目的就是为了“创造真正反映人民生活的音乐”（载《诗与音乐》创刊号）。在其后所写的文章中，绝大多数和这一主题相联系。

音乐评论在所写文章中占有较大比重。在音乐评论中强调把具体作品的评论放在音乐发展的总趋势和远景中去考察，注意作品的思想和艺术倾向，同时强调思想分析与艺术分析的结合，具体分析与原则要求的结合，胆与识的结合，提倡科学的实事求是而又有远见卓识的批评。如《为毛主席诗词谱曲的几个问题》（《文艺报》1959 年第 12 期）和《看歌剧〈望夫云〉所想到的两个问题》（《人民音乐》1962 年 12 月号）等文中都有鲜明的反映。

在音乐创作评论中，一方面强调继承民族音乐传统的重要意义，同时也强调创新的必要性。在《作曲家和人民的音乐创作》（《人民音乐》1959 年 3 月号）一文中，既主张“作曲家应该使自己的创作坚固地植根于民间音乐的深厚基础之上”，同时也强调“作曲家的责任远不只是在于学习民间音乐，把民间音乐‘接受’过来，而尤其重要的是在于创造，在于发扬民间音乐遗产”。在《漫话“独创”》（《人民音乐》1961 年第 4 期）一文中也说：“我们应该重视传统，注意吸收。无论古今中外，凡是别人曾经思考过的，我都尽可能拿来重新思考过；凡是别人曾经运用过的，我都尽可能拿来从新检验过。但这一切，都是为我的需要服务，为我的创造服务，使我对于生活的真理与美的新的认识和理解，得到最充分最动人的表现，使我的艺术创造能更广阔更深入地和人民亲近。”

在中国音乐史的研究中，强调坚持马克思主义历史唯物主义的观点，把音乐作为一种社会意识形态放在整个历史的进程中去加以考察。1979 年曾以“音乐，作为一种社会意识形态的发展史”为题给硕士研究生班作过专题讲课。随后为《中国大百科全书》（音乐舞蹈卷）所写的“中国古代音乐”条目也比较鲜明地体现了这种观点，从而较好地揭示了中国音乐历史发展的客观规律性。

在研究工作中还强调宏观的研究与微观的研究相结合的必要性。指出常见的一些文章中“一些以‘宏观’为视角的论文往往忽视论据的客观准确性，有时甚至把论据的是否准确可靠视为可以不予考虑的‘雕虫小技’，结果是使自己的结论建立在一个经不起推敲的基地上，与此相反，一些以‘微观’为视角的论文则往往满足于就事论事的分析，而缺乏一种高瞻远瞩的历史眼光和全局观点，这样也就难于揭示研究对象的本质意义。”主张“宏观”的文章能有相应的“微观”研究为基础，“微观”的研究能有“宏观”的思考为引导。

1991 年 4 月发表在《中国音乐学》1991 年第 2 期的《音乐学，请把目光投向人》一文，是根据他在一次学术讨论会上的报告写成的，是一篇具有方法论意味的文章。他说：“音乐，作为一种人文现象，创造它的是人，享有它的也是人。音乐的意义、价值皆取决于人，因此，音乐学的研究，总离不开人的因素。”“把目光投向人，不仅意味着在音乐学的研究中关注人的音乐行为的动机、目的和方式等，还意味着在各种音乐事实中去发现人的内涵，或者说人的投影。”关于音乐与各种外部条件的关系方面，他说：“任何音乐现象无非是处在特定历史条件下的人们的精神生活的一种表现形式。我们需要了解历史背景，是因为它总是这样或那样地影响着人们的思想、情绪、意志和愿望，因而也就影响着人们的音乐活动。如果不去关心处在特定历史条件下人们的精神生活的诸多方面，当然就难得给那时代的音乐现象以准确的解释。”“多方面地深入探寻人的精神世界的底蕴，会有助于加深对他们的音乐的认识。……这会使阶级性以更加充实、更加生动的面貌显现出来。”

他所写的文章有不少为一些文集所收录，其中如《一个有待开发的宝库——中国音乐美学遗产》一文曾先后为《中国新文艺大系・理论三集》等四种文集所收录。有的文章为国外刊物翻译转载。《发展中的中国民间音乐》《中国传统音乐的风格》《他们的声音还活着》（纪念聂耳、冼星海的文章）都被译为多种文字在国外传播。《民族音乐概论》《中国音乐词典》都为国内外同行所重视。所主编的《中国音乐学》亦被视为国内高水平的音乐学术刊物，在国内外均有影响。1979 年和 1985 年先后被选为中国音乐家协会第三、四届理事兼理论委员会副主任和中国当代音乐学会副总干事。传略载入 1989 年、1990 年美国出版的《世界名人录》（*Who's who in the world*）第 9 版、第 10 版和美国的《音乐的美国——国际演艺人名录》。1992 年获得国务院“有突出贡献专家”称号。

原载中国艺术研究院《科研动态》1993 年第 2 期

郭乃安名下招收硕士、博士一览表[①]

序号	毕业年度	姓名	学生类别	导师	学位论文名称
1	1982	王宁一	硕士	吕骥 郭乃安	《从词曲关系看歌曲中的音乐形象》
2	1982	梁永生	硕士	吕骥 郭乃安	《音乐是一种艺术思维》
3	1982	乔建中	硕士	郭乃安 何芸	《汉族山歌研究》
4	1982	何昌林	硕士	郭乃安 乔东君	《天平琵琶谱之考、解、译》
5	1982	伍国栋	硕士	郭乃安 何芸	《粤江流域西部各族多声部民歌研究》
6	1985	曾遂今	硕士	郭乃安	《凉山彝族口弦》
7	1985	薛艺兵	硕士	郭乃安 何芸	《秧歌音乐研究》
8	1985	吴犇	硕士	郭乃安	《传统琵琶小曲研究》
9	1985	陈铭道	硕士	郭乃安	《川剧高腔帮腔中的语气词拖腔研究》
10	1988	费邓洪	硕士	郭乃安	《含蓄与弦外之音——中国文人音乐审美特色探》
11	1988	杨晓鲁	硕士	郭乃安	《四川木里拍米藏族音乐考察及文化分析研究》
12	1991	杨晓鲁	博士	郭乃安	《纳西族东巴教音乐研究》
13	1995	张振涛	博士	郭乃安	《传统笙管音位的乐学研究》
14	2002	叶明春	博士	蔡仲德 郭乃安	《中国音乐美学史中“平和”与“不平”审美观研究》

① 据《中国艺术研究院音乐研究所六十年》（文化艺术出版社，2017）整理。

郭乃安年表

（初编）[①]

1920 年

11 月 16 日，出生于贵州贵阳，乳名“鼐安”。

父亲郭怀西，生于 1894 年，贵州盘县人，当时为贵阳邮政局邮政员。母亲郑仲萱（生年不详），贵州盘县人，生于盘县书香之家，父亲为盘县知名的教书先生。自幼随母亲郑仲萱习学诗文，四五岁已可背诵一些诗文。

1926 年

就读于当时贵阳知名的私立小学——正谊小学，始以“郭鼐安”为学名。

1927 年

随母亲、姐姐留守贵阳，父亲升任遵义县邮政局长，半年后辞职，只身赴湘参军。

1928 年

因父亲举家迁回盘县，转入盘县高等小学读书，成绩优异。

这一时期，对音乐产生浓厚兴趣。盘县的家背靠大山，农田甚多。每到插秧的农忙季节，当地农民边插秧边唱山歌，由此接触了大量的山歌。在老师奖励的《儿童世界》中看到黎锦晖编写的歌曲《梅花三弄》，人生中第一次接触乐谱，爱不释手，遂自学简谱并很快掌

① 本“年表”由郭威、陈猛在吴璨撰写的《郭乃安年表（1920—1993）》基础上重新查阅资料编写而成。

握。此后，凡看到、听到过的黎锦晖创作的音乐，都能够很流利地唱出来。

1930 年

护送姐姐郭诗昭到盘县水塘乡黄泥田村教书。当地提供住处的老房东会唱许多的花灯调，为之吸引，第一次学习了花灯调。

1933 年

春，小学毕业。随即入读盘县联立中学预备班。秋，入读该校初中。

时值贵州军阀施行“地方自治”，父亲接受培训后，任盘县教育局局长，家境有所好转。

1934 年

母亲郑仲萱病故。父亲续弦。继母王小菊（1906 年生），贵州盘县人。

1935 年

时局动荡，父亲解职，家境益艰。第一次深刻体会到人生之艰难，求学之不易，遂发奋读书，成绩优异。在学校受到历史教师冯之骥的影响，对文史产生浓厚兴趣，广泛阅读社会科学书籍，并接触鲁迅作品。

1936—1939 年

初中毕业后，因家境困难，放弃升学高中，转而就读盘县新建的省立师范学校。

这一时期，科目广泛的师范教育为之后的音乐研究工作打下了坚实的基础。在校期间，开始了广泛的艺术学习和实践活动，如：（1）跟随受过专业音乐训练的该校校长、音乐教师贺寿萱学习五线谱等基础知识。同时，广泛阅读各种音乐理论书籍和文论，自学和声学、作曲法。（2）在该校教育学、心理学教师刘长征（四川人，毕业于河南大学，师从许逢熙，擅长吹口琴）引导下，学习口琴，并常与一些师生借此开展抗日歌咏活动。（3）与擅长演奏胡琴的同学陈烈一起组织同学演唱《捉放曹》《四郎探母》《薛平贵》《平贵别窑》等京剧唱段，进行戏剧宣传活动。（4）与同学模仿盘县每年三月的“迎神”活动[①]而经常做鼓手，练习鼓乐。

① 当时的“迎神”有各种各样的仪仗队，簇拥着一个有半间屋子大小的“迎春台”。台上立柱子若干，将穿戴各种服饰的孩子用绳索固定在柱子上演戏。当时最流行的是演“诸葛亮”。除演戏外，还有许多活动。小孩子在台上戴着一些纸做的枷锁（有鱼、花等多种样式）进行还愿。台下仪仗是文、武场，文场为笛子、笙等吹奏乐器，武场是锣鼓等打击乐器。当时，郭乃安的一个同学的家人为孩子用纸做了一个“神”，供其玩“迎神”游戏。同学们有的抬台子，有的扛“回避”“安静”牌子，郭乃安选择打鼓。这样的游戏经常玩，郭乃安经常做鼓手。这为郭乃安之后在青木关重庆国立音乐院中排演杨荫浏的“十番锣鼓”打下了基础。（据吴璨对郭乃安先生采访整理的《郭乃安年表（1920—1993）》）。

1939 年

7 月，盘县师范学校毕业。赴昆明考学未果。其间，阅读了恩格斯的《反杜林论》、马克思的《关于费尔巴哈的提纲》等著作。

8 月，到盘县水塘乡小学教书，担任小学六年级班主任，兼教全校音乐课。在文化课之余，组织学生合唱活动，排演了《洪波曲》等大量作品。

冬，指导学生合唱队在“教育部第三巡回戏剧教育队”举办的盘县中小学生歌咏比赛中获第一名。

在水塘乡小学期间，研读《和声学理论与实用》(E.PROUT 著，贺绿汀编译，商务印书馆，1936)，学习和声学，用学校简易的风琴试奏自己习作的和声效果。

1940 年

1 月，加入“教育部第三巡回戏剧教育队”[①]，随之离开盘县赴昆明。从此，长期离开了家乡。到达昆明后，开始尝试音乐创作，写了第一首作品——抒情歌曲《高原之歌》。

8 月，首次发表作品歌曲《快乐之歌》(《新音乐》1940 年 2 卷 1、2 期合刊，署名“乃安”，词作者为同在戏剧队的孙潜)。

本年，赴重庆（青木关）报考国立音乐院，但因为错过了考试时间，没能参加考试。时任音乐院教务主任的应尚能得悉后，专门写信给予关心与鼓励。

本年，创作歌曲《高原之歌》、《快乐之歌》(《新音乐》1940 年 2 卷 1、2 期合刊，署名“乃安”)。

从 1940 年初到 1941 年 7 月，在“教育部第三巡回戏剧教育队”工作共计一年八个月。在昆明、宣威、纳溪、李庄、宜宾、白沙、北碚、内江等地的城市和乡村巡回演出。主要负责合唱的训练及指挥，并开始音乐创作。同时，因文笔好，负责宣传工作。编撰、制作简报、墙报。此外，还参与演剧和舞台灯光、布景等工作。

1941 年

秋，考入重庆（青木关）国立音乐院。主科老师为陈田鹤（讲授和声、曲式、对位、配器等作曲基础课程）。此后，为便于书写，姓名固定使用为“郭乃安”。

---

① “教育部第三巡回戏剧教育队”在盘县演出时，正好住在盘县水塘小学。戏剧教育队白天除了在乡里演戏外，还开办了歌咏训练班等一系列的活动。郭乃安指导的学生合唱队在该教育队举办的盘县中小学生歌咏比赛中获得第一名，给教育队负责人留下深刻印象。经过一段时间的接触，教育队发现郭乃安虽然年轻却很好学。此时，郭乃安在闲谈间表达愿意随队演出，教育队当即决定吸收郭乃安加入。

1942 年

生活拮据，为了挣取学费，到重庆川康兴业公司做办事员，负责文书抄写工作。这个期间，结识了历史学家杨荣国等中共党员和进步青年，接触了大量的进步思想。

1942 年—1946 年，结识杨荣国，时常与其探讨史学论题。经杨荣国引见，结识阳翰笙、何其芳、杜国庠、侯外庐等学者。这一时期，在学术思想和见解上有很大的提高。

1943 年

用一年的打工费交了学费，重回学校，进入 1942 年入学的理论作曲组 1947 级[①]，师从陈田鹤（和声）、江定仙（和声、对位、曲式）、陈德义（赋格）、林声翕（配器）、吴伯超（指挥）、杨荫浏（昆曲、十番锣鼓）等，开始系统学习作曲[②]。

复读后，积极参加音乐院的文艺活动。担任音乐院学生自治会的理事。

1944 年

与 47 级作曲组同学共同发起并成立以专业学习为活动内容的“级会”，并创办壁报《级刊》，同时开展音乐函授和民歌搜集活动。[③]

11 月，国立音乐院发生“煤炭事件”[④]，作为学生代表之一，与校方谈判。

1945 年

3 月 5 日，与“级会”同学共同发起并组织在校师生，自筹资金，自行刻印出版《中国民歌（第一集）》（油印简谱本）[⑤]。代表理论组学生为本书作序，文中提出搜集和研究中国民歌的目的是为了“创造真正反映人民生活的音乐”——此后所写文章，绝大多数与这一主题相联系。

---

① 郭乃安自述材料记为“47 级作曲组”。作曲组共有 10 名学生，按年龄次序为：潘名挥、郭乃安、谢功成、伍雍谊、孟文涛、王震亚、朱石林、严良堃、华蔚芳、伦宝珊，另外，还有两个是从外班插进来的，一个叫李兆鸿，一个叫杨琦。这些同学多数来自工作岗位，并且参加过民族救亡歌咏活动，思想倾向进步，有的还与中共地下党有着直接或间接的联系，这是一个在音乐思想和活动上比较积极的学生集体。

② 当时音乐院有规定，作曲组在学校期间要通过三段 PASS，初级 PASS 是指三年级时创作的作品，中级 PASS 是指毕业作品，高级 PASS 是指毕业深造以后的作品。

③ 本“年表”关于国立音乐院“级会”“山歌社”的相关材料主要参引戴俊超《国立音乐院“山歌社”音乐活动述论》（华中师范大学 2005 届硕士学位论文）。

④ 国立音乐院停发补助学生伙食的用煤，引发学生集体不满并与校方谈判，时称“煤炭事件”。详见谢功成《“山歌社”成立的前前后后》（《音乐研究》1992 年第 1 期）。

⑤ 本书收录了新疆、青海、内蒙古北部地区的民歌共计 124 首，材料主要来源于李凌、王洛宾等编辑出版的民歌集、《新音乐》等刊物、延安“小唱本”，以及音乐院师生自己采录的民歌。

3 月 12 日，参与创办的壁报《级刊》更名为《山歌》，继续负责相关工作。在创刊号首篇位置刊发《对于“迎合听众还是不理听众”的意见》，提出：“首先要认清我们的音乐是为什么人，才不致走上悬空虚幻的路上去。正因为如此，我们不能主观地照着自己梦想硬干，我们应常常去听人民的反映，听取他们的意见，因为我们的音乐是人民的音乐。”

3—4 月，与“级会”同学共同发起为《中国民歌》编配钢琴伴奏的倡议。该倡议迅速获得响应，一个多月内收到数十首作品。

4 月 23 日，所在的作曲组以学生自治会的名义在音乐院礼堂举行了首场“民歌演唱会”。本次演出是在杨荫浏、江定仙、黄友葵等老师的支持和声乐组等同学们的推动下实现的，演出获得成功。

冬，在中共党员陈义文的领导下，中国学生社在国立音乐院的核心小组成立，名为“新民主主义学习小组”，与朱石林、严良堃、储声虹、谢功成等为成员，该小组是推动“山歌社”的核心力量。

本年，发表《〈中国民歌〉第一集序》（《诗与音乐》4 月创刊号）、《对于“迎合听众还是不理听众”的意见》［壁报《山歌》第 1 期，《青年知识（重庆）》第 1 卷第 5 期“壁报选辑（国立音乐院）”，文末署“山歌社稿”］、《从民歌中看社会》［《青年知识（重庆）》第 1 卷第 5 期，署名“郭诗莹”］、《记民歌演唱座谈会》［《青年知识（重庆）》第 1 卷第 5 期，署名“乃安”］、《〈中国十七世纪思想史〉——杨荣国著，东南出版社出版》（《新华日报》8 月 1 日，署名“施盈”）。

1946 年

3 月 31 日，由 47 级作曲组发起的“山歌社”正式成立，成员（时称“社员”）40 余人。被推选为“理事长”。

4 月 8 日，国立音乐院学生自治会举办欢迎戴爱莲先生的演出，组织山歌社作为主体参加“民歌演唱会”。

4 月 28 日，组织山歌社召开全体社员座谈会。①

5 月 2 日，带领山歌社创办的《西南日报》副刊《山歌渝刊》出版发行。以“施盈”为笔名发表《当前音乐的诸问题——代发刊词》，阐明办刊宗旨：“我们很容易了解到民主的音乐即是必须使音乐服从于民主的事业，为民主运动而效劳。但是我们却很少想到民主的音乐本身具有人民自己的音乐的意义。所以我们在音乐工作上不仅要使音乐服务于人民的要求，主要的还在于去发展人民自己的音乐。”

5 月 4 日，带领山歌社创办的《山歌通讯》（油印本）印出。该刊为山歌社内部交流刊物。

5 月 7 日，山歌社理事会调整，因故未续任理事长（由储声虹代理）。

---

① 这是山歌社在国立音乐院离渝前的最后一次全体集会。1946 年 5 月 5 日，国民政府“还都南京”，国立音乐院随之迁回南京，时称“复员”。

5月13日—14日，应《中国学生导报》答谢资助人演出之邀，组织山歌社先后在重庆市区和北碚举办了三场民歌演唱会。

5—6月，山歌社对之前征集民歌钢琴伴奏活动和在音乐院内两次民歌演唱会的曲目进行筛选，选出21首带钢琴伴奏的民歌作品，编成《中国民歌选（第一集）》（线谱油印本，简称“青木关版《中国民歌选》”）。编配的《送四门》（绥远民歌）收录该书。

7月，山歌社社员分赴各地推广山歌社改造后的民歌。在家乡贵州盘县开设“民间乐舞会”。

10月18日晚，与李德兴、李业道、杨匡民、牟晓晴、盛礼洪、王震亚、徐潭、文彦、舒深珍、伦宝珊等山歌社社员聚会，商议社务，开始了在南京的活动。再次担任理事长。

冬，南京“国立音乐院”在古林寺的校舍没有建好，未开学。经同乡吴夔（画家）介绍在“国立社会教育学院附中”兼职两个多月，教授音乐。

本年，发表《怎样唱民歌》（《青年知识》第1期）、《当前音乐的诸问题 ——代发刊词》（《西南日报》副刊《山歌渝刊》第1期，5月2日）、《谈民歌欣赏》（《西南日报》副刊《山歌渝刊》第2期，7月17日，署名“施盈”）、《学习冼星海先生》（《青年学习》第2期，署名“施盈”）、《论民歌的反封建性》（《西南日报》副刊《山歌渝刊》第3期）、《戴爱莲，我们学习的好榜样》（壁报《山歌》）、《从“五四”看民歌》（壁报《山歌》，署名“施盈”）、《民歌中看社会》（壁报《山歌》，署名“施盈”）；编配钢琴伴奏作品《送四门》（《中国民歌选》1946年）。

1947年

1—6月，准备毕业音乐会作品。创作之余，还做了大量工作，如：

1月29日，山歌社理事会调整，继续担任理事长。

2月4日，山歌社应邀为行知小学募捐的民歌演唱会；组织活动，并指挥《闹元宵》《好消息》《苦命的苗家》等合唱节目；组织编印《民歌选唱》（简谱本）现场发售。5日，组织山歌社开始为“中央广播电台”在每周一晚7：15—8：15播放一小时民歌节目。共播放6周，所有节目灌成唱片。[①]

5月4日，在《山歌通讯》第11期“周年纪念特刊”上发表《一年工作感言》。当日，山歌社理事会调整，不再担任理事长，任保管兼出纳。

1—5月，组织山歌社接续因“复员南京”而中断的音乐函授工作；组织编印各种音乐教材；组织社员分赴南京各大中小学辅导歌咏活动。作为山歌社代表，参加“南京市各高等学校团体反抗美帝暴行联合会”的各种会议与活动，与国立音乐院同学一起参加南京学生“反饥饿、反迫害、反内战”请愿游行，被国民党当局列入抓捕“黑名单”。

7月，于国立音乐院沃尔夫岗·弗兰克尔（Wolfgang Fraenkel）教授作曲班毕业。5

① 详见戴俊超《国立音乐院“山歌社”及其活动历史回顾（下）》，《中央音乐学院学报》2007年第2期。

日、6日连续举办两场毕业音乐会，毕业作品有小提琴独奏曲《回旋曲》、合唱《流浪者之歌》（放平词）等，上海交响乐团首席阿德拉担任小提琴独奏，江定仙先生亲自为小提琴独奏曲《回旋曲》弹钢琴伴奏，音乐会取得圆满成功。

夏秋之际，在《中国民歌选》（第1辑，线谱油印本）基础上，编成《中国民歌选》（简称“上海版《中国民歌选》”）。该书由江定仙先生校订并作序，与青木关版《中国民歌选》相比，曲目有21首缩减为14首。除《半个月亮爬上来》《清江河》《康定情歌》为新录入的曲目之外，其余11首均来自青木关版《中国民歌选》。

7月初，抵达上海，参加中华音乐院的工作，赴无锡等地演出。

9月，到麦伦中学任音乐教员。与王震亚、盛礼洪、萧晴、文彦等一起，同由美归国的戴爱莲及其学生共同创办“中国乐舞学院”。同时，在中华音乐院教授作曲课程。

在沪的这一时期，重新联络在沪音乐院同学，并联合部分“国立音专”学生，成立“青木合唱团”，负责领导组织工作，并担任指挥。合唱团隔周集中练习，曾举办过一次公开的音乐会，除合唱节目外，还有郑兴丽等人的独唱。此外，带领合唱团为史东山导演、王云阶作曲的电影《新闺怨》配音（片尾署名“上海市立实验戏剧学校青木合唱团”）。

本年，发表《乐府介绍之二：访问中华音乐学校》（《时代日报》副刊《新音乐》第3期，9月7日，署名“楚晖”）、《菜子花儿黄》（《新音乐月刊》第7卷第2期，署名“施盈”）、《一年工作感言》（《山歌通讯》第11期“周年纪念特刊”）、《山歌社一年》（《文化先锋》第6卷第20期）、《用甚么声音唱民歌》（《时代日报》副刊《新音乐》第12期，12月25日；1948年转载于《春风（宁波）》文丛1）。

1948年

初，继续在麦伦中学任教，并搬到校内居住。直至上海解放的这段时期内，兼职如下工作：因原上海新音乐社负责人孙慎被迫离沪，接任《时代日报》副刊《新音乐》编辑；担任中华音乐院教员兼管教务工作；担任育才学校特级教员；为中苏文化协会撰写音乐欣赏会说明，介绍苏联和俄罗斯民族音乐；接替戈宝权（翻译家）为《中学生》杂志撰写音乐欣赏系列文章。

4月，《中国民歌选》（线谱本）由李广才创办的“中华乐学社”正式出版。

10月，加入中国共产党。

本年，以“施盈”为笔名，编辑中华乐学社“中国民歌连丛”之《民歌合唱集》。

本年，发表《民歌曲调的唱法》（《时代日报》副刊《新音乐》第13期，1月1日）、《唱民歌和语音》（《时代日报》副刊《新音乐》第14期，1月8日）、《音乐・生活》（《时代日报》副刊《新音乐》第16期，1月22日，署名“施盈”）、《谈民歌欣赏》（《时代日报》副刊《新音乐》第20期，2月26日）、《米哈依尔・葛林卡》（《时代日报》副刊《新音乐》第26期，4月8日，署名“施盈”）、《亚历山大・达尔高梅斯基》（《时代日报》副刊《新音乐》第27期，4月15日，署名“施盈”）、《安东・罗宾斯坦》（《时代日报》副刊《新音乐》第30期，

5月6日，署名“施盈”)、《米里·巴拉基列夫》(《时代日报》副刊《新音乐》第31期，5月13日，署名“施盈”)、《民歌往哪里去？》(《时代日报》副刊《新音乐》第32期，5月20日，署名“施盈”)、《谈合唱团的音量控制》(《时代日报》副刊《新音乐》第33期，5月27日，署名“楚晖”)、《从民歌中看社会》(《时代日报》副刊《新音乐》第34期，6月3日)、《电影〈葛林卡〉(〈陌上春回〉)所表现的人民音乐诸问题》(《中苏文化》第19卷4、5期)、《歌曲的处理》(《现代教学丛刊》第3期，署名“楚晖”)、《纪念聂耳逝世十三周年：介绍聂耳的一生》(与青牛合作，《歌讯(上海)》第17期)。

1949年

5月，上海解放前后，与吉联抗、张文纲、王震亚等共同发起组织上海音乐协会。30日，在环龙路锦江茶室召开上海音乐协会筹备大会。

6月，调入上海总工会，任文教部文娱科科长兼上海总工会文艺工作团团长。

本年，作为山歌社主要创办者之一，向山歌社全体社员提议：“现在全国解放，各项事业都有党的领导。在国统区的那种活动方式已不适合，建议以后不用‘山歌社’的名义进行活动。每位社员都在各自的岗位上，在党的领导下，做好各项工作。”之后，山歌社结束活动。①

本年，发表《教歌经验谈》(《业余歌咏》第3期)、《苏联音乐的古典传统和革新》(译文，B·雅鲁斯托夫斯基著，署名“施盈”译，《中苏文化》第20卷第3期)、《怎样去欣赏民歌？》(《中学时代》第29期，上海1947创刊)、《独奏音乐的欣赏——西洋音乐的欣赏》(《中学生》第207期)、《什么是室乐——西洋音乐欣赏》(《中学生》第208期)、《乐队的组织——西洋音乐欣赏》(《中学生》第209期)、《什么是奏鸣曲(上)：“西洋音乐欣赏”》(《中学生》第210期)、《什么是奏鸣曲(下)：“西洋音乐欣赏”》(《中学生》第211期)、《谈秧歌剧》(《中学生》第213期)。

在上海总工会文艺工作团期间，创作歌舞曲《生产花鼓》(敢泊词，军乐队伴奏，发表于《解放日报》)、歌剧《不拿枪的敌人》等作品。

1950年

7月1日，为《识谱法》(马剑华著，劳动出版社)作序。

12月，被安排到上海电影厂工作不久，经马可推荐，由中共中央组织部调到国务院文教委员会(当时管理文化部的机构，负责人冯乃超)，任艺术局音乐科副科长(周巍峙任处长，孙慎任音乐科科长)。

本年，创作的歌剧《不拿枪的敌人》(唐铁海作剧)由上海劳动出版社出版。

---

① 详见谢功成《“山歌社”成立的前前后后》，《音乐研究》1992年第1期，第9页。

1951 年

本年，任艺术局科长级秘书（周巍峙任局长，孙慎任音乐舞蹈处处长），负责音乐方面的工作，并兼任《歌曲月刊》编辑。

本年，发表《推荐两首抗美援朝歌曲》（《人民日报》4 月 1 日）、《介绍十七首〈对花〉》（《民间文艺集刊》第 3 册）。

1952 年

本年，发表《我们的丰富多彩的音乐舞蹈艺术——介绍中国青年艺术团的民间音乐和舞蹈》（《北京日报》）。

1953 年

本年，论文《发展中的中国民间音乐遗产》先后被翻译为英、日、法等语言分别刊载于《人民中国》（英文版，第 17 期；Kuo Nai-an：Developing China's Heritage of Folk Music，*People's China*）、《人民中国》（日文版，第 5 期；郭乃安：《中國民間音樂の遺産とその發展》，《人民中國》）、《中国的文化与教育》（法文出版物）。

本年，发表《莫索尔斯基给我们的启示》（《光明日报》7 月 18 日）、《来自民间的波兰马佐夫舍歌舞团》（《新观察》第 11 期）。

1954 年

本年，从艺术局音乐舞蹈处调至艺术教育司（后艺术教育司升格为学校司，学校司下设音乐舞蹈处、戏剧处、美术处），负责音乐舞蹈处工作（直至 1958 年）。同时，在中国人民大学夜大学习。

本年，论文《发展中的中国民间音乐遗产》被美国著名的民族音乐学和民歌学术期刊 *Sing Out*（第 4 卷，第 7 期；Kuo Nai-An：Developing China's Folk Heritage）转载。

本年，发表《把祖国装饰成一个美丽的大花园——介绍纪录片〈民间歌舞〉》（《大众电影》第 3 期）、《怎样欣赏交响乐？交响乐如何表现人民的思想情感？》（《人民音乐》第 10 期，与伍雍谊合作）、《关于歌剧《刘胡兰》新作的演出》（《戏剧报》第 11 期）、《俄罗斯天才钢琴家、作曲家兼教育家安东·鲁宾斯坦》（《人民音乐》第 12 期）。

1955 年

本年，发表《谈歌剧〈草原之歌〉》（《戏剧报》第 7 期）、《冼星海作品中的音乐形象》（《人民音乐》第 10 期）、《谈谈歌唱艺术的民族风格》（《光明日报》1956 年 9 月 15 日，署名“楚晖”）、《人民歌手冼星海——纪念冼星海同志逝世十周年》（《工人日报》10 月 30 日）、《青春的、战斗的音乐和舞蹈——朝鲜青年艺术团演出观后》（《人民日报》11 月 23 日）、《抒情的诗篇　生动的生活风俗画——看莫斯科“小白桦树”舞蹈团的演出》（《大公报》11 月 13

日)、《评聂耳、冼星海纪念音乐会的演出》(《人民日报》1955 年 12 月 15 日)。

1956 年

本年，发表《总得先有种子、土壤和肥料》(《人民音乐》第 8 期)、《技巧风格情绪——听三个代表团的合唱有感》(《北京日报》1956 年 8 月 14 日，署名“施盈”)、《“百花齐放”杂谈》(《人民音乐》第 12 期，署名“施盈”)、《歌唱革命的风暴——听〈红军根据地〉大合唱》(《文艺报》第 17 期)、《也是一朵花》(《北京日报》8 月 21 日，署名“施盈”)。

1957 年

本年，发表《〈在太行山上〉曲调写作上的一些特点》(《人民音乐》第 2 期)。

1958 年

响应干部下乡政策，到河北省丰润县劳动锻炼一年。这一时期，利用空余时间，采访房东、盲人歌手张春山，收集民间音乐。10 月，国庆节期间，丰润县开展庆祝活动，为该县成立了“艺术学校”，帮助来县慰问演出的小白花歌舞团排演节目。

本年，编成《七十老农张春山所传民歌卅首》。

1959 年

1 月，调入中国音乐研究所(即今“中国艺术研究院音乐研究所”，以下简称“音乐研究所”)。

本年，参加“中国近现代音乐史编写组”，具体参与“当代音乐”(时称“解放十年”)部分的讨论与编写工作。编撰了“重要文章目录”“大事年表”，撰写了关于“民族音乐研究”十年(1949—1959)收获的文论，以《蓬勃发展的民族音乐》为题发表在当年的《音乐研究》。

本年，发表《演出节目要满足群众多方面的需要》(《人民音乐》第 2 期，署名“徐南平”)、《喜听库吉克的演唱》(《人民日报》3 月 6 日)、《作曲家和人民的音乐创作》(《人民音乐》第 3 期)、《蓬勃发展的民族音乐》(《音乐研究》第 5 期)、《战斗的生活 勇敢的创造》(《人民日报》6 月 15 日)、《丰富的色彩 独特的风格——听民族乐队的演奏》(《北京日报》8 月 25 日)、《世界上最美最好的芭蕾舞艺术》(《人民音乐》第 11 期)、《为毛主席诗词谱曲的几个问题》(《文艺报》第 12 期)。

50 年代末 60 年代初，关于“是否亲近人民是衡量音乐好坏最重要的标准”的思想观点基本形成，具体代表性作品主要集中在音乐、歌剧、合唱演出音乐会等评论性论文方面。

1960 年

2 月，与音乐研究所同事们一起欢送借调来“中国近现代音乐史编写组”工作的王东路、马炬两位老师返回原单位。

5 月 3 日，参加文化部组织的《艺术概论》编写组（由 10 名来自各艺术院校的教师组成），任副组长。除参与讨论之外，还负责第一章《绪论》的撰写。

7 月 21 日—8 月 13 日，与李元庆、杨荫浏、晓星、曹安和等参加“第三次全国文艺工作者代表大会”和“中国音乐家协会第二次会员代表大会”。

8 月，为了向全国各艺术院校提供《民族音乐概论》教材，音乐研究所举办“《民族音乐概论》研究班”。该班由全国 23 个艺术院校和文化局等 7 个有关单位的音乐专业干部 39 人和我所 20 多位研究、资料人员共同组成。作为所内五位专家之一（其他四位为杨荫浏、李元庆、曹安和、李纯一），实际指导编写工作。

本年，发表《试论民间曲调的可塑性》（《音乐研究》第 2 期）、《爱情歌曲创作中值得注意的倾向》（《人民音乐》第 4 期）、《歌颂我们英雄的时代》（《人民日报》6 月 11 日）、《谈歌剧〈两代人〉的成就》（《文艺报》第 9 期）、《革命的战斗的音乐传统》（《光明日报》11 月 10 日）、《具有民族风格的歌剧〈红珊瑚〉》（《戏剧报》第 21 期）。

1961 年

1 月 7 日，在“《民族音乐概论》研究班”专题讨论会上作题为《阶级和音乐的阶级性》的发言。

1 月 21 日，“《民族音乐概论》研究班”组建八人统修小组，同时组建民族音乐参考资料总编小组，拟对 1960 年 11 月完成的《民族音乐概论》（上、下册）初稿进行全面修改。担任统修小组的主修，承担编修主体工作，并负责撰写绪论部分。

1 月—6 月，主持《民族音乐概论》的统修工作。本书先后经过八人组、四人组两轮修改，最终形成提交文化部审阅的“供审稿”。

7 月 10 日—13 日，参加《中国民间歌曲集成》编辑工作组在京（京华大厦）召开福建、辽宁、上海、四川、河南、山东、河北、山西、湖南等 11 个省市编辑工作座谈会，并作专题发言。

8 月，文化部在北京香山召开的“全国音乐院校教材会议”，为期 20 天。参与教材评审工作。

本年，按照“全国音乐院校教材会议”反馈的意见，独自承担《民族音乐概论》的全面修改工作。这次修改，在原有基础上，重写“戏曲音乐”“民族器乐”两章，对“民歌和古代歌曲”“歌舞与舞蹈音乐”“说唱音乐”三章进行大幅度修改。

本年，发表《漫话“独创”》（《人民音乐》第 4 期）。

1962 年

本年，发表《看歌剧〈望夫云〉所想到的两个问题》(《人民音乐》第 12 期)。

1963 年

1 月 14 日—23 日，为了解农村音乐生活状况和农民群众对音乐文化的需要，为文化主管部门和音乐界在加强农村文化工作方面提供参考意见，音乐研究所组建“农村音乐生活调查组”。担任组长，带领汪明征、王苓君、孙幼兰、吴毓清、齐毓怡、张家仙等，在十天的时间内，先后赴通县、密云县、昌平县、海淀区等地访问，共访问 11 个公社、1 个国营农场(24 个生产队)和县区文化主管部门、广播站及中、小学等 16 个单位。

3 月，与汪明征共同执笔写成《北京郊区农村音乐生活采访报告》(内部参考资料第 169 号)。

4 月 10 日，作为《音乐词典》“民族音乐工作组”的成员，参与讨论“近现代音乐”部分的选词工作。

7—9 月，为配合“音乐舞蹈的革命化、民族化、群众化”的讨论和随后展开的社会主义教育运动，受有关单位的委托或指派赴北京、上海等地的音乐部门以及工厂、农村做社会调查。

8 月，与在中国音协工作的孙慎在上海高桥文化馆与农民音乐爱好者座谈，调查音乐现状，并写出书面调查汇编。

12 月 16 日—23 日，参加由文化部、中国音乐家协会、中国舞蹈家协会联合召开的“首都音乐舞蹈工作者座谈会”。

本年，发表《是“新花”，还是“影子”》(《人民音乐》第 4 期，署名“小宣”)、《气势豪迈的民族音乐会》(《人民日报》11 月 7 日)、《戏曲音乐推陈出新的几个问题》(《人民音乐》第 12 期)。

1964 年

3 月，主修的《民族音乐概论》，由人民音乐出版社出版。

本年，发表《民族化实践中的“三怕”——民族化问题杂谈》(《人民音乐》第 2 期，后被日本《劳音》1964 年 8 月号转载)、《兴无灭资是音乐理论批评的战斗任务》(《人民音乐》第 Z1 期)。

1965 年

11 月，冯文慈带领乔建中等中国音乐学院音乐理论系学生到音乐研究所做毕业设计。向中国音乐学院的师生介绍音乐研究所的情况。

本年，发表《向阳川上的英雄曲》(《文艺报》第 11 期)。

1966 年

2 月 28 日，接待到访音乐研究所的越南民主共和国歌舞艺术团副团长范廷六一行。

本年，发表《既出节目又出人才》（《人民音乐》第1期）。

1969—1972年

受到错误批判，被迫停止工作，到“中央文化部静海五七干校”劳动。

1973年

1月，回到北京，被安排在文化部文学艺术研究所（即今“中国艺术研究院”）工作。

8月7日，任《中国音乐简史》主编，并负责撰写“明清部分”。

本年，发表《真挚的友谊　精湛的艺术——欢迎奥地利维也纳交响乐团访华演出》（《光明日报》1973年4月15日）。

1974年

5月24日，参加“外国音乐史编写组”在北京大学召开的座谈会。

本年，发表《历史的真象与现实的斗争——无标题音乐没有阶级性吗？》（《光明日报》1月24日，笔名“戈楠”）。

1975年

秋，《中国音乐简史》（第一稿）向学界同行发出征求意见。

1976年

1月，《中国音乐简史：征求意见稿》（上、下册）印出，与夏野共同统修，并改写“战国至南北朝部分”。为配合书稿使用，还整理出一套中国音乐史乐谱和音响资料，后被全国各音乐院校《中国音乐史》课程教学广泛使用。

1977年

9月，《中国音乐史（古代及近代部分）》（上、下册）印出，再次征求意见。之后，此事因故未能继续，所有稿件被封存。

1978年

秋，文化部文学艺术研究院（即中国艺术研究院）成立“研究生部”，音乐研究所负责音乐系。任系主任。

本年，开始担任硕士研究生导师，名下首次招收的学生有王宁一、梁永生、乔建中、何昌林、伍国栋等5名硕士研究生。

本年，发表《从建国以来的音乐理论研究谈起》（《人民音乐》第1期）、《民族音乐后继有人——听中央音乐学院附中学生民族乐器独奏会》（《人民音乐》第4期）、《让歌曲园地百花齐放》(《革命歌曲》，人民音乐出版社)。

1979 年

3 月 29 日，为文学艺术研究院研究生部 78 级研究生讲授《作为社会意识形态的音乐史》第一课。

4 月 5 日，为文学艺术研究院研究生部 78 级研究生讲授《作为社会意识形态的音乐史》第二课。

10 月 30 日—11 月 16 日，先后参加“中国文学艺术界联合会第四届代表大会”“中国音乐家协会第三届会员代表大会”，当选为中国音乐家协会理事。

11 月 30 日，为文学艺术研究院研究生部 78 级研究生讲授《明清音乐》第一课。

12 月 6 日，为文学艺术研究院研究生部 78 级研究生讲授《明清音乐》第二课。

12 月 13 日，为文学艺术研究院研究生部 78 级研究生讲授《明清音乐》第三课。

12 月 17 日—28 日，中国音乐家协会在广州召开“全国音乐理论工作座谈会”，讨论音乐美学问题，此后被称为“第一届全国音乐美学会议”。应邀作专题发言《一个有待开发的宝库——中国音乐美学遗产》。

年底，经与人民音乐出版社王凤岐商议，决定由音乐研究所承担《中国音乐词典》编撰工作。

本年，为研究生讲授《作为社会意识形态的音乐史》《哲学家的音乐美学和音乐家的音乐美学》等课程，“意在使学生对这些学科有一个比较正确的基本概念，掌握较为正确的研究方法”。

本年，发表《一个有待开发的宝库——中国音乐美学遗产》(《人民音乐》1979 年第 11—12 期合刊)。

1980 年

1 月，《中国音乐词典》编撰工作正式开启。与缪天瑞、吉联抗共同担任主编。

4 月，参加由中国音乐家协会在北京召开的“音乐创作座谈会”，讨论抒情歌曲创作和演唱问题。

5 月，参加中国音乐家协会召集的“中国古代音乐史”工作座谈会。

6 月，被任命为音乐研究所副所长（至 1985 年)。

7 月，与萧兴华、吴毓清、黄翔鹏等赴承德进行“承德离宫”音乐调查，考察藏于承德须弥福寿庙内的《扎什伦布寺密宗下密园乐谱》。

8 月初，接待到访音乐研究所的日本明治大学教授岩崎富久男，进行学术交流。

8 月 27 日—9 月 28 日，随由白鹰带队的中国艺术研究院艺术考察团出访日本，与郎樱等在东京岸边成雄家中访问。其间，与日本音乐家田边秀雄、吉川英史等进行学术交流。

10 月，接待到访音乐研究所的日本音乐学家小泉文夫，进行学术交流。

本年，《民族音乐概论》由人民音乐出版社再版，与李佺民共同对该书进行再次修订。

1981 年

3 月，接待到访音乐研究所的日本琴筝专家三谷阳子女士，进行学术交流。

5 月 19 日，参加《音乐丛刊》编辑部召开的轻音乐座谈会。

6 月 3 日，接待到访音乐研究所的赵元任、赵如兰父女，进行学术交流。

8 月，音乐研究所主办的《音乐学丛刊（第一辑）》由文化艺术出版社出版，任主编。

10 月 19 日—30 日，中国音乐家协会和文化部艺术教育局在北京召开“中国近现代音乐史学术座谈会”。参加领导小组。

本年，参加中国艺术研究院研究生部音乐系 1978 级硕士学位论文答辩会。

本年，发表《音乐与时代》(《音乐研究》第 3 期，署名“施盈”)、《被“四人帮”扼杀的〈霸王卸甲〉》(《民族器乐广播讲座》，人民音乐出版社)。

1982 年

1 月 18 日，担任音乐研究所职称评审委员会主任委员。

3 月 24 日，接待到访音乐研究所的“日本东洋音乐学会访华团”一行，进行学术交流。陪同该团团长、日本东洋音乐学会顾问、音乐学家田边秀雄拜望杨荫浏先生。

5 月 27 日，接待到访音乐研究所的以北原篁山为团长的日本邦乐四人会，进行学术交流。

7 月 1 日，接待到访音乐研究所的日本音乐学家水原渭江一行，进行学术交流。

7 月 22 日—8 月 21 日，教育部举办“全国高等师范院校教师《中国音乐史》暑期讲习班”。应邀讲授《中国古代音乐史》。

9 月，主编的《中国音乐词典》稿件“齐、清、定”，交人民音乐出版社。

10 月，《中国音乐词典续编》开始编纂。与缪天瑞、吉联抗、李佺民共同担任主编。

11 月 24 日，接待到访音乐研究所的西德柏林艺术大学长笛教授汉斯·彼得·施密茨博士，与其进行学术交流。

本年，名下招收 4 名硕士研究生：曾遂今、薛艺兵、吴犇、陈铭道。

1983 年

6 月 27 日，研究员资格通过音乐研究所职称评定委员会审核，并被推荐到中国艺术研究院职称评定委员会。

10 月，“上海版《中国民歌选》”由中国文联出版公司重印出版，名为《中国民歌选（第一集)》。为该书加写《后记》。

11 月，文化部与中国音乐协会组织编撰《聂耳全集》，任副主编。

本年，被聘为《中国大百科全书》“音乐舞蹈卷”音乐编辑委员会委员及“中国古代音乐”分支主编，除为该分支拟定条目、框架及审稿外，还撰写“中国古代音乐”“人民音乐家聂耳”等综述性条目。

本年，为人民音乐出版社出版的《外国音乐欣赏小丛书：贝多芬的九首交响曲》撰写导赏文《贝多芬〈第五交响曲〉》。

1984 年

10 月，主编的《中国音乐词典》由人民音乐出版社出版。全书收录词目约 3500 条，总计约 100 万字，约 200 人（音乐研究所 21 人）参与编撰工作。

12 月 31 日，为《瑶族民歌》作序。

本年，参与武汉音乐学院建立博士点审查工作。

本年，参加中国艺术研究院研究生部音乐系 1982 级硕士学位论文答辩会。

本年，发表《中国传统音乐的风格》（《文化——世界人民的交流》，利安德主编，中国对外翻译出版公司）。

1985 年

4 月，任音乐研究所学术委员会委员。

5 月 11 日—17 日，出席中国音乐家协会第四届会员代表大会，当选为理事，并任理论委员会副主任。参会期间，与老师江定仙、黄友葵以及同学王震亚、谢功成、孟文涛、严良堃等“国立音乐院”师友欢聚。

5 月 13 日，为曹安和先生祝贺八十岁寿辰。

12 月 15 日，音乐研究所主办的学术性季刊《中国音乐学》创刊号出刊，任主编。并由他确定英文刊名 *Musicology in China*，撰写发刊词，指出：“‘百家争鸣’是发展学术的唯一正确的方针。中国音乐学要得到健康而迅速的发展，就必须提倡不同学派、不同观点之间的自由讨论。真正实行在学术与真理面前人人平等的原则，批评者有批评别人的权利，被批评者也有进行反批评的权利。只有这样，音乐学界的沉闷空气才能打破，生机勃勃的创造性的学术研究才能发展起来。”

12 月 15 日—25 日，赴福建漳州参加“第三届全国美学座谈会”。

本年，卸任音乐研究所副所长。

本年，招收 2 名硕士研究生：费邓洪、杨晓鲁。

1986 年

4 月 4 日，致信中国音乐家协会负责人孙慎、张非，建议成立“中国当代音乐研究会”。

5 月—6 月，任音乐研究所职称评审委员会委员。

7 月 9 日，经中国艺术研究院职称评审委员会投票通过研究员任职资格。9 月 19 日，文化部批复，根据职称改革会议精神认定该研究员资格从 1983 年 8 月 30 日算起。1987 年 8 月

21日，文化部再次审核批复。

12月24日，提议《中国音乐学》举办的第一期音乐理论读书研讨会召开。参加会议，并作总结发言。

12月，《中国音乐词典续编》稿件“齐、清、定”，交人民音乐出版社。

本年，为《中国音乐词典续编》撰写“前言”。

本年，经国家审定，被批准为音乐学博士学位研究生指导教师。

1987年

6月16日，参加国际音理会第一次在北京召开的亚太地区传统音乐研讨会。

10月16日—18日，《中国音乐学》编辑部与中国音乐家协会理论委员会、《人民音乐》编辑部、《当代中国》“音乐卷”编辑部联合发起，在江苏省江阴市召开“中国当代音乐研讨会”；其间，成立“当代音乐学会”。主持会议，并被推选为“当代音乐学会”副总干事。

10月16日—22日，“中国音乐史教学研究会”在江苏省江阴市举行。参加会议领导小组，并作专题发言。

本年，为落实中央书记处关于编写出版《当代中国》大型系列丛书的决定，中国音乐家协会牵头成立《当代中国》丛书音乐卷编委会和编辑部。担任常务副主编，实际主持音乐卷的编写工作。

1988年

1月，提议《中国音乐学》举办的“第一届中青年作者优秀论文奖发奖大会暨新闻发布会”召开。参加会议，作主题发言。

6月20日—23日，应香港大学亚洲研究中心邀请，参加“第三届中国新音乐史研讨会”，做《影响音乐创作的理论与思潮1945—1965》专题发言。

12月，参加《中国音乐学》主办的第二届音乐学读书会，并致辞。

年底，离休。

本年，参加中国艺术研究院研究生部音乐系1985级硕士学位论文答辩。

本年，名下招收第一个博士研究生：杨晓鲁。

本年，发表《宏观与微观的结合——〈中国音乐学〉中青年作者优秀论文奖评奖感言》(《中国音乐学》第2期)。

1989年

春，为《白族音乐志》作序。

3月3日，为《中国音乐学》1989年第1期撰写“前言”。

12月5日，参加音乐研究所成立三十五周年大会。

本年，发表《文化战线的猛将　杰出的时代歌手——纪念革命音乐家张曙》(《音乐研究》第2期)。

1990年

10月,主持中国艺术研究院重点研究项目《中国乐器志》,担任主编。

本年,个人传略载入美国专业出版物《世界名人录(1989—1990,第9版)》(*Who's Who in the World, 1989-1990, 9th edition*)。

本年,作为《中国音乐学》主编,个人信息刊于美国音乐年度杂志《音乐的美国——国际演艺人名录(1990版)》(*Musical America: International Directory of the Performing Arts, 1990 edition*)。

本年,发表《影响音乐创作的理论与思潮1945—1965》(《中国新音乐史论集》,香港大学亚洲研究中心,1990)。

1991年

年初,接受《中国音乐年鉴》编辑部特约记者吴犇采访,首次较为全面地讲述自己的学术工作与研究观念。

本年,卸任中国艺术研究院研究生院音乐系主任。

本年,入选《中国当代名人录》(上海人民出版社)。

本年,发表《音乐学,请把目光投向人》(《中国音乐学》第2期)。

1992年

3月17日,甘肃省文化厅、甘肃省科学技术委员会、北京市第一轻工业总公司在北京联合召开"敦煌壁画乐器仿制研究项目技术鉴定会"。被聘为鉴定委员。

6月,主编的《中国音乐词典续编》由人民音乐出版社出版。全书收录词目约1500条,总计约50万字,约100人(音乐研究所34人)参与编撰工作。

6月27日,参加韩宝强博士学位论文答辩会。

10月起,开始享受国务院"政府特殊津贴"。

10月30日—11月5日,参加中国音乐史学会主办的"1992年中国音乐史学研讨会",会上作《如何正确评价近代音乐家及其作品》专题发言。

本年,获得国务院"有突出贡献专家"称号。

本年,招收博士研究生张振涛。

1993年

8月,参加陈克秀硕士学位论文答辩会。

11月,《中国音乐学》编辑部调整,继续担任主编。

1994 年

3 月 14 日，与音乐研究所全体人员为缪天瑞先生祝寿。

4 月，出席庆祝音乐研究所建所 40 周年纪念活动并致辞。

本年，发表《眼光广远　实事求是——谈李凌音乐评论的主要特色》(《中国音乐学》第 2 期)。

1995 年

6 月 20 日上午，参加张振涛博士学位论文答辩会。

6 月 29 日上午，参加李月红硕士学位论文答辩会。

9 月 4 日下午，在北京红庙北里家中接受崔宪采访，讲述对“老六板的结构”“昆山腔到底是什么”“杨荫浏先生的贡献”等论题的认识。

9 月 26 日，参加河北固安首届鼓吹乐研讨会，并作主题发言。

11 月 15 日，《中国音乐学》创刊十周年座谈会在北京前海西街恭王府花园蝠厅召开，主持会议并致辞。

11 月 17 日，参加韩梅硕士学位论文答辩会。

本年，发表《“阳春白雪”与“下里巴人”》(《文艺研究》第 6 期)。

1996 年

5 月 23 日上午，应邀参加音乐研究所举办的“杨荫浏中国音乐学研究基金学术讲座——系列学术报告会”，作关于杨荫浏先生治学特色的专题讲座。

9 月 25 日，应邀参加中国传统音乐学会第九届年会，并担任颁奖嘉宾。

1997 年

在上一年的学术讲座基础上继续深入，写成《实践是理论的基础——杨荫浏学术活动的主要特色》。

1998 年

6 月，出版文集《音乐学，请把目光投向人》(山东文艺出版社)。

1999 年

9 月 27 日，统修的《民族音乐概论》、主编的《中国音乐词典》获“文化部艺术科学优秀成果奖”三等奖。

11 月，参加“二十世纪与《中国音乐学》——纪念杨荫浏先生诞辰 100 周年国际学术研讨会”，并作主题发言。

2000 年

本年，与音乐研究所同事和学生们欢聚，度过八十岁生日。

本年，发表《乐语探原：说“匣”》（《音乐研究》第 4 期）。

2001 年

3 月，参加人民音乐出版社举办的《音乐研究》百期座谈会。

6 月 6 日，作为评委会委员参加首届中国音乐“金钟奖”评奖活动。

2002 年

3 月 4 日，出席《中国音乐学》杂志社举办的专题学术研讨会。

6 月，获中国音乐家协会“金钟奖”终身荣誉奖。21 日，参加“曹安和、缪天瑞、李纯一、郭乃安喜获金钟终身荣誉奖座谈会”，并发言。

2002 年

10 月 21 日—22 日，参加“纪念我国著名音乐教育家、作曲家江定仙 90 周年诞辰学术研讨会”。

本年，卸任《中国音乐学》主编。

本年，发表《一篇给人启迪的短文》（《人民音乐》第 2 期）、《润物细无声地呵护我们——对恩师的点滴回忆》（《春雨集——江定仙音乐研究文论选》，人民音乐出版社）。

2003 年

1 月 7 日，被聘为《中国音乐学》名誉主编。

2004 年

1 月 24 日下午，在北京红庙北里家中接受崔宪采访，讲述对“中国古代音乐史魏晋南北朝时期”等论题的认识。

本年，接续蔡仲德教授指导中央音乐学院博士研究生叶明春。

2005 年

5 月 1 日，为《金石回响：冯洁轩音乐学术论文集》作序。

5 月 19 日，参加“全国音乐院校研究生教学研讨会”。

2007 年

1 月 30 日，拜望缪天瑞先生。

5 月 27 日下午，在北京红庙北里家中接受崔宪采访，讲述对“中国传统音乐的笛色”“管色与工尺谱字的来历”等论题的认识。

本年，前往美国探望儿子。

2007—2015 年

在美国加州居住生活。2015 年 10 月 7 日逝世，享年 95 岁。

后 记

2015年12月15日，中国艺术研究院音乐研究所“《中国音乐学》创刊30周年座谈会”在中国艺术研究院第五会议室召开，与会者不约而同地谈及《中国音乐学》的缔造者郭乃安先生，大家纷纷向远在美国已旅居八年、罕有消息的郭先生表达敬意，感念先生的经始之功。然而，及至年底，编辑部才获悉郭乃安先生已于是年10月间在美国仙逝。

21世纪，信息滞后似乎已不多见。据郭先生的女儿郭幼安女士讲，先生曾有叮嘱：“大家现在工作都很忙，我的事不要去麻烦所里，麻烦大家”——多么平淡的一句话！先生就这样静静地离开了，一如他生前一般的低调、敦厚、为他人着想。

2016年，郭乃安先生逝世一周年，中国艺术研究院音乐研究所组织召开了“郭乃安先生追思会暨学术思想研讨会”。会上，刘东升、乔建中、项阳、张振涛等多位学者倡议编辑《郭乃安纪念文集》。会后，音乐研究所随即着手落实，虽几经波折，但仰仗各方支持，本书终于得以付梓出版。

本书分为“先生文存”“怀念先生”“附录”三部分。

“先生文存”在郭乃安先生1998年出版的《音乐学，请把目光投向人》（山东文艺出版社）基础上，重新收集、增补、校订，收录了郭乃安先生自重庆（青木关）国立音乐院之后各人生阶段公开发表的文字、音乐作品，以及为学生授课、与学生谈话的记录。

“怀念先生”收录了郭乃安先生的朋友、同事、学生缅怀先生的专文，以及“郭乃安先生追思会”与会者的发言摘要。

“附录”收录了1993年中国艺术研究院《科研动态》刊载的《郭乃安传略》，以及我们根据相关资料整理的《郭乃安名下招硕士、博士一览表》《郭乃安年表（初编）》。

需要特别说明的是，“先生文存”中的文字均尽力按原样照录，尤其是书中的译名，因不同时代有不同译法，本着尊重历史的态度，全书不做统一，只在每篇文章中予以统一。但是，由于各种条件的限制，我们无法将先生的文字、音乐作品尽数收齐和完整呈现，深感遗憾。由于编者水平有限，书中难免有疏漏错讹之处，伏请读者批评指正。

郭乃安先生，是当代中国音乐学的奠基者之一，是中国音乐学学术史上重要的代表人物。编辑本书的同时，我们深感对于先生以及百年来的中国音乐学发展历史的了解和所开展的研究，远远不够！希望本书能够为郭乃安学术思想的研究，乃至中国音乐学学术史研究提供些许助力。有如本书序中所述，郭乃安先生是“抓中国音乐学学科建设大事的设计师”，秉承先生遗志，推进中国音乐学的学科建设与学术发展，当是对先生最好的纪念！

编者